Alberto Santoni · ULTRA siegt im Mittelmeer

Alberto Santoni

Ultra siegt im Mittelmeer

Die entscheidende Rolle der britischen Funkaufklärung beim Kampf um den
Nachschub für Nordafrika
von Juni 1940 bis Mai 1943

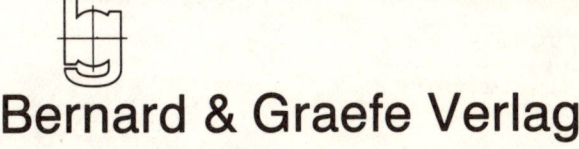

Bernard & Graefe Verlag

Übersetzung: Theodor Fuchs, München

Die italienische Originalausgabe ist unter dem Titel
»Il vero traditore« 1981 beim Verlag Ugo Mursia,
Mailand, erschienen.

Umfang: 383 Seiten + XVI Bildtafeln

Herstellung und Layout: Walter Amann, München
Satz: Graphik + Satz GmbH, Bonn
Druck und Bindung: Wiener Verlag, Himberg bei Wien
Printed in Austria
ISBN 3-7637-5415-6

Inhalt

Geleitwort des Herausgebers der deutschen Ausgabe

Vom Juni 1940 bis zum April 1945 dauerte der Seekrieg im Mittelmeer. In einer ersten Phase bis zum Ende des Jahres 1940 standen die italienischen Streitkräfte allein den ihnen nach der französischen Kapitulation Widerstand leistenden Commonwealth-Streitkräften gegenüber und versuchten die strategische Initiative — wenn auch halbherzig — an sich zu reißen. Für die Briten war es unabdingbar, ihre Position im Nahen und Mittleren Osten aufrechtzuhalten. Angesichts des weitgehend gesperrten Roten Meeres mußte dazu die Nachschubroute von Gibraltar über Malta nach Alexandria offengehalten werden. Für die Italiener kam es darauf an, die Offensive gegen diese britische Position aus dem über die Nachschubwege des Zentralen Mittelmeeres zu erreichenden Brückenkopf in Nordafrika zu eröffnen. Doch lief sich diese Offensive nach kurzer Zeit dicht jenseits der ägyptischen Grenze fest. Im Gegenangriff warfen die Briten die Italiener aus der Cyrenaika und brachten damit die ganze italienische Stellung in Nordafrika in Gefahr.

Damit begann die zweite Phase des Krieges im Mittelmeer mit dem Eingreifen deutscher Luftwaffen- und Heeresverbände. Während das X. Fliegerkorps die britische Verbindung durch das Zentrale Mittelmeer zu unterbrechen drohte, warf das Afrika-Korps in einem improvisierten Gegenstoß die britischen Kräfte in Nordafrika an die ägyptische Grenze zurück, doch reichten die Kräfte nicht aus, um die Festung Tobruk wiederzunehmen und den Vorstoß fortzusetzen.

Der deutsche Angriff gegen die Balkanstaaten, der im Mai mit der Eroberung Kretas endete, hatte keine anhaltenden Auswirkungen, weil nun der Angriff Hitlers gegen die Sowjetunion die Kräfte weitgehend aufsaugte. So konnte sich die britische Seite in der zweiten Hälfte des Jahres 1941 erholen und ihrerseits wieder in Nordafrika zum Gegenangriff antreten, der durch die Erfolge der britischen Seestreitkräfte gegen den deutsch-italienischen Nachschubverkehr nach Nordafrika entscheidend unterstützt wurde.

Die Erfolge deutscher und italienischer U-Boote gegen schwere britische Seestreitkräfte um die Jahreswende 1941/1942 gaben den Achsenmächten, in Verbindung mit der Verlegung deutscher Fliegerverbände, noch einmal die Seeherrschaft im Zentralen Mittelmeer zurück, die den Aufbau einer starken Armee in Afrika ermöglichte. Doch gelang es den Alliierten, die Position Malta zu halten, und von hier aus dem Nachschubverkehr der Achsenmächte über das Mittelmeer im zweiten Halbjahr 1942 wieder zunehmende schwere Verluste zuzufügen, während gleichzeitig über das geöffnete Rote Meer der Nachschub für den Aufbau der britischen 8. Armee lief, die dann Ende Oktober 1942 zu ihrem Großangriff bei El Alamein antrat. Wenige Wochen später landeten die Alliierten in Französisch-Nordwest-Afrika. Die zunehmende Unterbrechung der

Nachschubwege nach Nordafrika ließ schließlich die Position der Achsenmächte dort unhaltbar werden, so daß sie im Mai 1943 zusammenbrach.

Damit begann die Offensive der Alliierten mit amphibischen Operationen gegen Sizilien und — gleichzeitig mit der italienischen Kapitulation — gegen Mittelitalien. Trotz des mühsamen, fast halbjährigen Ringens auf der italienischen Halbinsel blieb der Mittelmeer-Schauplatz nach seiner Öffnung für die Alliierten ein zweitrangiger Kriegsschauplatz, der sich den Notwendigkeiten der Vorbereitung der Invasion in Frankreich unterzuordnen hatte, während die deutsche Seite durch die Anforderungen des Krieges an der deutsch-sowjetischen Front sehr stark gebunden war. Die restlichen schwachen deutschen Seestreitkräfte, teilweise aus den bei der italienischen Kapitulation übernommenen italienischen Schiffen gebildet, konnten der fast absoluten alliierten See- und Luftheerschaft nur lokal Widerstand entgegensetzen.

Der deutsch-italienischen Kriegführung gelang es von Anfang 1941 bis Herbst 1943 nicht, zu einer gemeinsamen Strategie und zu einer echten Koordination der Kräfte zu kommen.

Dabei spielte das auf beiden Seiten vorhandene Mißtrauen eine wesentliche Rolle, ebenso aber auch das Inferioritätsgefühl auf italienischer Seite sowohl gegenüber dem deutschen Verbündeten als auch gegenüber dem britischen Gegner. Von deutscher Seite wurde insbesondere der italienischen Marine immer wieder vorgeworfen, daß sie ihre verfügbaren Kräfte nicht in dem erforderlichen Maß eingesetzt habe, um den gemeinsamen Nachschub nach Nordafrika zu sichern. Dieser Vorwurf vermischte sich häufig mit dem Verdacht, daß die insbesondere in dem zweiten Halbjahr 1941 und in der zweiten Hälfte des Jahres 1942 sprungartig nach oben schnellenden Verluste auf den Routen nach Nordafrika ihre Hauptursache in einem an zentraler Stelle der italienischen Marineführung geübten Verrat hätten. Diese These wurde teilweise auch von den Führern der sich tapfer einsetzenden italienischen Geleitstreitkräfte aufgenommen und gelangte von hier in die italienische Nachkriegsliteratur, wo sie heftigste Kontroversen auslöste.

Es ist das große Verdienst von *Alberto Santoni*, daß er in seinem vorliegendem Buch die tatsächlichen Ursachen dieser katastrophalen Verluste auf der Nordafrika-Nachschubroute, die für den Kriegsverlauf im Mittelmeer entscheidend war, anhand der nun zugänglich gewordenen Quellen sorgfältig untersucht hat. Dafür brachte *Alberto Santoni* besondere Voraussetzungen mit. Nach einer langjährigen Tätigkeit als Leiter des Archivs im »Ufficio Storico della Marina Militare«, die ihm eine intime Kenntnis der sonst schwer zugänglichen italienischen Marineakten einbrachte, konnte er über Jahre hinweg im britischen »Public Record Office« die nun freigegebenen Akten über die britische Funkaufklärung im Mittelmeer auswerten. In seiner detailliert dokumentierten Studie weist *Alberto Santoni* nach, daß der »wahre Verräter« die Fähigkeit der alliierten Kryptologen in Bletchley Park war, nicht nur viele Schlüsselbereiche der deutschen Wehrmacht, welche sich der ENIGMA-Maschine bediente, sondern vor allem auch die von der italienischen Marine benutzte Schlüsselmaschine »Hagelin C 38 M« ihrer

Geheimnisse zu entkleiden und die mit ihr verschlüsselten Funksprüche schnell zu entziffern.

Die Ergebnisse der Forschungsarbeit von *Alberto SANTONI* zwingen die Historiker zu einer Neubewertung der Vorgänge auf dem italienischen Kriegsschauplatz von 1940—1943.

Der Arbeitskreis für Wehrforschung ist dem Verlag Bernard & Graefe dankbar, daß mit diesem Band dem deutschen Leser ein weiteres wichtiges Forschungsergebnis zu der Frage, »welche Rolle spielte die Funkaufklärung für die Entscheidungsprozesse des Zweiten Weltkrieges?« vorgelegt werden kann, nachdem im Jahre 1981 zuerst das Werk von Ronald Lewin »Entschied Ultra den Krieg?« erschien. Die Reihe wird ihre Fortsetzung in der Übersetzung des Buches von Wladyslaw Kozaczuk finden, der als der Initiator der »ENIGMA/ULTRA«-Forschung gelten muß, und der in seinem Werk »ENIGMA« den großen Anteil der polnischen Forschung an dem Einbruch in das deutsche ENIGMA-Schlüsselverfahren schildert.

Stuttgart, im Mai 1985

Prof. Dr. Jürgen Rohwer
Direktor der Bibliothek für Zeitgeschichte
und Präses des Arbeitskreises für Wehrforschung

Die wichtigsten Abkürzungen

A.U.S.M.	=	Archivio Ufficio Storico Marina = Historisches Amt und Archiv der italienischen Marine
B.P.	=	Bletchley Park, Sitz der Government Code and Cipher School
G.C. & C.S.	=	Government Code and Cipher School = Code- und Chiffrierschule der britischen Regierung
O.I.C.	=	Operational Intelligence Centre der britischen Admiralität
OKW	=	Oberkommando der Wehrmacht
P.R.O.	=	Public Record Office in Kew Gardens, London
Y-Dienst	=	britischer Horch- und Peildienst
SIS	=	britischer Special Intelligence Service
S.L.U.	=	Special Liaison Unit, d. h. zu den britischen und (später) amerikanischen Großverbänden abgestellte Verbindungseinheit von ULTRA

Einleitung

Fast alle, die sich auch nur am Rande mit dem Zweiten Weltkrieg befassen, wissen bereits, was »ULTRA« gewesen ist. Denjenigen — und es sind nur wenige —, die es nicht wissen, möchte ich kurz sagen, daß unter diesem Namen heute sowohl die während des Krieges in Bletchley Park, Buckinghamshire, gebildete britische Organisation zur Nachrichtengewinnung durch die Entzifferung feindlicher Funksprüche als auch das Ergebnis dieser Arbeit, d.h. die Nachrichten selbst, verstanden werden.

Im ersten Kapitel dieses Werkes werden ausführlich Entstehung und geduldiges Reifen der so geschaffenen, kostbaren britischen Nachrichtenquelle geschildert, während der dann folgende Buchtext der Analyse der tatsächlichen Auswirkung von »ULTRA« auf den Krieg im Mittelmeer gewidmet ist. Ich möchte gleich anfangs ganz klarstellen, daß diese Analyse erstmalig auf der Grundlage der offiziellen britischen Dokumentation zusammengestellt wurde.

Bevor ich jedoch das zentrale Thema des hier vorgelegten Bandes angehe, möchte ich auch die in Italien durch erste Indiskretionen über die Existenz von »ULTRA« entstandenen Reaktionen einer Prüfung unterziehen. Dazu gehört vor allem die Haltung der italienischen Marine gegenüber dem ersten Buch, das 1974 über dieses Thema von F.W. Winterbotham unter dem Titel »*The Ultra Secret*« veröffentlicht worden ist. Dieses Werk, das 1976 auch in Italien übersetzt und herausgegeben wurde (bei Mursia in Mailand), belegte in Wahrheit nicht viel. Angesichts der Geheimhaltung, mit der die englische Seite den ganzen Vorgang noch abdeckte, konnte der Autor, wie er selbst zugab, damals keine offiziellen Quellen benutzen. Sie waren seinerzeit den Forschenden noch verschlossen gewesen. So beschränkte er sich darauf, die Tatsachen aufgrund persönlicher Erinnerung zu rekonstruieren. Dennoch wurde in dem genannten Buch, wenn auch sehr kurz auf sechs Seiten, zum ersten Mal auf den großen Vorteil hingewiesen, den die Royal Navy während des Krieges bei den Zusammenstößen mit der italienischen Flotte durch die »ULTRA«-Nachrichten genoß.

Damals explodierte in Italien eine wahre Bombe. Da ich das Glück hatte, als Chef der Dokumentationsabteilung des Ufficio Storico (Historisches Amt) der Marineführung die ganze Sache dort mitzuerleben, hielt ich es für notwendig, gewisse Tatsachen aufzuklären, die es einigen schlecht Informierten erlaubt hatten, übereilt die Marine der Unempfindlichkeit gegenüber den Enthüllungen Winterbothams zu bezichtigen.

Bereits im Jahr 1962 hatte Montgomery Hyde auf etliche Erfolge der geheimen britischen Feindaufklärung zu Lasten der italienischen Flotte während des Zweiten Weltkriegs hingewiesen. Hyde tat dies in seinem Buch* allerdings so summarisch und so mit Verleumdungen des damaligen italienischen Gegners, daß allein dadurch seinen Behauptungen die Durchschlagskraft fehlte. Sein Buch wurde übrigens 1964 vom Verlag Longanesi in italienischer Sprache herausgegeben.

Nach dem Buch von Winterbotham sind zum gleichen Thema einige weitere Werke erschienen, die in der Folge zu Bestsellern wurden und die Vorstellungen der Öffentlichkeit zur Rolle von »ULTRA« im Zweiten Weltkrieg stark beeinflußten. Es sind dies:

1. A. Cave-Brown: Bodyguard of Lies. London, New York: Harper and Row 1975. — Deutsch: Die unsichtbare Front. München: Desch 1976.
2. W. Stevenson: A Man Called Intrepid. London, New York: Harcourt, Brace and Jovanovich 1976.
3. P. Beesly: Very Special Intelligence. London: Hamish-Hamilton 1977. — Deutsch: Very Special Intelligence. Der Geheimdienstkrieg der britischen Admiralität 1939—1945, Berlin: Ullstein 1978.
4. R. Lewin: »Ultra« goes to War. London: Hutchinson 1978. — Deutsch: Entschied »ULTRA« den Krieg? Bonn: Wehr & Wissen 1980.
5. R.V. Jones: Most Secret War. London: Hamish Hamilton 1978.

In allen diesen Werken wurde jedoch der Krieg im Mittelmeer entweder — wie bei Beesly und Jones — ausdrücklich ausgeklammert oder — wie bei den anderen drei Autoren — sehr knapp, bei Stevenson mit einer, bei Cave-Brown mit vier Seiten abgehandelt. Nur Lewin widmete dem Mittelmeerschauplatz mehr Raum, allerdings dem Seekrieg nur zehn Seiten. Alle Werke verzichteten auf die Angabe von Quellen.

Im Gegensatz zu den genannten Büchern stützt sich das vorliegende Werk ausschließlich auf offizielle und bisher nicht veröffentlichte Dokumente, die ich nach langen Monaten des Forschens am Public Record Office (P.R.O.) in Kew Gardens, London, gefunden habe. Die benutzten Quellen werden von Fall zu Fall als Fußnote angeführt. Ein umfassendes Verzeichnis findet sich zum Vergleich in der Bibliographie. Dort sind auch die entsprechenden Originaldokumente aus dem Archiv des Ufficio Storico der italienischen Marine (A.U.S.M.) und jene Veröffentlichungen aufgeführt, die mir unter denen über den Krieg im Mittelmeer als von erheblicher Bedeutung erschienen.

Mit einem dokumentarischen Material wie jenem, auf das ich die Hand legen konnte, zur Verfügung, bin ich daher nicht gezwungen gewesen, mich auf die Erinnerungen der Beteiligten abzustützen. Diese sind ja als solche oft durch professionelle Entstellungen, durch die Überbewertung des eigenen Wirkens oder einfach durch das schlechte Gedächtnis belastet.

---

* Montgomery Hyde: The Quiet Canadian. London: Hamish Hamilton; 1962 Ital.: Il Canadese Tranquillo. Milano: Longanesi 1964 (Anm. des Übers.).

Meine italienische Staatsbürgerschaft hätte es mir nahelegen können, für die von vier der fünf renommiertesten angelsächsischen Schriftsteller, die sich mit »ULTRA« befaßt haben, einmütig ausgedrückten Thesen einzutreten: Mit Ausnahme des ausgeglicheneren Beesly hatte für sie tatsächlich diese geheimste britische Nachrichtenquelle im Krieg fast niemals versagt, während die Mißerfolge der Anglo-Amerikaner, die trotz »ULTRA« sehr zahlreich und oft eklatant waren, unvorhergesehenen oder jedenfalls unvermeidlichen Faktoren zugeschrieben werden mußten, wie dem Unverständnis der örtlichen Befehlshaber, den meteorologischen Bedingungen, der Tüchtigkeit des Feindes, dem Fehlen von Ressourcen usw. oder auch geradezu dem Pech oder dem Mißgeschick.

Wie wir noch sehen werden, hatte auch das höchst wertvolle »ULTRA« seine strikten Grenzen. Sie lagen vor allem in der notwendigen Zeit zum Entziffern und Übermitteln der durch den feindlichen Funkverkehr gewonnenen Nachrichten. Diese Zeit schwankte von 24 bis 48 Stunden bis zu möglicherweise 45 Tagen. Und gelegentlich konnten abgefangene Funksprüche auch gar nicht entziffert werden.

Um zu vermeiden, daß dennoch auch in diesem Buch das bekannte Sprichwort — wenn auch nur verschwommen — erkannt werden könnte, daß »die Siege hundert Väter haben, während die Niederlagen Waisen sind«, werde ich auch zwei Themen behandeln, die in diesem Zusammenhang sich vergleichsweise als sehr nützlich erweisen können. Es handelt sich dabei um die feinmaschige Nachrichtenorganisation der italienischen Marine im Krieg und um eine Synthese der wichtigsten Erfolge, welche die Geheimdienste der Achsenmächte erzielten.

Tatsächlich waren die deutsch-italienischen Kommandobehörden, wenn es ihnen auch niemals gelang, ein dem britischen »ULTRA« vergleichbares Instrument zu schaffen, für längere Zeit in der Lage, aus der Entzifferung feindlicher Funksprüche bemerkenswerten Vorteil zu ziehen, und zwar nicht nur in den bereits bekanntgegebenen Fällen, sondern auch bei anderen, bisher unbekannten Umständen. Auch diese neuen Fälle sind bei meiner Forschungsarbeit zutage getreten und werden hier veröffentlicht.

Da ich mir ja schließlich bewußt bin, daß dieses Werk durch seine Enthüllungen alte und niemals völlig abgeklungene Polemiken wieder aufflammen lassen wird, erlaube ich mir, denjenigen, der die Geduld aufbringt, mein Werk zu lesen, zu mahnen, daß die Ausgewogenheit bei der Bewertung der geschichtlichen Ereignisse und beim Urteilen über sie den Maßstab der Reife sowohl der Einzelpersönlichkeit als auch eines Kollektivs bildet.

Ich danke dem P.R.O. in London für die Erlaubnis, Photokopien einiger repräsentativer Dokumente als Auswahl aus den so vielen hochinteressanten, die über das in Frage stehende Thema zu Rate gezogen wurden, herzustellen. Die Leser können sie im Text und vor allem im Anhang finden. Darüber hinaus drücke ich meine Dankbarkeit für die genauen Zeichnungen meinem Freund, Kapitän zur See Franco Gay, und für die gelieferten photographischen Dokumentationen dem Ufficio Storico der italienischen Marine aus, das schon viele Jahre lang mein berufsmäßiger Arbeitsplatz ist.

Ich widme das vorliegende Buch allen jenen, die wegen »ULTRA« im Mittelmeer gefallen sind. »ULTRA« war ein legitimes Kriegsinstrument und zur gleichen Zeit der wirkliche Verräter der italienischen Kriegsmarine.

Alberto Santoni

Kapitel 1

Die speziellen Nachrichtensysteme

1.1 Die internationale »ULTRA«-Forschung

Bis zum Jahre 1974 waren Probleme der Funkaufklärung in der internationalen Literatur zur Geschichte des Zweiten Weltkrieges praktisch unbeachtet geblieben. Die einzige Ausnahme bildete die jahrelange kontroverse Auseinandersetzung um die Rolle, welche die von den amerikanischen Nachrichtendiensten entzifferten japanischen diplomatischen Funksprüche und Telegramme für die Vorgeschichte und den Ablauf des japanischen Angriffes auf Pearl Harbor gespielt hatten (»Magic«)[1]. Daneben war in Fachkreisen einiges über die Erkenntnisse der deutschen Marine-Funkaufklärung[2] und die Wirkungen der alliierten Funkpeilorganisationen auf die Schlacht im Atlantik[3] bekannt geworden. Beweise für eine erfolgreiche alliierte Funkentzifferung deutscher und italienischer Chiffrierverfahren schien es jedoch nicht zu geben. Weder enthielten die alliierten offiziellen Werke zur Geschichte des Zweiten Weltkrieges irgendwelche Hinweise, noch konnten die einschlägigen Standardwerke über vage Andeutungen hinaus Konkretes berichten[4].

1967 erschien in Polen ein erstes Buch, in dem ein Mitarbeiter des polnischen Militärgeschichtlichen Instituts, Oberst Dr. W. Kozaczuk[5], über die Erfolge polnischer Kryptologen bei der Lösung des deutschen, auf der »ENIGMA«-Schlüsselmaschine basierenden Chiffrierverfahrens berichtete. Das Buch blieb jedoch weitgehend unbeachtet. Auch als 1973 der aus dem aktiven Dienst als Chef des Heeresnachrichtendienstes ausgeschiedene französische General G. Bertrand[6] ein Buch über seinen persönlichen Anteil und die Leistung des französischen Nachrichtendienstes bei der Lösung der »ENIGMA«-Verfahren in Zusammenarbeit mit dem polnischen und dem britischen Nachrichtendienst veröffentlichte, stieß es weitgehend auf Unglauben. Erst als der britische Group Captain F.W. Winterbotham 1974 mit seinem schnell zum Bestseller gewordenen Buch »The ULTRA-Secret«[7] herauskam, das durch ein Vorwort des Marshal of the Royal Air Force Sir John Slessor besonderes Gewicht erhielt, wurde schlagartig das bis dahin »am besten gehütete Geheimnis des Zweiten Weltkriegs« bekannt und fand weltweite Aufmerksamkeit. Winterbotham, selbst in leitender Funktion an der Organisation des britischen Entzifferungszentrums Bletchley Park beteiligt und für

---

* Die Abschnitte des Kapitels 1 wurden für die deutsche Ausgabe vom Verfasser zusammen mit dem Herausgeber dieser deutschen Ausgabe gründlich überarbeitet und auf den Forschungsstand des Jahres 1984 gebracht.

die Geheimhaltung des gesamten Projektes »ULTRA« ursprünglich verantwortlich, erhielt die Erlaubnis, sein Buch zu schreiben, vermutlich, um dem einseitig die französischen Leistungen in den Vordergrund stellenden General Bertrand nun — nachdem das Geheimnis einmal gelüftet war — ein ausgewogeneres Bild, vor allem auch des britischen Anteils, an die Seite zu stellen. Dazu wurde ihm jedoch nicht gestattet, die erhalten gebliebenen Akten zu benutzen, so daß er sich ausschließlich auf seine Erinnerung verlassen mußte, mit der Folge, daß ihm an manchen Stellen Irrtümer und Fehler unterliefen, welche die Kritiker auf den Plan riefen.

Vor allem war es die Royal Navy, die sich in Winterbothams Darstellung schlecht behandelt fühlte und ihrem Unmut in zahlreichen Rezensionen in den angesehenen großen Zeitungen Luft machte. So entschloß sich die britische Regierung unter dem Druck der öffentlichen Meinung Anfang 1976, mit der Freigabe der bisher geheimgehaltenen »ULTRA«-Akten zu beginnen.

Diese Aktenfreigaben kamen jedoch für die Veröffentlichungen von A. Cave-Brown und W. Stevenson[8] zu spät, so daß diese Bücher ebenfalls nur auf mündlichen Erzählungen und im letzteren Falle persönlichen Erinnerungen beruhen und viele Fehler enthalten.

Unter sehr viel günstigeren Bedingungen konnte der langjährige stellvertretende Leiter des »Submarine Tracking Room« im »Operational Intelligence Centre« der britischen Admiralität, Lt.Commander Patrick Beesly, seine Arbeit über die Rolle der Funkentzifferung in der Seekriegführung, insbesondere im Atlantik, abfassen, standen ihm hierzu doch die ersten Teile der freigegebenen Akten, seine persönliche Erinnerung und die sehr weitgehend aufgearbeiteten Einzelheiten der Operationsabläufe der Schlacht im Atlantik zur Verfügung[9].

In ähnlicher Weise erhielt auch Prof. R.V. Jones, der während des Krieges als wissenschaftlicher Berater der Royal Air Force und des War Cabinet Anteil an der Entwicklung nachrichtentechnischer und elektronischer Geräte hatte, Einblick in die ersten freigegebenen Akten. Er konnte sein Buch neben seiner persönlichen Erinnerung auch auf dieses Material stützen[10].

Als erster »Außenseiter« trat gleichzeitig der ehemalige britische Artillerieoffizier und bekannte Militärschriftsteller Ronald Lewin auf den Plan, der mit seinem 1978 erschienenen Buch über die Rolle von »ULTRA« im europäischen Krieg die bis 1977 zugänglich gewordenen Akten benutzen und darüber hinaus zahlreiche Akteure befragen konnte[11]. Nachteil der drei zuletzt genannten Bände ist, daß die von den Autoren benutzten Akten nicht im einzelnen angegeben sind, so daß der Eindruck entstehen könnte, es handele sich um reine Memoirenwerke.

Von besonderer Bedeutung für die weitere Forschung sollte nun eine ganze Reihe von internationalen Konferenzen werden, die entweder ganz dem Thema »ULTRA« gewidmet waren oder in einzelnen Sitzungsabschnitten dieses Thema behandelten.

Im Anschluß an Vorgespräche, die bei den Symposien des Internationalen Komitees für Militärgeschichte bei dessen Versammlungen in Washington im August 1975 und in

Teheran im August 1976 geführt worden waren, gelang es Prof. H. Deutsch, der während des Krieges Mitarbeiter des amerikanischen SIS war, bei der Jahreskonferenz der »American Historical Association« in Washington im Dezember 1976 eine stark beachtete Sitzung zu veranstalten, bei der zunächst der Verfasser des Standardwerkes über die Kryptologie, Dr. D. Kahn, eine Einführung in die Rolle der Funkaufklärung im Zweiten Weltkrieg gab. Die Einführung wurde dann durch Referate von Oberst a.D. Prof. Telford Taylor, dem Chef-Verbindungsoffizier der US Army in Bletchley Park, Prof. H. Deutsch, und dem deutschen Historiker Prof. J. Rohwer ergänzt, während im Anschluß daran zahlreiche der im Raum Washington lebenden Kenntnisträger in der Diskussion ihre Beiträge hinzufügten[12].

Diese Konferenz vor dem Forum der amerikanischen Historiker-Zunft bewirkte auch in den USA den entscheidenden Durchbruch für eine Öffnung der Archive. Während im Public Record Office in London im Mai 1977 die Freigabe der »ULTRA«-Akten anlief, entschloß sich die »National Security Agency« in Washington, u.a. auf Betreiben von Prof. H. Deutsch, für die Vorbereitung des im Oktober 1977 stattfindenden »3rd Naval History Symposium« der US Naval Academy in Annapolis, bei der eine spezielle Sitzung über »Die Rolle von ›ULTRA‹ in der Schlacht im Atlantik« vorgesehen war, den Referenten eine Anzahl wichtiger Akten vorab zugänglich zu machen. Aufgrund dieses Materials konnten dann P. Beesly, Captain K. Knowles, der Leiter des amerikanischen U-Boot-Lagezentrums in Washington, und J. Rohwer gemeinsam über die Rolle der Funkaufklärung aus britischer, amerikanischer und deutscher Sicht vortragen[13]. Von besonderer Bedeutung waren die anschließenden Kommentare von Vice-Admiral Sir Norman Denning, dem Organisator des »Operational Intelligence Centre« der britischen Admiralität, sowie die Diskussionsbeiträge verschiedener anwesender Kenntnisträger aus den USA.

Hatten bei diesem Symposium ausschließlich Fragen der Schlacht im Atlantik im Mittelpunkt gestanden, weil bis zu diesem Zeitpunkt ausschließlich »ULTRA«-Akten zu diesem Thema freigegeben worden waren, so änderte sich das bei der ein Jahr später, im November 1978 in Bonn und Stuttgart stattfindenden Doppelkonferenz, nachdem im Public Record Office in London außer weiteren Atlantik-Akten auch die ersten Bestände aus dem Bereich der »Hut 3« von Bletchley Park, in der die entzifferten Funksprüche der deutschen Luftwaffe und des Heeres analysiert worden waren, freigegeben wurden. Sie betrafen vor allem Vorgeschichte und Anfangsphase der alliierten Invasion in der Normandie. Bei dieser ersten, ausschließlich dem Thema der Funkaufklärung im Zweiten Weltkrieg gewidmeten Doppelkonferenz wurde versucht, jeweils Akteure, Experten und Historiker beider Seiten zu bestimmten, der Forschung zugänglichen Fragen zu Wort kommen zu lassen[14]. Nach einer Einführung durch den bereits erwähnten Dr. D. Kahn über das Fernmeldewesen, die Chiffriertechniken und die Nachrichtenaufklärung in den Kriegen des 20. Jahrhunderts gab zunächst Oberst a.D. W. Werther, Nachrichtenführer einer deutschen Luftflotte, einen Überblick über die Entwicklung der »ENIGMA«-Funkschlüsselmaschinen, während Oberstleutnant a.D.

T. Lisicki, Mitarbeiter des polnischen Biuro Szyfrow, die polnischen Verfahren zur Lösung des deutschen »ENIGMA«-Funkschlüsselsystems schilderte. P. Calvocoressi, Leiter der Luftwaffensektion der »Hut 3«, sprach über die Organisation der britischen »Government Code and Cypher School« in Bletchley Park, und Dr. E. Hüttenhain, Referent in der Abteilung Chiffrierwesen des OKW, berichtete über die deutschen Chiffrierdienste. Der nächste Abschnitt der Tagung war erneut der Schlacht im Atlantik gewidmet. Er wurde außer von den bereits erwähnten P. Beesly und J. Rohwer durch Kpt. z.S. Hans Meckel, Fernmeldeoffizier im Stab des Befehlshabers der U-Boote, und Vice-Admiral a.D. B.B. Schofield, Direktor der Trade Division der britischen Admiralität, bestritten. Zum Schluß trugen die bereits erwähnten Autoren R. Lewin und R.V. Jones ihre neuesten Forschungsergebnisse zur Rolle der Funkaufklärung bei der Landung in der Normandie und beim Luftkrieg vor.

Der zweite Teil der Tagung in Stuttgart, der vor allem einer Diskussion über die Rolle der Funkaufklärung für den Verlauf des Zweiten Weltkrieges gewidmet war, wurde durch Referate von Sir Norman Denning über seine persönlichen Erfahrungen und eine Bewertung von »ULTRA« durch H. Deutsch eingeleitet. Die Diskussionen, sowohl in Bonn als auch in Stuttgart, erhielten ihren besonderen Akzent durch die Teilnahme weiterer Experten und Historiker. So waren außer P. Calvocoressi von der berühmten »Hut 3« aus Bletchley Park anwesend: Botschafter Sir Herbert Marchant, Wachleiter und stellvertretender Leiter von »Hut 3«, Mrs. Mary Pain, Assistentin des Marineverbindungsoffiziers, Commander M. Saunders, in Bletchley Park, Commander E.E. Thomas, zunächst Marineanalytiker für den Mittelmeerschauplatz in »Hut 3«, später »ULTRA«-Intelligence-Officer der »Home Fleet«, sowie Colonel D.S. Bussey, »ULTRA«-Representative bei der 7. US-Armee. An Experten von deutscher Seite waren außer den schon genannten Herren Generalleutnant a.D. L. Hepp, Chef des Stabes beim Chef des Heeresnachrichtenwesens, und Kpt. z.S. a.D. H. Bonatz, der Leiter der deutschen Marine-Funkaufklärung, ferner Konteradmiral a.D. Godt, der Chef der Operationsabteilung des Befehlshabers der U-Boote, sowie eine Anzahl ehemaliger U-Boot-Kommandanten und im Nachrichtendienst eingesetzter Offiziere anwesend. Ein weiterer Experte von dritter Seite war E. Pale, leitender Mitarbeiter des finnischen Funkentzifferungsdienstes. Von besonderem Interesse war es, den Konstrukteur einer der im Zweiten Weltkrieg wichtigsten Schlüsselmaschinenserie, Herrn B. Hagelin, und seinen Mitarbeiter Dr. H. Stürzinger befragen zu können. Als interessierte Historiker standen diesen Experten die amerikanischen Universitätsprofessoren Ch. Burdick, A.C. Leighton, F. Pogue und G.L. Weinberg sowie Ch. v. Lüttichau und B. Siemon vom »Center for Military History« in Washington, ferner Dr. W.A.B. Douglas, der Direktor des Kanadischen Militärgeschichtlichen Forschungsamtes sowie Dr. G. Jukes von der Universität Canberra in Australien, und von deutscher Seite H. Boog, L. Gruchmann, A. Hillgruber, W. Hubatsch, H.A. Jacobsen, E. Jäckel und M. Salewski gegenüber[11].

Dieses erste Zusammentreffen von Experten und Historikern beider Seiten sollte vor allem durch die Herstellung der persönlichen Kontakte die Arbeit der kommenden Jahre sehr befruchten. Andererseits konnten viele Fragen wegen des Fehlens der entsprechenden Quellen und der Experten noch nicht abschließend beantwortet werden, so z.B. die Rolle der Funkaufklärung in der Kriegswirtschaft, die Rolle der Funkaufklärung für den Krieg im Mittelmeer und für den Krieg an der Front in Osteuropa.

Angesichts des Fehlens eines freigegebenen geschlossenen Aktenbestandes zum Thema »›ULTRA‹ und das Mittelmeer« kann es nicht wundernehmen, daß auch bei der vom »Royal United Services Institute for Defence Studies« im März 1979 veranstalteten Tagung unter der Leitung von Prof. M. Howard der Schwerpunkt der Debatten, an denen u.a. die bereits erwähnten Herren Beesly, Jones, Lewin, Schofield u.a. teilnahmen, sich erneut vor allem mit der Schlacht im Atlantik und den Operationen in Europa ab November 1943 befaßte[15]. Doch hatte der zu dieser Zeit im Public Record Office in London arbeitende Verfasser zu diesem Zeitpunkt bereits entdeckt, daß sich in den schon freigegebenen »ULTRA«-Aktenbeständen Hinweise auf das Vorhandensein auch von entzifferten italienischen Funksprüchen fanden. Die Masse der in diesem Buch verwendeten und im Quellenverzeichnis der Bibliographie verzeichneten, das Mittelmeer betreffenden »ULTRA«-Aktenbestände gelangte jedoch erst 1980/81 in das Public Record Office.

Bevor das Material hier eingehender ausgewertet werden konnte, erschien im Frühjahr 1979 der erste Band der von einem Team unter Prof. F.H. Hinsley, selbst Analytiker entzifferter deutscher Marinefunksprüche in Bletchley Park, bearbeiteten offiziellen britischen Geschichte der Intelligence im Zweiten Weltkrieg, in dessen Kapiteln 6, 11, 12 und 13 die Intelligence-Probleme auf dem Mittelmeerkriegsschauplatz vom Juni 1940 bis Juni 1941 eingehend geschildert wurden[16]. Ein erstes, dem Kriegsschauplatz Mittelmeer gewidmetes Referat wurde dann auf dem »4th Naval History Symposium« in Annapolis im Oktober 1979 gehalten, als Prof. A.S. Cochran jedoch nicht von der »ULTRA-«, sondern von der »MAGIC«-Intelligence und über deren Auswirkungen auf die alliierte Strategie im Mittelmeer sprach[17]. R. Lewin, der zu dieser Zeit bereits für sein zweites Buch über die Rolle von »ULTRA« im Pazifik recherchierte, gab einen ergänzenden Diskussionsbeitrag. Die übrige Sitzung dieses Symposiums war dem Kriegsschauplatz im Pazifik gewidmet und brachte hier erstmalig Einzelheiten über die Entwicklung der Lösung der japanischen Marinefunkschlüsselverfahren, vorgetragen von einem der Intelligence-Offiziere in Hawaii, Captain Prof. W.J. Holmes[18].

Auch die Ende März 1980 vom »Royal Roads College« in Victoria, Kanada, veranstaltete Tagung aus Anlaß des 70. Geburtstages der kanadischen Marine beschäftigte sich in einer ganztägigen Sitzung nur mit der Rolle der Intelligence und dem Einbau der kanadischen Marine in die Operationen der Schlacht im Atlantik, wobei in enger Kooperation vorbereitete Referate von P. Beesly, W.A.B. Douglas und J. Rohwer gehalten wurden[19], während Lt.Cdr. J. McDiarmid, der Leiter des Kanadischen U-Bootlageraums, einen Diskussionsbeitrag gab.

Erst auf dem internationalen Historikerkongreß in Bukarest im August 1980 konnte der Verfasser ein erstes Referat über die Rolle von »ULTRA« für die alliierte Strategie im Frühjahr und Frühsommer 1941 auf dem Mittelmeerschauplatz halten[20], dem dann, nach der Veröffentlichung der italienischen Ausgabe dieses Buches im September 1981, bei einem weiteren internationalen Symposium in Stuttgart zum Thema »Kriegswende Dezember 1941« endlich die erste Gegenüberstellung der bisherigen britischen und italienischen Forschungsergebnisse zur Rolle von »ULTRA« für den Krieg im Mittelmeer vor einem internationalen Forum folgte, wobei J. Somerville, der Sohn des Befehlshabers der Force H in Gibraltar, selbst Intelligence-Offizier, die britische, der Verfasser die italienische Seite, dabei jedoch weitgehend gestützt auf die bisher zugänglichen »ULTRA«-Akten im Public Record Office, darstellten und mit Kollegen und Experten aus der Bundesrepublik, Großbritannien, den USA, der Sowjetunion, Polen (Dr. Kozaczuk), Frankreich, Belgien und Israel diskutierten[21].

ADM   223/4

MOST SECRET.

FOR THE PERSONAL USE OF THE ADDRESSEE ONLY

Appearance of "Enigma Conversation".

T.O.I.   0729/26/6....   8150 Kc/s.

V KYU' 367

I N W B W P U K Y S N F P E K E E Y I L M P H K

I X C X I Q Q C C'

1.2 Analyse der Quellen

Es soll nunmehr ein Überblick über die zum Zeitpunkt der Abfassung des italienischen Manuskriptes (Mai 1980) bestehende Quellenlage im Public Record Office im Kew Gardens in London gegeben werden. Das wird nicht nur den Forschern als Leitfaden dienen können, sondern auch den Lesern erlauben, die im vorliegenden Band beschriebenen Ereignisse mit der Gewißheit zu verfolgen, daß nichts unterlassen worden ist, um sie so vollständig wie möglich zu belegen.

Nur aufgrund einer solchen Analyse — ich hoffe, daß sie die Nichtfachleute nicht zu sehr langweilt — kann man die wirkliche Tragweite von »ULTRA« erkennen und seine Bedeutung für den Lauf der Geschichte darstellen. Zu Beginn meiner Forschungsarbeit im Public Record Office beschäftigte ich mich ab Mai 1977 mit der schrittweise zugänglich werdenden Aktengruppe (Group) »DEFE 3« in der Hoffnung, hier Material über den Mittelmeerkrieg zu finden.

Diese Group trägt nämlich den bedeutungsvollen Titel: *Krieg 1939 — 1945: Die geheime Aufklärung gegen den feindlichen Funkverkehr (»ULTRA«).* Ihr Inhalt wird auf der ersten Seite der sich darauf beziehenden Kartei (Class) mit der folgenden verlockenden Ankündigung zusammengefaßt:

»Die Funksprüche der deutschen, italienischen und japanischen Streitkräfte wurden während des Krieges von englischen Funkern abgehört. Einige der Funksprüche wurden von der Government Code and Cypher School in Bletchley, Buckinghamshire, entziffert. Englische Übersetzungen oder Zusammenfassungen von ihnen wurden dann an die Organe des Nachrichtendienstes der britischen Streitkräfte im Mutterland und in Übersee zur Unterstützung der militärischen Operationen gesandt. Diese Group enthält das Material, das von den Organen des Intelligence Service erhalten wurde. Aus Gründen der Sicherheit wurde das Ganze häufig MSS (Most Secret Sources) oder auch ›ULTRA‹ genannt und so getarnt, als stamme es von Agenten auf feindlichem Gebiet.«

Die Group DEFE 3, die bis Mai 1980 686 Classes enthielt, ist in drei Wechselserien unterteilt. Die erste Serie, die sich in der Kartei befindet, ist die sogenannte Marineserie, deren Einführung wie folgt lautet:

»Übersetzungen von durch Fernschreiben übermittelten Funksprüchen der deutschen Kriegsmarine. Vom August 1942 wurde der Funkverkehr im Mittelmeer mit ZTPGM klassifiziert, während ab Dezember 1942 das Kennzeichen für den Funkverkehr der deutschen U-Boote ZTPGU wurde[22].

Die abgefangenen und in dieser Serie aufbewahrten Funksprüche der deutschen Kriegsmarine beginnen im Februar 1941. Aber die erste Entzifferung durch BP stammt vom 12. März 1941 um 11.35 Uhr; sie betrifft einen Funkspruch des deutschen U-Bootes (U99) vom 26. Februar um 23.42 Uhr[23]. Diese erste »Marineserie« umfaßt die folgenden Classes:

1 bis 4: vom 12. März bis 15. Juni 1941;
20 bis 34: vom 15. Juni bis 2. November 1941;
66 bis 111: vom 2. November 1941 bis 8. Juli 1942;

180 bis 219: vom 8. Juli 1942 bis 20. Januar 1943;

245 bis 299: vom 20. Januar bis 16. August 1943;

332 bis 499: vom 16. August 1943 bis 7. Januar 1945;

521 bis 560: vom 7. Januar bis 21. April 1945;

574 bis 579: vom 21. April bis 23. Mai 1945.

Unglücklicherweise befindet sich trotz des Vorwortes in dieser Serie nicht einmal ein einziger für unser Thema nützlicher Funkspruch. Sie betrifft ausschließlich die deutsche Kriegsmarine in den Operationsgebieten von Nordeuropa und im Atlantik mit sehr seltenen Bezugnahmen auf die Tätigkeit der deutschen Marine im Mittelmeer. Tatsächlich handelt es sich hier ausschließlich um die entzifferten Funksprüche des Schlüsselbereiches »Heimische Gewässer« oder »Hydra«, in dem anfangs ca. 90% des operativen Marinefunkverkehrs abgewickelt wurden. Ab 1942 wurden zunehmend Bereiche, wie die Atlantik-U-Boote und das Mittelmeer in separate Schlüsselbereiche zusammengefaßt.

Die zweite Serie der DEFE 3-Dokumente, in der Kartei, ist jene, die wörtlich als *Hauptserie der Funksprüche: die Nachrichten an die alliierten Kommandobehörden auf Grund von abgehörten Funksprüchen* bezeichnet wird. Sie ist jedoch offensichtlich unvollständig, folgt keiner strikten chronologischen Ordnung und bietet den Daten nach fortlaufende Lösungen sowie Überlagerungen von Perioden. Diese Serie beginnt erst mit den Entzifferungen ab 18. November 1943, d.h. zu spät für unser Thema, das mit dem Waffenstillstand vom 8. September des gleichen Jahres abschließt. Außerdem finden sich darin, offensichtlich durch einen Sammlungsfehler, einige mit ZTPGM klassifizierte Entzifferungen, d.h. solche, die die Deutschen im Mittelmeer betreffen. Gemäß des gelieferten Hinweises hätten sie in der vorhergehenden Serie oder noch besser in der folgenden aufbewahrt werden müssen[24]. Um der Vollständigkeit der Darlegung willen liefern wir auf jeden Fall auch die Unterteilung der Classes dieser sogenannten »Hauptserie«.

5 bis 19: vom 18. November 1943 bis 12. Januar 1944;

35 bis 65: vom 1. April bis 2. August 1944;

112 bis 128: vom 2. August bis 31. August 1944;

129 bis 152: vom 12. Januar bis 29. März 1944;

153 bis 179: vom 9. Mai bis 28. Juni 1944;

220 bis 244: vom 31 August bis 30. Oktober 1944;

300 bis 331: vom 30. Oktober 1944 bis 21. Januar 1945;

500 bis 520: vom 21. Januar bis 25. März 1945;

561 bis 573: vom 31. März bis 15. Mai 1945;

599 bis 601: vom 25. März bis 31. Mai 1945.

Hierbei handelt es sich um auf »ULTRA«-Entzifferungen beruhende Erkenntnisse aus dem deutschen Luftwaffen- und Heeres-Funkverkehr, die als Fernschreiben oder als mit »one-time pads« verschlüsselte Funksprüche an die operativen Führungsstellen übermittelt wurden.

Schließlich ist im Laufe des Jahres 1980/81 eine dritte Serie von Dokumenten aus der Group DEFE 3 zugänglich gemacht worden, die ausdrücklich den Titel *Der Verkehr im Mittelmeer ab August 1942* trägt. Darin sind die anderen, als ZTPGM klassifizierten Entzifferungen in bezug auf die deutschen Streitkräfte in diesem Meeresgebiet zusammengefaßt, aber vor allem auch deren Operationen im Schwarzen Meer und im Azovschen Meer mit sehr seltenen und im ganzen unbefriedigenden Bezugnahmen auf die Bewegungen der italienischen Marine. Die kurze Liste der sich darauf beziehenden Classes lautet wie folgt:

580 bis 598: vom 29. August 1942 bis 24. Mai 1943;
602 bis 685: vom 24. Mai 1943 bis 6. Mai 1945.

Es sind die entzifferten Funksprüche aus dem ab April 1941 benutzten Marine-Schlüsselbereich »Süd«, der ab August 1942 entziffert werden konnte.

Nachdem ich das oben Dargelegte festgestellt hatte, begann ich zu glauben, daß man die Auswirkung der »ULTRA«-Feindaufklärung auf den Krieg im Mittelmeer so nicht belegen könnte. Meine Enttäuschung dauerte jedoch nicht lange, nachdem ich in anderen Groups des P.R.O., wie ich weiter unten noch genauer ausführen werde, die berühmten Entzifferungen von Funksprüchen gefunden hatte, die sich auf die Operationen der italienischen Marine bezogen. Sie waren von der Marineabteilung in Bletchley Park dem »Operational Intelligence Centre« (O.I.C.) der Admiralität geschickt worden, das sie auswertete und in koordinierten Funksprüchen zusammenfaßte. Sie wurden dann an die leitenden Organe und Kommandobehörden abgesetzt.

Anstatt mit fünf Buchstaben und den zitierten vorgesetzten Kennzeichen ZTPG und ZTPGM ausgezeichnet zu sein, wobei das »G« klar »Germany« anzeigte, waren diese letzten Nachrichtenquellen üblicherweise mit vier Ziffern und dem vorgesetzten Kennzeichen ZTPI gekennzeichnet, wobei das »I« offensichtlich »Italy« anzeigte.

Das Vorhandensein einer »italienischen« Serie bei den entzifferten Funksprüchen von BP ist mir zum ersten Mal durch das »ULTRA«-Fernschreiben ZIP/ZTPG/14087 offenbart worden, das am 29. Oktober 1941 entziffert wurde. Es betraf einen drei Tage vorher von der deutschen 23. U-Bootflottille abgesetzten Funkspruch; er wird heute in der Group DEFE 3 aufbewahrt. Am Fuß desselben, der hier abgedruckt wird, hat der Entzifferer seinerzeit nämlich in Klammern den Satz »Diese Information ist auch von den Italienern im ZTPI/1648 verbreitet worden«[25] hinzugefügt. Das Auffinden dieses Funkspruches ist aus zwei Gründen wesentlich gewesen. Erstens hat es mir den Beweis geliefert, daß, wie Winterbotham andeutet, die Engländer nicht nur die deutschen Schlüssel geknackt hatten, sondern auch jene der Italiener. Es hat die zunächst angenommene Unbrauchbarkeit von DEFE 3 für die vorliegende Arbeit widerlegt. Nachdem das Vorhandensein einer Serie entschlüsselter Funksprüche der Italiener, die mit ZTPI bezeichnet waren, nachgewiesen war, habe ich mir die Aufgabe gestellt, sie im überreichlich im Public Record Office aufbewahrten Material zu lokalisieren. Ich war mir bewußt, daß die Marineabteilung (»Hut 4«) in Bletchley Park nicht wie die »Hut 3«

DEFE 3 34 HN 05070...

```
'D?
TO I D 8 G                    ZIP/ZTPG/14087
FROM N S

6515 KC/S                  T O I 0637/26/10/41
        T O O 0744

FROM: 23RD U-BOAT FLOTILLA

MOST IMMEDIATE
    ITALIAN NAVY REPORTS AT 1845/25/10 ONE CRUISER AND 2 DESTROYERS
IN NAVAL GRID SQUARE C O 6779, COURSE 270 DEGREES, SPEED 26 KNOTS.

(DEPT.NOTE:  THIS INFORMATION WAS ALSO PASSED OUT BY THE ITALIANS
IN ZTPI/1648.)
```

für Armee und Luftwaffe an die operativen Führungsstellen auf den Kriegsschauplätzen redigierte Zusammenfassungen der relevanten Entzifferungen schickte, sondern die Übersetzungen der Entzifferungen der Marine-Funksprüche im Original als Fernschreiben an das O.I.C. der Admiralität sandte, die selbst die operativen Weisungen gab oder Informationen an Seebefehlshaber weitergab. Ich wurde mir darüber klar, daß ich meine Forschung in zwei Richtungen lenken mußte: vor allem auf das Auffinden der »Intelligence Papers« der Royal Navy und dann der ähnlichen Schriftstücke des Air Ministry, wo eventuell sekundäre Nachrichten aufbewahrt werden konnten, die von der RAF-Abteilung in Bletchley Park der Admiralität geliefert worden waren.

Bei beiden Versuchen ist mir das Glück hold gewesen. Vor allem habe ich tatsächlich in der Group ADM 223 entzifferte Funksprüche in bezug auf die Operationen der Marine im Mittelmeer gefunden, während ich in der Group AIR 40 ein zusammenfassendes Dokument über die Verwendung von »ULTRA« in jenem Meeresteil gefunden habe, das Gegenstand einer Überprüfung im vorletzten Abschnitt des vorliegenden Buches bilden wird[26].

Die wichtigste Class der für uns wesentlichen Group ADM 223 ist zweifellos Class 31, deren reichlicher Inhalt das Ergebnis einer außerordentlichen Beredsamkeit ist. Darin werden nämlich alle Meldungen aufbewahrt, die täglich vom »Operational Intelligence Centre« der britischen Admiralität aufgrund der aus Bletchley Park kommenden »ULTRA«-Nachrichten zusammengefaßt wurden und ins einzelne gehende Voraussagen auf die zukünftigen Bewegungen sehr vieler italienischer, im Auslaufen nach und von Nordafrika begriffener Geleitzüge enthalten. Sie umfassen die Tonnage der Schiffe, die Frachtart, den Auslauf- und Bestimmungshafen, den zu verfolgenden Kurs, ihre Geschwindigkeit, die eventuellen Zwischenetappen, die Zusammensetzung und Dauer des Geleitschutzes, das Datum und den Zeitpunkt für das Auslaufen und die vorgesehene Ankunft.

Diese auf dünnem weißen Papier zusammengestellten und später orange eingefaßten Meldungen des O.I.C. waren gewöhnlich in drei große Teile oder Sektionen unterteilt: Die erste betraf die Geleitzüge auf See, entweder auf dem Marsch nach Afrika oder auf der Rückkehr oder solche im Küstenbereich. Der zweite Teil umfaßte zusätzliche Berichte, die manchmal im letzten Moment und oft zu spät geliefert wurden, wie jene, welche die bereits geschehenen Versenkungen der verfolgten Geleitzüge betrafen. Die dritte Sektion umfaßte schließlich die Voraussagen auf längere Sicht über die Bewegungen des feindlichen Verkehrs, sie ist die bedeutungsvollste. Die erste jener Meldungen stammt vom 5. Oktober 1941, die letzte vom 30. Mai 1943 nach dem Fall Tunesiens und dem Ende des deutsch-italienischen Verkehrs nach Nordafrika. Das Anfangsdatum entspricht der Periode, in der BP dank der Verstärkung der eigenen Ressourcen dem Mittelmeer größere Aufmerksamkeit widmen konnte. Es gelang ihm, sich nicht nur gelegentlich, sondern mit einer gewissen Kontinuität italienischer verschlüsselter Funksprüche, die mit der »ENIGMA« und der schwedischen Hagelin-Schlüsselmaschine C 38 M verschlüsselt worden waren, zu bedienen.

Anfänglich waren diese Funksprüche ohne Hinweis, sie wurden ab November 1941 auf Papier mit dem Kopf »Most Secret« und unter der Überschrift »Operational Intelligence Centre, Special Intelligence Summaries« zusammengestellt. Gleichzeitig erschien darauf eine Briefbuchnummer mit dem vorgesetzten Stempel O.I.C. des obengenannten Nachrichtenbüros der Admiralität sowie die Seitenbeziehung der mit ZTPI aufgezählten Quellen. Am Beispiel der im Anhang wiedergegebenen Funksprüche kann der Leser sich jedenfalls sofort ein Bild von der entsprechenden Form und ihrem Inhalt machen.

Durch anschließende Forschungen fand ich dann weiteres Material, welches das schon aufgezählte vervollständigt. Von Mal zu Mal werde ich es, wenn es gebraucht wird, zitieren. Die vollständige Liste der Dokumentation, die in den Groups des Public Record Office behandelt wird, erscheint auf jeden Fall in der Bibliographie zusammen mit den anderen Quellen.

1.3 Die Entstehung der »ENIGMA«

Zu den wichtigsten Mitteln, die ein Nachrichtendienst eines Staates einsetzen kann, um an Informationen über den Gegner zu gelangen, gehören das Sammeln und Auswerten von Publikationen, die Beschaffung von Informationen durch die Attachés, optische Beobachtungen am Boden oder durch die Luftbildaufklärung, schließlich die Entsendung von Geheimagenten und die Anwerbung von Spionen, die Befragung von Kriegsgefangenen, das Abfangen von Post und das Abhören von Telefongesprächen sowie die drei Zweige der Funkaufklärung: die Funkpeilung, die Verkehrsanalyse und die Entzifferung verschlüsselter Funksprüche und Telegramme. Letzteres ist das am wenigsten risikoreiche Verfahren für das Leben von Menschen und zugleich auch das einträglichste. Die Möglichkeit, Nachrichten über die politischen, strategischen und taktischen Entscheidungen des Feindes oder über seine Ressourcen, seine Probleme an der Heimatfront, in seiner Kriegsproduktion, den Ablauf der Mobilisierungen und ähnliche Informationen usw. aus dem Funkverkehr abzufangen, dann zu entziffern, zu übersetzen, zu sichten, auszuwerten und schließlich zu nutzen, ist jedoch keine ausschließliche Errungenschaft des Zweiten Weltkrieges gewesen, auch bildete dies — wie wir sehen werden — kein Monopol einer einzigen Macht[27].

Schon im Ersten Weltkrieg haben verschiedene Staaten auf diesem Gebiet Erfolge erzielt. Am berühmtesten wurde der sogenannte »Room 40« der britischen Admiralität, der nach der Erbeutung deutscher Signal- und Codebücher während des ganzen Krieges zunehmend in der Lage war, die Funksprüche der Kaiserlichen Marine zu entziffern[27a], später sogar auch den Funkverkehr des Auswärtigen Amtes. In seinem neuesten Buch berichtet P. Beesly aufgrund der erst jetzt freigegebenen Akten über die Grundlagen sowie die Möglichkeiten und Grenzen der Arbeit dieses ersten, kontinuierlich über längere Zeit wirksamen Funkentzifferungsdienstes[28].

Es ist kaum verwunderlich, daß die Entwicklung von Schlüssel- und Codesystemen während des Ersten Weltkrieges dank der zunehmenden Anwendung des Funkverkehrs immer breiteren Raum einnahm. In den letzten Jahren des Krieges entstanden dabei unabhängig voneinander verschiedene, mit Rotoren oder Schlüsselwalzen arbeitende elektromechanische Schlüsselmaschinen. Nach vorausgegangenen Studien meldeten im Jahr 1919 zunächst in Schweden A.G. Damm und kurz darauf in den Niederlanden H.A. Koch Patente auf solche Maschinen an. Zwei Jahre später folgte der Amerikaner E.H. Hebern mit einer weiteren Maschine, und parallel dazu beschäftigte sich der deutsche Ingenieur A. Scherbius mit walzengesteuerten Schlüsselmaschinen. Im Jahr 1923 kaufte er dem Holländer Koch seine Patente ab und reichte seinerseits ein Patent für eine elektromechanische Schlüsselmaschine, die er »ENIGMA« nannte, ein[28a]. Im Jahr zuvor war der schwedische Ingenieur B. Hagelin in die von A. Damm gegründete Firma eingetreten und hatte dort mit der Entwicklung einer verbesserten Walzenschlüsselmaschine begonnen.

Für den Zweiten Weltkrieg im Mittelmeer spielten die »ENIGMA«-Maschine einerseits und die Hagelin-Maschine andererseits in ihren verschiedenen Entwicklungsstadien eine besondere Rolle, so daß sie hier in ihrem Entwicklungsgang etwas genauer beschrieben werden sollen, zumal in der internationalen Literatur solche Übersichten noch weitgehend fehlen. Meist spricht man nur von der »ENIGMA«-Maschine oder der Hagelin-Maschine, ohne zu bedenken, daß es sich hier um ganze Entwicklungsreihen und Familien von Maschinen handelt, die in den verschiedensten militärischen und kommerziellen Versionen gebaut und teilweise in anderen Ländern kopiert und weiterentwickelt wurden.

Die 1923 in Bern und 1924 beim Weltpostkongreß in Stockholm von Scherbius vorgestellte »ENIGMA-A« war eine recht voluminöse Kombination einer Schreibmaschine mit einer Chiffriermaschine[29].

Sie besaß, dem Bediener zugewandt, eine Schreibmaschinentastatur mit 26 mit Buchstaben belegten Typenhebeln sowie zwei Freizeichentasten. Das hinten angeordnete Schreibwerk war das einer normalen Schreibmaschine mit dem bei älteren Versionen noch üblichen Typenrad. In der Mitte dazwischen befand sich der elektrisch betriebene Chiffrierteil, der aus sechs fest eingebauten Walzen bestand, von denen die mittleren vier drehbar waren und mit an der rechten Seite außen angebrachten Griffen eingestellt werden konnten. Die Walzen besaßen auf der einen Seite 28 Kontaktflächen, die in jeder Walze auf unterschiedliche Art mit den auf der rechten Seite sitzenden federnden Kontaktstiften verbunden waren. Die Kontaktstifte der linken, fest eingebauten Eingangswalze waren mit den Tasten des Tastenfeldes verbunden, die Kontaktflächen der rechten Walze mit dem Schreibwerk. Zusätzlich zu den 28 bei jeder der vier Walzen unterschiedlich verbundenen Kontaktflächen und -stiften besaßen die vier mittleren Walzen an der linken Seite noch einen drehbaren Einstellring, mit dem man die Zuordnung der Buchstaben zu den Kontaktflächen durch Drehen ändern konnte. Wurde eine Taste gedrückt, floß ein Strom zum entsprechenden Eingangsstift und wanderte dann je nach der Einstellung durch die vier Walzen zur Kontaktfläche der Ausgangswalze und von dort zum Typenrad des Schreibwerks. Die Schlüsseleinstellung bestand aus zweimal vier Buchstaben. Die ersten vier Buchstaben dienten bei ganz hereingedrückten Hebeln zur Einstellung der inneren Ringstellungen, die zweiten vier Buchstaben bei halb hereingedrückten Einstellhebeln zur Einstellung der in den vier Fenstern sichtbaren, auf dem Ring der Schlüsselwalze verzeichneten Buchstaben. Ein am Boden der Maschine angeordneter Umstellhebel ermöglichte es, unter Zuhilfenahme des zwischen dem Chiffrierteil und dem Schreibwerk angeordneten Zählwerkes, mit der Maschine sowohl Klartext zu schreiben als auch bei einer bestimmten, durch eine laufende Ziffer gegebenen Stelle mit dem Chiffrieren zu beginnen bzw. aufzuhören.

Die wenig später vorgestellte »ENIGMA-B« war wesentlich kleiner und unterschied sich äußerlich kaum von einer der damals aufkommenden elektrischen Typenhebel-Schreibmaschinen. Ungewöhnlich war das Tastenfeld mit den für eine Schreibmaschine notwendigen Um- und Weiterschalttasten und dem normalen Buchstabenfeld mit 26 Zeichen sowie den darüberliegenden elf Zeichen — zehn Zahlen — und neun Sondertasten, von denen jedoch die letzteren drei Reihen nur für die Klartext-Schreibarbeit benutzt wurden, während die Chiffriertexte sich auf die Buchstabenverschlüsselung beschränkten. Das Chiffrierwerk war im Prinzip ähnlich konstruiert wie bei der »ENIGMA-A«, jedoch sehr viel kleiner und an der rechten Seite der Maschine angebracht, wo man durch ein oberes Fenster die vier Buchstaben der eingestellten Ringe erkennen konnte, in einem darunterliegenden Fenster die Einstellung des Zählwerkes.

Die Einstellung der Schlüsselwalzen wurde auf die gleiche Weise wie bei der »ENIGMA-A« vorgenommen. Eine Besonderheit war jedoch, daß die 26teiligen Chiffrierwalzen durch vier Antriebsräder mit 11er, 15er, 17er und 19er-Teilung angetrieben wurden, was die Länge der Chiffrierperiode sowie die Anzahl der Schlüssel und der Perioden erheblich erhöhte.

Mit der 1925/26 entwickelten »ENIGMA-C« beschritt Scherbius einen neuen Weg. Um die Maschine leichter und transportabel zu machen, verzichtete er auf das Schreibwerk und ersetzte es durch ein zwischen dem Schreibmaschinen-Tastenfeld und dem Chiffrierteil liegendes, dem Tastenteil entsprechendes Feld von mit Buchstaben bezeichneten Fenstern, die durch Glühlampen erleuchtet werden konnten. Je 26 Buchstaben waren auf den Tasten und dem Glühlampenfeld alphabetisch angeordnet. Der Chiffrierteil bestand aus einer rechtsliegenden Eingangswalze, deren Kontaktflächen mit den Tasten verbunden waren. Dann folgten drei herausnehmbare und untereinander austauschbare Chiffrierwalzen, die im Prinzip den Walzen der »ENIGMA-A« ähnlich waren, mit dem kleinen Unterschied, daß sie an der rechten Seite ein zahnradförmiges Einstellrad für die äußere Einstellung besaßen. Wie bei der »ENIGMA-A« war der Buchstaben- oder Zahlenring mit 26 Zeichen markiert und konnte verstellt werden (innere Einstellung). Als zweiter Schritt für die Einstellung des Schlüssels war die Anordnung der Walzen der Vorschrift entsprechend zu treffen. Nach Zuklappen des Deckels des Chiffrierteiles konnte der Schlüssler dann die Grundstellung als äußere Einstellung vornehmen, indem er mit den Zahnrädern die Walzen so lange drehte, bis die befohlenen Buchstaben oder Ziffern in den kleinen Fenstern erschienen. Der Strom floß von der Eingangswalze durch die verschieden geschalteten Kontaktflächen und -stifte der drei Schlüsselwalzen zur Umkehrwalze, deren Kontaktflächen paarweise miteinander verbunden waren, so daß der Strom dann durch die Schlüsselwalzen wieder zurücklief und von dort zu den Glühlampen geführt wurde. Dieses reziproke Tauschverfahren machte es einerseits möglich, mit der gleichen Schlüsseleinstellung zu verschlüsseln und zu entschlüsseln, brachte es jedoch auch mit sich, daß ein Buchstabe niemals durch sich selbst verschlüsselt werden konnte.

Parallel zur »ENIGMA-C« entwickelte Scherbius noch die für den kommerziellen Bedarf gedachte Maschine »ENIGMA-D«, für die er am 10. März 1926 ein deutsches Reichspatent erhielt, dem weitere Patente in England (11. August 1927) und den Niederlanden folgten. Der wesentliche Unterschied zwischen der kommerziellen Version der »ENIGMA-C« und der »ENIGMA-D« lag in der Umkehrwalze. Sie sah äußerlich wie eine normale Schlüsselwalze aus, besaß jedoch auf der linken Seite nicht die Kontaktflächen, vielmehr waren die Verdrahtungen innerhalb der Walze wie bei einer früheren Umkehrwalze paarweise zusammengefügt. So konnte diese Walze nur in der linken Position benutzt werden und war nicht, wie bisher vielfach angenommen, mit den anderen drei Walzen austauschbar.

Die mit einem nicht unerheblichen Werbeaufwand propagierten »ENIGMA«-Maschinen fanden bei zivilen und militärischen Stellen in verschiedenen Ländern Aufmerksamkeit, zumal die in Deutschland, den Niederlanden, Großbritannien und wahrscheinlich auch den USA angemeldeten Patente den Experten frei zugänglich waren. Sicher ist bisher, daß Exemplare der Maschinen, im wesentlichen wohl der »ENIGMA-D«, in den Jahren 1926—1928 von Stellen in den Niederlanden, Schweden, der Schweiz, Polen, der Tschechoslowakei, den USA (über den US-Militärattaché in Berlin) und 1928 von der britischen Admiralität gekauft wurden.

1934 kaufte die japanische Marine Exemplare der »ENIGMA«, wobei nicht sicher ist, ob es sich um eine »ENIGMA-D« oder eine etwas weiter entwickelte kommerzielle Version »ENIGMA-K« handelte. Nach 1936 wurden während des spanischen Bürgerkrieges weitere Exemplare der »ENIGMA-D« an die nationalspanischen und die italienischen Streitkräfte geliefert. Diese weite Verbreitung der kommerziellen »ENIGMA«-Schlüsselmaschinen sollte gravierende Auswirkungen einerseits auf die weitere Entwicklung von Schlüsselmaschinen in anderen Ländern und andererseits auf die Entwicklung von Entzifferungsverfahren für die »ENIGMA« sowohl in Polen als auch später in Großbritannien und in den USA haben[30].

Die Japaner hatten 1931 durch die Veröffentlichung von H.O. Yardley »The Black Chamber«[31] erkannt, daß ihre Kryptosysteme unsicher waren. Seitdem waren sie bemüht, ganz neue sichere Verfahren zu finden. So hatten sie u. a. 1934 die deutsche »ENIGMA« gekauft. Aus ihr wurde durch die japanische Marine eine eigene Schlüsselmaschine entwickelt, die äußerlich der »ENIGMA« sehr weitgehend glich, mit dem Unterschied, daß die vier Schlüsselwalzen nicht senkrecht in der Maschine, sondern horizontal nebeneinanderliegend auf der Maschine angeordnet waren. Mit dieser Maschine wurden bis 1940 sowohl hochgradig geheimzuhaltende Funksprüche und Telegramme der Marine als auch des Auswärtigen Amtes verschlüsselt. Diese Maschine erhielt bei den amerikanischen Kryptologen die Bezeichnung »Red«.

Die Japaner gingen jedoch daran, diese Maschine bald weiterzuentwickeln. Kapitän zur See Ito, ein berühmter japanischer Kryptologe, entwickelte auf der Basis dieser Maschine, jedoch mit neuen Ideen, die »Alphabetische Schreibmaschine 97«, die sich von den übrigen Walzenmaschinen unterschied[32]. Sie bestand aus zwei elektrischen Schreibmaschinen, einer für die Eingabe und einer für die Ausgabe. Sie waren über Steckerbretter mit je 26 Buchsen mit dem in der Mitte angeordneten Walzenteil mit vier auswechselbaren Walzen verbunden. Aus einem Buch hatte der Schlüssler den gültigen Tagesschlüssel zu entnehmen. Er bestand aus den zu stöpselnden Steckerverbindungen und der Grundstellung der Schlüsselwalzen. Für die Sprüche der allerhöchsten Geheimhaltungsstufe wies das Buch spezielle Schlüsseleinstellungen nach, mit denen die einmal verschlüsselten Texte nochmals verschlüsselt wurden. Mit dieser Maschine ist jedoch in der Folge nur der höchstrangige Verkehr im diplomatischen Dienst verschlüsselt worden, der bei den amerikanischen Kryptologen später unter der Bezeichnung »Purple« lief. Die Fähigkeit zur Entzifferung dieses Funkverkehrs, die seit September 1940 möglich und durch die Untersuchung des amerikanischen Kongresses zur Frage der Verantwortung für die Pearl-Harbor-Katastrophe bekannt wurde, hat jedoch während des ganzen Krieges keinen unmittelbaren Einblick in japanische militärische Planungen erlaubt, da dieses Verfahren weder von der japanischen Armee noch von der japanischen Marine benutzt wurde. Der über die Operation »Magic«[33] zugängliche Verkehr der japanischen Militärattachés in Europa mit Tokio ermöglichte jedoch gelegentliche Einblicke in deutsche und italienische Planungen[34].

In Italien wurde, was für unser Thema von Bedeutung ist, die »ENIGMA-D« als Schlüsselmaschine »Alfa« nachgebaut und, wie noch zu zeigen ist, in gewissen Phasen des Krieges in beschränktem Umfange benutzt. Ein Mustergerät dieser Maschine wurde der Chiffrierabteilung des Oberkommandos der Wehrmacht zur Verfügung gestellt[35].

In der Tschechoslowakei versuchte man, die »ENIGMA« gleichfalls nachzubauen. Dabei wollte man statt Strom zum Betrieb einen Preßluft- und hydraulischen Antrieb benutzen. Jedoch zeigte sich an den 1938 erbeuteten Geräten, daß das Verfahren noch nicht ausgereift und einsatzfähig war[36].

Große Bedeutung sollte die Weiterentwicklung in Großbritannien erlangen. Auf Initiative der britischen Admiralität waren 1928 zwei »ENIGMA-D« gekauft worden, jedoch hat die Admiralität die Weiterentwicklung dieser Maschine zunächst nicht forciert, vielmehr war es das Air Ministry, das im Januar 1935 den Auftrag gab, drei Sätze einer Chiffriermaschine vom verbesserten »ENIGMA«-Typ zu entwickeln, die dann unter der Bezeichnung »Type X« gebaut wurden. Als 1939 der Krieg begann, hatten die britische Armee und die Royal Air Force diese Maschine »Typex« übernommen, und sie war bis auf die Divisionsebene beim Heer und bis auf die Ebene der RAF Headquarters bei der Royal Air Force im Gebrauch. Die Maschine besaß fünf benutzte Schlüsselwalzen, die bei der später von der Royal Navy verwendeten »Mark 2«-Version aus Sätzen von je sieben Walzen ausgewählt wurden. Die Anordnung der Walzen wechselte täglich. Jede Stelle sollte zwei Maschinen mit getrennten Walzensätzen für die Geheimhaltungsgrade »Cypher Staff« und »Coding Staff« erhalten. Bei der Royal Navy begann die Einführung dieser Maschine, da die zuständigen Stellen gegen Maschinenschlüssel Vorbehalte hatten, erst 1942 bei den Landkommandostellen, nicht jedoch an Bord der Schiffe. Im Oktober 1942 standen im Bereich der Landführungsstellen der Royal Navy zehn verschiedene Schlüsselwalzen zur Verfügung, aus denen die Siebenersätze gebildet werden konnten. Ihre Vermehrung um weitere 14 Walzen war in Vorbereitung[37].

Während der Kämpfe um Dünkirchen im Mai 1940 wurden »Typex«-Schlüsselmaschinen, allerdings ohne die Schlüsselwalzen, erbeutet, ebenso später in Nordafrika, dazu auch Schlüsselunterlagen für zwei Wochen, so daß z.B. die deutsche Marine-Funk-aufklärung im Jahr 1943 recht gute Grundkenntnisse über die englische Maschine besaß[38].

Auch in den USA hatten die gekauften »ENIGMA«-Maschinen offenbar eine gewis-se Auswirkung auf die weiteren Entwicklungen. Wenn darüber auch von amerikani-scher Seite noch keine vollständigen Veröffentlichungen vorliegen, so wissen wir doch aus der offiziellen britischen Geschichte[39], daß die US Navy im Sommer 1941 bereits eine Walzenschlüsselmaschine mit der Bezeichnung »Electrical Cypher Machine ›ECM Mark 1‹« benutzte, jedoch damals nicht bereit war, diese Schlüsselmaschine an die ver-bündeten Streitkräfte zu geben, so daß man auf den kombinierten Handcode mit Zah-lenwurmüberschlüsselung »Naval Cypher No. 3« für die Abwicklung und Verschlüsse-lung des Konvoi-Funkverkehrs zwischen britischen, kanadischen und amerikanischen Streitkräften zurückgreifen mußte. Im Juni 1942 wurde die »ECM Mark 1« modifiziert und mit einem Adapter versehen, so daß man mit ihr auch mit der »Typex« verschlüs-selte Sprüche entschlüsseln konnte. Aus der Kombination der britischen und amerika-nischen Maschine entstand dann die »Combined Cypher-Machine (CCM)«, die ab November 1943 bei den alliierten Seestreitkräften eingesetzt wurde[40].

Daraus geht hervor, daß zwischen der britischen »Typex« und der amerikanischen »ECM Mark I«-Entwicklung gewisse Beziehungen bestanden haben müssen. Die Ver-wandtschaft der »Typex«-Maschine mit der »ENIGMA«-Maschine wird andererseits dadurch dokumentiert, daß man in Bletchley Park für die Entschlüsselung der deut-schen Funksprüche, nachdem die jeweiligen Tagesschlüssel gelöst waren, nicht nur Nachbauten der »ENIGMA«-Maschine, sondern in viel stärkerem Maße adaptierte »Typex«-Maschinen benutzte[41].

Trotz dieses großen Interesses fremder Mächte an der »ENIGMA«-Maschine hatte Scherbius große Mühe, seine Firma über Wasser zu halten, und nach seinem Tode kauften 1934 die beiden Berliner Firmen Heimsoth und Rinke sowie Konski und Kröger die Patentrechte, gerade rechtzeitig, um die nun einsetzenden großen Aufträge der in der Wiederaufrüstung befindlichen deutschen Wehrmacht auszuführen.

Bereits am 9. Februar 1926 hatte die deutsche Reichsmarine eine von der kommer-ziellen Version der »ENIGMA-C« etwas abweichende Schlüsselmaschine als »Funk-schlüssel C« eingeführt. Sie unterschied sich von der beschriebenen kommerziellen »ENIGMA-C« vor allem dadurch, daß die Buchstabenzahl auf dem Tastenfeld, dem Glühlampenfeld und den Buchstabenringen der Walzen durch die Hinzufügung der Umlaute auf 29 erhöht worden war. Ferner konnte man die Umkehrwalze in vier ver-schiedenen Positionen einstellen[42].

Den Sicherheitsansprüchen des Reichsheeres genügte diese Maschine nicht, und so führte man dort am 15. Juli 1928 eine weiter verbesserte Version »ENIGMA-G« ein, bei der man auf die Umlaute verzichtet hatte, jedoch zusätzlich zu dem Walzenteil mit drei Schlüsselwalzen noch ein Feld mit 26 Doppelsteckerkontakten vorsah, die durch

kleine Kabel mit Stöpseln verbunden werden konnten und so eine zusätzliche Überschlüsselung des mit den Walzen verschlüsselten Textes ermöglichten[43].

Die Reichsmarine folgte dem Heer am 1. Oktober 1934 mit ihrem »Funkschlüssel
M«, einer Weiterentwicklung der »ENIGMA-G«, der die am 27. Juni 1935 als Wehrmachtsschlüsselmaschine »ENIGMA-I« bei Heer und Luftwaffe eingeführte Maschine
weitgehend entsprach[44]. Beide Maschinen besaßen zunächst fünf austauschbare Schlüsselwalzen, von denen jeweils drei in wechselnder Reihenfolge in die Maschine eingesetzt
wurden. Die Marine benutzte sofort alle fünf vorhandenen Walzen im Wechsel, während beim Heer und der Luftwaffe die Walzen IV und V zunächst gesperrt blieben und
als sogenannte Mobilmachungswalzen erst am 15. Dezember 1938 in Betrieb genommen wurden. Die Marine führte gleichzeitig zwei zusätzliche Schlüsselwalzen VI und
VII und kurz vor Kriegsausbruch eine Schlüsselwalze VIII ein.

Parallel zur »ENIGMA-I« war auch eine »ENIGMA-II« entwickelt worden, die
zusätzlich ein Schreibwerk für den Geheimtext besaß. Sie war jedoch unförmig groß,
und die Schreibgeschwindigkeit war nicht größer als die Ablesegeschwindigkeit bei der
Glühlampen-»ENIGMA« mit ein bis zwei Buchstaben pro Sekunde. Diese Version
bewährte sich nicht, wurde nur in wenigen Exemplaren gebaut und später auf einigen
fest installierten Linien eingesetzt.

Heer und Luftwaffe blieben während des Zweiten Weltkrieges weitgehend bei der
Maschine »ENIGMA-I« und beschränkten sich zur Erhöhung der Sicherheit auf Verbesserungen in den Schlüsselverfahren. Eine technisch wesentlich verbesserte Version,
das sogenannte »Gerät 39«, war mit einer Tastatur und einem durch einen Elektromo-
tor angetriebenen Schreibwerk für Klar- und Geheimtexte ausgerüstet. Sie besaß die
Größe einer mittleren Schreibmaschine und hatte eine noch höhere Schreibgeschwindigkeit. Durch einen ungleichförmigen Antrieb der Walzen war die Sicherheit wesentlich größer als bei den bisherigen »ENIGMA«-Typen. Das Gerät war von der Firma
Telefonbau und Normalzeit entwickelt worden, kam jedoch über das Versuchsstadium
nicht hinaus, wobei eine Rolle spielte, daß der Aufwand für die totale Änderung der
Schlüsselsysteme während des Krieges zu groß erschien[45].

Bei der Marine führten verschiedene kleinere technische Verbesserungen zu unterschiedlichen Versionen des Funkschlüssels: »M-1«, »M-2«, »M-2a« und »M-3«, die
untereinander austauschbar waren. Anfang Februar 1942 wurde eine grundlegend
erweiterte Version »M-4« im Bereich der U-Bootwaffe in Betrieb genommen[46].

Bei ihr hatte man zusätzlich zu den drei aus den Walzen I—VIII auszuwählenden
Schlüsselwalzen in einer vierten linken Position zunächst noch eine, später vier sogenannte »Griechen-Walzen« mit den Bezeichnungen »alpha«, »beta«, »gamma« und
»delta« eingesetzt. Während des Krieges wurde eine weitere neue Version »M-5«, die
zugleich mit anderen Bezeichnungen auch als Wehrmachtsschlüsselmaschine dienen
sollte und eine in ihrer Walzenzahl und -anordnung erweiterte und auch sonst technisch
wesentlich verbesserte Marinemaschine »M-10« entwickelt, die aber ebenfalls nicht
mehr zur Einführung kam.

Parallel zu der Entwicklung der »ENIGMA«-Maschinen verlief die Entwicklung der Hagelin-Maschinen[47]. Die 1919 von A. Damm vorgestellte Schlüsselmaschine bestand aus drei Teilen. In der Mitte war der eigentliche, mit elektrisch betriebenen Durchgangsrädern versehene Schlüsselmechanismus. Auf beiden Seiten waren Schreibmaschinen zur Eingabe des Klartextes und zur Ausgabe des chiffrierten Textes angeschlossen, die durch den Einbau eines elektrisch betriebenen Magnetrades das Tastaturfeld mit dem eigentlichen Schreibwerk verbanden, die also frühe Formen elektrifizierter Schreibmaschinen darstellten. Der 1922 in die Firma A. Damms eingetretene B. Hagelin entwickelte diese Maschine zur »B-21« weiter, die jedoch auch noch recht umfangreich und unhandlich war. Über eine separate Eingabetastatur, die mit den vier elektrisch betriebenen Permutationsdurchgangsrädern verbunden war, wurde eine elektrische Remington-Schreibmaschine betrieben, die das Chiffrat ausdruckte. Als jedoch kurz darauf im Jahr 1924 beim Postkongreß in Stockholm die »ENIGMA«-Maschinen vorgeführt wurden, interessierte man sich in Schweden auch für deren Weiterentwicklung und kaufte die kommerziellen Versionen zur Erprobung. B. Hagelin bat die schwedischen Behörden vor einer Entscheidung über die Einführung einer solchen Maschine bei den schwedischen Streitkräften um ein wenig Zeit, um eine eigene Maschine dieses Formats herzustellen. Es war die »B-211«-Schlüsselmaschine, die sich in ihren äußeren Abmessungen wenig von der »ENIGMA-D« unterschied. Doch schien Hagelin das Lampenanzeigeverfahren zu langsam zu arbeiten, so daß er es durch ein Schreibwerk ersetzte. Die Maschine hatte vorn, ähnlich wie die »ENIGMA«, ein Schreibmaschinentastenfeld mit 29 Tasten, dahinter statt des Lampenanzeigefeldes ein Schreibwerk, das den Chiffriertext auf Papierstreifen ausdruckte, dahinter den eigentlichen Chiffrierteil. Die 4 + 2 Schlüsselwalzen besaßen ein- und ausziehbare Stifte, mit denen man die einzelnen Buchstaben der Walzen aktivieren oder überspringen konnte. Damit entstand ein polyalphabetisches Substitutionsverfahren, das später noch weiter vervollkommnet wurde. Die Maschine wurde außer für die schwedischen Streitkräfte auch für die französische Armee in größerer Anzahl in Lizenz gebaut, wobei sie einen zusätzlichen »Surchiffreur« erhielt. Die Maschine wurde von der französischen Armee während des Frankreichfeldzuges 1940 verwendet und in mehreren Exemplaren von deutschen Truppen erbeutet. Während des Feldzugs in der Sowjetunion 1941 erbeuteten deutsche Truppen auch russische Nachbauten der »B-211«, die jedoch nur wenig verwendet worden zu sein scheinen, da die Nachkonstruktion unzulänglich funktionierte[48].

Hagelin beschäftigte jedoch auch der Gedanke, daß die elektrischen Schlüsselmaschinen im Feld wegen der fehlenden Stromversorgung nicht verwendbar sein würden. So versuchte er das Prinzip seiner Schlüsselmaschinen auch mechanisch zu realisieren. Mitte der 30er Jahre erhielt Hagelin von der französischen Armee den Auftrag, eine mechanische Taschenmaschine zu entwickeln. Es gelang Hagelin, eine Maschine von 15,2 x 11,4 x 5,6 cm und 3 Pfund Gewicht zu bauen, die in der Lage war, den Text in Fünferbuchstabengruppen zu drucken. 25 Buchstaben pro Minute konnten ver- oder entschlüsselt werden. Die Maschine besaß fünf Schlüsselwalzen mit unterschiedlich einstellbarem Vorschub. Von dieser Maschine »C-36« orderte die französische Armee 1935 5 000 Exemplare. Hagelin versuchte, diese Maschine auch in anderen Ländern, so in Deutschland, wo er keinen Erfolg hatte, und in den USA anzubieten, wo er mit dem berühmtesten amerikanischen Kryptologen W.F. Friedman in Verbindung kam. Als Hagelin bei einer geplanten zweiten Reise 1940 infolge des deutschen Angriffs auf Norwegen nicht mehr direkt nach Amerika kommen konnte, gelang es ihm, quer durch Deutschland nach Italien und von dort aus auf einem der letzten Schiffe nach New York zu reisen und dort seine im Gepäck mitgeführten beiden Maschinen und Konstruktionen vorzuführen. Nach längeren Verhandlungen und Erprobungen übernahm die US Army eine verbesserte Version dieser Maschine als Konverter »M-209« für die Verschlüsselung des Funkverkehrs auf der taktischen Ebene zwischen Division und Bataillon[49]. Die Maschine war ähnlich wie die »C-36«, hatte jedoch sechs Schlüsselwalzen. Die Firma Smith-Corona baute während des Krieges rund 140 000 Exemplare dieser Maschine, die auf diese Weise wohl zur meistgebauten Schlüsselmaschine bis zum Ende des Zweiten Weltkrieges wurde.

Parallel hatte Hagelin die »C-36«-Maschine auch in einer elektrifizierten Form mit einer Eingabe-Schreibmaschinentastatur und elektromechanischer Übertragung auf zwei Druckwerke gebaut, wobei eine Kurbel erlaubte, die Maschine bei Ausfall des Stroms auch von Hand zu bedienen.

Eine Version dieser Maschine wurde von der italienischen Marine als »C-38 M« eingeführt und sollte für die Kriegführung im Mittelmeer im Rahmen des in diesem Buch behandelten Themas eine große Bedeutung erlangen[50].

In Deutschland wurde die während des Frankreich-Feldzuges erbeutete Maschine »C-36« von der Firma Wanderer zur Schlüsselmaschine »T 41« entwickelt, die ein verbesserter Nachbau der »C 36« war, wobei vor allem auf einen ungleichförmigen Antrieb der Walzen als Verbesserung hinzuweisen ist. Etwa 600 Stück wurden bis zum Ende des Krieges gebaut, ein Teil allerdings als weitere Spezialversion »Gerät 41 Z«, wobei es sich um eine Ziffernschlüsselmaschine handelte, die vor allem für den Luftwaffenwetterdienst verwendet wurde.

Für die Darstellung des Seekrieges im Mittelmeer hier in diesem Werk sollten einerseits die »ENIGMA-D« und ihr italienischer Nachbau, die Schlüsselmaschine »Alfa«, die von der italienischen Kriegsmarine verwendet wurden, sowie die bei der deutschen Luftwaffe eingesetzte »ENIGMA-I« und die Marine-»ENIGMA«-Maschine »Funkschlüssel M«, andererseits aus der Hagelin-Familie die Version »C-38 M«, die ebenfalls von der italienischen Marine verwendet wurde, Bedeutung erlangen.

1.4 Die Entwicklung der Operation »ULTRA«

Die deutschen »ENIGMA«-Schlüsselverfahren

Über den Weg, auf dem die Entzifferung der mit der »ENIGMA«-Schlüsselmaschine verschlüsselten deutschen Funksprüche möglich wurde, gibt es zahlreiche Schilderungen, in denen jedoch vielfach Fakten und Daten falsch dargestellt oder verwechselt worden sind und in die andererseits oft auch Gerüchte und der Phantasie entsprungene Geschichten eingeflossen sind. Es soll deshalb an dieser Stelle ein dem gegenwärtigen Stand der Forschung entsprechendes Bild als Überblick gegeben werden.

Die deutschen militärischen Kryptologen hielten die »ENIGMA«-Maschine vor dem Zweiten Weltkrieg für ein besonders sicheres System, da die vier sich gegenseitig überlagernden Verschlüsselungseinstellungen (Walzenlage, Ringstellung, Steckerverbindung und Grundstellung) eine so astronomisch große Zahl von Tauschalphabeten und Schlüsselmöglichkeiten boten (der polnische Experte T. Lisicki hat die Zahl der theoretischen Möglichkeiten einmal auf eine Ziffer mit 5 + 87 Nullen berechnet)[51], daß man glaubte, nur mit Hilfe der gültigen Schlüsseleinstellungen sei ein »ENIGMA«-verschlüsselter Funkspruch mit einer ausreichenden Geschwindigkeit lösbar. Man war der Ansicht, daß selbst eine vom Gegner erbeutete Schlüsselmaschine ohne die entsprechenden Schlüsseleinstellungen kaum nützlich sein würde. Heute wissen wir jedoch, daß das Problem der Sicherheit der »ENIGMA«-Schlüsselmaschinen und wahrscheinlich auch der meisten anderen Maschinen weniger in ihrer Konstruktion als in dem bei ihrer Verwendung angewandten Verfahren lag sowie in den bei einer verbreiteten Verwendung von den Benutzern gemachten Fehlern und Verstößen gegen die festgelegten Regeln.

Die Gefahr der Entzifferung eines Geheimtextes wird um so größer, je mehr Text mit der gleichen Schlüsseleinstellung verschlüsselt wird. So war es das Bestreben der deutschen Fernmeldedienststellen, dem durch entsprechende Verfahrensregeln entgegenzuwirken. Bei den von der Marine verwendeten Funkschlüsseln »C« und »M« wechselte die innere Einstellung (Walzenlage und Ringstellung) anfangs in unregelmäßigen Abständen einmal die Woche, von Kriegsbeginn bis zumindest Ende 1941 alle 48 Stunden und danach, ebenso wie die äußere Einstellung von Anfang an, täglich. Bei der von Heer und Luftwaffe verwendeten »ENIGMA-I« ging man bereits 1938 zum täglichen Wechsel der inneren und äußeren Einstellung über und erhöhte die Zahl der Änderungen in den besonders stark benutzten Schlüsselbereichen im späteren Verlauf des Krieges auf bis zu dreimal täglich.

Da auch bei häufiger Änderung der Schlüsseleinstellung, jedoch bei gleicher Grundstellung zu Beginn eines Verschlüsselungsvorganges zu viele gleiche Buchstabenfolgen auftreten konnten, wurde jeder Spruch nach einem eigenen Spruchschlüssel verschlüsselt. Funksprüche mit mehr als 180 Buchstaben mußten geteilt werden. Das zur Bildung der Spruchschlüssel angewandte Verfahren unterschied sich bei Heer und Luftwaffe einerseits und Marine andererseits etwas. Bei der »ENIGMA-I« wählte der Schlüssler vor dem Kriege frei drei Buchstaben aus, die mit der eingestellten Grundstellung des Tagesschlüssels zweimal hintereinander getastet wurden. Die sich ergebenden 6 aufleuchtenden Buchstaben wurden an den Beginn des zu übermittelnden Funkspruches gesetzt. Zur Kennung des verwendeten Schlüsselverfahrens fügte der Schlüssler eine der vier Kenngruppen des Tagesschlüssels an der dort angegebenen Einsatzstelle in den Funkspruch ein. Bei den Marineverfahren wurden die zur Kennzeichnung des verwendeten Verfahrens und Schlüsselbereiches notwendigen Kenngruppen aus einem Funknamen- oder Kenngruppenbuch ausgewählt und mit der Grundstellung der Maschine zweimal getastet. Die drei ersten Buchstaben kamen an den Anfang, die drei letzten an den Schluß des Spruches. Hier bildete die gewählte Kenngruppe zugleich den Spruchschlüssel.

Um die Menge des nach dem gleichen Tagesschlüssel verschlüsselten Materials herabzusetzen, vor allem aber auch aus betriebstechnischen Gründen, wurden die am Funkverkehr beteiligten Stellen und Einheiten in Funkverkehrskreise mit einzelnen zugeteilten Frequenzen und in Schlüsselbereiche mit eigenen Tagesschlüsseleinstellungen eingeteilt.

In einem Funkverkehrskreis wurden aus organisatorischen, operativ-taktischen oder geographischen Gründen zusammenzufassende Funkstellen vereinigt. Beim Heer und der Luftwaffe gab es horizontal geordnete Verkehrskreise für die Verbindung der höheren Führungsstellen untereinander, wie z.B. der Heeresgruppen und Armeen bzw. der Luftflotten oder Wehrkreiskommandos und Luftgaukommandos. Weiter gab es vertikal geordnete Verkehrskreise, in denen die Funkverkehre der Armeen über die Korps bis zu den Divisionen oder von den Luftflotten über die Fliegerkorps und Divisionen bis zu den Geschwadern zusammengefaßt waren. Während des Krieges wurden gelegentlich bei regional begrenzten Operationen Sonderverkehrskreise gebildet, die auch auf die Teilstreitkräfte übergreifen konnten. Die Zahl der Verkehrskreise vermehrte sich während des Krieges sowohl beim Heer als auch bei der Luftwaffe. Bei der Marine wurden die Verkehrskreise Schaltungen genannt, und diese nahmen mit der Ausweitung des deutschen Machtbereiches nach 1940 ebenfalls ganz erheblich zu.

Parallel waren auch die Schlüsselbereiche nach operativen Gesichtspunkten gegliedert. Bei Heer und Luftwaffe gab es, ähnlich wie bei den Verkehrskreisen, vertikale und horizontal angeordnete Schlüsselbereiche, deren Zahl im Verlauf des Krieges, ganz besonders beim Heer, stark zunahm. Gelegentlich, wie z.B. während des Norwegenunternehmens, wurden auch eigene Wehrmachtschlüsselbereiche eingerichtet. Bei der Marine gab es bei Beginn des Krieges nur zwei Schlüsselbereiche, »M — heimische Gewässer« und »M — außerheimische Gewässer« und darüber hinaus die Schlüsselverfahren »M — allgemein«, »M — Offizier« und »M — Stab« mit jeweils besonderen Schlüsseleinstellungen und Vorschriften für die teilweise doppelte Überschlüsselung. Mit der Ausweitung des Funkverkehrs vermehrte sich die Zahl der Schlüsselbereiche, z.B. bei der Marine im Jahr 1943 bis auf mehr als 40, von denen allein 24 mit dem

Schlüssel »M« arbeiteten, während die anderen einfachere Handtauschtafeln verwendeten. Der Umfang des in den einzelnen Schlüsselbereichen abgewickelten Verkehrs schwankte sehr stark, so gab es Schlüsselkreise, in denen im Laufe eines Tages nur ein oder zwei Funksprüche anfielen, während in anderen Bereichen die Zahl gelegentlich auf mehrere hundert ansteigen konnte, was später wesentliche Auswirkungen auf die alliierte Funkentzifferung haben sollte.

Doch nicht nur die Inhaltsauswertung der gegnerischen Funkaufklärung suchte man zu verhindern. Um die Verkehrsanalyse zu erschweren, ließ die deutsche Marine z.B. bei ihren Kriegsfunkverfahren Anschriften und Unterschriften in Funksprüchen weg und kennzeichnete diese nur noch mit einer Leitnummer, welche die Funkstelle bei der Wiederholung dem Spruch voranstellte. Um die Gefahr der Einpeilung der in See befindlichen Seestreitkräfte und U-Boote zu verringern, führte man im Winter 1939/40 ein Kurzsignalverfahren ein, bei dem die zu verschlüsselnden Texte zuvor in einen kurzen Buchstabencode gebracht wurden, der aus einem Kurzsignalheft zu entnehmen war und dann noch einmal mit der gültigen Schlüsseleinstellung verschlüsselt wurde. Diese Kurzsignale wurden mit zwei zu Beginn gegebenen griechischen Buchstaben gekennzeichnet.

Oberster Grundsatz war bei allen Wehrmachtteilen die Vorschrift, das Instrument des Funkverkehrs nur dann zu benutzen, wenn keine andere Verbindungsmöglichkeit gegeben war. Um der gegnerischen Funkpeilauswertung und Verkehrsanalyse möglichst wenig Anhaltspunkte zu geben, wurde nicht nur das Instrument der Funkstille verwendet, sondern vor allem auch versucht, durch eine entsprechende, über längere Frist aufgebaute Funktäuschung oder die Verwendung von Füllfunkverkehr den Gegner irrezuführen[52].

Die polnischen und französischen Entzifferungsdienste und die »ENIGMA«

Die für Deutschland zuständige Abteilung BS 4 des polnischen Biuro Szyfrow hatte den Funkverkehr der deutschen Reichswehr in den zwanziger Jahren beobachtet und dabei verschiedene der benutzten Handschlüsselverfahren gelöst. Als 1928 ein neues Verfahren auftrat und zunächst allen Lösungsversuchen trotzte, erkannte man bald, daß es sich um ein Maschinenschlüsselverfahren handeln mußte, das vermutlich auf der im Handel erhältlichen »ENIGMA«-Maschine basierte. Doch brachte auch das damals gekaufte Exemplar die Kryptologen zunächst einer Lösung nicht näher; man mußte ganz neue Methoden mathematischer Analyse anwenden. Man suchte an Universitäten begabte deutschsprechende junge Mathematiker, von denen 20 zu einem besonderen Kurs für Kryptologen an der Universität Poznan (Posen) zusammengezogen wurden. Drei von ihnen, Marian Rejewski, Jerzey Rožicki und Henrik Zygalski, stellte man im Herbst 1932 beim BS 4 ein. Rejewski begann mit Hilfe einer gekauften kommerziellen »ENIGMA«-Maschine und einer großen Anzahl von aufgefangenen deutschen Funksprüchen an der mathematisch-analytischen Lösung des Verfahrens zu arbeiten. Dabei kam ihm Material zugute, das dem polnischen Nachrichtendienst von französischer Seite zugegangen war[53].

Im Oktober 1931 hatte sich dem damaligen Hauptmann im französischen Nachrichtendienst Gustave Bertrand ein deutscher Angestellter der Chiffrierabteilung des Reichsheeres angeboten und die Lieferung von Unterlagen zugesagt. Am 7./8. November 1931 traf sich Bertrand zum ersten Mal in Verviers mit Hans-Thilo Schmidt, dessen Bruder der damalige Chef des Stabes der Inspektion der Nachrichtentruppen, Oberstleutnant Rudolf Schmidt, später Generaloberst, war. Bei diesem Treffen übergab Hans-Thilo Schmidt (von dessen Aktion sein Bruder keine Ahnung hatte) Bertrand Zeichnungen der militärischen »ENIGMA«-Maschine und Unterlagen über das angewandte Schlüsselverfahren. Bertrand, der mit dem Material bei den französischen Experten keinen großen Eindruck machte, reiste nach Polen, wo er vom 7. bis 11. Dezember 1931 mit den dortigen Experten erstmals zusammentraf und sein Material übergab. Unter Benutzung dieses Materials erzielte Rejewski im Januar 1932 den entscheidenden mathematischen Durchbruch. Dabei kam ihm die zweimalige Verschlüsselung der dreistelligen Spruchschlüssel im deutschen Verfahren zugute. Da sie stets mit der gleichen Grundstellung begannen, konnte man in 21 von 26 Fällen davon ausgehen, daß sich bei der Verschlüsselung der ersten sechs Buchstaben aller Funksprüche eines Tages nur die rechte Walze gedreht hatte. Der reziproke Buchstabentausch der »ENIGMA«-Maschine ermöglichte es, bei ausreichend vorliegendem Funkspruchmaterial durch diese Wiederholungen die auftretenden Zyklen oder Perioden herauszufinden, in denen sich die Buchstabenfolgen einer Walze wiederholten. Auf diese Weise konnte man einerseits die Spruchschlüssel lösen, vor allem aber bei Anwendung bestimmter mathematischer Gesetze, die Rejewski entwarf, die inneren Verdrahtungen der Schlüsselwalze herausfinden, denn jede der drei benutzten Walzen kam durch die Änderung der Walzenlage einmal in die rechte Position[54].

Bei einem weiteren Treffen am 8. Mai 1932 übergab Schmidt Bertrand weiteres Material, darunter die Schlüsseleinstellungen eines Schlüsselkreises für den ganzen Monat Oktober sowie den Monat Dezember 1931. Damit gelang es den polnischen Experten, in der Lösung der Steckerverbindungen einen großen Schritt weiterzukommen und die komplizierten Gleichungsserien aufzustellen, mit denen es möglich wurde, die Permutationen nicht nur der Walzenlage, der Umkehrwalze und der Ringstellungen, sondern auch der Steckerverbindungen zu lösen. Insgesamt traf Bertrand mit Schmidt, der unter dem Decknamen »Asche« geführt wurde, bis 1939 19mal an verschiedenen Stellen Europas zusammen und übernahm dabei 303 verschiedene Dokumente, darunter Gebrauchs- und Schlüsselanleitungen sowie weitere Schlüsselunterlagen aus den Jahren 1931 bis 1934 sowie Materialien, in denen verschlüsselte Texte mit Klartexten zusammengestellt waren. Nachdem »Asche« 1936 in das Forschungsamt der Luftwaffe versetzt worden war, erfuhren die Franzosen u.a. auch Einzelheiten über die dort geleistete Dechiffrierarbeit. Aufgrund der vorhandenen kommerziellen Maschine sowie der erlangten Unterlagen und der mathematischen Analysen Rejewskis konnte die Warschauer Firma AVA 1934 mit dem Nachbau rekonstruierter »ENIGMA«-Maschinen beginnen. Sie waren zunächst noch etwas primitiv, unterschieden sich aber ab 1938 von den Originalen nur noch durch einige Anordnungen von Teilen. Bis zum September 1939 wurden 15 solcher Maschinen gebaut.

Doch es genügte nicht, die Maschine zu besitzen und den Spruchschlüssel rekonstruieren zu können. Es war erforderlich, Methoden zu entwickeln, mit denen man die Tageseinstellungen der Schlüsselmaschine schnell lösen konnte. Zusammen mit Rosicki und Zygalski entwickelte Rejewski verschiedene Verfahren. Zuerst benutzte man eine Kartei, in der die Zahl und Zykluslänge aller möglichen Walzenlagen verzeichnet waren. Doch war dieses Verfahren bei manuellem Betrieb viel zu zeitaufwendig. So erfanden die polnischen Mathematiker verschiedene Maschinen, zuerst den »Zyklometer«, der aus zwei durch die schaltbaren inneren Verbindungen verbundenen Walzensätzen der »ENIGMA« bestand, jedoch keine Tastatur besaß. Waren die einander entsprechenden Perioden gefunden, leuchteten Lämpchen auf und gaben die Grundstellung des Tagesschlüssels an[55].

Nachdem es in den Jahren 1935 und 1936 durch die Einführung neuer Versionen der Schlüsselmaschinen und Verbesserungen an vorhandenen Maschinen immer wieder zu Rückschlägen gekommen war, erreichte die BS 4 im Laufe des Jahres 1937 mit den nachgebauten Schlüsselmaschinen und dem »Zyklometer« so gute Fortschritte, daß im Januar 1938 bei einem Test etwa 75 Prozent der aufgefangenen deutschen Funksprüche entziffert werden konnten[56]. Doch war der Zeitaufwand für eine operative Nutzung der Entzifferungen immer noch zu groß.

Deshalb ging man daran, eine Maschine zu bauen, die automatisch alle möglichen Ringstellungen einer Walzenlage durchlaufen konnte und an der richtigen Stelle stehenblieb. Da die »ENIGMA« mit drei benutzten Walzen sechs Walzenlagen ermöglichte, benötigte man sechs solche, »Bomba« genannte Maschinen. Mit ihnen war es möglich, innerhalb von 110 Minuten anhand von drei Paaren verschlüsselter Spruchschlüssel, in denen Einbuchstabenzyklen vorkamen, die Walzenlage und die Ringstellung des Tages herauszufinden. Im November 1938 war die erste »Bomba« fertig[57]. Auf deutscher Seite wurden aber nun zwei Änderungen wirksam, die diese Erfolge wieder zunichte machten.

Am 15. September 1938 wurde das Spruchschlüsselverfahren geändert. Von nun an gab es keine einheitliche Grundstellung im Tagesschlüssel mehr, sondern der Schlüssler wählte diese Grundstellung frei aus und setzte sie unverschlüsselt an den Anfang des Spruches. Sodann wurde der Spruchschlüssel mit dieser Grundstellung zweimal getastet. Daran schloß sich die aus dem Tagesschlüssel entnommene Kenngruppe, die ebenso wie der nachfolgende Klartext mit dem Spruchschlüssel verschlüsselt wurde. Auf diese Weise wurde die Variationsbreite der Verschlüsselungsmöglichkeiten mit der rechten Walze wesentlich erhöht. Doch kam die »Bomba« gerade rechtzeitig, um dieser Schwierigkeit zumindest solange zu begegnen, wie die verhängnisvolle Wiederholung des Spruchschlüssels am Kopf des Spruchs beibehalten wurde.

Aber am 15. Dezember 1938 wurden bei Heer und Luftwaffe die beiden bisher gesperrten Walzen IV und V in Betrieb genommen. Zwar gelang es, die inneren Verbindungen dieser Walzen bald herauszufinden, weil der Sicherheitsdienst (SD) der SS zwar die neuen Walzen eingeführt hatte, aber bei dem alten Spruchschlüsselverfahren geblieben war. Doch hatte sich die Zahl der möglichen Walzenlagen nun von 6 auf 60 erhöht, und es ging über die Kapazität des Biuro Szyfrow, die benötigten 60 »Bombas« zu bauen. Wieder fanden die polnischen Mathematiker, vor allem Zygalski, bis zum Sommer 1939 eine andere Möglichkeit, das Problem zu lösen. Sie entwarfen eine Lochkarte von 26 x 26 Quadraten. Für jede Ringstellung jeder Walzenlage wurde eine Karte hergestellt, mit deren richtiger Ordnung man die Einbuchstabenzyklen herausfinden konnte, die dann ihrerseits den Weg zur richtigen Walzenlage und Ringstellung wiesen und indirekt das Herausfinden der Steckerverbindungen ermöglichten.

Wenn auch dieses Verfahren in der Theorie die Lösung bot, war es wieder zu zeitaufwendig, um den Ansprüchen an eine operative Nutzung der Entzifferung gerecht zu werden. In dieser Lage entschlossen sich die Verantwortlichen des Biuros Szyfrow, die Obersten Mayer und Langer, über Bertrand eine Verbindung auch mit dem britischen Nachrichtendienst zu suchen[58].

Die französisch-polnische Zusammenarbeit mit England

In England waren nach einer Konferenz am 29. April 1919 die gesamten Entzifferungsdienste in einer neuen Organisation, der Erbin des schon im Ersten Weltkrieg so erfolgreichen »Room 40« der Admiralität, zusammengefaßt, die sich künftig »Government Code and Cypher School« (G.C. und C.S.) nannte. Die Früchte ihrer Arbeit, d.h. die entzifferten Funksprüche, wurden vom Foreign Office an die verschiedenen interessierten Dienststellen verteilt. Die Aufträge der Organisation waren damals anscheinend das Studium, die Zusammenstellung und der Druck aller Schlüssel der englischen Regierung, die Prüfung der Sicherheitssysteme und die Aufsicht über die Ausbildung des dazugehörigen Personals und im Geheimen die Untersuchung, das Studium und die Lösung der im Ausland benutzten Schlüsselmethoden und die mögliche Entzifferung der Verfahren.

Die »Government Code and Cypher School« wurde anfänglich in London 1, Watergate House, Adelphi, d.h. in anderen Räumen als die Admiralität untergebracht. Am 20. Dezember 1923 wurde sie führungsmäßig dem Chef des Geheimdienstes (SIS) und administrativ dem Foreign Office in Anbetracht der Tatsache unterstellt, daß das von ihr bearbeitete Material nicht mehr nur die Marine betraf, sondern die ganze britische Außenpolitik. Die Admiralität forderte damals, daß die Marineabteilung der G.C. & C.S. unverändert personell bestehen blieb und mit diesen Offizieren im Kriegsfall sofort wieder der Royal Navy unterstellt würde. Dies wurde ihr zugestanden, und der aus dem »Room 40« stammende Commander Alastair Denniston wurde zum Leiter der ganzen Dienststelle bestimmt.

In den 30er Jahren hatte man vor allem gegen japanische und italienische Schlüssel einige Erfolge gehabt, während die Ergebnisse gegenüber dem deutschen und sowjetischen Schlüsselverkehr offenbar geringer geblieben waren. Eine Zusammenarbeit bei der Lösung der deutschen »ENIGMA«-Verfahren lief nur langsam an. 1932 hatte man auf den Kontaktversuch Bertrands noch nicht reagiert. Ebenso kam es während des Spanischen Bürgerkrieges 1936, als die G.C. & C.S. eine auf nationalspanischer Seite benutzte Version der »ENIGMA-D« entziffern konnte, nur zu einer ergebnislosen Anfrage. Erst die Einladung Bertrands für eine französisch-polnisch-britische Konferenz in Paris vom 7.—9. Januar 1939 nahm man an, ohne daß es dabei aber über den Austausch einiger technischer Ideen sowie über den Austausch von Verbindungsoffizieren hinaus zu Vereinbarungen kam[59].

Als die Polen erkannten, daß am 1. Juli 1939 eine weitere Änderung bei den deutschen Schlüsselmaschinen eingetreten war, die eine Lösung in noch weitere Ferne rückte, entschlossen sie sich, die nach dem englisch-französischen Garantieversprechen vom März 1939 gewonnenen Bundesgenossen nun voll ins Vertrauen zu ziehen. Auf polnische Einladung trafen sich vom 24.—27. Juli 1939 im Entzifferungszentrum »Wicher« im Wald von Pury, 20 km südostwärts von Warschau, von französischer Seite Major Bertrand und der Kryptologe Hauptmann Braquenié und von britischer Seite Commander Alistair Denniston mit seinem Chef-Kryptologen A. Dillwyn Knox sowie von polnischer Seite die Obersten Mayer und Langer sowie einige der Kryptologen. In aller Offenheit führten die Polen den Gästen sowohl ihre nachgebauten »ENIGMA«-Maschinen als auch die »Zyklometer«, die »Bomba« und die Lochkarten vor, was bei den Partnern einige Überraschung auslöste. Man erreichte ein weitgehendes Übereinkommen. Danach konnten sich die Polen künftig weiterhin auf die Lösung der mathematisch-theoretischen Probleme konzentrieren, die Franzosen hatten ihre Agentenkontakte weiterzuführen, während die Briten sich mit der Verbesserung der Techniken und der Maschinen für die schnelle Entzifferung der Tagesschlüssel befassen sollten. Zum Abschluß machten die Polen ihren Partnern je eine der AVA-Nachbau-»ENIGMA«-Maschinen zum Geschenk, die Mitte August in Paris und London eintrafen.

Die getroffenen Abmachungen konnten sich jedoch nicht mehr auswirken, bevor der deutsche Angriff über Polen hereinbrach. Die polnischen Kryptologen konnten nicht helfen; sie mußten schließlich über Rumänien nach Frankreich ausweichen, wo sie sofort in das französische Entzifferungszentrum in Vignolles bei Paris eingegliedert wurden.

Aus Gründen der Sicherheit, die mit den voraussehbaren Luftangriffen auf London zusammenhingen, wurde die G.C. & C.S. im September 1939 in die kleine Stadt Bletchley, 80 km nördlich der britischen Hauptstadt, an der Bahnlinie nach Coventry oder genauer in einen einsamen Landsitz mit dem Namen Bletchley Park verlegt, in dessen großem Garten für die verschiedenen Entzifferungsabteilungen geeignete »Hütten« gebaut wurden, anfangs Holzbaracken, später auch Steingebäude[60].

Zwischen Vignolles und insbesondere dem als »Sektion Z« in das französische Entzifferungszentrum integrierten polnischen Team und Bletchley Park (BP) war inzwischen die Zusammenarbeit intensiviert worden. In BP hatte man die polnischen Lochkarten zur Auffindung des Tagesschlüssels verbessert, wobei neue Gedanken des britischen Mathematikers Gordon Welchman eine Rolle spielten[61].

Mitte Dezember 1939 waren die beiden ersten Sätze dieser Lochkarten fertig, von denen einer sofort nach Vignolles gebracht wurde. Mit ihrer Hilfe konnte die »Sektion Z« in der zweiten Dezember-Hälfte einen ersten »ENIGMA«-Tagesschlüssel vom 28. Oktober lösen. Er gehörte zu dem für die Verbindung zwischen den Wehrkreiskommandos verwendeten Schlüsselbereich. Anfang Januar glückte BP die Lösung des Tagesschlüssels vom 25. Oktober für den gleichen Bereich. Im Laufe des Monats Januar wurden weitere bis zum 6. Juli 1939 zurückliegende Tagesschlüssel aus diesem nun »Green« genannten Schlüssel sowie dem Luftwaffenschlüssel »Blue« gebrochen, der für die Ausbildungs- und Übungszwecke der Luftwaffe benutzt wurde. Große Erleichterung herrschte, als man Ende Januar 1940 den Luftwaffenschlüssel »Red« vom 6. Januar 1940 lösen konnte, womit deutlich wurde, daß zum neuen Jahr keine gravierenden Schlüsseländerungen eingeführt worden waren. In den folgenden Monaten konzentrierte man sich im BP und Vignolles vor allem auf diesen Schlüssel »Red«, den Hauptschlüssel der Luftwaffe, der auch zur Übermittlung taktischer und operativer Sprüche benutzt wurde, jedoch anfangs, vor Beginn des Bewegungskrieges, vor allem administratives und organisatorisches Detailmaterial enthielt. Bis zum Beginn des deutschen Norwegen-Feldzuges konnten BP etwa 50 und die »Sektion Z« etwa 25 Tagesschlüssel lösen, mit durchschnittlich 30—40 Sprüchen pro Tagesschlüssel. Die Verzögerung bei der Entzifferung betrug aber durchweg noch mehrere Wochen, so daß eine operative oder gar taktische Nutzung ausgeschlossen war[62].

Größere Möglichkeiten zeichneten sich ab, als BP zum 15. April den fünf Tage zuvor neu eingeführten Schlüssel »Yellow« lösen konnte, der speziell zur Abwicklung des Koordinierungsfunkverkehrs zwischen Heer und Luftwaffe während des Norwegen-Unternehmens eingeführt worden war und in wesentlich größerem Umfange operativ-taktisches Material enthielt. Bis zum Auslaufen dieses Schlüssels konnten immerhin 27 von 32 Tagesschlüsseln gelöst und 768 Sprüche entziffert werden. Die Nutzung dieser nur wenige Tage alten Sprüche scheiterte allerdings noch an der schwierigen Interpretation der zahlreichen verwendeten Abkürzungen und Code-Begriffe und weil die organisatorischen Vorbereitungen zur sicheren Übermittlung der gewonnenen Kenntnisse an die operativen Führungsstellen in Norwegen unzulänglich waren[63].

Bletchley Park (BP) und seine Techniken

Um die zur Lösung der Tagesschlüssel benötigte Zeit drastisch zu reduzieren, war in BP der geniale britische Mathematiker Alan Turing mit einigen Mitarbeitern unter Hochdruck am Werk, um seine Konzeption einer »Universalmaschine« zu einem für die Entzifferung der »ENIGMA« ausreichend leistungsfähigen Analogrechner zu entwickeln. Von der in ihrer Konzeption etwas abweichenden polnischen »Bomba« konnte er vor allem die dort gewonnenen Erkenntnisse über die inneren Verbindungen der Schlüsselwalzen nutzen, die nun, nach der Änderung der deutschen Spruchschlüsselverfahren, nicht mehr ohne die Erbeutung von Schlüsselwalzen zu lösen waren. Eine große Hilfe war hierbei die von Gordon Welchman entwickelte Diagonalverbindung zwischen den einzelnen Schaltkreisen. Man geht heute vielfach davon aus, daß Turing und seinem Team die Fertigstellung der ersten Testversion seiner »Bombe« dank der polnischen Erkenntnisse etwa sieben Monate früher gelang, als es sonst möglich gewesen wäre[64].

Das erste Versuchsmuster einer solchen britischen Bombe scheint im Mai 1940 in Bletchley Park eingetroffen zu sein, gerade rechtzeitig, um der Gefahr eines Blackout zu begegnen[65]. Zu Beginn des deutschen Westfeldzuges hatten Heer und Luftwaffe eine wichtige Verbesserung in die Schlüsselverfahren eingeführt und auf die doppelte Überschlüsselung des dreistelligen Spruchschlüssels im Kopf des Funkspruches verzichtet. Die ersten sechs Buchstaben setzten sich jetzt aus den drei Buchstaben der vom Schlüssler gewählten Kenngruppe und dem einmal überschlüsselten Spruchschlüssel zusammen. Damit fielen die »Females« fort, die für das von John Freeman entwickelte, auf den Lochkarten und mechanischen Sortiermaschinen beruhende Entzifferungssystem die Grundlage bildeten. Wieder waren es Nachlässigkeiten der deutschen Schlüssler, welche den Experten in BP den Einbruch ermöglichten. So hatte der junge Mathematiker John Herivel herausgefunden, daß die deutschen Schlüssler beim Ändern der Schlüsseleinstellung die Walze so in die Maschine einsetzten, daß die neu eingerastete Ringstellung oben und damit in der Nähe des Fensters saß, an dem die ausgewählte Kenngruppe eingestellt wurde. Mit dem auf dieser Erkenntnis aufbauenden »Herivel-Tip« war es sehr viel schneller möglich, die entsprechende Ringstellung zu finden. Weiter kam es bei mehrteiligen Funksprüchen sehr oft vor, daß die neuen Spruchschlüssel nahe bei den alten lagen, und durch diese »Sillies« war es häufig möglich, zu einem »Crib«, der Rekonstruktion von gültigen Schaltungen der »ENIGMA«-Maschine, zu kommen[66].

War die Verkehrsanalyse bereits für diesen Teil der Arbeit von großer Bedeutung, so war sie darüber hinaus auch ein äußerst wichtiges Hilfsmittel, um in dem deutschen Funkverkehr diejenigen Funksprüche zu identifizieren, die nach festgelegten Routinen aufgebaut waren, so daß man den verschlüsselten Buchstabengruppen wahrscheinliche Klartextgruppen unterlegen konnte. Zu solchen Sprüchen gehörten vor allem Wettermeldungen, aber auch die bei der Luftwaffe üblichen Morgen-, Tages-, Abend- und Tagesabschlußmeldungen, die von den Geschwadern und Fliegerkorps an die vorgesetzten Stellen regelmäßig um 04.00, 14.00, 20.00 und 24.00 Uhr abgegeben wurden und über die laufenden Einsätze der fliegenden Verbände und häufig auch über die Erdlage sowie die Absichten für den nächsten Tag berichteten. Bei der Marine sollten später in dieser Kategorie vor allem die Fühlunghaltersignale an Konvois eine verhängnisvolle Rolle spielen.

Im Mai 1940 war aus den Erkenntnissen der Verkehrsanalyse deutlich, daß die größte Zahl von Funksprüchen in dem Luftwaffenschlüsselbereich »Red« anfiel. So wurde die erste Versuchs-»Bombe« auf diesen Verkehr angesetzt, und es gelang am 22. Mai die ersten, nur zwei Tage alten Tagesschlüssel zu lösen. Von da ab gelang die Entzifferung dieses Schlüsselbereichs mit wenigen Ausfällen und relativ geringen Verzögerungen durchgehend bis zum Ende des Krieges, doch war das eine Ausnahme, die keineswegs für alle anderen Schlüsselbereiche gelten konnte.

Voraussetzung für den Erfolg war eine gewisse Menge von Funksprüchen im gleichen Schlüsselbereich. Während des deutschen Frankreich-Feldzuges im Mai und Juni 1940 schwoll die Menge der aufgefangenen und im Bereich »Red« entzifferten Funksprüche auf teilweise bis zu 1 000 pro Tag an. Dem für die organisatorischen Fragen zuständigen Group Captain Winterbotham war es inzwischen aufgrund der in Norwegen gemachten Erfahrungen gelungen, durch die Heranziehung sprachgewandter Offiziere die Übersetzung und Auswertung des Funkspruchmaterials in BP, vor allem aber die Übermittlung der Ergebnisse nach London und zu den operativen Kommandos zu beschleunigen.

Ein Blick auf den Lauf eines Funkspruches in der britischen Organisation mag verdeutlichen, warum eine ganz verzugslose Nutzung dieses Materials nur in Ausnahmefällen möglich war. Der Zeitverzug zwischen der Abgabe eines Funkspruches beim Feind und dem Augenblick der operativen Nutzung von Erkenntnissen aus der Funkentzifferung auf der eigenen Seite muß immer eines der für jede Analyse und Bewertung wichtigsten Probleme sein[67].

Das Netz der Horchstationen, in denen Funkhorcher und -horcherinnen den gegnerischen Funkverkehr rund um die Uhr aufzunehmen bemüht waren, war in den ersten beiden Kriegsjahren so erweitert worden, daß schließlich alle in Frage kommenden Frequenzen von günstig gelegenen geographischen Positionen aus überwacht werden konnten. Die von diesen »Y-Stationen« aufgenommenen und von den »X-Stationen« eingepeilten Funksprüche wurden zunächst durch Krad-Melder (»Welchman-Specials«) oder später durchgehend über Fernschreibleitungen an die für die Verkehrsanalyse zuständigen Stellen übermittelt, die sie aufgrund der äußeren Merkmale nach Verkehrs- und Schlüsselkreisen zu sortieren hatten. Die mit der »ENIGMA« verschlüsselten und an den fünfstelligen Funkgruppen als Heeres- oder Luftwaffensprüche identifizierten Sprüche gingen dann in BP an die »Hut 6«, die vierstelligen Marine-Sprüche an die »Hut 8« zur Festlegung der Prioritäten der Entzifferung. Dann gingen sie zu den anfangs in der »Hut 11« aufgestellten Bombs, später zu den verschiedenen ausgelagerten Bomb-Centers, wobei sie nach der den einzelnen Schlüsselbereichen zugewiesenen Priorität zunächst dazu benutzt wurden, um mit den Schlüsselgruppen und den den Bomben eingegebenen »Menues« den gültigen Tagesschlüssel zu finden. War das nach mehr oder weniger langen Bemühungen gelungen, konnten die Funksprüche mit dem gleichen Tagesschlüssel anfangs auf den nachgebauten »ENIGMA«-Maschinen, später zunehmend auf den für diesen Zweck adaptierten »Typex«-Maschinen zügig entschlüsselt werden. Sie gingen dann von der »Hut 6« an »Hut 3« bzw. von »Hut 8« an »Hut 4« zunächst zur Übersetzung. Die Luftwaffen- und Heeresfunksprüche wurden sodann von den Intelligence-Experten anhand der bisherigen Erkenntnisse und der aufgebauten Kardex-Register analysiert und interpretiert. Wichtige Inhalte wurden im Original oder in Zusammenfassungen per Fernschreiber an das Kriegs- und Luftwaffenministerium übermittelt und den »Intelligence«-Direktoren bzw. den Stabschefs zugänglich gemacht. Ebenso erhielt auch Churchill durch Group Captain Winterbotham regelmäßig die wichtigsten Ergebnisse im Original vorgelegt. Da jedoch die beiden Ministerien nur Verwaltungsfunktionen hatten, wurden die für operative Führungsstäbe in Großbritannien oder Übersee wichtigen Informationen neu formuliert und — wenn möglich — über Fernschreiber, sonst unter Benutzung der »One-time Pads« per Funk, an die jeder höheren Führungsstelle zugeteilten »Special Liaison Units« (SLU) übermittelt, die zumeist aus einem RAF-Offizier mit dem notwendigen Funk- und Schlüsselpersonal bestanden und unter Umgehung anderer Stabsoffiziere direkten Zugang zu dem Befehlshaber, dem Stabschef und dem leitenden Intelligence-Offizier besaßen, während ihre Tätigkeit allen anderen Stellen gegenüber zu tarnen war.

Das System der Navy wich von dem der Armee und der Royal Air Force etwas ab. Da die Admiralität nicht nur Verwaltungs-, sondern auch operative Führungsstelle war, bestand sie darauf, das gesamte Rohmaterial der entzifferten Funksprüche nur übersetzt, jedoch unbearbeitet zu erhalten, um es dann in dem eigenen Operational Intelligence Center (OIC), in dem alle nachrichtendienstlichen Informationen aus allen Quellen zusammenliefen, auszuwerten und in engstem Zusammenwirken mit den operativen Führungsstäben in Aktionen umzusetzen. Die für Seebefehlshaber wichtigen Informationen aus dieser »Special Intelligence« wurden dann unter dem Geheimhaltungsgrad »ULTRA« über Fernschreiber, oder mit einem »One-Time Pad« verschlüsselt per Funk, ausschließlich an Flagg-Offiziere übermittelt.

Bei der Nutzung von »ULTRA« waren die in die Natur der Quelle eingeweihten Befehlshaber gehalten, ihren Operationsbefehl stets mit einer glaubwürdigen »Cover-Story« zu versehen, um die Geheimhaltung zu gewährleisten. In allen Aufzeichnungen durfte niemals das Wort »ULTRA« verwendet werden, vielmehr war als Informationsquelle immer »Luftaufklärung«, »Agentenmeldung«, »Sichtmeldung« usw. einzutragen, was für den heutigen Historiker oft ein quellenkritisches Problem aufwirft.

Von Mai bis September 1940 war BP noch weitgehend auf die geschilderten Hand- und mechanischen Methoden angewiesen, da nur die erste Versuchsbombe zur Verfügung stand. Auf der anderen Seite ging nach dem Abschluß des deutschen Westfeldzuges der Funkverkehr rapide zurück, denn mit dem Ende des Bewegungskrieges konnten die Heeres- und Luftwaffenverbände für ihren Nachrichtenverkehr wieder zunehmend auf Drahtverbindungen übergehen. Nur in dem Schlüsselbereich »Red« fiel genügend Funkspruchmaterial an, um eine laufende Lösung der Tagesschlüssel und eine Entschlüsselung der meisten Funksprüche mit kurzen Verzögerungszeiten zu gewährleisten. Aus den Entzifferungen ließen sich jedoch Hinweise auf Angriffsziele und -zeiten selten entnehmen, da diese meist per Kurier oder über Fernschreiber befohlen wurden. Die häufig gefunkten rückschauenden Tagesmeldungen, administrative oder organisatorische Nachrichten sowie Wettermeldungen und die laufende Auswertung des mit einfacheren Verfahren verschlüsselten Luft-Boden-Verkehrs in Cheadle erlaubten es jedoch nach einer gewissen Zeit, aus der Vielzahl an und für sich allein unbedeutend erscheinender Einzelinformationen ein zutreffendes Bild der Dislokation der deutschen fliegenden Verbände, ihrer Flugzeugausstattung, ihres Bereitschaftsgrades und ihrer Verlegungen zu erstellen und damit ein weitgehend zutreffendes Bild der operativen Möglichkeiten der Luftwaffe vorauszusagen.

Ab September 1940 verbesserte sich die Situation mit der Lieferung der beiden ersten Prototyp-»Bombs«, deren Zahl dann bis zum Juni 1941 durch vier weitere Bombs stieg und bis Anfang August 1941 auf zehn bis zwölf »Bombs« insgesamt anwuchs. Die zusätzlichen »Bombs« ermöglichten es auch, weitere der aus der Verkehrsanalyse erkennbaren Schlüsselbereiche anzugreifen. Hier sollten für Bletchley Park vor allem die Schlüsselbereiche im Mittelmeerraum und in der Atlantikschlacht besondere Bedeutung erlangen.

Die Schlüsselverfahren der Achsenmächte im Mittelmeer

Während des ersten Jahres seiner Aktivität war »ULTRA« nur bei der Luftschlacht um England, bei der Beobachtung der deutschen Vorbereitungen für eine Invasion (Operation »Seelöwe«) und während der Offensive des italienischen Generals Graziani in Ägypten von einer gewissen Hilfe. Der erste Einbruch in die Funkschlüssel der italienischen Luftwaffe und des italienischen Heeres fand tatsächlich im August 1940 statt.

Die italienische Marine benutzte ihrerseits während des Krieges im Mittelmeer zwei Schlüsselverfahren für ihre Funksprüche. Auf der einen Seite standen die Handverfahren, begonnen mit dem kombinierten Code mit doppelter Überschlüsselung SM 19 S, der für die höchstrangigen Führungsfunksprüche verwendet wurde, sowie anderen weniger komplizierten taktischen Handschlüsselverfahren. Auf der anderen Seite standen zwei verschiedene Chiffrierverfahren auf der Basis von Maschinen. Einmal war es die von Deutschland während des Spanischen Bürgerkrieges erworbene Chiffriermaschine »ENIGMA-D« und ihre italienische Nachbauversion »ALFA«, zum anderen die schwedische Hagelin-Maschine C-38 M, deren Prinzipien bereits beschrieben sind. Von Ende 1940 ab wurde der Gebrauch von Chiffriermaschinen bei der italienischen Marine stärker, da man die Beschleunigung der Übermittlungsdauer für wichtiger als die Furcht vor einem leichten Einbruch hielt, der man in einigen Dienststellen von Supermarina, dem Oberkommando der italienischen Marine, Aufmerksamkeit schenkte. Wenn auch das angesehene »Manuale di Crittografia« (Handbuch der Kryptographie) des Generals Luigi Sacco, das vom Generalstab des Heeres herausgegeben war, die Möglichkeit der Geheimhaltung als das wichtigste Element bei allen Chiffriermaschinen ansah[68], waren doch nicht alle Experten innerhalb der italienischen Marine von der Sicherheit dieser Maschinen überzeugt.

Letztlich wurden die ausgeklügelteren und teureren und daher in geringerer Zahl vorhandenen »ENIGMA«-Maschinen für den Gebrauch auf höheren Befehlsebenen bei Landführungsstellen beschränkt, während man die Hagelin-Maschinen zunächst insbesondere bei den für den Nachschubverkehr verantwortlichen italienischen Führungsstellen und später auch innerhalb der Flotte auf Flaggschiffen benutzte. Auf die mit diesen Maschinen verschlüsselten Funksprüche konzentrierte sich die Aufmerksamkeit in BP.

Die ersten Einbrüche in die Maschinenschlüsselsysteme der italienischen Marine geschahen im September 1940. Aber der begrenzte Funkverkehr mit den wenigen Schlüsselmaschinen, die sich damals bei der Regia Marina befanden, erlaubten es den Engländern in den folgenden zwölf Monaten nur, die Bewegungen einiger U-Boote und weniger italienischer Geleitzüge sowie gelegentlich, wie im Falle der Schlacht von Matapan, Anzeichen für wichtige Operationen festzustellen, wie noch im einzelnen zu schildern ist. Auch muß die anfänglich geringe Flexibilität der Nachrichtenverbindungen zwischen Großbritannien und den Führungsstellen im Mittelmeer berücksichtigt werden, die verschiedentlich eine zeitgerechte Nutzung von Erkenntnissen verhinderte. Es wird sich im Laufe der DardPt AP,, zeigen, daß es der Royal Navy gelang, die »ULTRA«-Nachrichten ständig und mit Erfolg zum Schaden der italienischen Marine ab etwa Oktober 1940 einzusetzen, als der Funkverkehr der Marine, der mit der »ENIGMA« und vor allem der C 38 M verschlüsselt wurde, an Intensität zunahm und als, dank einer verbesserten Koordination zwischen den Nachrichtendienststellen und den Kampfverbänden im Mittelmeer, die Früchte der Arbeit einer erfahrenen Gruppe von Entzifferern und Analytikern bei BP ausreichend schnell den Einsatzkräften übermittelt werden konnten. Die Kryptologen in BP wurden von Professor Vincent, einem Dozenten für Italienisch an der Universität Cambridge, geleitet.

Wenn man ein realistisches und nicht apologetisch verfärbtes Bild der von den britischen Kryptologen den operativen Führern gebotenen Möglichkeiten auf dem Mittelmeerkriegsschauplatz des Zweiten Weltkrieges gewinnen will, muß man sich vor allem über den Umfang der BP zugänglichen Nachrichtenverbindungen und den Zeitaufwand für die jeweiligen Entzifferungen klarwerden.

Dabei ist es wichtig, neben den italienischen Schlüsselverfahren auch diejenigen deutschen Schlüsselbereiche im Auge zu behalten, die für den Mittelmeerkrieg von Bedeutung waren und von BP gelöst werden konnten. Mit der Verlegung des deutschen X. Fliegerkorps nach Sizilien im Januar 1941 führte die deutsche Luftwaffe für den operativen Funkverkehr dieses Großverbandes einen eigenen Schlüsselbereich ein, der in BP »Light Blue« genannt wurde und in den der erste Einbruch am 28. Februar 1941 gelang. Dieser Schlüssel konnte bis zu seiner Ablösung durch die speziellen Fliegerkorps-Schlüssel, die am 1. Januar 1942 eingeführt wurden, ähnlich wie der Schlüsselbereich »Red« mit kurzen Verzögerungen gelöst werden. Der Schlüssel des danach in Sizilien stationierten II. Fliegerkorps wurde nach zwölf Tagen am 12. Januar 1942 gebrochen (»Locust«). Der im April 1942 eingeführte spezielle Schlüssel des »Fliegerführers Afrika« für die Koordination von Luft-Boden-Operationen wurde am 22. April 1942 gelöst (»Scorpion«)[69].

Schwieriger war es für BP, in die Schlüsselbereiche des deutschen Heeres einzudringen, da sie im Gegensatz zu denen der Luftwaffe und der Marine von Anfang an sehr viel stärker untergliedert waren und in ihnen in Phasen stationärer Kampfhandlungen wenig Funkverkehr anfiel.

Das Deutsche Afrikakorps, das ab Februar 1941 in Libyen auftrat,benutzte drei verschiedene Schlüsselbereiche, einen für die Verbindung mit den vorgesetzten Führungsstellen, einen für den operativen Verkehr innerhalb des Afrikakorps bzw. später der Panzerarmee Afrika und den Divisionen sowie einen dritten für administrative Angelegenheiten. Ein erster kryptanalytischer Einbruch in den Führungsschlüssel gelang erst nach sieben Monaten im September 1941 und kontinuierlich während der Operation »Crusader« vom 12.—23. November nach der Erbeutung von Schlüsselunterlagen (»Chaffinch II, I« und »Phoenix«). Nach dem Auslaufen der erbeuteten Schlüsselunterlagen gelang der Einbruch in »Chaffinch II« jedoch erst im April 1942, von da ab kontinuierlich, und in »Phoenix« vom Sommer 1942[70].

Die Lösung der deutschen Marineschlüssel im Atlantik und Mittelmeer

Obgleich die deutsche Marine zu Beginn des Krieges nur zwei Schlüsselbereiche für den »Schlüssel M« benutzte und etwa 90 Prozent des Verkehrs im Schlüsselbereich »Heimische Gewässer« anfielen, blieb auch dieser stark frequentierte Bereich BP zunächst verschlossen. Das lag vor allem daran, daß die deutsche Marine schon im Dezember 1938, als das Heer die Walzen IV und V in Betrieb nahm, zu ihren bisher benutzten fünf Walzen zwei weitere und im Juli 1939 eine achte einführte, so daß sich die möglichen Walzenlagen von 60 zunächst auf 210 und dann auf 336 erhöhten. Weiter machte die Einführung eines vom Schlüssel »M« abgetrennten Kenngruppenverfahrens für die Spruch- und Verfahrensschlüssel es unmöglich, die inneren Verbindungen der Walzen mit den bisher von den Polen übernommenen und weiterentwickelten Methoden zu rekonstruieren. So blieb das OIC der Admiralität neben den konventionellen Informationsquellen zunächst auf die Verkehrsanalyse und die Peilauswertung angewiesen[71].

Auch als man am 12. Februar 1940 bei den Geretteten von *U 33* drei Schlüsselwalzen fand, brachte das keinen Fortschritt für BP, da sie offenbar zufällig zu den bereits bekannten Walzen I—V gehörten. Auch die Erbeutung von einigen Schlüsseleinstellungen von *Schiff 26* während der Norwegen-Unternehmung am 26. April ermöglichte nur mit erheblicher Verzögerung im Mai die Entzifferung von sechs Tagesschlüsseln aus dem April. Doch gewann man aus diesem Material wichtige Kenntnisse über die Marinefunkorganisation, die Verfahren, die man Herbst 1940 durch die Entsendung eines Funkbeobachtungsschiffes in den Atlantik noch weiter vertiefte. So wurde z.B.

möglich, die mit der Methode der Verkehrsanalyse zu identifizierenden und peilbaren Fühlunghalterkurzsignale der U-Boote an Konvois für die eigene Konvoisteuerung auszunutzen, auch ohne den genauen Text lesen zu können.

Das Auftreten schwerer deutscher Schiffe auf den Nordatlantik-Routen ab November 1940 und die Rolle, die der operativen Führung der U-Boote durch Funk offenbar zukam, ließen es der Admiralität dringlich erscheinen, die Voraussetzungen der Funkaufklärung zu verbessern. So wurden spezielle Operationen zur Erbeutung deutschen Schlüsselmaterials angesetzt. Während des Lofoten-Raids gelang es dem Zerstörer *Somali* am 4. März 1941, von dem Vorpostenboot *Krebs* Schlüsselunterlagen und einen Kasten mit Reserveschlüsselwalzen zu bergen. Diese Beute ermöglichte es den Experten in BP, den entscheidenden Einbruch in den Schlüsselbereich »Heimische Gewässer« (ab 1. Januar 1942 »Hydra« genannt) zu erzielen. Ab 10. März konnte man rückwirkend den Verkehr des Februar entschlüsseln, und zwischen dem 22. April und 10. Mai mit kryptanalytischen Methoden einen Teil des Verkehrs des April, dann ebenso einen Teil des Mai-Verkehrs mit drei bis sieben Tagen Verzögerung. Die gewonnenen Erkenntnisse eröffneten eine Chance zu weiterer Beute. Man konnte aufgrund der Entzifferung des Verkehrs der ins Nordmeer entsandten deutschen Wetterbeobachtungsschiffe am 7. Mai eines von ihnen, die *München*, überraschen und entern, ehe die Schlüsselunterlagen vernichtet werden konnten. Mit ihnen las man den Verkehr im Juni praktisch zeitgleich mit. Daß es zufällig am 9. Mai glückte, an Bord des bei einer Geleitzugschlacht zum Auftauchen gezwungenen *U 110* zu gelangen und von dem Boot eine intakte Schlüsselmaschine und alle Schlüsselunterlagen, insbesondere das U-Boot-Kurzsignalheft und die Schlüsselunterlagen »M-Offizier«, herunterzuholen, hatte tatsächlich nicht mehr die Bedeutung für BP, wie man bisher annahm, da das grundlegende kryptologische Problem schon gelöst war. Auch konnte man eine der sechs seit August/September 1940 eingesetzten, z.T. verbesserten »Bombs« der Naval Section in BP zuteilen, nachdem man ihre Kapazität auf die erhöhte Zahl von möglichen Walzenlagen erweitert hatte[72].

Vermutlich haben die großen Möglichkeiten, die das zeitgleiche Mitlesen aufgrund von Beuteschlüsselmaterial geboten hatte, die Admiralität dazu veranlaßt, um die Monatswende Juni/Juli 1941 nochmals eine Aktion gegen ein Wetterschiff zu starten. Die *Lauenburg* wurde am 28. Juni aufgebracht und lieferte die Schlüsselunterlagen für den Juli.

Die aufgrund der Erkenntnisse der Funkentzifferung möglich gewordene Versenkung aller Überwasserversorgungsschiffe hatte auf deutscher Seite zu der naheliegenden Befürchtung einer Kompromittierung der eigenen Schlüsselmittel geführt. Zwar hatte eine Untersuchung ergeben, daß dafür auch andere Gründe verantwortlich gemacht werden könnten, und man glaubte, den Gefahren durch eingeplante Gegenmaßnahmen, wie Schlüsseländerungen durch Stichwortbefehle und andere Verbesserungen, begegnen zu können. Die britische Seite erkannte die Gefahr und verzichtete künftig auf derartige planmäßige Operationen, um »ULTRA« nicht zu gefährden und nahm dafür die Verzögerungen, welche die kryptologische Entzifferung ab 1. August 1941 mit sich brachte, in Kauf[73].

Als im September 1941 die ersten deutschen U-Boote ins Mittelmeer verlegt wurden, benutzten sie diesen, nun für BP entzifferbaren Schlüssel »Heimische Gewässer«, in BP »Dolphin« genannt.

Während der Vorbereitung der deutschen Balkanoperationen hatte die deutsche Marine für den Mittelmeerraum und das Schwarze Meer im April 1941 einen neuen Schlüsselbereich »Süd« eingeführt, der von allen deutschen Landbefehlsstellen und Überwasserschiffen benutzt wurde und von BP zuerst im August 1942 und ab September 1942 regelmäßig gebrochen wurde. Die deutschen U-Boote im Mittelmeer benutzten diesen Schlüssel vom 15. November 1941 bis zum Übergang auf den neuen U-Boot-Schlüssel »Triton« am 1. Februar 1942[74].

Dieser Schlüsselbereich brachte für BP große Schwierigkeiten, da er auf der neuen Maschine »Schlüssel M 4« beruhte, die zusätzlich zu den bisherigen drei Schlüsselwalzen in der linken Position eine vierte »Griechenwalze«, so genannt wegen der griechischen Bezeichnung »Beta«, besaß. Obgleich BP aus verschiedenen Anzeichen die bevorstehende Einführung einer 4-Walzen-Maschine bekannt war, und obgleich es im Dezember 1941 gelang, mit Hilfe eines irrtümlich in dem neuen Schlüssel gefunkten Spruches, der dann mit dem Schlüssel »Heimische Gewässer« wiederholt wurde, die inneren Schaltungen der neuen Walze »Beta« zu rekonstruieren, erwies es sich als unmöglich, mit den auf drei Walzen eingerichteten »Bombs« die Tagesschlüssel zu lösen, wenn nicht ein eindeutiger Klartext-Schlüsseltext-Kompromiß zu finden war. Das gelang am 14. März, als ein Tagesbefehl von Großadmiral Dönitz sowohl im Schlüssel »Heimische Gewässer« als auch im Schlüssel »Triton« gefunkt wurde. Man benötigte jedoch sechs 3-Walzen-»Bombs«, die 17 Tage brauchten, um den Tagesschlüssel zu finden. Eine 3-Walzen-»Bomb« benötigte 26mal länger, um ein mit einer »M 4« verschlüsseltes Signal zu lösen, als ein mit der »M 3« verschlüsseltes[75].

Einerseits mußte die Zahl der »Bombs« möglichst schnell erhöht werden, und man mußte versuchen, wesentlich schnellere »Bombs« für die 4-Walzen-Maschinen zu finden. Im Juni/Juli 1942 kam es hierbei zu einer engeren Zusammenarbeit mit den USA. Während eine britische 3-Walzen-»Bomb« an die USA geliefert wurde, führte die US-Navy eine eigene forcierte Entwicklung von »Bombs« durch, die allerdings in ihrer ersten Version nur etwa die halbe Kapazität der britischen besaßen. Bis Ende 1942 wurden in den USA bereits 100 solche »Bombs« gebaut und einige davon auch nach BP geliefert. Die Zahl der britischen »Bombs« war bis Dezember 1941 auf 16, bis August 1942 auf 30 und bis Dezember 1942 auf 49 angestiegen. Die erste »High Speed Bomb« aus britischer Produktion kam aber erst im Juli 1943 zum Einsatz, die erste amerikanische im August 1943.

Inzwischen war jedoch die Lösung des Schlüssels »Triton« auf anderem Wege möglich geworden[76]. Am 30. Oktober 1942 war nördlich von Port Said *U 559* zum Auftauchen gezwungen worden, und ein Enterkommando des Zerstörers *Petard* war an Bord gelangt und hatte wichtige Unterlagen bergen können. Mit Hilfe des erbeuteten Schlüsselmaterials, insbesondere des neuen Wettercodebuches, das seit Februar in Gebrauch war, gelang es BP, ab 13. Dezember mit Hilfe der vorhandenen 3-Walzen-Bomben den Schlüssel »Triton« (in BP »Shark« genannt) zu lösen. Die Lösung der Tagesschlüssel war jedoch abhängig von den Schlüssel-Klartext-Kompromissen, die durch Wettersignale möglich wurden. Wegen der längeren Durchlaufzeiten der »Bombs« betrugen die durchschnittlichen Verzögerungen bei der Lösung des Tagesschlüssels 24—72 Stunden; es gab jedoch auch Tage und längere Perioden, in denen kein Einbruch möglich war, so z.B. zwischen dem 10. und 17. Februar.

Eine neue große Schwierigkeit trat am 10. März 1943 auf, als auf deutscher Seite das Wettercodebuch geändert wurde. Es bestand die Gefahr, daß das wichtigste Aufklärungsmittel, »ULTRA«, erneut wie 1942 für längere Zeit ausfallen konnte. Das mußte bei der zunehmenden Zahl deutscher U-Boote auf den Konvoi-Routen ein planmäßiges Herumführen um die Aufstellungen unmöglich machen. Schiffsverluste von bis zu 20 Prozent, wie sie gerade Mitte März bei vier aufeinanderfolgenden Konvois eintraten, mußten die Moral der Handelsschiffbesatzungen so in Mitleidenschaft ziehen, daß es fraglich werden konnte, ob das ganze Konvoi-System, Rückgrat der alliierten Strategie, sich aufrechterhalten ließ[77]. In BP konzentrierte man deshalb unter Zurückstellung anderer Aufgaben einen großen Teil der jetzt vorhandenen 60 »Bombs« auf den »Shark«-Verkehr. Einen Ansatzpunkt für den Einbruch mit einem Schlüssel/Klartext-Kompromiß boten die gerade in diesen Tagen außerordentlich zahlreichen Fühlunghaltersignale an den Konvois »HX 229« und »SC 122«. Ihr Inhalt, die Position, Ziel, Kurs und Fahrtgeschwindigkeit der Konvois, kannte man aus der eigenen Lagekarte, und so konnte man dem Schlüsseltext auch hier einen sehr wahrscheinlichen Klartext unterlegen. Damit gelang es am 19. März, die Tagesschlüssel der drei vorangegangenen Tage zu lösen und in der Folge mit gewissen Verzögerungen wieder regelmäßig den Schlüssel »Triton/Shark« zu lesen, wenngleich auch immer wieder Ausfälle eintraten, so, als im Juli 1943 die zweite Griechenwalze »Gamma« eingeführt wurde. Das Verfügbarwerden der »High-Speed-Bombs« verbesserte die Situation jedoch ab August 1943 so weit, daß der U-Boot-Schlüssel danach regelmäßig mit geringem Zeitverzug gelöst werden konnte[78].

Für das Mittelmeer spielte neben dem Schlüsselbereich »Süd«, der ab August 1942 von BP gelöst wurde, für die im Mittelmeer eingesetzten U-Boote der Schlüssel »Triton« eine wesentliche Rolle, bis er am 21. Februar 1943 für die im Mittelmeer eingesetzten U-Boote durch einen eigenen Schlüsselbereich, »Medusa«, der ebenfalls die Maschine »M-4« benutzte, ersetzt wurde, der jedoch erst ab Juni 1943 mit dem Verfügbarwerden der »High-Speed-Bombs« lösbar wurde[79].

1.5 Die britische Intelligence im Mittelmeer bei Kriegsbeginn

Nachdem wir die Entstehung und die Entwicklung von »ULTRA« als besonderes Nachrichtensystem zusammengefaßt haben, dürfen wir es nicht versäumen, die Organisation der britischen geheimen Feindaufklärung im Mittelmeer bei Eröffnung der Feindseligkeiten zu überprüfen[80]. Aus dieser Analyse, die sich auf kürzlich zugänglich gemachte offizielle Dokumente in London stützt, geht klar hervor, daß die Engländer in der Lage waren, einen großen Teil des italienischen Funkverkehrs während der Äthiopienkrise zu interpretieren. Im April 1937 wurde auch der von den deutschen und italienischen Kräften im Spanischen Bürgerkrieg benutzte »ENIGMA«-Schlüssel »geknackt«.

Bei der erhöhten Spannung in Europa in den ersten Monaten des Jahres 1939 wurde in Malta ein selbständiges Operational Intelligence Centre (O.I.C.) eingerichtet, das der bereits bestehenden Y-Funkhorchstelle übergeordnet war und außerhalb der zentralen Nachrichtenorganisation von London stand. Mit dem geheimen Funkspruch Nr. 1237/11 vom 11. März 1939 teilte die Admiralität den höheren Kommandostellen im Mittelmeerraum und in Ostindien nämlich die zukünftige Bildung eines solchen abgesonderten Nachrichtenzentrums mit, das den Auftrag hatte, »operative Feindnachrichten im Innern des Mittelmeerraumes und des Roten Meeres im Krieg und Frieden zu analysieren«, die aus den verschiedenen Quellen erhaltenen Nachrichten zu koordinieren und sie »der Admiralität zum Gebrauch durch den Generalstab und die Government Code and Cypher School« zu schicken[81].

Im zweiten Absatz dieses Funkspruchs wurde jedoch genau dargelegt, daß, »da ja ein großer Teil des italienischen Funkverkehrs in diesem Land gelesen werden kann, der gesamte italienische verschlüsselte Verkehr der Marine in England analysiert wird und die Ergebnisse zusammen mit den Funkpeilungen betreffs der im Mittelmeer und im Roten Meer vorhandenen oder als vorhanden geglaubten Einheiten nach Malta übermittelt werden«. Es folgten Instruktionen für die Geheimhaltung der Aufstellung eines solchen O.I.C. in Malta. Schließlich teilte man mit, daß Commander S.N. Blackburn ab 21. März der erste Leiter des Zentrums werden würde.

Es kann einem in diesem Zusammenhang kaum in den Sinn kommen, daß in einer Zeit, in der die wenig ausgeklügelten italienischen Schlüsselsysteme für die Engländer keine großen Geheimnisse bargen, trotzdem erhebliche Enttäuschungen über ausgebliebene Nachrichten zutage getreten sind. Das geschah im April 1939, als die unblutige Besetzung Albaniens durch Italien für London eine große Überraschung hervorrief und Whitehall veranlaßte, sofort ein »Situation Report Centre« (Zentrale für den Lagebericht) mit dem Auftrag zu schaffen, die aus mehreren Quellen stammenden Nachrichten für die leitenden britischen Politiker zu koordinieren sowie unverzüglich verständlich und verfügbar zu machen.

Auch der Marine waren beim Ermitteln solcher Unzulänglichkeiten Mißverständnisse, Überlagerungen von Aufgaben und Kompetenzkonflikte zwischen der neuen, in

Malta stationierten Nachrichtenorganisation und dem O.I.C. der Admiralität nicht völlig fremd. Das O.I.C. wurde bis zum Kriegsbeginn von Commander Geoffrey Colpoys, dann von Captain Jock Clayton geleitet und unterstand als »Section 8« dem Director of Naval Intelligence (DNI), seit Januar 1939 Rear Admiral John Godfrey[82]. An den DNI wandte sich am 2. Juni 1939 wegen einer endgültigen Klärung der neue Oberbefehlshaber der Mittelmeerflotte, Admiral Andrew Cunningham. Er hatte die Führung der »Mediterranean Fleet« am 9. Mai anstelle von Admiral Dudley Pound übernommen, der zum Ersten Seelord ernannt worden war, genau fünf Tage nach der Verlegung des Kommandos der britischen Flotte von Malta nach Alexandria. Das bildete einen weiteren Grund für die Bitte an London um eine Weisung für die Stationierung des zum Mittelmeer gehörenden O.I.C. Die Antwort von Rear Admiral Godfrey muß gründlich erwogen gewesen sein, wenn man nach dem Datum seiner Formulierung urteilt. Es war der 6. Juli 1939. Er schrieb[83]:

»1. Das O.I.C. in Malta war als völlig außerhalb der zentralen Nachrichtenorganisation in London und als gleichgestellt mit anderen ›besonderen und sehr geheimen Quellen‹ der geheimen Nachrichtenbeschaffung zu betrachten. Aus diesem Grund empfahl man, sein Vorhandensein in der gewöhnlichen Korrespondenz nicht zu erwähnen und es auf jeden Fall niemals mit dem O.I.C. der Admiralität zusammenzubringen.

2. Die Bildung des O.I.C. in Malta beruhte auf der Notwendigkeit, den Oberbefehlshaber im Mittelmeer von den gewöhnlichen Nachrichtenquellen Londons in höchstem Maße freizumachen, was sich aufgrund der Erfahrung als unverzichtbar erwiesen hatte.

3. Der Auftrag des O.I.C. in Malta war wesentlich ›operativer‹ Art, ein Ausdruck, der eigens gewählt wurde, um die Notwendigkeit anzuzeigen, ›die unmittelbaren Bewegungen‹ der fremden Kriegsschiffe, die mit englischen Marineoperationen im Augenblick oder in der Zukunft in Verbindung zu bringen waren, rechtzeitig zu melden.

4. Die Entscheidung, das O.I.C. in Malta zu stationieren, war durch die Tatsache bestimmt worden, daß es wegen der Nähe der Insel zum Stiefel möglich war, von dort aus alle italienischen Funksprüche abzufangen, die von den entfernter liegenden ägyptischen Basen aus nur mit Schwierigkeit empfangen werden konnten.«

In diesem letzteren Zusammenhang verbreitete sich Rear Admiral Godfrey in seinem Brief vom 6. Juli 1939 über die Notwendigkeit, auch an Bord des Flaggschiffes der »Mediterranean Fleet« einen Offizier des Y-Dienstes zu haben, der dafür verantwortlich war, Funksprüche von Flotteneinheiten der potentiellen Feinde abzufangen, einzupeilen und möglicherweise zu interpretieren. Für diesen Auftrag war seit 27. März des vergangenen Jahres Lt. L. Gilman, Dolmetscher für Italienisch[84], ausgewählt worden. Die streng geheimgehaltenen Aufträge des genannten Offiziers entsprachen mit entsprechender Anpassung jenen, die schon für den Offizier des Y-Dienstes durch den

Befehl der Admiralität M. 04588/36 vom 6. Oktober 1937 vorgesehen waren und bestanden definitiv aus:

a) der Registrierung der vom O.I.C. in Malta erhaltenen Nachrichten und der Ergebnisse der Funkpeilung;
b) die Situation eines geeigneten Borddienstes mit fünf Mitarbeitern, der dazu bestimmt war, die abgefangenen Funksprüche zu sammeln, auszuwählen und an die vorgesetzten Behörden weiterzuleiten;
c) der »brühwarmen« Lieferung auf dem Studium des italienischen Funkverkehrs beruhender Folgerungen an den Oberbefehlshaber der Mittelmeerflotte.

Rear Admiral Godfrey schloß sein langes Schreiben mit der Bestätigung ab, daß man sich wundern müsse, wenn diese neue Organisation von Anfang an befriedigend arbeitete und daher jeder Rat seiner Mitarbeiter ernsthaft in Betracht gezogen werden sollte. In Wahrheit lag der hauptsächliche und sofort enthüllte Fehler der so entstandenen Organisation an der ständigen Stationierung des O.I.C. des Mittelmeeres in Malta, was im Gegensatz zu der kürzlichen Verlegung des Hauptstützpunktes der »Mediterra__nean Fleet« nach Alexandria stand. Tatsächlich hätte an diesem Punkt bei jeder Überlegung über die bessere geographische Lage der Insel den voraussehbaren Schwierigkeiten Vorrang eingeräumt werden müssen, die im Kriegsfall bei den Fernmeldeverbindungen zwischen Malta und Alexandria, dem neuen Hauptquartier der Flotte, auftreten würden.

Ein erster Schritt in Richtung auf die Verlegung der operativen Nachrichtenzentrale des Mittelmeers wurde dann genau am 9. Mai 1939 unternommen, als die Admiralität dem Oberkommando der »Mediterranean Fleet« mitgeteilt hatte, ein Mitarbeiter des O.I.C. von Malta im Offiziersrang würde im Falle eines Krieges gegen die Achse nach Alexandria abgestellt, statt, wie anfänglich vorgesehen, nach Ismailia[85]. Daher hatte Admiral Cunningham am 22. Juni in London seine Meinung darüber dargelegt und zusammenfassend das folgende bestätigt[86]:

1. Es war offensichtlich, daß die Nachrichtenorganisation im Mittelmeer ursprünglich für eine ganz andere als die tatsächliche Lage konzipiert worden war, in der Malta noch ebenso den Brennpunkt im Meeresbecken wie auch den wichtigsten operativen Stützpunkt der Flotte bildete.
2. Um wirkungsvoll zu sein, durften die Nachrichtenquellen nicht von langen und oft überlagerten Verbindungslinien abhängig gemacht werden. Es war unangebracht und erschien doch unvermeidlich, das O.I.C. etwa 800 Meilen vom Flottenstützpunkt entfernt zu halten.
3. Nach der obigen Überlegung schlug man vor, den Sitz des O.I.C. nach Alexandria zu verlegen und in Malta und Gibraltar nur zwei untergeordnete Nachrichtenzentren mit dem Auftrag der Belieferung der beiden örtlichen Kommandobehörden zu belassen. Zu diesem Zweck hätte der Operationsraum des unterstellten Zentrums in Gibraltar den Raum zwischen jener Basis und sieben Grad 30 Minuten Ost umfaßt, während das unterstellte Zentrum in Malta im Raum des O.I.C. von Alexandria

operiert hätte, aber nur zwischen dem Küstenstrich 7 Grad 30 Minuten Ost und 22 Grad 30 Minuten Ost[87].

4. Außer dem unterstellten Nachrichtenzentrum sollte in Malta der Y-Dienst bleiben, und zwar in Anbetracht seiner geographischen Lage und der größeren Nähe zu den italienischen Funkstellen.

5. Es wurde vorausgesetzt, daß auch an Bord des Flaggschiffes der Flotte das Y-Büro des Lt. Gilman seine Arbeit fortsetzte, während an Land die Peilstationen von Dingli (Malta), Gibraltar und Moascar (Ismailia) aktiv blieben. Es war jedoch unmöglich, auch in Alexandria wegen der Empfangsstörungen durch die auf Reede liegenden Schiffe und die handelsüblichen Funkstationen von Ras el-Tin einen Horch- und Peilverband aufzubauen und außerdem wegen der Schwierigkeiten, welche die ägyptische Regierung der Schaffung eines ähnlichen Komplexes weiter im Hinterland entgegengesetzt hätte.

6. Mit der Verlegung des O.I.C. nach Alexandria hätte man das Aufrechterhalten der Fernmeldeverbindungen zwischen jener Basis und Malta sehr erleichtert, auch wenn man wirksame Verbindungen für die schnelle Übermittlung von Y-Nachrichten brauchte, die von den geeigneten Einrichtungen auf der Insel gewonnen worden waren[88].

7. Etwa drei Wochen hätte das nach Alexandria verlegte O.I.C. in zwei Hütten nahe dem Krankenhaus von Ras el-Tin untergebracht werden können, die das Heer garantierte. Das wäre zum Gesamtkostenpreis von 750 Pfund Sterling, mit Ausnahme der Möblierung und der Ausrüstung, möglich gewesen.

Am 31. Juli 1939 antwortete die Admiralität Cunningham und nahm all seine Vorschläge an. Darunter befand sich auch die Verlegung des O.I.C. nach Alexandria. Aber sie verlegte die Kompetenzgrenzen der beiden unterstellten Nachrichtenzentren von Malta und Gibraltar auf eine gedachte Linie, die von der italienisch-französischen Alpengrenze bis zur Grenze zwischen Tunesien und Algier ging[89]. Auf jeden Fall erscheint auch in dieser Nachricht eine wichtige Maßnahme, die wir hier vollständig wiederzugeben für notwendig halten:

»Die Lage in bezug auf das Abhorchen der Funksprüche im Mittelmeer hat sich wesentlich geändert, seit eine enge Zusammenarbeit mit den Franzosen hergestellt worden ist. Das Heer und die RAF unternehmen weiterhin Versuche zum Abfangen von Funksprüchen an der Südküste von Frankreich mit der Absicht, ihre Horchzentren von Malta zu verlegen, wenn sich die Verhältnisse am oben genannten Ort als befriedigend erweisen sollten. Wir haben die Ergebnisse der Abfangversuche der Franzosen in bezug auf die Italiener im Mittelmeer überprüft und sie in gewisser Hinsicht besser als die unseren befunden. Wenn wir uns weiterhin auf den französischen Horchdienst in der Westzone des Mittelmeers verlassen können, wird die Bedeutung unserer Y-Station in Malta herabgesetzt. Die RAF besitzt ein Y-Zentrum in Kairo und muß in Erwägung ziehen, dort auch ein Y-Zentrum für die Marine vorzubereiten, falls die Verteidigung von Malta problematisch werden sollte.«

Die einzige organisatorische Schwierigkeit, die, immer noch mit den Augen der geheimen Feindaufklärung gesehen, das Oberkommando Mittelmeer plagte, waren die Fernmeldeverbindungen zwischen London, Malta und Alexandria weil die »Royal Navy« keine geeignete Funkstation zu Land in dem ägyptischen Stützpunkt besaß, die Verbindung über die handelsüblichen Stationen nicht verläßlich und es schließlich möglich war, daß das bestehende Unterseekabel im Kriege durchschnitten wurde. Außerdem standen der Einrichtung einer geeigneten Funkstation der Marine in Ägypten finanzielle Gründe, Mangel an dafür eigens ausgebildetem Personal und Schwierigkeiten entgegen, eine solche neue Station im Frieden zu rechtfertigen.

Die Lösung wurde immerhin wenige Tage vor Ausbruch des Konflikts in Europa in einem Schreiben der »Naval Intelligence Division« der Admiralität vom 4. August 1939 gefunden[90]. Nachdem man es für unmöglich erklärt hatte, den Funkverkehr der Marine den ägyptischen Stationen des Heeres und der RAF anzuvertrauen, die bereits überlastet waren, ist aus diesem Dokument tatsächlich festzustellen, daß die Versuche zum Herstellen einer festen Fernmeldelinie zwischen London und einem Schiff der Flotte in Alexandria befriedigend vorangingen und diese Verbindung (das wirkliche und eigentliche Ei des Kolumbus) ihren definitiven Anfang nach der Fertigstellung eines zusätzlichen Senders der englischen Funkstation in Horsea nehmen könnte.

In der Zwischenzeit arbeitete vom Juni 1939 ab in Kairo eine selbständige Nachrichtenzentrale des Mittleren Ostens (MEIC), die dem Verteidigungsausschuß des Empire unterstellt war. Sie hatte den Auftrag, die gewonnenen NachddhPb unmittelbar an den örtlichen Oberbefehlshaber der britischen Streitkräfte und an die zentralen Organe in London zu liefern.

Die Ausbeute aus dieser reichlichen Präsenz britischer Nachrichtenorgane im Mittelmeerraum, die trotz einer gewissen Selbständigkeit jene Zentralen in London aufs beste ergänzten, machte, wie wir heute mit Sicherheit wissen, die vollständige Kenntnis der Kriegsgliederung der drei italienischen Teilstreitkräfte auf allen Kriegsschauplätzen in den Tagen unmittelbar vor dem 10. Juni 1940 sowie der Absichten Mussolinis zum Kriegseintritt an diesem Tag möglich. Man war daher im britischen Lager wieder hellsichtig geworden, nachdem im April 1939 die Nachrichtendienste in London durch die italienische Besetzung Albaniens noch vollständig überrascht worden waren.

1.6 Die Organisation und Gliederung des Nachrichtendienstes der italienischen Marine im Kriege

Wie wir schon in der Einleitung zu diesem Buch bemerkt haben, scheint es uns notwendig, unsere Aufmerksamkeit auch kurz dem im Krieg von der italienischen Marine entwickelten Nachrichtensystem zuzuwenden, einem Thema, das auch als nützlicher vergleichender Hinweis gegenüber demjenigen taugt, was über den britischen Feindaufklärungsdienst gesagt worden ist. Das Thema ist bisher in Italien auch wegen des eifersüchtigen Hütens der sich darauf beziehenden offiziellen Dokumente niemals behandelt worden und kann nun von uns dank der im »Public Record Office« zugänglichen britischen Quellen und gestützt auf einen sehr detaillierten Bericht, der in der Zeit nach dem Waffenstillstand ausgerechnet von der mitkriegführenden »Regia Marina« zusammengestellt wurde, bekanntgegeben werden[91].

Der »Servizio Informazioni Segrete«[92] (S.I.S.) der italienischen Marine bestand zu Anfang des Krieges aus dem »Ufficio Centrale« oder der 1. Division in Rom und aus anderen Geheimdienstzellen, die über die ganze Welt verteilt waren mit dem Auftrag, Nachrichten von Interesse für die Marine zu sammeln. Die Aufträge zur Spionageabwehr wurden jedoch bei den Marinestützpunkten und in Handelshäfen von größerer Bedeutung durch spezielle Organe wahrgenommen, die ebenfalls mit der 1. Division verbunden waren.

Der gesamte Nachrichtendienst der italienischen Marine gliederte sich in Abteilungen, von denen jede für einen besonderen Betätigungsabschnitt verantwortlich war. So war die I. Sektion (I.S.) mit der Organisation der »offensiven« Spionage im Ausland beauftragt und stand daher in Verbindung mit den örtlichen Nachrichtenzellen. Die III. Sektion befaßte sich dagegen mit der Spionageabwehr; sie war einem Carabinieri-Offizier anvertraut. Die V. Abteilung des Fregattenkapitäns De Monte, besonders wirksam und gut organisiert, war auf den Funkhorchdienst und die Entzifferung spezialisiert. Dabei gehörten die Funkpeilung der von feindlichen Schiffen gesendeten Sprüche, das Studium der Funkverfahren (die Verkehrsanalyse) sowie die Interpretation der Schlüsselbereiche und Schlüsselsysteme Großbritanniens, Frankreichs, Jugoslawiens, Griechenlands, der Türkei und der Sowjetunion zu ihren Aufgaben.

Über die Wirksamkeit der V. Sektion auf dem Gebiet der Nachrichtenbeschaffung berichtet ein eigens vom Hauptprotagonisten (von dem sogar ein Film handelt) geschriebener Band. In ihm ist unter anderem zu lesen, daß jene Organisation »die wichtigsten und verschiedensten Nachrichten, die Tätigkeit von Spionen, die Kurse von Geleitzügen, den Ablauf von Seegefechten, politische Nachrichten, Havarien und Verluste feindlicher Einheiten«, erhielt[93].

Drei andere Sektionen des S.I.S. bewerteten die erhaltenen Nachrichten und wählten sie aus, zogen sonstige Nachrichten aus dem Studium des aus Publikationen und Büchern zugänglichen Materials und arbeiteten Berichte über eine gewisse Anzahl ausländischer Marinen aus. Genauer befaßte sich die II. Sektion mit den Ländern am Mittelmeer und am Schwarzen Meer, die IV. mit den Ländern Nord- und Osteuropas sowie den baltischen Staaten, einschließlich Großbritanniens und Deutschlands, und die VIII. überwachte die Vereinigten Staaten, die Sowjetunion und die wichtigsten Länder des Fernen Ostens.

Schließlich behandelte die VI. Sektion das photographische und topographische Material, die VII. die sprachlichen Übersetzungen und die IX. den Druck von Veröffentlichungen.

Mit Ausnahme der III. Sektion, die, wie gesagt, von einem Carabinieri-Offizier geleitet wurde, unterstanden die verschiedenen Sektionen Fregatten- oder Korvettenkapitänen, während der gesamte S.I.S. von einem Admiral geleitet wurde, genauer:

— von Vizeadmiral Alberto Lais vom Oktober 1938 bis Januar 1940;

— von Vizeadmiral Giuseppe Lombardi vom Januar 1940 bis Juli 1941;

— von Konteradmiral Franco Maugeri vom Juli 1941 bis zum Waffenstillstand.

Im Jahre 1942 wurde der Nachrichtendienst der Marine auf folgende Weise umgegliedert:

— Ufficio A mit Verwaltungsaufträgen unter Colonello Commissario Inghilesi.

— Ufficio B oder Ufficio I.E. mit der ehemaligen, jetzt vergrößerten V. Sektion, und zwar immer noch unter dem Kapitän zur See De Monte. Dieses Büro erstellte täglich eine »Rote Liste« über die Bewegungen und Stellungen feindlicher Schiffe und einen »Gelben Bericht« mit Nachrichten, die sich auf das Abhören und Entziffern feindlicher Funksprüche stützten. Schließlich wurde wöchentlich ein »Rosa Bericht« verfaßt, der eine zusammengefaßte Beurteilung der Lage lieferte, die sich stets auf die durch den Horchdienst gesammelten Nachrichten und die Entzifferung der feindlichen Schlüssel stützte;

— Ufficio C (oder topographisches Büro) unter Kapitän zur See Galleani, das in einer einzigen Einheit die alten Sektionen II, IV, VI, VII, VIII und IX vereinigte, und einen täglichen »Grünen Bericht« und außerdem Einzelschriften über die verschiedenen ausländischen Marinen veröffentlichte;

— Ufficio D, das die ehemalige I. Sektion mit den üblichen Aufträgen umfaßte und weiterhin dem Fregattenkapitän Max Ponzo unterstand;

— Ufficio E, das in sich die alte III. Sektion aufgenommen hatte und unter Leitung des Carabinieri-Majors Pontani stand. Ende 1942 hatte es jedoch seine Aufgaben auf jene einer Militärpolizei beschränkt, und im Oktober des gleichen Jahres wurde der gesamte Spionageabwehrdienst beim S.I.M. (Servizio Informazioni Militari del Commando Supremo)[94] zusammengefaßt. Diese Veränderung war plötzlich von Mussolini befohlen worden, der durch einen Bericht eines hohen deutschen Offiziers als Chef des Sicherheitsdienstes bei den Verbänden der deutschen Kriegsmarine in Tarent in Sorge versetzt und erzürnt worden war. Der letztere machte über die schlechte Lage Meldung, in der sich die Spionageabwehr der italienischen Marine in jener Festung befand;

— Ufficio F, das für die Zensur und die Überwachung der Telefongespräche zuständig war und von Admiral Trebiliani geleitet wurde.

Für die Ausbildung des Personals bestand keine echte und eigentliche Schule, sondern ein Instruktionszentrum, das in einer vom S.I.S. gemieteten Wohnung in Rom, Via Ripetta 157, untergebracht war, wo der gleiche Fregattenkapitän Max Ponzo, unterstützt vom Fregattenkapitän Gianchi und anderen Mitarbeitern, als wichtigster Lehrer wirkte. Die Lehrstoffe betrafen den Gebrauch von Schlüsseln, die Schlüsselmethoden, die Methoden der Entzifferung und des Funkverkehrs sowie die Systeme zur Installation und Reparatur der dazugehörigen Geräte. Einige besonders versierte und enthusiastische Mitglieder des Personals besuchten auch einen kurzen Lehrgang für Fallschirmspringer und Sabotagetechniken an der Schule von Tarquinia. Für die Engländer wurde die Tatsache gewiß zu einem beachtlichen Vorteil, daß es dem Nachrichtendienst der italienischen Marine während des Krieges niemals möglich war, eine echte Spezialschule für die Ausbildung und professionelle Fortbildung der eigenen Schlüssler und Entziferer zu schaffen.

In dem den Ressourcen und den Tätigkeiten des S.I.S. in den verschiedenen fremden Ländern im Laufe des Konflikts gewidmeten Bericht wurde bestätigt, daß die wichtigsten Erfolge auf dem Gebiet des Nachrichtendienstes von der italienischen Marine in Spanien, Portugal und Spanisch-Nordafrika erzielt wurden. Wir erinnern auch an die jetzt wohlbekannte Tatsache, daß auf beiden Seiten der Straße von Gibraltar unsere aktivsten und besten Beobachtungsposten sowie die Nachrichtenzellen gut arbeiteten, die in Villen an der Küste untergebracht sowie mit Ferngläsern und geeigneten Funkgeräten ausgestattet waren. Tüchtige Spionagezentren waren auch jene in der Türkei, genauer in Istanbul, Smyrna, Mersina, Alexandrette, Samsun und Tremiskunt sowie jene in Syrien, im Iran und am Persischen Golf. Überraschenderweise erwiesen sich die in Südamerika bestehenden Nachrichtenzellen nicht von großer Hilfe. Südamerika wurde nämlich auf der ganzen Welt als Spionageparadies der Achse angesehen. Daß sie dennoch nicht das brachten, was man von ihnen erwartete, lag vor allem an den ständigen Schwierigkeiten beim Funkverkehr mit Rom seitens der doch leistungsstarken geheimen Funkstation in Rio de Janeiro. Als völlig unbefriedigend und nebensächlich wird schließlich die Rolle der Agenten auf feindlichem Gebiet eingeschätzt, deren Aktivitäten sehr rasch von den örtlichen Sicherheitsdiensten zunichte gemacht wurden.

Nachdem der interessante und lange Bericht des Fregattenkapitäns Ponzo zwei Seiten Namen, Anschriften und Aufträge der bei den verschiedenen Zellen des Nachrichtendienstes der »Regia Marina« akkreditierten Offiziere geliefert hat, geht er näher auf die Zusammenarbeit zwischen jenem letzteren und den deutschen Nachrichtendiensten ein.

Im Unterschied zum S.I.M. des »Commando Supremo«, der in Rom einen deutschen Verbindungsoffizier in der Person des Oberstleutnant Helfferich als Gast aufgenommen hatte, bildete der S.I.S. der Marine niemals geeignete Verbindungsdienststellen in den beiden Hauptstädten der Achse. Daher wurden die Kontakte mit den Deutschen auf diesem Sektor einzig durch den Austausch täglicher Nachrichtenberichte, Fernschreiben und über Fernsprecher sichergestellt, welche, falls notwendig, die beiden Nachrichtenzentralen der verbündeten Marinen in etwa zehn Minuten miteinander in Verbindung setzten.

Trotz der oben genannten bequemen Verbindungen hatten die Italiener ständig über die geringe Zusammenarbeit auf dem Nachrichtengebiet von deutscher Seite zu klagen. Damit wurde keineswegs die Großzügigkeit vergolten, mit der das »Ufficio B« üblicherweise nützliche Nachrichten nach Berlin lieferte. Tatsächlich wußten wir, daß diese ständige und übertriebene Zurückhaltung der Deutschen gegenüber dem Verbündeten am Mittelmeer von der Überzeugung der verantwortlichen Deutschen bestimmt wurde, daß viele der durch ihre Streitkräfte erlittenen »Überraschungen« der italienischen Unfähigkeit, Geheimnisse zu bewahren, zuzuschreiben wären. Heute jedoch können wir beweisen, daß ein großer Teil der genannten »Überraschungen« aufgrund der Entzifferungen von Funksprüchen der Achse durch »ULTRA« und nur in unerheblichem Maße durch die italienische Liebe zur Redseligkeit bedingt waren.

Das Gebiet, auf dem jedoch — immer noch nach dem Bericht des Fregattenkapitäns Ponzo — die Deutschen dem S.I.S. unschätzbare Hilfe leisteten, war jenes der Lieferung geheimer Sender und Empfänger der Firma Telefunken für den Funkverkehr, die von einer Spezialfirma gebaut wurden.

Der Bericht des Fregattenkapitäns Max Ponzo schließt mit einem Absatz, der dem von Admiral Canaris geführten Amt Ausland/Abwehr einschließlich des Nachrichtendienstes der drei Teilstreitkräfte gewidmet ist. Er ist zweifellos interessant, liegt aber außerhalb des von uns behandelten Themas.

1.7 Erfolge der Achse auf dem Gebiet der Nachrichtenbeschaffung

Stets zum Zwecke der vergleichsweisen Beurteilung der Rolle von »ULTRA« im Kriege und auch zur Vermeidung der Bildung von einseitigen und daher parteiischen Ansichten über die Fakten unseres Themas wollen wir nun die von der geheimen Feindaufklärung der Achse erzielten wichtigsten Erfolge zusammenfassen. Einige von ihnen sind bereits veröffentlicht worden, andere jedoch sind noch unbekannt. Sie wurden von uns den Schriftstücken des »Public Record Office« entnommen.

Vor allem sollen die zahlreichen Behauptungen des Außenministers Graf Ciano in bezug auf ein wiederholtes Abfangen von Nachrichten zum Schaden der britischen Botschaft in Rom in der Vorkriegszeit und besonders die folgende Stelle aus seinem Tagebuch vom 25. Dezember 1937 nicht vergessen werden:

> »Ich habe ein Telegramm zur Unterrichtung Auritis (des italienischen Botschafters in Tokio) vorbereitet; aber ich habe doch nicht gewagt, es abzusenden. Bei der Verschlüsselung weiß man nie, woran man ist. Wir lesen von den Engländern alles: Sollen wir eigentlich glauben, daß die anderen uns darin nachstehen? Nun, selbst wenn sie das täten, müßten wir immer noch mißtrauisch sein. Sueton mahnt uns, den Feind als Elefant anzusehen, auch wenn man sicher ist, daß er nur ein Floh ist.«

Das ist eine absolut richtige Warnung, aber weder Ciano noch die anderen in Italien zogen daraus die entsprechende Konsequenz.

Was die kryptographische Aktivität in Kriegszeiten anbetrifft, so wollen wir hier den Konflikt im Pazifik nicht einbeziehen. Von dort werden allerdings üblicherweise nur die Erfolge der Amerikaner auf dem Gebiet der Nachrichtenbeschaffung genannt, die zum Sieg von Midway und zum Tod des Admirals Yamamoto führten. Es wird jedoch regelmäßig die Tatsache nicht beachtet, daß auch die Japaner für eine gewisse Zeit in der Lage waren, dank der Tätigkeit von Fregattenkapitän Wachi einen Schlüssel der amerikanischen Marine und des Wetterdienstes der Luftwaffe zu entziffern. Für den Angriff auf Pearl Harbor zogen sie daraus große Vorteile[95].

Wir werden uns daher allein auf die Zusammenfassung einiger das Ganze erhellender Episoden beschränken, bei denen die Nachrichtendienste der Deutschen und Italiener aktiv und vom Glück begünstigt waren.

Eingangs muß ein für allemal gesagt werden, daß im Zweiten Weltkrieg der Besitz oder die Entzifferung feindlicher Schlüssel die Regel und nicht die Ausnahme war. Die außergewöhnliche Stellung von »ULTRA« beruht auf dessen Fähigkeit, die verschlüsselten feindlichen Funksprüche nicht sporadisch, sondern fortlaufend und relativ schnell dank der Organisation von Bletchley Park zu lesen, auf die wir hier breit eingehen.

Wir haben bereits gesehen, und das Buch des Fregattenkapitäns De Monte bestätigt es, daß der S.I.S. der italienischen Marine die Möglichkeit besaß, einige Funksprüche der britischen Marine zu entziffern, so wie es ihm gelang, die Schlüssel Jugoslawiens und der Türkei zu beherrschen. Unter anderem entzifferte die V. Sektion des S.I.S. für fünf Tage im voraus den Operationsbefehl der »Mediterranean Fleet« für jenes Ereignis, das dann am 9. Juli 1940 zur Schlacht von Punta Stilo wurde[96].

Die Fähigkeit der italienischen Marine zur Entzifferung und zur Interpretation einiger britischer Pläne dauerte in den folgenden Monaten an, auch wenn Lewin behauptet, die operativen Fernmeldeverbindungen der Royal Navy hätten ab 1940 als sicher angesehen werden dürfen[97].

Das alles verfehlte nicht, die britische Admiralität in Sorge zu versetzen, die doch durch ihr sehr modernes Instrument »ULTRA« oft in der Lage war, entweder zur Kenntnis solcher feindlichen Erfolge auf dem Gebiet der Nachrichtenbeschaffung zu gelangen, sie, wenn möglich, durch eine Änderung der Pläne zunichte zu machen oder schließlich eine mögliche Lücke im eigenen Sicherheitssystem zu schließen.

Hier folgen nun einige Beispiele für das Gesagte, die dennoch die Fähigkeit der V. Sektion des italienischen S.I.S. in nichts herabsetzen[98].

Am 26. Dezember 1940 unterrichtete die britische Admiralität die »Mediterranean Fleet«, daß am 23. um 12.55 Uhr Rom die Kommandobehörden in Nordafrika vom Eintreffen eines englischen Transports in Marsa Matruh am 24. um 6 Uhr nach italienischer Zeit hatte unterrichten können und daß noch am 26. um 10.43 Uhr Supermarina Tobruk den an eine nicht identifizierte britische Einheit gegebenen Befehl gesendet hatte, sie solle nach Sollum zum Transport von Flugabwehrmaterial weiterfahren. Der Funkspruch aus London fragte daher besorgt an, ob die genannten Bewegungen über Funk befohlen worden seien und mit welchem Schlüssel[99].

Die Antwort aus Alexandria auf »diese oder andere offensichtlich durchgesickerten Nachrichten während der jüngsten Operationen« wurde am 8. Januar 1941 gegeben. Darin gestand man ein, daß für das Vorgefallene fast mit Sicherheit die Einheiten für den geheimen Fernmeldeverkehr der Marine und der RAF verantwortlich gewesen wären[100].

Am 23. Januar 1941 gab es noch einmal eine verärgerte Reaktion der britischen Admiralität, die in einem Funkspruch an Alexandria zuzugeben gezwungen war, daß »Rom Tobruk am 21. um 09.50 Uhr über die englischen Vorbereitungen für die nächtliche Beschießung dieses Stützpunktes durch Kriegsschiffe, falls das Wetter es erlaubte, unterrichtet hätte«[101]. Auch bei dieser Gelegenheit fragte man sich in London nach der Ursache des Durchsickerns dieser Nachricht von dem Augenblick ab, als die Beschiessung Tobruks tatsächlich geplant worden war und dann in der Nacht des gleichen 21. Januar zur Unterstützung der 6. australischen Infanteriedivision durchgeführt wurde, die am folgenden Tag die Stadt in der Cyrenaica eroberte.

Auch wenn die offensichtlich immer erstauntere Admiralität durch BP von ihrem Auftrag zur Spionageabwehr entbunden war, teilte sie sechs Tage danach Alexandria mit, daß »am 28. um 22.50 Uhr Rom Bengasi vom Eintreffen einer Einheit in Bardia am 29. um 14 Uhr unterrichtet hatte«[102]. Weiter meldete sie »am 29. Januar das Eintreffen einiger englischer Schiffe in Alexandria um 14.45 Uhr des gleichen Tages, die dann zwischen dem 29. um 17 Uhr und dem 30. um 07.00 Uhr ihren Marsch nach Bardia fortsetzen würden«[103]. Am 18. Februar 1941 beklagte sich London noch einmal darüber, daß am gleichen Morgen »die Ankunft zweier Kreuzer vom Typ *Ajax* und *Leander* (die jedenfalls von der gleichen Klasse waren) in Piräus, von 14 englischen Handelsschiffen mit Material für Panzerdivisionen in Eleusis und von einigen Handelsschiffen mit verschiedenartigem Kriegsmaterial in Saloniki« von Rom nach Rhodos gemeldet wurde[104]. Fünf Tage später gab es eine weitere bestürzende Enthüllung der Admiralität: »Rom hatte Rhodos am 21. Februar vom Eintreffen eines Geleitzuges und vom Auslaufen eines anderen unterrichtet und in beiden Fällen die ungefähre Zahl der Dampfer und auch den Namen des Handelsschiffes *Ulster Monarch* geliefert, der mit Luftwaffengerät an Bord eingetroffen war«[105]. Schließlich funkte die Admiralität am 24. Februar 1941 ganz allgemein nach Alexandria, daß »die nach Piräus und Eleusis laufenden Schiffe und Geleitzüge von Rom nach Rhodos gemeldet worden wären«[106].

In der zweiten Maihälfte 1941 entdeckten die Engländer drei weitere Fälle eines offensichtlichen Einbruches des Feindes in ihre Schlüsselbereiche. Bei der ersten, am 4. April bestätigten Gelegenheit teilte London Gibraltar mit, daß »der Feind aus Funksprüchen den Schluß gezogen habe, die feindliche ›Force H‹ hätte sich noch am 2. April um 16.45 Uhr im Stützpunkt befunden und wäre noch am gleichen Tage um 19 Uhr aus Gibraltar ausgelaufen[107].

Im zweiten Fall unterrichtete die Admiraltität am 10. Mai das Oberkommando der »Mediterranean Fleet«, daß »die Italiener den genauen Inhalt des vom Verbindungsoffizier der Marine beim britischen Heer am 9. Mai um 23 Uhr gesandten Berichtes kannten«[108].

Bei der dritten Gelegenheit während dieser Periode funkte London am 23. Mai noch einmal nach Alexandria, »der Text des von Alexandria am 21. um 23.16 abgesetzten

Funkspruchs wäre Wort für Wort am 22. Mai um 02.20 Uhr vom deutschen Funkhorchdienst per Funk weitergegeben worden, und am 21. um 22.40 Uhr und um 23.25 Uhr wären zwei weitere von Heraklion gesendete englische Funksprüche um 19.53 Uhr und um 15.20 Uhr von den Deutschen abgehört und entziffert weitergefunkt worden«[109].

In Verfolgung ihrer ungewöhnlichen Arbeit bei der Gegenspionage meldete die Marineabteilung von Bletchley Park am 4. Juli 1941 einige Fälle, aus denen offensichtlich wurde, daß die deutsch-italienischen Entzifferer Funksprüche der britischen Luftwaffe und Marine entziffert hatten[110]. Insbesondere lenkte man die Aufmerksamkeit der Kommandobehörden auf die folgenden Episoden: die Jagd auf die *Bismarck* vom vorhergehenden Mai, die Angriffe auf die *Lützow* vom Juni, sieben U-Boot-Unternehmen im Atlantik vom Juni bis zu den ersten Julitagen und sechs Fälle, in denen italienische Einheiten im Mittelmeer gesichtet wurden.

Am folgenden 7. August beklagte sich noch einmal die Marineabteilung von BP, daß entweder die Deutschen oder die Italiener in der Lage wären, den englischen Funkverkehr zu interpretieren, und schlug einige Gegenmaßnahmen vor[111]. Auch in diesem Dokument wurden jene Meldungen aufgezeichnet, die als »nur einige Beispiele für Nachrichten« definiert wurden, »die der Feind aufgrund der Funkaufklärung gewonnen hat«. Sie enthielten buchstäblich:

a) die Bewegungen der »Force H« beim Auslaufen aus Gibraltar am 12. Februar 1941;

b) die Tatsache, daß die 4. Zerstörerflottille bei Beginn des Unternehmens der *Bismarck* anwesend war;

c) die Tatsache, daß sich das Oberkommando im Mittelmeer am 9. Juli auf See und am 13. Juli 1941 im Hafen befand;

d) die bekannte Präsenz von Spezialaufklärungsfahrzeugen in der Meerenge von Sizilien am 14. und 21. Juli 1941;

e) die von den Italienern am 19. Juli 1941 erwogene Möglichkeit einer gemeinsamen Operation der »Mediterranean Fleet« und der »Force H« aus Gibraltar (Operation »Substance«);

f) die verstärkte Präsenz englischer Unterseeboote im zentralen Mittelmeer am 20. Juli;

g) Nachrichten über die Absichten des Oberkommandos im Mittelmeer und der »Force H« vom 22. Juli betreffs der Sicherung des nach Malta laufenden Geleitzuges;

h) Nachrichten über die Bewegungen des gleichen britischen Geleitzuges, der am 22. Juli von Gibraltar Richtung Malta lief.

Gerade bei der Operation »Substance«, die trotz ihres glücklichen Ausgangs London von »einer offensichtlichen Lücke zugunsten des Feindes im Nachrichtensystem« sprechen ließ, gab es in Großbritannien einen Skandal wie nie zuvor. Alles begann am

13. August 1941 mit einer Untersuchung des »Interservices Security Board«, dem geradewegs die Vorlage einer großen Anfrage im Parlament seitens des Lord Cork and Orrery folgte. Die Antwort, die im September 1942 vom Minister für die Kriegstransporte, Lord Leathers, im Oberhaus gegeben wurde, befriedigte die Anfragenden nicht und führte am 14. Oktober 1942 zu einer sich stürmisch entwickelnden parlamentarischen Debatte.

Angesichts dieser Streitreden, auch auf politischer Ebene, die das Ansehen der Royal Navy zu gefährden drohten, hielt es die Admiralität für geboten, eine Maßnahme zum Glätten der Wogen zu ergreifen; sie ordnete an, daß für die nach Malta bestimmten Güter Decknamen verwendet würden. Innerhalb der Admiralität selbst verhehlte man jedenfalls nicht, daß »andere Lösungen nicht gefunden werden könnten, weil man die Quelle für die feindlichen Nachrichten nicht genau kannte[112].

Daß die Engländer über die gegnerischen Erkenntnismöglichkeiten in bezug auf die Bewegungen der »Mediterranean Fleet« und der »Force H« im Bilde waren, geht schließlich auch aus dem Kriegstagebuch der britischen Streitkräfte im Mittleren Osten hervor. Tatsächlich ist in einem Dokument, das einen klaren Lageüberblick über die Entzifferung der italienischen Schlüssel im August 1941 gibt und auf das wir daher weiter unten noch zurückkommen müssen, unter anderem zu lesen, daß der damals in Großbritannien lesbare italienische Schlüssel GG/ZZ »nützliche Nachrichten über die Kenntnis des Feindes in bezug auf die Bewegungen unserer Marine im Mittelmeer« lieferte[113].

Unter den vielen Erfolgen der Achse auf dem Gebiet des Nachrichtendienstes im Laufe des Zweiten Weltkrieges war der spektakulärste jener, den der S.I.M. (Militärischer Nachrichtendienst des italienischen Oberkommandos) erzielte. Fünf Männer des S.I.M. unter Führung des Chefs der Sektion P, des Oberstleutnants Talamo (der später in den Ardeatinischen Gräben erschossen wurde), ließen im August 1941 die Ruhmestaten des italienischen Geheimdienstes aus dem Ersten Weltkriege wieder aufleben. Sie drangen in die Diensträume des amerikanischen Militärattachés in Rom, des Col. Norman E. Fiske, ein. Diese lagen in einem isolierten Gebäude am Palazzo Margherita, wo jetzt das Konsulat der USA in der Via Veneto untergebracht ist. Sie entwendeten den auf diplomatischer Ebene benutzten »Schwarzen Schlüssel«, trugen ihn in eine benachbarte Wohnung, photographierten ihn und deponierten ihn nach zwei Stunden von neuem im Panzerschrank der amerikanischen Botschaft. Dieses nächtliche Unternehmen, das unter anderem auch im Tagebuch des Grafen Ciano unter dem Datum des 30. September 1941 berichtet wird, wurde durch die vorherige Anfertigung von Nachschlüsseln zu den Diensträumen und zum Panzerschrank möglich. Die Nachfertigung hatte man durch Abdruck in einem Block aus Plastikmasse gewonnen, und sie war von zwei Amtsdienern der Legation ausgeführt worden, die in Wirklichkeit Männer des S.I.M. waren.

Unter den Vorteilen, die der obengenannte »Coup« der Achse garantierte, sind besonders die genauen und reichlich fließenden, über ein ganzes Jahr (vom August

1941 bis zum Juli 1942) Rommel gelieferten Nachrichten über die Gliederung und Verteilung der Kräfte sowie über die operativen Pläne der britischen Armee in Ägypten zu vermerken. Tatsächlich wurde schließlich Col. Fellers, der amerikanische Militärattaché in Kairo, der gewöhnt war, im unveränderten »Schwarzen Schlüssel« sehr genaue Berichte über die militärische Lage der Engländer im Mittleren Osten nach Washington zu senden, unbewußt zu einer so kostbaren Nachrichtenquelle für Rommel, daß damit eine beachtliche »Reduktion« des berühmten »Wüstenfuchses« gerechtfertigt wird[114].

Daß die Achse den »Schwarzen Schlüssel« besaß, wurde erst am 10. Juli 1942 entdeckt, als eine Kompanie der 9. australischen Infanteriedivision, die überraschend in die Fernmeldezentrale Rommels in Tel el-Eisa eingedrungen war, die dies bestätigende Dokumentation erbeutete. Bei dieser Gelegenheit fielen auch die Beweise für ein von der sogenannten deutschen Mission »Condor« angezetteltes Komplott in Kairo in die Hände der britischen 8. Armee. »Condor« hatte mit den örtlichen Exponenten der antibritischen Bewegung Kontakt aufgenommen, unter denen sich die jungen Offiziere Gamal Abdel Nasser und Anwar el Sadat befanden, die beide später Präsidenten Ägyptens werden sollten. Am 10. August führte daher eine geplante Razzia der englischen Sicherheitspolizei zur Gefangennahme der beiden Führer der Mission »Condor«, der Deutschen Eppler und Monkaster und bald darauf zur Verhaftung Sadats selbst.

Kapitel 2

»ULTRAs« Eingreifen im Mittelmeer

2.1 Die generelle Brüchigkeit des italienischen Sicherheitssystems

Es gibt heute im P.R.O. vier Serien von »ULTRA«-entzifferten Funksprüchen über die Seestreitkräfte, d. h. jene zum Schaden der italienischen Marine (die ZTPI-Serie), der deutschen Marine (ZTP und ZTPG), der deutschen Kriegsmarine im Mittelmeer (ZTPGM) und der deutschen U-Boote (ZTPGU). Darüber hinaus waren die Nachrichtendienste der britischen Marine, immer dank »Special Intelligence«, in der Lage, periodisch Berichte über die Feindlage zusammenzustellen. Sie tragen das Serienzeichen ZIP/ZG.

Nach der Darstellung des umfassenden Untersuchungsgebietes von BP ist es nun notwendig, die Wirksamkeit der italienischen Systeme zur Wahrung der militärischen Geheimhaltung zu prüfen. Anhand der wiederholten Feststellungen der Geschichtsschreibung unserer damaligen Feinde scheint sie insgesamt auch nicht befriedigend gewesen zu sein.

Abgesehen von der außergewöhnlichen britischen Fähigkeit zur Entzifferung der Funksprüche der Achse aufgrund des ausgeklügelten »ULTRA«-Systems wurde der Intelligence Service zweifellos durch die Leichtfertigkeit begünstigt, mit der die Italiener und oft auch die Deutschen die Sicherheitsvorschriften behandelten. Dafür dürfen wir nicht nur die Funker verantwortlich machen, wie das in einigen angelsächsischen Veröffentlichungen getan wird[1]. Tatsächlich hatten sich die Engländer oft wichtiger, bei Hauptquartieren befindlicher oder geradewegs auf Schiffen erbeuteter Dokumente bemächtigen können, da die betreffenden italienischen Kommandos keine Vorsichtsmaßnahme zu deren Vernichtung — z. B. vor einer Übergabe oder einem Rückzug — getroffen hatten.

Der erste Fall, über den wir in diesem Zusammenhang berichten wollen, ist der des Unterseebootes *Galileo Galilei*. Dieses im Roten Meer unter Korvettenkapitän Nardi operierende U-Boot lief am Tage des militärischen Eingreifens Italiens in den Zweiten Weltkrieg, d. h. am 10. Juni 1940, aus dem Stützpunkt Massaua aus, um sich in Lauerstellung zu legen. Aber in der Nacht vom 18. auf den 19. wurde es, während es aufgetaucht seine Batterien auflud, von einer feindlichen Einheit gesichtet und gezwungen zu tauchen.

Am folgenden Morgen wurde das U-Boot erneut von den Unterwasserhorchgeräten des Trawlers *Moonstone* (615 Tonnen) geortet und mit Wasserbomben angegriffen.

Die bescheidenen militärischen Charakteristika dieses Trawlers, die durch das Abhören der Geräusche einer Expansionsmaschine festgestellt und dann mit einem Blick durch das Sehrohr bestätigt wurden, verleiteten den Kommandanten Nardi, am 19. gegen Mittag aufzutauchen, um die Entscheidung durch Geschützfeuer zu suchen.

In dieser taktischen Phase, die mehr als fünfzehn Minuten dauerte, zog die *Galilei* wider alle Voraussicht den Kürzeren; sie wurde von mehreren Granaten getroffen. Viele Mitglieder der Besatzung wurden getötet, darunter auch der Kommandant, der Zweite Wachoffizier und der Leitende Ingenieur. Dem Kommando eines unerfahrenen Fähnrichs der Reserve überlassen, setzte das U-Boot mit abgestellten Motoren das Zeichen zur Übergabe. Ein bewaffnetes Boot der *Moonstone* ging längsseits, nahm das U-Boot in Besitz und machte seine anschließende Überführung nach Aden möglich[2].

Die offizielle Geschichte der italienischen Marine sagt nicht genau, welcher Art die Dokumente waren, die den Engländern in die Hände fielen[3]. Nach britischen Quellen jedoch sollen auf der *Galilei* verschlüsseltes Material und die Einsatzbefehle für vier weitere italienische Unterseeboote im Roten Meer erbeutet worden sein. Von diesen letzteren wurden die *Torricelli* und die *Galvani* am 23. bzw. 24. Juni versenkt[4].

Zum Beweis dessen kann man in der Kartei der Untersuchungskommission über den Verlust der *Galilei*, die im Archiv des Ufficio Storico der Marine aufbewahrt wird, eine wichtige Zeugenaussage des damaligen Korvettenkapitäns Roselli-Lorenzini lesen, der dann wenige Jahre später Chef des Admiralstabs der italienischen Marine wurde. Er war mit seinem U-Boot *Cagni* nach dem Waffenstillstand 1943 nach Aden eingelaufen und erfuhr dort am 25. November 1943 von den örtlichen englischen Behörden, daß seinerzeit die *Galilei* in jenen Hafen geschleppt und »demzufolge die Schlüsselunterlagen erbeutet worden waren«[5].

Die nichtoffizielle italienische Geschichtsschreibung beruft sich zur Rechtfertigung dieses bedauerlichen Ereignisses gewöhnlich darauf, daß wegen der Gefechtsschäden Methylchlorid aus der Batterie ausströmte. Das hätte die Überlebenden der Besatzung der *Galilei* buchstäblich betäubt und sie unfähig gemacht, die Wegnahme des Bootes zu verhindern und die Geheimdokumente zu vernichten. Diese Tatsache wird jedoch in der offiziellen Marine-Geschichte nicht erwähnt. Auch weist man in den Originaldokumenten nur ganz am Rande darauf hin, daß die Untersuchungskommission in ihrem vom 31. Oktober 1946 datierten Abschlußbericht hauptsächlich den Fähnrich (omissis) dafür verantwortlich machte, der mit Entzug seines Dienstgrades für ein Jahr bestraft wurde.

Wir sind der Ansicht, daß der Vorfall genauso gerechtfertigt werden kann wie der der bereits berichteten Erbeutung des deutschen *U-110*, da ja die Vernichtung der Verschlußsachen hätte vorgenommen werden müssen, als sich das doch lange Überwassergefecht zum Nachteil der *Galilei* zu entwickeln begann und die Besatzung beim mehr als fünfzehnminütigen Feuern auf den Feind bewies, daß sie zu handeln imstande war.

Leider war die Episode mit der *Galilei* nicht das einzige Beispiel für die Brüchigkeit der militärischen Geheimhaltung im italienischen Sicherheitssystem. Aufgrund der unerschöpflichen britischen Dokumentation erfahren wir z. B., daß es dem Feind gelang, auch an Bord des Unterseebootes *Uebi Scebeli*, das am 29. Juni 1940 bei Kreta von fünf feindlichen Zerstörern überrascht wurde, das allerneueste und gerade nach Beginn der Feindseligkeiten genehmigte Codebuch der italienischen Marine zu erbeuten.

Die offizielle Marine-Geschichte unterläßt es schamhaft, genau anzugeben, daß es den englischen Matrosen bei dieser Gelegenheit gelang, an Bord der *Uebi Scebeli* zu gehen. Sie drückt sich um die sehr wichtige Episode und schließt unbestimmt mit der Angabe, das U-Boot sei gesunken und einige feindliche Zerstörer hätten die Besatzung aufgenommen[6]. Dagegen kann man anhand der Originaldokumentation, die im Ufficio Storico der Marine aufbewahrt wird, erfahren, daß es dem Kurator und Herausgeber der offiziellen Geschichte möglich gewesen wäre, zu erkennen, daß die Tatsachen ganz anders abliefen.

Am Morgen des 29. Juni 1940 wurde die *Uebi Scebeli* in den Gewässern vor Kreta ausgemacht, von fünf englischen Zerstörern gejagt, dabei beschädigt und zum Auftauchen gezwungen. Als sie aufgetaucht war und der Kommandant, Kapitänleutnant Zani, die Schäden festgestellt und bemerkt hatte, daß die feindlichen Zerstörer sich anschickten, die Enterkommandos auszusetzen, befahl er, die Versenkung des U-Bootes zu beschleunigen und die »Akten ins Meer zu werfen«.

Die Verschlußsachen wurden auf die Kommandobrücke gebracht und »unter Überwachung durch den Kommandanten von Hand ins Meer geworfen«. Aber als dieser »bemerkte, daß einige Verschlußsachen nicht versinken wollten und die Enterkommandos der Engländer sich rasch dem U-Boot näherten, ließ er die restlichen Dokumente in die Deckskombüse werfen, deren Eingangsluke er versperren ließ, um zu verhindern, daß Papiere nach der Versenkung des Bootes an der Wasseroberfläche blieben«[7].

Sofort nach dem Befehl zur Beschleunigung der Selbstversenkung »bemerkte der Kommandant Zani, daß zwei englische Offiziere, die an Bord gekommen waren, sich anschickten, in das Innere des Bootes hinabzusteigen; er folgte ihnen sofort und unterrichtete sie davon, daß das Boot im Sinken sei. Als die in der Zentrale angelangten Offiziere das Wasser auf dem Fußbodenbelag gesehen hatten, stiegen sie, gefolgt vom Kommandanten, sofort wieder an Deck.«

Die Besatzung, einschließlich des einzigen Verwundeten, hatte inzwischen unversehrt das U-Boot verlassen. »Irgendeiner war in die See gesprungen, alle anderen hatten in den englischen Booten Platz genommen. Der Kommandant, sein Stellvertreter, Kapitänleutnant Manfredi, der Leitende Ingenieur und der Navigationsoffizier gingen mit den englischen Offizieren an Bord eines Bootes.«

Da aus dem, was Kapitänleutnant Zani und sein Stellvertreter Manfredi vor der Untersuchungskommission erklärten, nicht hervorgeht, daß das an Bord der *Uebi Scebeli* gegangene britische Personal sich direkt der Dokumente bemächtigt hatte und die Versenkung des evakuierten U-Bootes vom nächstliegenden feindlichen Zerstörer »mit einem Kanonenschuß auf den Bug« beschleunigt wurde, ist anzunehmen, daß die Engländer sich erst danach in den Besitz der jüngsten, auf dem italienischen Boot vorhandenen Schlüsselunterlagen gesetzt haben, indem sie sie aus der See auffischten. Das stimmt auch damit überein, daß diese Dokumente, die gewöhnlich mit Bleigewichten beschwert wurden, um sie schnell zum Sinken zu bringen, einmal ins Wasser geworfen, zu »langsam versanken«, wie der Kommandant Zani in seinem der Untersuchungskommission vorgelegten Bericht erklären mußte.[8]

Auch in zahlreichen anderen Situationen gelang es den Engländern, sich in den Besitz von Codebüchern und Schlüsselunterlagen aller drei italienischen Teilstreitkräfte zu setzen. Sie dienten zweifellos dazu, die Entzifferung und Interpretation unserer Funksprüche auf dem laufenden zu halten, mit der, wenn auch mit einigen Schwierigkeiten, im August-September 1940 begonnen wurde.

Die für mich aufschlußreichste Quelle ist das Kriegstagebuch der Intelligence School Nr. 5 von Heliopolis bei Kairo, die für das Kommando der RAF im Mittleren Osten den Nachrichtendiensten als leitende Dienststelle vorgesetzt war[9].

Was den Inhalt der erwähnten Quelle anbetrifft, so glaube ich, daß die vollständige Wiedergabe einiger bedeutungsvoller Stücke mit den entsprechenden Daten, auf die sie sich beziehen, mehr sagt als jede Erörterung.

— 11. Januar 1941: Das Codebuch 10/A, das die für Verbände, Einheiten, Befehlshaber, Kommandeure, militärische Ausdrücke usw. benutzten Decknamen liefert, und die konventionelle Schlüsselunterlage sind aus der westlichen Wüste eingetroffen[10].

— 12. Januar 1941: Die Liste der italienischen, für die Verbindung zwischen der Sahara und den Einheiten in Libyen benutzten Decknamen mit allen Rufzeichensystemen ist aus der westlichen Wüste eingetroffen. Die Dokumente wurden auf dem Gefechtsstand der 62. Division erbeutet.

— 16. Januar 1941: Die Schlüsselunterlagen 57, die für Funksprüche zwischen Boden und Luft und umgekehrt benutzt wurden, sind aus der westlichen Wüste eingetroffen.

— 27. Januar 1941: Die Verschlüsselungsunterlage CIT ist erbeutet und mit dem Flugzeug aus Khartum an die 5. Intelligence School geschickt worden.

— 2. Februar 1941: Die Schlüssel- und die Entzifferungsunterlage CIT ist aus Khartum eingetroffen. Die Schlüsselunterlagen E 7 und E 8 bei Campale erbeutet. Khartum hat sie an die 5. Intelligence School geschickt. (Diese Schlüsselunterlagen trafen am 10. Februar in Heliopolis ein.)

— 17. Februar 1941: Kopie des Entschlüßlers IMPERO auf dem Luftweg nach Nairobi geschickt.

— 1. März 1941: Die italienische Schlüsselunterlage ABC erbeutet und nach Nairobi geschickt.

— 4. März 1941: Die italienische Schlüsselunterlage Y-I und einige verschlüsselte Funksprüche, die in Castelrosso erbeutet wurden, sind eingetroffen[11].

— 22. März 1941: Die Schlüsselunterlage »Soluzione Zeta« aus Nairobi durch Funk übermittelt.

— 26. Juni 1941: Die folgenden erbeuteten, vom Kommandanten (*omissis*) vom S.N.O./Assab* abgeschickten Dokumente sind beim G.S.I. (S)** eingegangen:

1. ein Register der Funksignale für die Periode vom 5. Mai bis 10. Juni 1941 (Handelslinie)
2. ein Register der Funksignale für die Periode vom 19 April bis 10. Juni 1941 (Küstenlinie)
3. Codebuch für Luft-Bodenverbindungen, Ausgabe 1936
4. Verbindungen für das Zusammenwirken mit Flugzeugen, Ausgabe 1940
5. Schlüsselunterlage ABC von 1941
6. Vier Kopien des Marinecodebuchs für Freund-Feind-Erkennung für Beobachtungsstationen
7. Schiüssel zur Schlüsselunterlage ROMA für die Monate März und April
8. Schlüsselunterlage ROMA und Instruktionen für dessen Benutzung.

Im Anhang I zum Kriegstagebuch der 5. Intelligence School wurde die »Lage der Entzifferung der italienischen Codes im August 1941« festgehalten, d. h. im gleichen Monat, in dem von Bletchley Park eine S.L.U. (Special Liaison Unit) in den Mittleren Osten abgestellt wurde und etwa ein Jahr nach dem Beginn der ersten Entzifferung unserer Funksprüche:

1. *Die militärischen Aktivitäten der Italiener können in fünf Zonen eingeteilt werden:*
   — Nordafrika;
   — Balkan einschließlich Jugoslawien, Albanien, Griechenland, Westthrazien und Ionische Inseln;
   — Dodekanes, Kreta und die Zykladen;
   — Rumänien;
   — Spanien einschließlich der Balearen und Spanisch-Nordafrikas.
2. *In Großbritannien überprüfter Funkverkehr*
   1. Schlüssel W.L. der Militärattachés, der auf einem sehr breiten Gebiet verwendet wird.
   2. Double Indicator. Codebuch der wichtigsten militärischen Verbindungslinien, das ein großes Gebiet abdeckt und Nordafrika sowie den Balkan umfaßt. Die nordafrikanische Zone ist völlig unter Kontrolle, aber mehr könnte in der Balkanzone getan werden.
   3. GG/ZZ. In Großbritannien lesbar. Liefert nützliche Nachrichten über die Kenntnisse des Feindes über unsere Schiffsbewegungen im westlichen Mittelmeer[12], geht vermutlich durch die Kabel-Linie Madrid-Rom und vielleicht auch über einige Linien auf dem Balkan und Nordafrika. Scheint unterbrochen zu sein, aber weitere Nachforschungen sind der Mühe wert.
3. *In Heliopolis überprüfter Funkverkehr*
   1. Balbo B Indicator. Der Code Nordafrika und Rom-Nordafrika ist vollkommen

---

* S.N.O. = Senior Naval Officer in Assab (ranghöchster Marineoffizier), Anm. d. Übers.

** G.S.I. = General Special Intelligence (Signals), Anm. d. Übers.

unter Überwachung. Er bildet eine Nachrichtenquelle auf Korpsebene und darüber und wird nützliche Nachrichten liefern, wenn der Schlüssel besser lesbar wird.
2. E.P.N. Drei verschiedene Codes in einem identifiziert (S.L., Riva und Arona). Von den dreien ist Riva der einzig ergiebige seit die anderen beiden keinen ausreichenden Funkverkehr mehr ausstrahlen, um sie auswertbar zu machen.
3. S.V. (Gambara's). Code mit fünf Symbolen mit einem Indikator aus einem Vokal und vier Konsonanten. Erst am 17. Juli 1941 eingeführt, wurde er mit der Ernennung von Gambara zum Generalfeldzeugmeister außer Dienst gestellt.

4. *Weder in England noch in Heliopolis ausnutzbarer Funkverkehr*
   1. F. Double Indicator. Uns in kleinen Mengen von der Marine übermittelt. Über die Kanäle des Dodekanes und zwischen Rom und Rhodos benutzt. Kürzlich bei einem Funkspruch aus Nordafrika beobachtet, der von Tripolis nach Rom und von dort nach Rhodos gesendet wurde. Der Funkverkehr scheint sich zu steigern, und dieser Schlüsselbereich könnte in der nahen Zukunft benutzt werden.
   2. E. Double Indicator. Ein Schlüssel, der kürzlich auf den Verbindungslinien Rom—Rhodos und zwischen den Inseln des Dodekanes beobachtet wurde.—Es besteht noch kein großes Verkehrsaufkommen.
   3. CON. Auf den Funkverbindungen der Sahara und Tripolitaniens benutzt. Indikator mit fünf Buchstaben, bei denen alle Buchstaben Konsonanten sind. Ein Code mit vier Symbolen sendet Gruppen von fünf Symbolen. Es besteht kein genügender Funkverkehr, um ihn auswerten zu können.
   4. Verschiedene Indikatoren. Von Zeit zu Zeit empfangen, aber niemals in genügender Menge, um eine Untersuchung einleiten zu können.

5. *Funkverkehr, der Heliopolis anvertraut wurde, bei dem es aber keine Fortschritte gibt*
   Kolonialcodes BEN und MUSSO. Behindert durch das Fehlen von Funkverkehr. Wahrscheinlich eher aufgrund der Tatsache, daß die Codes nicht viel benutzt werden, als wegen unserer Unfähigkeit, die Funksprüche abzuhören.

Schlußfolgerungen
a) Mehr könnte aus den in Großbritannien überwachten Codes über den Funkverkehr herausgeholt werden.
b) Die Arbeit könnte auch in anderen Schlüsselbereichen durchgeführt werden, wenn das Personal dazu ausreichte.
c) Die Schlüsselbereiche auf hoher Ebene über das militärische Funknetz werden von der 5. Intelligence School unter Einsatz der größten Kapazität überprüft, wenn das Funkverkehrsvolumen ausreicht.
d) Ein genaueres, in Großbritannien über das italienische Material auf hoher Ebene zusammengestelltes Bild sowie das Programm für den dazu eingesetzten Horchdienst müssen von der G.C. & C.S. und vom M.I. 8 geliefert werden.

Die Abkürzungen G.C. & C.S. bezeichnen verschleiernd die Government Code and Cypher School in Bletchley Park, und M.I. 8 bedeutet Sektion des S.I.S. (Special Intelligence Service), die vorgesetzte Dienststelle für den Funkhorchdienst. Diese Sektion zog am 22. März 1941 aus der Caxton Street nach Devonshire House um, und zwei Tage danach brach ihre Spezialfunkgruppe nach dem Mittleren Osten auf[13].

Im Anhang II des gleichen Kriegstagebuchs der 5. Intelligence School in Heliopolis sind die größten britischen Schwierigkeiten mit einigen alten und neuen italienischen Schlüsselbereichen, die im August 1941 direkt in Großbritannien überprüft wurden, von neuem zusammengefaßt worden. Dort liest man unter anderem:

1. *Double Indicator* (Nordafrika)
Durchschnittlich drei Funksprüche täglich in Großbritannien aufgefangen. Nicht untersucht. Die abgefangenen Funksprüche werden in den Mittleren Osten geschickt, wenn sie auf Frequenzen aufgefangen wurden, auf die jene Dienststelle ihre Geräte nicht einstimmen konnte.

2. *Double Indicator* (Albanien)
Durchschnittlich 20 Funksprüche täglich, fünf in Malta aufgefangen. In Großbritannien untersucht, aber das Material ist für eine Entzifferung und das Knacken des Schlüssels zu gering.

3. GG/VL
Durchschnittlich vier Funksprüche täglich in Großbritannien aufgefangen. Es wird weiter beobachtet, aber das Material ist zur Zeit zu gering.

4. C/VL
Durchschnittlich fünf Funksprüche täglich in Großbritannien aufgefangen. Das Material ist ziemlich spärlich, aber die Indikatoren werden noch in die ständige Entzifferungsmaschine eingegeben[14].

5. BALBO
Durchschnittlich zwölf Funksprüche täglich in Großbritannien aufgefangen, aber an Ort und Stelle nicht auswertbar. Die auf im Mittleren Osten nicht zu empfangenden Frequenzen abgehörten Funksprüche werden an das Oberkommando Mittelost übersandt.

6. *F. Double Indicator*
Täglich fünf Funksprüche in Großbritannien aufgefangen. Sie werden überwacht, sind aber noch nicht untersucht worden.

7. *S. Indicator*
Durchschnittlich vier Funksprüche am Tag aufgefangen, aber das Material ist zur Zeit zu spärlich.

8. Single Indicator
Nur gelegentlich abgefangene Funksprüche. Sie werden in den Mittleren Osten gesandt, wenn sie auf dort nicht zu empfangenden Frequenzen aufgefangen werden.

9. *T. Indicator*
Ungefähr ein Funkspruch täglich, fünf von Malta aufgefangen. Steht unter Beobachtung.

10. S.I
Durchschnittlich ein Funkspruch in Großbritannien und fünf in Malta aufgefangene Funksprüche. Insgesamt nur etwa 150 Funksprüche erhalten; daher geht die Arbeit nur sehr langsam voran.

11. UVA (DON und U *Indicator)*
Täglich sechs Funksprüche in Großbritannien aufgefangen. Das stellt ein Problem bei der Suche dar; die Sondierungen haben kaum begonnen.

12. G. *Indicator*
Material im Augenblick sehr spärlich, aber der Schlüsselbereich unter Kontrolle[15].

Aus dem Dargelegten geht hervor, daß trotz der objektiven Schwierigkeiten der Engländer mit der Interpretation einiger unserer Schlüssel die italienischen Maßnahmen zur Wahrung der militärischen Geheimhaltung im Krieg viel zu wünschen übrigließen.

In diesem Zusammenhang möchten wir noch an den Bericht erinnern, den der Lt. der R.N.V.R. Richard Lowe sofort nach seiner Durchsuchung der im November 1942 evakuierten Gefechtsstände der Achse in Bengasi zusammenstellte[16]. Im Begleitbrief ist unter anderem zu lesen, daß sich der britische Offizier bei dieser Gelegenheit »einiger Versionen von Funksprüchen in italienischer Verschlüsselung in der Umgangssprache bemächtigte, die er im Kartenraum der italienischen Marine fand«, und diese »zuständigkeitshalber an den Y-Offizier auf dessen dringende Bitte gesandt habe«.

2.2 Die verschiedenen Nachrichtenquellen der Engländer über die italienische Marine

Beim Eingreifen Italiens in den Krieg führte die Regia Marina wie die übrigen beiden Teilstreitkräfte neue Codebücher und Schlüsselunterlagen ein, die als Ersatz für jene dienen sollten, welche die Engländer, offensichtlich von uns unbemerkt, seit dem Krieg in Äthiopien mit wechselndem Glück auswerteten. Dennoch brachte die bereits beschriebene Erbeutung von Geheimdokumenten an Bord der Unterseeboote *Galileo Galilei* und *Uebi Scebeli* anfangs den Engländern einen gewissen Vorteil bei der U-Bootabwehr, auf den wir auf den folgenden Seiten zurückkommen werden.

Inzwischen hatte die Government Code and Cipher School die Studien an den neuen Schlüsseln der italienischen Marine, die mit den Hagelin- und »ENIGMA«-Maschinen verschlüsselt worden waren, aufgenommen. Die ersten Entzifferungen von Funksprüchen gelangen im September 1940. Wie wir in der Folge noch genauer sehen werden, konnte dieser Erfolg von BP von den Engländern auf operativem Gebiet für ein ganzes Jahr nicht genutzt werden, außer sporadisch und in der Schlacht von Matapan. Der Grund lag vor allem darin, daß es keinen Zusammenhang zwischen den zentralen Nachrichtendiensten und jenen der britischen Kommandobehörden im Mittelmeer gab.

Diese unbefriedigende operative Nutzung von »ULTRA« gegenüber unserer Marine, die reichlich dokumentiert ist, zog sich bis zum schicksalhaften Monat Oktober 1941 hin, als die Engländer die inzwischen angewachsenen Ressourcen von Bletchley Park und einen reaktionsfähigeren offensiven Apparat ins Mittelmeer schickten, der von einer verbesserten Koordinierung mit dem Nachrichtenzentrum der Admiralität Gebrauch machte[17].

Obwohl das Eingreifen von »ULTRA« in den Krieg im Mittelmeer zeigt, daß die von der italienischen Marine auf taktischer Ebene erlittenen Rückschläge nicht durch beabsichtigte Lücken im Geheimhaltungssystem oder Verrat zustande kamen, ist festzuhalten, daß in einem so ungeheuren Konflikt, in den Hunderte von Millionen Menschen verwickelt waren, wie das im Zweiten Weltkrieg geschah, es in Italien wie anderswo nicht an Männern gefehlt hätte, die aus ideellen Gründen oder für Geld begierig gewesen wären, die gar nicht geizigen feindlichen Nachrichtendienste zu bedienen. Das traf vor allem auf die strategische und entscheidende Ebene zu.

Mir erscheint es falsch und im historischen Interesse nicht gerechtfertigt, angestrengt die Augen vor einigen in Italien zwischen den Jahren 1940 und 1943 angezettelten Machenschaften zu verschließen. Aber anstatt nicht belegte und niemals bewiesene Schlußfolgerungen zu ziehen, halte ich es für notwendig, einen bisher unbekannten Vorgang zu enthüllen, der in gleicher Weise überraschend und demütigend ist. Er wurde mir durch den zufälligen Fund eines englischen Dokuments offenbart, während ich auf der Suche nach Beweisen über britische Nachrichten anderer Art war[18].

Im November 1940 unterhielt die englische Botschaft in Stockholm unter Leitung von Sir Victor Mallet mit Billigung des Foreign Office und der britischen Admiralität mit einer Gruppe hoher Vertreter der italienischen Marine eine Verbindung, um die Kapitulation der italienischen Flotte zu erreichen. In diesem Zusammenhang sandten die Engländer im Januar 1941 einen ihrer schwedischen Agenten mit dem Decknamen »Mr. Carlsson« nach Rom, der bereits im März 1940 an dem Verkauf von vier älteren italienischen Zerstörern an Schweden beteiligt war, und schützten ihn auf jede nur mögliche Weise vor einem möglichen Verdacht und vor deutscher Einmischung.

Das Endziel der Briten, der Erwerb der gesamten feindlichen Flotte, konnte im Augenblick jedoch von den höchsten Verantwortlichen der italienischen Marine, mit denen man Kontakt aufgenommen hatte, nicht in Betracht gezogen werden. Diese Leute waren die beiden aufeinanderfolgenden Chefs des Admiralstabes Cavagnari und Riccardi. Man fürchtete vor allem deutsche Repressalien gegen die Familien dieser Offiziere. Immerhin beeilte man sich in Rom, die Engländer wissen zu lassen, daß die italienische Flotte niemals in deutsche Hände fallen würde und »in den Militärkreisen ein allgemeiner Wunsch bestünde, den Deutschen nicht zu helfen«.

Das englische Foreign Office dachte damals daran, sich auf ein solches Minimalprogramm zu konzentrieren und versuchte zu erreichen, daß die italienische Kriegsflotte nicht eingesetzt würde. Dafür versprach es für die Zukunft keine rachsüchtigen und demütigenden Friedensbedingungen. Es forderte allerdings mit dem Funkspruch 115 vom 9. März 1941 als Garantie (vielleicht auch als Erpressung) für die Einhaltung der Versprechen der höchsten italienischen Dissidenten die Übergabe einiger italienischer Kriegsschiffe. Nach englischen Dokumenten vom Januar und Februar 1941 waren diese möglichen Dissidenten die Admirale Riccardi, Parona und Cavagnari, General Badoglio und Graf Grandi, von denen die drei letzteren beabsichtigten, ein antifaschistisches Triumvirat zu bilden.

Auf die letzten im Funkspruch 115 vom 9. März 1941 enthaltenen englischen Vorschläge antwortete der britische Botschafter in Schweden, Mallet, mit dem folgenden, sehr interessanten, an das Foreign Office gerichteten Funkspruch 143 vom 14. März[19]:

»Italienische Marine

1. Während seines kürzlichen Besuches in Rom war der schwedische Mittelsmann in ständigem Kontakt mit einem italienischen Exponenten und einem zur italienischen Admiralität gehörenden Offizier, der von sich behauptete, er repräsentiere etwa 20 andere Offiziere, die begierig wären, die Regia Marina dem Einfluß des faschistischen und deutschen Regimes zu entziehen.

2. Die britischen Vorschläge für eine Übergabe wurden in Betracht gezogen. Aber aus den unterschiedlichsten Gründen ist die geschlossene Evakuierung der Familien der Besatzungen der Kriegsschiffe, an die man früher gedacht hatte, als nicht durchführbar betrachtet worden.

3. Der italienische Vertreter führte genauer aus, daß:
a) die Familien einiger hervorragender Offiziere in bestimmte Länder im Ausland überführt werden und eine gewisse Geldzuweisung erhalten müßten;
b) die Offiziere und Besatzungen der uns übergebenen Kriegsschiffe einen gewissen finanziellen Ausgleich für ihre Familien fordern würden, mit welchem sie neue berufliche Aktivitäten aufnehmen könnten.

4. Der italienische Vertreter formulierte daher die folgenden Vorschläge:
a) Die britische Admiralität wird für die uns übergebenen Schiffe die folgenden Summen zahlen:
für ein Schlachtschiff 300 000 $,
für einen Schweren Kreuzer 60 000 $,
für einen Leichten Kreuzer 50 000 $,
für einen Zerstörer 30 000 $,
für ein Unterseeboot 25 000 $,
für ein Torpedoboot 15 000 $.
b) Im Falle, daß es für geeigneter gehalten würde, Sabotageakte an den Kriegsschiffen zu begehen, soll die Hälfte der Summe an die Agenten gezahlt werden, welche die Tat ausführen;
c) die obengenannten Zahlungen werden zu Ende des Konflikts fällig oder wenn die Beweise geliefert sind, daß die Kriegsschiffe übergeben oder außer Gebrauch gesetzt worden sind;
d) eine sofortige Hinterlegung von 600 000 $ muß bei einer amerikanischen Bank erfolgen; 15 Prozent davon sind sofort verfügbar zu halten, um die Hilfe für die unter 3 a) Genannten zu garantieren, d. h. für die Evakuierung der Familien des Personals, deren Namen sowie die gewünschten Bestimmungsländer mitgeteilt werden.

5. Unsere Meinung ist ferner, daß:
a) die Zahlungsvorschläge gegenüber dem potentiellen Wert der Kriegsschiffe oder der an die Agenten zu zahlenden Prämie kaum relevant sind, aber es ist uns nicht möglich, darüber zu verhandeln;
b) die Annahme des Planes in seinen Hauptlinien es uns gestatten würde, sofort zu telegrafieren, um ihn auszuführen, und wir sind überzeugt, daß immerhin eine Erfolgsmöglichkeit besteht;
c) die britische Regierung höchstens riskieren würde, die 15 Prozent der hinterlegten Summe zu verlieren, obwohl das sehr unwahrscheinlich ist, von dem Moment ab, in dem jeder Fall einer finanziellen Hilfe aufgrund der effektiven Verdienste betrachtet werden muß;
d) trotz des beträchtlichen Risikos der schwedische Zwischenhändler bereit ist, falls notwendig, eine weitere Reise nach Italien zu unternehmen, er ist sich auch der angemessenen Belohnung bewußt, die er im Falle eines Erfolges erhalten wird. Er ist

genau der Typ, den wir für die Kontakte in Italien uns wünschen sollten, ein Liebha-
ber dieser Art von Abenteuer.
Anmerkung: Der Inhalt des Telegramms Nr. 115 des Foreign Office ist an den jetzt
nach Italien zurückgekehrten unabhängigen Antifaschisten gesandt worden. Bei der
Übergabe der Botschaft bekundete er eine begreifliche Zufriedenheit über die Vorschläge und bekräftigte seinen Einsatz zur Erzielung eines Einverständnisses in
Marinekreisen.«

Am 19. März nahm das Foreign Office, wenn auch mit Zurückhaltung, die Vorschläge
Mallets mit dem Telegramm Nr. 140 an. Es wird im folgenden ganz wiedergegeben.
Auf die Archivkopie schrieb Churchill am folgenden Tag eigenhändig den Satz: »All
das erscheint mir bizarr.«

OUTWARD TELEGRAM

[This Document is the Property of His Britannic Majesty's Government, and should be
kept under Lock and Key.]

R 2489/590/G.

SPECIAL (ITALIAN NAVY).

Cypher-telegram to Mr. Mallet (Stockholm).

Foreign Office.   19th March, 1941.   9.35 p.m.

No. 140

c.a.a.a.a.a.a

IMMEDIATE.

Your telegram No. 143.

While chances of the scheme succeeding appear
slight, we accept it in principle. You are authorised
to telegraph at once to put it into execution.

This all seems fantastic
(intd) W.S.C.

Die Skepsis des Premierministers wurde vom Foreign Office und von der Admiralität
nicht geteilt. Am 25. März antworteten sie Churchill in gemeinsamem Ejnverständnis:

»Wir stimmen darin überein, daß die Möglichkeit eines Erfolges bei diesem Abenteuer sehr gering erscheint. Aber die Zahlungen, die für das Unternehmen benötigt würden, sind im Vergleich zu der erreichbaren Beute so unerheblich, daß es opportun erscheint, auf dem Projekt zu bestehen.«

In der Tat behielten nicht Churchill, sondern das Foreign Office und die Admiralität recht. Denn am 15. Juli 1941 teilte Botschafter Mallet London mit, daß nach der Freilassung einiger in Verdacht stehender italienischer Offiziere aus dem Gefängnis die Verhandlungen wieder aufgenommen werden könnten. Sie wurden jetzt direkt von einem italienischen Vertreter ohne schwedischen Zwischenmann geführt und stützten sich immer noch auf die vereinbarten Unterhandlungen vom 19. März. Die Antwort des Foreign Office mit der Bestätigung, daß von britischer Seite »der An- und Verkauf noch immer gültig wäre«, stammt vom 19. Juli.

Soviel jetzt hier zu den neu aufgefundenen Dokumenten, die gewiß noch ein Nachspiel haben werden.

Auf einer anderen Ebene hatten die Engländer die Möglichkeit, zum Schaden der italienischen Marine auch Nachrichten aus durch »ULTRA« entzifferten Funksprüchen der deutschen Kriegsmarine, die doch, wie wir schon gesagt haben, auf kryptographischem Gebiet die bestausgerüstetste der Achsenstreitkräfte war, zu gewinnen und zu benutzen.

Das Beispiel, das wir in diesem Zusammenhang bringen, betrifft einige Bewegungen italienischer Unterseeboote im Atlantik, die aufgrund von durch Bletchley Park abgehörten und entzifferten Funksprüchen der deutschen U-Boote der Admiralität bekannt wurden[20].

Das Dokument, das wir im besonderen benutzen, ist wie üblich mit dem Kennzeichen ZIP/ZG gegengezeichnet, das die »zusammenfassenden« Berichte von »ULTRA« bezeichnet. Es hat die laufende Nummer 110 und trägt das Datum vom 5. Oktober 1941. Aber es ruft eine Reihe von Episoden gleicher Art zwischen dem Juli und dem September jenes Jahres ins Gedächtnis zurück und faßt sie zusammen. Von diesen haben wir die folgenden herausgezogen:

Am 1. Juli 1941 wurde das deutsche U-Boot *U-138* mit einem Funkspruch, der von BP entziffert wurde, unterrichtet, daß das italienische Unterseeboot *Dandolo* in das Gebiet um Gibraltar eingelaufen sei und seinen Marsch mit Kurs nach Osten in den folgenden Tagen fortsetze. In Wirklichkeit begann das letztere Boot, das von der atlantischen Basis Bordeaux nach Neapel verlegt werden sollte, am 2. Juli um 00.20 Uhr die Straße von Gibraltar zu passieren. Dabei gelang es ihm, der Sichtung durch feindliche Wachboote zu entgehen und Neapel unbeschädigt am 7. des gleichen Monats anzulaufen[21].

Am 7. Juli 1941 erfuhr das deutsche *U-103* mit einem ebenfalls von »ULTRA« entzifferten Funkspruch, zahlreiche italienische Unterseeboote befänden sich in dem Gebiet zwischen 15° West der spanischen Küste, und am 15. Juli wurde *U-109* mitgeteilt, italienische Unterseeboote operierten vor den Azoren. Tatsächlich waren in dieser Periode nicht weniger als sieben Boote der Regia Marina westlich der Straße von Gibraltar zu einem Angriff auf einige große englische Geleitzüge zusammengezogen, von denen der aktive deutsche Nachrichtendienst fortlaufend meldete, wie sie diese Zone durchliefen. Doch gelang den italienischen U-Booten, obwohl sie den Kurs von mindestens sechs der sieben in jenen Gewässern zwischen dem 5. und 30. Juli marschierenden Geleitzügen kreuzten, kein einziger Erfolg gegen sie, falls man die als wahrscheinlich gemeldete, aber unbestätigte Beschädigung eines Tankers und eines Frachtschiffes aus dem Konvoi OG. 68 beiseite läßt[22].

Am 25. September 1941 wurden *U-97* und *U-559* durch wiederum von BP entzifferte Funksprüche unterrichtet, das U-Boot *Perla* befände sich auf dem gleichen Verlegungsmarsch zwischen dem Golf von Biskaya und der Straße von Gibraltar. Dieses italienische U-Boot lief tatsächlich damals ins Mittelmeer ein und erreichte am 3. Oktober Cagliari, nachdem es ohne Schaden die Linie der feindlichen Wachboote passiert hatte[23].

Immer noch in dem in Frage stehenden Dokument, das aufgrund von »ULTRA«-Nachrichten verfaßt wurde, wird schließlich die Entzifferung zahlreicher Funksprüche auf taktischer Ebene beim Zusammenwirken deutscher und italienischer U-Boote angeführt, darunter die der U-Boote *Marconi* und *Finzi* während der Operationen gegen den Geleitzug HG. 70 zwischen dem 6. und 15. August 1941 und gegen den Geleitzug HG.73 am 22. September des gleichen Jahres[24].

2.3 Die britischen Kenntnisse über die deutschen Bewegungen auf dem Balkan

Über das Entziffern wertvoller feindlicher Funksprüche von strikt operativem Charakter war die Government Code and Cipher School von Bletchley Park oft in der Lage, den englischen Führungsorganen in größeren Zügen ein politisch-strategisches Gesamtbild in bezug auf die zukünftigen Pläne der Achse zu liefern, wie z. B. jener drohenden Invasionen ganzer europäischer Regionen, die noch nicht in den Krieg verwickelt waren. Das wurde auch durch die lobenswerte Aktivität der örtlichen diplomatischen und militärischen Repräsentanten des Vereinigten Königreichs sowie durch die politische Feinfühligkeit der höchsten englischen Führer mit Churchill an der Spitze erleichtert. Das Ergebnis war die Zusammenstellung einiger im voraus ausgearbeiteter Berichte in bezug auf die vorausgesagten und dann sich mit verwirrender Pünktlichkeit bewahrheitenden Ereignisse.

Der Fall, den wir jetzt behandeln wollen, betrifft die Angriffspläne Hitlers gegen die Balkanstaaten, welche die englische Intelligence anhand von Nachrichten aus von »ULTRA« entzifferten Funksprüchen Anfang 1941 rekonstruieren konnte. Bereits am

6. Januar jenes Jahres konnte Außenminister Anthony Eden Churchill wie folgt unterrichten: »Aus verschiedenen Quellen hat uns in den letzten Tagen eine Menge von Nachrichten erreicht, die alle darin übereinstimmen, daß Deutschland dabei ist, seine Vorbereitungen auf dem Balkan zu beschleunigen, um sich auf Griechenland zu stürzen. Die gewöhnlich für eine solche Operation angezeigte Zeit ist Anfang März[25].«

Wie wir schon vorweggenommen haben, befand sich unter den »verschiedenen Nachrichtenquellen«, auf die Eden angespielt hatte, »ULTRA«, das einen beachtlichen Beitrag bei der Abfassung eines wichtigen und aufschlußreichen Dokumentes leistete. Wie geben es im Anhang I wieder und werden hier die wichtigen Stellen zusammenfassen[26].

Es handelt sich um den Bericht des Cpt. Inglis, Leiter der Abteilung der englischen geheimen Luftwaffenaufklärung, über die Verlegung des VIII. Fliegerkorps des Generals von Richthofen (Vetter des berühmten »Roten Barons« aus dem Ersten Weltkrieg) nach Rumänien und Bulgarien sowohl im Hinblick auf die Operation »Marita« gegen Griechenland als auch auf das Unternehmen »Barbarossa« gegen die Sowjetunion[27].

Der Bericht des Cpt. Inglis vom 5. März 1941 (und nicht vom 3. März, wie Lewin behauptet) umreißt vor allem die Etappen der schrittweisen Festsetzung der Deutschen in Rumänien chronologisch. Sie begannen am 7. Oktober 1940 mit der Absendung einer vom General der Flieger Speidel geführten Militärmission, die offiziell nur Ausbildungsaufträge hatte. In Wirklichkeit sorgte diese letztere Organisation vor allem auf rumänischem Gebiet für die Schaffung einer geeigneten Infrastruktur zur Unterbringung eines ganzen deutschen Fliegerkorps und dann zur fortlaufenden Verteilung der Verbände des VIII. Fliegerkorps auf die örtlichen Flughäfen.

Bei dieser Gelegenheit entging den Engländern nicht, daß die 516 schon am 18. Februar 1941 in Rumänien stationierten deutschen Flugzeuge, deren Gliederung dem in Frage stehenden Dokument beigefügt ist, taktisch und operativ eine Armee des Heeres von 15—20 Divisionen hätten unterstützen können. Daraus ergab sich die logische Schlußfolgerung, daß Hitler kurzfristig einen neuen Angriff nach Süden oder noch eher nach Osten vorbereitete.

In der Zwischenzeit waren in Whitehall weitere Nachrichten, in der Hauptsache über spezifische und symptomatische Tätigkeiten entweder der Mission des Generals Speidel in Bukarest oder des deutschen Luftwaffenattachés in Sofia, des Majors von Schönebeck, eingegangen. Es handelte sich vor allem um die Auswahl von 21 der vorhandenen 54 rumänischen Flugplätze durch die Deutschen, die zur Aufnahme des VIII. Fliegerkorps bestimmt waren. Sie wurden genau lokalisiert und im Anhang IV des Berichts von Cpt. Inglis in einer Liste aufgezählt. An zweiter Stelle war die Tatsache bezeichnend, daß auch die Dienststelle des Majors Schönebeck, die inzwischen durch mindestens 300 Mann verstärkt worden war, im Februar weitere 14 bulgarische Flughäfen ausgewählt hatte, auf denen eine »Vorausabteilung« von etwa 280 Flugzeugen von Richthofens stationiert werden sollte[28].

Ein letztes alarmierendes Anzeichen für deutsche Vorbereitungsmaßnahmen auf einen Angriff Richtung Süden oder vielleicht Richtung Osten bildete das ungeheure Verkehrsaufkommen auf der Eisenbahn, das sich in der Zeit vom Dezember 1940 bis Februar 1941 zwischen Deutschland, Rumänien und Bulgarien entwickelte und ständig seitens des britischen Intelligence Service überwacht wurde. Aus den Anhängen II und III des Berichts von Cpt. Inglis wissen wir tatsächlich die genauen Daten, zu denen jede einzelne deutsche Luftwaffeneinheit auf den Balkan geschickt wurde. Wir kennen die ganze Geschichte der sogenannten L-Eisenbahnzüge. Es handelte sich dabei um eigens für die deutsche Luftwaffe ausgerüstete Züge — daher ihr konventionelles Kennzeichen L — die vom 7. Januar bis zum 1. März 1941 in 76 Zugfahrten Munition und Flugzeugtreibstoff für das VIII. Fliegerkorps auf den Balkan brachten. Nach Rumänien gingen mit Sicherheit acht Züge ab, weitere vier wahrscheinlich ebenso, und nach Bulgarien neben fünf wahrscheinlichen 42 Züge, während der genaue Zielbahnhof für weitere 17 Eisenbahnzüge von den Engländern in jenem Augenblick nicht präzise bestimmt werden konnte.

Vor allem dank Bletchley Park war der britische Nachrichtendienst darüber hinaus in der Lage, sogar die Fracht der einzelnen Züge mit Ausnahme eines einzigen in Erfahrung zu bringen, wie aus Anhang III des Berichts hervorgeht. Über die restlichen 75 Eisenbahnzüge erfuhr man daher in London, daß 34 Bomben, 16 Flugabwehrmunition, 1 Munition anderer Art, 21 Flugzeugtreibstoff und 3 Versorgungsgüter verschiedener Art transportierten.

Durch die peinlich genaue Überprüfung der durch die einzelnen Züge zu transportierenden Nutzlast war es darüber hinaus möglich, die Gesamttonnage an Bomben, Munitionsarten und Treibstoff zu berechnen, die von den L-Eisenbahnzügen transportiert wurde. Daher konnte Churchill schon vom 26. Januar General Wavell, dem Oberbefehlshaber im Mittleren Osten, gegenüber ohne Umschweife seiner Gewißheit über ein nahe bevorstehendes militärisches Eingreifen der Deutschen in Griechenland Ausdruck verleihen. Er sagte: »Die Nachrichten,die ich von allen Seiten erhalte, lassen keinen Zweifel an der Tatsache, daß die Deutschen jetzt dabei sind, sich auf bulgarischen Flugplätzen festzusetzen und alle Vorbereitungen für ein Unternehmen gegen Griechenland zu treffen[29].«

Am meisten ist uns jedenfalls daran gelegen, die Aufmerksamkeit auf den § 6 des gleichen Anhanges III des Berichtes von Inglis zu richten. Er enthält den Beweis, daß die Hauptquelle für alle Nachrichten über die Bewegungen der Deutschen auf dem Balkan feindliche, in Bletchley Park entzifferte Funksprüche waren. Tatsächlich ist in jenen Paragraphen in bezug auf die Bewegungen anderer, von den L-Zügen verschiedener deutscher Eisenbahnzüge der klärende Satz eingeschlossen: »...In einer Meldung wird gesagt, daß 1098 Züge zwischen dem 4. Februar 1941... angekommen sind.«

Die unverzüglichen Kommentare der leitenden Organe des britischen Intelligence Service zum Bericht von Inglis — auch sie sind im Anhang I des vorliegenden Bandes wiedergegeben — unterstrichen vor allem die Schnelligkeit der Deutschen, mit der sie eine derartige Masse von Menschen und Kampfmitteln auf den Balkan verlegten, und zwar unter Berücksichtigung der schlechten Wetterverhältnisse und der begrenzten Verbindungswege. Außerdem legten sie den Akzent auf die wertvolle und überraschende Nachricht von der Entsendung beträchtlicher Mengen deutschen Flugzeugtreibstoffes nach Rumänien und Bulgarien, ein erster Beweis dafür, daß die so begehrten rumänischen Ölquellen nicht oder wenigstens nicht in genügendem Maße in der Lage waren, das von der Luftwaffe geforderte raffinierte Benzin zu liefern.

Der letzte interessante Kommentar der Chefs der englischen Intelligence zu diesen Nachrichten über den Balkan ist jener, der sich auf das typische System zur Verlegung geschlossener deutscher Luftwaffenverbände von einer Kampffront an die andere bezieht, wie es genau beim VIII. Fliegerkorps der Fall war, das von den Operationen am Ärmelkanal abgezogen wurde. Das wurde den Methoden der RAF gegenübergestellt, die wegen der gerade herrschenden Knappheit an Mitteln damals das Problem der Bildung neuer Luftwaffenverbände nur angehen konnte, indem sie einen großen Teil des Personals und der Maschinen aus den bestehenden Verbänden herauszog. Das hatte schädliche Folgen für die Homogenität und die Verbandsausbildung des im Entstehen begriffenen Verbandes.

Wie bekannt, entschloß sich Hitler schließlich nach vielen Verschiebungen, den Beginn der Operation »Marita« für den 1. April anzusetzen. Aber der Staatsstreich in Jugoslawien, mit dem am 27. März die Regierung gestürzt wurde, die zwei Tage vorher den Beitritt zum Dreierpakt unterschrieben hatte, zwang ihn von neuem, den Angriff auf Griechenland aufzuschieben und ihn für den 6. April gleichzeitig mit dem als Vergeltung befohlenen Luftangriff auf Belgrad anzusetzen[30].

2.4 Das englische Kommandounternehmen gegen die Insel Castelrosso

Die Analyse des britischen Handstreiches auf Castelrosso fügt sich mit vollem Recht in den Inhalt des vorliegenden Bandes ein, und zwar entweder wegen seiner Beziehung zu dem, was über die Brüchigkeit des italienischen Sicherheitssystems gesagt wurde, oder wegen der unbezweifelbaren Nachrichtenvorteile, die sich die Engländer durch dieses Unternehmen genau am Vorabend der berühmten Seeschlacht von Kap Matapan sichern konnten.

Während die den Nachrichtendienst der italienischen Marine (S.I.S.) betreffenden Nachrichten, wie bekannt, im Archiv des Ufficio Storico der italienischen Marine völlig fehlen, ist dort eine, wenn auch dürftige Dokumentation über die Episode von Castelrosso vorhanden[31]. Jedoch ist eine befriedigende Rekonstruktion jenes wenig bekannten Ereignisses möglich, wenn man noch einmal auf die recht reichlichen englischen Quellen zurückgreift[32].

Die Insel Castelrosso, die damals zum italienischen Dodekanes gehörte, liegt nahe der Südküste der Türkei, 75 Meilen ostwärts von Rhodos. Zwischen dem 25. und 28. Februar 1941 war sie das Ziel eines amphibischen Angriffs englischer Kommandotruppen unter dem Decknamen »Operation Abstention« mit dem offiziellen Zweck des Aufbaus eines Stützpunktes für Schnellboote. Das alles geschah im Hinblick auf die britische Unterstützung für das von einer deutschen Invasion bedrohte Griechenland und nachdem eine vorgesehene Landung auf Rhodos wegen des Eintreffens des VIII. Fliegerkorps auf dem Balkan und des X. Fliegerkorps in Italien zurückgestellt worden war.

Die aus 200 Mann bestehenden britischen Angriffstruppen liefen am 24. Februar 1941 um 01.30 Uhr an Bord der Zerstörer *Decoy* und *Hereward* aus Suda mit dem Auftrag aus, in den ersten Stunden des 25. in Castelrosso an Land zu gehen und den kleinen Hafen, die Funkstation, die Zollstation und die anderen taktisch wichtigen Punkte der italienischen Insel zu nehmen[33]. Die Operation wurde vom U-Boot *Parthian* als schwimmender Leuchtturm unterstützt. Es hatte den Auftrag, die Kommandotruppe an den vorher ausgewählten Strand bei der Nifti-Landzunge zu führen.

Im Morgengrauen des 25. war das Eingreifen des Flußkanonenbootes *Ladybird* (625 Tonnen) in den Gewässern von Castelrosso vorgesehen. Es war ein altes Schiff aus dem Ersten Weltkrieg, das mit seinen beiden 152-mm-Kanonen der ausgebooteten Truppe Feuerunterstützung geben sollte und an Bord einen Unterstützungstrupp in Stärke von 25 englischen Marineinfanteristen mitführte. Die 200 Mann des Kommandotrupps sollten schließlich am 26. um 03.00 Uhr auf der Insel von einer Kompanie der »Sherwood Foresters« als Besatzungstruppe abgelöst werden, die an Bord der bewaffneten Jacht *Rosaura* mit Verpflegung und Munition für 30 Tage aus Zypern kam.

Trotz bester Arbeit des U-Bootes *Parthian* beim Einweisen in den Landungsstreifen gelang es nur zwei Beibooten der Zerstörer *Decoy* und *Hereward*, an der richtigen Stelle am 25. Februar um 03.10 Uhr zu landen und kurz darauf die gleiche Fahrt zu wiederholen. Dabei landeten sie insgesamt 50 Angreifer. Die restlichen acht britischen Boote verloren jedoch die Verbindung mit den beiden obengenannten Beibooten und wurden auch von der knapp 50-Mann-Besatzung der Insel entdeckt und unter Feuer genommen. Diese acht Boote waren im ersten Moment zu den beiden Zerstörern zurückgekehrt, fanden aber schließlich die richtige Orientierung und setzten ihre Männer ohne Gegenwehr an Land, jedoch als es schon hell war.

Wegen der obengenannten Fehlleitungen fiel es den 50 gelandeten Engländern zu, als erste bis 06.00 Uhr die Funkstation, den Wohnsitz des Gouverneurs, die Zollstation, eine kleine Kaserne und das örtliche Büro der Air France zu besetzen, nachdem sie drei italienische Soldaten, die sie unterwegs antrafen, außer Gefecht gesetzt hatten.

Aus dem nach dem Unternehmen abgefaßten Bericht erfahren wir, daß der Verantwortliche für die italienische Funkstation, nachdem er gerade die ersten Schüsse gehört hatte, alle Geheimsachen einem seiner Untergebenen anvertraute, und zwar »mit dem Befehl, sie dem Führer der Wachstation zu übergeben, damit dieser sie in den Safe lege«[34]. Der in Frage stehende Unteroffizier setzte dann seinen Bericht wörtlich mit folgenden für uns wichtigen Worten fort: »Ich ging wieder in die Funkstation, riß die Sicherungen sowie andere wichtige Teile heraus und machte so das Gerät unbrauchbar.« Er zog sich schließlich um 05.50 Uhr in das Dorf Paleocastro zurück.

Aus der britischen Dokumentation geht jedoch in diesem Zusammenhang hervor, daß die Funkstation »unbeschädigt« aufgefunden wurde und »die Schlüsselunterlagen in unserem Besitz blieben (d.h. im Besitz der Engländer)«[35]. Eine weitere Bestätigung für diesen tatsächlichen kostbaren Beutezug gibt uns übrigens das bereits bekannte Tagebuch der 5. Intelligence School in Heliopolis, dessen Inhalt wir im ersten Unterkapitel dieses Kapitels zusammengefaßt haben[36]. Tatsächlich erscheint unter dem Datum vom 4. März 1941 in jenem Kriegstagebuch der bedeutungsvolle Satz: »[An der Schule] sind die italienischen Schlüsselunterlagen Y-I und einige in Castelrosso erbeutete verschlüsselte Funksprüche eingetroffen.«

Nachdem wir das, was bis jetzt in Italien noch niemals klargestellt wurde, genau umrissen haben, fahren wir mit der Erzählung der nachfolgenden Ereignisse auf der Insel fort.

Das Fort Vicla, wohin sich die italienische Garnison geflüchtet hatte, wurde mit Unterstützung der Artillerie des inzwischen eingetroffenen Kanonenbootes *Ladybird* am 25. Februar um 10.00 Uhr von den Engländern erobert. Dabei wurden sechs italienische Soldaten getötet, während weitere sieben verwundet und 35 gefangengenommen wurden. Wegen der folgenden Ereignisse gelangten jedoch viele Gefangene wieder in Freiheit.

Im selben Augenblick (um 10.00 Uhr) erschienen die ersten italienischen Flugzeuge über der Insel, die bis 16.30 Uhr die feindlichen Stellungen mit Bomben und Bordwaffen angriffen, wobei sie auch das Kanonenboot *Ladybird* trafen und zur Umkehr nach Zypern zwangen, ohne daß es vorher die Abteilung der Royal Marines an Land setzen konnte. Zwei italienische Bomber wurden von den Männern des englischen Kommandotrupps abgeschossen, die dazu im Fort Vicla erbeutete Maschinengewehre benutzten.

Nachdem sich die *Ladybird* entfernt hatte, blieben die englischen Kommandotruppen, die jetzt alle in Stärke von 200 Mann an Land waren, ohne Unterstützung von See her und waren darüber hinaus zunehmend Angriffen der italienischen Luftwaffe ausgesetzt. Diese Lage sofort ausnutzend, erschien das Torpedoboot *Lupo* am 25. um 21.00 Uhr am Eingang des Hafens und begann, die feindlichen Stellungen mit zahlreichen Granaten zu beschießen, von denen eine das Zimmer des Zollamtes durchschlug, in dem sich Lt.Col. Symons, der Führer der britischen Einheit, aufhielt.

Ziel der *Lupo* war die Durchführung einer Gegenlandung mit einer bewaffneten Abteilung auf der Insel. Aber die Furcht, das Torpedoboot könne im Morgengrauen von überlegenen feindlichen Seestreitkräften überrascht werden, deren genaue Position man nicht kannte, führte um 23.00 Uhr zur Unterbrechung dieser ersten Gegenangriffsmaßnahme der italienischen Marine[37].

In der Zwischenzeit versuchte die Royal Navy Hilfe zu bringen und beschleunigte gerade die Absendung eines Kontingents der »Sherwood Foresters« des Majors Cooper zur Verstärkung der Besatzung auf der Insel. Dieses Kontingent war auf der bewaffneten Jacht *Rosaura* eingeschifft, die ihrerseits von den Kreuzern *Gloucester* und *Bonaventura* und den zwei bereits genannten Zerstörern *Decoy* und *Hereward* gesichert wurde. Dennoch verschoben die Engländer in der Furcht, das Erscheinen der *Lupo* in den Gewässern vor der Insel wäre das Vorspiel zum Eingreifen starker italienischer Verbände, in der Nacht vom 25. zum 26. die Landung dieser zusätzlichen Kräfte um 24 Stunden und versuchten glücklos in der Dunkelheit, mit einem Feind Fühlung aufzunehmen, der sich selbst ebenfalls zurückgezogen hatte.

Das nutzlose nächtliche Kreuzen verursachte auf britischer Seite einen weiteren Ausfall aufgrund des unvorhergesehenen größeren Treibstoffverbrauchs durch die beiden Zerstörer. Sie mußten folglich in Alexandria neuen Treibstoff aufnehmen, so daß die Landung der »Sherwood Foresters« auf die Nacht vom 27. Februar verschoben wurde. Dieses letztere englische Kontingent wurde daher nach der Rückkehr in den ägyptischen Stützpunkt mit dem gesamten Marineverband von der *Rosaura* auf die Zerstörer *Decoy* und *Hero* umgeladen. Zusammen mit den zwei anderen Zerstörern *Hasty* und *Jaguar* und den beiden Kreuzern *Bonaventura* und *Perth* liefen sie am 27. Februar zwischen 07.10 Uhr und 08.30 Uhr wiederum Richtung Castelrosso aus Alexandria aus.

Dieser letztere Tag konnte als entscheidend für den Ausgang der Operation »Abstention« angesehen werden. Nach 24 Stunden völliger Stille und Ruhe für die Soldaten des britischen Kommandos begannen nämlich um 10.30 Uhr auf der Insel die italienischen Gegenlandungen, mit denen die Seestreitkräfte des Admirals Biancheri beauftragt worden waren. Sie setzten sich aus den Zerstörern *Crispi* und *Sella*, den Torpedobooten *Lupo* und *Lince* sowie den Torpedoschnellbooten *MAS 541* und *546* zusammen und wurden von Staffeln der italienischen Luftwaffe unterstützt. Insgesamt gingen etwa 250 Soldaten des Heeres unter Kommando des Oberstleutnants Fanizza und 88 Matrosen an Land, die sofort von den Engländern in ein Gefecht verwickelt wurden.

Die Gefechte auf Castelrosso waren in vollem Gang, als kurz nach Mitternacht an der Landspitze Nifti die Einheiten des obengenannten britischen Marineverbandes einzutreffen begannen. Sie setzten die Hälfte der »Sherwood Foresters« an Land, bevor sie begriffen, daß die Lage der Männer des Kommandos vor allem wegen des plötzlichen Munitionsmangels und des anfänglichen Fehlens schwerer Begleitwaffen nun ernsthaft gefährdet war. Man entschloß sich daher zum völligen Rückzug aller Engländer von der Insel; diese Operation war um 03.15 Uhr am 28. Februar beendet.

Als fast alle überlebenden britischen Soldaten wieder eingeschifft waren, gingen an Bord der Einheiten der Royal Navy die ersten Nachrichten ein, daß italienische Schiffe gesichtet worden waren. Tatsächlich stellte der Zerstörer *Crispi* gemäß der zeitlichen Aufstellung in der Dokumentation des Ufficio Storico der italienischen Marine um 02.53 Uhr einige feindliche Einheiten fest und machte sofort drei Torpedos gegen sie los. Ihnen folgten — wiederum ohne zu treffen — zwei Torpedos des Torpedoschnellbootes *MAS 546*, das zusammen mit dem Torpedoboot *Lince* um 03.13 Uhr hinzugekommen war.

Bei diesem nächtlichen Gefecht machten auch die Engländer von ihren Unterwasserwaffen Gebrauch und antworteten mit Leuchtgranaten, bis um 03.30 Uhr der Schußwechsel unterbrochen wurde, ohne daß eine Einheit von einer der beiden Seiten getroffen worden wäre. Die *Sella*, die *Lupo* und das U-Boot *Galatea*, die an der Suche nach den feindlichen Schiffen teilnahmen, welche die aus Castelrosso evakuierten Truppen transportierten, bekamen jedoch keine in Sicht.

Die britische Marinekampfgruppe, die sich im Morgengrauen wieder vereinigt hatte, lief unversehrt in Suda mit zwölf Gefangenen, einer Ladung Post und jenen geheimen Schlüsselunterlagen an Bord ein, von denen wir gesprochen haben und die vom 5. März 1941 an benutzt wurden. Die Verluste der Engländer betrugen 3 Gefallene, 27 Vermißte und 11 Verwundete, während nach dem Landgefecht von den Italienern 8 Gefallene, 12 Vermißte und 15 Verwundete zu beklagen waren.

Eine letzte Anmerkung: In dem zitierten Bericht vom Lt. Col. Symons ist unter anderem zu lesen, daß das am 27. Februar gelandete italienische Kontingent »sich auf nicht befriedigende Weise verhielt« und sich »als von bescheidener Qualität in bezug auf die Gefechtsausbildung« erwies[38]. Das wird festgehalten, weil es im Gegensatz zur offiziellen Bekundung von Unzufriedenheit und zugleich Bewunderung für das italienische Verhalten steht, das in diesem Zusammenhang von Admiral Cunningham, dem Befehlshaber der Mediterranean Fleet ausgedrückt wurde. Für ihn waren »die Einnahme und die Aufgabe von Castelrosso eine widerliche Angelegenheit, in der wir schlecht dastanden. Die Italiener waren unglaublich unternehmend und bombardierten die Insel nicht nur aus der Luft, sondern beschossen sie auch mit Geschützen und landeten Truppen. Die Kommandos, die wir haben, sind mit einer Maschinenpistole und einem Schlagring bewaffnet, so daß sie sich nicht verteidigen können, wenn sie ernsthaft angegriffen werden.[39]«

Die offensichtlich im Rahmen der Gesamtkriegführung unbedeutende Episode von Castelrosso endete daher formell mit einem italienischen Sieg, der jedoch schwer von der damals in Italien unbekannten der Erbeutung der Schlüsselunterlagen belastet wird.

2.5 Die tragische Operation von Gaudo und Matapan

Nach dem bisher Festgestellten war der englische Nachrichtendienst in der Lage, sich vor der tragischen Nacht von Matapan (28. März 1941) die entzifferten Funksprüche der deutschen Luftwaffe und aller drei italienischen Teilstreitkräfte — sowie in noch sehr seltenen Fällen der deutschen Kriegsmarine — dank der Arbeit der Männer von Bletchley Park und der Erbeutung einiger Schlüsselunterlagen zunutze zu machen[40].

Das italienische Desaster bei Kap Matapan entstand aufgrund eines im Verlauf der Konferenz von Meran am 13. und 14. Februar 1941 formulierten Vorschlages, nach dem ein gezielter Angriff der italienischen Flotte gegen den britischen Verkehr im Ostmittelmeer zu führen beabsichtigt war.

Die deutsche Kriegsmarine begann gerade in jenen Monaten ihren wachsenden Unwillen über die relative Untätigkeit der italienischen Schlachtflotte zu zeigen, eine Sache, über die sich übrigens gerade die Engländer plötzlich sehr gut informiert zeigten. Wir wissen heute aufgrund eines Memorandums des Planungsleiters der britischen Admiralität, daß am 22. März 1941 im Verlauf eines Treffens der verantwortlichen Führer der Royal Navy Befürchtungen über ein unmittelbar bevorstehendes entscheidendes Unternehmen gegen die nach Griechenland gerichteten britischen Geleitzüge (Operation »Lustre«) durch die Deutschen laut wurden, da »es diesen nicht gelang, die italienische Flotte dazu zu bringen, einen ähnlichen Versuch zur Unterbrechung jenes Verkehrs zu unternehmen«[41].

Die Engländer waren zu sehr mit der Furcht vor einem direkten Durchbruch durch die Straße von Gibraltar durch die beiden deutschen Schlachtschiffe *Scharnhorst* und *Gneisenau* beschäftigt, welche »die nach Griechenland gerichteten Geleitzüge ›Lustre‹ hätten angreifen« sollen[42].

Die italienische Marine hatte nämlich durch ihren Chef des Admiralstabs, Admiral Riccardi, die auf der Zusammenkunft von Meran formulierten deutschen Bitten entweder wegen Mangels an Betriebsstoff oder wegen der Schwierigkeiten mit der Luftsicherung zurückgewiesen. Aber was die Engländer wenigstens bis zum 22. März allem Anschein nach nicht wußten, war die in der Zwischenzeit bei Supermarina herangereifte Meinungsänderung.

Vor allem hatte Ende Februar Admiral Iachino, der Befehlshaber der Schlachtflotte, allerdings ohne Kenntnis der Diskussionen und Beschlüsse in Meran, Admiral Riccardi einen gezielten Angriff in der Ägäis mit einem Schlachtschiff und drei Kreuzern vorgeschlagen. Dann hatte Vizeadmiral Weichold, der Verbindungsoffizier der deutschen Kriegsmarine in Rom, am 10. und 14. März erneut und dringlich die gleiche Sache vertreten[43]. Am Ende wurde schließlich der Widerstand von Supermarina gebrochen, und Admiral Riccardi entschloß sich am 16. März zu einer zweifachen, gleichzeitigen und gezielten Offensive im Norden und Süden von Kreta mit dem Schlachtschiff *Vittorio Veneto* und insgesamt acht Kreuzern und dreizehn Zerstörern.

Der Anfang der Operation war ursprünglich auf den 24. März festgesetzt, aber das Datum wurde dann auf den 26. verlegt, damit ins einzelne gehende Absprachen mit dem X. deutschen Fliegerkorps getroffen werden konnten, das in Sizilien stationiert war und seine Mitwirkung angeboten hatte. In diesem Zusammenhang ist die falsche Beurteilung der Kräftegliederung der englischen Marine im Ostmittelmeer bekannt, die an den unmittelbar vorhergehenden Tagen von der deutschen Luftwaffe verursacht worden war. Fälschlicherweise nahm man im Rahmen der Mediterranean Fleet ein einziges einsatzbereites Schlachtschiff statt drei an. Auch reichte die Luftsicherung nicht aus, welche das X. Fliegerkorps und die italienische Luftwaffe für die ganze Operation insgesamt garantiert hatten.

Am 23. März 1941 um 21.10 Uhr wurde der gesamte von Supermarina vorbereitete Operationsbefehl verschlüsselt an Admiral Iachino, den Befehlshaber des in Neapel stationierten Geschwaders, und an die Führer der drei Kreuzerdivisionen gefunkt, während es sicherer gewesen wäre, den Admiral in die Hauptstadt zu berufen — wie es zu anderen unmittelbar vorhergehenden Malen auch geschehen war — und ihm persönlich seine Instruktionen zu übergeben. Übrigens befand sich Admiral Iachino gerade am Morgen dieses 23. März in Rom[44].

Unvermeidlicherweise wurden am 24. und 25. März die das Oberkommando in der Ägäis betreffenden operativen Weisungen sowie jene für die Verbände des X. deutschen Fliegerkorps mit Gefechtsstand in Taormina per Funk übermittelt.

Es folgt der Klartext des zitierten Operationsbefehls von Supermarina, der persönlich von Admiral Iachino am 24. März um 02.00 Uhr entschlüsselt und jedenfalls nicht vom Feind abgehört und entziffert wurde[45].

»Supermarina 51106. Persönlich entschlüsseln stop *Vittorio Veneto* und 1., 3., 8. Kreuzer-Division mit ihren Zerstörern ohne 10. und 11. Zerstörer-Division führen am Tage X geplanten Angriff auf feindlichen Verkehr in Zone südlich Gaudo und Zone westliche Ägäis aus stop Kampfgruppe *Vittorio Veneto* mit 3. Division regelt eigene Bewegungen so, daß sie aus Straße von Messina am Tag X-I etwa um 06.30 Uhr ausläuft und sich am gleichen Tag um 20.00 Uhr auf 34°56' Breite und 19°16' Länge und um 07.00 Uhr am Tag X 20 Meilen südlich Gaudo befindet stop Von dort aus marschiert sie am Tage X um 13.30 Uhr nach einem Punkt 100 Meilen westlich Kap Krio und von dort in Stützpunkt zurück stop Kampfgruppe *Zara* aus 1. und 8. Division läuft aus Stützpunkt in ersten Stunden des Tages X-I aus und reguliert eigene Bewegung so, daß sie sich am Tag X-I um 20.00 Uhr 35° 46' Breite und 19°34' Länge befindet, und passiert am Tage X um 20.00 Uhr zwischen Cerigotto und Kap Spada stop Sie setzt danach Marsch nach Osten bis zum Meridian Kap Tripiti und dann Richtung Riff Karavai fort, wo sie sich am Tag X um 08.00 Uhr befindet stop Von dort läuft sie wieder zwischen Kap Spada und Cerigotto zurück und von dort zu einem Punkt 90 Meilen ostwärts Cerigotto, wo sie sich am Tag X um 13.30 Uhr befindet und von dort wieder in die Stützpunkte zurück. Bei Sichtung feindlicher Einheiten mit aller Kraft nur dann angreifen, wenn in günstigem Stärkeverhältnis stop Sonderbefehl regelt Aufklärung und Luftsicherung mit eigenen und deutschen Flugzeugen stop Oberbefehlshaber zur See Admiral Iachino stop Arbeiten Sie Operationsbefehle aus und übermitteln Sie sie stop Erhalt bestätigen. Empfänger *Vittorio Veneto* für Geschwader, *Zara* für Division 1, *Trieste* für Division 3, *Abruzzi* für Division 8 stop 211023.«

Nachdem Iachino an die unterstellten Admirale seinen ins einzelne gehenden Operationsbefehl Nr. 47 vom 24. März übermittelt hatte, lief er mit der *Vittorio Veneto* am 26. März um 20.30 Uhr aus. Zum ersten Mal befand sich an Bord eine Gruppe von Entzifferern unter Führung des Fregattenkapitäns Porta, die vor allem die konventionellen Funksprüche zwischen den englischen Flugzeugführern in der Luft und ihren Stützpunkten zu interpretieren hatten. Um 21.00 und um 23.00 Uhr des gleichen Tages bzw.

um 05.30 Uhr am 27. März liefen die Kreuzer der 8. Division aus Brindisi, der 1. Division aus Tarent und der 3. Division aus Messina aus.

Die Entzifferer der *Vittorio Veneto* machten sofort erfolgreich auf sich aufmerksam, indem sie am Nachmittag des 27. zwei aufeinanderfolgende Funksprüche eines englischen Wasserflugzeuges interpretierten, das um 12.20 Uhr und um 12.35 Uhr gemeldet hatte, es hätte allein die 3. Kreuzerdivision gesichtet. Am gleichen Tag entzifferten sie zahlreiche, zwischen den verschiedenen britischen Führern ausgetauschte Funksprüche. All das ließ Admiral Iachino annehmen, daß keine feindliche Gegenmaßnahme unmittelbar bevorstand.

Zwei weitere wichtige Mitteilungen erreichten Iachino im Laufe jenes 27. März. Vor allem erfuhr er bei Sonnenuntergang, daß die gegen Alexandria um 14.00 und um 14.35 Uhr geführte Luftaufklärung drei Kreuzer und andere Einheiten im Hafen gesichtet hatte. Eigentlich hätte das Anlaß zur Änderung des Optimismus über die Kräftegliederung der Mediterranean Fleet geben müssen. Um 22.00 Uhr traf daher an Bord der *Vittorio Veneto* der Befehl von Supermarina über die Rücknahme des gezielten Angriffs nördlich von Kreta ein, wo sich zur Zeit kein feindlicher Geleitzug befand. Im gleichen Befehl wurde die anschließende Vereinigung der 1. Kreuzerdivision mit dem Rest des Geschwaders südlich dieser Insel befohlen.

Die traurigen Geschehnisse, die die ganze italienische Operation charakterisierten, sind jetzt weithin bekannt; jedoch halten wir es für nötig, sie zu analysieren, wenn auch nur in einer Zusammenfassung[46].

Admiral Cunningham, der Befehlshaber der Mediterranean Fleet, wurde durch rechtzeitige Nachrichten, die wir im nächsten Abschnitt prüfen wollen, gewarnt und befahl am 26. März die Einstellung des gesamten Verkehrs in der Ägäis, das Auslaufen der Division des Vizeadmirals Pridham-Wippell mit vier Kreuzern und vier Zerstörern, die sich im Morgengrauen des 28. März südlich der kleinen Insel Gaudo befinden sollten, die Ausführung eines großen Luftaufklärungsplanes und die Verstärkung der Torpedofliegerstaffeln in Kreta. Es selbst lief dann unter völliger Wahrung der Geheimhaltung mit drei Schlachtschiffen, einem Flugzeugträger und neun Zerstörern unter dem Schutz der Dunkelheit aus Alexandria aus, und zwar genau um 19.00 Uhr am 27. März, nachdem er mögliche Informatoren der Achse (zu denen der japanische Konsul gezählt wurde) getäuscht hatte, indem er sich am Nachmittag in Golfkleidung hatte sehen lassen[47].

Die vier Leichten Kreuzer des Admirals Pridham-Wippell wurden am 28. März um 06.35 Uhr südlich Gaudo von einem Katapultaufklärer der *Vittorio Veneto*, der sich 40 Meilen von den Schiffen entfernt befand, gesichtet und zwischen 08.12 Uhr und 08.55 Uhr in ein unentschiedenes Gefecht mit drei italienischen Schweren Kreuzern, *Trento*, *Trieste* und *Bolzano,* verwickelt.

Um 10.50 Uhr gelang es der *Vittorio Veneto*, die sich unbemerkt genähert hatte, mit den vier englischen Kreuzern Fühlung aufzunehmen. Sie wurden völlig überrascht, nachdem sie den Funkspruch »Einheit unbestimmten Typs gesichtet, kläre auf«, abge-

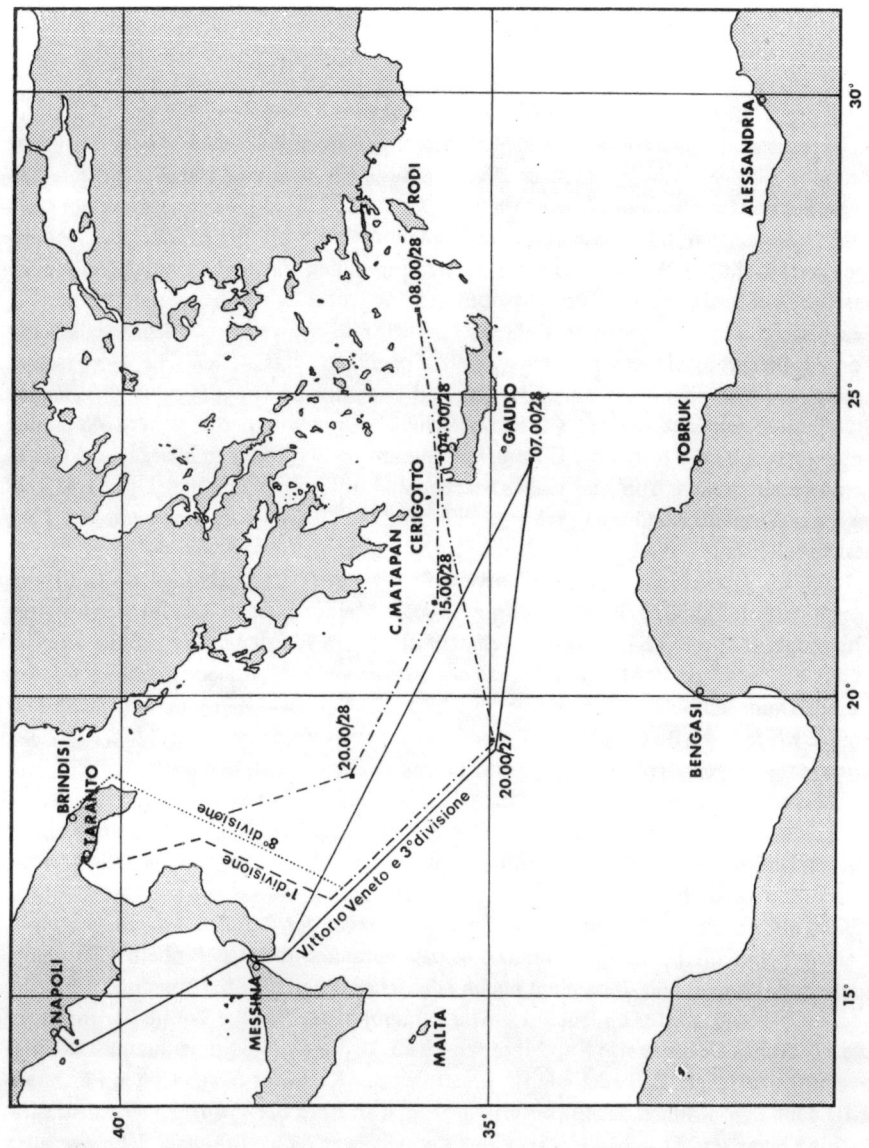

Die geplante Angriffsoperation auf den englischen Verkehr »Lustre«, die mit den Begegnungen bei Gaudo und Matapan am 28. März 1941 endeten.

setzt hatten. Sie blinkten zum italienischen Schlachtschiff das übliche Zeichen OBI, hielten es also für eine britische Einheit.

An dieser Stelle möchten wir die Aufmerksamkeit auf die bereits von uns an anderer Stelle festgestellte und von der offiziellen Geschichte der italienischen Marine bestätigte Tatsache richten, daß die Kreuzer Pridham-Wippells in dieser Lage so unsicher in bezug auf das Erkennen der *Vittorio Veneto* waren, daß die eilige Behauptung über den Besitz des »ganzen italienischen Operationsplanes« durch die Briten mit ihrer Verwirrung jetzt nicht zur Deckung zu bringen ist. Zum Glück für die Engländer lag jedoch das von dem Schlachtschiff um 10.56 Uhr eröffnete und 23 Minuten lang unterhaltene Feuer wie gewöhnlich ungenau, während ein rechtzeitiger, wenn auch fehlgeschlagener Torpedofliegerangriff des Flugzeugträgers *Formidable* das italienische Geschwader zwang, die Verfolgung zu unterbrechen und endgültig in Richtung auf die eigenen Stützpunkte zurückzulaufen. Dieser Entschluß wurde durch die sichere Annahme unterstützt, daß der durch die Luftaufklärung am vorhergehenden Morgen alarmierte Feind jeden Verkehr von und nach Griechenland unterbrochen hatte. Um 11.47 Uhr wurde er durch die Meldung bekräftigt, daß deutsche Flugzeuge die *Formidable* auf See gesichtet hatten.

Nach einem zweiten fruchtlosen Torpedofliegerangriff der Engländer um 12.07 Uhr erhielt Admiral Iachino um 14.25 Uhr eine späte Meldung der in Rhodos stationierten Flugzeuge, daß um 12.15 Uhr ein Schlachtschiff, ein Flugzeugträger, sechs Kreuzer und fünf Zerstörer 79 Meilen ostwärts der *Vittorio Veneto* auf See gesichtet worden waren. Dann wurde das italienische Geschwader zwischen 14.30 Uhr und 16.58 Uhr immer wieder von Bombern und Torpedofliegern aus Kreta und vom Flugzeugträger *Formidable* angegriffen. Um 15.20 Uhr gelang es einem der trägergestützten Flugzeuge, bevor es abgeschossen wurde, einen Torpedotreffer am Heck der *Vittorio Veneto* zu erzielen. Das moderne Schlachtschiff hielt den Treffer aus, blieb sechs Minuten lang auf der Stelle liegen und setzte sich dann mit unterschiedlicher, aber niemals höherer Geschwindigkeit als 19 Knoten wieder in Bewegung.

Obwohl durch die herabgesetzte Geschwindigkeit des Admiralschiffes gebremst, wäre der italienische Verband immerhin den herankommenden Einheiten Cunninghams entkommen. Nur dank eines neuen englischen Angriffs mit Torpedofliegern, der von 19.28 bis 19.50 Uhr an jenem 28. März andauerte, reiften die Voraussetzungen für das nächtliche Desaster von Kap Matapan heran. In diesem Zusammenhang ist es interessant festzustellen, daß auch die Bereitstellung auf Kreta für diesen letzten Fliegerangriff dank dem Können der Entzifferungsgruppe an Bord der *Vittorio Veneto* Admiral Iachino lange vorher bekannt war. Um 17.45 Uhr war diese Gruppe in der Lage, dem Seebefehlshaber die folgende Nachricht von überraschender Klarheit zu liefern: »Von Alexandria an Luftwaffenbefehlsstelle QP 8: Die bei Sonnenuntergang von Maleme ausgehenden Luftangriffe haben die am nächsten fahrenden Schlachtschiffe zum Ziel. 17.27 Uhr[48].«

Während dieses entscheidenden englischen Angriffs mit Torpedofliegern wurde um 19.50 Uhr der Kreuzer *Pola* getroffen und blieb unbeweglich liegen. Ihm zur Hilfe sandte man den Rest der 1. Division des Admirals Cattaneo, der sich aus zwei Kreuzern, den Schwesterschiffen *Zara* und *Fiume*, und vier Zerstörern zusammensetzte. Diese Division lief um 21.06 Uhr mit der bescheidenen Geschwindigkeit zwischen 16 und 22 Knoten und der zu tadelnden Formation in Kiellinie in Richtung auf das getroffene Schiff, wobei außerdem noch die beiden Kreuzer an der Spitze und die vier Zerstörer am Schluß marschierten[49].

Dennoch wurde diese Absurdität der Gefechtsordnung vom operativen Fehler übertroffen, einen so zusammengesetzten Verband der *Pola* zur Hilfe zu schicken, obgleich man wußte, daß starke feindliche Überwasserkräfte sich um 17.45 Uhr 75 Meilen von der *Vittorio Veneto* entfernt befanden. Um 20.05 Uhr, 13 Minuten vor dem Entschluß zur Absendung der 1. Division zur Hilfeleistung für die *Pola* und genau eine Stunde vor der Ausführung dieser Weisung, hatte Admiral Iachino von Supermarina den folgenden Funkspruch erhalten: »Aus Funkpeilungen geht hervor, daß um 17.45 Uhr das Flaggschiff des feindlichen Schlachtgeschwaders 40 Meilen auf 240° vom Kap Krio mit Alexandria funkte stop 28. März 18.55 Uhr.« Nachdem Iachino die pflichtgemäße Berechnung gemacht hatte, stellte er fest, daß zu dieser Stunde (17.45 Uhr) sich die Führung des britischen Geschwaders 75 Meilen auf 110° von seinem Geschwader entfernt befand, während die offizielle Geschichte der italienischen Marine dann festgestellt hat, daß aufgrund eines Fehlers bei der Funkpeilung die Schlachtschiffe Cunninghams — denn um diese handelte es sich — genau 20 Meilen näher waren[50].

Auch wenn man den obengenannten Fehler bei der Entfernung zugibt, hätte jeder, der dazu berufen war, die schlechteste der Möglichkeiten in Betracht ziehen — wie immer zur See ratsam ist und wie es bei dieser Gelegenheit mehr als je von der Gesamtheit der Umstände geraten war — und sich das folgende vergegenwärtigen müssen. Zwischen 17.45 Uhr und 19.50 Uhr, der Stunde, in der die *Pola* torpediert und manövrierunfähig geschossen wurde, konnte der in 75 Meilen Entfernung gemeldete Führer des feindlichen Geschwaders sich um acht Meilen nähern, wenn man vernünftigerweise mit vier Meilen stündlich den Unterschied zwischen seiner Geschwindigkeit (20 bis 22 Knoten, wenn es sich um ein Schlachtgeschwader gehandelt hätte) und jener der beschädigten *Vittorio Veneto* (die zwischen 15 und 19 Knoten schwankte) in Betracht zog.

Um 19.50 Uhr war daher anzunehmen, daß wahrscheinlich ein britisches Schlachtgeschwader 67 Meilen von der italienischen Flotte entfernt stand, deren dem Feind bekannte Position, wie sie von den angreifenden Flugzeugen gemeldet worden war, von jetzt ab unverändert jener der *Pola* entsprach, die im gleichen Augenblick lahmgeschossen wurde.

Nun, um einen Seeraum von 67 Meilen zu überwinden und den Punkt zu erreichen, an dem die italienische Flotte von Flugzeugen angegriffen worden war, sowie jene Einheiten zu suchen, welche die britischen Flugzeugführer als sicher getroffen gemeldet hatten, hätte ein britisches Schlachtgeschwader drei Stunden und zehn Minuten gebraucht, wenn es mit der nicht unmöglichen durchschnittlichen Geschwindigkeit von 21 Knoten marschiert wäre. Folglich war es vernünftig, zu befürchten, daß die sich aus einem gemischten Kampfverband zusammensetzenden britischen Seestreitkräfte um 23.00 Uhr in den Gewässern bei der unbeweglichen *Pola* eintreffen würden.

Die 1. Division des Admirals Cattaneo hatte ihrerseits jene schon von uns kritisierte zu niedrige Geschwindigkeit gewählt, obgleich sie — und das gilt es gut festzuhalten — um 20.50 Uhr von Iachino über den Funkspruch von Supermarina mit der Position des gemischten englischen Verbandes um 17.45 unterrichtet worden war. Sie hätte (wie das tatsächlich geschah) ungefähr um 22.30 Uhr in der Nähe der *Pola* eintreffen sollen. Daher hätte sie von dem heranlaufenden Feind gerade in der sehr schwierigen Vorbereitungsphase zur Abschleppung oder Evakuierung und Übernahme der Besatzung des havarierten Kreuzers überrascht werden können.

Der Vorsprung von einer halben Stunde vor dem tatsächlichen nächtlichen Zusammentreffen gegenüber der zeitlichen Festsetzung von 23.00 Uhr, wie er von uns aufgrund der gleichen Nachrichten, die sich damals im Besitz des Admirals Iachino befanden, festgestellt wurde, war der Tatsache zu verdanken, daß das englische Geschwader, wie gesagt, in Wirklichkeit näher als 20 Meilen seit seiner Ortung um 17.45 Uhr heran war. Das wurde nur zum Teil durch seine mittlere Marschgeschwindigkeit, die mit etwas unter 21 Knoten zu berechnen ist, ausgeglichen.

Was wir präzisierten, stellte daher unserer Ansicht nach den entscheidenden italienischen Fehler dar, selbst wenn dieser seltsamerweise bisher niemals genau umrissen worden ist. Diese Leichtfertigkeit wurde zum Hauptgrund eines britischen Sieges, der sonst nicht hätte gewonnen werden können, und zwar trotz der geheimen Nachrichten, die Cunningham besaß, über die wir im nächsten Abschnitt Näheres aussagen werden.

Statt dessen ist bisher in Italien zuviel Tinte verbraucht worden, um das Desaster von Matapan mit dem Vorhandensein von Radar auf britischer Seite zu erklären, jenes Gerätes, das indessen mit dieser Episode im besonderen wenig zu tun hatte. Wie nämlich jetzt bekannt ist, sichteten die in den Gewässern bei der *Pola* eingetroffenen Schlachtschiffe Cunninghams um 22.25 Uhr mit normalen Nachtgläsern vor Kap Matapan die 1. Division des Admirals Cattaneo und versenkten mit Hilfe der Zerstörer nacheinander die Schweren Kreuzer *Fiume* und *Zara*, die Zerstörer *Alfieri* und *Carducci* und die unbewegliche *Pola*. Ungefähr 3 000 Matrosen der sinkenden fünf italienischen Einheiten starben an Bord oder im Meer infolge der tragischen Ereignisse jener Nacht vom 28. März 1941.

92

2.6 Die Nachrichtenlage bei den Engländern anläßlich der Schlacht bei Matapan

Dieser Abschnitt soll mit der Herausstellung der folgenden Stellen im offiziellen Bericht begonnen werden, den Admiral Cunningham über die nahe Kap Matapan endende Operation abfaßte[51].

»Die dem Unternehmen vorausgehenden Ereignisse und Nachrichten, auf welche sich meine Beurteilung stützt, sind schon unserer Admiralität bekannt... Es war bereits der Entschluß gefaßt worden, das Geschwader im Schutz der Dunkelheit am Abend des 27. auslaufen zu lassen, als die Luftaufklärung von Malta feindliche Kreuzer am Nachmittag des 27. in Marschrichtung Osten sichtete. Die Flotte lief daher unter Wahrung absoluter Geheimhaltung aus...«

In den folgenden Zeilen seines Berichtes schrieb der Oberbefehlshaber der Mediterranean Fleet jedoch seine Überzeugung von einer unmittelbar bevorstehenden italienischen Flottenoperation in der Ägäis ganz allgemein einer intensivierten Aufklärungstätigkeit der Achse über Griechenland und Kreta zu und behauptete, er habe einer Bedrohung begegnen wollen, »*von der er wußte, daß sie bestand, aber deren Art er nicht voraussagen konnte*«. Wir werden sehen, daß dieser letzte Satz, auf den wir die Aufmerksamkeit lenken wollen und der bis jetzt rätselhaft und zurückhaltend erschien, dennoch lebendig und ernsthaft die damals in Alexandria bestehende Nachrichtenlage zusammenfaßt.

Zwischen der Zeit unmittelbar nach Kriegsende und heute hat sich in Italien eine lange und lebhafte Polemik über das Vorhandensein vorausgehender Nachrichten bei den Engländern gelegentlich der Schlacht von Matapan entwickelt. Diese Nachrichten wurden immer als gewiß angesehen, waren aber niemals identifizierbar. Zum Beweis dafür sind die anfänglichen, im Bericht Cunninghams enthaltenen Behauptungen als Hinweis genommen worden, indem man sie aus dem ganzen Text herausnahm und, was noch schlimmer ist, den Rest verschwieg. Von den unterrichtetsten Kritikern sind außerdem die nach dem Krieg von Fregattenkapitän Brengola gemachten Zeugenaussagen herausgestrichen worden, der Gelegenheit hatte, an Bord eines feindlichen Schiffes, des Zerstörers *Jervis*, der ihn nach Matapan gefangengenommen hatte, den Operationsbefehl Cunninghams vom 26. März (zwei Tage vor dem Gefecht) zu lesen. Darin wurde ein italienisches Unternehmen in der Ägäis angekündigt.

In der Polemik haben sich nach und nach Historiker und gewissenhafte Forscher, aber auch Journalisten bei der exklusiven Recherche des Berichts, mehr oder weniger unterrichtete Protagonisten, Admirale, unter ihnen mehrmals Angelo Iachino, und einzelne Persönlichkeiten versucht, die begierig waren, vorgefaßte Thesen zu beweisen. Ohne die traurige und unvermutete Wahrheit herausfinden zu können, schlossen sie alle ihre Untersuchungen, indem sie das Desaster von Matapan Spionen, Verrätern oder dem üblichen und schließlich viel zu stark hervorgehobenen feindlichen Radar zuschrieben.

Den meisten entgingen immerhin zwei wichtige Behauptungen, die im zweiten Band der 1968 in Italien veröffentlichten Erinnerungen Edens enthalten sind. Im Begriff, am Ende einer langen Mission im Mittleren Osten von Malta nach Athen zu fliegen, machte nämlich der britische Außenminister in seinem Tagebuch unter dem Datum des 27. März folgende Anmerkung: »Wir haben uns dazu durchgerungen, daß es am besten ist, heute abend mit unserer *Sunderland* nach Athen abzufliegen. Es gibt eine Komplikation: Die italienische Flotte ist aus ihren Stützpunkten ausgelaufen, und man sieht ein Seegefecht gegen Morgen vor Kreta voraus. Zu dieser Stunde müssen wir aber schon ein Stück darüber hinweg sein[52].« Während also am 28. März das Flugboot Edens gerade die Gewässer um Kreta überflog, machte der Außenminister die Anmerkung: »Im Morgengrauen im Sturzflug fast bis zum Meeresspiegel, weil ein Flugzeug gesichtet worden ist. Bin in die Kanzel gestiegen, um zu sehen, was geschehen ist, und habe gesehen, daß wir vor Kreta waren: Offensichtlich war dem Flugzeugführer nichts über das Auslaufen der italienischen Flotte gesagt worden[53].«

Schön und gut, auch wenn man zugibt, daß Eden von der Ortung dreier einzelner italienischer Kreuzer durch die Luftaufklärung um 12.20 Uhr am 27. (was mir unwahrscheinlich erscheint) unterrichtet worden wäre, wird damit nicht erklärt, wie er so sicher sein konnte, daß »im Morgengrauen des 28.« ein Seegefecht »vor Kreta« mit der italienischen Flotte zustandekommen würde.

Im Jahre 1974 wurde in London das berühmte Buch Winterbothams veröffentlicht, das Matapan eine halbe Seite widmet und sich in bezug darauf unter anderem wie folgt ausdrückt: »Es war für uns ein Glücksfall, daß die Einzelheiten für die Operation der deutschen Luftwaffe mitgeteilt worden waren, die den Auftrag hatte, die italienischen Schiffe in der Luft zu sichern. Das lieferte uns den vollständigen Plan, den wir mit einem guten Vorsprung Admiral Cunningham übermitteln konnten. Die uns durch die »ULTRA«-Funksprüche enthüllte Operation betraf zwei Vorstöße der italienischen Flotte, einen im Norden und den anderen im Süden der Insel Kreta, die am 27. März durchgeführt werden sollten[54].«

Wenn sich die Enthüllung auch allein auf die persönlichen Erinnerungen des Autors stützte, erregte sie doch auf journalistischer Ebene Aufsehen und schwächte zum ersten Mal die Front derjenigen, die, koste es was es wollte, in den militärischen Mißerfolgen der Italiener erkennen wollten, daß Verräter, die mehr oder weniger in Uniform waren, ihre Hand im Spiel hatten.

Im Jahre 1977 räumte der Schriftsteller Cave-Brown ebenfalls eine halbe Seite seines sehr umfangreichen Buches Matapan ein und behauptete, immer noch ohne Abstützung auf dokumentarische Beweise, daß Bletchley Park »in den ›ENIGMA‹-Funkverkehr entweder der deutschen Luftwaffe oder der italienischen Flotte eingebrochen wäre und enthüllt hätte, daß die Deutschen und Italiener ein großräumiges Unternehmen gegen die englischen Geleitzüge im Mittelmeer planten. Es deckte schließlich das Datum des Angriffs auf: den 27. März 1941[55].«

Ende 1978 besprach Lewin die Episode von Matapan auf zwei Seiten seiner Arbeit kritisch und behauptete unter anderem, und zwar auch ohne Zitierung offizieller Quellen, eine Abteilung von Bletchley Park, die den italienischen Marinecode geknackt hätte, wäre in der Lage gewesen, »ab 25. März einen Funkspruch mit den Plänen Iachinos« abzuhören, zu entziffern und an Cunningham zu übermitteln, wodurch der Befehlshaber der Mediterranean Fleet »ein vollständiges Bild der italienischen Absichten«[56] erhalten hätte. Während diese beiden sich sicherfühlenden angelsächsischen Autoren irrten, als sie den Tag der Ausführung der Operation (tatsächlich war es der 28. und nicht der 27. März) angaben, ist ihre undifferenzierte Lobpreisung von »ULTRA« darin falsch, daß sie behaupten, die Engländer hätten »*den vollständigen italienischen Plan*« gekannt.

Die im Besitz von Cunningham befindlichen Nachrichten waren tatsächlich viel allgemeinerer Art. Es ist heute möglich, das ganze Geschehen ausschließlich aufgrund der geheimen englischen Dokumente im P.R.O. zu rekonstruieren.

Wie die Leser im Anhang II des vorliegenden Buches nachschlagen können, begann am 25. März um 17.05 Uhr die britische Admiralität Admiral Cunningham folgendes mitzuteilen:

»Rom hat Rhodos davon unterrichtet, daß heute, am 25. März, der Tag X-III ist. Kommentar: Der Funkspruch bezieht sich auf eine Meldung von Rhodos an Rom vom 24. März. Jede weitere Nachricht darüber wird nachgesandt, falls möglich[57].«

Zu diesem Zeitpunkt gab es sehr viele Fragen in Alexandria; aber am folgenden Tag klärte eine weitere Mitteilung aus London die Lage in bezug auf eine zukünftige feindliche Operation in der Ägäis. Hier folgt der sehr wichtige Text, dessen Original ebenfalls im Anhang II wiedergegeben ist:

»26. März 08.20 Uhr. Das folgende bezieht sich auf meinen Funkspruch vom 25. um 17.05 Uhr. Luftaufklärung von Alexandria bis Suda Bay und der Verkehrswege von Alexandria nach Piräus beiderseits Kreta soll [vom Feind] an zwei Vormittagen vor der Hauptoperation durchgeführt werden. Luftangriffe auf Flughäfen Kretas sollen in der Nacht vor der Hauptoperation ausgeführt werden. Am Tag der Hauptoperation intensive Aufklärung vom Morgengrauen bis Mittag zwischen Kreta und Athen. Ebenso werden im Morgengrauen dieses Tages Angriffe auf kretische Flughäfen und Aufklärungsflüge über Verkehrsstraßen Alexandria—Kreta ausgeführt[58].«

Die beiden von Rom nach Rhodos verschlüsselt gesendeten und von den Engländern entzifferten Funksprüche waren die ersten, welche die Mediterranean Fleet alarmierten. Es sind jene, die ich im Archiv des Ufficio Storico der italienischen Marine fand und in Klartext wie auch mit der »ENIGMA«-Maschine verschlüsselt im Anhang II ebenfalls wiedergebe[59]. Bei der Gegenüberstellung ihres Textes mit dem Inhalt der beiden von der britischen Admiralität angeführten Funksprüche hat man sofort eine Vorstellung davon, wie damals die verschlüsselten Funkmeldungen zwischen Rom und Rhodos geknackt wurden.

Weiter wird dadurch bestätigt, daß diese und keine anderen bei jener Gelegenheit von den Engländern entzifferten Funksprüche entscheidend waren. Wir wissen heute, daß der längere von ihnen vom Comando Supremo (Generalstab) durch General Guzzoni, den stellvertretenden Generalstabschef, mit Hilfe der »ENIGMA«-Schlüsselmaschine von Supermarina übermittelt worden ist und im britischen Lager den Verdacht aufkommen ließ, man stünde nicht einer einfachen Luft-See-Operation gegenüber, sondern einem Landungsunternehmen unter Teilnahme von Kräften des Heeres[60].

Die Engländer konnten sich damals nicht darüber klar werden, warum ein vom Marineministerium herausgegebener Funkspruch die Unterschrift eines Vertreters des königlich italienischen Heeres trug. Der augenscheinlich unverständliche Grund lag jedoch in der Tatsache, daß der Generalstab (Stamage) bei dieser Gelegenheit die Fernmeldeverbindung von Supermarina zum Kontakt mit dem Oberbefehlshaber in der Ägäis benutzte, wie aus vorher gemachten Absprachen hervorgeht. Eine Spur davon gibt es wieder einmal im Archiv des Ufficio Storico der italienischen Marine[61]. Alles paßt daher vollkommen zusammen. Es bleibt eine Tatsache, daß die Engländer trotz der glücklichen Entzifferung der ersten beiden Funksprüche anfänglich im Zweifel über die wahren Ziele der unmittelbar bevorstehenden feindlichen Operation in der Ägäis blieben, wie auch durch eine weitere Mitteilung der Admiralität bewiesen ist, die am gleichen Morgen des 26. beharrlich den Schwerpunkt auf die vorausgesehenen feindlichen Lufteinsätze vom Tage X legte, die man wiederum aus dem zweiten abgehörten Funkspruch zwischen Rom und Rhodos entnahm. Nachstehend wird der deutsche Text wiedergegeben, während das Original sich im Anhang II befindet.

»26. März um 10.07 Uhr. Ergänzung meiner Meldung vom 26. um 08.20 Uhr. [Feindliche] Aufklärung am Tag der Hauptoperation:
1. Intensive Aufklärung des Raumes Küste Kreta, Ostküste Griechenland, Golf von Athen und Linie Zea, Milo, Kap Sidero zwischen Morgengrauen und Mittag;
2. Aufklärung der Seestraßen Gaudo—Alexandria und Caso—Alexandria im Morgengrauen;
3. Angriff auf kretische Flughäfen im Morgengrauen[62].«

Aufgrund der obengenannten Nachrichten aus London hielt Cunningham ein italienisches Unternehmen gegen den nach Griechenland laufenden »Lustre«-Verkehr oder die Absendung eines Geleitzuges nach Leros von sich aus für wahrscheinlich und traf Gegenmaßnahmen, die er für angemessen hielt. An jenem gleichen 26. März zwischen 18.18 Uhr und 18.22 Uhr sandte er drei wichtige Operationsbefehle ab, von denen einer dann jener berühmte, von Brengola, dem I. Offizier der *Pola*, in der Messe des Zerstörers *Jervis* nach der Schlacht von Matapan und seiner Rettung durch die britische Einheit mitgelesene war.

Diese drei Operationsbefehle (s. Anhang II) enthalten den genauen Umfang der dem Befehlshaber der Mediterranean Fleet vor der Operation Gaudo-Matapan von 28. März 1941 zur Verfügung stehenden Nachrichten. Zur Bestätigung des Scharfsinns des Fregattenkapitäns Brengola umreißen diese Dokumente genau die Grenzen dessen, was die Engländer über die italienischen Bewegungen im voraus wußten. Wie man nachprüfen kann, waren sie weder »absolut« noch »total« und setzen — wie ich wenigstens hoffe — der vierzigjährigen Polemik über die traurige Episode zur See endgültig ein Ende.

Nachstehend wird der Text der berühmten und bisher unbekannten Operationsbefehle Cunninghams auf Deutsch wiedergegeben, von denen der erste mit Bleistift geschrieben ist, sich aber auch in Schreibmaschinenschrift in einer anderen »Group« des P.R.O. befindet.

»*Empfänger:* Malta, Hauptquartier der britischen Streitkräfte in Griechenland, Hauptquartier für den Mittleren Osten und Hauptquartier der RAF im Mittleren Osten.

Absender: Oberkommando der Mittelmeer-Flotte.

Streng geheim. Es gibt Grund zu vermuten, daß feindliche Überwasserkräfte einen Vorstoß in die Ägäis planen und dort am 28. März eintreffen. Sie werden ersucht, möglicherweise am 27. vormittags Luftaufklärung gegen die italienischen Stützpunkte, besonders gegen Tarent, Neapel, Brindisi und Messina anzusetzen. 26. März um 18.18 Uhr. Mitteilung ebenfalls an Senior Air Staff Officer der RAF im Mittleren Osten (S.A.S.O.) am 27. März um 02.30 Uhr[63].«

Um 18.20 Uhr erließ der Befehlshaber der Mediterranean Fleet einen zweiten Operationsbefehl, der ebenfalls im Anhang II wiedergegeben ist. Durch ihn erhielt das Kommando der Unterseeboote die folgenden Aufträge:

»Stellen Sie *Rover* zur Patrouillenfahrt innerhalb 15 Meilen von Kap Drepano, Suda-Bay, unter Durchlaufen des Kanals von Kythera ab Morgengrauen des 28. ab.

Triumph patrouilliert innerhalb eines Radius von 20 Meilen von Punkt 180° von Anti Milo 20 ab Morgengrauen des 28.

Mediterranean Fleet vom Kurs unterrichten. Ziel ist das Abfangen eines feindlichen Kampfverbandes oder eines Geleitzuges nach Leros, der vermutlich am 28. in die Ägäis einläuft.

Starke feindliche Lufttätigkeit ist an jenem Tag ab Tageslicht zu erwarten. Der Raum wird von eigenen und griechischen Schiffen sowie Motorseglern freigemacht; eigene Flugzeuge operieren.

Keine Informationen funken, die eigenen Verdacht verraten könnten. 26. März 1941 um 18.20 Uhr[64].«

Schließlich sandte Cunningham an jenem 26. März um 18.22 Uhr der Leichten Division Pridham-Wippells in Piräus und dem Kreuzer *York*, dem Flaggschiff des Kommandos von Suda, den folgenden noch detaillierteren Funkspruch, dessen Original wiederum im Anhang II beigefügt ist:

»Es gibt Gründe für die Vermutung eines von starken Luftstreitkräften unterstützten feindlichen Vorstoßes in die Ägäis. Seefliegerkräfte in Maleme werden getrennt unterrichtet. Treffen Sie folgende Maßnahmen:

(a) Kommando Suda zieht ab Mitternacht 27./28. alle Patrouillenfahrzeuge, einschließlich ›K‹-Patrouille, bis unter Schutz der Verteidigungsanlagen zurück.

(b) Heeres- und Luftwaffendienststellen rechtzeitig, aber nicht früher als notwendig, warnen.

(c) Bereitschaft zu Gegenbombardement.

Carlisle wird zu Verstärkung Luftverteidigung (nach Suda) gesandt und *Rover* zur

Überwachung Gewässer vor Suda. Marinedivision Piräus mit Kreuzern und Zerstörern erreicht Raum südlich Gaudo; Bereitschaft für jede Einsatzart[65].«

Wie man merkt und wir es im ersten Kapitel angekündigt haben, ist es daher nicht absolut wahr, daß Cunningham seine Nachrichten den unterstellten Kommandeuren und noch weniger Pridham-Wippell verbarg. Es entfällt daher auch die von der »Rivista Marittima« gegebene Interpretation bei der Präsentation des Buchs von Lewin[66].

Am folgenden Tag, dem 27. März, bestätigten zwei weitere Entzifferungen italienischer Funksprüche — die jedoch eintrafen, als der Befehlshaber der Mediterranean Fleet bereits seine Operationsbefehle ausgegeben hatte — in London, daß man dabei war, einen einzigen Vorstoß mit der italienischen Flotte gegen die englischen Verbindungslinien zwischen Alexandria und Piräus vorzubereiten, da sich der Inhalt jener Funksprüche auf Seekurse und die Lage bei den Seestreitkräften bezog. Nachstehend wird der Text entzifferter Funksprüche wiedergegeben, welche die Admiralität nach Alexandria sandte. Sie sind auch in Anhang II aufgenommen.

»27. März um 08.56 Uhr. Am 26. März um 12.00 Uhr unterrichtete Rom Rhodos, daß vermutliche Lage am 26. um 12.00 Uhr wie folgt war: Zwei Schlachtschiffe, ein Flugzeugträger und 7. Kreuzerdivision vor Kreta in See. Geleitzug zwischen Suda und Piräus. Ein Schlachtschiff, ein Flugzeugträger in Alexandria[67].«

»27. März 15.10 Uhr. Am 26. um 20.00 Uhr unterrichtete Rom Rhodos, Tripolis und Valona, daß auf Grund von Funkverkehr Lage des britischen Verbandes am 26. um 18.00 Uhr wie folgt war:
(a) Zwei oder drei Schlachtschiffe und ein Flugzeugträger im Raum Marsa Matruh;
(b) zwei Geleitzüge im Raum 80 Meilen südlich Gaudo;
(c) ein Kreuzer, drei Zerstörer in Suda;
(d) durch Funkpeilung einige Einheiten im Raum Piräus und nördlich Naxos;
(e) Geleitzug beim Einlaufen in Piräus;
(f) Force H im Atlantik[68].«

Der Empfang dieser weiteren Nachrichten bekräftigte bei Cunningham nur während des 27. März seine Befürchtungen, und seine allgemeinen Weisungen an alle Führungsorgane im Ostmitteimeer blieben aufrechterhalten[69].

Das Hauptquartier der RAF im Mittleren Osten erklärte seinerseits dem Kommando der britischen Luftstreitkräfte in Griechenland genauer, und zwar immer noch am 27. März, daß Admiral Cunningham den Entschluß gefaßt hatte, während des ganzen 28. den Verkehr von Handelsschiffen in der Ägäis zu unterbrechen und er den Einsatz von Angriffsflugzeugen gegen alle Ziele innerhalb ihres Aktionsradius der Entscheidung der örtlichen englischen Verbände überließ[70].

Es ist daher jetzt bewiesen, daß Admiral Cunningham und seine unterstellten Befehlshaber mit zwei Tagen Vorsprung, d. h. ab 26. März, das folgende, und nichts mehr, erfuhren:

1. daß nicht näher zu bestimmende See- und Luftstreitkräfte des Feindes einen Vorstoß in die Ägäis, vermutlich gegen den örtlichen britischen Verkehr, führen wür-

den, wenn auch nicht a priori eine Landungsoperation oder ein Versorgungsauftrag ausgeschlossen werden konnten;
2. daß diese Aktion für den 28. März angesetzt war.

Der Oberbefehlshaber der Mittelmeer-Flotte hatte daher, obgleich er einen einzigen Vorstoß der italienischen Marine für wahrscheinlicher hielt, alle Gründe, in seinem Bericht über den Auftrag zu erklären, er hätte nicht genau »die Art der Bedrohung« voraussagen können, von der er aber »wußte, daß sie bestand«. Das galt auch und vor allem im Hinblick auf die Gliederung des unter Führung von Iachino stehenden Geschwaders, dessen genaue Stärke die Engländer auch nach der Schlacht und unmittelbar nach dem Krieg nicht kannten. Tatsächlich hat man in den in Großbritannien nach dem Krieg zusammengestellten offiziellen Berichten weiterhin des langen und breiten, aber auch irrtümlich von der Präsenz der Kreuzer vom Typ »Condottieri« und zwei Schlachtschiffen der »Cavour«-Klasse gesprochen, was die Engländer zu dem Glauben verleitete, sie hätten bei dieser Lage nicht einem, sondern drei Schlachtschiffen gegenübergestanden[71].

Die britische Unkenntnis über die Zusammensetzung von Iachinos Geschwader erklärt schließlich die Verlegenheit und Überraschung der doch alarmierten Kreuzerdivision von Pridham-Wippell beim Zusammentreffen mit der *Vittorio Veneto* in den Gewässern von Gaudo und rechtfertigt die Skepsis, die Behauptungen Winterbothams und seiner Gefolgsmänner, die bereit waren, auf die »*vollkommene Kenntnis*« des italienischen Planes durch die Engländer zu schwören, für ein Evangelium zu halten.

Am Schluß dieser Untersuchung können wir schließlich nicht umhin, wenigstens für diese Gelegenheit den Sicherheitsdienst der deutschen Luftwaffe neu zu bewerten, der bis jetzt fälschlicherweise als die undichte Stelle verantwortlich gemacht wurde, durch die der Feind gewarnt wurde. Diese angebliche Warnung war eine Folge der nicht belegten Erklärung des gleichen Winterbotham, die wortgetreu von den Kritikern in Italien aufgegriffen und verbreitet worden ist.

2.7 Die entzifferbaren Funkverbindungen zwischen Italien und den Befehlshabern in Übersee sowie einige Aspekte des U-Bootkrieges

Daß die Funkverbindungen zwischen Rom und Rhodos im besonderen und zwischen Italien und den Befehlshabern in Übersee im allgemeinen für die Engländer die Hauptinformationsquelle für den Krieg im Mittelmeer bildeten, ist später durch eine lange Reihe von »Most Secret«-Meldungen bewiesen worden, welche die von der G.C. & C.S. gewarnte Admiralität in London von den ersten Oktobertagen 1940 ab an Cunningham schickte.

Wir halten es für notwendig, auf einige dieser Meldungen näher einzugehen, die in der Hauptsache mit den Bewegungen einiger unserer U-Boote in der Ägäis zu tun hatten. So ergreifen wir die Gelegenheit, um zu zeigen, daß auch der Einsatz der italienischen U-Boote — glücklicherweise ohne praktische Folgen — seitens der Männer von Bletchley Park kontrolliert wurde.

Nach einigen Funksprüchen geringerer Bedeutung, deren erster das Datum vom 1. Oktober 1940 trägt, setzte die Admiralität nacheinander am 15. dieses Monats zwei Funksprüche ab, durch deren ersten die voraussehbare Ankunft eines U-Bootes mit Versorgungsgütern in Rhodos angekündigt wurde. Es hätte in den nicht genauer identifizierten Räumen »Antonio« und »Luigi« anlegen sollen, während es mit dem zweiten möglich war, genau anzugeben, daß das fragliche Boot die *Corridoni* war, die am Nachmittag des 16. in die Ägäis einlaufen und am Morgen des 18. in Rhodos eintreffen sollte[72].

Heute wissen wir, daß die *Corridoni*, die aus Tarent kam, in Rhodos tatsächlich am 19. Oktober mit einer Ladung von Material für die »Regia Aeronautica« eintraf und dabei der Aufmerksamkeit des vorgewarnten Feindes entging[73]. Mit einer Zähigkeit, die Besseres verdient hätte, beschatteten die Engländer durch »ULTRA« dieses U-Boot bei seiner vorgesehenen Rückkehr nach Italien und meldeten Mitte November aus London das folgende[74]:

— 12. November 1940 im 17.10 Uhr: »Das Auslaufdatum der *Corridoni* aus Rhodos ist verschoben worden und wird nach Rom gemeldet.«
— 14. November 1940 um 10.03 Uhr: »Der *Corridoni* ist der Kurs Ebro zugewiesen worden.«
— 14. November 1940 um 19.24 Uhr: »Bezug auf die vorausgehende Meldung vom 12. um 17.10 Uhr. Die *Corridoni* hatte den Befehl erhalten, am Abend des 13. November auszulaufen, falls keine anderen Befehle später erteilt würden.«

Trotz der britischen Anstrengungen führte die *Corridoni* ihren Rückmarsch nach Italien glücklich durch.

Die Schwierigkeit bei der genauen Ortung der doch von BP verfolgten italienischen U-Boote auf ihren Patrouillen- und Verlegungsfahrten lag vor allem an der Unfähigkeit der Engländer, die üblicherweise mit Buchstaben bezeichneten Räume zu identifizieren, die jedem Boot während einer gegebenen Periode vorbehalten wurden. In dieser Hinsicht ist tatsächlich ein Austausch von Meldungen zwischen London und Alexandria von Ende Oktober bis Mitte November 1940 bezeichenend. Nachstehend wird der Ablauf wiedergegeben[75].

— 25. Oktober 1940 um 20.17 Uhr, Funkspruch von London an Alexandria: »Rhodos hat nach Rom wie folgt gemeldet:
1. Der Punkt P im Osten steht mit etwas in Verbindung, das in der Nacht vom 23. Oktober begonnen wurde und in der Nacht vom 26. enden wird.
2. Die *Onice* hat Befehl, Kurs A zu verfolgen.
3. Ab der Nacht vom 26. sind der Punkt P im Osten und Punkte N, M, G, B, C, D im Norden als gesperrt anzusehen. Darüber hinaus hat Rhodos angefragt, ob aufgrund

der den Rom unterstehenden U-Booten erteilten Weisungen Hindernisse bestünden.«

— 26. Oktober 1940 um 20.00 Uhr, Funkspruch aus Rom an Alexandria: »Am 25. Oktober unterrichtete Rom Rhodos, Maßnahmen zu ergreifen, damit die Einheiten in der Ägäis die Punkte D, E, P und S sowie auch die Räume, die durch die Parallele 32°98' [sic] Nord und 33°49' Nord und die Meridiane 37°15' Ost und 28°35' Ost begrenzt würden, ab der Morgendämmerung des 28. bis zum 5. November für unmittelbar bevorstehende Operationen bezögen. Die in italienischen Stützpunkten befindlichen und für dieses Unternehmen verfügbaren Boote haben die Punkte C, G und M zu beziehen.«

— 12. November 1940 um 17.10 Uhr, Telegramm aus London an Alexandria. »Die Punkte B und C können nun bezogen worden sein.«

— 14. November 1940 um 11.42 Uhr, Meldung aus Alexandria an die Naval Intelligence Division der Admiralität: »Bezug: ›ULTRA‹-Meldungen vom 26. Oktober 20.00 Uhr und vom 12. November um 17.10 Uhr. Bestehen Hinweise auf die mit Buchstaben bezeichneten Orte?«.

Wiederum ohne Folge, aber immerhin in hohem Maße bezeichnend für ihren Inhalt waren die unten angegebenen »ULTRA«-Nachrichten in bezug auf die italienischen U-Boote in der Ägäis, die in der zweiten Hälfte November 1940 von der britischen Admiralität an die Führung der Mittelmeer-Flotte abgesetzt wurden.

— 21. November 1940 um 23.50 Uhr: »Rom unterrichtet Rhodos von der Ankunft der *Neghelli*, *Naiade* und *Atropo* am Punkt E am 25. bzw. 26. und 27. November.«

— 22. November 1940 um 13.36 Uhr: »Bezug: Die vorausgehende Meldung vom 21. um 23.50 Uhr. Die Unterseeboote müssen Punkt E im Morgengrauen ihrer entspechenden Eintreffdaten erreicht haben. Die auf der *Durbo* erbeuteten Dokumente legen den Punkt E mit 36°30' Nord und 26°30' Ost fest.[76]«

In Anbetracht der Wichtigkeit dieser letzteren Enthüllung halte ich es für angebracht, hier den Text der obengenannten Meldung insgesamt wiederzugeben. Niemand hatte nämlich bis jetzt in Italien den Verdacht geschöpft, daß die Engländer außer den an Bord der *Galilei* und der *Uebi Scebeli* erbeuteten Dokumenten eine ähnlich kostbare Beute auch auf dem U-Boot *Durbo* gemacht hätten, was zweifellos die schon ausgedrückte Unzufriedenheit über die geringe Wirksamkeit unserer Sicherheits- und Geheimschutzsysteme verstärkt.

Das U-Boot *Durbo*, von einem Aufklärer am 18. Oktober 1940 65 Meilen ostwärts der Straße von Gibraltar erkannt, wurde den ganzen Nachmittag hindurch intensiv und wiederholt mit Wasserbomben gejagt, bis es gezwungen wurde, nachts aufzutauchen und sich in Gegenwart zweier englischer Zerstörer selbst zu versenken. Übrigens erweist sich die offizielle Geschichte der italienischen Marine wieder einmal als nicht erschöpfend. Sie schließt die sehr kurze Erzählung der Episode lediglich mit der Bemerkung über die Rettung von 46 Männern der Besatzung durch die beiden britischen Einheiten ab[77]. Sie befindet sich abermals nur in den Akten der eigens dazu eingesetzten Spezialuntersuchungskommission und wird im Ufficio Storico der Marine aufbewahrt. Dort kann man, was bisher verschwiegen wurde, durch einen Textvergleich feststellen, daß

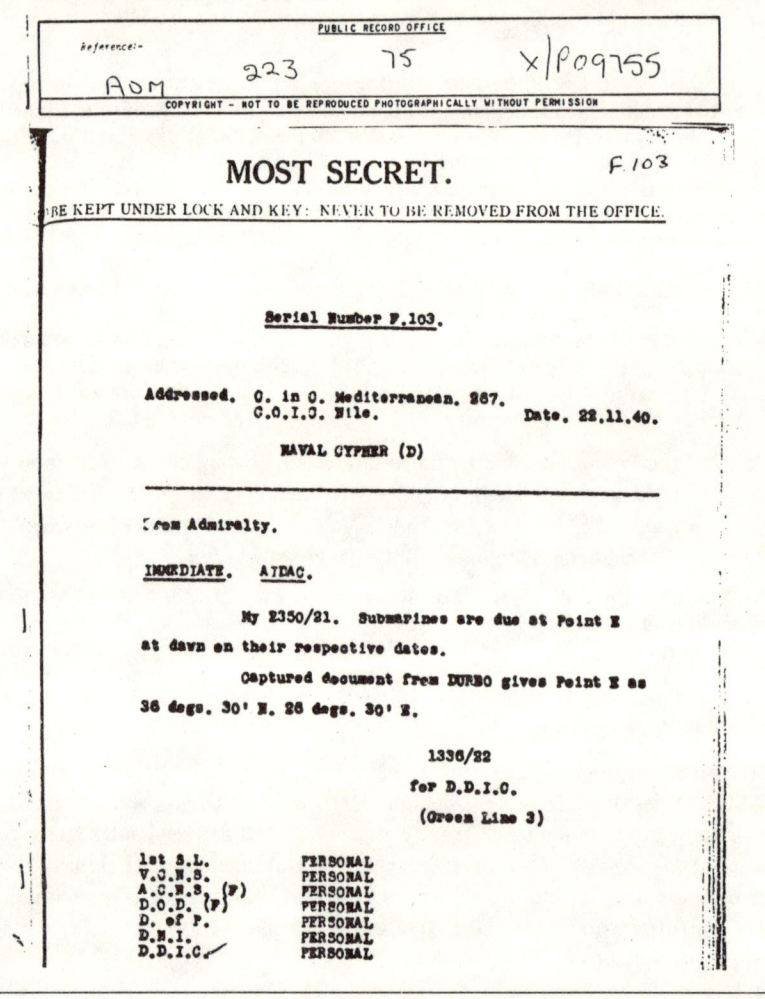

MOST SECRET.   F.103

BE KEPT UNDER LOCK AND KEY: NEVER TO BE REMOVED FROM THE OFFICE.

Serial Number F.103.

Addressed.   C. in C. Mediterranean. 267.
C.O.I.C.   Nile.   Date. 22.11.40.

NAVAL CYPHER (D)

From Admiralty.

IMMEDIATE.   AIDAC.

My 2350/21. Submarines are due at Point X
at dawn on their respective dates.

Captured document from DURBO gives Point X as
36 degs. 30' N. 26 degs. 30' E.

1336/22

for D.D.I.C.

(Green Line 3)

1st S.L.	PERSONAL
V.C.N.S.	PERSONAL
A.C.N.S. (F)	PERSONAL
D.O.D. (F)	PERSONAL
D. of P.	PERSONAL
D.N.I.	PERSONAL
D.D.I.C.	PERSONAL

englische Matrosen an Bord der *Durbo* gegangen sind[78]. Unter anderem war es dem Feind dank der auf der *Dubro* erbeuteten Dokumente möglich, am 20. Oktober das U-Boot *Lafolé* aufzuspüren und zu versenken, wie es auf Seite 81 des ersten Bandes der der britischen Admiralität vorbehaltenen Veröffentlichung *Mediterranean* enthüllt wurde.

In den ersten Dezembertagen wurden vom Feind, jedoch weiterhin ohne Folgen, die genauen Zeiten des dem Unterseeboot *Ametista* erteilten Auftrages erkannt. Im Funkspruch vom 3. dieses Monats gab die Admiralität nämlich der Mediterranean Fleet genau an, daß »die *Ametista* in Übereinstimmung mit einem Funkspruch zwischen Rhodos und Rom vom 1. Dezember ihre Patrouillenfahrt vom 6. vollenden und am Morgen des 8. wieder in Rhodos einlaufen würde«[79].

Auch das Schicksal der vier restlichen, im Roten Meer in den ersten Monaten des Jahres 1941 bereitgehaltenen italienischen U-Boote wurde dank der entzifferten Funksprüche in London aufmerksam verfolgt. Es ist symptomatisch, daß kaum 24 Stunden nach der Entscheidung von Supermarina vom 28. Februar, die Verlegung jener U-Boote aus Massaua nach Bordeaux (der Basis von *Betasom*) durchzuführen, die britische Admiralität in der Lage war, das folgende an die Befehlshaber im Mittelmeer und in Ostindien zu melden:

»1. März 1941 um 14.41 Uhr. Es gibt genaue Hinweise, daß die U-Boote *Perla*, *Ferraris*, *Archimede* und *Guglielmotti* in Kürze aus Massaua auslaufen und wahrscheinlich nach Italien oder Bordeaux über die Kaproute zurückkehren könnten[80].«

»1. März 1941 15.38 Uhr. Die folgenden entscheidenden Kennzeichen für den Funk mit Bordeaux sind festgestellt worden, und zwar für:
Perla 21 N G 78.
Ferraris 18 F D 92.
Guglielmotti 29 W N 94.
Archimede 35 A L 77[81].«

Vier Tage danach lieferte London an die interessierten Befehlshaber weitere Nachrichten in bezug auf die kaum begonnene Verlegung der vier italienischen U-Boote mit folgendem Funkspruch:

»5. März 1941 um 19.18 Uhr. Bezug: Der vorangehende Funkspruch vom 1. März um 14.41 Uhr. Die U-Boote in Massaua haben den Befehl erhalten, sofort nach der *Perla* mit einem Tag Abstand auszulaufen, möglicherweise Kurs westlich Madagaskar zu nehmen und das Kap der Guten Hoffnung in etwa 200 Meilen Entfernung zu umlaufen. Ein zweites Versorgungsschiff wird sich während der Tagesstunden vom 10. bis einschließlich 14. April bereithalten[82].«

Trotz des genauen Hinweises über den den drei U-Booten, welche der *Perla* folgten (die jedoch diese große Insel im Osten umlaufen hatte), westlich von Madagaskar zugewiesenen Kurs und trotz der genauen Nachricht, daß zwei Schiffe die vier U-Boote versorgt hätten (tatsächlich waren es der berühmte Hilfskreuzer *Atlantis* und der Tanker *Nordmark*, beides deutsche Schiffe, welche die *Perla* bzw. die anderen drei italienischen Unterseeboote unterstützten), waren die Engländer nicht in der Lage, diese auf dem langen Verlegungsmarsch nach Bordeaux anzugreifen, und zwar vor allem wegen der noch immer herrschenden Unkenntnis über die genauen Marschzeiten der Ziele.

Dennoch läßt sich daraus nicht der jetzt überholte Kommentar ableiten, den das Ufficio Storico der italienischen Marine seinerzeit dieser gelungenen Initiative zu widmen für richtig hielt: »Der volle Erfolg dieser Operation, die unter Wahrung absolutester Geheimhaltung vorbereitet wurde und ohne die geringste Kenntnis des Gegners ablief, gibt der italienischen Marine Anlaß zu berechtigtem Stolz...[83]«

Weiterhin ohne praktische Ergebnisse ging in der Zwischenzeit der Austausch von Nachrichten über unsere U-Boote in der Ägäis zwischen London und Alexandria weiter. So wurde am 4. Dezember 1940 genau mitgeteilt, daß die *Jantina* nun zwischen 36°30' Nord und 37°00' Nord in der Nähe von 26°30' Ost operierte[84]. Am 10. April 1941 wurde bekanntgegeben, daß die *Beilul* um 03.00 Uhr des gleichen Tages mit Kurs durch den Kanal von Caso[85] ausgelaufen wäre. Am folgenden 17. Mai wurde genau die Position angegeben, welche vier weitere Schiffe in den Gewässern von Kreta von jenem gleichen Tag ab einnehmen würden[86].

Um diese so belegte Kenntnis der Briten über die Bewegungen von zahlreichen italienischen U-Booten, vor allem in der Ägäis, noch peinlicher zu machen — es war ja die Frucht der Tüchtigkeit von »ULTRA« sowie der Erbeutung der Schlüsselunterlagen und operativen Pläne an Bord der *Galilei*, der *Uebi Scebeli* und der *Durbo* —, existiert auch noch der Beweis für die Erbeutung des gesamten Rundschreibens A/1-SRP vom 25. August 1941 mit dem Titel *Norme per l'impiego dei sommergibili in guerra* (Regeln für den Einsatz der Unterseeboote im Kriege), das von Maricosom (Comando in Capo della Squadra Sommergibili = Oberkommando des Unterseebootgeschwaders) mit Geheimprotokoll Nr. 08400 herausgegeben wurde. Tatsächlich wird heute ein Exemplar jenes gewichtigen Dokumentes, und zwar genau die Kopie Nr. 85, mit dem beigefügten Anhang vom 26. September 1941 und dem Titel *Condotta della guerra al traffico* (Führung des Handelskrieges) im Public Record Office aufbewahrt. Doch es ist nicht möglich, den Zeitpunkt seiner Erbeutung festzustellen, weil das Begleitschreiben fehlt[87]. Es existiert übrigens in der zitierten Class nur ein Funkmeldungsblatt ohne Datum mit dem Protokollkennzeichen N.I.D. 002755/43, auf dem kurze Bemerkungen von Offizieren von gut sieben englischen Marinedienststellen in der Zeit vom 15. April bis 30. Mai 1943 eingetragen sind. Danach könnte man die Erbeutung des Dokuments durch die Briten in die ersten Monate jenes Jahres verlegen. Da es nicht möglich ist, genau festzustellen, welchem U-Boot die Kopie Nr. 85 des obengenannten geheimen Rundschreibens gehörte, können wir nur Hypothesen dafür vorbringen.

Abgesehen vom Fall des U-Bootes *Perla*, das nahe Beirut von der Korvette *Hyacinth* am 9. Juli 1942 aufgebracht wurde, d. h. mit zu großem zeitlichem Abstand von der berichteten Episode, wurden für den in Betracht stehenden Zeitraum zwei weitere Fälle überprüft, in denen es engl. Seeleuten gelang, an Bord italienischer U-Boote zu gehen.

Die erste Gelegenheit ergab sich am 15. Dezember 1942, als es dem im Verlauf einer heftigen Verfolgung südlich von Malta beschädigten U-Boot *Uarsciek* nicht gelang, wegen eines Schadens an dem dazu notwendigen Gerät, sich selbst zu versenken. Es wurde von zwei Zerstörern (einem englischen und einem griechischen) ins Schlepp genommen, bevor es wegen der erhaltenen Schäden schließlich unterging.

Am 9. Februar 1943 gelang es dem U-Boot *Avorio*, das ebenfalls von einer kanadischen Korvette nahe Kap Bougaroni zum Auftauchen gezwungen wurde, nicht zu verhindern, daß ein feindliches Prisenkommando an Bord ging, wenn es auch dann nicht gelang, es ins Schlepp zu nehmen, weil es plötzlich versank[88].

2.8 Die »ULTRA«-Nachrichten über italienische Konvois

Ein Beispiel anderer Art für das Knacken des verschlüsselten Funkverkehrs zwischen Rom und den Befehlshabern in Übersee wird mit dem langen Funkspruch vom 12. Februar 1941 gegeben, welchen die Admiralität an die Mittelmeer-Flotte schickte. Er enthielt die interpretierten italienischen Dispositionen für die Aufteilung der Verantwortung für die Luftsicherung der nach Libyen laufenden Geleitzüge zwischen dem V. italienischen Fliegerkorps und dem X. deutschen Fliegerkorps. Der Text lautet wie folgt:

»12. Februar 1941 um 16.23 Uhr. Rom hat die folgenden Weisungen an das V. Fliegerkorps [in Nordafrika] betreffs der Luftsicherung der Geleitzüge zwischen Italien und besonders Neapel und Libyen abgesandt. Innerhalb eines Streifens von 100 Meilen von Trapani, Pantelleria und Tripolis werden die Sicherungsflüge von italienischen Flugzeugen durchgeführt. Außerhalb dieser Grenzen, aber wahrscheinlich einschließlich des Raumes nördlich Tripolis liegt die Verantwortung bei der deutschen Luftwaffe. Die Ergebnisse der deutschen wie auch italienischen Augenaufklärung sind an den deutschen Oberbefehlshaber in Sizilien und auch an eine unbekannte Befehlsstelle in Messina zu melden, welche Befehle für den Angriff erteilen. Deutsche Flugzeuge He 111 fliegen Sicherung zwischen Neapel und Tripolis außerhalb der Sichtweite der Häfen. Der Funkspruch konnte nicht vollständig interpretiert werden[89].«

Im Hinblick auf den wachsenden Seeverkehr zwischen Italien und Libyen muß genau festgestellt werden, wann sich in jenem Einsatzgebiet von grundsätzlicher Bedeutung die ersten Resultate aus von »ULTRA« entzifferten Funksprüchen ergaben, selbst wenn diese anfängliche Aufmerksamkeit von BP bis zum folgenden Oktober nicht durch sich daraus ergebende operative Erfolge gekrönt wurde. Eine Ausnahme bildet ein Geschehnis im Juli, das wir noch schildern werden. Der Grund dafür lag vor allem in der noch ungenügenden Koordinierung der Nachrichtenquellen in Großbritannien und der Angriffsmittel im Mittelmeer.

Der erste in dieser Beziehung bestehende Beweis bezieht sich auf den Geleitzug *Oceania*, der aus diesem Motorschiff, aus der *Neptunia* und den Dampfern *Marco Polo* und *Esperia* zusammengesetzt war. Sein Auslaufen aus Neapel mit Kurs Tripolis im Morgengrauen des 25. Juni 1941 wurde von London für Alexandria und Malta am 23. mit den folgenden beiden Funksprüchen genau vorausgesagt:

»23. Juni 1941 um 19.28 Uhr. Ein Geleitzug, bestehend aus der *Oceania*, der *Neptunia*, der *Marco Polo* und der *Victoria*, [eine Bezeichnung, die dann in *Esperia* mit einem nachgefügten Funkspruch vom folgenden Tag umgewandelt wurde] und von fünf Zerstörern gesichert, wird am 25. um 03.30 Uhr aus Neapel auslaufen und am 27. um 16.30 Uhr in Tripolis einlaufen. Geschwindigkeit 17,5 Knoten[90].«

»23. Juni 1941 um 21.37 Uhr. Bezug: Mein Funkspruch von 19.28 Uhr. Der Geleitzug wird die Parallele 34° 30′ Nord am 26. um 07.00 Uhr überqueren. Luftsicherung ist vorgesehen. Nach der Entladung des Materials wird der Geleitzug nach Neapel auf Kurs westlich Sizilien zurücklaufen[91].«

Wie bekannt, wurde dieser Geleitzug von der britischen Luftwaffe am Abend des 25. Juni vergeblich aufs Korn genommen, jedoch gezwungen, wenn auch unversehrt, in Tarent Schutz zu suchen. Von dort lief er dann am Nachmittag des 27. mit Kurs auf Tripolis wieder aus. Obwohl all das »ULTRA« nicht entgangen war[92], zögerten die englischen Angriffskräfte, von neuem einzugreifen, sie griffen das Ziel erst am Morgen des 29. erfolglos an, als es bereits in Sichtweite von Tripolis war. Nachdem der Geleitzug seine Versorgungsgüter ausgeladen hatte, lief er wie vorgesehen nach Neapel zurück und hatte nur sehr leichte Schäden an Bord des Dampfers *Esperia* zu beklagen. Er wurde von einer Fliegerbombe getroffen, während er in dem libyschen Hafen lag[93].

Auch die Fahrt des Geleitzuges »Gritti«, der aus sechs Dampfern und vier Zerstörern bestand und am 30. Juni aus Neapel ausgelaufen war, wurde dringend von BP gemeldet. Die britische Admiralität gab die Meldung am 29. des gleichen Monats an Alexandria und Malta in dem folgenden Funkspruch weiter. Dennoch verhinderte dies nicht das pünktliche Eintreffen aller italienischen Einheiten am 2. Juli in Tripolis.

»29. Juni 1941 um 23.55 Uhr. Ein Geleitzug aus sechs Schiffen von ungefähr 5 000 Tonnen wird unter Geleitschutz von vier Zerstöreren am 30. Juni um 18.00 Uhr aus Neapel auslaufen und mit einer Geschwindigkeit von 14 Knoten am 2. Juli um 12.00 Uhr in Tripolis eintreffen[94].«

Gleichermaßen ohne Ergebnis blieb der sehr ins einzelne gehende Funkspruch aus London vom 10. Juli, mit dem Admiral Cunningham »das Auslaufen eines Geleitzuges aus sechs Dampfern mit 5 000 bis 7 000 Tonnen unter Sicherung von sechs Torpedobooten am 10. um 22.00 Uhr aus Neapel ›gemeldet wurde‹, der am 13. um 17.00 Uhr bei einer Marschgeschwindigkeit von 9 Knoten in Tripolis eintreffen und dabei westlich Lampedusa am 12. um 21.00 Uhr passieren müßte«[95]. Der genannte Geleitzug, der sich aus den Dampfern *Ernesto*, *Nita*, *Aquitania*, *Nirvo* und *Castelverde* und aus dem Tanker *Panuco* zusammensetzte, verfolgte genau die von den Engländern vorausgesehenen Zeiten und den Kurs, traf aber gleichermaßen unversehrt an seinem Ziel ein.

Anders verlief jedoch der Rückmarsch des Geleitzuges *Barbarigo*, der aus dem genannten Motorschiff und weiteren vier Handelsschiffen bestand. Er lief am 14. Juli um 16.00 Uhr mit Kurs auf Neapel unter dem Geleitschutz von sechs Torpedobooten aus Tripolis aus. Zwölf Meilen von Pantelleria entfernt, geriet dieser Verband am 15. um 14.41 Uhr in eine Falle von Unterseebooten und verlor das Motorschiff *Barbarigo*, das mittschiffs von einem Torpedo getroffen wurde. Übrigens kommentiert die offizielle Geschichte der italienischen Marine den Vorfall so: »Es besteht kein Zweifel, daß der Geleitzug sein Ende in einem von Unterseebooten gelegten Riegel fand, der südlich Pantelleria an einem der Punkte aufgebaut worden war, welche man auf diesem Kurs kreuzen mußte. Der Unterseebootriegel war durch einen Aufklärer alarmiert worden, der den Geleitzug am Vormittag gesichtet hatte[96].«

Die Wirklichkeit sah ganz anders aus, da bei dieser Gelegenheit »ULTRA« seinen ersten praktischen Erfolg im Krieg gegen den italienischen Verkehr nach Nordafrika erzielte, der dann bis zum folgenden Oktober ein Einzelfall blieb. Das wird durch den

Inhalt des folgenden Funkspruches aus London an die englischen Befehlshaber in Alexandria und Malta gut drei Tage vor dem Auslaufen des Geleitzuges nachgewiesen.

»11. Juli 1941 um 02.46 Uhr. Ein Geleitzug von etwa sechs Einheiten mit 5 000 Tonnen wird von Zerstörern geleitet und mit einer Geschwindigkeit von 14 Knoten am 14. um 16.00 Uhr aus Tripolis in Syrien [dann mit einem Funkspruch vom gleichen Vormittag in Tripolis in Libyen korrigiert] auslaufen und am 15. um 05.00 Uhr südwestlich Lampedusa und westlich Pantelleria am 15. um 14.00 Uhr mit wahrscheinlicher Marschrichtung Neapel passieren[97].«

Mit einem weiteren Funkspruch vom gleichen Tag präzisierte die Admiralität daher, daß statt »südwestlich Lampedusa« »ostwärts Kerkennah« zu lesen wäre[98].

Die Engländer hatten daher vier Tage Zeit, um einen Unterseebootriegel um Pantelleria zu bilden. Sie wußten, daß der Geleitzug am frühen Nachmittag des 15. Juli diese Gewässer durchlaufen würde, und es gelang ihnen in der Tat, das Motorschiff *Barbarigo* an der vorgesehenen Stelle und zur vorgesehenen Zeit zu torpedieren und zu versenken[99].

Am Schluß dieses Abschnitts können wir zusammenfassend bekräftigen, daß die zahlreichen, von den Briten in der Zeit vom 1. Oktober 1940 bis Juli 1941 abgefangenen und entzifferten italienischen Funksprüche, aus denen wir einige Beispiele in bezug auf den U-Bootkrieg herausgezogen haben, keine negativen operativen Folgen für unsere Streitkräfte hatten, weil die Engländer noch nicht in der Lage waren, der genauen Beurteilung der Nachrichten eine angemessene und rechtzeitige offensive Handlung folgen zu lassen.

Diese Entzifferungen durch »ULTRA«, die zweifellos durch die anfängliche Erbeutung von Schlüsselunterlagen und Geheimdokumenten von Bord von wenigstens drei U-Booten und auf der Insel Castelrosso erleichtert wurden, zeigten immerhin, daß die Funkverbindungen zwischen Rom und Rhodos zu knacken waren, aus denen auch, wie bekannt, die unklaren, aber dennoch wertvollen britischen Nachrichten gelegentlich der Schlacht bei Matapan hervorgingen.

Im Verlauf der Monate begann die Government Code and Cipher School ihre Aufmerksamkeit auf den lebenswichtigen Kampf gegen den Mittelmeerverkehr zu richten, während die englischen Angriffskräfte in jenem Becken ihre Reaktionsfähigkeit allmählich den aus London kommenden und von Bletchley Park gelieferten Bestand an Nachrichten, nun vor allem dank der Lösung der mit Hagelin C 38M-Maschine verschlüsselten Funksprüche, anpaßten.

Bei Gelegenheit des Geleitzuges *Barbarigo* erzielte man den ersten Erfolg gegen die italienischen Versorgungslinien zur See durch »ULTRA«, als der rechtzeitigen Weiterleitung der aus BP stammenden Informationen ein rasches und entscheidendes Eingreifen der englischen Waffen im *mare nostrum* entsprach. Dieser britische Erfolg im Kampf gegen den Mittelmeerverkehr blieb immerhin bis zum Oktober 1941 eine Einzelerscheinung, d. h. solange, bis der Steigerung der Aktivität von »ULTRA« in diesem Kriegsgebiet sich der Wille Churchills zur Intensivierung des Kampfes gegen die nach

Libyen gehenden Geleitzüge der Achse und der folgende größere Einsatz der RAF und der Royal Navy zur Seite stellten.

Das Gesagte beweist, falls dies noch notwendig wäre, daß das Knacken der italienischen und nicht der deutschen Funkverbindungen die Kriegführung unserer Marine beeinflußte.

2.9 Die »ULTRA«-Nachrichten über einige deutsche Aktivitäten im Mittelmeer

Bevor wir über das zentrale Thema dieses Buches weiter berichten, ist es nötig, andere wichtige Beispiele von »ULTRA«-Informationen über einige deutsche Tätigkeiten im Mittelmeer zur Ergänzung des bereits über den Erfolg der Entzifferer von Bletchley Park gelegentlich der deutschen Bewegungen auf dem Balkan Gesagten zu analysieren. Sehr zahlreiche Nachrichten über das in Frage stehende Thema können in den kostbaren *Naval Intelligence Papers* und in der Group DEFE 3 im Public Record Office nachgeprüft werden. Aus der zweiten Quelle wissen wir z. B., daß die deutsche Marine mit Aufmerksamkeit die Beschießung von Genua durch Kriegsschiffe am 9. Februar 1941 verfolgte, als es zwei englischen Schlachtschiffen und einem Kreuzer, die aus Gibraltar kamen, gelang, 31 Minuten lang (von 08.14 bis 08.45 Uhr) den ligurischen Hauptort unter Feuer zu nehmen und dann unbelästigt in ihren Stützpunkt zurückzukehren[100]. Am selben Vormittag bombardierten Flugzeuge des Flugzeugträgers *Ark Royal*, der sich vom britischen Geschwader entfernt hatte, die Raffinerie Anic in Livorno und warfen in der Hafeneinfahrt von La Spezia bei Verlust eines einzigen Flugzeuges Magnetminen ab.

Bei dieser Episode zeigte sich das aufsehenerregendste Beispiel des völligen Fehlens an Koordinierung zwischen der italienischen Luftwaffe und Marine, die schließlich beide nicht in der Lage waren, im nachhinein die Stärke des feindlichen Geschwaders zu beurteilen, das sich so ungestraft auf wenig mehr als zehn Meilen Entfernung an den Hauptstützpunkt der italienischen Flotte, der damals La Spezia war, heranschieben konnte. Es ist nicht verwunderlich, daß Admiral Iachino, der an jenem Tag das italienische Schlachtgeschwader auf der vergeblichen Suche nach dem englischen Verband führte, in seinem Gefechtsbericht unter anderem meldete, man könne annehmen, »daß die Beschießung Genuas von leichten Kräften von geringer Bedeutung durchgeführt worden wäre«[101].

Völlig in Übereinstimmung mit dieser Ansicht meldete der deutsche Oberbefehlshaber der Marinegruppe West am 9. Februar um 21.15 Uhr nach Berlin, daß »die Beschießung Genuas wahrscheinlich lediglich durch leichte Kräfte durchgeführt worden wäre. Die Anwesenheit eines Flugzeugträgers in den Gewässern von Genua ist nicht gesichert«. Dieser deutsche Funkspruch wurde von den Engländern abgehört. Obwohl seine mühsame Entzifferung in Bletchley Park mehr als einen Monat Zeit erforderte, stellt er doch das erste belegte Beispiel für »ULTRA«-Nachrichten aus deutscher Quelle dar, welche die Geschehnisse beim Seekrieg im Mittelmeer betreffen[102].

Nachdem im März in Bulgarien das Marinegruppenkommando Süd für den Südosten gebildet worden war und vor allem ab September des gleichen Jahres die ersten deutschen U-Boote in das Mittelmeer einzulaufen begonnen hatten, glaubten viele in London sorgenvoll an eine wahrscheinliche Verschlechterung der bisher günstigen Geschicke der britischen Marine in jenem Meer[103]. Die erste englische Vorsichtsmaßnahme bestand daher darin, sich Nachrichten über die Gliederung der deutschen Marine im Mittelmeer zu beschaffen und die Arbeit der Government Code and Cipher School auf dem Gebiet des Funkverkehrs der deutschen Kriegsmarine und Luftwaffe in jenem Meeresbecken zu verstärken. Diese genannte Suche nach Nachrichten erforderte eine gewisse Zeit, aber das Ergebnis war sehr gut, wenn man nach dem bestätigenden Bericht vom 3. Dezember 1941 über den Rahmen der »ULTRA«-Entzifferungen urteilt. Wir möchten in der Folge einige Stellen wiedergeben[104]:

»Es gibt Nachrichten über das Vorhandensein deutscher Marineverbindungsstäbe in Rom und in Athen. Deutsche Verbindungsoffiziere sind auch nach Rhodos, Bengasi und Tripolis abgestellt worden. Ab dem 5. November ist ein deutscher Admiral dem Admiralstab der italienischen Marine in Rom zugeteilt worden. Es gibt auch Verbindungsoffiziere bei der deutschen Panzergruppe in Afrika. Diese haben vor allem den Auftrag, mit dem Seeverkehr verbundene Probleme zu bearbeiten. Dienststellen für den Seeverkehr bestehen in Piräus, Catania, Neapel, Kreta, Tripolis, Bengasi und Bardia.«

»Ab 7. November ist in Erfahrung gebracht worden, daß entweder der Admiral in der Ägäis oder die Marinemission in Rumänien mit einem Kommando U-Boote verbunden sind, und zwar von dem Augenblick an, als beide Funksprüche empfingen, die sie dann an die zuständigen Führungsstellen für die U-Boote in ihrem eigenen Sektor weitergaben. Man vermutet, daß die mit dem Admiral in der Ägäis verbundene Führungsstelle für die U-Boote die 23. Flottille mit Stützpunkt in Piräus ist[105].«

»Die Erklärung für den bestehenden Unterschied zwischen der großen Zahl von Nachrichten über die wichtigsten Marinedienststellen (Gruppe Süd, Admiral Ägäis, Marinemission Rumänien) und die unvollständigen Nachrichten über die zahlreichen Marineoffiziere an Ort und Stelle ergibt sich aus der Tatsache, daß die wichtigsten Dienststellen zum Funknetz und Schlüsselbereich der deutschen Luftwaffe gehören, während für die örtlichen Marineoffiziere ein selbständiges örtliches Verbindungssystem gebildet worden ist, das sie mit den wichtigsten Dienststellen in Verbindung bringt.«

Wie es sich wieder einmal zeigt, war die deutsche Luftwaffe diejenige, die den Engländern in jener Periode die größte Zahl von »ULTRA«-Nachrichten über deutsche Unternehmen lieferte. Solche Nachrichten waren aus Funksprüchen der deutschen Kriegsmarine im Mittelmeer schwierig zu beschaffen[106].

Die Organe der britischen Admiralität zeigten sich darüber hinaus sehr interessiert an dem Datum für die Bildung der Befehlsstellen der deutschen Marine im Südosten. Immer noch aus Nachrichten, die ihnen aus Bletchley Park geliefert wurden, schlossen sie, daß »die ersten Informationen über die Verlegung deutscher Marinebefehlsstellen nach Südosteuropa während des großen Eisenbahntransportes aus Deutschland quer über den Balkan ergingen«. Tatsächlich kann festgestellt werden, daß die von »ULTRA« entzifferten Funksprüche besonders über die Aufstellung neuer deutscher Marinebefehlsstellen am 10. März 1941 mit der Mitteilung begannen, daß »der Admiral Z, d. h. jener für den Südosten, von Wesermünde nach Warna verlegt«[107].

Das Funkverbindungssystem zur deutschen Marine im Mittelmeer bildete den Gegenstand beharrlicher und systematischer Aufmerksamkeit seitens der Engländer. Nach dem oben berichteten Hinweis wurden nämlich diesem Thema zwei Studien in kurzer Folge gewidmet. Die erste, die noch im zitierten Übersichtsbericht von »ULTRA« vom 3. Dezember 1941 enthalten war, legt einige Besonderheiten dar, die nur durch ihre getreuliche Wiedergabe in ihrem Wert beurteilt werden können[108].

»Sofort nach dem Beginn der weiter oben berichteten Marschbewegungen [in Richtung Balkan] wurde die deutsche Luftflotte 4 am 28. März 1941 aufgefordert, den Führungsstab des Admirals Südost in das Funknetz der Luftwaffe einzuschließen, da das VIII. Fliegerkorps der Ansicht war, sein Anschluß wäre aus operativen Gründen wichtig. Am 29. März erhielt der Admiral Ägäis die Genehmigung zur Abwicklung seines Funkverkehrs über das Netz der deutschen Luftwaffe. Zur gleichen Zeit, Ende März/Anfang April, wurden die ersten Schritte für den Aufbau eines besonderen Funknetzes für die Marine im Mittelmeer unternommen. Dieses war von den Anschlüssen der Luftwaffe getrennt, obwohl der Verkehr mit der Marinegruppe Süd ebenso über eine Leitung der Kriegsmarine wie über jene der Luftwaffe abgewickelt zu werden scheint und trotz der Tatsache, daß die höchsten Führungsstellen der Kriegsmarine weiterhin am Funkverkehr der deutschen Luftwaffe teilnehmen.«

Die zweite Studie über den Aufbau des Funknetzes der deutschen Kriegsmarine im Mittelmeer trägt das Datum vom 20. Januar 1942. Aus ihr geben wir, wie üblich, die wichtigsten Stellen wieder[109].

»Ende September 1941 haben deutsche U-Boote begonnen, ins Mittelmeer einzulaufen. Von da an ist es möglich, Nachrichten über den Funkverkehr der Kriegsmarine in diesem Abschnitt zu gewinnen. Obwohl der Feind vom April 1941 ab das Funknetz (der Kriegsmarine) im Mittelmeer aufgebaut hat, ist der erste Funkdienst [dieser Art], über den wir völlige Kenntnis besitzen, jener gewesen, der am 25. Oktober für die im Ostmittelmeer operierenden U-Boote eröffnet wurde.«

Der oben angeführten Stelle folgte die ins einzelne gehende Erklärung der Funkverfahren der deutschen U-Boote im Mittelmeer sowie der Schwierigkeiten der Deutschen in diesem Abschnitt.

Die Dislozierung der deutschen Befehlsstellen im Mittelmeerraum wurde schließlich durch ein Gliederungsbild illustriert, an dessen Rand unter anderem besonders angegeben wurde, daß Admiral Weichold, der Vertreter der deutschen Kriegsmarine in Italien, damals auch Befehlsbefugnisse auf dem Sektor des Seeverkehrs nach Nordafrika besaß[110].

Die Verlegung deutscher U-Boote ins Mittelmeer, die von den Engländern mittels der entzifferten Funksprüche von BP aufmerksam verfolgt wurde, ließ zeitweilig in London die Furcht aufkommen, Deutschland plane, in dieses Meer auch eine starke Unterstützungsflotte zu verlegen und, wie wir schon gehört haben, sogar die beiden Schlachtschiffe *Scharnhorst* und *Gneisenau*. Um starke logistische Kräfte für ihre U-Boote zu bilden und um für den immer dringenderen Transport von Menschen und Material nach Nordafrika einen Beitrag zu leisten, hätten die Deutschen — gemäß den Nachrichten von »ULTRA« — sich spanischer Handelsschiffe bedienen können, die allmählich der Kriegsmarine eingegliedert würden[111].

Die Aufmerksamkeit der Entzifferer in Bletchley Park wandte sich nicht nur wieder den Tätigkeiten der deutschen Kriegsmarine im Mittelmeer zu, sondern auch denjenigen der Luftwaffe und der Bodentruppen. Besonders durch die Überwachung des Funkverkehrs der deutschen Luftwaffe, der, wie schon gesagt wurde, am leichtesten zu knacken war, kannten die Engländer oft im voraus die operativen Aufträge, welche den Verbänden des II. und des X. deutschen Fliegerkorps zugewiesen worden waren, die in Sizilien und in der Ägäis stationiert waren. Hierzu gehört z. B. die Entzifferung der den Staffeln der deutschen Luftwaffe während der Operation »M.W. 10« vom März 1942 erteilten Aufträge, welche unter anderem zur sogenannten zweiten Seeschlacht in der Syrte führte.

Bei dieser Gelegenheit ließen die Engländer aus Alexandria mit Kurs Malta einen Geleitzug von vier Dampfern auslaufen, der von 5 Kreuzern und 17 Zerstörern gesichert wurde. Als er am 21. März von einem U-Boot gesichtet wurde, fing ihn am folgenden Tag ein weit überlegener italienischer Flottenverband ab, zu dem unter anderen das Schlachtschiff *Littorio* unter Führung des Admirals Iachino gehörte[112].

Das Seegefecht zog sich mit vielen Unterbrechungen und Feuerpausen den ganzen Nachmittag hin. In seinem Verlauf verstanden es die Engländer, durch den Einsatz großer Mengen künstlichen Nebels so wirkungsvoll mit dem Geleitschutz zu manövrieren, daß sie den schweren und etwas unbeholfenen italienischen Verband hinderten, dem Geleitzug den Kurs abzuschneiden und ihn zu vernichten. Das einzige unter diesen Umständen von Admiral Iachino erzielte Ergebnis bestand darin, daß er den Marsch des feindlichen Verbandes Richtung Malta verzögerte. Er wurde am Morgen des 23. daher von deutschen Flugzeugen aufgespürt, mit Bomben angegriffen und dezimiert.

Die deutsche Luftwaffe hatte zusammen mit der italienischen vom 22. März an begonnen, den Geleitzug »M. W. 10« anzugreifen. Bei dieser Gelegenheit können wir zeigen, daß die Engländer über Bletchley Park die an die Verbände des X. Fliegerkorps in Griechenland, des Fliegerführers Afrika in Libyen und des II. Fliegerkorps in Sizilien erteilten Operationsbefehle lesen konnten, wenn auch nicht immer rechtzeitig. Die dies belegende Dokumentation besteht aus Aufzeichnungen der Air Intelligence, die oft im Abstand von wenigen Stunden nacheinander verfaßt wurden. In der beigefügten Kolumne »Voraussehbare Operationen« werden die Befehle und Weisungen an die obengenannten Großverbände der deutschen Luftwaffe wiedergegeben, die von »ULTRA« entziffert wurden[113].

Beginnen wir mit der Wiedergabe von drei Textstellen, welche durch die Briten entzifferte Funksprüche vom 22. März betreffen:

»Heute soll das X. Fliegerkorps einen Bomberverband für Angriffe gegen den englischen Geleitzug bereithalten. Die Flugzeuge werden, falls notwendig, in Sizilien landen. Alle anderen Flugzeuge sollen zur Aufklärung eingesetzt werden.«

»Angriff auf den britischen Geleitzug mit allen in Sizilien stationierten verfügbaren Flugzeugen [des II: Fliegerkorps]. Die Flugzeuge werden als Zwischenlandeplatz Berka benutzen, wo Bombenvorräte bereitgehalten werden.«

»Bombenflugzeuge und Torpedoflugzeuge sollen den britischen Geleitzug heute am 22. um 11.00 Uhr angreifen.«

Ab 23. März jedoch begannen die Entzifferungen von Bletchley Park Verzögerungen zwischen einem und drei Tagen aufzuweisen, was den Wert der gewonnenen Nachrichten stark reduzierte. Nachstehend sind drei auf diese Weise zustande gekommene Entzifferungen »voraussehbarer deutscher Operationen«, welche auch jenen weiteren Beweis für den mühsamen Weg »ULTRAs« bringen, der so oft durch Fehlschläge und Enttäuschungen gehemmt wurde.

Unter dem Datum vom 23. März ergibt sich die Auslegung der folgenden deutschen Weisung vom vorhergehenden Tag: »Drei Flugzeuge fliegen Aufklärung zwischen 25° und 30° Ost. Sie befinden sich im Suchraum am 22. März ab 09.00 Uhr. Die übrigen Flugzeuge halten sich ab 06.00 Uhr für Operationen gegen Seeziele bereit. Wenn keine Operation bei Tag durchgeführt wird, ist ein Nachtangriff möglich[114].«

Mit gut drei Tagen Verzögerung wurde am 24. März ein deutscher Funkspruch vom 21. dieses Monats entziffert. In ihm wurde mitgeteilt, deutsche Flugzeuge hätten wegen der schlechten meteorologischen Bedingungen im Zielraum am Abend des gleichen 21. nicht starten können. Sechs Ju 88 der deutschen Luftwaffe, die von Bf 110 gesichert wurden und sich auf dem Verlegungsflug aus Nordafrika nach Kreta befanden, hatten den feindlichen Geleitzug am 21. März um 17.05 Uhr gesichtet, aber der daraufhin geplante Angriff war durch das schlechte Wetter unmöglich gemacht worden.

Immer noch am 24. März wurde schließlich ein weiterer wichtiger deutscher Funkspruch mit Verzögerung entziffert. Er bezog sich auf den vorangehenden Tag und lautete wie folgt:

»Operationsbefehle für den 23. März. Aufgrund der letzten Meldungen befand sich der englische Geleitzug um 17.00 Uhr im Planquadrat 7415 13 E auf Nordwestkurs. Die Seestreitkräfte der Achse waren dabei, sich nach Norden zurückzuziehen. Im Verlauf der Nacht ist die Rückkehr des englischen Kreuzerverbandes nach Alexandria möglich. Das X. Fliegerkorps wird zwischen 20° und 25° Ost Aufklärung fliegen und alle übrigen Staffeln für den Hauptangriff bereithalten. Fliegerführer Afrika meldet sofort, welche Kräfte für den Angriff einschließlich von Stukas verfügbar sind[115].«

Wie wir im vierten Kapitel besser sehen werden, wurde der englische Geleitzug gerade am 23. von der deutschen Luftwaffe so sehr dezimiert, daß von den 26 000 Tonnen Fracht nur 7 522 in Malta ausgeladen werden konnten.

Einige Beweise diesmal dafür, wie genau von den Entzifferern in BP auch die Operationen der deutschen Bodenstreitkräfte im Mittelmeerraum verfolgt worden sind, werden durch zahlreiche dies erhellende Dokumente geliefert.

Nach dem Erfolg der Gegenoffensive Rommels in Libyen, durch die die im April 1941 verlorengegangene Cyrenaika für die Achse zurückerobert wurde, konnten die Engländer erleichtert aufatmen, als sie genau erfuhren, daß die deutschen Absichten darin bestanden, an der ägyptischen Grenze stehenzubleiben. Diese kostbare Nachricht wurde wieder einmal von Bletchley Park gewonnen und von London aus am 4. Mai 1941 um 18.19 Uhr an den Befehlshaber der Mittelmeer-Flotte mit dem folgenden langen Communiqué von überraschender Klarheit und unschätzbarem Wert weitergegeben:

»General Paulus (der Stellvertretende Chef des deutschen Generalstabs, der Afrika besuchte) meldete, daß er am 2. Mai General Rommel, dem Kommandeur des deutschen Afrikakorps, die folgenden Instruktionen erteilte:
(1) Das bis zum 1. Mai gewonnene Gelände ist zu halten und weitere Angriffe, auch solche in kleinem Rahmen, dürfen nur durchgeführt werden, wenn ein rascher Erfolg ohne wesentliche Verluste wahrscheinlich ist.
(2) Im Hinblick auf die Erschöpfung der deutschen Truppen sind eine Umgliederung und die Schaffung beweglicher Reservern notwendig. Ein weiterer Angriff nach Eintreffen der 15. Panzerdivision und von Verstärkungen richtet sich nach der Entwicklung der Lage.
(3) Bewegliche deutsche Truppen verstärken die Front Bardia-Sollum. Mit Ausnahme von Aufklärung darf kein Vorstoß über Sollum hinaus ohne Genehmigung durchgeführt werden.
(4) Die Hauptaufgabe des Afrikakorps ist es, die Cyrenaika zu halten, gleich ob Tobruk, Bardia oder Sollum gehalten werden oder nicht. Die Kämpfe um Tobruk dürfen dieses Ziel nicht gefährden.
(5) Die Verteidigungsanlagen von Gialo sind zu inspizieren.
(6) Eine Stellung bei El Gazala ist vorzubereiten, und General Rommel hat freie Hand in bezug auf einen Rückzug dahin.
(7) Die Küste ist gegen feindliche Landungen durch Spähtrupps zu überwachen.
(8) Die Versorgungsgüter sind auf eine sichere Basis zu stellen[116].«

Wie man sich vorstellen kann, leistete die Reichweite dieser Informationen, deren Genauigkeit durch die Wirklichkeit bestätigt wurde, den englischen Streitkräften in der Wüste unbedingt eine großen Dienst und erlaubte es ihnen, mit relativer Ruhe eine feste Stellung zur Verteidigung Ägyptens aufzubauen.

Ein zweiter Fall dieser Art geschah am 22. Juni 1942, dem Tag, der der britischen Kapitulation in Tobruk folgte, als die Nachrichtenabteilung der Admiralität (N.I.D.) ein ebenso kostbares Dokument verbreitete, das an Hand der »Special Intelligence Reports« abgefaßt wurde.

In jenen Tagen ernsthafter Krise für die englischen Streitkräfte in der ägyptisch-libyschen Wüste spürte man in London die Notwendigkeit, besonders die unmittelbaren Absichten des Feindes kennenzulernen, und »ULTRA« griff wieder einmal rechtzeitig ein, um das folgende zu melden[117]:

»Wie aus einem Treffen zwischen Kesselring und Rommel hervorgeht, sind gestern, am 21. Juni 1942, die folgenden Weisungen Kesselrings erteilt worden.«

»Die Streitkräfte der deutschen Panzergruppe und Luftwaffe sollen spätestens bis zum 24. Juni neu gegliedert werden, um einen Angriff gegen die Front Maddalena-Halfaya-Sollum zu führen. Abgestimmt mit diesem Angriff beabsichtigt Rommel, eine weitere Offensive mit starker Luftunterstützung zu führen, tief in die Flanke einzubrechen und dabei während der Nacht eine Umgehung mit den Panzerkräften und den leichten Divisionen durchzuführen.«

»Bis zum 24. Juni besteht der Auftrag der deutschen Luftwaffe darin, so weit wie möglich einer englischen Absetzbewegung Richtung Osten zuvorzukommen und am 25. und 26. den Angriff der Panzergruppe am Boden zu unterstützen.«

»Kesselring beabsichtigt, am 26. Juni und danach den Schwerpunkt [der Luftstreitkräfte] von Afrika nach Sizilien zu verlegen, und zwar entweder wegen akuter Erfordernisse für das Material oder weil eine gewisse Periode der Unterbrechung und Ruhe für das Personal notwendig ist, bevor wieder andere Operationen unternommen werden.«

Zahlreiche andere durch die Engländer entzifferte Funksprüche, die für den Krieg in Nordafrika wertvoll waren, befinden sich in einer neuen Class der Group DEFE 3, die kürzlich für die Forschung vom Public Record Office freigegeben worden ist[118].

Aus diesen neuen Dokumenten geht z. B. hervor, daß die Engländer weit im voraus den Tenor und die Herkunft der Informationen kannten, die im Besitz der Deutschen für die geplante alliierte Operation »Torch« waren, d. h. über die anglo-amerikanische Landung in Französisch Nordafrika. Am 28. September 1942 interpretierte nämlich Bletchley Park den folgenden Funkspruch Nr. 5240 vom 25., den die Dienststelle des Generals von Rintelen in Rom an das Afrikakorps Rommels geschickt hatte:

»Das OKW teilt den folgenden Geheimbericht über die Landungsabsichten der feindlichen Mächte mit:

Ein glaubwürdiger Agent, der beste Beziehungen zum Vatikan besitzt, hat aus den gleichen vatikanischen Kreisen die folgenden Nachrichten über anglo-amerikanische Pläne zu einer Invasion Afrikas erhalten: Die Vereinigten Staaten und Großbritannien beabsichtigen, zwischen Mitte Oktober und Mitte November eine Landung in großem Rahmen durchzuführen. Die Amerikaner werden an den Küsten nahe Dakar landen, während die Engländer eine Landung an den Küsten Nordafrikas versuchen werden.«

Es folgen nichtentzifferte chiffrierte Gruppen, aus denen jedoch der Name des Generals de Gaulle hervorgeht[119].

Außer einer Bitte Rommels um dringende Luftwaffenverstärkung, die am 28. Oktober 1942 um 11.30 Uhr an Kesselring gesandt und von den Engländern am folgenden Tag entziffert wurde, übertrug »ULTRA« während der heißen Periode von El Alamein zwei wichtige deutsche Funksprüche im Klartext[120].

Der erste interessante entzifferte Funkspruch dieser Periode ist vom 1. November und betrifft die folgende von Berlin am 30. Oktober an Rommel gesandte Mitteilung, nach der die Engländer auch die Bestätigung für das deutschfreundliche Verhalten des französischen Admirals Darlan besaßen.

»Vorgebracht wird ein Auszug aus dem Bericht der deutschen Waffenstillstandskommission mit Frankreich, der sich auf eine Unterhaltung zwischen dem General der Artl. Oscar Vogl und dem Admiral Darlan stützt. Letzterer hat erklärt, aus erhaltenen Informationen ginge hervor, daß die Engländer beabsichtigten, von Süden über Fort Lamy in die Cyrenaika durchzustoßen. Das Afrikakorps solle auf seine Südflanke besonders achten[121].«

Das zweite in jenen Tagen in englische Hände gefallene Dokument war dank der Government Code and Cipher School der lange Bericht 135/42 Rommels vom 4. November 1942 um 10.15 Uhr an Hitler, den dieser unmittelbar nach dem Durchbruch durch seine Front absetzte und der vom Feind zwei Tage danach entziffert wurde. Hier folgt der Text:

»In Beantwortung Ihrer Mitteilung vom 3. November um 10.30 Uhr melde ich Folgendes:

Im Nordabschnitt hat der Feind das Hauptkampffeld auf einer Breite von 10 Kilometern und einer Tiefe von mehr als 15 Kilometern mit 400—500 gepanzerten Fahrzeugen und starken Infanterieverbänden durchbrochen und unsere dort aufgestellten Truppen fast hinweggefegt. Die größte Anstrengung soll noch gemacht werden, aber die Verluste sind so hoch, daß keine echte und eigentliche Front mehr besteht. Das Eintreffen neuer deutscher Kräfte ist nicht vorgesehen. Überdies besitzen sie gegenüber der großen feindlichen Überlegenheit am Boden und in der Luft keinen Kampfwert mehr. Teilweise ist die italienische Infanterie dabei, ihre Stellungen ohne Befehl aufzugeben.

Ich bin mir völlig der Notwendigkeit bewußt, die Stellungen bis zum äußersten zu halten und keinen Schritt zurückzuweichen, aber ich glaube, daß die englische Taktik, einen Verband nach dem anderen mit größter Feuerzusammenfassung und Luftangriffen in die Durchbruchsstelle zu werfen, dabei ist, sich gegen uns auszuwirken, und allmählich unsere Energien verbraucht. Dennoch sehe ich zur Zeit in einer dynamischen Schlachtführung, bei der jeder Meter Gelände dem Feind strittig gemacht wird, die einzige Möglichkeit, ihm weitere Schäden zuzufügen und den Verlust Nordafrikas abzuwenden. Ich bitte daher um Ihre Genehmigung. Danach beabsichtige ich, die Truppen schrittweise kämpfend bis zu den Stellungen südlich Fuka zurückzunehmen. Auf dieser etwa 70 km langen Front ist der etwa 30 Kilometer breite Südabschnitt schwer durch starke Panzerverbände zu überwinden[122].«

So kannten die Engländer im voraus auch die Pläne Rommels in der Phase, die unmittelbar dem Durchbruch bei El Alamein folgte.

Aus den bisher angeführten Beispielen läßt sich ableiten, daß die Entzifferer in BP bei der Überwachung der wachsenden deutschen Präsenz im Mittelmeer nicht unerhebliche Ergebnisse erzielten und es soweit brachten, Einzelheiten operativer Befehle auf operativ-taktischem und operativ-strategischem Gebiet trotz der unvermeidlichen Verzögerungen bei der Entzifferung einiger Funksprüche aufzudecken[123].

Die Darstellung dieser britischen Erfolge auf dem Gebiet der Nachrichtenbeschaffung zum Schaden der deutschen Wehrmacht im Mittelmeer hat uns darüber hinaus Gelegenheit geboten, über einige Episoden dieses Krieges in jenem Seegebiet zu berichten, die wir in den folgenden Kapiteln sonst nicht hätten unterbringen können, da sie vorwiegend die Aufgabe haben, das Eingreifen von »ULTRA« in den Kampf gegen den nach Nordafrika gerichteten Seeverkehr zu belegen.

Die erste Phase der Schlacht um die Geleitzüge nach Libyen (Juni 1940 bis Dezember 1941)

3.1 Allgemeines über den italienischen Verkehr und die einschlägigen Funkverbindungen

Als man im Herbst 1941 in London erkannte, daß der Krieg gegen die Achse eine entscheidende Entwicklung nur auf dem einzigen Kriegsschauplatz nehmen konnte, auf dem das Heer Seiner Majestät damals in Feindberührung stand, d.h. in Nordafrika, wurden viele an anderer Stelle verzettelt eingesetzte britische Streitkräfte nunmehr im Mittelmeerraum konzentriert. Im September und Oktober jenes Jahres wurden von den Engländern etwa 50 weitere Flugzeuge, neue U-Boote, acht Frachter mit Versorgungsgütern und Luftwaffenmaterial und schließlich zwei Kreuzer und zwei Zerstörer in den sehr zentral gelegenen Stützpunkt Malta verlegt. Ab 21. Oktober bildeten sie eine neue Kampfgruppe mit der Bezeichnung »Force K«.

Mit Ausnahme einiger Monate im Jahre 1942 war Malta von diesem Augenblick an wirklich ein »flammendes Schwert«, das nach den Worten Churchills gegen den italienischen Verkehr zur Versorgung der Achsenarmeen in Libyen gerichtet war[1]. Damals entwickelte sich im Mittelmeer eine neue Lage, bei der die Regia Marina mehr als je eingesetzt wurde, um die lebenswichtigen Versorgungslinien freizuhalten, die in wachsendem Maße von Flugzeugen, U-Booten und Überwasserstreitkräften bedroht wurden. Sie endete erst mit der Kapitulation der Achse in Tunesien im Mai 1943.

Der lange und zermürbende Einsatz zur Sicherung der Verbindungswege nach Nordafrika wurde schließlich zum vorherrschenden und fast ausschließlichen Auftrag der italienischen Marine, und zwar so sehr, daß davon die gesamte Einsatzfähigkeit und operative Führung der Marine abhingen. Aus diesem Grunde waren auch Gefechte zwischen Schlachtschiffen vergleichsweise recht selten und ohne entscheidende Folgen, praktisch kam es nur zu den Treffen bei Punta Stilo und Kap Teulada. Genauso waren die Versenkungsziffern der italienischen U-Boote im Mittelmeer tatsächlich mäßig, da die Voraussetzungen für den Einsatz massiver Unterwasserstreitkräfte ungünstig waren.

Die folgenden Seiten sind der Analyse des sogenannten Geleitzugkrieges zwischen Italien und Nordafrika im Licht der Tätigkeit der britischen Funkaufklärung gewidmet. Zu Anfang des Herbstes 1941 nahmen deren Ergebnisse für London einen entscheidenden Aufschwung zum Vorteil aller vorhandenen alliierten Kriegsmittel auf dem »Kriegsschauplatz Mittelmeer«.

Bis dahin waren die operativ nutzbaren Erfolge, welche von den Entzifferern in Bletchley Park gegen den verschlüsselten Funkverkehr der italienischen Marine erzielt worden waren, jene bereits geschilderten Einzelfälle gewesen, selbst wenn es sich dabei um so wichtige Ereignisse wie den Geleitzug »Barbarigo« und die Schlacht bei Matapan gehandelt hatte. Danach mußten sich die Engländer wieder ausschließlich auf die herkömmliche Luftaufklärung verlassen.

Jedoch der Oktober 1941 stellte den Anfangsmonat einer Erfolgsperiode dar, die nicht mehr episodisch, sondern fortlaufend war. Sie wurde von der Entzifferungsgruppe verzeichnet, die für die italienische Marine zuständig war. Der Grund lag einerseits in ihrer erwähnten Verstärkung und in der Steigerung ihrer Leistungsfähigkeit, andererseits in der verbesserten Koordination zwischen der Zentrale und den Nebenstellen des Nachrichtendienstes und den operativen Verbänden im Mittelmeer.

Der Haupt-Aktenbestand, der zur Feststellung und Darstellung des Eingreifens von »ULTRA« gegen den Achsenseeverkehr nach Nordafrika benutzt wurde, sind jene »Intelligence Papers«, die im Public Record Office unter der Group ADM 223 aufbewahrt werden, und besonders jene der Class 31, in der die entzifferten italienischen Funksprüche (ZTPI) zusammengefaßt sind. Sie wurden vom Operational Intelligence Centre (ab hier nur mit seiner Abkürzung O.I.C. bezeichnet) der britischen Admiralität abgestimmt und in Form von täglichen Funksprüchen verbreitet. In ihnen wurden mit einem oder mehr Tagen Vorsprung die Bewegungen sehr vieler italienischer Geleitzüge aus und nach Nordafrika mit Tonnage, Häfen, Daten und Uhrzeit für die Abfahrt, mit Kurs, Geschwindigkeit, Fracht, Geleitschutz, möglichen Zwischenaufenthalten, Bestimmungshafen sowie mit Tag und Stunde ihres Eintreffens angegeben.

Um dieses Buch nicht zu sehr mit den sehr zahlreichen Geleitzügen oder einzelnen Dampfern zu belasten, die von den Entzifferern der G.C. & C.S. verfolgt wurden, berichten wir nur über die Ereignisse, die mit der völligen Vernichtung und nicht nur Beschädigung der Transportschiffe oder des Geleitschutzes endeten und die insgesamt oder teilweise durch die Tätigkeit von »ULTRA« bedingt waren. Das heißt, daß die Fälle ausgewählt wurden, in denen die Organisation von Bletchley Park der wirkliche und unbestreitbare Urheber der Erfolge war. Ausgewählt wurden Vorgänge, in denen man mit statistischen Angaben den Einfluß von »ULTRA« auf den Geleitzugkrieg nach Nordafrika quantifizieren kann.

Dagegen wurde es unterlassen, über die Episoden zu berichten, in denen es BP nicht gelang, sich einzuschalten, und über jene, in denen trotz der Tätigkeiten von »ULTRA« nicht die Vernichtung unserer Handelsschiffe folgte, entweder weil der Feind nicht angriff, oder weil die britischen Angriffsmittel ganz oder teilweise unwirksam waren oder solche Mittel nicht zur Verfügung standen.

An dieser Stelle muß auch berichtet werden, wie in Italien die Gefahr von Informationslücken über den Verkehr im Mittelmeer, vor allem in Verbindung mit der mögli-

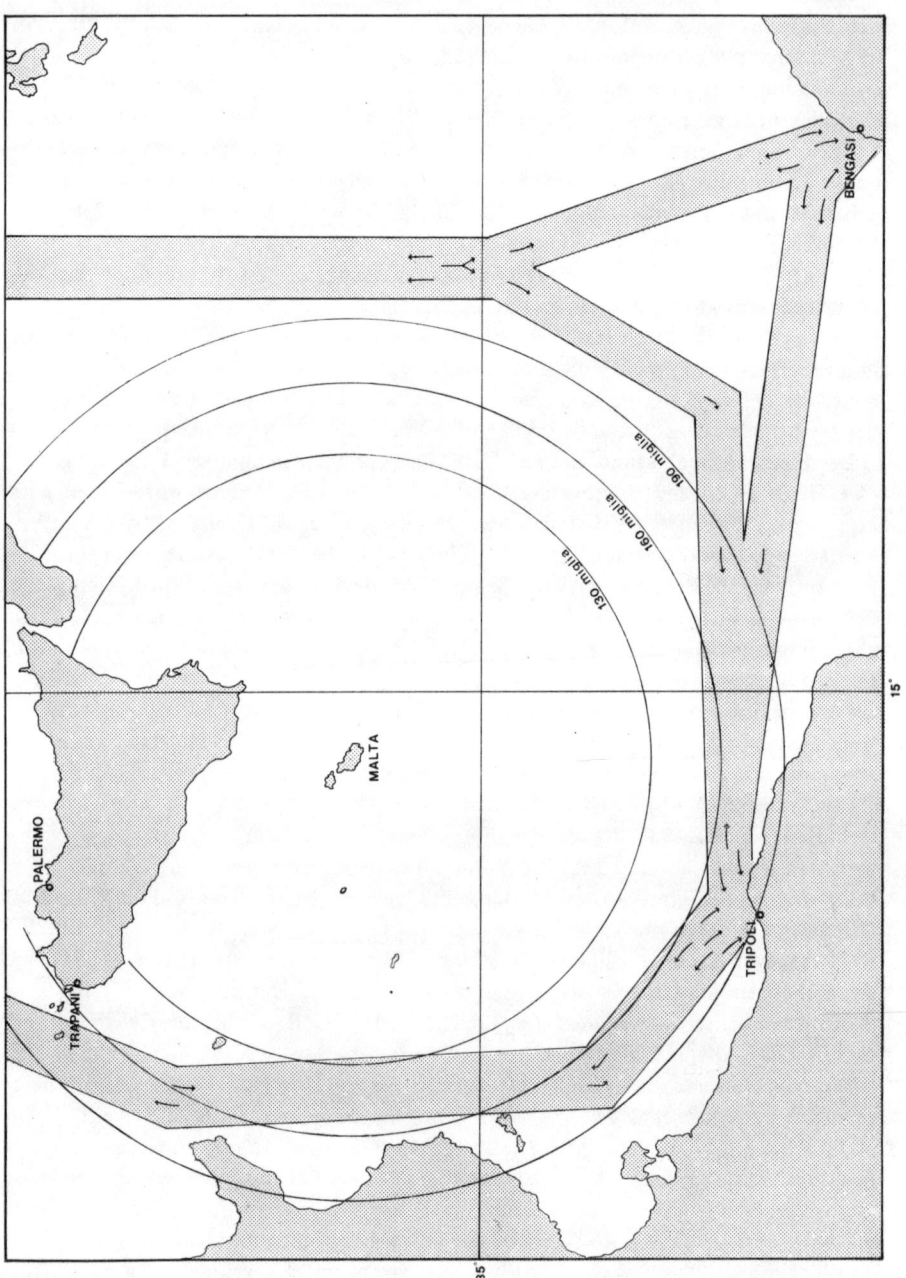

chen Fähigkeit des Feindes, die operativen Funksprüche zu entziffern, beurteilt wurde. Die erste derartige konkrete Sorge wurde durch den Oberbefehlshaber der Streitkräfte in Nordafrika, General Bastico, ausgedrückt, der in seinem Funkspruch Nr. 01/12359 vom 18. August 1941 an das Comando Supremo unter anderem darlegte[2]:

»Die Geheimhaltung der Auslauf- und Eintreffdaten der Geleitzüge ist eines der wichtigsten Elemente ihrer Sicherheit; sie dürfen erst im letzten Moment und mit den geheimsten Fernmeldemitteln allein den Organen zur Kenntnis gebracht werden, die mit der Sicherung und Verteidigung des Verkehrs beauftragt sind. Zur gleichen Zeit ist es notwendig, vorzuschreiben, daß Funkverkehr seitens der Geleitzüge und des Geleitschutzes zur See vermieden oder auf das absolut Notwendige eingeschränkt wird, da er abgehört und dem Feind als Element dienen kann, um Position und Kurs der Geleitzüge festzustellen.

Im übrigen hat mir Rommel mitgeteilt, daß jedesmal, wenn in Bardia ein U-Boot einläuft oder hätte einlaufen sollen, dieser Ort Ziel englischer Luftangriffe gewesen ist, was vermuten läßt, daß es den Briten gelingt, unsere diesbezüglichen Funkverbindungen abzuhören und zu entziffern.«

Ein Auszug aus dieser wohlüberlegten Warnung des Generals Bastico wurde am 13. August vom Comando Supremo an Supermarina, Superesercito und Superaereo (die zentralen Führungsstäbe der drei Teilstreitkräfte) mit dem folgenden Begleitschreiben Nr. 30473 Op gesandt[3].

»Als Auszug aus Blatt 01/12359 vom 18. August von Supercomando A.S.I. wird folgendes mitgeteilt: Das Comando Supremo hat bereits dargelegt, warum die Zensur der nach Libyen gesandten Post und Telegramme verschärft worden ist. Es wird gebeten, zu verfügen,

daß alle unterstellten Dienststellen im Hinblick auf die zivilen Behörden die größtmögliche Geheimhaltung über die Auslaufzeiten einzelfahrender Dampfer und der Geleitzüge bewahren;

daß jeder nicht unbedingt notwendige Funkverkehr vermieden und die Geheimhaltung beim notwendigen gesichert wird; dabei sind möglicherweise die Schlüsselunterlagen in Verbindung mit der auf dem beigefügten Blatt gemeldeten Vermutung in bezug auf die Angriffe auf den Hafen von Bardia zu ändern.

Die angeordneten Maßnahmen sind nach hier zu melden.«

Der Verdacht Basticos und Rommels, die folgenden Verfügungen des Comando Supremo (Stamage) sowie die in den ersten Septembertagen von Supermarina verfügten energischen Maßnahmen vermochten es aber tatsächlich nicht, die wachsende Aktivität von »ULTRA« im Mittelmeerraum einzuschränken oder gar auszumerzen. Sie ging anfangs vom Besitz der Codebücher italienischer U-Boote und von den ersten Interpretationen der italienischen maschinenverschlüsselten Funksprüche aus. Für »ULTRA« begann damals die Glanzperiode; in Bletchley Park vervielfältigte sich die Anzahl der sinnreichen Entzifferungsmaschinen.

◁ *Die üblichen Verkehrswege zwischen Italien und Libyen und die wachsende Ausweitung des Operationsradius der Torpedoflieger aus Malta.*

3.2 Churchills Druck auf eine schärfere Kriegführung gegen die Geleitzüge im Mittelmeer

Die geschilderte Verstärkung Maltas zu Anfang des Herbstes 1941 hatte eine sofortige Auswirkung. Sie gestattete es nämlich General Auchinleck, im November eine neue britische Offensive in Libyen, die Operation »Crusader«, anzusetzen. Sie war dazu bestimmt, Rommel die gesamte Cyrenaika zu entreißen. Zu diesem Entschluß war man jedoch erst nach vielen Enttäuschungen und infolge des direkten und energischen Eingreifens Churchills gelangt.

Bis zu jenem Augenblick hatte der Krieg gegen den Seeverkehr der Italiener im Mittelmeer britischerseits sich keiner großen Aufmerksamkeit oder beachtlicher Ergebnisse erfreut. Vom Juni 1940 bis zum Juni 1941 war nur der bescheidene Prozentsatz von vier Prozent der von der italienischen Marine nach Libyen eskortierten Versorgungsgüter nicht in ihrem Bestimmungshafen eingetroffen[4].

Auch die Behauptung, die besten und konstantesten Ergebnisse in dieser Art der Kriegführung seien von den Engländern seit den ersten Monaten des Jahres 1941 erzielt worden, als Malta den verstärkten Luftangriffen, vor allem denen der Deutschen, ausgesetzt war, reichte allein nicht aus, um die verantwortlichen Politiker und Militärs des Vereinigten Königreiches und am allerwenigsten den immer mehr fordernden Churchill zu befriedigen. Außer der Ersetzung des Generals Wavell durch den General Auchinleck als Oberbefehlshaber im Mittleren Osten im Juni 1941 nach der gescheiterten Gegenoffensive »Battleaxe« in der Wüste, ließ sich nämlich der britische Premier die Gelegenheit nicht entgehen, am 30. des gleichen Monats an das Komitee der Vereinigten Stabschefs — vertreten durch die Person des Generals Ismay — einen polemischen Brief zu schicken, von dem auch nicht eine Andeutung in den Erinnerungen des berühmten Staatsmannes existiert. Darin drückt sich Churchill klar und deutlich wie folgt aus:

»Trotz des hohen Zolls, den wir zahlen, erreichen ständig größere Mengen feindlicher Versorgungsgüter Afrika. Die Marine scheint unfähig zu sein, etwas dagegen zu tun. Die RAF stoppt vielleicht ein Fünftel jenes Verkehrs. Zweifellos werden Sie vom absoluten Ernst der Lage beeindruckt sein[5].«

Am 8. Juli antwortete General Ismay auf diesen Brief und meldete, daß trotz allem »während der Monate Mai und Juni 31 feindliche Schiffe seitens der Royal Navy und 21 durch die Luftstreitkräfte versenkt oder beschädigt worden wären«[6].

In Wirklichkeit versenkten die Engländer auf den Seewegen nach Libyen in jener Periode nur zwölf Achsen-Handelsschiffe, ein Ergebnis, das im Verhältnis zum Verkehr, der in den beiden Monaten gut 334 Frachterfahrten einschloß, nicht als befriedigend angesehen werden konnte[7].

Obwohl General Ismay vielleicht an der Anzahl der von ihm gepriesenen Erfolge zur See selber etwas Zweifel hegte, wollte er seiner Antwort an den Premierminister ein

Memorandum anfügen, das von der Admiralität verfaßt war und die Gründe erhellte, weshalb es der englischen Marine damals nicht möglich war, eine größere Anstrengung gegen die Versorgungslinien der Achse zur See zu unternehmen. Angesichts der Wichtigkeit dieses Memorandums, vor allem im Licht der folgenden Geschehnisse, sollen einige Stellen daraus wiedergegeben werden[8].

»Die Tatsache, daß Überwasserschiffe der Marine im Augenblick den Verkehr zwischen Italien und Libyen und zwischen Griechenland und der Cyrenaika nicht unterbrechen können, ist äußerst ärgerlich. In der Vergangenheit hatten wir unter ähnlichen Umständen Überwasserschiffe zur Überwachung des zentralen Mittelmeeres in solcher Stärke eingesetzt, daß sie sich jeder beliebigen Zahl von Kriegsschiffen entgegenstellen konnten, die der Feind dort gegen uns hätte führen können. Doch das Aufkommen der Luftwaffe hat heutzutage unglücklicherweise die Lage der Dinge geändert. Gegen die unwirksame italienische Luftwaffe konnten die Schiffe im zentralen Mittelmeer noch mit beträchtlicher Freiheit operieren, aber die harte Erfahrung mit der deutschen Luftwaffe hat gezeigt, daß in der augenblicklichen Entwicklungsphase der Flugabwehrwaffen diese allein Luftangriffe nicht verhindern können.«

Das Memorandum fährt fort, indem es den Akzent auf die besondere Gefährlichkeit der deutschen Sturzkampfflieger legt. Gegen sie wurden Jagdflieger zu Recht als sehr wirksam angesehen; sie waren jedoch nicht immer an Ort und Stelle verfügbar. Daraus ergibt sich die Folgerung, daß der Einsatz britischer Überwasserschiffe außerhalb der Reichweite der eigenen Luftsicherung nicht ratsam war, es sei denn in Ausnahmefällen, wie vorher in Norwegen, bei Dünkirchen und vor Kreta. Man muß sich nämlich vergegenwärtigen, daß gerade bei der Räumung Kretas im Mai 1941 die Mediterranean Fleet ohne ihren letzten Flugzeugträger, die *Formidable*, eingesetzt war und dieser Schiffstyp bis zum Waffenstillstand mit Italien 1943 nicht mehr in die englische Mittelmeerflotte in Alexandria eingegliedert wurde.

Die im zitierten Bericht der britischen Admiralität enthaltene abschließende Warnung war daher nicht unrealistisch. Nach ihr wäre die einzige Lösung, welche den Ansatz einer ständig genährten und einträglichen Offensive der Marine gegen den Verkehr der Achse versprochen hätte, der Einsatz von Überwassereinheiten von Malta aus gewesen, die durch Fliegerkräfte gesichert worden wären. Das konnte jedoch nur sichergestellt werden, nachdem die feindlichen Flugplätze in der Cyrenaika infolge einer Offensive zu Lande erobert worden waren.

Wie man feststellen kann, hatte man im britischen Lager einen *circulus vitiosus* geschaffen, bei dem die englischen Luftstreitkräfte Stützpunkte in der Cyrenaika beanspruchten, die wiederum das Heer Seiner Majestät als nicht zu nehmen ansah, wenn nicht die Offensive gegen den Seeverkehr der Achse seitens der Royal Navy verstärkt wurde. Diese letztere erklärte ihrerseits, beim Fehlen einer Luftsicherung, die gerade vom Besitz der Flughäfen in der Cyrenaika abhing, wäre die geforderte größere Anstrengung nicht ausführbar.

Wieder einmal war es Churchill, der jedes Zaudern zur Seite schob und auf eine sofortige Entscheidung drängte. Vom genannten Memorandum der Admiralität veranlaßt, forderte er am 22. August 1941 förmlich vom Ersten Seelord, »die Absendung eines Geschwaders kleiner Einheiten und von einem oder zwei Kreuzern nach Malta, falls möglich, in Betracht ziehen zu wollen«[9]. Das bedeutete, daß es der Royal Navy zufiel, den genannten *circulus vitiosus* zu durchbrechen, noch ehe die britische Armee in Ägypten im November die Offensive »Crusader« aufnahm.

Auf die Ausführung dieses Planes wurde genügend gedrängt, und am 21. Oktober, dem Jahrestag des Sieges bei Trafalgar und des Todes von Nelson, lief die »Force K« in Malta ein, die aus den leichten Kreuzern *Aurora* und *Penelope* und den Zerstörern *Lance* und *Lively* bestand. Dieser Verband sollte eines der tödlichsten englischen Druckmittel gegen den Seeverkehr der Achse im Mittelmeer werden[10].

3.3 Der Beginn der ständigen »ULTRA«-Nachrichten über die Bewegungen der italienischen Marine

Gleichzeitig mit der Verstärkung der Offensivmittel in Malta wurde die Aktivität der englischen Entzifferer intensiviert, die sich mit der Deutung der Funksprüche der italienischen Marine befaßten. Die beiden gleichzeitigen Verstärkungsmaßnahmen fielen auch mit der produktiven Phase zusammen: »ULTRA« begann vom 5. Oktober 1941 ab regelmäßig seine Wirksamkeit zu zeigen, die zu einer vervielfachten Angriffstätigkeit von Malta aus im Kampf gegen den feindlichen Verkehr im Mittelmeer führte. Unter diesem Datum erscheint nämlich der erste von etwa 500, fast täglich abgesetzten Funksprüchen des O.I.C., in denen die »ULTRA«-Nachrichten über nach Libyen und dann nach Tunesien gerichtete italienische Geleitzüge zusammengefaßt und weitergegeben wurden. Diese Nachrichten waren den entzifferten Funksprüchen der Regia Marina entnommen und daher durch die Buchstaben ZTPI gekennzeichnet[11].

Geradezu als Ironie des Schicksals hatte Supermarina am 5. Oktober 1941 dem Comando Supremo das Memorandum Nr. 022542 mit dem Titel »Traffico con la Libia« (Verkehr mit Libyen) vorgelegt, in dem darauf hingewiesen wurde, daß eine mögliche Erhöhung des im letzten Monat registrierten Tempos der Verluste zur See das Verkehrsvolumen mit der afrikanischen Küste »aus Mangel an Dampfern mit dazu geeigneten Charakteristika und einer Marschgeschwindigkeit von mindestens acht Knoten« hoffnungslos herabsetzen würde[12]. Der erste Verband von Handelsschiffen, der von den Engländern dank dieser neuen produktiven Phase von »ULTRA« angegriffen und dezimiert wurde, war der Geleitzug »Giulia«. Er lief am 8. Oktober 1941 um 22.20 Uhr aus Neapel in Richtung Tripolis aus. Er bestand aus dem Motorschiff *Giulia*, dem Tanker *Proserpina* und den Dampfern *Zena*, *Casaregis* und *Bainsizza,* von denen der letztere wegen Maschinenschadens später nach Trapani flüchtete. Der von vier Zerstörern gesicherte Geleitzug, dem sich in der Folge das Torpedoboot *Cascino*, aber nicht der vorgesehene Dampfer *Nirvo* (auch er hatte eine Havarie) anschloß, war noch nicht aus Neapel ausgelaufen, als Bletchley Park schon begann, der Admiralität seine Zusammensetzung, seinen Fahrplan, den Kurs, die Geschwindigkeit und den Geleitschutz zu melden. Es folgten dann seine Bewegungen vom 8. bis zum 12. Oktober.

Die Photokopien der sich darauf beziehenden Meldungen sind im Anhang III wiedergegeben. Hier ihre deutsche Übersetzung[13]:

— »8. Oktober, Teil III, zukünftige Bewegungen in Richtung Süd: Konvoi »Casaregis« bestehend aus der *Casaregis* (6 485 Tonnen), *Zena* (5 219 Tonnen), *Giulia* (5 921 Tonnen), *Bainsizza* (7 933 Tonnen) und *Proserpina* (?) läuft aus Neapel 2130/8, Kurs West nach Tripolis aus, Geschwindigkeit 9 Knoten. Ankunftszeit 1800/11. Geleitschutz: vier Zerstörer. *Nirvo* (5 164 Tonnen) und Zerstörer *Cascino* stoßen zu Geleitzug vor Trapani«[14].

— »9. Oktober, Teil I, Geleitzug in See Richtung Süd: *Casaregis, Zena, Giulia, Bainsizza, Proserpina, Nirvo*, gesichert von vier Zerstörern, aus Neapel 2130/8 ausgelaufen, 9 Knoten, Eintreffzeit Tripolis 1800/11.«

— »11. Oktober, Teil I, Geleitzug in See Richtung Süd: *Casaregis, Zena, Giulia* und *Proserpina*, gesichert von vier Zerstörern, aus Neapel 2130/8 ausgelaufen, 9 Knoten, Eintreffzeit Tripolis 1800/11. *Nirvo* und ein Torpedoboot, die Geleitzug von Trapani aus erreichen sollten, nicht ausgelaufen. *Bainsizza*, die seit Neapel im Geleitzug fuhr, »wegen Havarie in Trapani geblieben. (Dieser Geleitzug wurde 1245/10 etwa 35' südlich Pantelleria gesichtet[15].«

— »12. Oktober, Teil I, Geleitzug in See Richtung Süd: »Geleitzug *Casaregis, Zena, Giulia* und *Proserpina* mit Südkurs sollten eintreffen Tripolis 1800/11. *Casaregis* versenkt, *Zena* torpediert und wahrscheinlich gesunken.« [Mit Bleistift wurde hinzugefügt: *Giulia* und *Proserpina* 1630/11 eingetroffen.«]

Nach dieser beunruhigenden Feststellung über den peinlich genauen Ansatz, mit dem die englischen Entzifferer in den Krieg im Mittelmeer einzugreifen begannen, soll nun zusammenfassend beschrieben werden, was tatsächlich mit dem Geleitzug geschah.

Der ruhige Marsch der italienischen Einheiten mit einer Geschwindigkeit von 9 Knoten bei Tag und unter Sicherung durch italienische Fliegerstaffeln wurde am 10. Oktober um 22.45 Uhr durch den in zwei Wellen geführten Angriff britischer Flugzeuge unterbrochen, die sich mit jeweils einem Torpedo die Dampfer *Zena* und *Casaregis* zum Ziel nahmen. Beide sanken am 11. um 03.25 Uhr bzw. im Morgengrauen[16]. Daher erreichte nur die Hälfte des Geleitzuges mit dem Motorschiff *Giulia* und dem Tanker *Proserpina* Tripolis am 15. Oktober um 16.30 Uhr.

Mit dem genannten unheilvollen Ergebnis schloß diese beharrliche »Beschattung« eines italienischen Geleitzuges durch »ULTRA« ab. Aber sofort sei eine zweckmäßige Überlegung hinzugefügt: Nach R. Lewin begann erst nach dem vergeblichen Abfangversuch des Dampfers *Ankara* im Dezember 1941 eine Gruppe von britischen Spezialisten peinlich genau die Charakteristika des Verkehrs der Achse im Mittelmeer zu studieren und die darauf bezüglichen »ULTRA«-Nachrichten auszuwerten. Damit wurde der Anfang für die ertragreiche Jagd auf feindliche Handelsschiffe gemacht[17].

Doch BP begann mit der Beschattung der Geleitzüge nach Libyen Ende Juni und entwickelte seine erdrückende und tödliche Tätigkeit gegen den Achsenverkehr im Mittelmeer in der ersten Hälfte des Monats Oktober 1941 voll, was die Behauptungen Lewins korrigiert und seinen Folgerungen den Wert nimmt.

Die Verantwortlichen der italienischen Marine hatten keine Ahnung von dem Vorteil, der den britischen Seestreitkräften von den Entzifferern in Bletchley Park gesichert wurde; sie begannen Ende Oktober 1941 die Möglichkeit zu erwägen, die Handelsschiffe wenigstens in den Nachtstunden einzeln und nicht im Geleitzug fahren zu lassen, um ihre Ortung durch gegnerische Flugzeuge schwieriger zu machen.

In jener Zeit entstand auch im Bereich von Supermarina der Streit über den besten Kurs nach Libyen. In Frage kam jener ostwärts Malta, der variabler, aber länger war, und jener westlich der Insel, der kürzer und für die langsamen Dampfer ratsamer war, aber auch wegen des durch die Gestaltung der tunesischen Küste bestimmten Engpasses besser überwacht wurde. Immerhin entging es Rom nicht, daß jede mögliche Variation des Kurses gerade durch die geographische Lage von Tripolis bedingt wurde, des einzigen libyschen Hafens, der aufnahmefähig genug war und am Ende eines Trichters lag, in dem alle ursprünglichen Navigationsoptionen sich fortschreitend verengten und in einem Kanal mündeten.

Während die für den italienischen Verkehr zuständigen Stäbe eine annehmbare Lösung für diese Probleme suchten, die in Wirklichkeit kein Befehl hätte lösen können, ging die verstärkte Aktivität »ULTRAs« zum Schaden der Regia Marina unerbittlich weiter.

Am 16. Oktober um 11.00 Uhr war der Geleitzug »Beppe«, von vier Zerstörern begleitet, mit den Handelsschiffen *Beppe*, *Caterina*, *Paolina*, *Marin Sanudo* und *Probitas*, wovon das letztere dann wegen einer Havarie durch das Motorschiff *Amba Aradam* ersetzt wurde, aus Neapel nach Tripolis mit Kurs westlich Malta ausgelaufen.

Diesmal griff BP erst ein, als der Geleitzug sich schon in See befand. Die erste Meldung des O.I.C. war jene vom 17. Oktober, die wie folgt abgefaßt war:

»Geleitzug *Caterina* aus sechs italienischen Schiffen, von vier Zerstörern gesichert, sollte auslaufen Neapel nach Tripolis 1100/16 Kurs westlich Malta, 9 Knoten, Eintreffzeit 1800/19[18].«

Sofort starteten von Malta aus Aufklärer, die ab Mittag den Geleitzug zu überfliegen begannen und die genauen Auswertungsdaten lieferten, bis am 18. Oktober um 09.10 Uhr ein U-Boot den Dampfer *Beppe* mit einem Torpedo traf und beschädigte. Es gelang ihm jedoch, Tripolis im Schlepp zu erreichen. Nach Einbruch der Nacht wurde auf den Geleitzug ein Angriff von Torpedofliegern angesetzt, durch den um 22.30 Uhr der Dampfer *Caterina* getroffen wurde, der sich dann am Nachmittag des 19. nach vergeblichen Bergungsversuchen selbst versenkte[19].

Am gleichen 19. waren die Entzifferer in BP in der Lage, eine detaillierte Meldung sowohl über die Zusammensetzung des italienischen Geleitzuges — einschließlich der Besonderheit der *Probitas*, die wegen Schäden nach Neapel zurückgekehrt war — als auch über seine Sichtung aus der Luft nahe Marettimo am 17. um 12.00 und um 16.40 Uhr sowie über die Angriffe auf ihn und schließlich über die Hilfe zu liefern, welche die Schlepper der beschädigten *Beppe* geleistet hatten[20].

3.4 Der Geleitzug »Duisburg« (»Beta«)

Der aufgrund der bisherigen Schilderung naheliegende Verdacht, die dramatische Vernichtung des gesamten Geleitzuges »Duisburg« am 9. November 1941 wäre dank der Fähigkeit der Entzifferer der G.C. & C.S. oder der finsteren Arbeit irgendeines Spiones geschehen, entbehrt jedoch jeder Grundlage. In diesem Fall fehlen nämlich nicht nur völlig die »ULTRA«-Funksprüche, die vom O.I.C. weitergeleitet worden wären und Belege für die übliche methodische Beschattung der italienischen Schiffsverbände gebildet hätten, sondern es gibt auch den Beweis, daß bei der ganzen Episode die genannten Koordinierungsorgane für den Nachrichtendienst der britischen Admiralität völlig überrascht wurden.

Zu diesem letzteren Zweck genügt es, die Mitteilung des gleichen O.I.C. mit dem Datum vom 9. November zu lesen, welche, abgesehen von der Tatsache, daß sie die erste über den fraglichen Geleitzug bildete, verspätet kam und sehr ungenau war[21].

»Ein Geleitzug aus 6 Handelsschiffen, von 4 Zerstörern gesichert, 40 Meilen ostwärts Kap Spartivento 1400/8 gesichtet. Wahrscheinlich aus Neapel nach Tripolis ausgelaufen. Geleitzug wurde 0047/9 von Force K aufgespürt und angegriffen. 2 Zerstörer und 10 Handelsschiffe versenkt. Herkunft der überzähligen 4 Handelsschiffe unbekannt.«

Wie festzustellen ist, hatte auch das O.I.C. keine sehr klaren Vorstellungen über die Zusammensetzung und die Herkunft des Geleitzuges im nachhinein, ganz zu schweigen von der absurden Aufbauschung der ihm zugefügten Verluste von zehn versenkten Handelsschiffen bei nur sechs vorhandenen! Aber wie hatten sich die Ereignisse in Wirklichkeit entwickelt?

Nach einer kurzen Unterbrechung des Handelsverkehrs nach Tripolis, die in Rom aufgrund der bestätigten Anwesenheit einer Kreuzerdivision (genau: der Force K) in Malta beschlossen wurde, führten die wieder erhöhten Forderungen des deutsch-italienischen Heeres in Nordafrika zu einem Umdenken und daher zur Vorbereitung eines großen Schiffstransports nach der libyschen Hauptstadt unter starkem Geleitschutz. Am 7. November 1941 lief daher der sogenannte Geleitzug »Beta« aus. Er bestand aus den deutschen Handelsschiffen *Duisburg* und *San Marco*, der *Sagitta* und *Maria* sowie dem Tanker *Minatitlan*, zu denen am folgenden Tag der Dampfer *Rina Corrado* und der Tanker *Conte di Misurata* aus Messina hinzukamen.

Der fragliche Geleitzug wurde durch einen direkten Geleitschutz aus sechs Zerstörern und eine indirekte Deckungsgruppe aus den beiden Schweren Kreuzern *Trieste* und

Trento des Admirals Brivonesi mit weiteren vier Zerstörern gesichert. Die Luftsicherung flogen — nur während der Tagesstunden — insgesamt 64 Flugzeuge in Staffeln von jeweils acht Maschinen, während drei zur Aufklärung eingesetzte italienische U-Boote bei der Ausführung ihres Auftrages völlig versagten.

Diesmal lag der vorgewählte Kurs ostwärts Malta, war länger, aber auch sicherer, weil er zu jener Zeit außerhalb des 120 Meilen großen Aktionsradius der auf der Insel stationierten englischen Torpedoflieger (aber nicht der Bomber) lag. Vor der Südspitze Kalabriens wurde der Geleitzug jedoch trotz seiner Luftsicherung am 8. um 16.40 Uhr von einem »Maryland« Aufklärer mit großer Reichweite gesichtet. Diese Sichtmeldung, die übrigens in Rom abgehört und entziffert wurde, führte um 17.30 Uhr zum sofortigen Auslaufen der Force K des Cpt. Agnew aus Malta. Sie bestand aus den Leichten Kreuzern *Aurora* und *Penelope* und aus zwei Zerstörern[22].

Bei keiner Analyse darf man allein aus der Reaktionsschnelligkeit, mit der die Force K mit einem zeitlichen Abstand von weniger als einer Stunde nach der Sichtung durch Flugzeuge von Malta auslief, auf Vorwarnungen aus »ULTRA« schließen. Dieser englische Verband wurde nämlich sorgfältig in Bereitschaft gehalten, so daß er in jedem beliebigen Augenblick sehr kurzfristig auf Auslösung des Alarms hin auslaufen konnte. Bezeugt wird dies durch ein Buch, das seinem intensiven Einsatz gewidmet wurde[23].

Der Geleitzug »Beta« oder »Duisburg« wurde auf den englischen Bordradargeräten am 9. November ab 00.40 Uhr festgestellt. In diesem Zusammenhang sprach man in dem zwei Tage danach zusammengestellten britischen Bericht über den Auftrag von »8 Handelsschiffen und 4 feindlichen Zerstörern, denen 2 Zerstörer und 2 größere Schiffe folgten«[24]. Man meldete also nicht die Anwesenheit von sechs oder zehn Handelsschiffen, wie das so verwirrend in der zitierten Meldung des O.I.C. vom 9. November niedergeschrieben worden war: Der Widerspruch war jetzt festzustellen und bewies des weiteren das Fehlen jeder vorausgehenden Nachricht über diesen Geleitzug im britischen Lager.

Zwischen 00.57 und 02.06 Uhr nahm sich die Force K die Dampfer und ihren direkten Geleitschutz zum Ziel; sie beachtete die beiden Schweren Kreuzer des Admirals Brivonesi nicht, dessen Gegenmaßnahmen völlig fehlschlugen. Um 13.50 Uhr lief die Force K unversehrt wieder in Malta ein. Das Ergebnis dieses nächtlichen Unternehmens war die Versenkung aller sieben deutschen und italienischen Frachter und des Zerstörers *Fulmine* sowie die schwere Beschädigung des Zerstörers *Grecale*, während am folgenden Vormittag auch der Zerstörer *Libeccio* von dem heraneilenden U-Boot *Upholder* versenkt wurde[25].

Das traurige Ereignis erregte in Italien eine Welle tiefgehender Emotionen und veranlaßte den Außenminister Ciano, in seinem Tagebuch unter dem Datum des 9. und 10. November 1941 die folgenden sarkastischen und bitteren Kommentare zu geben:

»Die Engländer sind wieder in ihren Hafen eingelaufen, nachdem sie ein Blutbad angerichtet haben. Natürlich ziehen unsere verschiedenen General- und Admiralstäbe die übliche unausbleibliche und imaginäre Versenkung eines englischen Kreuzers mit Lufttorpedos aus der Mottenkiste: Niemand glaubt uns… In dieser Lage haben wir eigentlich kein Recht uns zu beklagen, wenn Hitler Kesselring zum Oberbefehlshaber Süd ernennt… Die Bilder der Luftaufklärung zeigen die im Hafen von Malta verankerten vier englischen Schiffe [die Force K]. Dessen ungeachtet wird im Kommuniqué verkündet, einer der Kreuzer sei getroffen worden. Pricolo [Generalstabschef der italienischen Luftwaffe] behauptet es und bringt als Argument die Tatsache vor, daß dieses Schiff nahe dem Trockendock vor Anker läge. Das kommt der Erklärung gleich, ein Mann sei wahrscheinlich ein wenig tot, weil er in die Nähe des Friedhofs umgezogen sei. Das sind Hanswurste. Tragische Hanswurste, die das Land jetzt in eine Lage gebracht haben, die es notwendig macht, ausländisches Eingreifen zu seinem Schutz und seiner Verteidigung anzunehmen, ja sogar darum zu bitten… Ich habe Cavallero gefragt, was der verantwortliche Admiral tun wird. Bis gestern abend kannte Cavallero jedoch nicht einmal seinen Namen. Ich habe ihn daran erinnert, daß das demokratische Italien Ricasolis den Mut hatte, Persano den Prozeß zu machen, als er nach Lissa* telegrafierte, er wäre Herr der Meere geblieben… Mussolini hält den gestrigen Tag zu Recht für den demütigendsten seit Beginn des Krieges…«

Als unmittelbare Folge dieses Desasters wurde dem Admiral Brivonesi und dem Führer des direkten Geleitschutzes für den Konvoi, der sich auf dem Zerstörer *Maestrale* befand, das Kommando entzogen, während der gewöhnliche Verkehr nach Tripolis von neuem für unbestimmte Zeit unterbrochen und jener nach Bengasi verstärkt wurde. Bengasi war der weniger aufnahmefähige Hafen, aber er war auch weniger zentral für Angriffe aus Malta gelegen. Die nach Bengasi laufenden Dampfer hätten aus Tarent oder Brindisi auslaufen und einen möglichen Zwischenhalt in Navarino einlegen müssen, während man den dringenden Transport von Soldaten und Material mit Kriegsschiffen entweder nach Bengasi oder Tripolis hätte verstärken sollen.

Der Entschluß zur Beschränkung des Zuflusses an Versorgungsgütern nach Libyen führte offensichtlich zu scharfen Protesten Rommels. Gerade Churchill bezeugt dies, indem er in seinen Erinnerungen das folgende Fernschreiben wiedergibt, den der Kommandierende General des Afrikakorps am 9. November 1941 an das Oberkommando der Wehrmacht schickte[26]:

»Das Tempo der Truppen- und Versorgungstransporte nach Nordafrika ist weiter verringert worden. Ende Oktober 1941 sind von den 60 000 Tonnen Versorgungsgütern, welche die Italiener versprochen hatten, nur 8 093 in Bengasi eingetroffen. Von den ursprünglich für den Angriff auf Tobruk bestimmten Tuppen werden etwa ein Drittel der Artillerie und verschiedene wichtige Fernmeldeverbände auch nicht vor dem 20. November aus Europa eintreffen. Darüber hinaus ist unbekannt, wann die 20 in Tunesien von Frankreich erworbenen 155-mm-Kanonen eintreffen werden… Von den drei für eine Offensive im November angeforderten italienischen Divisionen wird nur eine zur Verfügung stehen und auch diese ist nicht voll aufgefüllt.«

Um das Schreiben Rommels besser zu verstehen, muß man wissen, daß der Prozentsatz des Materials, das Libyen nicht erreichte, im Vergleich zu den im September oder

---

* Seeschlacht bei Lissa 1866, in der die Italiener von der weit unterlegenen Flotte des österreichischen Admirals Tegetthoff geschlagen wurden (Anm. d. Übers.).

Oktober abgesandten Mengen 23 Prozent betrug und im November jenes Jahres, dem schwarzen Monat für den Mittelmeerverkehr, einen Höchstverlust von 70 Prozent erreichte[27].

Das, was immerhin wichtig zu zeigen war, ist die absolute Nichtbeteiligung von »ULTRA« oder irgendeiner anderen Nachrichtenquelle an dem Geschehen um den Geleitzug »Duisburg«. Abgesehen von der bereits berichteten Unsicherheit des O.I.C., dessen Einsicht in die Ereignisse erst in den folgenden Tagen schärfer wurde, bekundete nämlich auch Churchill sogar noch in der Nachkriegszeit eine ungenaue Kenntnis dessen, was vorgefallen war und beschrieb in seinen Erinnerungen den Geleitzug »Duisburg« als zusammengesetzt aus »10 Handelsschiffen, die von Kreuzern unterstützt und von 4 Zerstörern gesichert wurden[28]«.

In den gleichen Papieren des britischen Premierministers, die jetzt im Public Record Office aufbewahrt werden, gibt es schließlich einen besonderen und geheimen Bericht des Marinekommandos Malta über die fragliche Episode, in dem unter anderem bestätigt wird, daß der Geleitzug »Duisburg« von einer »Maryland« am Nachmittag des 8. bei 37°53' Nord und 16°56' Ost gemeldet wurde. Allein aufgrund dieser Kenntnis lief die Force K am gleichen Tag um 17.30 Uhr aus Malta aus und fing das Ziel am 9. November um 00.40 Uhr ab[29].

Danach besteht kein Zweifel, daß die Vernichtung des Geleitzuges »Beta« oder »Duisburg« durch die Wirksamkeit der konventionellen Aufklärungsmittel und der britischen Angriffseinheiten und nicht durch die Benutzung geheimer Nachrichten bedingt war. Es gibt daher auch keinerlei Grund, den Schlußfolgerungen nicht zuzustimmen, zu denen Cpt. Agnew in seiner bereits zitierten Meldung über die Durchführung des Auftrages gelangte. Der Führer der Force K, welche den Erfolg errungen hatte, fügt dem letzteren die folgenden wörtlich zitierten Faktoren bei[30]:

a) Sehr genaue Meldungen der »Maryland« am Nachmittag des 8. November, in deren Folge die Force K um 17.30 Uhr aus Malta auslief;
b) außergewöhnliches Glück des englischen Marineverbandes beim sofortigen Abfangen seines Zieles;
c) Sonderausbildung der gleichen Force K für die Suche und Vernichtung feindlicher Geleitzüge bei Nacht;
d) grobe Nachlässigkeit seitens der italienischen Marine (Italian Navy)[31].

3.5 Der Untergang der *Maritza* und der *Procida*

Nach einer weiteren, durch das Scheitern der beiden gleichzeitigen Geleitzüge »Alfa« und »C« zwischen dem 20. und 21. November 1941 verursachten Enttäuschung — die beiden Geleitzüge wurden durch die Gegenmaßnahmen der britischen Luftwaffe und Unterseeboote gezwungen, mit zwei schwerbeschädigten Geleitkreuzern nach Tarent zurückzukehren —, mußte die italienische Marine einen noch schwereren Schlag durch den Verlust der nach Bengasi laufenden Dampfer *Maritza* und *Procida* einstecken.

Ihre Versenkung zeigt unter den vielen im vorliegenden Band geschilderten Episoden am besten, welche Genauigkeit die Organisation »ULTRA« und, vor allem, welche furchtbare und entscheidende Wirksamkeit sie erreicht hatte, wenn sie durch zweckmäßige Exekutivmittel unterstützt wurde.

Die beiden unter deutscher Flagge fahrenden Dampfer *Maritza* und *Procida* liefen am 11. November 1941 aus Tarent mit Kurs Piräus aus, wo sie am 14. zur Übernahme einer Zusatzladung einliefen. Von dort hätten sie am 18. nachmittags mit Bestimmungshafen Bengasi wieder auslaufen sollen. Ihr Auslaufen aus Piräus wurde jedoch wegen des gleichzeitigen, durch zahlreiche andere im Zentralmittelmeer vorhandene Dampfer verursachten Verkehrsstaus bis zum 23. November um 14.00 Uhr verschoben und durch das vorausgesehene Auslaufen der schon genannten Geleitzüge »Alfa« und »C« beeinträchtigt.

Im Hinblick auf den verlängerten Aufenthalt der beiden Schiffe in Piräus ist es außerordentlich interessant, an dieser Stelle einige Urteile wiederzugeben, die seinerzeit vom S.I.M. (Servizio Informazioni Militari = der geheime italienische Aufklärungsdienst) abgegeben und kürzlich in der offiziellen Geschichte der italienischen Marine kommentiert wurden[32]. Am 18. November 1941 erhielt der S.I.M., aus welcher Quelle ist unbekannt, den folgenden Funkspruch:

»Heute, am 18. November, sollten aus Piräus die deutschen Dampfer *Maritza* und *Procida* mit deutschen Truppen und Material auslaufen, darunter einige mit sandfarbener Tarnfarbe versehene Panzerspähwagen. Es geht das Gerücht, diese beiden Dampfer sollten nach Bengasi laufen. Es wird für passend gehalten, jenem Truppenteil diese Tatsache mitzuteilen, da, falls die beiden Handelsschiffe wirklich nach Bengasi fahren, die Geheimhaltung des Auftrages vom Bordpersonal oder von wem auch immer, der über das Auslaufen nach Afrika auf dem laufenden war, durchaus nicht gewahrt worden ist.«

Das Ereignis, dessentwegen die deutsche Führung auch eine zu nichts führende Untersuchung eröffnete, wird in der Geschichte der italienischen Marine wie folgt kommentiert:

»Es besteht kein Zweifel, daß der Aufenthalt von mit Kriegsmaterial beladenen und für Libyen bestimmten Dampfern jene Schiffe nicht nur der Gefahr von Bombenangriffen, sondern vor allem auch dem Risiko aussetzte, daß Nachrichten über ihr baldiges Auslaufen und die Ladung in Umlauf kamen. Hier trifft es besonders zu, da der Aufenthalt in einem Hafen wie dem von Piräus, der voller britischer Zuträger steckte, stattfand.«

Leider lagen die Dinge nicht so einfach.

Wie man aus der an den S.I.M. gelangten Mitteilung entnehmen kann, stützte sich der italienische Verdacht im Hinblick auf eine Lücke im Fernmeldenetz allein auf die Tatsache, daß es sich am 18. November herausstellte, daß der Name Bengasi als Bestimmungshafen für die *Maritza* und die *Procida* bekannt wurde. Wie wir jedoch sehen werden, wußten die Engländer schon viel mehr. Am meisten beeindruckt die Tatsache, daß sie schon gut 24 Tage im voraus mit »ULTRA« die Bewegungen der beiden kostbaren feindlichen Dampfer verfolgten.

So unglaublich es auch erscheinen mag, wenn man sich vergegenwärtigt, daß die *Maritza* und die *Procida* aus Tarent am 11. November und aus Piräus am 23. des gleichen Monats ausliefen, begann doch das O.I.C. »ULTRA«-Nachrichten über die beiden Handelsschiffe ab 26. Oktober zu empfangen und weiterzugeben[33]! Die unter diesem Datum herausgegebene Meldung des O.I.C. besagte nämlich im dritten Teil, der zukünftigen Bewegungen gewidmet war:
»Die *Procida* und die *Maritza* werden bald mit 1 700 Tonnen Treibstoff aus einem italienischen Hafen nach Piräus auslaufen. Der folgende Transport nach Afrika wird vom X. deutschen Fliegerkorps erwartet.«
Die folgenden und vom O.I.C. im Oktober verbreiteten »ULTRA«-Nachrichten in bezug auf die beiden Dampfer lauten wie folgt[34]:

— 28. Oktober Teil III, zukünftige Bewegungen: »*Procida* und *Maritza* laufen von einem italienischen Hafen nach Piräus und von dort nach Nordafrika. Auslaufzeit noch unbekannt.«
Am 29. Oktober wurde immer noch im Teil III der sich darauf beziehenden Meldung des O.I.C. die gleiche Mitteilung vom vorhergehenden Tag wiederholt.
— 30. Oktober, Teil III, zukünftige Bewegungen: »*Procida* und *Maritza* mit Treibstoff laufen bald aus Italien nach Piräus aus und dann nach Nordafrika.«

Im Monat November gab es eine wahre Sintflut an »ULTRA«-Nachrichten über die beiden unglücklichen deutschen Handelsschiffe. Nachstehend die sich darauf beziehenden Inhalte[35]:

— 2. November: »*Procida* und *Maritza*, die etwa am 9. November in Piräus einlaufen werden, setzen ihre Fahrt nach Bengasi mit etwa 1 500 Tonnen Flugzeugbenzin und anderen dringend benötigten Frachten fort.«
— 3. und 4. November: Es wird die gleiche Mitteilung vom 2. wiederholt.
— 6. November: »*Procida, Maritza* und *Rondine* werden aus Griechenland Richtung Bengasi Mitte November auslaufen.«
— 7. November: »*Procida* und *Maritza* sind am 5. November mittags aus Neapel nach Piräus ausgelaufen und werden zur Übernahme weiterer Ladung in einem unbekannten Hafen Zwischenstation machen. Der letzte Bestimmungshafen ist Bengasi.«
— 9. November: »*Procida* und *Maritza* sind am 5. um 14.00 Uhr aus Neapel Richtung Tarent ausgelaufen. Sie werden dort ihre Ladung ergänzen und von dort nach Piräus und schließlich Bengasi weiterlaufen. Ihre gegenwärtige Position ist unbekannt.«
— 11. November: »*Procida* und *Maritza* werden wahrscheinlich heute am 11. November aus Tarent nach Piräus auslaufen, wo sie am 15. oder 16. November eintreffen werden.«
— 12. November: »*Procida* und *Maritza* sind am 11. November um 10.00 Uhr aus Tarent nach Piräus ausgelaufen. Von Piräus werden sie ihren Marsch nach Bengasi fortsetzen.«
— 13. November: Die gleiche Mitteilung vom vorhergehenden Tag wird wiederholt.
— 15. November: »Es wird das Datum gemeldet, an dem die *Procida* und die *Maritza* zum Auslaufen aus Piräus nach Bengasi bereit sind.«

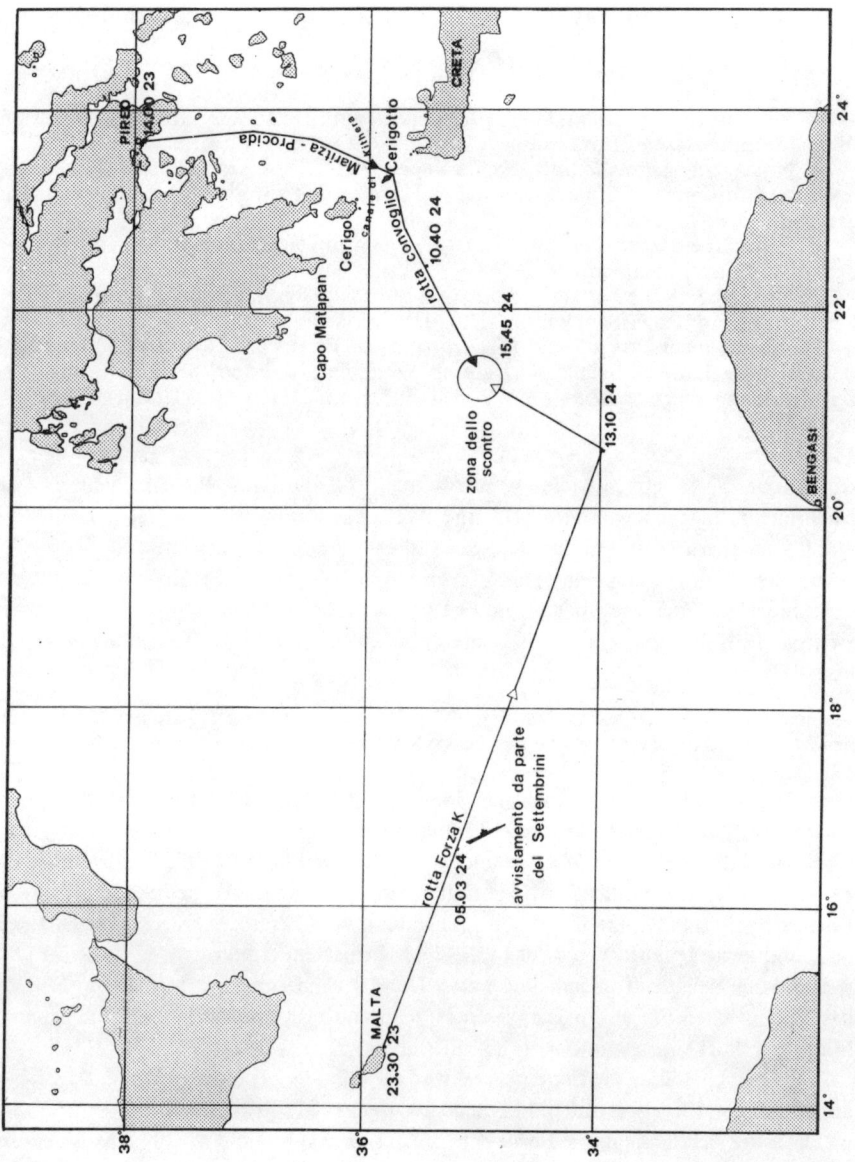

Der Kurs der Dampfer Maritza *und* Procida *und der Force K der Engländer, die sie abfangen soll-te (23. und 24. November 1941).*

— 16. November: »*Procida* und *Maritza* werden sehr bald aus Piräus nach Bengasi auslaufen.«

— 17. November: »*Procida* und *Maritza* werden am 19. November aus Piräus nach Bengasi auslaufen.«

— 18. November: »*Procida* und *Maritza* sollen heute aus Piräus nach Bengasi auslaufen. Die Ankunftszeit ist unbekannt.«

— 19. November: »*Procida* und *Maritza* haben jetzt in Piräus den Befehl erhalten, erst nach Bengasi weiterzufahren, wenn dieser Hafen bereit ist, die beiden Schiffe aufzunehmen.«

— 20. November: »*Procida* und *Maritza* werden in Piräus festgehalten, bis Bengasi bereit ist, sie aufzunehmen.«

— 23. November: »Die Tanker *Procida* und *Maritza* werden, von der *Freccia* gesichert, Piräus mit Kurs Bengasi am 24. um 07.00 Uhr verlassen.«

— 24. November: »*Procida* und *Maritza* sind aus Piräus am 23. um 14.00 Uhr nach Bengasi ausgelaufen. Geleitschutz durch zwei Torpedoboote bis zum Kanal von Kythera, dann durch den Zerstörer *Freccia*. Sollen am 25. um 12.00 Uhr in Bengasi einlaufen.«

Am Rande dieser letzten Meldung wurde auch die alles klarstellende Quelle für die Nachrichten angegeben: ZTPI 2415 und 2421, das Kennzeichen, unter dem die von »ULTRA« entzifferten Funksprüche der Italiener geführt wurden[36].

Die Beschattung der beiden Dampfer der Achse durch die Entzifferer der G.C. & C.S. endete mit der wie üblich vom O.I.C. verbreiteten Meldung vom 25., in deren zweitem Teil, der den späteren Berichten gewidmet ist, man den folgenden Nekrolog liest:

»*Procida* und *Maritza* auf dem Marsch von Piräus nach Bengasi sind am Nachmittag des 24. südwestlich Kythera von der Force K versenkt worden.«

Sehen wir uns nun einige Besonderheiten jenes bedeutungsvollen Ereignisses an:

Nach der Fahrt Neapel—Tarent—Piräus und dem verlängerten Aufenthalt in jenem letzteren Hafen liefen die *Maritza* und die *Procida* schließlich am 23. November um 14.00 Uhr Richtung Bengasi aus. Sie sollten durch die beiden Torpedoboote *Lupo* und *Cassiopea* bis zum 24. um 07.00 Uhr und sodann vom Zerstörer *Freccia* gesichert werden, und zwar genauso wie es das O.I.C der britischen Admiralität in seinem Funkspruch vom gleichen Tag gemeldet hatte. Die Luftsicherung war jedoch den Fliegern des X. deutschen Fliegerkorps anvertraut, während vier italienische U-Boote ostwärts Malta mit Aufklärungs- und Angriffsauftrag disloziert wurden.

Eines der U-Boote, die *Settembrini*, war es, das am 24. November um 05.03 Uhr außerhalb eines Kreises von 100 Meilen südostwärts der britischen Insel den Verband meldete, der sich dann als die Force K herausstellte. Sie bestand wie üblich aus den beiden Leichten Kreuzern *Aurora* und *Penelope* und zwei Zerstörern, die infolge der nicht allzu genauen »ULTRA«-Nachrichten vom gleichen Tag am 23. um 23.30 Uhr aus Malta ausgelaufen waren. In der Meldung vom 23. November hatte nämlich, wie man feststellen kann, das O.I.C. angenommen, der abgehörte Fahrplan vom 24. um 07.00

Uhr beträfe das Auslaufen der beiden feindlichen Dampfer aus Piräus und nicht den Wechsel des Geleitschutzes.

Wegen dieses letzteren Irrtums lief die Force K einen sich eher von einem Zusammentreffen mit der *Maritza* und der *Procida* entfernenden Kurs, die sich ihrerseits, nachdem sie Cerigotto umlaufen hatten, fühlbar nach Steuerbord hielten, ohne übrigens den Kanal von Kythera zu durchlaufen, wie man es anscheinend erwartet hatte. Erst infolge der in der Meldung des O.I.C. vom folgenden Tag gebrachten Korrektur und der Tätigkeit der britischen Luftaufklärer wendete am 24. November um 13.10 Uhr die Force K um gut 90 Grad und stieß in Richtung auf den feindlichen Geleitzug vor[37]. Aufgrund des gleichen irrigen Funkspruches vom 23. war eine weitere englische Kreuzerdivision am 24. November um 04.00 Uhr unnützerweise aus Alexandria ausgelaufen.

Der betreffende Kurswechsel der Force K, der bis jetzt niemals besonders betont wurde, brachte die vier britischen Schiffe gegen unwirksame Gegenmaßnahmen von seiten der deutschen Flugzeuge um 15.26 Uhr in Sichtnähe der *Maritza*, der *Procida* und der beiden Geleittorpedoboote. Zwanzig Minuten später eröffneten sie das Feuer.

Unglücklicherweise hatte der Geleitzug den Befehl zur Kursänderung Richtung Suda nicht erhalten. Er war an jenem Tag von Supermarina nach 07.00 Uhr aufgrund der Sichtung feindlicher Schiffe durch das U-Boot *Settembrini* erteilt worden. Der Geleitzug war auch nicht von den deutschen Flugzeugen vor der bevorstehenden Bedrohung gewarnt worden, obgleich diese die Force K doch auf ihrem Annäherungskurs angegriffen hatten. Der genannte Befehl von Supermarina wurde jedoch vom Zerstörer *Freccia* empfangen, der die beiden Torpedoboote in der Sicherung des Geleitzuges hätte ablösen sollen. Er lief darauf aber nach Navarino zurück.

Wegen dieser Verkettung von Umständen war die Überraschung der deutsch-italienischen Schiffe vollständig und die Vernichtung der beiden Dampfer angesichts des Mißverhältnisses der Kräfte unabwendbar[38]. Trotz des mutigen Gegenangriffes des Torpedobootes *Lupo*, das zusammen mit der *Cassiopea* den italienischen Geleitschutz bildete, wurden sowohl die *Maritza* als auch die *Procida* mit ihrer gesamten Besatzung nach etwa 40 Minuten Kampf versenkt[39].

Die italienischen Rechenschaftsberichte aus der Nachkriegszeit und die offizielle Geschichte der italienischen Marine haben bisher darin übereingestimmt, daß sie die Hauptverantwortung für das Vorgefallene der schlappen Aufklärungs- und Angriffstätigkeit des deutschen X. Fliegerkorps neben einer möglichen nachrichtendienstlichen Erkenntnis über den letzten Bestimmungshafen des Geleitzuges zuschrieben. Nachrichten darüber wären danach während des Aufenthaltes in Piräus bekannt geworden. Diese Begründungen verlieren jetzt zusammen mit jener, daß der Geleitzug den zitierten Gegenbefehl von Supermarina nicht erhielt, angesichts des Beweises für die entscheidende Rolle, die »ULTRA« in jener Lage spielte, ihre Gültigkeit.

Im fernen London hatte Churchill zwei Tage zuvor Admiral Cunningham über das Vorhandensein nicht genauer präzisierter »Informationen« geschrieben, »welche die Ankunft oder das Auslaufen einer gewissen Zahl von Transportern (des Feindes) anzeigten«. Er konnte nun ebenso triumphierend wie symptomatisch am 25. November General Auchinleck mitteilen, daß die Force K »nach den Instruktionen« die beiden sehr kostbaren feindlichen Tanker versenkt hätte[40].

Nur die Kenntnis über die Existenz der britischen »ULTRA«-Intelligence erlaubt es uns heute, diese und andere Behauptungen richtig zu interpretieren, welche der geschickte britische Premierminister zwischen die Zeilen seiner berühmten und preisgekrönten Erinnerungen einfließen ließ. Da ein Bezugspunkt fehlte, haben sie bis jetzt die Aufmerksamkeit selbst der gewissenhaftesten Leser nicht auf sich gezogen.

3.6 Die Versenkung der *Adriatico, Mantovani* und *Da Mosto*

Neben den unbezweifelbaren Erfolgen gegen den Verkehr der Achse im Mittelmeer mußte die britische Marine in den letzten Wochen des Jahres 1941 in jenem gleichen Meer schwere Verluste hinnehmen. Am 14. und 25. November wurden nämlich durch die deutschen U-Boote *U 81* bzw. *U 331* der Flugzeugträger *Ark Royal*, der zum Gibraltar-Geschwader gehörte, und das Schlachtschiff *Barham* versenkt, während am 19. Dezember die beiden einzigen weiteren Schlachtschiffe in Alexandria, die *Valiant* und die *Queen Elizabeth*, im Hafen infolge eines mutigen Angriffs italienischer Kleinkampfmittel schwer beschädigt wurden.

Zur Verschlimmerung der Krise bei der Royal Navy trat am 7. Dezember Japan in den Krieg ein, und drei Tage danach wurden die beiden einzigen englischen Schlachtschiffe in Fernen Osten, die *Prince of Wales* und die *Repulse*, versenkt.

Bevor jedoch die britische Marine den Tiefstand ihres Kriegsglückes im Verlaufe des Zweiten Weltkrieges erreichte, verstand sie es gerade im Mittelmeer, weitere eindrucksvolle Erfolge zu erringen. Mehr als je suchte sie dabei Zuflucht bei »ULTRA« als idealem Heilmittel für ihre wachsende Ausblutung.

Am 29. November 1941 befahl Supermarina das Auslaufen eines starken Schlachtgeschwaders aus Tarent. Es bestand aus dem Schlachtschiff *Duilio*, der 7. Kreuzerdivision und dem Kreuzer *Garibaldi*, der fast augenblicklich eine Havarie erlitt. Sie hatten den Auftrag, eine starke Bewegung von nach Libyen laufenden Dampfern zu sichern. Unter den letzteren traten besonders die Motorschiffe *Venier* und *Adriatico* sowie der Tanker *Iridio Mantovani* hervor, die sehr bald ebenso zum Beobachtungsziel zuerst von »ULTRA« und dann der Angriffskräfte in Malta wurden.

Bereits am gleichen 29. November war das O.I.C. in der Lage, den Ausführungsorganen das folgende über Funk mitzuteilen:

»Die *Adriatico* wird aus Argostoli am 29. um 23.00 Uhr allein auslaufen, Geschwindigkeit 12 Knoten, Einlaufen in Bengasi am 1. um 07.00 Uhr[41].«

Das genannte italienische Motorschiff lief tatsächlich aus Argostoli mit Bestimmungshafen Bengasi in der Nacht vom 29. ohne Geleitschutz aus und vertraute dabei auf seine Geschwindigkeit von 12 Knoten und seine beiden 120-mm-Bordkanonen.

Gegen dieses Schiff und gegen das Motorschiff *Venier*, das ebenfalls von »ULTRA« in See gemeldet worden war, liefen am Vormittag des 30. November zwei Kreuzerdivisionen aus Malta aus, d. h. die Force B, die vorübergehend von Alexandria nach Malta verlegte, und die Force K, die sich nicht um den gesichteten italienischen Deckungsverband kümmerten[42]. Während jedoch die Force B nicht in Feindberührung kam, wandte sich die Force K, der es zwar nicht gelang, die *Venier* zu fassen, rechtzeitig gegen die nahe *Adriatico* und versenkte sie am 1. Dezember um 04.00 Uhr mit nur drei Artilleriesalven[43]. Die *Venier* lief nach einer glücklichen Kursänderung Richtung Osten am 1. Dezember unter dem Geleitschutz des Zerstörers *Da Verazzano* in Bengasi ein.

Am 30. November ab Sonnenuntergang hatte Supermarina inzwischen den Deckungsverband umsichtigerweise in den Hafen zurückgerufen. Dieser hatte die Engländer nicht einmal durch seine beobachtete Präsenz daran gehindert, aus Malta die beiden Kreuzerdivisionen auslaufen zu lassen. Mit großer Genauigkeit legten die Befehle von Supermarina fest, daß das Schlachtschiff *Duilio* und die beiden Kreuzer der 7. Division bei Sonnenuntergang am 30. nur dann nach Tarent zurückkehren sollten, »wenn man keine Nachricht über das Vorhandensein britischer Überwasserstreitkräfte im zentralen und ostwärtigen Mittelmeer hätte[44]«. Obgleich jedoch deren Vorhandensein mehrmals durch Flugzeuge und U-Boote der Achse bestätigt worden war, führte die Notwendigkeit, die havarierte *Garibaldi* in den Hafen zurücklaufen zu lassen, zu einem einmaligen Rückzug aller zur indirekten Sicherung eingesetzten italienischen Seestreitkräfte.

Die Entwicklung der Lage zur See wurde von »ULTRA« aufmerksam verfolgt. Im ersten Teil des Funkspruches von O.I.C. vom 1. Dezember konnte man daher nach der Bestätigung über die Versenkung der *Adriatico* lesen:

»Die *Venier*, gesichert vom Zerstörer *Da Verazzano,* hat Befehl zur Kursänderung nach Bengasi erhalten, wo sie heute am 1. Dezember einlaufen wird. Diese Handelschiffe (die *Venier* und die *Adriatico*) sollen auf ihrer Fahrt auf Distanz von dem Schlachtschiff *Duilio* und der 7. Division gesichert werden, die sich aus drei Leichten Kreuzern zusammensetzte. Dieser Marineverband erhielt den Befehl, am 30. um 22.00 Uhr bei ungefährer Position 35 Grad Nord nach Norden vorzustoßen und, wenn er keinerlei Erfolg hätte, nach Tarent zurückzulaufen. Dabei sollten sie es den beiden Handelsschiffen ermöglichen, den Rest der Fahrt unter dem Geleitschutz des einzigen Zerstörers fortzusetzen[45].«

Die unglaubliche Genauigkeit dieser Nachrichten, welche durch die Entzifferung von Funksprüchen der italienischen Marine gewonnen wurde, bedarf keiner weiteren Kommentare.

Am 3. Dezember teilte das O.I.C. kurze Einzelheiten über die Versenkung des Motorschiffes *Adriatico* mit.

Der Funkspruch lautete:

»Die *Adriatico* ist von der Force K versenkt worden, die danach auch die *Mantovani* und den Zerstörer *Da Mosto* versenkt hat[46].«

Wie erwähnt, befand sich in den letzten Novembertagen unter den wichtigsten Handelsschiffen in See auch der neue Tanker *Iridio Mantovani* mit einer Ladung von 5032 Tonnen Heizöl, 1727 Tonnen Dieselöl und 1870 Tonnen Benzin. Als dieser große Motortanker, geleitet vom Zerstörer *Da Mosto*, am Nachmittag des 30. November Richtung Tripolis aus Trapani mit einer Geschwindigkeit von 14 Knoten auf dem Kurs ostwärts von Malta auslief, war sein Fahrtprogramm bereits seit 24 Stunden den Engländern bekannt.

Im Funkspruch von 29. November sah das O.I.C. für die zukünftigen Bewegungen der italienischen Schiffe voraus:

»Der Tanker *Mantovani* ist, gesichert von der *Da Mosto*, bereit, aus Trapani mit 14 Knoten am 29. zu jeder beliebigen Zeit nach 16.00 Uhr auf dem Ostkurs auszulaufen.«

Unsere Rekonstruktion dieser Aktion wurde durch die am Rande des Funkspruchs gegebene Informationsquelle erleichtert. Es handelt sich um eine »ULTRA«-Nachricht italienischen Ursprungs mit der Kennziffer ZTPI 2038[47].

Das Fahrtprogramm des Tankers und seines geleitenden Zerstörers wurde dann noch mehr ins einzelne gehend in der Mitteilung des O.I.C. vom 30. November erhellt.

»Der Tanker *Mantovani*, gesichert von der *Da Mosto*, ist bereit, Trapani mit 14 Knoten jeden Tag zwischen 13.00 und 15.00 Uhr zu verlassen. Er wird auf einem Kurs westlich Pantelleria nach Tripolis laufen und dort um 19.30 Uhr einen Tag nach dem Auslaufen eintreffen[48].«

Ein gleichlautender Funkspruch wurde am 1. Dezember wiederholt. Aber in diesem Fall fügte man der Mitteilung die folgende Anmerkung in Klammern hinzu: »Eine Luftsicherung mußte einem heute in Tripolis einlaufenden Schiff gestellt werden; es ist daher möglich, daß die *Mantovani* gestern, am 30., ausgelaufen ist[49].« Um diesen entzifferten italienischen Funksprüchen den gebührenden Wert beizumessen, ist es notwendig, auf den folgenden in die offizielle Geschichte unserer Marine eingefügten und klärenden Satz zurückzugreifen: »Supermarina und Superaereo [das Oberkommando der italienischen Luftwaffe] befahlen dem Luftabschnitt West (Aerosettore) in Libyen, während des ganzen Tages am 1. Dezember die Luftsicherung der *Mantovani* zu verstärken[50].«

Am 1. Dezember um 09.40 Uhr begannen die ersten britischen Aufklärer über dem Tanker und seinem Geleitzerstörer zu kreisen. Kurz nach 13.00 Uhr trafen drei aus Malta kommende Bomber die *Mantovani* und machten sie bewegungsunfähig. Vier weitere britische Flugzeuge nahmen den unbeweglichen Motortanker gegen 17.00 Uhr zum Ziel, trafen ihn und zwangen die Besatzung, ihn zu verlassen. Wenige Zeit später schließlich, genau um 17.50 Uhr, erreichte die Force K die Stelle, die rechtzeitig von der Versenkungszone der *Adriatico* ostwärts Malta in die Gewässer westlich der Insel beordert worden war. Dort hatte »ULTRA« die zukünftige Marschroute des wichtigen italienischen Tankers gemeldet.

Admiral Cunningham bemerkte dann in seinen Erinnerungen: »Aufgrund einer eingegangenen Nachricht wandte sich die Force K daher nach Westen, um einen nahe den Untiefen von Kerkennah gemeldeten Tanker und Zerstörer abzufangen[51].«

In dem folgenden ungleichen Duell wurde der mutige Zerstörer *Da Mosto* in kurzer Zeit von den beiden englischen Kreuzern versenkt, die darauf freie Hand hatten, die unbewegliche *Mantovani* in die Tiefe zu schicken, während der englische Zerstörer *Lively*, der am Gefecht nicht teilgenommen hatte, sofort danach über die Stelle fuhr, an der das Gefecht stattgefunden hatte. In ritterlicher Weise erwies er unseren Gefallenen die militärischen Ehren[52].

3.7 Die Tragödie der *Da Barbiano* und der *Di Giussano*

Um den Zufluß der von Rommel bei der sich entwickelnden britischen Wüstenoffensive »Crusader« dringend erbetenen Versorgungsgüter nicht über Gebühr zu verlangsamen, entschloß sich Supermarina, dringend benötigtes Kriegsmaterial und Treibstoff durch Kriegsschiffe, von U-Booten bis Leichten Kreuzern, nach Libyen zu schaffen[53].

Der sich darauf beziehende, ins einzelne gehende Plan wurde am 4. Dezember 1941 angekündigt, wenn auch diese Art der Verkehrsführung schon in den letzten Novembertagen begonnen worden war. Aufgrund dieses Planes wurde festgelegt, daß eintreffen sollten:

a) in Bardia oder in Derna ein oder zwei Torpedoboote pro Tag und ein U-Boot jeden zweiten Tag;

b) in Bengasi ein oder zwei Zerstörer täglich und ein oder zwei Spezialfrachter wöchentlich;

c) in Bengasi und in Tripolis je nach Notwendigkeit ein oder zwei Leichte Kreuzer zu jeweils festzusetzendem Datum.

Für den letzteren Auftrag waren der Leichte Kreuzer *Cadorna*, der tatsächlich am 11. Dezember in Bengasi einen Auftrag glücklich ausführte, sowie die beiden Schwesterschiffe, die Kreuzer *Da Barbiano* und *Di Giussano*, ausgewählt worden, die jedoch einem schmerzlichen Ende entgegenliefen.

Am 9. Dezember aus Brindisi in Palermo einlaufend, übernahmen die *Da Barbiano* und die *Di Giussano* in diesem Hafen ihre Ladung, die unter anderem eine gewisse Anzahl von Benzinfässern zur Unterbringung auf dem Oberdeck umfaßte, und liefen unter dem Befehl des Admirals Toscano um 17.20 Uhr des gleichen Tages nach Tripolis aus.

Kurz vor Mitternacht, als sich die beiden Kreuzer genau in der Mitte des Kanals von Sizilien befanden, stellte Admiral Toscano fest, daß er von feindlichen Nachtaufklärern verfolgt wurde. Er hielt es daher für zweckmäßig zu wenden und nach Norden zu laufen, ein Entschluß, der danach von Supermarina gebilligt wurde, das den Auftrag vorläufig zurücknahm und die Rückkehr nach Palermo befahl. Nachdem die *Da Barbiano* und die *Di Giussano* ohne Schäden um 03.30 Uhr nahe Marettimo einen Angriff von Torpedofliegern überstanden hatten, liefen sie im Morgengrauen des 10. wieder im Hafen der sizilianischen Hauptstadt ein[54].

Der erste Auftrag zum Materialtransport, der den beiden Kreuzern erteilt worden war, endete daher mit einem Fehlschlag, wenn auch ohne Blutverlust. Aber was war die wirkliche Ursache für den Mißerfolg gewesen?

Wieder einmal war die britische Admiralität dank der durch »ULTRA« entzifferten operativen Funksprüche der italienischen Marine in der Lage, den Auftrag der beiden feindlichen Einheiten rechtzeitig und genau zu erfahren, bevor diese von Brindisi nach Palermo verlegt wurden. Ab 8. Dezember hatte das O.I.C. mitteilen können:

»Die Kreuzer *Da Barbiano* und *Di Giussano* haben den Auftrag, von Italien am 9. um 16.00 Uhr mit einer Geschwindigkeit von 18—22 Knoten auf dem westlichen Kurs auszulaufen und Tripolis am 10. um 11.00 Uhr zu erreichen. Sie werden erneut (aus Tripolis) bei Sonnenuntergang des gleichen Tages auslaufen[55].«

Am 9. waren die von BP gelieferten Nachrichten noch genauer und hatten folgenden Wortlaut:

»Die Kreuzer *Da Barbiano* und *Di Giussano* sollen einen sizilianischen Hafen am 9. um 16.00 Uhr verlassen und westlich Sizilien mit einer Geschwindigkeit von 18 Knoten bis zur Nacht laufen, von wo ab sie ihre Geschwindigkeit auf 22 Knoten erhöhen werden. Die beiden Einheiten sollen am 10. um 11.00 Uhr in Tripolis einlaufen. Nach ihrer Entladung werden sie Tripolis in der Nacht vom 10. mit Richtung Sizilien und einer Geschwindigkeit von 22 Knoten verlassen. Zwei aus Tripolis ausgelaufene Zerstörer werden ab der Nacht des 9. Minen räumen und sich mit der Gruppe *Da Barbiano* am 10. um 08.00 Uhr vereinigen[56].«

Schließlich wurden auch die letzten Augenblicke dieses fehlgeschlagenen Auftrags aufmerksam von »ULTRA« verfolgt. Das wird durch den Funkspruch des O.I.C, vom 10. Dezember bewiesen, der nach der Feststellung des Auslaufens, der Geschwindigkeit und des Kurses der beiden Kreuzer mit folgenden Worten schloß:

»Nahe Marettimo wurden die beiden Einheiten von Torpedoflugzeugen angegriffen und liefen nach Palermo zurück[57].«

In Anbetracht der Dringlichkeit der Zuführung von Flugzeugbenzin nach Tripolis, um vor allem den örtlichen Luftstreitkräften der Achse die Luftsicherung eines äußerst wichtigen und großen Geleitzuges auf der zweiten Hälfte seiner Überfahrt (Operation »M. 41«) zu gestatten, wurde der Auftrag der *Da Barbiano* und der *Di Giussano* plötzlich wieder von neuem angesetzt.

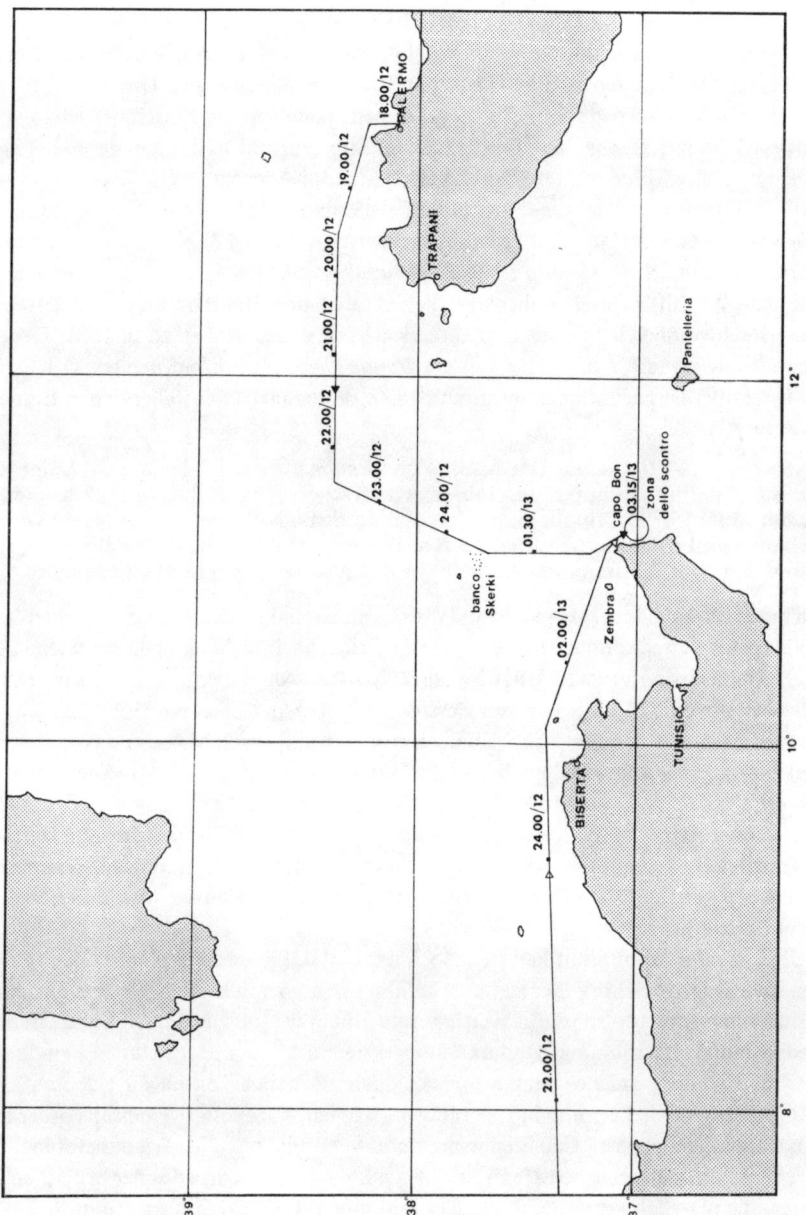

Die wechselseitigen Bewegungen zur See, die zur Versenkung der Kreuzer Da Barbiano *und* Di Giussano *führten (12. und 13. Dezember 1941).*

Am 12. Dezember um 18.00 Uhr liefen die beiden Kreuzer daher wieder mit 100 Tonnen Benzin in Fässern, 250 Tonnen Dieselöl, 600 Tonnen Heizöl, 900 Tonnen Lebensmittel und 135 Soldaten als Passagieren an Bord aus Palermo aus. Diesmal wurden sie jedoch mit dem Torpedoboot *Cigno* gekoppelt, nachdem ein Maschinenschaden den Schwesterkreuzer *Bande Nere* bewegungsunfähig gemacht hatte, der sie ursprünglich begleiten sollte. Eine weitere Neuigkeit bestand in der größeren Geschwindigkeit (22—23 Knoten), welche die drei Einheiten ständig laufen sollten. Vorher hatte man dagegen eine Geschwindigkeit gewählt, die zwischen 18 und 22 Knoten schwankte.

Die G.C. & C.S. versäumte es nicht, neuerdings rechtzeitig das Auslaufen der drei feindlichen Schiffe, ihren Fahrplan, die Abfahrt und Bestimmungshäfen sowie die neue Geschwindigkeit und die Zeit ihrer Rückfahrt nach Italien zu melden. Doch sie verwechselte weiterhin die *Cigno* mit der *Bande Nere*. Im Funkspruch des O.I.C. vom 12. Dezember ist nämlich bei den zukünftigen Bewegungen der italienischen Einheiten zu lesen:

»Die Kreuzer *Da Barbiano*, *Di Giussano* und *Bande Nere* sollen heute am 12. um 18.00 Uhr aus Palermo auslaufen und mit einer Marschgeschwindigkeit von 22 Knoten am 13. um 15.00 Uhr in Tripolis eintreffen. Sie werden aus Tripolis in der Nacht vom 14. auslaufen und nach Italien zurückkehren. Die *Bande Nere* wird nach Palermo zurücklaufen, aber der Bestimmungshafen der beiden anderen Einheiten ist unbekannt[58].«

Nachdem die Engländer den Kurs und die Geschwindigkeit der drei italienischen Schiffe überprüft hatten, brauchten sie bei dieser Gelegenheit nicht einmal die übliche Force K aus Malta auslaufen zu lassen, da es zufällig schon Angriffsmittel in See gab. Es handelte sich um eine Flottille von vier Zerstörern, von denen einer ein Holländer war. Sie befanden sich auf dem Verlegungsmarsch von Gibraltar nach Malta und von dort nach Alexandria. Sie waren aus dem iberischen Hafen am 11. ausgelaufen und befanden sich vor der algerischen Küste. Tatsächlich hatte ein italienisches Flugzeug am 12. um 15.45 Uhr diesen feindlichen Verband gesichtet, aber Supermarina, das die relativen Geschwindigkeiten auf eine Karte eintrug, war zu dem Schluß gekommen, er könne die Division des Admirals Toscano nicht abfangen. Ihr Auslaufen wurde daher durch Befehl bestätigt.

Die britische Admiralität kannte jedoch dank »ULTRA« die geplanten Bewegungen der italienischen Schiffe genau und befahl ihren vier auf dem Verlegungsmarsch befindlichen Zerstörern die sofortige und für die Italiener nicht voraussehbare Geschwindigkeitserhöhung. Dadurch kamen sie am 13. um 03.15 Uhr in Feindberührung und wurden auf der letzten Strecke noch zusätzlich von einem Nachtaufklärer geführt. Unglücklicherweise hatte in jenem gleichen Augenblick Admiral Toscano aus unbekannt gebliebenen Gründen eine Kehrtwendung um 180 Grad befohlen. Das brachte schließlich seine Schiffe in eine ideale Lage für die Torpedos der britischen Zerstörer, die plötzlich achtern aufgetaucht und nun auf Kollisionskurs waren.

Die *Da Barbiano*, die sofort von drei Torpedos und von feindlichem Feuer getroffen wurde, geriet in Brand und versank, ohne einen Schuß abgeben zu können. Dabei

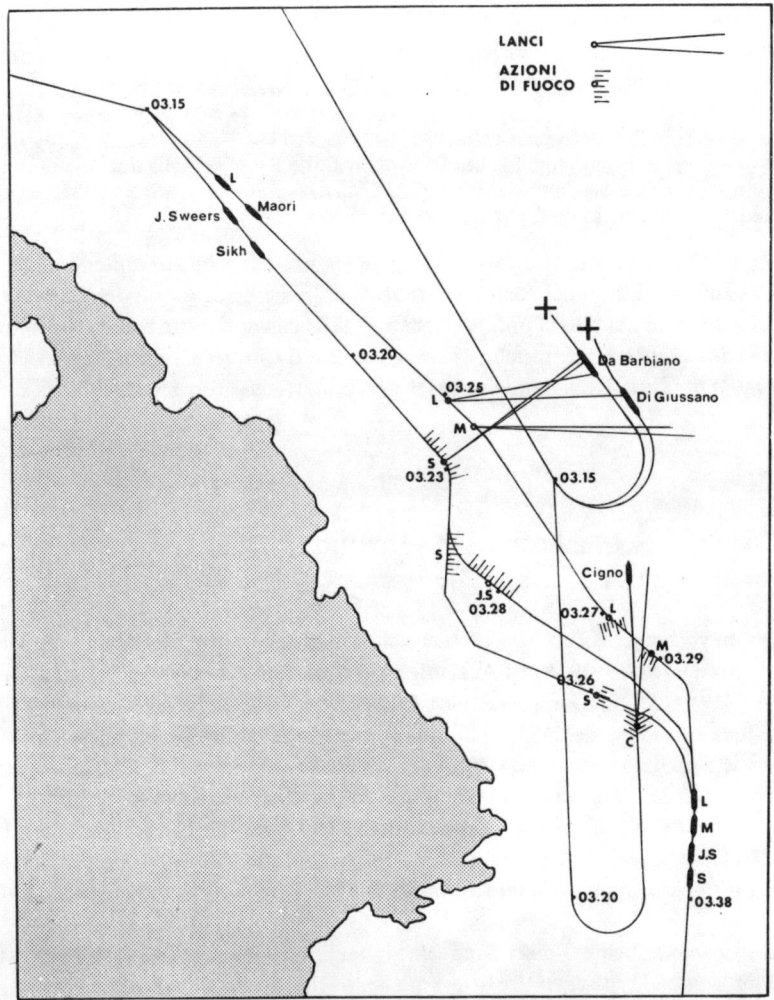

Die tödliche Falle vom 13. Dezember 1941 vor Kap Bon.

nahm sie Admiral Toscano mit in die Tiefe. Die *Di Giussano* feuerte jedoch, bevor sie zu einem brennenden Wrack geschossen worden war, drei Salven ab. Dann brach sie in zwei Hälften auseinander und versank um 04.20 Uhr, während es dem Torpedoboot *Cigno* nach einem nutzlosen Versuch, sich dem Feind zu stellen, gelang, in der Dunkelheit zu entkommen. Die italienischen Opfer beliefen sich auf mehr als 900 Mann[59].

141

Das Ergebnis dieses blutigen Hinterhalts bei Kap Bon wurde vom O.I.C. wie folgt gemeldet:

»Die Kreuzer *Da Barbiano, Di Giussano* und *Bande Nere* sind, wie festgestellt, am 12. um 18.00 Uhr aus Palermo ausgelaufen. Am 13. um 03.15 Uhr meldete der Zerstörer *Legion,* zwei feindliche Kreuzer wären 37° 04' Nord, 11° 07' Ost (etwa 2° ostwärts Kap Bône)torpediert worden. Am 13. um 06.10 Uhr teilte Rom Tripolis mit, die Operation wäre unterbrochen worden und die aus Tripolis zur Vereinigung mit den Kreuzern ausgelaufenen Zerstörer müßten zurückgerufen werden[60].«

Während es offenkundig ist, daß die Engländer weiterhin nicht wußten, wenigstens nicht bis zum 13. Dezember, daß die *Bande Nere* in dieser Lage von der *Cigno* ersetzt worden war, muß man doch unterstreichen — falls das noch notwendig sein sollte —, daß die italienischen Funksprüche wie jene von 06.10 Uhr des gleichen Tages zwischen Rom und Tripolis damals immer seltener den Entzifferern von Bletchley Park entgingen.

3.8 Die erste Schlacht in der Syrte und die nachfolgenden Ereignisse

Wie wir im vorhergehenden Abschnitt erwähnt haben, bereitete die italienische Marine gegen Mitte Dezember 1941 das Auslaufen eines stark gesicherten Geleitzuges (Operation »M.41«) aus acht Dampfern nach Libyen vor, welcher für eine gewisse Zeit die Versorgungsprobleme der Armee Rommels hätte lösen sollen. Auch diese Operation mußte wie die kurz vorhergehende mit der *Da Barbiano* und der *Di Giussano* zweimal wiederholt werden. Der erste Versuch war wegen einer angeblichen Sichtung — sie erwies sich später als ungenau — der gesamten Mediterranean Fleet in See durch Flugzeuge fehlgeschlagen. Unglücklicherweise folgte ihm die Torpedierung des Schlachtschiffes *Vittorio Veneto* auf dem Rückmarsch nach Tarent durch das englische U-Boot *Urge.*

Diese erste versuchte Entsendung eines starken Geleitzuges nach Libyen wurde immerhin von den britischen Entzifferern überwacht, denen jedoch völlig entging, daß während der fehlgeschlagenen italienischen Operation auch die Motorschiffe *Filzi* und *Del Greco* versenkt worden waren, nachdem sie aus reinem Zufall am 13. Dezember auf der Fahrt von Messina nach Tarent in den Operatiosraum des U-Bootes *Upright* geraten waren[61]. Daher ist die Beurteilung der offiziellen Geschichte der italienischen Marine richtig, nach der der Verlust der beiden Motorschiffe einem reinen Mißgeschick zuzuschreiben war[62].

Die Beschädigung der *Vittorio Veneto* und die Versenkung der Motorschiffe *Filzi* und *Del Greco*, wozu eine ruinöse Kollision zwischen zwei weiteren Handelsschiffen, der *Cap Orso* und der *Iseo* kam, bedingten eine Reduzierung der zweiten Versorgungsoperation. Sie folgte nun sofort unter der Bezeichnung »M.42« dem ersten fehlgeschlagenen Versuch. Aufgrund neuer Befehle liefen daher am Nachmittag des 16. Dezember das deutsche Motorschiff *Ankara* mit Kurs Bengasi unter dem Geleitschutz des Zerstörers *Saetta* und des Torpedobootes *Pegaso* und die Motorschiffe *Pisani, Monginevro* und *Napoli* unter Geleitschutz von sechs Zerstörern, unter denen sich die *Vivaldi* befand, mit Kurs Tripolis aus. Die vier Handelsschiffe sollten bis vor Misurata im Verband fahren, wo sie sich trennen sollten, um ihre beiden jeweiligen Zielhäfen anzulaufen.

Am Abend des gleichen 16. Dezember liefen aus Tarent zwei starke indirekte Deckungsgruppen aus: der Unterstützungsverband des Admirals Bergamini mit dem Schlachtschiff *Duilio*, der 7. Division (den Kreuzern *Aosta* und *Attendolo* mit zugeordneter *Montecuccoli*) und drei Zerstörern sowie der Unterstützungsverband des Admirals Iachino mit drei Schlachtschiffen, unter denen sich die moderne *Littorio* befand, zwei Schweren Kreuzern und zehn Zerstörern[63].

In jenem Augenblick befand sich mit Richtung Malta auch der britische Tanker *Breconshire* in See, der am 15. Dezember aus Alexandria mit drei Leichten Kreuzern und acht Zerstörern des Admirals Vian ausgelaufen war. Zu seiner Unterstützung lief auch die Force K aus Malta aus. Sie bestand damals aus drei Kreuzern und sechs Zerstörern.

Aufgrund eines groben Irrtums, der hartnäckig durch die deutschen und italienischen Aufklärer wiederholt wurde, die die Schiffe des Admirals Vian überwachten, wurde die *Breconshire* mit einem Schlachtschiff verwechselt. Dadurch wurde Supermarina zu der Annahme veranlaßt, die Engländer wären mit dem einzigen Ziel, unseren Geleitzug abzufangen, aus Alexandria ausgelaufen. In Wirklichkeit lag es damals gänzlich außerhalb jeder Möglichkeit der Briten, mit ähnlich starken italienischen Verbänden den Kampf aufzunehmen.

Trotz der konkreten Ohnmacht der Engländer gegenüber einem so ungeheuren Aufmarsch feindlicher Kräfte unterließ es das O.I.C. der Admiralität nicht, den Ausführungsorganen die ihm von Bletchley Park zugegangenen Nachrichten zu übermitteln. So lauteten z. B. am 16. Dezember, dem ersten Tag der Operation »M.42«, die vom O.I.C für Marinenachrichten der Royal Navy übersandten Mitteilungen wie folgt:

»Es gibt Anzeichen dafür, daß ein zweiter Versuch zur Absendung von Handelsschiffen nach Nordafrika vielleicht ab heute unternommen wird. Die zur Verfügung stehenden Schiffe sind wahrscheinlich die *Ankara*, die *Monginevro*, die *Pisani* und die *Napoli* mit Kurs auf Bengasi und die *Filzi* sowie die *Del Greco*, die ursprünglich für Tripolis bestimmt war[64].«

Wie man feststellt, waren den Engländern die Versenkung der *Filzi* und der *Del Greco* und daher die neue Verteilung der Bestimmungshäfen für die restlichen vier Handelsschiffe entgangen. Doch die Namen der letzteren, die wahrscheinliche Durchführungszeit für die Fahrt und die Tatsache waren bekannt, daß das ganze eine Wiederaufnahme der vorher fehlgeschlagenen Operation »M.41« war.

Am 17. Dezember waren die »ULTRA«-Nachrichten genauer und trafen rechtzeitig genug ein, wäre man damals im Besitz angemessener Offensivmittel gewesen. Vor allem hätte unter anderen Umständen die Enthüllung der vorausgesehen Eintreffzeiten der vier italienischen Handelsschiffe in Bengasi und in Tripolis durch die Engländer ausgenutzt werden können. Der diesbezügliche Funkspruch lautete:

»Die vom Zerstörer *Saetta* und einem anderen Torpedoboot gesicherte *Ankara*, die *Pisani, Monginevro* und *Napoli*, gesichert vom Zerstörer *Vivaldi* und weiteren fünf Zerstörern, sollen Tarent am 16. gegen Mittag verlassen. Das erste Handelsschiff soll am 18. um 08.00 Uhr in Bengasi und die anderen am 18. um 17.00 Uhr in Tripolis einlaufen. Der Geleitzug soll vom Schlachtschiff *Duilio* und von der 7. Kreuzerdivision, wahrscheinlich der *Aosta* und der *Attendolo*, gesichert werden. Möglicherweise befinden sich andere Seestreitkräfte, einschließlich der *Littorio*, in See[65].«

Auch Admiral Iachino konnte in dieser Lage sich die bereits festgestellte Tüchtigkeit der italienischen Entzifferer zunutze machen, die nur über kein »ULTRA« vergleichbares Instrument verfügten. Gegen Mitternacht des 16. Dezember erfuhr er den Wortlaut des Funkspruchs über die Sichtung seines Geschwaders, der kurz zuvor vom englischen U-Boot *Unbeaten* abgesetzt worden war. Daher wurde am folgenden Tag um 17.00 Uhr der Führer in See vom Horchdienst darüber informiert, daß ein aus Malta kommender Auklärer unseren Geleitzug gesichtet hätte[66].

Infolge dieser letzteren Meldung befahl Iachino den Handelschiffen mit Einbruch der Nacht vorläufig nach Norden auszuweichen. Das geschah im übrigen in Übereinstimmung mit der gleichlautenden Empfehlung von Supermarina um 15.21 Uhr über Funk, die ebenfalls von »ULTRA« entziffert wurde. Obwohl verspätet, konnte nämlich das O.I.C. den Ausführungsorganen mitteilen, daß am Nachmittag des 17. »der *Littorio* mitgeteilt wurde, den Kurs des Geleitzuges nach Notwendigkeit zu ändern«[67]. In dem gleichen englischen Funkspruch wurde außerdem bestätigt, daß »die *Ankara, Pisani, Monginevro* und die *Napoli* am 17. um 16.25 Uhr von einem Aufklärungsflugzeug gesichtet worden waren«.

Nach einem kurzen und unentschiedenen Feuergefecht, das sich am 17. Dezember von 17.53 bis 18.02 Uhr zwischen dem starken Schlachtverband des Admirals Iachino, der zum Angriff ansetzte, und den Leichten Kreuzern Vians bei der Verteidigung der *Breconshire* hinzog, wobei auch Flugzeuge eingriffen, führten beide Seiten ihre Aufträge zu Ende.

Das deutsche Motorschiff *Ankara* und die anderen drei italienischen Handelsschiffe liefen am Vormittag des 19. in Bengasi bzw. Tripolis ein, nachdem in einem nächtlichen Luftangriff das Motorschiff *Napoli* am Ruder beschädigt und der Zerstörer *Zeno* mit ihm kollidiert war und ein großes Leck verursacht hatte[68].

Die *Breconshire* traf rechtzeitig am Nachmittag des 18. in Malta ein, während die Force K, die sich sofort auf der vergeblichen Suche nach dem italienischen Geleitzug auf den Anmarschwegen nach Tripolis aufgeteilt hatte, in eine Minensperre lief und den Kreuzer *Neptune* sowie den Zerstörer *Kandahar* verlor. Auch die beiden Kreuzer *Aurora* und *Penelope* gerieten in die Minensperre. Obwohl es ihnen gelang, beschädigt nach Malta zurückzulaufen, kennzeichnete die Tatsache, daß sie außer Gefecht gesetzt waren, das Ende der ersten offensiven Phase der Force K.

Die letzten Teile der gesamten Operation wurden peinlich genau, wenn auch verspätet, vom O.I.C. verfolgt, das folgendes mitteilte:

»Am 18. um 13.00 Uhr teilte sich der feindliche Geleitzug in der Position 33°18' Nord, 15°33' Ost in zwei Teile: die *Ankara* und zwei Zerstörer setzten ihren Marsch nach Bengasi fort. Die *Pisani*, die *Monginevro* und die *Napoli*, gesichert von drei Kreuzern, fuhren nach Tripolis weiter. Um 14.00 Uhr wandte sich der Hauptunterstützungsverband nach Tarent zurück, und sofort nach Einbruch der Nacht liefen auch die Geleitkreuzer in Richtung auf ihre Stützpunkte zurück. Die *Napoli* wurde bei einem Luftangriff beschädigt, durch den ihr Ruder außer Gefecht gesetzt wurde. Der Geleitzug mußte heute morgen nach Minenräumoperationen aus Furcht vor dem Vorhandensein von Magnetminen in den Hafen einlaufen[69].«

Die sogenannte erste Schlacht in der Syrte, wie die Operation »M.42« in der italienischen Geschichtsschreibung genannt wird, stellte einen der Fälle dar, in denen die Aktivität von »ULTRA« zwar wichtig, aber nicht in der Lage war, einen erfolgreichen Ausgang sicherzustellen, da die damals zur Verfügung stehenden englischen Angriffsmittel angesichts der unüberwindbaren Defensivkapazität des Gegners nicht ausreichten. Einige, wenngleich minimale, aber doch feststellbare Verzögerungen bei der Entzifferung der italienischen Funkmeldungen zeigen darüber hinaus bei dieser Gelegenheit, daß man sich englischerseits nicht immer dieser kostbaren Nachrichtenquelle völlig anvertrauen konnte, ganz abgesehen von der mehr oder weniger großen Verfügbarkeit geeigneter Angriffsmittel[70].

Ein noch deutlicherer Mangel wurde durch »ULTRA« bei einer bescheidenen Episode offenbar, die gleichzeitig mit der ersten Schlacht in der Syrte ablief. Es handelte sich um den Tanker *Lina*, der, aus Pantelleria kommend, am 16. um 19.00 Uhr aus Lampedusa nach Zuara in Begleitung der *Diadora* auslief und am 17. um 04.30 Uhr 80 Meilen nordwestlich Tripolis von feindlichen Flugzeugen versenkt wurde, ohne daß die ersten beiden Meldungen des O.I.C., obgleich sie rechtzeitig kamen, zu seiner Vernichtung beitrugen. Es folgt der Wortlaut aller abgesetzten Meldungen[71]:

— 16. Dezember: »Der Tanker *Lina* ist aus Pantelleria am 15. um 07.40 Uhr wahrscheinlich nach Tripolis ausgelaufen.«
— 17. Dezember: »Der Tanker *Lina* und das Hilfsschiff *Diadora* sind aus Pantelleria am 15. um 07.40 Uhr nach Lampedusa und Tripolis ausgelaufen.«
— 18. Dezember: »Der am 16. um 19.00 Uhr aus Lampedusa nach Zuara ausgelaufene Tanker *Lina* meldete am 17. um 04.30 Uhr, er sei in Position 33°58' Nord, 12°3' Ost von Flugzeugen angegriffen und getroffen worden. Das Torpedoboot *Cascino*, das Bergungsschiff *Laurana* und der Schlepper *Ciclope* sind zu seiner Hilfe gesandt worden. Das erste an die Stelle geschickte Flugzeug fand die *Lina* nicht, aber beobachtete Wrackteile und Öl an der Wasseroberfläche[72].«

Die abschließende Episode dieses Kapitels betrifft die Dampfer *Cadamosto* und *Spezia*, die am 20. Dezember um 19.00 Uhr aus Tripolis mit Kurs Bengasi ausliefen. Mit voller Ladung, von dem Torpedoboot *Perseo* gesichert, wurden sie in den allerersten Stunden des 22. etwa 15 Meilen vor Misurata versenkt[73]. Urheber der Versenkung war diesmal das britische U-Boot *Umbra*.

Auch in dieser Lage ist eine gewisse Verspätung der »ULTRA«-Nachrichten festzustellen, die es dennoch gleichermaßen den Engländern erlaubten, einen koordinierten Angriff mit ihren in See befindlichen U-Booten anzusetzen, da sie genaue Angaben über die Bewegungszeiten der beiden Ziele beinhalteten. Besonders im Funksspruch des O.I.C. vom 21. Dezember wurde gemeldet, daß »die *Spezia* und die *Cadamosto* Tripolis mit Ladung mit Kurs Bengasi am 20. um 19.00 Uhr verlassen hätten und am 23. in Bengasi um 08.00 Uhr eintreffen sollten[74]«.

Die Versenkung der beiden Einheiten wurde wie folgt geschildert:

»Die *Cadamosto* wurde am 22. um 01.00 Uhr bei Misurata torpediert und versenkt. Auch die *Spezia* wurde torpediert und versank, während sie die Schiffbrüchigen (der ersten Einheit) aufnahm. Diese Schiffe liefen mit Ladung nach Bengasi, wo der Zerstörer *Perseo* als Sicherung zu ihnen trat. Aber sie wurden nach Tripolis zurückbeordert[75].«

Die letzte Überlegung über dieses Ereignis nimmt sich den Kommentar zum Ziel, der in der offiziellen Geschichte der italienischen Marine gegeben wurde. Auch sie wurde aufgrund der offiziellen britischen Dokumentation zusammengestellt, die seinerzeit von der Admiralität angefordert und von London offensichtlich nach einer aufmerksamen Auswahl zur Verfügung gestellt wurde. Erst heute steht sie vollständig zur Verfügung[76]. Die folgende unschuldige Behauptung ist nämlich bedeutungsvoll:

»In der britischen Dokumentation gibt es keinerlei Bemerkung über die Versenkung dieser beiden kleinen Dampfer. Es ist daher wahrscheinlich, daß ihre Vernichtung eher Minen als einem U-Boot zuzuschreiben ist[77].«

Die zweite Phase der Schlacht gegen die Geleitzüge nach Libyen (Januar bis August 1942)

4.1 Der Beginn der Krise für die Briten und die Vorgänge um das Motorschiff *Victoria*

Mit dem neuen Jahr begannen sechs Monate einer schweren Krise für die britischen Streitkräfte im Mittelmeer, denen es für die Seekriegführung an Schlachtschiffen und Flugzeugträgern fehlte. Darüber hinaus waren sie nicht in der Lage, ein so gefährliches Kaperinstrument, wie es die Force K dargestellt hatte, einzusetzen. Sie sahen sich gezwungen, neue Angriffsstaffeln ihrer Luftwaffe nach Malta durchzubringen, das erneut vernichtenden deutschen Bombenangriffen ausgesetzt war, und die todbringenden U-Boote von der Insel abzuziehen. Schließlich zwang man sie, in Nordafrika einen ruinösen Rückzug anzutreten[1].

Im Widerschein dieser Ereignisse schien es, als ob sich das Kriegsglück auf die Seite der Achse geneigt habe, und auf der Welle der Begeisterung machten auch die Studien für eine Invasion Maltas Fortschritte. Doch sie blieben eben nur auf dem Papier[2].

Die positiven Folgen für den nach Libyen gerichteten deutsch-italienischen Verkehr ließen nicht auf sich warten, und der Prozentsatz der in See verlorengegangenen Versorgungsgüter verringerte sich ständig. In Wirklichkeit fehlte es jedoch auch während dieser sechs Monate nicht an einigen Verlusten in Gestalt versenkter eigener Handelsschiffe. Aber insgesamt erlebte die sogenannte »Schlacht um die Geleitzüge im Mittelmeer« eine Periode klarer Vorherrschaft der Achse, auch dank des wiederholten Einsatzes starker Schlachtverbände der Regia Marina zum indirekten Geleitschutz.

In einer solchen Lage braucht man sich daher nicht zu wundern, wenn es im Januar 1942 nur zwei Fälle gab, in denen es der britischen »ULTRA«-Intelligence gelang, ihre Erfolge gegen den italienischen Verkehr von und nach Nordafrika fortzusetzen.

Am 5. Februar 1942 um 14.30 Uhr lief der Dampfer *Perla*, durch das Torpedoboot *Cascino* gesichert, ohne Fracht aus Tripolis Richtung Sizilien aus, und am gleichen Tag wurden seine Bewegungen wie folgt vom O.I.C. gemeldet:

»Die *Perla*, vom Torpedoboot *Cascino* gesichert, soll aus Tripolis am 5. um 17.00 Uhr Richtung Palermo auslaufen, Geschwindigkeit 7 Knoten; dort soll sie am 8. um 08.00 Uhr eintreffen[3].«

Aufgrund dieser Nachricht wurde die *Perla* am Abend des 6. von einem Aufklärer geortet und am 7. um 4.20 Uhr bei Pantelleria von zwei Torpedoflugzeugen angegriffen. Der Dampfer wurde von einem Torpedo getroffen und sank erst nach einigen Stunden. Dies erlaubte es dem Torpedoboot *Cascino*, die gesamte Besatzung aufzunehmen[4].

Noch bezeichnender für die Kapazität von BP, wenn auch in einer Periode des Nachlassens der allgemeinen englischen Ressourcen, war die Beschattung des Geleitzuges »T.18«, der sich aus vier schnellen Motorschiffen, der *Monginevro, Vettor Pisani, Monviso* und *Victoria* zusammensetzte, die letztere mit gut 13 000 BRT und 1125 deutschen und italienischen Soldaten an Bord.

Die Handelsschiffe liefen am 22. Januar am Tage aus den Häfen Neapel, Messina und Tarent aus, sollten sich in See sammeln und unter Sicherung durch das Schlachtschiff *Duilio*, drei Kreuzer und achtzehn Zerstörer und Torpedoboote, durch starke Luftstreitkräfte ständig abgeschirmt, weiter nach Tripolis laufen. Ein weiteres, aus Neapel kommendes Motorschiff, die *Ravello*, wurde jedoch wegen eines Ruderschadens in den Hafen zurückbeordert.

Am 22. und 23. Januar sichteten britische U-Boote und Aufklärer die drei italienischen Kreuzer und das Schlachtschiff *Duilio* zusammen mit dem Motorschiff *Victoria*, jedoch noch vor dem Sammeln des gesamten Geleitzuges am 23. um 15.00 Uhr. Erst danach ging eine Meldung des O.I.C. ein, die wie folgt lautete:

»Ein wichtiger, von Italien nach Tripolis laufender Geleitzug wird sich, von der Flotte gesichert, heute sowie am 23. und 24. Januar in See befinden[5].«

Aber erst in einem informativeren Funkspruch vom 23. Januar wurden schließlich die Ergebnisse der Luft- und U-Bootaufklärung der Engländer durch wichtige und bereits bekannte »ULTRA«-Nachrichten ergänzt. Sie bestätigten, daß es für die britische Marine nützlich wäre, die von der G.C. & C.S. stammenden und durch das O.I.C. vermittelten Nachrichten an die operativen Befehlsstellen weiterzugeben. Das O.I.C. war in der Lage, sie möglicherweise mit weiteren Informationen zusammenzufassen. Wie wir im zweiten Abschnitt des ersten Kapitels gesehen haben, meldeten die Sektionen der RAF und des Heeres in Bletchley Park die »ULTRA«-Nachrichten an die respektiven Zweige des zentralisierten SIS (Special Intelligence Service) zur nachfolgenden Weitergabe an die operativen Verbände.

Hier der Wortlaut des in Frage stehenden Funkspruchs vom O.I.C., der jenem bereits überprüften vom 22. Januar folgte:

»Ein wichtiger Geleitzug hat Italien mit Kurs Tripolis verlassen, wo er wahrscheinlich am 24. eintreffen wird. Die genaue Zusammensetzung des Geleitzuges ist nicht bekannt. Aber es ist anzunehmen, daß er die *Victoria* mit 1000 Soldaten an Bord und auch die *Vettor Pisani* enthält, die aus Messina am Morgen des 22. ausgelaufen ist. Die Operation soll von einer gewissen Anzahl der größten Einheiten der italienischen Marine gesichert werden. Britische Aufklärer haben ein Schlachtschiff, drei Zerstörer und zwei nicht identifizierte Schiffe auf Südkurs bei 35 Minuten Ost-Süd-Ost von Crotone am 23. um 01.05 Uhr und drei Kreuzer sowie sechs Torpedoboote mit Südkurs bei 47 Minuten südlich Tarent gegen Mittag des 22. gesichtet[6].«

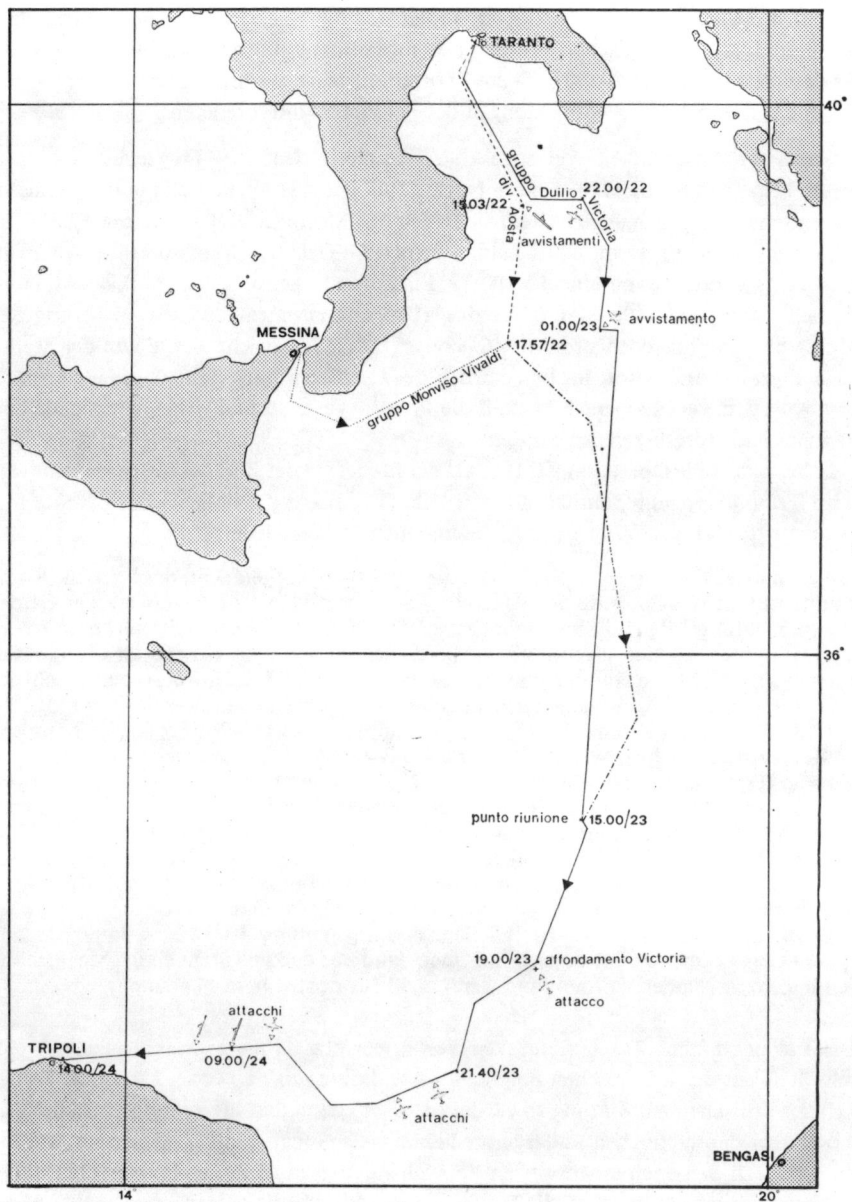

Der Kurs des italienischen Geleitzuges »T. 18« und die Versenkung des Motorschiffes Victoria
(22. und 23. Januar 1942).

149

An Bord der italienischen Deckungsgruppen war man sich im übrigen darüber klar, daß man durch die englischen Aufklärer an ihre Stützpunkte gemeldet worden war, da die damals auf der *Duilio* und auf dem Kreuzer *Aosta* eingeschifften Enzifferergruppen in der Lage waren, die Sichtmeldungen des Feindes zu interpretieren[7].

Trotz der Anwesenheit von etwa einem Dutzend deutscher Flugzeuge in diesem Raum begannen britische Flieger am Nachmittag jenes 23. Januar den nun vereinigten italienischen Geleitzug anzugreifen; sie trafen das Motorschiff *Victoria* um 17.31 Uhr mit einem Torpedo. Dem Schiff kamen sofort die Geleitzerstörer zu Hilfe. Aber um 18.45 Uhr wurde es von einem weiteren Lufttorpedo getroffen, es sank 15 Minuten danach[8]. Von den 1400 Mann, die das Truppenkontingent und die Besatzung des Motorschiffes bildeten, wurden 1046 gerettet. Diese Nachricht wurde von den Italienern abgesetzt und sofort im Funkspruch des O.I.C. vom 25. Januar gemeldet, nach dem »aus dem Geleitzug nach Tripolis die *Victoria* versenkt und 1046 Überlebende von drei Geleitzerstörern gerettet wurden[9]«.

In bezug auf die Operation »T.18«, bei der immerhin der Rest des Geleitzuges unversehrt Tripolis erreichte, enthält die offizielle Geschichte der italienischen Marine folgenden Kommentar. Wir geben die wesentlichen Stellen wieder:

»In dazu urteilskompetenten Kreisen ist die Hypothese aufgetaucht, das britische Kommando in jenen Tagen wäre bereits davon unterrichtet worden, daß ein starker Geleitzug in Richtung Libyen in den italienischen Häfen zusammengestellt würde; in bezug darauf können wir nur sagen, daß die Bereitstellung eines Geleitzuges das Eingreifen einer so großen Masse von Personen und so verschiedener Art erfordert, daß es schwierig ist, eine solche Angelegenheit geheimzuhalten... Faktisch wurde es dann unmöglich, das Geheimnis zu wahren, als auf einigen Dampfern des Geleitzuges starke Truppenkontingente eingeschifft wurden, wie es damals auf der *Victoria* geschehen war.

Es ist festzuhalten, daß es nicht einen einzigen Mann unter den damals nach Libyen geschickten Soldaten gegeben hat, der nicht versucht hätte (und dem es nicht gelungen wäre), die Mutter, die Braut, die Frau oder irgendeinen Angehörigen seiner Familie insgesamt wissen zu lassen, daß er dabei war, an die Front zu gehen. Auf diese Weise wurden auch die genauesten Vorsichtsmaßnahmen zunichte gemacht, die getroffen wurden, um vor Fremden zu verbergen, was in den Häfen im Gange war.

Es ist daher keinesfalls auszuschließen, daß am Anfang der zweiten Januardekade unsere Gegner im Mittelmeer ganz allgemein wußten, daß in Tarent einige Motorschiffe für Libyen beladen wurden (und wenn nicht für dort, für wohin dann?)[10].«

Diese allzu einfache Zuschreibung der Verantwortung an die gewohnheitsmäßige Geschwätzigkeit des italienischen Soldaten sowie die ständige Überbewertung der Fähigkeit der britischen Aufklärung sowie die zu abgenutzten und oft mißbrauchten Schlagworte über die feindlichen Radargeräte haben viele Anhaltspunkte geschaffen, auf die man bis jetzt den doch lobenswerten Versuch zur Verteidigung des Prestiges der italienischen Marine gestützt hat. Es war lange Zeit durch diejenigen beeinträchtigt, die bereit waren, die Existenz von Verrätern in jeder Dienststelle des Ministeriums zu beschwören.

Man konnte tatsächlich nicht annehmen, daß der Gegner über so viele andere, seine Überlegenheit begründende Hilfsmittel verfügte und oft imstande war, nicht nur die Namen und die Bestimmungshäfen der Dampfer durch die mutmaßlichen Briefe an Bräute in Italien oder den scharfen Blick der Luftbeobachter zu erfahren, sondern darüber hinaus die Auslauf- und Ankunftszeiten, die Geschwindigkeit, die Kurse, die Zusammensetzung des Geleitschutzes, die möglichen Zwischenaufenthalte und die Art der Fracht feszustellen.

In dieser Hinsicht ist die Tatsache bedeutsam, daß gerade im Verlauf der Operation »T.18« die Engländer unter anderem erfuhren, daß »die *Duilio* Befehl hatte, den Geleitzug am 23. um 20.00 Uhr zu verlassen«. So wurde bewiesen, daß man nicht nur über den Namen des italienischen Schlachtschiffes in See informiert war, sondern, was noch wichtiger ist, über die tatsächlichen operativen Befehle[11].

4.2 Angriff auf Handelsschiffe auf der Rückfahrt

Angesichts der Unmöglichkeit, die nach Libyen gerichteten und nun von viel stärkerem Geleitschutz gesicherten italienischen Geleitzüge mit der gewohnten und beharrlichen Energie anzugreifen, nahmen die Engländer in größerem Maße die leeren Handelsschiffe zum Ziel, die nach Italien zurückkehrten, und zwar in der richtigen Überlegung, es wäre in diesem Augenblick der Krise immerhin nützlich, die Tranportmittel auszuschalten.

Dem bereits untersuchten Fall der *Perla* folgte daher der Angriff auf das Motorschiff *Napoli*, das, wie wir gesehen haben, am 19. Dezember 1941 nach der Operation »M.42«, die zur ersten Schlacht in der Syrte führte, in Tripolis einlief. Die Bewegungen des Motorschiffes wurden durch die folgenden Funksprüche des O.I.C. aus den letzten Januartagen rechtzeitig gemeldet[12].

— 27. Januar: »*Beppe, Napoli, San Giovanni Battista* und *Bosforo* warten auf Befehl zum baldigen Auslaufen aus Tripolis Richtung Italien.«
— 28. Januar: »*Beppe, Napoli* und *Bosforo* sind zum Auslaufen aus Tripolis nach Italien bereit.«
— 30. Januar: »*Napoli*, gesichert vom Torpedoboot *Orsa*, soll programmgemäß am 29. Januar aus Tripolis nach Palermo auslaufen. Die Fahrt ist nicht bestätigt worden, Geschwindigkeit 10 Knoten.«
— 31. Januar: »Die von der *Orsa* gesicherte *Napoli* ist aus Tripolis am 29. Januar mit 10 Knoten Geschwindigkeit nach Palermo ausgelaufen.«

Tatsächlich lief das vom Torpedoboot *Orsa* geleitete Motorschiff *Napoli* am 29. Januar um 16.00 Uhr aus Tripolis aus. Seine Bewegungen waren bereits seit 48 Stunden von den Engländern überwacht worden. Doch wegen eines Bruches der Propellerwelle, als

Folge des im Bericht festgehaltenen Bombenangriffs vom 19. Dezember, wurde es auf der Reede von Mehedia vor Anker gelegt, wo es am Nachmittag des 3. Februar vom U-Boot *Umbra* aufgespürt und mit einem Torpedo getroffen wurde. Nach seiner Aufgabe durch die Besatzung blieb es der Gewalt der widrigen Wetterverhältnisse überlassen, die am folgenden Tag seinen endgültigen Verlust verursachten[13].

Am 4. Februar wurden die letzten Augenblicke des Handelsschiffes vom O.I.C. verfolgt, nachdem »die am 29. Januar aus Tripolis nach Palermo ausgelaufene *Napoli* am 2. um 10.00 Uhr nahe Mehedia mit Hilfe des Torpedobootes *Procione* vor Anker gegangen war«. Schließlich wurde am 6. Februar in einem Funkspruch »der Verdacht« geäußert, »die *Napoli* wäre von der Besatzung bei Mehedia aufgegeben worden«[14].

Noch bedeutender war der Fall des Dampfers *Ariosto* in Anbetracht der Tatsache, daß an Bord dieses in der Nacht vom 14. auf den 15. Februar versenkten Handelsschiffes 294 englische Kriegsgefangene nach Italien gebracht wurden, von denen viele im Meer ertranken.

Auf das heikle Thema der Versenkung italienischer Schiffe mit Kriegsgefangenen des Commonwealth an Bord werden wir noch, und zwar zusammenfassend, zurückkommen. Hier genügt es, die Aufmerksamkeit auf die Tatsache zu lenken, daß die britischen Marinebehörden, obwohl sie sich der besonderen Art der »menschlichen Fracht« an Bord der verfolgten Ziele bewußt waren, nicht immer den Willen besaßen, derartige Tragödien zu vermeiden.

Aus reinem Zufall hatte das schmerzliche Ereignis der *Ariosto*, das wir in Kürze untersuchen werden, ein gleichfalls dramatisches Vorspiel für die Engländer. Wie man nämlich in den Funksprüchen des O.I.C. vom 7. und 8. Februar feststellen kann, die im Anhang IV zusammen mit jenen vom 10. bis 16. des Monats wiedergegeben sind, wurde der Dampfer *Bosforo* von »ULTRA« aufmerksam verfolgt, der, vom O.I.C. ebenso angegeben, Kriegsgefangene nach Italien an Bord hatte[15].

Die *Bosforo* war am 6., vom Torpedoboot *Calliope* gesichert, mit ihrer menschlichen Fracht aus Tripolis ausgelaufen. Sie wurde am Ende jedoch von einem zu ihrer Verfolgung in See gegangenen britischen Marineverband nicht aufgespürt. Immerhin ist der Satz beredt, den man im Funkspruch des O.I.C. vom 8. Februar findet, in dem es hieß, die englischen Zerstörer *Zulu* und *Lively* hätten sich bemüht, diesen Geleitzug in der vorhergehenden Nacht abzufangen«. Wahrscheinlich entging die *Bosforo* dem Feind dank des auf der Fahrt gefaßten Entschlusses zur Erhöhung der Geschwindigkeit, wie aus dem darauf bezüglichen Operationsbericht hervorgeht[16].

Am 7. Februar begann auch der Fluß von »ULTRA«-Nachrichten in bezug auf den zitierten Dampfer *Ariosto*, der dann schließlich gut sechs Tage danach, d. h. am 13. Februar, mit 294 britischen Kriegsgefangenen und 82 deutschen und italienischen Soldaten an Bord, gesichert vom Zerstörer *Premuda*, aus Tripolis auslief. Er vereinigte sich auf See mit dem deutschen Handelsschiff *Atlas*, das eine Stunde zuvor mit dem Torpedoboot *Polluce* aus dem gleichen libyschen Hafen ausgelaufen war.

Hier in zeitlicher Reihenfolge die englischen Nachrichten über die *Ariosto*[17]:

— 7. Februar: »Die folgenden Dampfschiffe sind zum Auslaufen nach Italien aus Tripolis bereit, werden aber wegen des Fehlens eines Geleitschutzes aufgehalten: *Pisani, Bengasi, Atlas, Beppe, Ariosto, Delia* und *Anna Maria*.«

— 8. Februar: »Die folgenden Schiffe sind in Tripolis zum Auslaufen bereit: *Pisani, Bengasi, Atlas, Beppe, Ariosto, Delia* und *Anna Maria*. Von diesen soll die *Delia*, vom Torpedoboot *Perseo* gesichert, nach Sfax laufen, um Phosphate für Italien aufzunehmen. Einlaufzeit 1730/9.«

— 10. Februar: »*Atlas* und *Ariosto* sollten gestern um 17.30 Uhr aus Tripolis nach Palermo auslaufen, aber die Abfahrt wurde verschoben.«

— 12. Februar: »*Atlas* und *Ariosto* zum Auslaufen aus Tripolis nach Palermo fertig.«

— 14. Februar: »*Atlas* und *Aristo*, gesichert vom Zerstörer *Premuda* und vom Torpedoboot *Polluce*, liefen am Nachmittag des 13. aus Tripolis nach Palermo aus, wo sie 0100/16 eintreffen sollen. Geschwindigkeit 9 Knoten. Sie haben 150 bzw. 300 Kriegsgefangene an Bord.«

— 15. Februar: »*Atlas* und *Ariosto*, gesichert von einem Zerstörer und einem Torpedoboot, welche aus Tripolis am Nachmittag des 13. nach Palermo ausliefen, wurden durch Torpedoflugzeuge 03.47/14 mit unbekanntem Ergebnis angegriffen. Sie sollen in Palermo 01.00/16 eintreffen.«

An den Rand dieses letzteren Funkspruches wurde dann mit der Hand geschrieben, wie im Anhang festzustellen ist: »6204. *Ariosto* von U-Boot versenkt«; dabei zeigt die Zahl 6204 die Nummer der »ULTRA«-Quelle ZTPI an.

Eine genaue Rekonstruktion des Vorfalles wurde vom O.I.C. im Funkspruch vom 16. Februar zusammengestellt und weitergegeben. Dort heißt es:

»*Atlas* und *Ariosto*, gesichert durch Zerstörer *Premuda* und Torpedoboot *Polluce*, liefen aus Tripolis am Nachmittag des 13. nach Palermo aus. Eintreffzeit 0100/16. Sie wurden von Torpedofliegern 0300/14 angegriffen, die behaupteten, eine Einheit unbeweglich und mit Schlagseite zurückgelassen zu haben. Rom [irrtümlicherweise als »Tome« geschrieben] gab 1450/15 bekannt, daß *Ariosto* von einem U-Boot versenkt worden wäre. Zeit und Position nicht angegeben. *Ariosto* transportierte 300 Kriegsgefangene. 231 überlebten.«

Die »ULTRA«-Quelle für diese letztere Nachricht ist, wie man feststellen kann, die gleiche ZTPI 6204, die mit der Hand an den Rand des Funkspruches vom vorhergehenden Tag geschrieben worden war.

Es ist hier angebracht, darauf hinzuweisen, daß normalerweise das O.I.C. für einige Tag weder den Ablauf der Unterwasser-Operationen noch den Namen oder die Nummer des angreifenden U-Bootes aus der Anzahl der in diesem Raum eingesetzten britischen U-Boote kannte, da diese ihre Erfolge gewöhnlich erst meldeten, nachdem sie sich weit von den Gewässern entfernt hatten, in denen sie angriffen, um sich keinen feindlichen Gegenangriffen auszusetzen. Meistens wurde der Ausgang einer Operation den Engländern zuerst nur vornehmlich durch die Entzifferungen der durch die örtlichen italienischen Führungsstellen abgesetzten Funkmeldungen bekannt.

In bezug auf die besonderen Ereignisse um die *Ariosto* muß festgehalten werden, daß die Fahrt, die mit der vorgesehenen Geschwindigkeit von 9 Knoten entlang der tunesischen Küste erfolgte, während des 14. durch beharrliche Luftangriffe gestört wurde. Für die *Ariosto* wurde sie dann kurz nach 22.00 Uhr durch zwei Torpedos unterbrochen, die mit kurzem Abstand vom U-Boot *P. 38* gegen sie abgefeuert wurden. Der Dampfer sank nach etwa drei Stunden. Aber, obwohl er insgesamt 410 Mann einschließlich der Schiffsbesatzung an Bord hatte, wurden davon nur 252 gerettet. Nur etwa die Hälfte davon waren britische Kriegsgefangene, die 135 Opfer zu beklagen hatten[18].

4.3 Das Ende der *Bosforo* und die zweite Schlacht in der Syrte

Der Dampfer *Bosforo*, der in den ersten Februartagen zwei ihn jagenden britischen Zerstörern entkommen war, während er 250 Commonwealth-Kriegsgefangene nach Italien transportierte, lebte nicht mehr viel länger weiter. Am 31. März ging er, immer noch auf der Rückfahrt aus Nordafrika, unter.

Die *Bosforo* war am 29 März um 18.30 Uhr leer aus Bengasi mit Kurs Brindisi und mit einer Geschwindigkeit von 10 Knoten unter dem Geleitschutz des Zerstörers *Strale* ausgelaufen. Aber 24 Meilen westlich der Insel Sapienza traf sie am 30. etwa um 22.00 Uhr ein Torpedo des U-Bootes *Proteus*. Vielleicht etwas zu überstürzt von einem Teil der Besatzung verlassen, hielt der Dampfer dem Seegang nicht stand und versank am 31. März um 07.40 Uhr wegen Bruchs der inneren Schotten, nachdem 90 der 103 Personen von Bord gerettet worden waren[19].

Auch diesmal hatte »ULTRA« es nicht versäumt, die zukünftigen Bewegungen des Handelsschiffes genau und rechtzeitig zu melden. Dies erlaubte es der *Proteus*, die sich in einer guten Position entlang der Fahrtroute des Dampfers befand, den gerade genannten Erfolg zu erzielen. Am 29. März hatte nämlich das O.I.C. angekündigt, daß »die *Bosforo*, vom Zerstörer *Strale* gesichert, am heutigen Nachmittag, dem 29. März, mit 10 Knoten Geschwindigkeit aus Bengasi auslaufen und am 1. um 08.00 Uhr in Brindisi einlaufen soll«[20]. Die gleiche Nachrichtendienststelle der Admiralität erläuterte daher das Ende dieses Dampfers und teilte mit, daß »die *Bosforo* von der *Proteus* am Abend des 30. März torpediert worden wäre«. Trotz der durch den Zerstörer *Strale* geleisteten Hilfe glaubte man, daß sie gesunken wäre, als in einem weiteren unvollständigen Funkspruch von Überlebenden gesprochen wurde[21].

Die Genauigkeit der englischen Entzifferer bedarf an dieser Stelle keines weiteren Kommentars.

Im gleichen Monat März begann die deutsche Luftflotte 2 mit einer noch vernichtenderen Offensive gegen Malta. Dadurch wurden die Engländer schließlich gezwungen, alle restlichen Überwassereinheiten der Flotte und danach sogar die kostbaren U-Boote von der Insel abzuziehen. So wurde die Vorherrschaft der Achse in der Schlacht gegen die

Geleitzüge nach Libyen weiterhin gefestigt. Demgegenüber machte sich die britische Forderung immer dringender bemerkbar, jene Bastion im Zentralmittelmeer wieder auszubauen. Das geschah in einem solchen Maße, daß nach einem fehlgeschlagenen Versuch Mitte Februar die Admiralität im folgenden Monat glaubte, die Absendung eines Geleitzuges zur Versorgung der Insel nicht mehr aufschieben zu können[22].

Am 20. März lief daher ein Verband unter der Führung des Admirals Vian mit vier Dampfern, vier Leichten Kreuzern und 17 Zerstörern (die dann auf 16 verringert wurden) aus Alexandria aus. Am folgenden Tag wurde er von einem italienischen U-Boot gesichtet und gemeldet. Aus den italienischen Stützpunkten liefen daher mit dem Auftrag, ihn abzufangen, das moderne Schlachtschiff *Littorio* als Flaggschiff des Admirals Iachino, zwei Schwere Kreuzer, ein Leichter Kreuzer und acht Zerstörer aus, die am 22. um 14.35 Uhr Feindberührung mit dem Geleitzug aufnahmen.

Wir beschrieben bereits die herausstechenden Phasen jenes Ereignisses, das als zweite Schlacht in der Syrte bezeichnet wurde, als wir den Einfluß von »ULTRA« auf einige deutsche Unternehmen im Mittelmeer und insbesondere die Fähigkeit der Entzifferer von Bletchley Park untersuchten, im Verlauf jenes Begegnungsgefechtes einige operative Funksprüche der deutschen Luftwaffe zu interpretieren[23]. Jetzt ist es notwendig, etwas länger bei der eigentlichen Seeschlacht zu verweilen. So möchten wir herausstreichen, daß auch in dieser taktischen Phase die Engländer sich weiterer »ULTRA«-Nachrichten erfreuen konnten. Sie waren zahlreich, wenn auch bruchstückhaft, und wurden als solche in einem einzigen langen Funkspruch des O.I.C. vom 23. März zusammengefaßt.

Zu Beginn der Gefechtsberührung zwischen dem italienischen Kampfverband und dem Geleitschutz des britischen Konvois wurde dieser letztere von einem weiteren Kreuzer und einem Zerstörer, die beide aus Malta kamen, verstärkt. So bestand der englische Verband schließlich aus fünf Kreuzern und elf Zerstörern, zu denen weitere sechs Geleitzerstörer als direkte Sicherung für die mit Kurs Süd laufenden vier Dampfer hinzukamen.

Zweifellos lag der Vorteil auf der italienischen Seite, und zwar auch wegen des gleichzeitigen und massierten Eingreifens von Flugzeugen der Achse gegen den feindlichen Verband. Aber wegen des zu unentschlossenen Angriffs des Admirals Iachino gelang es den Engländern, sich im Schutz einer dichten Wand künstlichen Nebels zu halten, die von ihren Zerstörern gelegt wurde. Sie feuerten dabei unversehens Torpedos zur Abschreckung ab[24].

Das Gefecht zog sich mit einigen Unterbrechungen bis 18.56 Uhr hin, als wegen des Einbruchs der Dunkelheit die italienischen Schiffe, die keine geeignete Ausrüstung für ein Nachtgefecht besaßen, die Fühlung mit dem Feind abbrachen und Kurs Nord aufnahmen. Trotz des sich lang hinziehenden Feuergefechtes verzeichneten beide Seiten nur leichte Schäden, während der italienische Flottenverband auf der Rückfahrt wegen des sehr schweren Seeganges den Untergang der beiden Zerstörer *Lanciere* und *Scirocco* mit großen Verlusten an Menschenleben zu beklagen hatte[25].

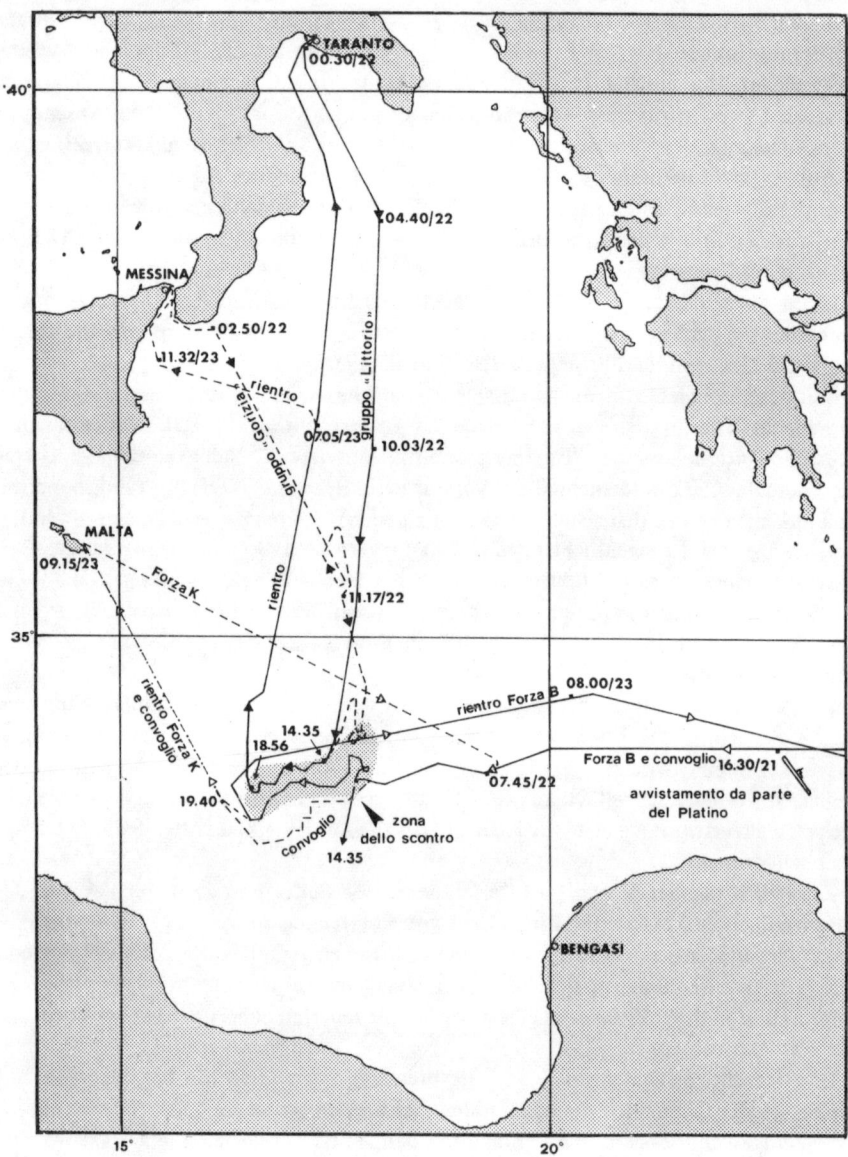

Übersichtsplan der zweiten Seeschlacht in der Syrte (21.—23. März 1942).

156

Auch die Angriffe der deutsch-italienischen Luftwaffe, die lange Zeit gegen den Geleitzug geführt wurden, unterbrach der Sonnenuntergang, so daß der Tagesverlauf des 22. März mit einem britischen Erfolg endete, der trotz der beachtlichen Unterlegenheit der Überwasserkräfte, des Fehlens eines Luftschirmes und der ernsthaften taktischen Behinderungen bei der Sicherung des Geleitzuges errungen worden war. Nach Einbruch der Nacht mußte jedoch ein großer Teil des englischen Sicherungsverbandes für die vier Handelsschiffe nach Alexandria zurücklaufen. Damit war es unmöglich, Malta zu versorgen, und der Geleitzug wurde nur noch von zwei Kreuzern und neun Zerstörern gesichert.

Während des Tagesverlaufs vom 23. März nahmen die Ereignisse eine andere Wendung. Wenn auch die Angriffe der Deutschen und Italiener von See und aus der Luft am vorhergehenden Tage kein unmittelbares Ergebnis gehabt hatten, so hatten sie dennoch den Engländern einen beachtlichen Verbrauch an Flugabwehrmunition und vor allem eine unheilvolle Verzögerung beim Marsch ihres Geleitzuges aufgezwungen. Dieser letztere befand sich daher beim Morgengrauen des 23. noch weit von Malta entfernt und wurde von neuem von starken Einheiten deutscher Flugzeuge zum Ziel genommen. Ein Dampfer wurde vor Malta und einer nahe der Küste der Insel versenkt. Den beiden anderen gelang es, in den Hafen einzulaufen. Sie wurden aber durch die Luftangriffe der folgenden Tage so schwer beschädigt, daß sie nur noch als Wracks liegenblieben[26].

Zum Schluß wurden von den 26 000 Tonnen Fracht, die aus Alexandria weggebracht und mit so großen Opfern transportiert worden waren, nur 7522 in Malta ausgeladen und in Sicherheit gebracht.

Trotz des teilweisen Fehlschlags der britischen Operation hatte die Special Intelligence Gelegenheit, noch einmal ihre Wirksamkeit zu zeigen, indem sie eine Reihe von Nachrichten über die Pläne der italienischen Marine lieferte, die zu den bereits erwähnten hinzukamen, die das Eingreifen der deutschen Luftwaffe während des gleichen Treffens betrafen.

Während der zweiten Schlacht in der Syrte belief sich die Zahl der von »ULTRA« entzifferten Funksprüche der italienischen Marine auf wenigstens elf, da so viele im bereits erwähnten Funkspruch des O.I.C. vom 23. März zitiert und zusammengefaßt wurden. Der Funkspruch lautet wie folgt[27]:

»Ab 20.00 Uhr am 21. erfuhr Rom von den Bewegungen unseres Geleitzuges und befahl für die Torpedoflieger Alarmbereitschaft ab 22. um 05.00 Uhr. Feindliche Kräfte wurden am 22. um 09.00 Uhr nach Punkt ›B‹ zu Operationen westlich des 19. Längengrades gesandt, während die U-Boote Weisung erhielten, nicht anzugreifen, wenn sie ihre Ziele nicht mit Sicherheit identifizieren konnten.«

»Unser Geleitzug wurde neuerlich am 22. um 07.40 Uhr gemeldet. Aber Rom glaubte, die italienischen Kräfte würden nicht vor 11.15 Uhr gesichtet. Die feindlichen Torpedoflieger und Bomber erhielten den Befehl, den Geleitzug um 13.00 Uhr anzugreifen.«

»Die feindlichen Überwasserstreitkräfte wurden um 14.31 Uhr gesichtet, aber bis 15.40 Uhr erhielt Rom keine Meldung über die Feindberührung mit unseren Einheiten.

Um 20.05 Uhr befahl Rom den Seestreitkräften, in die Stützpunkte zurückzulaufen. Die Kampfgruppe *Littorio* sollte am 23. um 07.00 Uhr 140 Meilen nördlich des Punktes ›B‹ sein und die Kampfgruppe *Gorizia* zum gleichen Zeitpunkt 160 Meilen 318° vom gleichen Punkt entfernt.«

Noch bevor die obengenannten »ULTRA«-Nachrichten zusammengefaßt wurden, dienten sie wahrscheinlich dem britischen Geleitzug zur Vorbereitung von Abwehrmaßnahmen gegen den vorausgesehenen Angriff der italienischen Marinekräfte, der dann fruchtlos blieb. Einen ganz anderen Gebrauch davon hätten jedoch voraussichtlich die Engländer gemacht, wenn die Mediterranean Fleet in der Lage gewesen wäre, in jenem Augenblick einen schweren Kampfverband aufmarschieren zu lassen.

4.4 Die englischen U-Boote werden wirksamer

Gerade als in der zweiten Aprilhälfte 1942 die britische Admiralität gezwungen war, den Entschluß zum Abziehen aller U-Boote vom angeschlagenen Malta zu fassen, erlebte die englische U-Bootwaffe im Mittelmeer vielleicht ihren besten Augenblick. Die Notwendigkeit zum Auslaufen der Force K von der Insel und zur Verminderung der örtlichen Luftwaffenstaffeln führte nämlich zu einem verstärkten Einsatz der weiter an der Peripherie dislozierten U-Boote der Mediterranean Fleet, die nun in Haifa ihren Stützpunkt hatten. Außer der *Bosforo*, die, wie bekannt, in den letzten Märztagen von der *Proteus* versenkt worden war, schickten die britischen U-Boote in den Monaten April und Mai 1942 einen Zerstörer und acht der neun in jener Periode auf der Route nach Libyen verlorengegangenen Dampfer der Achse auf Grund. In vier der genannten Fälle spielte die »ULTRA«-Intelligence eine entscheidende Rolle und meldete die Bewegungen der italienischen Handelsschiffe so rechtzeitig, daß sie dann das Ziel der feindlichen Torpedos wurden[28].

Die erste Episode betraf den Dampfer *Bellona*. Er lief am 17. April um 13.00 Uhr, vom Zerstörer *Strale* gesichert, Richtung Bengasi mit der sehr niedrigen Geschwindigkeit von 6 Knoten und einer Fracht von 510 Tonnen Treibstoff, 410 Tonnen verschiedenen Materials und 9 Kraftfahrzeugen aus Brindisi aus. Dieses Handelsschiff sollte im Verband mit dem Dampfer *Capo Orso* fahren, der aus Tarent am 18. um 06.40 Uhr ausgelaufen und ebenfalls nach Bengasi unter Geleitschutz des Zerstörers *Turbine* gehen sollte, dann aber zeitweilig infolge der zu schildernden Ereignisse den Kurs ändern mußte.

Die Pläne für diese zweifache Operation entgingen den Entzifferern von BP nicht, so daß am Tag vor der Abfahrt der *Bellona*, das O.I.C. angab,

»die *Capo Orso*, gesichert von der *Turbine*, soll am 18. um 06.30 Uhr mit 10 Knoten aus Tarent auslaufen und sich so schnell wie möglich mit der *Bellona* und der *Strale* vereinigen, um Bengasi am 20. um 15.00 Uhr zu erreichen«[29].

In den folgenden Tagen bestätigte das O.I.C. die genannten Bewegungen und präzisierte sie wie folgt[30]:

— 17. April: »*Capo Orso*, gesichert vom Zerstörer *Turbine*, soll am 18. um 06.30 Uhr mit 10 Knoten aus Tarent nach Bengasi auslaufen und dort am 20. um 15.00 Uhr eintreffen. *Bellona*, vom Zerstörer *Strale* gesichert, wird aus Brindisi auslaufen und sich mit dem Geleitzug vereinigen.«
— 18. April: »*Capo Orso* soll Tarent heute morgen um 06.30 Uhr unter dem Geleitschutz des Zerstörers *Turbine* verlassen, um sich mit dem von Brindisi kommenden, vom Zerstörer *Strale* gesicherten Dampfer *Bellona* zu vereinigen. Der Geleitzug soll am 20. um 15.00 Uhr in Bengasi einlaufen.«

Aus dem Inhalt der Funksprüche geht klar hervor, daß das Hauptziel der Engländer damals die schnellere *Capo Orso* war, die jedoch dank der Tatsache, daß sie am 18. erst um 06.40 Uhr aus Tarent ausgelaufen war, noch rechtzeitig aufgrund der Nachricht von der Torpedierung der *Bellona* auf einen anderen Kurs gebracht werden konnte. Das letztere Schiff wurde am gleichen Tag schon um 07.28 Uhr von dem in Lauerstellung befindlichen U-Boot *Torbay* torpediert[31].

In diesem Zusammenhang äußert sich das O.I.C. am 19. April, »die *Capo Orso* hatte unter dem Geleitschutz der *Turbine* am 18. um 06.40 Uhr Tarent mit Kurs Bengasi verlassen. Zu Mittag hat sie ihren Kurs geändert, aber sie soll dennoch Bengasi am Nachmittag des 20. erreichen«. Schließlich wurde auch gemeldet, daß »die aus Brindisi kommenden Befehle für die Vereinigung mit der *Bellona* rückgängig gemacht wurden«[32]. In diesem Funkspruch wurde schließlich der kleine Irrtum von zehn Minuten, wie er in den drei vorhergehenden Funksprüchen festzustellen ist, in bezug auf die Auslaufzeit der *Capo Orso* korrigiert.

Die Mitteilung von der Versenkung der *Bellona* wurde jedoch vom O.I.C. am 27. April mit jener bereits begründeten Verzögerung weitergegeben, die gewohnheitsmäßig in Fällen entstand, in denen das Ziel von einem U-Boot ausgeschaltet wurde.

Der zweite Erfolg der britischen U-Bootwaffe im Monat April, bei dem sich die durch »ULTRA« entzifferten Funksprüche als entscheidend erwiesen, war die Versenkung des Dampfers *Assunta de Gregori*. Nach einem Aufenthalt von zehn Tagen in Sfax zur Übernahme von Phosphaten lief er mit Kurs Neapel am 19. um 10.00 Uhr aus dem tunesischen Hafen aus. Nach kaum sechs Stunden und nachdem das vom aus Tripolis kommenden Torpedoboot *Castore* gesicherte Handelsschiff die Hälfte der Strecke zurückgelegt hatte, wurde es vom U-Boot *Umbra* auf der Höhe der Untiefen von Kerkennah torpediert und versenkt[33].

Auch dieser Verlust ist von der offiziellen Geschichte der italienischen Marine der Tätigkeit englischer Spione, insbesondere in Sfax eingesetzter vermutlicher Informanten zugeschrieben worden. Dort hielt sich die *Assunta de Gregori* zu lange auf[34]. Wie wir heute wissen, lautet die Wahrheit anders. In diesem Zusammenhang genügt es, die damaligen Funksprüche des O.I.C. zu lesen[35]:

— 16. April: »*Assunta de Gregori*, von einem aus Tripolis kommenden Torpedoboot gesichert, wird am 18. um 05.00 Uhr aus Sfax nach Neapel auslaufen.«
— 17. April: »*Assunta de Gregori*, die wahrscheinlich vom aus Tripolis kommenden Torpedoboot *Castore* gesichert wird, läuft mit einer Ladung Phosphat am 19. um 05.00 Uhr aus Sfax nach Neapel aus.«
— 19. April: »*Assunta de Gregori*, gesichert von der *Castore*, soll heute morgen, am 19. April um 05.00 Uhr, aus Sfax nach Neapel auslaufen.«

Das dritte Opfer des Tandems »ULTRA«/U-Boot in der Berichtsperiode war der Dampfer *Bolsena*, der am 17. Mai um 19.30 Uhr aus Bengasi zusammen mit dem Dampfer *Iseo* und dem Torpedoboot *Pegaso* auslief. In diesem Fall genügte es dem O.I.C., am 17. Mai einen einzigen Funkspruch über das italienische Handelsschiff abzusetzen und mitzuteilen, daß »die *Bolsena* und die *Iseo*, vom Torpedoboot *Pegaso* gesichert, am 17. um 19.30 Uhr mit einer Geschwindigkeit von 10 Knoten nach Tarent bzw. Brindisi aus Bengasi ausgelaufen waren«[36].

Infolgedessen setzte sich das U-Boot *Turbulent* in eine entsprechende Angriffsposition und versenkte die *Bolsena* mit zwei Torpedos am 18. um 02.00 Uhr[37].

Das gleiche britische U-Boot tat sich von neuem in den ersten Stunden des 29. Mai hervor und versenkte den Dampfer *Capo Arma* und den geleitenden Zerstörer *Pessagno*, die zusammen mit dem Frachter *Gualdi* und dem Zerstörer *Pigafetta* mit Kurs nach Bengasi liefen, nachdem sie am 27. Tarent und Brindisi verlassen hatten.

Das Auslaufen der vier Einheiten des Geleitzuges entging den englischen Entzifferern nicht. Am gleichen Tag konnte das O.I.C. melden, daß »die *Gualdi* und die *Capo Arma*, geleitet von den Zerstörern *Pessagno* und *Pigafetta* aus Brindisi und Tarent am 27. um 04.00 Uhr nach Bengasi auslaufen sollen, wo sie am 29. um 15.00 Uhr eintreffen würden[38]«.

Das Kommando der englischen U-Bootflottille im Mittelmeer hatte daher einen guten zeitlichen Spielraum, um für den Angriff auf den Geleitzug die am günstigsten dislozierten Boote anzusetzen. Die *Turbulent* war das erste U-Boot, das am Sammelplatz eintraf, nachdem die italienischen Schiffe von Flugzeugen vergeblich zum Ziel genommen worden waren.

Am 29. Mai um 03.11 Uhr feuerte das britische U-Boot vier Torpedos ab und traf mit einem die *Capo Arma* und mit einem Doppelschuß den Zerstörer *Pessagno*, der explodierte und in einer Minute sank. Der Dampfer hielt sich jedoch anfänglich auf der Wasseroberfläche. Aber da die Besatzung ihn zu eilig aufgab, war es nicht möglich, den sich an Bord ausbreitenden Brand einzudämmen, der vier Stunden danach die aus Munition bestehende Ladung erreichte und eine Explosion sowie das Sinken des Schiffes verursachte[39]. Das gesamte, auf der *Capo Arma* eingeschiffte Personal, von drei Soldaten abgesehen, konnte gerettet werden, während von der Besatzung der unglücklichen *Pessagno* nur 86 Mann, unter ihnen der Kommandant, in Sicherheit gebracht wurden.

Mit der gewohnten Präzision, einem Ergebnis der anhaltenden Fähigkeit zur Entzifferung der operativen Funksprüche zwischen Rom, den Schiffen und den Befehlsstellen in Übersee, faßte das O.I.C. in dem folgenden Spruch die Vernichtung der italienischen Einheiten zusammen[40]:

»*Gualdi* und *Capo Arma*, gesichert von den Zerstörern *Pessagno* und *Pigafetta,* liefen am 27. um 04.00 Uhr aus Brindisi und Tarent nach Bengasi aus. Während der Nächte vom 28. auf 29. sind die *Capo Arma* und die *Pessagno* von einem U-Boot torpediert und versenkt worden. Zwei Offiziere und 84 Mann des Zerstörers und die gesamte Besatzung der *Capo Arma*, mit Ausnahme von drei Soldaten, sind von der *Pigafetta* gerettet worden. Die von zwei Torpedos getroffene *Pessagno* ist explodiert und innerhalb einer Minute gesunken. Die *Capo Arma*, die Munition transportierte, hat Feuer gefangen und ist vier Stunden danach explodiert.«

Nachdem am 14. und am 30. Mai zwei weitere italienische Handelsschiffe durch Torpedotreffer feindlicher U-Boote auf den libyschen Küstenrouten gesunken waren, wurde im Monat Mai 1942 das Motorschiff *Allegri* zum letzten Opfer der britischen U-Bootwaffe. Dieses am 29. um 13.45 Uhr aus Brindisi ausgelaufene Schiff vereinigte sich in See mit dem Motorschiff *Rosolino Pilo*, das drei Stunden später aus Tarent ausgelaufen war. Sie fuhren dann im Geleit von zwei Zerstörern bis zum 30. um 22.30 Uhr. Dann trennten sich die beiden Schiffe von neuem. Das erstere lief Richtung Bengasi und das letztere Richtung Tripolis[41].

Von den ersten Stunden des 31. ab wurde die zu dieser Zeit vom Zerstörer *Euro* gesicherte *Allegri* während der Nacht wiederholt von Flugzeugen angegriffen und von dem hinzugekommenen U-Boot *Proteus* gejagt. Nach der britischen Dokumentation war es jenes Boot, das um 04.45 Uhr das Motorschiff torpedierte und in die Luft gehen ließ, während in der offiziellen Geschichte der italienischen Marine seine Versenkung britischen Flugzeugen unter wahrscheinlicher Mitwirkung eines U-Bootes zugeschrieben worden ist[42]. Wegen der Explosion der Munitionsladung waren auch in diesem Fall die Verluste sehr hoch, so daß der Zerstörer *Euro* nur 21 Verwundete von etwa 300 insgesamt an Bord des Handelsschiffes befindlichen Männern retten konnte.

In dieser Lage waren die englischen Nachrichten in bezug auf das Seeklarmachen der *Allegri* rechtzeitig eingetroffen. Sie wurden zwei Tage vor dem Auslaufen des Motorschiffes weitergegeben, kamen aber mit Verzögerung, soweit es die Bewegungen des Schiffes betrifft. Damit ist auszuschließen, daß die nachfolgende Torpedierung ein Verdienst der von »ULTRA« entzifferten Funksprüche war.

Das O.I.C. meldete nämlich am 27. Mai, daß zwei Tage zuvor »die *Allegri* in Brindisi Munition aufnähme«[43]. Aber erst am 31. Mai, also mit einer nicht wieder gutzumachenden Verzögerung, meldete die Nachrichtendienststelle der britischen Admiralität, daß »ein Geleitzug mit der *Allegri*, gesichert von der *Euro*, am 29. Mai Italien nach Tripolis und Bengasi auf dem Ostkurs mit 15^1/$_2$ Knoten Geschwindigkeit verlassen hatte, und am 30. um 11.03 Uhr von einem Flugzeug gesichtet worden war«[44].

Es ist daher zu vermuten, daß der Angriff auf die *Allegri* aufgrund der erwähnten Sichtung angesetzt worden ist und die normale Luftaufklärung in dieser Lage die ausgeklügeltste Nachrichtenquelle von »ULTRA« zeitlich geschlagen hat.

4.5 Das Wiedererstehen Maltas als Offensivstützpunkt

Nach dem Eintreffen der 7 522 Tonnen Versorgungsgüter, die aus der zweiten Schlacht in der Syrte übriggeblieben waren, in Malta und nach dem Absenden des allerdringlichsten Materials mittels U-Booten und des schnellen Minenlegers *Welshman* begann die britische Mittelmeerinsel, die auch dreimal hintereinander mit Jagdflugzeugen beliefert worden war, im Juni 1942 einen Teil ihrer Offensivkapazität zurückzugewinnen.

Eine neuerliche große Versorgungsoperation für Malta wurde von den Engländern in der Mitte jenes Monats versucht. Aber die energischen deutsch-italienischen Gegenmaßnahmen bei der Operation, die die »Schlacht Mitte Juni« genannt wurde, gestattete nur das Einlaufen von zwei der 17 aus Alexandria und Gibraltar ausgelaufenen Dampfer auf der Insel. Das war jedoch tatsächlich der Schwanengesang der See- und Luftstreitkräfte der Achse im Mittelmeer, wenn diese auch Mitte August wieder mit starken Kräften einen weiteren großen feindlichen Geleitzug angriffen[45].

Der Grund, der gemeinhin mehr als jeder andere damals zur Wendung des Schicksals des belagerten Malta beitrug, war die Verlegung der Masse des deutschen II. Fliegerkorps von Sizilien an die russische und afrikanische Front. Damit wurde die ungeheure Verantwortung für die Zerschlagung der britischen Insel wieder den dazu ungeeigneten italienischen Bombenflugzeugen übertragen.

Das Anfangssymptom für die Steigerung der Offensivkraft Maltas waren erneute Erfolge seiner Angriffsflugzeuge, deren erstes Opfer nach gut viereinhalb Monaten »karger Zeit« das Motorschiff *R.Giuliani* wurde[46]. Dieses Schiff, das am 2. Juni um 22.45 Uhr unter dem starken Geleitschutz des Zerstörers *Freccia* und der Torpedoboote *Pegaso* und *Partenope* aus Tarent nach Bengasi ausgelaufen war, wurde in der Nacht vom 3. zum 4. Juni wiederholt von Flugzeugen angegriffen, bis es um 04.52 Uhr von einem Torpedo getroffen wurde. Versuche zu seiner Rettung blieben vergeblich. So versenkte sich das Motorschiff schließlich unter Mithilfe des Torpedobootes *Partenope* am 5. vormittags selbst, nachdem alle 225 Männer an Bord von diesem übernommen worden waren[47].

Dieser Erfolg wurde neuerdings dank der »ULTRA«-Nachrichten errungen, die sich bei dieser Gelegenheit als besonders klar und genau erwiesen. Auf den 31. Mai, also reichlich zwei Tage vor dem Auslaufen der *Giuliani*, gingen nämlich die folgenden interessanten Vermutungen zurück, die wieder einmal die englische Fähigkeit zur Entzifferung der operativen Funksprüche zwischen Supermarina und den Kommandobehörden in der Heimat oder den Einheiten zur See sowie jener zwischen Rom und den Stützpunkten in Übersee bezeugen[48].

»*Giuliani*, die sich verspätet hatte, wird nun während der Nacht vom 2. auf den 3. Juni unter Geleitschutz durch die *Freccia*, *Partenope* und *Pegaso* mit einer Geschwindigkeit von 15 Knoten aus Tarent auslaufen und am 4. um 10.30 Uhr in Bengasi eintreffen. Rom hat Tripolis und Bengasi davon unterrichtet, daß kein anderes Eintreffen von Geleitzügen aus Italien bis zum 15. Juni erwartet werden kann.«

Angesichts der Tatsache, daß sich aber die Ereignisse in Afrika zugunsten der Achse entwickelten, wurde die obengenannte Beschränkung der Versorgung nicht mehr durchgeführt.

Auch die Selbstversenkung der *Giuliani* entging den Engländern nicht, welche einen Funkspruch des Marinekommandos in Bengasi, der in der Nacht vom 4. auf den 5. Juni abgesetzt worden war, abgehört und entziffert hatten. In ihm wurde Rom gemeldet, daß »das Motorschiff von einer italienischen Einheit versenkt worden war[49]«.

Im Gegensatz zum Fall der *Giuliani* trafen die »ULTRA«-Nachrichten im Hinblick auf den deutschen Dampfer *Reichenfels* nicht rechtzeitig ein. Auch er wurde von britischen Flugzeugen am Mittag des 21. Juni versenkt, nachdem er am 20. zusammen mit dem Motorschiff *Rosolino Pilo* und drei Geleitzerstörern um 02.03 Uhr aus Neapel ausgelaufen war[50]. Tatsächlich wurde die erste Mitteilung des O.I.C. über diesen Geleitzug genau am 21. durchgegeben. Es ist daher zu vermuten, daß sie keinen Einfluß auf das Geschick der *Reichenfels* hatte, wenn man bedenkt, daß die Fliegerangriffe noch am gleichen Morgen begannen.

Auf jeden Fall scheint es uns opportun, bei dieser Gelegenheit die genaue Identifizierung der Namen der den Geleitzug und den Geleitschutz bildenden Schiffe sowie die Auslauf- und Eintreffzeiten und den Bestimmungshafen durch die Briten zu unterstreichen. Der in Frage stehende Funkspruch des O.I.C. gibt nämlich genau an, daß

»die *Pilo* und die *Reichenfels* am 20. um 02.45 Uhr mit einer Geschwindigkeit von 15 Knoten aus Neapel ausgelaufen waren und am 21. unter dem Geleitschutz der *Da Recco*, *Strale* und *Centauro* um 21.30 Uhr in Tripolis eintreffen sollten[51].«

Nur drei Tage nach der Torpedierung durch Flugzeuge und dem Verlust der *Reichenfels* bestätigte das O.I.C. den Vorfall mit dem folgenden Funkspruch:

»*Pilo* und *Reichenfels*, gesichert von der *Da Recco*, die am Morgen des 20. aus Neapel ausliefen, wurden von acht Beauforts und sechs Beaufighters angegriffen. Am Mittag des 21. wurde die *Reichenfels* von einem Torpedo getroffen und sank eineinhalb Stunden später. Zwei Beauforts und ein Beaufighter gingen verloren. Die *Pilo* traf am gleichen Abend in Tripolis ein[52].«

Nach dem glücklichen Einlaufen zahlreicher anderer Dampfer der Achse in Tripolis und in Bengasi, die mit ihrer Fracht zur entscheidenden Offensive Rommels gegen Tobruk beitrugen, trat ein weiteres Warnungszeichen für die neuerliche und endgültige Wendung des Kriegsglückes im Mittelmeer im allgemeinen und bei den Geleitzügen im besonderen Ende Juli mit dem Geschehen um die *Vettor Pisani* ein.

Das genannte Motorschiff lief am 23. um 12.30 Uhr aus Tarent nach Tobruk aus. Es durchlief dabei griechische Gewässer unter dem Geleitschutz des Torpedobootes *Antares*. Dieser Geleitschutz wurde dann durch zwei andere Torpedoboote und zwei Torpedoschnellboote übernommen. Am 24. Juli um 09.35 Uhr geriet die von englischen Flugzeugen angegriffene und von einem Lufttorpedo getroffene Einheit in Brand, wurde abgeschleppt und an der Küste von Kephalonia auf Strand gesetzt, wo sie am 27. des Monats als Totalverlust abgeschrieben wurde[53].

Die »ULTRA«-Aufklärung arbeitete diesmal mit neugewonnener Wirksamkeit und meldete Kurs und Zwischenanlegezeiten des Motorschiffes rechtzeitig und genau. Im Funkspruch des O.I.C. vom 23. Juli ist nämlich zu lesen:

»*Pisani* läuft, von *Antares* gesichert, am 23. um 12.00 Uhr aus Tarent aus, Geschwindigkeit 14 Knoten. Soll am 24. um 18.00 Uhr in Navarino eintreffen. Wird am 25. um 06.30 Uhr aus Navarino auslaufen und in Tobruk am 26. um 08.00 Uhr eintreffen[54].«

Das Ende der *Vettor Pisani* wurde dann so vom O.I.C. festgestellt:

»*Pisani*, die am 23. um 12.00 Uhr aus Tarent nach Tobruk auslief, wurde am 24. um 09.30 Uhr von acht Flugzeugen angegriffen und in Brand geschossen. Schlepper versuchten, sie nach Argostoli zu schleppen, aber angesichts der Tatsache, daß sie fast völlig in Flammen stand und im Begriff war, unterzugehen, wurde sie unweit von Argostoli auf Strand gesetzt[55].«

Ab Ende Juli 1942 erhöhte sich das Tempo der Versenkungen italienischer Dampfer auf den Routen nach Libyen auch dank der Rückkehr der britischen 10. U-Boot-Flottille nach Malta unaufhaltsam. Die Verluste beeinflußten in erster Linie die Stoßkraft der deutsch-italienischen Armeen auf afrikanischem Boden negativ und dann in gleichem Maße die Abwehrreserven an der Front bei der heftigen Gegenoffensive, die Montgomery Ende Oktober bei El Alamein ansetzte[56].

4.6 Die Wende des Krieges im Mittelmeer

Außer der Steigerung der Offensivkraft Maltas wurde die Erhöhung der Zahl der versenkten deutschen und italienischen Handelsschiffe ab Spätsommer 1942 zum getreuen Spiegel auch der verstärkten Präsenz der britischen »ULTRA«-Aufklärung beim Kampf im Mittelmeer. Diese Organisation war, wie durch Dokumente belegt wird, direkt verantwortlich für die Versenkung von 32 Dampfern auf den Routen nach Libyen allein in der Periode vom August 1942 bis Januar 1943 und von ebensovielen Handelsschiffen auf der neuen tunesischen Route in den sechs Monaten vom November 1942 bis zum folgenden Mai.

Der erste Geleitzug, mit dem wir uns jetzt befassen müssen, setzte sich aus den zwei Motorschiffen *Ravello* und *Lerici* zusammen. Sie waren in den ersten Stunden des 14. August aus Tarent bzw. Brindisi ausgelaufen, nachdem ihre Abfahrt um 48 Stunden verschoben worden war. Nachdem sie sich auf der Höhe von Leuca auf See vereinigt hatten, nahmen die beiden Handelsschiffe unter dem Geleitschutz eines Zerstörers und dreier Torpedoboote auf einer weit ostwärts von Malta gelegenen Route Kurs auf Bengasi.

Die sechs italienischen Schiffe wurden von englischen Aufklärern am Nachmittag des 15. August gesichtet, d. h. fünf Tage, nachdem Bletchley Park begonnen hatte, wertvolle Nachrichten über ihre Bewegungen zu liefern. Am 10. August konnte nämlich das O.I.C. melden, daß

»die *Ravello* und die *Lerici* aus Tarent bzw. Brindisi ausgelaufen waren, um sich am 12. um 10.30 Uhr zu treffen und sich später mit der damals in Piräus liegenden *Foscolo* zu vereinigen. Der so zusammengestellte Geleitzug soll am 14. um 08.00 Uhr in Bengasi einlaufen[57].«

Die zeitliche Verschiebung der Operation zwang jedoch das O.I.C. am 12. August, einen weiteren Funkspruch abzusetzen, in dem es genau angab, daß

»die *Ravello* und die *Lerici,* die aus Tarent bzw. Brindisi hätten auslaufen sollen, sowie die *Foscolo*, die aus Piräus auslaufen sollte, und zwar alle nach Bengasi, zurückgehalten würden, bis neue Befehle einträfen[58]«.

Noch am Tag des Auslaufens der beiden Motorschiffe waren die Engländer schließlich in der Lage zu melden, daß

»die *Ravello* und die *Lerici* Italien am 14. verlassen sollen, um am 16. um 08.00 Uhr in Bengasi einzulaufen[59]«.

Die darauf folgende Sichtung durch Flieger am 15. August nachmittags war nur die Frucht der üblichen englischen Verfahrensweise, die wir im vierten Abschnitt des abschließenden Kapitels belegen werden. Sie bestand darin, einen Aufklärer gegen die von »ULTRA« gemeldeten Ziele zu entsenden, um die Nachrichtenquelle zu verschleiern und ihre letzte genaue Position zu ermitteln. In diesem Fall wurde nach der Ortung aus der Luft das nahe U-Boot *Porpoise* vor Kreta zum Geleitzug hingeführt. Kurz darauf, genau um 18.30 Uhr, konnte es das Motorschiff *Lerici* mit einem Torpedo treffen, das dann am folgenden Tag von eigenen italienischen Zerstörern versenkt wurde, da sich Abschleppversuche als nutzlos erwiesen[60]. Selbst diese Einzelheit entging der britischen Admiralität nicht, die durch das O.I.C. meldete:

»Die *Lerici* ist bei 34°42' Nord, 21°35' Ost 100 Meilen West-Südwest von Kreta am 15. um 18.30 Uhr von einem U-Boot torpediert worden. Das Handelsschiff wurde aufgegeben und später von einem italienischen Zerstörer versenkt[61].«

Das folgende Opfer war das ganz moderne Motorschiff *Rosolino Pilo* (8 326 BRT). Aus Neapel kommend, lief es am 17. August aus Trapani zusammen mit zwei Zerstörern nach Tripolis aus, wurde aber am Nachmittag desselben Tages von Flugzeugen torpediert und blieb manövrierunfähig liegen. Während der Nacht wurde es vom hinzukommenden U-Boot *P. 44 (United)* versenkt[62].

Die Nachrichten vom 17. August, welche in dieser Lage die Engländer in Alarm versetzten, beinhalteten, daß

»die in Trapani eingelaufene *Pilo* von dort am 17. um 06.00 Uhr auslaufen und Tripolis am 18. um 12.30 Uhr erreichen soll[63]«.

Daher meldete das O.I.C. am folgenden Tag auch einige Einzelheiten über den Angriff:

»Die *Pilo* ist am 17. um 16.00 Uhr etwa 70 Meilen südlich Pantelleria bei einem Luftangriff in Brand geschossen worden. Anmerkung: Nach dem Bericht aus Malta ist das Handelsschiff von Beauforts angegriffen worden. Das U-Boot *P. 44* ist zur Aufklärung abgesandt worden und ein Flugzeug soll um 22.30 Uhr Leuchtkugeln auf das Schiff abschießen[64].«

Nicht ausgelassen werden darf der Fall des Tankers *Pozarica*, auch wenn er nicht mit der Vernichtung des Schiffes endete. Dieser ursprünglich aus Neapel mit 6 939 Tonnen Treibstoff kommende Tanker lief in der Nacht vom 19. zum 20. August aus Messina aus und setzte zusammen mit dem Dampfer *Dora* seine Fahrt unter dem starken Geleitschutz von zwei Zerstörern und drei Torpedobooten nach Bengasi fort. Dabei durchlief er die griechischen Gewässer weit von Malta und der üblichen Route entfernt. Nachdem er am 20. wiederholten Luftangriffen ausgesetzt gewesen war, wurde er am 21. August um 16.17 Uhr von zwei Lufttorpedos getroffen, aber auf der Reede von Saida mit Blick auf Korfu auf Strand gesetzt. Dann entlud man seine kostbare Ladung[65].

Die ersten Bewegungen der *Pozarica* wurden tatsächlich von den Engländern mit einer gewissen Befangenheit und Verlegenheit verfolgt, wie durch die folgenden ersten beiden Funksprüche des O.I.C. bewiesen wird[66]:

»Der von der *Ciclone* gesicherte Tanker *Pozarica* sollte Neapel am 16. um 09.30 Uhr mit $9^1/_2$ Knoten Geschwindigkeit verlassen und Tripolis am 19. um 03.00 Uhr erreichen.«

»Der Tanker *Pozarica* ist bei der Fahrt von Neapel nach Tripolis am 17. nahe Palermo von der Luftaufklärung gesichtet worden. Seine zukünftigen Bewegungen sind unbekannt.«

Ab 20. August begannen die Engländer, viele Einzelheiten, wenn auch nicht immer genaue, über die *Pozarica* und die mit ihr gleichzeitig in See oder beim Auslaufen befindlichen Dampfer sowie — und das ist in weit höherem Maße bedeutungsvoll — über die neuen von Rom herausgegebenen Anweisungen zu erfahren. Aber lesen wir zuvor den ganzen Funkspruch des O.I.C. von jenem Tag[67]:

»Der Tanker *Pozarica* sollte am 19. um 08.00 Uhr mit $8^1/_2$ Knoten aus Palermo auslaufen und Messina passieren, wo er sich mit der *Dora* vereinigen sollte. Die *Giorgio* soll am 20. um 14.30 Uhr aus Tarent auslaufen und am 21. um 06.00 Uhr bei Otranto zum Geleitzug stoßen. Der Geleitzug wird die griechischen Gewässer durchlaufen und im Kanal von Kythera den Tanker *A. Fassio* am 23. um 06.00 Uhr aufnehmen. Der letztere soll aus Suda am 22. um 19.00 Uhr auslaufen. Am 23. um 21.00 Uhr laufen die *Fassio* und die *Dora* zusammen nach Tobruk aus; die *Pozarica* und *Giorgio* laufen jedoch nach Bengasi.«

Am 21. August war das O.I.C. in der Lage, weitere Einzelheiten über die genannten Bewegungen zu präzisieren[68]:

»Der Tanker *Pozarica* und die *Dora* liefen am 19. um 23.45 Uhr unter dem Geleitschutz der *Aviere, Camicia Nera, Ciclone* und *Climene* aus Messina aus. Der Geleitzug soll entlang der griechischen Küste fahren und sich mit der *Dielpi* vereinigen, die am 22. um 05.30 Uhr aus Patrasso auslaufen wird. Am 23. um 21 Uhr wird sich der Geleitzug teilen: *Dielpi* und *Dora* werden nach Tobruk weiterlaufen, wo sie am 24. um 12.00 Uhr eintreffen; die *Pozarica* nimmt Kurs auf Bengasi, wo sie am 24. um 17.00 Uhr erwartet wird; die *Giorgio* und die *Fassio* gehören nun zu diesem Geleitzug.«

Die sehr zahlreichen Nachrichten über diese italienischen Dampfer, die wegen der offensichtlichen Überlagerung durch einander folgende operative Befehle qualitativ nicht sehr überzeugend sind, wurden schließlich durch eine annehmbare Genauigkeit im folgenden langen Funkspruch des O.I.C. vom 22. August bestätigt[69].

»Am 21. um 22.30 Uhr teilte Rom mit, daß alles, was die Bewegungen des Tankers *Pozarica* betraf, zurückgenommen worden war und der Tanker ›die Fahrt unterbrochen hat‹. *Kommentar:* Man erfuhr aus Malta, daß Flugzeuge diesen Geleitzug nahe der Insel Paxos am 21. um 16.18 Uhr angegriffen haben. Später forderte ein Funkspruch des Geleitzerstörers die Absendung von Hilfe für den torpedierten Tanker, der in diesem Augenblick in der Bucht von Saida vor Anker lag. Die *Dielpi*, die zum Geleitzug *Pozarica* stoßen sollte, ist zusammen mit der *Istria* nach Suda geschickt worden. Beide kamen ursprünglich aus Piräus. Die *Dielpi* und die *Kreta* werden wahrscheinlich ihre Fahrt von Suda nach Tobruk fortsetzen.«

Beide genannten Dampfer, die *Istria* und die *Dielpi*, waren weiterhin das Ziel äußerst genauer Aufmerksamkeit seitens »ULTRA«, das diesmal viel rechtzeitiger und offensichtlich zum sich anschließenden britischen Erfolg beitrug.

Wir haben bereits gesehen, wie sehr die Engländer über die ersten Bewegungen der *Dielpi* und der *Istria* nach den Funksprüchen des O.I.C. vom 21. und 22. August auf dem laufenden waren. Die beiden Einheiten erreichten, aus Piräus kommend Suda am Morgen des 24. und blieben dort bis zur Nacht vom 26. Dann liefen sie von neuem unter dem Geleitschutz des deutschen (ex-griechischen) Zerstörers *Hermes* und zweier italienischer Topedoboote mit Kurs Bengasi und Tobruk aus. Die beiden Dampfer wurden jedoch am Abend des 27. August schweren Luftangriffen ausgesetzt und sanken[70].

In dieser Lage gelang es Bletchley Park, mit beachtlichem Vorsprung die feindlichen Absichten zu interpretieren und eine gut ausgedachte Falle vorzubereiten. Nach den beiden erwähnten Funksprüchen des O.I.C. vom 21. und 22. August folgten nämlich die Nachrichten über die *Dielpi* und die *Istria* aufeinander im folgenden Tempo[71]:

— 23. August: »Die *Dielpi* und die *Kreta* werden aus der Bucht von Suda nach Tobruk auslaufen.«
— 24. August: »Die *Istria* ist am 22. um 12.00 Uhr aus Piräus nach Suda und Bengasi ausgelaufen.«
— 25. August: »Die *Dielpi* soll am 26. um 12.00 Uhr aus Suda auslaufen und am 28. um 16.00 Uhr in Bengasi eintreffen, Geschwindigkeit 7 Knoten. Die *Istria*, die am 27.

um 00.01 Uhr aus Suda nach Tobruk auslaufen soll, Geschwindigkeit 8 Knoten, wird am 28. um 13.00 Uhr eintreffen.«
— 26. August: »Die *Dielpi* soll aus Suda am 28. August in Bengasi einlaufen. Die *Istria* wird am 27. August aus Suda nach Tobruk auslaufen und am 28. August eintreffen.«
— 29. August: »Die *Dielpi* ist von Flugzeugen versenkt worden, während sie mit Südkurs aus Suda am 27. um 18.45 Uhr nach Bengasi lief. Die Ladung enthielt Treibstoff und Ersatzteile für Kampfpanzer. Die *Istria* ist am 27. um 21.45 Uhr von Flugzeugen versenkt worden, während sie aus Suda mit einer Ladung Treibstoff M/T und Munition nach Tobruk lief.«

4.7 Der Geleitzug von Ende August und die Episode mit der *Picci Fassio*

Gemäß dem damals üblichen operativen Verfahren zog Supermarina in Piräus in der letzten Augustwoche auch die Dampfer *Tergestea* und das Motorschiff *Camperio*, beide aus Brindisi kommend, zusammen, die dann am 26. aus dem griechischen Hafen nach Bengasi unter dem Geleitschutz eines Zerstörers und zweier Torpedoboote ausliefen, zu denen weitere drei leichte Einheiten zur U-Bootabwehr kamen. Trotz des Vorhandenseins dieser drei letzteren Spezialgeleitschiffe wurde jedoch die *Camperio* am 27. um 07.49 Uhr vom U-Boot *Umbra (P. 35)* torpediert und sank kurz nach Mittag[72].

Die vorausgehenden »ULTRA«-Nachrichten über den Geleitzug wurden am 25. August durch folgende wertvolle Meldung des O.I.C. weitergegeben:

»Die *Tergestea* sollte aus Brindisi am 24. um 13.00 Uhr nach Piräus auslaufen und im Morgengrauen des 26. den Kanal von Korinth, gefolgt von der *Camperio*, passieren, die aus Brindisi am 24. um 20.00 Uhr ausgelaufen ist. Nach Passieren des Kanals am 26. um 09.00 Uhr werden die Schiffe mit einer Geschwindigkeit von 10 Knoten nach Bengasi weiterlaufen, wo sie am 28. um 12.00 Uhr eintreffen werden[73].«

Die gleichen Nachrichten wurden in mehr zusammenfassender Weise am 26. August wiederholt, genau an dem Tag des Auslaufens der beiden Handelsschiffe aus Piräus, während das O.I.C. 48 Stunden nach der Versenkung der *Camperio* in der Lage war, mitzuteilen, daß

»Rom Bengasi am Nachmittag des 27. davon unterrichtet hatte, daß die von der *Tergestea* erwartete *Camperio* nicht eingetroffen und sie wahrscheinlich der Dampfer von 5000 Tonnen wäre, der vom Unterseeboot *P. 35* am Nachmittag des 27. versenkt wurde[74]«.

In diesem Zusammenhang möchten wir noch einmal daran erinnern, daß das O.I.C., nachdem es die von BP kommenden Nachrichten an die operativen und exekutiven Organe der Royal Navy weitergegeben hatte, sich nicht mehr um die von diesen ergriffenen Maßnahmen zum Abfangen der so geschickt ausgespähten und gemeldeten Ziele kümmerte. Die Nachrichten über die Versenkung der Ziele erreichten das O.I.C.

jedoch mit einer gewissen Verzögerung oder durch die Meldungen der örtlichen Befehlshaber, die einige Zeit nach dem Angriff abgesandt wurden, vor allem, wenn dieser durch U-Boote unternommen worden war. Ein anderer Weg führte über die Entzifferung der einander folgenden italienischen Funksprüche wie in dem in Frage stehenden Fall.

Ein neues Beispiel für die lange und genaue Vorbereitung einer Falle seitens »ULTRA«, die dann aus unvorhersehbaren Gründen vorzeitig zuschnappte, war jenes des Dampfers *Paolina*, der am 27. August versenkt, aber vom 16. des gleichen Monats ab von den Entzifferern in Bletchley Park verfolgt worden war. Der Funkspruch des O.I.C. von jenem Tag teilte nämlich mit, daß »die *Paolina* am 18. um 05.00 Uhr aus Sfax nach Palermo auslaufen und am 19. um 23.59 Uhr eintreffen soll[75]«.

Das Verschieben der Auslaufzeit dieses Dampfers aus Sfax und seine folgenden Bewegungen wurden gleichermaßen mit methodischer Genauigkeit vom O.I.C. in der folgenden langen Reihe von Mitteilungen vorausgemeldet[76]:

— 17. August: »Das Auslaufen der *Paolina* aus Sfax nach Palermo ist verschoben worden.«
— 19. August: »*Paolina* und *Giulia*, jetzt in Sfax, werden in Kürze mit einer Ladung von Phosphaten nach Italien zurückkehren.«
— 20. und 23. August: »Das Auslaufen der *Paolina* und der *Giulia* aus Sfax ist gestoppt worden.«
— 25. August: »*Paolina* wird am Morgen des 26. aus Sfax nach Palermo auslaufen.«
— 26. August: »*Paolina* ist heute morgen aus Sfax nach Italien ausgelaufen.«
— 27. August: »*Paolina* ist aus Sfax am Morgen des 26. nach Palermo ausgelaufen.«

Wie BP vorausgesehen hatte, lief die *Paolina* tatsächlich aus Sfax nach Palermo am 26. August um 04.00 Uhr mit einer Ladung von 7 800 Tonnen Phosphaten aus. Sie wurde von dem aus Tripolis kommenden Torpedoboot *Sagittario* gesichert. Die Geleiteinheit wurde aber am 27. morgens angewiesen, dem nahen Dampfer *Armando*, der südlich Kelibia auf Strand gelaufen war, Hilfe zu leisten. Die alleinfahrende und vom vorgesehenen Kurs abgekommene *Paolina* stieß am gleichen Tag um 11.22 Uhr auf ein Minenfeld nahe Kap Bon und wurde schließlich am Nachmittag durch die eigene Besatzung versenkt[77].

In diesem Fall handelte die operative Führung daher nicht rechtzeitig, um den gewöhnlichen Vorteil aus den reichlich vorhandenen »ULTRA«-Nachrichten zu ziehen.

In jenen letzten Augusttagen 1942 verlegte Supermarina noch einmal zwei aus Tarent kommende und für Tobruk bestimmte Tanker in die Ägäis, genauer zuerst nach Piräus und dann nach Suda. Es handelte sich um die *Picci Fassio* und die *Abruzzi*, die dann zusammen mit dem für Bengasi bestimmten Dampfer *Bottiglieri* unter dem Geleitschutz von drei Torpedobooten und mit der bescheidenen Geschwindigkeit von sieben Knoten am Morgen des 31. August aus Suda ausliefen[78].

Die englischen Entzifferer erfuhren die Bewegungen des noch nicht zusammengestellten Geleitzuges ab 29. August, als sie den folgenden Funkspruch knackten und seine Weitergabe ermöglichten:

»Die Tanker *Picci Fassio* und *Abruzzi* werden aus Piräus am 29. um 22.00 Uhr nach
Tobruk auslaufen und sich am 30. um 18.00 Uhr mit dem aus Suda kommenden und
nach Bengasi laufenden Dampfer *Bottiglieri* vereinigen[79].«

Diese Mitteilung, welche die britischen Luftstreitkräfte in diesem Raum, die den Auftrag hatten, vor allem den Nachschub an Treibstoff für die Achse zu unterbinden, in
höchste Alarmbereitschaft versetzte, wurde ohne Änderungen am 30. wiederholt, wie
aus dem diesbezüglichen Funkspruch des O.I.C./M.C. 156 hervorgeht, den wir im
Anhang V zusammen mit den ihm folgenden Funksprüchen vom 31. August und vom
1. September wiedergeben. Aus diesen letzteren kann man auch ersehen, daß die Engländer das Auslaufen der *Picci Fassio*, der *Abruzzi* und der *Bottiglieri* aus der Bucht
von Suda nach ihren jeweiligen Bestimmungshäfen am Morgen des 31. genau voraussa-
hen. Sie meldeten auch die augenblickliche Kursänderung der beiden Tanker um 180
Grad, als diese kaum gewahr wurden, daß sie von der feindlichen Luftaufklärung in
See gesichtet worden waren[80].

Das erste Opfer der heranfliegenden britischen Angriffsflugzeuge war die *Abruzzi*,
die am 1. September um 19.30 Uhr von in ihrer Nähe niedergegangenen Bomben
beschädigt, von der Besatzung augenblicklich aufgegeben, dann aber wieder unter
Kontrolle gebracht und schließlich bei Ras Hilal im Schlepp auf Strand gesetzt wurde.
Die gesamte Ladung wurde gerettet. Der größere Tanker *Picci Fassio* war nicht so
glücklich, da er am 2. September um 01.55 Uhr von einem Lufttorpedo getroffen wurde und eine Stunde danach in den Wellen verschwand. Die Nachricht über diesen britischen Erfolg wurde vom O.I.C. zwei Tage später weitergegeben[81].

Obwohl die *Picci Fassio* faktisch in den ersten Septembertagen unterging, muß sie in
die bereits große Verlustliste des deutsch-italienischen Verkehrs im August einbezogen
werden, da in diesem Monat der Plan für die Fahrt des Tankers heranreifte und ver-
wirklicht wurde. Nach den vom Ufficio Storico der italienischen Marine zusammengestellten Statistiken verzeichnete man gerade im August 1942 einen der höchsten Prozentsätze des ganzen Krieges für in Libyen nicht eingetroffene Versorgungsgüter.
Dabei sind die 38 Prozent des aus Italien auf dem Seeweg transportiertenPersonals und
die 33 Prozent des auf den gleichen Routen beförderten Materials nicht hinzugefügt[82].

Die dritte Phase der Schlacht gegen die Geleitzüge nach Libyen (September 1942 bis Januar 1943)

5.1 Die deutschen Kritiker und die Verluste im September

Die besorgniserregende Steigerung der Verluste im August 1942 beim nach Nordafrika gerichteten Achsenverkehr veranlaßte Feldmarschall Kesselring, den deutschen Oberbefehlshaber Süd (O.B.Süd), ein in trockenen Worten abgefaßtes Memorandum über die Ursachen dieser Mißerfolge und über die zu ergreifenden Maßnahmen vorzulegen. Dieses Dokument mit dem langen und anspruchsvollen Titel *Studie über die Ursachen für die Schiffsverluste und die folglich notwendig werdenden Gegenmaßnahmen zur Verbesserung der Nachschublage* wurde dem italienischen Oberkommando am 8. September 1942 übergeben, aber in Wirklichkeit erst Ende August bis in die ersten Tage des neuen Monats konzipiert[1].

Zum weiteren Beweis für das anhaltende Fehlen eines, wenn auch minimalen Verdachtes über die Existenz feindlicher Spezialnachrichtenquellen maß Kesselring in dem Memorandum die Verantwortung für die schlechte Abwicklung des Verkehrs im Mittelmeer den häufigen Änderungen der Auslauf- und Eintreffzeiten der Geleitzüge mit den daraus sich ergebenden negativen Wirkungen auf die an sich schon nicht angemessene Luftsicherung, der Verlangsamung der Bombenangriffe auf Malta, dem zur Kritik Anlaß gebenden Verhalten der Besatzungen einiger Schiffe und schließlich der zu starr beachteten Befolgung der festgelegten Routen zu.

Es ist interessant, bei dieser letzteren Begründung stehenzubleiben, die infolge der Erklärungen vieler Schiffskapitäne im Krieg entstand und sich dann bis in unsere Tage erhalten hat. Sie waren aus eigener Initiative mit ihren Schiffen von der festgelegten Route abgewichen, und es gelang ihnen, mit heiler Haut davonzukommen und ungestört den Bestimmungshafen zu erreichen. Die unschuldigen Enthüllungen jener Offiziere, die völlig ahnungslos waren, daß sie zu ihrer Zeit mit ihrer freien Interpretation der operativen Pläne und der Fahrpläne sogar die britische »ULTRA«-Funkaufklärung getäuscht hatten, haben schließlich die wohlbekannte These vom Verrat auf »taktischer« Ebene genährt und scheinbar unangreifbar gemacht. Ab 1941 keimte sie in den Köpfen der hohen deutschen Verantwortlichen und wurde nach dem Krieg zum Allgemeinplatz.

Auf die Bemerkungen Kesselrings antwortete Supermarina am 12. September mit dem Memorandum Nr. 92, in welchem auf die Unmöglichkeit aufmerksam gemacht wurde, die ungewöhnliche Starrheit bei den festgelegten Routen völlig aufzugeben, da dies ja bereits schon durch die verbindlichen Pläne für die Luftsicherung der Geleitzüge verhindert würde. Alle vom O.B. Süd aufgezählten Ursachen wurden dann von Supermarina dem Wesen nach als absolut unerheblich in Anbetracht der Verminderung der Bombenangriffe auf Malta, der Hauptquelle des ganzen Unglücks im Mittelmeer, angesehen[2].

In diesem kritischen Augenblick muß auch eine mißbilligende Note über das Verhalten der Italiener im Kriege, angebracht werden, zumindest wenn man es an den Kriterien der Legalität mißt. Erste Hinweise dafür hat uns Außenminister Ciano unter dem Datum vom 19. Mai und 2. September 1942 in seinem berühmten Tagebuch geliefert.

Bei der ersten Gelegenheit, nämlich im Zusammenhang mit Mussolinis Weigerung gegenüber einem englischen Ersuchen, einige britische Lazarettschiffe nach Malta entsenden zu können, ist unter anderem folgendes zu lesen:

»... um so mehr, als seine Erfahrung ihn lehrt, wieviele Dinge man in den Lazarettschiffen verbergen kann, wenn man eine Blockade brechen muß. Im vergangenen Winter sandten wir den Nachschub an Benzin am rechtzeitigsten, indem wir uns der weißen Schiffe bedienten[3].«

Darauf kam Ciano am folgenden 2. September auf das gleiche Thema zurück und schrieb:

»Cavallero versichert..., daß man andere Mittel für den Transport des Benzins finden wird: statt der Tanker, die zu leicht zu erkennen sind, gewöhnliche Dampfer und Lazarettschiffe[4].«

Leider wissen wir nicht, seit wann die Engländer dank der Organisation von BP über diesen Schwindel Bescheid wußten. Aber es ist sicher, daß sie genau am 3. September 1942 einen Funkspruch aus deutscher Quelle vom 31. August um 13.42 Uhr entzifferten, der wie folgt abgefaßt war:

»Wichtig. Lazarettschiff *Arno* mit 50 Sanitätern und sechs Tonnen Nachschub für Bengasi. Lazarettschiff *Gradisca* mit 50 Sanitätern und zehn Tonnen Nachschub für Tobruk über Tripolis. Lazarettschiff *Aquileia* mit 20 Sanitätern und sechs Tonnen Nachschub für Marsa Matruh[5].«

Man braucht sich daher nicht zu wundern, wenn kurze Zeit darauf zwei italienische Lazarettschiffe auf See versenkt wurden: die *Arno* eine Woche später, d. h. am 10. September, und die *Città di Trapani* am 1. Dezember 1942 mit daraus sich ergebenden unschuldigen Opfern. Nebenbei ist festzuhalten, daß weitere sieben Einheiten des gleichen Typs durch Minen oder im Verlauf von Bombenangriffen auf die Häfen verlorengingen.

Aber kehren wir zur regulären Kriegführung gegen den Verkehr nach Libyen zurück.

Während das erwähnte Memorandum Kesselrings im Entstehen begriffen war, wurde mit entscheidender Hilfe von »ULTRA« dem nach Nordafrika gerichteten italienischen Verkehr von den Engländern ein weiterer harter Schlag zugefügt. Es handelte sich diesmal um den Geleitzug »Sportivo«, der aus dem gleichnamigen Dampfer und zwei weiteren Frachtschiffen *D. Bianchi* und *Padenna* bestand. Wie üblich wurde er in Piräus zusammengestellt, von wo er am 2. September um 08.00 Uhr unter dem Geleitschutz von vier Torpedobooten nach Tobruk auslief.

Britische und bei dieser Gelegenheit auch amerikanische Flugzeuge griffen vom Nachmittag des 3. ab ununterbrochen die sieben italienischen Einheiten an, obgleich diese sich in zwei voneinander entfernt laufende Gruppen getrennt hatten. Am 4. September um 01.53 Uhr trafen sie die *D. Bianchi* mit einem Torpedo und versenkten sie. Eine Stunde später traf das herbeigeeilte englische U-Boot *Thrasher* mit zwei Torpedos die von Leuchtkugeln erhellte *Padenna*, die um 03.30 Uhr sank. Im Verlauf eines weiteren nächtlichen Luftangriffs wurde schließlich auch das Torpedoboot *Polluce* schwer beschädigt und sank um 07.30 Uhr. Lediglich die *Sportivo* erreichte, von den drei übrig gebliebenen Torpedobooten gesichert, unbeschädigt Tobruk[6].

Die Tragweite und Wirkung des obengenannten Desasters hat uns veranlaßt, im Anhang V die Funksprüche des O.I.C. vom 30., 31. August, 1., 2. und 6. September 1942 wiederzugeben. Mit ihnen wurden dringende und unschätzbar wertvolle »ULTRA«-Nachrichten über den in Frage stehenden Geleitzug weitergegeben. Hier folgt eine Zusammenfassung, um ihre Auswirkungen bewerten zu können[7].

Die ersten Nachrichten über die den zukünftigen Geleitzug »Sportivo« bildenden Dampfer tauchten am 30. August auf und meldeten ihr Auslaufen aus Piräus am vorhergehenden Tag. Diese unüberprüfte Nachricht wurde am 31. August korrigiert, als die Engländer so taten, als kennten sie die Namen aller drei Handelsschiffe, ihre zukünftige Geschwindigkeit und die voraussichtliche neue Auslaufzeit viel besser. Diese letztere, die ursprünglich auf den 1. September um 08.00 Uhr festgesetzt war, wurde dann um 24 Stunden verschoben. Auch diese Tatsache entging den aufmerksamen Entzifferern der Briten nicht und wurde im Funkspruch des O.I.C. vom gleichen 1. dieses Monats weitergegeben und fast vollständig am folgenden Tag wiederholt.

Mit ähnlichen pünktlichen Nachrichten war es den Engländern nicht schwer, den Geleitzug in See zu verfolgen und ihn beharrlich anzugreifen. Die befriedigenden Ergebnisse wurden dann im Funkspruch des O.I.C. vom 6. September gemeldet.

Es muß präzisiert werden, daß beide versenkten Handelsschiffe mit Treibstoff beladen waren. Das veranlaßt uns festzustellen, daß ab August 1942 gerade solche Schiffe das Hauptziel der britischen Angriffskräfte wurden, gleich ob es sich um einen modernen oder alten Tanker oder einen kleinen zum Transport von Treibstoff eingerichteten Dampfer handelte.

In Übereinstimmung mit den von Ciano mitgeteilten bekannten Entscheidungen Cavalleros war der Dampfer *Carbonia* solch ein in einen Tanker umgewandelter Typ. Beladen mit 1 124 Tonnen Treibstoff, lief er am 12. September 1942 ohne Geleitschutz aus Neapel aus. Er hätte zwischen dem 15. und dem 16., sogar nach einem Aufenthalt in La Goletta, in Einzelfahrt entlang den tunesischen Küstenrouten in Tripolis eintreffen sollen, wurde aber am 17. um 19.15 Uhr schließlich von englischen Flugzeugen angegriffen und versenkt[8].

In diesem Fall gelang es »ULTRA«, das seine Arbeit etwas verspätet aufgenommen hatte, das Fahrtprogramm der *Carbonia* trotzdem noch zu deuten, solange der Dampfer sich noch in tunesischen Gewässern befand, d. h. rechtzeitig, um für die Auslösung des Luftangriffes zu sorgen, der zu seiner Versenkung führte. Während nämlich der lakonische Funkspruch des O.I.C. vom 15. September verspätet kam und lediglich mitteilte, daß die *Carbonia* »aus einem italienischen Hafen nach Tripolis ausgelaufen« war, so kamen die Nachrichten von BP vom 17. September rechtzeitig und den Umständen entsprechend. Sie enthüllten das folgende:

»Die aus Neapel und Sizilien kommende *Carbonia* ist am Morgen des 15. in La Goletta eingelaufen. Am 16. um 23.59 Uhr ist sie wieder ausgelaufen und wird Kap Bon am 17. um 08.00 Uhr auf der Route nach Tripolis umlaufen[9].«

Die verhängnisvolle Versenkung des Dampfers wurde dann mit zahlreichen Einzelheiten im Funkspruch des O.I.C. vom 20. September gemeldet.

Auch der überalterte Dampfer *Leonardo Palomba*, ein gut 53 Jahre altes Schiff, das nicht mehr als 6 Knoten laufen konnte, war zum Transport von Flüssigtreibstoff hergerichtet worden. Allein und ohne Geleitschutz lief es am 18. September aus Palermo aus. Nach der Fahrt auf der üblichen tunesischen Küstenroute hätte dieses Handelsschiff 648 Tonnen Benzin, einige Flak mit Zubehör und 25 deutsche Soldaten in Tripolis ausladen sollen. Aber seine Fahrt verlief voller Zwischenfälle.

Zunächst lief die *Leonardo Palomba* am Nachmittag des 20. in der Umgebung von Ras Mahamur auf Grund und wurde in der Folge, nachdem sie von einem Schlepper freigeschleppt worden war, in der Nacht vom 21. auf den 22. vom U-Boot *Unruffled (P. 46)* mit Geschützfeuer angegriffen. Es mußte sich aber zurückziehen, weil auf dem Dampfer eingeschiffte deutsche Soldaten eine zur Fracht gehörige mehrrohrige Maschinenkanone in Stellung gebracht und sich damit gewehrt hatten[10].

Das englische U-Boot gab sich jedoch nicht geschlagen. Kurz darauf griff es, diesmal getaucht, wieder an und traf die *Leonardo Palomba* am 22. September um 04.30 Uhr mit zwei Torpedos. Das Schiff sank schnell. Von den 49 Mann an Bord retteten sich ein italienischer Matrose und 14 deutsche Soldaten, die letzteren auf einem Floß, das dann vom französischen Minenräumer *Revignan* geborgen wurde.

Die »ULTRA«-Meldungen über die *Leonardo Palomba* waren wieder einmal ausgiebig und genau und umfaßten alle Besonderheiten des Vorfalles auf der Fahrt. Aber sie kamen auch entschieden zu spät, sofern sie die Daten der Bewegung des Zieles betrafen, und hatten als solche keinen Einfluß auf die Vernichtung des Dampfers. Sie muß damit einer selbständigen Initiative des U-Bootes *Unruffled* zugeschrieben werden[11].

Die Episode hat immerhin ihren Wert, da es mit ihrer Hilfe möglich ist, das nun sehr breite Aktionsfeld der Entzifferer von Bletchley Park zu zeigen. Wir beziehen uns besonders auf den Funkspruch des O.I.C. vom 25. September:

»Die *Palomba*, die sich am 21. September, nachdem sie nahe Ras Mahamur auf Grund gelaufen war, an der Wasseroberfläche hielt, konnte später versenkt werden, als ein französischer Minenräumer einige Überlebende auf einem Floß nahe Kuriat an Bord zog. Das Unterseeboot *P. 46* meldete, zwei Schiffe versenkt zu haben. Von einem glaubt man, es sei vermutlich das französische Schiff *Liberia* am 22. September im Golf von Hammamet gewesen[12].«

Noch bedeutungsvoller war der Fall des Geleitzuges »Barbaro«, der sich aus dem gleichnamigen am 26. September aus Brindisi ausgelaufenen modernen Motorschiff und dem Motorschiff *Unione*, das am gleichen Tag Tarent verlassen hatte, zusammensetzte. Die beiden schnellen Frachter, die sich zur See am folgenden Morgen unter dem Geleitschutz von zwei Zerstörern und vier Torpedobooten vereinten, tranportierten Flüssigtreibstoff, Panzer, Kraftfahrzeuge, Munition und Soldaten nach Bengasi. Vom Tag ihres Auslaufens an wurden sie von »ULTRA« verfolgt. Am 26. September kündigte nämlich das O.I.C. an, daß »die *Unione* am 26. um 20.30 Uhr aus Tarent und die *Barbaro* am 26. um 22.30 Uhr aus Brindisi auslaufen würden, um sich am 27. um 06.00 Uhr auf See zu vereinigen und nach Bengasi weiterzufahren, wo sie am 28. um 16.00 Uhr einlaufen sollen«[13].

Am Vormittag des 27. wurde der Geleitzug von den üblichen Aufklärern, die extra ausgesandt worden waren, verfolgt und geortet. Um 16.42 Uhr traf das herbeigerufene U-Bott *Umbra (P. 35)* die *Barbaro* in den Gewässern von Kephalonia mit einem Torpedo. Im ersten Augenblick wurde das kostbare Motorschiff vom Zerstörer *Lampo* in Richtung auf Navarino geschleppt. Aber das englische U-Boot, das der Jagd der beiden Geleittorpedoboote entkommen war, konnte während der Nacht den Angriff wiederholen und das Frachtschiff ein zweites Mal treffen. Es sank am 28. September um 04.40 Uhr[14]. Kurz zuvor, genau um 00.55 Uhr, hatte ein Flugzeug das Motorschiff *Unione* torpediert, das, vom hartnäckigen Zerstörer *Da Verazzano* in Schlepp genommen, jedoch am Morgen des 29. September in den Hafen von Navarino in Sicherheit gebracht wurde.

Die Engländer entzifferten auch die den Angriff beschreibenden italienischen Funksprüche, so daß das O.I.C. in der Lage war, die Ergebnisse des Unternehmens mit den beiden folgenden Funksprüchen zu melden:

— 28. September: »Die *Barbaro*, im Geleitzug mit der *Unione* aus Italien nach Bengasi laufend, ist 60 Meilen westlich Navarino am Nachmittag des 27. torpediert worden und wird derzeit nach diesem Hafen geschleppt[15].«
— 29. September: »Die *Barbaro* ist am 28. September um 04.40 Uhr versenkt worden, und 240 Überlebende sind in Navarino eingetroffen. Die *Unione* ist 110 Meilen südsüdwest von Navarino am 28. um 00.55 Uhr torpediert worden. Sie wird zur Zeit vom Zerstörer *Da Verazzano* nach Navarino geschleppt. Das Wetter ist für eine Entsendung von Schleppern an die Stelle zu schlecht. Geschwindigkeit 7 Knoten[16].«

Schließlich wurde am 30. September gemeldet, daß »die am 28. um 00.58 Uhr von einem Flugzeug torpedierte *Unione* am Mittag des 29. im Schlepp eines Zerstörers in Navarino eingetroffen ist«[17].

Wie wir schon mehrmals bemerkt haben, betrachtete es »ULTRA« auch als seinen Auftrag, einflußreiche Besonderheiten über die Ereignisse, die es von Beginn an bewirkt hatte, noch später zu melden.

5.2 Neue Weisungen für den Funkverkehr und die nicht wiedergutzumachende Krise beim Verkehr zur See

Am 9. Oktober 1942 gab der Stellvertretende Admiralstabschef, Admiral Sansonetti, während einer Sitzung beim Comando Supremo bekannt, daß es den ohne Vorankündigung und ohne Bekanntgabe ihres Fahrprogrammes ausgelaufenen Dampfern oft gelungen wäre, auf der gesamten Überfahrt nicht angegriffen zu werden. Doch aus dieser nur zusammenfassenden Behauptung ging erst recht der Verdacht hervor, fähige britische Agenten operierten in Italien im Innern der Stützpunkte und Lager; man müsse daher die Maßnahmen zur Spionageabwehr verstärken.

Aufgrund dieser irrigen Annahmen, die wieder einmal die mögliche Fähigkeit des Feindes zur Entzifferung der operativen Funksprüche nicht ernsthaft in Betracht zogen, beschränkte sich das Comando Supremo darauf, die Richtlinien für den Funkverkehr vom August 1941 zu bestätigen, die doch kein positives Ergebnis erzeugt hatten[18]. General Cavallero, der Chef des Großen Generalstabes, erließ statt dessen schließlich Vorschriften, die gerade den gegenteiligen Effekt bewirkten, d. h. einen für »ULTRA« förderlichen , indem er verbot, daß die Mitteilungen über das Auslaufen von Geleitzügen über Fernsprecher weitergegeben wurden[19]!

Die Entzifferer von Bletchley Park brauchten gewiß diese unbewußten Hilfen nicht und erfuhren vielleicht niemals, daß der Erfolg den genannten Entschlüssen und der für sie segensreichen Verstärkung des operativen italienischen Funkverkehrs zugeschrieben werden mußte. Es gestattete der britischen Admiralität, eine größere Zahl auswertbarer Daten über die Geleitzüge der Achse zu sammeln[20].

Die Krise des italienischen Seeverkehrs war nicht wiedergutzumachen, und die offizielle Geschichte unserer Marine definiert sie als »die Katastrophe der Tanker«[21].

Wie wir bereits festgestellt haben, richtete sich die Aufmerksamkeit von »ULTRA« tatsächlich mehr als je im Spätsommer 1942 gegen die Schiffe, welche Flüssigtreibstoff transportierten. Treibstofftransporter wurden so zum Hauptziel der britischen Angriffskräfte.

Der Beginn der unwiderruflichen Krise der Geleitzüge der Achse ging in Wirklichkeit, wenn auch nur um wenige Augenblicke, dem erwähnten Treffen vom 9. Oktober voraus. In den 24 Stunden zuvor wurden vier Dampfer auf den Routen nach Libyen versenkt. Aber es ist wichtig, daß drei von ihnen ohne jedes Einwirken der Organisation von BP gesunken sind, die sich in diesem Fall eher völlig überrascht zeigte. Es handelte sich um die Frachter *Lupo, Alga* und *Kreta*, die von U-Booten auf den Küstenrouten nach Tripolis und Bengasi versenkt wurden. In der Sammlung der Funksprüche des O.I.C. gibt es dafür nur die Mitteilung über die bereits geschehenen Versenkungen[22].

Der vierte der genannten Dampfer war die *Dandolo*, die aus Neapel und Piräus kam und nach vielen zeitlichen Verschiebungen und Gegenbefehlen unter dem Geleitschutz von zwei Torpedobooten am 7. Oktober aus Suda in Richtung Tobruk auslief[23]. Sie wurde vor Ras el-Tin in den ersten Stunden des 8. durch Lufttorpedos versenkt. In ihrem Fall trat die längste »informative Beschattung« seitens der G.C. & C.S. nach dem unübertroffenen Fall der *Maritza* und der *Procida* ein, der im dritten Kapitel behandelt worden ist. Tatsächlich handelte es sich um 13 Funksprüche des O.I.C., welche die *Dandolo* betrafen. Sie erlaubten es den Engländern, die Angriffsmaßnahmen sehr rechtzeitig und genau im voraus zu treffen[24]:

— 24. September: »Während der nächsten Tage werden die folgenden Schiffe in Tobruk erwartet: *Menes, Ruhr, Tergestea, Dandolo, Gualdi, Iseo, Petrarca* und die Tanker *Rondine* und *Proserpina*.«
— 26. September: »Die *Dandolo* ist am 24. um 18.00 Uhr aus Neapel nach Tobruk ausgelaufen.«
— 27. September: die gleiche Mitteilung vom vorhergehenden Tag.
— 30. September: »Die *Dandolo*, *Iseo* und das Bergungsschiff *Raffio* sollen aus Piräus am 30. um 12.00 Uhr nach Bengasi auslaufen und dort am 2. Oktober um 17.00 Uhr eintreffen.«
— Zusatzmeldung vom 30. September: »Das Auslaufen der *Dandolo*, *Iseo* und des Bergungsschiffes *Raffio* aus Piräus nach Bengasi ist bis zum 1. Oktober um 06.00 Uhr verschoben worden.«
— 3. Oktober: »Die *Dandolo* und *Iseo* auf der Fahrt von Piräus nach Bengasi haben auf Befehl den Kurs nach der Bucht von Suda geändert und werden von dort neuerdings am 3. um 16.00 Uhr auslaufen.«
— 4. Oktober: »Die *Dandolo* und das Bergungsschiff *Raffio* haben die Bucht von Suda am 3. um 16.00 Uhr verlassen, Geschwindigkeit 8 Knoten. Sie sollen in Bengasi am 5. um 10.30 Uhr eintreffen.«
— 5. Oktober: »Die *Dandolo* ist am 3. um 18.30 Uhr aus Suda nach Bengasi ausgelaufen, aber wegen des schlechten Wetters am gleichen Tag um 22.30 Uhr in den Hafen zurückgekehrt.«
— 6. Oktober: »Die *Dandolo* wird nun aus Suda am 6. um 23.00 Uhr auslaufen und in Tobruk am 8. morgens eintreffen.«
— 7. Oktober: »Die *Dandolo* soll Tobruk am Morgen des 8. von der Bucht von Suda aus erreichen, aus der sie um Mitternacht des 6. ausgelaufen ist.«
— 8. Oktober: »Die am 7. um 00.45 Uhr aus Suda nach Tobruk ausgelaufene *Dandolo* soll dort am 8. morgens einlaufen.«
— 9. Oktober: »Die auf der Route nach Tobruk befindliche *Dandolo* ist von einem Lufttorpedo am 8. um 00.01 Uhr getroffen worden, als sie sich etwa 90 sm nord-nordwest von Tobruk befand. Versuche sind unternommen worden, um sie in den Hafen zu schleppen.«
— 10. Oktober: »Nachdem die *Dandolo* von einem Lufttorpedo, wie gestern gemeldet, getroffen worden ist, ist sie schließlich am 8. um 06.36 Uhr gesunken.«

Man kann sich die Aggressivität vorstellen, mit der die Besatzungen der englischen Torpedoflugzeuge sich beim Angriff auf die *Dandolo* stürzten. Nach den zahlreichen falschen Alarmen, die durch ständige zeitliche Verschiebungen und Gegenbefehle in bezug auf das Auslaufen des Dampfers verursacht wurden, waren sie sicher »geladen«.

Eine weitere Überraschung für »ULTRA« war jedoch die Versenkung des Handelsschiffes *Una* durch ein U-Boot am 11. Oktober südlich von Capri, während sich das Schiff auf der Route Neapel—Tripolis befand[25]. In bezug darauf existiert nämlich nur eine einzige, verspätete und ungenaue Mitteilung des O.I.C. vom 14. Oktober, nach der

»die *Una*, die Neapel am 11. Oktober verlassen hatte, von einem U-Boot vor der Mittagsstunde des 12. versenkt worden war«[26].

Die Episode um den Dampfer *Amsterdam*, der mit verschiedenem Kriegsmaterial und vor allem Treibstoff beladen war, stellte im Gegensatz dazu einen offensichtlichen Beweis für die Zähigkeit dar, mit der die Engländer sich auf die italienischen Tanker während der entscheidenden Augenblicke des Krieges in der Wüste versteiften, die zur Schlacht von El Alamein führten.

Um, im übrigen gänzlich vergeblich, die feindliche Aufklärung zu täuschen, deren wirkliche Ressourcen man in Italien offensichtlich nicht kannte, wurde die am 5. Oktober aus Neapel ausgelaufene *Amsterdam* am 6. und 7. in Messina und vom 8. bis 12. in Patrasso aufgehalten, bevor sie nach Tripolis, ihrem endgültigen Bestimmungshafen, gesandt wurde. Auf dieser letzteren Strecke entging das Handelsschiff jedoch einem gut geplanten Luftangriff nicht und wurde nach einem Torpedotreffer in der Nacht vom 14. im Schlepp eines Torpedobootes an der Spitze der Mole von Homs am 16. auf Grund gesetzt. Die Engländer gaben die Jagd nach diesem mit kostbarem Nachschub für Rommel beladenen Dampfer nicht auf, und es gelang ihnen, ihn am 23. Oktober durch das U-Boot *Umbra* während der Entladung endgültig zu versenken[27].

In dieser Lage hatte »ULTRA« die Bewegungen der *Amsterdam* seit dem 8. Oktober verfolgt und ihr Eintreffen in Patrasso gemeldet. Es meldete auch im voraus am 12. das Auslaufen aus diesem Hafen und teilte mit, daß »die aus Italien nach Bengasi laufende *Amsterdam* heute am 12. um 16.00 Uhr aus Patrasso ausgelaufen ist«[28].

Die irrige Nachricht, nach der der Bestimmumgshafen der *Amsterdam* Bengasi statt Tripolis wäre, wurde im Funkspruch des O.I.C. vom 14. dann korrigiert, während die bereits geschehene erste Torpedierung und das darauf folgende Auslaufen des Dampfers durch die beiden ins einzelne gehende Meldungen vom 16. und 17. Oktober mitgeteilt wurden. In der ersten wurde festgestellt:

»Die *Amsterdam,* ist am 14. um 22.45 Uhr und am 15. um 03.40 Uhr etwa 50 Meilen nördlich Misurata von Flugzeugen angegriffen und von einem Torpedo getroffen worden. Am 15. um 11.00 Uhr befand sie sich 50 Meilen nordostwärts Homs mit 20 Grad Schlagseite und im Schlepp eines Zerstörers[29].«

Im Funkspruch vom 17. Oktober wurde dann genau angegeben:

»Die *Amsterdam,* die von einem Flugzeug in den ersten Stunden des 15. torpediert wurde, ist von einem Zerstörer abgeschleppt und nahe des äußersten Endes der Mole von Homs am Nachmittag des 16. auf Grund gesetzt worden. Versuche zur Bergung der Treibstoffladung sind im Gange[30].«

Im Besitz solcher und ähnlicher Daten war es natürlich für die Engländer leicht, ihr U-Boot näher an das unbewegliche Handelsschiff heranzuführen und ihm durch den Angriff der *Umbra* den Garaus zu machen. Das wurde dann vom O.I.C. am 24. Oktober stolz mitgeteilt.

5.3 Der Dampfer *Loreto* und der Geleitzug »Beppe«

Mit den Vorgängen um den Dampfer *Loreto* kommen wir auf ein bereits berührtes Thema zurück. Die umfassende Analyse der bewußten Opferung eigener Kriegsgefangener seitens der Briten, die das allein deshalb auf sich nahmen, um dem Feind jedes verfügbare Transportschiff zu nehmen, wird später geschlossen folgen.

Die erste Nachricht über die zukünftige Rückkehr der *Loreto* nach Italien war die vom 8. Oktober, in der das O.I.C. mitteilte:

»Die *Castore* mit 500 Kriegsgefangenen an Bord läuft am 8. um 08.00 Uhr aus Tripolis aus, Geschwindigkeit 8 Knoten, und wird am 11. um 21.30 Uhr in Neapel eintreffen. Die *Loreto* wird wahrscheinlich 24 Stunden später ebenfalls nach Neapel aus Tripolis auslaufen[31].«

Am 9. Oktober konnte das O.I.C. bereits genau angeben, daß auch zahlreiche Kriegsgefangene auf der *Loreto* eingeschifft waren:

»Die *Loreto* wird am 9. um 09.00 Uhr aus Tripolis auslaufen, Geschwindigkeit 7 Knoten, und am 13. um 07.30 Uhr in Neapel eintreffen. Sie transportiert 350 Kriegsgefangene[32].«

Die genaue Auslaufzeit der *Loreto*, die tatsächlich am 9. Oktober mit 400 indischen Kriegsgefangenen an Bord um 05.20 Uhr Tripolis verlassen hatte, wurde daher im Funkspruch vom folgenden Tage genau angegeben, nachdem »die *Loreto* am 9. um 05.20 Uhr aus Tripolis nach Neapel ausgelaufen war«[33].

Die letzte nützliche Vorankündigung des O.I.C., bevor die *Loreto* vom U-Boot *Unruffled (P. 46)* am 13. Oktober um 17.32 Uhr torpediert wurde, war schließlich die im folgenden Funkspruch vom 11. enthaltene:

»Die *Loreto* ist mit 350 Kriegsgefangenen an Bord am 9. Oktober um 05.20 Uhr aus Tripolis nach Neapel ausgelaufen, wo sie am 13. um 07.30 Uhr eintreffen wird[34].«

Das englische U-Boot *Unruffled* verfolgte die *Loreto* und traf sie am 13. Oktober um 17.32 Uhr mit einem Torpedo. Innerhalb von nur zwölf Minuten versank sie und zog etwa 100 indische Kriegsgefangene mit sich in die Tiefe[35].

Nur drei Tage später und ohne irgendeine augenscheinliche Emotion gab das O.I.C. die Nachricht über dieses gemeinsame englisch-italienische Desaster heraus und stellte fest, daß »die *Loreto* vier Meilen von Kap Gallo, Sizilien, am 13. um 17.30 Uhr vom U-Boot *P. 46* versenkt worden war«[36].

Dramatisch war auch die Überfahrt des »Geleitzuges Beppe«, der sich aus dem Tanker *Saturno*, der aus Cagliari am 17. Oktober um 16.00 Uhr mit zwei Zerstörern und einem Torpedoboot ausgelaufen war, und den Dampfern *Beppe*, *Titania* und *Capo Orso* zusammensetzte, die zur selben Zeit aus Neapel unter der Sicherung von vier Zerstörern ausgelaufen waren. Die vier Handelsschiffe und die sieben Geleiteinheiten sammelten sich am 18. um 12.30 Uhr nördlich der Aegadischen Inseln und setzten zusammen ihre Fahrt Richtung Tripolis unter einem starken Luftschirm fort, der sich jedoch auch bei dieser Gelegenheit als völlig unwirksam erwies.

Die Abfahrt-, Sammel- und Einlaufzeiten, die Ursprungshäfen und die Bestimmungshäfen, der Kurs, die Geschwindigkeit und die Namen der vier italienischen Handelsschiffe entgingen auch diesmal nicht der Aufmerksamkeit Bletchley Parks und wurden vom O.I.C. im folgenden Funkspruch vom 18. Oktober weitergegeben:

»Der Tanker *Saturno* ist aus Cagliari am 17. um 16.00 Uhr ausgelaufen und soll am 18. um 12.30 Uhr mit der *Capo Orso*, der *Beppe* und der *Titania*, alle aus Neapel kommend, am 17. um 16.00 Uhr sammeln. Der gesamte Geleitzug soll seine Fahrt westlich Malta nach Tripolis fortsetzen und dort mit einer Geschwindigkeit von 8 Knoten am 20. um 13.00 Uhr eintreffen[37].«

Es verging nicht ein Tag, der nicht damit begann, daß der Geleitzug von feindlichen Aufklärern überflogen wurde, die wie gewöhnlich zur Verschleierung der wirklichen Nachrichtenquelle dienten. Am Ende wurde er zum Ziel einer Konzentration von U-Booten am Nachmittag des 19. Aus der Überprüfung der einander folgenden Funksprüche des O.I.C. kann man ableiten, daß mindestens vier britische U-Boote in den Angriffsraum gelaufen waren, und zwar die *P. 37*, die *P. 42*, die *P. 44* und die *P. 211*. Es war auf jeden Fall das erste dieser Boote, das um 12.53 Uhr in rascher Folge den Dampfer *Beppe* und den Zerstörer *Da Verazzano* traf, die dann um 13.43 Uhr bzw. um 15.30 Uhr sanken[38]. Kurz danach, genau um 16.19 Uhr, wurde auch der Tanker *Saturno* zum Ziel zweier Torpedoschüsse der *P.42*, die jedoch nicht trafen.

Die restlichen Schiffe des italienischen Geleitzuges wurden während der Nacht vom 19. zum 20. von englischen Torpedofliegern angegriffen, von denen einer den Dampfer *Titania* traf. Die Geleitzerstörer nahmen ihn sofort in Schlepp. Die lobenswerten Versuche, dieses Handelsschiff in Sicherheit zu schleppen, wurden jedoch am 20. um 07.20 Uhr vereitelt, als es von einem Torpedo des U-Bootes *P. 211 (Safari)* getroffen wurde und zu sinken begann[39].

Vom gesamten Geleitzug trafen zum Schluß etwa um die Mittagszeit des 20. Oktober nur die *Saturno* und die *Capo Orso* in Tripolis ein, d. h. die Hälfte der aus den italienischen Häfen ausgelaufenen Dampfer.

Die sich überstürzenden Angriffe aus der Luft und den Tiefen des Meeres bewirkten zum Schluß einen unglaublichen Zufluß von Nachrichten beim O.I.C., die zum Teil den Entzifferungen italienischer Funksprüche und zum Teil den ersten überstürzten Meldungen der angreifenden U-Boote mit der unvermeidlich sich daraus ergebenden, nur annähernden Angabe entstammen. Am 20. Oktober konnte daher das O.I.C. lediglich den Schluß ziehen, daß »der Tanker *Saturno* und die drei sich bei ihm befindlichen Handelsschiffe am 19. um 20.00 Uhr von Flugzeugen angegriffen wurden, als sie 32 Meilen nördlich Pantelleria waren[40].«

Mehr ins einzelne gehend und nützlicher für die Schlußanalyse erwies sich der Funkspruch des O.I.C. vom 21. Oktober:

»Der aus Cagliari kommende Tanker *Saturno* sowie die aus Neapel kommenden *Capo Orso, Beppe* und *Titania*, alle zusammen in einem Geleitzug nach Tripolis laufend, sind am 19. um 20.00 Uhr bei etwa 32' nördlich Pantelleria aus der Luft sowie am 19. um 16.10 Uhr vom U-Boot *P. 42* etwa 32' West-Südwest Lampedusa angegriffen worden. In einem Funkspruch an die *P. 211* und *P. 44* stellte der Chef der 10. U-Flottille fest, daß der Tanker torpediert und ein Handelsschiff am 20. um 04.30 Uhr 76 sm Nord-Nordwest von Tripolis mit Bomben angegriffen worden waren. Um 11.30 Uhr meldeten Flugzeuge, sie hätten nur ein Handelsschiff mit Kurs Tripolis gesichtet. Jetzt wird gemeldet, daß die *Capo Orso* am 20. um 11.50 Uhr in Tripolis eingelaufen ist, aber es liegen keine weiteren Nachrichten über die anderen Einheiten des Geleitzuges vor. Außerdem ist der Zerstörer *Da Verazzano* am 19. um 16.00 Uhr bei 350° 24 Meilen von Lampedusa, wahrscheinlich von der *P. 42* versenkt worden[41].«

Schließlich erhielt diese Meldung vom 21. Oktober eine Zusatzbemerkung, die folgendes präzisierte:

»Von dem gestern mit Südkurs laufenden Geleitzug sind der Tanker *Saturno* und die *Capo Orso* am Mittag des 20. in Tripolis eingelaufen. Die *Beppe* ist von der *P. 42* [dann mit Bleistift durchgestrichen und zu *P. 37* korrigiert] bei Lampedusa am 19. um 12.50 Uhr torpediert worden. Die *Titania* ist von einem Lufttorpedo am 19. um 23.30 Uhr getroffen worden und neuerlich von einem U-Boot am 20. um 07.20 Uhr nahe Kerkennah. Es wird gemeldet, sie sänke[42].«

Eine letzte Überlegung hat die erhöhte Zahl von englischen U-Booten zum Gegenstand, die den Geleitzug beharrlich angriffen und dabei eine Taktik anwandten, die der von den deutschen U-Booten in der Weite des atlantischen Ozeans eingeführten und als »Wolfsrudel« bezeichneten recht ähnlich war. Es war dies das erste Mal, bei dem die britische U-Bootwaffe in den eng begrenzten und wenig günstigen mittelmeerischen Gewässern ein ähnliches Gruppen-Unternehmen ansetzte. Auch dies war ein unwiderlegbares Zeichen dafür, daß die englischen operativen Führungsstellen nun völliges Vertrauen in die »ULTRA«-Nachrichten gewonnen hatten. Dank dieser Nachrichten waren sie bereit, neue Taktiken einzuführen, die sich früher aufgrund der unvorhersehbaren und mit großen Risiken verbundenen Gefahren verboten.

5.4 Die Tage von El Alamein

Während Ende Oktober 1942 die italienische Marine mit allen Mitteln versuchte, die von Rommel laut geforderten dringendsten Versorgungsgüter in die libyschen Häfen zu bringen, stand man in der Wüste vor den entscheidenden Augenblicken eines ganzen Feldzuges, in denen eine sofortige Handlungsfreiheit zur See von so großer Bedeutung war wie auf keinem anderen Kriegsschauplatz. Es waren das die Tage von El Alamein, in denen die erbitterte Schlacht um die Geleitzüge im Mittelmeer auf der einen Seite den verstärkten sehnlichen Wunsch zum Erreichen eines fernen Zieles und auf der anderen den kalkulierten Zweck kennzeichneten, dem Feind immer unüberwindlichere Hindernisse in den Weg zu legen.

In den allerersten Stunden des 22. Oktober war man dabei, mit dem Auslaufen des Tankers *Proserpina* aus Tarent nach Piräus den ersten Bestandteil des Geleitzuges »TT« zu bilden. Diese Einheit lief dann zusammen mit dem deutschen Dampfer *Dora* am 24. um 05.34 Uhr aus dem griechischen Hafen aus, um am gleichen Nachmittag einen einzigen Schiffsverband mit dem aus Suda kommenden Motorschiff *Tergestea* zu bilden. Unter dem Geleitschutz von vier Torpedobooten und Fliegerstaffeln sollte er nach Tobruk laufen[43].

Die allgemeinen Richtlinien dieses schwierigen Operationsplanes gelangten am 21. Oktober zur Kenntnis der Engländer, d. h. lange vor dem Auslaufen jeder der genannten Einheiten. Sie wurden vom O.I.C. weitergegeben:

»Der Tanker *Proserpina* soll aus Tarent am Nachmittag des 21. nach Piräus auslaufen und sich dann zusammen mit der aus Suda kommenden *Tergestea* nach Tobruk wenden. Wahrscheinlich werden sie am 25. Oktober in Tobruk einlaufen[44].«

Detailliertere Besonderheiten über den neuen Geleitzug wurden wiederum mit genügendem Vorsprung vom Nachrichtenzentrum der englischen Marine am 24. und 25. des Monats in den folgenden beiden Funksprüchen weitergegeben:

— 24. Oktober: »Die Tanker *Proserpina* und *Dora* sollten aus Piräus am 23. um 24.00 Uhr mit 9 Knoten Geschwindigkeit nach Tobruk auslaufen und auf der Route die aus Suda kommende *Tergestea* treffen. Der so zusammengesetzte Geleitzug wird wahrscheinlich am 25. in Tobruk einlaufen[45].«
— 25. Oktober: »Die Tanker *Proserpina* und *Dora* sind aus Piräus am Morgen des 24. nach Tobruk ausgelaufen, wo sie am 25. eintreffen werden. Die *Tergestea* soll aus der Bucht von Suda kommend ebenfalls am 25. Oktober in Tobruk einlaufen[46].«

Im Besitz dieser wertvollen Nachrichten schritten die örtlichen britischen Führungsstellen zur Tat und sandten, um sicherzugehen, vorher am 25. nachmittags die üblichen Aufklärer nach dem feindlichen Geleitzug aus. Den Aufklärungsflugzeugen folgten dann während der Nacht die Angriffsflugzeuge, denen es jedoch trotz ihrer Verbissenheit nicht gelang, eines der italienischen Schiffe zu treffen.

Trotz der Luftsicherung aus deutschen und italienischen Jagdflugzeugen verlief der 26. unter ständigen Luftangriffen auf den Geleitzug. Es begann damit, daß die viermotorigen B-24 »Liberator« der Amerikaner, die in kurzen Abständen die sieben Schiffe der Achse überflogen, ihre Bomben aus großer Höhe, aber ohne zu treffen abwarfen. Um 14.30 Uhr folgten die englischen Torpedoflieger, die, mehr im Krieg zur See geübt, ihr Ziel diesmal nicht verfehlten und mit zwei Torpedos den Tanker *Proserpina* trafen, der gleich in Flammen aufging und später sank[47].

Kurz darauf, genau um 18.16 Uhr, wurde auch die *Tergestea*, beim Einlaufen in die Reede von Tobruk, von einem Torpedo getroffen und flog durch die Explosion der Munitionsladung unter Totalverlust der Besatzung in die Luft[48].

An jenem gleichen Tag gab das O.I.C. weiterhin Nachrichten über den feindlichen Geleitzug durch, die, wenn sie auch nicht mehr den in Gang befindlichen Angriff beeinflußten, ein weiteres Beispiel für die Genauigkeit der »ULTRA«-Entzifferungen in dieser Periode darstellen:

»Die *Proserpina* und *Dora* sind aus Piräus am 24. um 05.35 Uhr ausgelaufen. Die *Tergestea* ist am Morgen des 24. aus Suda ausgelaufen und hat sich mit dem genannten Geleitzug in einer Position 36° 18' Nord, 23° 11' Ost vereinigt. Sie sollen am Nachmittag des 26. in Tobruk einlaufen[49].«

Mit gleicher Präzision stellte das O.I.C. den Ausgang der Luftangriffe fest, die Bletchley Park so geschickt ermöglicht hatte:

»Seit dem 26. um 15.00 Uhr steht der Tanker *Proserpina* infolge eines schweren Luftangriffes in Flammen. Um 19.00 Uhr brannte er vom Bug bis zum Heck und war wahrscheinlich außer Gefecht. Im gleichen Geleitzug ist die *Tergestea* bei der Einfahrt in den Hafen von Torpedofliegern angegriffen worden und in die Luft geflogen. Der Geleitzug sollte am 26. um 18.50 Uhr in Tobruk sein[50].«

Zwei Tage danach wurde schließlich das Abschlußkommuniqué herausgegeben, mit dem die britischen Führungsstellen im Einsatzraum bekanntgaben, daß »der am 26. Oktober in Brand geratene Tanker *Proserpina* nach nutzlosen Feuerlösch- und Abschleppversuchen am 27. um 06.45 Uhr endlich gesunken war«[51].

In den letzten Oktobertagen wurde die doch sehr aktive »ULTRA«-Organisation zweimal durch plötzliche Unternehmen der Royal Navy, die Fallen vorbereitet hatte, überrascht, die ihre Ziele auch ohne vorausgehende »ULTRA«-Nachrichten erreichten.

Der erste Fall betraf das Motorschiff *Lero*. Dabei konnte das O.I.C. nur die bereits vollzogene Versenkung mitteilen. Es gab am 21. Oktober bekannt, daß »die *Lero* auf der Fahrt von Rhodos nach Leros am 20. um 14.25 Uhr etwa 30' nordwestlich Rhodos versenkt worden war«[52]. In Wirklichkeit wurde das Motorschiff am 20. Oktober um 14.18 Uhr sechs Meilen von der Insel Simi entfernt getroffen und sank innerhalb von 15 Minuten[53].

Der zweite Fall geschah ebenfalls in der Ägäis und betraf den Tanker *Arca*, der auf der Fahrt von Istanbul nach Leros am 26. Oktober um 07.25 Uhr von dem U-Boot *Taku* torpediert wurde und sank[54]. Wieder verbreitete das überraschte O.I.C. nur die Nachricht über das Vorgefallene, indem es mitteilte, daß »der Tanker *Arca* mit Fracht auf der Fahrt von Istanbul nach Leros am 26. um 07.05 Uhr südwestlich von Chios torpediert wurde und fast mit Gewißheit sank«[55].

»ULTRA« demonstrierte jedoch erneut seine Wirksamkeit gegen den Tanker *Luisiano*, der zusammen mit dem Dampfer *Etiopia* unter dem Geleitschutz von einem Zerstörer und zwei Torpedobooten am Nachmittag des 25. Oktober aus Tarent nach Bengasi auslief. An jenem gleichen Tag gab nämlich das O.I.C. bekannt, daß »die Tanker *Portofino* und *Luisiano* im Begriff wären, am 25. Oktober aus Tarent nach Tobruk bzw. Bengasi auszulaufen«[56].

Die Nachrichten wurden dann mit größerer Genauigkeit im folgenden Funkspruch vom 26. Oktober wiederholt:

»Die Tanker *Luisiano* und *Etiopia* sind am Nachmittag des 25. aus Tarent wahrscheinlich nach Bengasi ausgelaufen, Geschwindigkeit 7,5 Knoten[57].«

Aufgrund dieser rechtzeitigen Nachrichten sandte die englische Führung gegen den Geleitzug einige Angriffsflugzeuge aus, von denen aber nur eins gegen Mittag des 26. Oktober die italienischen Schiffe erfolglos mit Bomben angriff. Ebenso stiegen am folgenden Tag Aufklärer auf, deren erkannte und drohende Anwesenheit die beiden Frachter veranlaßte, einen unvorhergesehenen Aufenthalt in Navarino einzulegen. Aus diesem Stützpunkt lief die *Luisiano* mit Kurs Bengasi unter dem Geleitschutz von zwei Torpedobooten am 28. um 18.00 Uhr wieder aus. Ihr folgte die *Etiopia* mit Bestimmungshafen Tobruk, kehrte aber sofort wieder in den Hafen zurück, da sie von einem Flugzeug leicht beschädigt worden war.

Natürlich entging der Aufenthalt in Navarino Bletchley Park nicht, und das O.I.C. konnte am gleichen 28. Oktober bekanntgeben:

»Die Tanker *Luisiano* und *Etiopia* sind am 27. aus Tarent kommend um 17.00 Uhr in Navarino eingelaufen und werden neuerlich am 28. um 18.00 Uhr nach Bengasi auslaufen[58].«

Auch diesmal nutzten die britischen Flugzeuge diese Nachrichten aus und trafen zu Mitternacht die *Luisiano* mit einem Torpedo, die daraufhin in wenigen Minuten explodierte und sank[59].

Es scheint uns opportun, auch den Funkspruch des O.I.C. vom 29. Oktober zu erwähnen, obwohl er erst nach dem Angriff abgesetzt wurde, da dies für die Überfülle an Einzelheiten über die vorgesehene Fahrt des Tankers und für das rasche Melden seines Endes bedeutungsvoll erscheint.

»Die Tanker *Luisiano* und *Etiopia*, die Navarino am 28. um 18.00 Uhr verlassen haben, werden mit 7,5 bzw. 6 Knoten laufen. Die *Luisiano* soll am 30. etwa um 18.00 Uhr in Bengasi eintreffen und die *Etiopia* um 09.00 Uhr am 1. November in Tobruk. *Zusatz:* Der Tanker *Luisiano*, siehe oben, ist am 29. um 00.01 Uhr durch einen Luftangriff versenkt worden[60].«

Während bei El Alamein die größte Schlacht des Wüstenkrieges tobte, wurde auf den Routen nach Libyen die erbarmungslose Jagd auf die italienischen Handelsschiffe fortgesetzt, und zwar in dem Maße, daß in jenen Tagen nicht einmal bescheidene Schiffe für den Küstenverkehr wie der Dampfer *Tripolino* und *Ostia* von den Engländern ausgespart wurden. Diese Schiffe liefen am 30. um 16.45 Uhr aus Bengasi mit Kurs Tobruk unter dem Geleitschutz des Torpedobootes *Circe* und von sechs Flugzeugen aus. Aber bereits seit dem vorhergehenden Tag vermochte das O.I.C. anzukündigen, daß die *Tripolino* und die *Ostia* »Bengasi mit Kurs Tobruk sobald wie möglich verlassen würden«[61].

Am 31. Oktober lieferte BP genauere Nachrichten über diesen Küstengeleitzug, so daß das O.I.C. genau angeben konnte:

»Die *Tripolino* und die *Ostia* sind am 30. um 16.00 Uhr aus Bengasi ausgelaufen, Geschwindigkeit 7 Knoten, sie sollen am 1. November um 09.30 Uhr in Tobruk eintreffen[62].«

Ab 19.30 Uhr des gleichen 31. Oktober erschienen über den drei Schiffen die ersten englischen Nachtaufklärer, die Leuchtschirme abwarfen, um den hinzugekommenen Torpedofliegern ihre Ziele anzuweisen. So traf am 1. November um 01.45 Uhr eins jener letzteren Flugzeuge die *Tripolino*, die mit der ganzen Besatzung in die Luft flog. Nur ein einziger Seemann überlebte[63].

Das gleiche Schicksal traf in der Folge den kleineren, unter deutscher Flagge fahrenden Dampfer *Ostia*, der nach einem Torpedotreffer um 06.30 Uhr explodierte und sank.

Auch wenn die »ULTRA«-Nachrichten erst im letzten Moment weitergegeben wurden, gelang es den wendigen Angriffskräften, mit denen die Engländer nun aufwarten konnten, oft daraus dennoch den größten Vorteil zu ziehen. Das war der Fall bei den zwei schnellen Motorschiffen *Zara* und *Brioni*, die zu Hilfskreuzern umgebaut worden waren. Am 1. November liefen sie unter dem Geleitschutz des Torpedobootes *San Martino* aus Piräus nach Tobruk aus und transportierten Benzinfässer bzw. 255 Tonnen Munition.

Während die beiden Einheiten sich zwischen Kreta und der Cyrenaika auf See befanden, gab das O.I.C. ihr Fahrtprogramm im folgenden Funkspruch bekannt:

»Die Hilfskreuzer *Zara* und *Brioni* sind am 1. November um 14.00 Uhr aus Piräus nach Tobruk ausgelaufen, Geschwindigkeit 13 Knoten, sie sollen am 3. um 16.00 Uhr in Tobruk eintreffen[64].«

Am gleichen 2. November erfolgte die sofortige und heftige Reaktion der britischen Torpedoflugzeuge auf den italienischen Geleitzug, der sich jetzt in Sicht von Tobruk befand. Ein Flugzeug traf die *Zara*, die dann um 22.15 Uhr sank[65].

Dem Motorschiff *Brioni* gelang es, seinen Bestimmungshafen in der Cyrenaika zu erreichen, wo es jedoch mit seiner gesamten Munitionsladung am gleichen Nachmittag durch plötzlich anfliegende feindliche Bomber vernichtet wurde[66].

Die Vollzugsmeldung über diesen letzteren Luftangriff wurde am 3. November vom O.I.C. weitergegeben. Sie ist vor allem wegen der Genauigkeit der »ULTRA«-Nachrichten über die Fracht der *Brioni* interessant:

»Die *Brioni* ist am 2. um 12.15 Uhr mit 250 Tonnen Munition in Tobruk eingelaufen. Sie wurde im Verlaufe eines Luftangriffes am 2. um 16.00 Uhr von einer Bombe getroffen und ist in die Luft geflogen[67].«

Das Ende des Motorschiffes *Zara* wurde vom O.I.C. der britischen Admiralität mit einem Funkspruch vom folgenden Tag bestätigt[68].

5.5 Die lange Odyssee der *Portofino* und die anderen Schiffsversenkungen im November

Einen neuen Beweis für die Zähigkeit, mit der die Engländer in den letzten Monaten des Jahres 1942 das Ziel verfolgten, vor allem den Nachschub an Treibstoff nach Nordafrika abzuschneiden, lieferte die lange Jagd nach dem Tanker *Portofino*.

Dieses Schiff lief am 29. Oktober um 05.00 Uhr unter dem Geleitschutz von einem Zerstörer und zwei Torpedobooten aus Tarent aus. Nachdem es sich auf der Reede von Patrasso mit dem Dampfer *Gualdi* vereinigt hatte, der seinerseits von zwei anderen Torpedobooten gesichert wurde, traf sie am Abend des 31. in Piräus ein. Im Hafen von Athen wurde der Geleitzug durch zwei weitere Einheiten verstärkt: durch das Motorschiff *Col di Lana* und durch den deutschen Zerstörer *Hermes*. Dieser Verband aus drei Handelsschiffen und sechs Geleitschiffen lief am 2. November um 06.30 Uhr erneut mit Kurs Bengasi aus.

Auch in dieser Lage lieferte »ULTRA« dem O.I.C. eine lange Reihe von Nachrichten und ernöglichte es damit, dreizehn Funksprüche über die Fahrt der *Portofino* weiterzugeben. Der erste, der in Wirklichkeit nur eine Vorwarnung war, wurde am 21. Oktober abgesetzt:

»Die folgenden Schiffe werden in Kürze nach Nordafrika auslaufen. Aus Neapel: *Delfino, Zenobia, Giuseppe Leva* und *Giulia*; aus Tarent die Tanker *Portofino* und *Giorgio* und die Dampferr *Sacro Cuore* und *Galiola*[69].«

In der letzten Oktoberwoche erhielt das O.I.C. immer mehr ins einzelne gehende Nachrichten über die *Portofino* und konnte daher vor dem Auslaufen des Tankers aus Tarent drei Funksprüche absetzen und dann fünf weitere, bevor diese Einheit erneut aus Piräus ausgelaufen war. Es folgen nacheinander die täglich vom O.I.C. weitergegebenen Nachrichten[70]:

— 24. Oktober: »Der Tanker *Portofino* wird wahrscheinlich am 28. Oktober aus Tarent nach Tobruk auslaufen.«
— 25. Oktober: »Die Tanker *Portofino* und *Luisiano* sind bereit, am 25. Oktober nach Tobruk bzw. Bengasi aus Tarent auszulaufen[71].«

— 26. Oktober: »Die *Iseo* wird am 30. Oktober in der Ägäis zum Geleitzug *Portofino* stoßen.«

— 29. Oktober: »Der Tanker *Portofino* ist in der Nacht vom 28. auf den 29. aus Tarent nach Tobruk ausgelaufen.«

— 30. Oktober: »Der Tanker *Portofino* ist am 29. um 04.30 Uhr aus Tarent ausgelaufen. Er soll in Patrasso zur *Gualdi* stoßen; der so zusammengestellte Geleitzug wird nach Tobruk weiterlaufen. Die Ankunftszeit ist unbekannt.«

— 31. Oktober: »Der aus Tarent kommende Tanker *Portofino* ist am Nachmittag des 30. in Patrasso eingelaufen und hat sich mit der *Gualdi* vereinigt. Er soll neuerdings am 31. im Morgengrauen nach einem anderen Hafen, vielleicht Navarino, auslaufen und dann wahrscheinlich am Morgen des 1. November nach Tobruk weiterfahren.«

— 1. November: »Die *Portofino* und die *Gualdi* sind aus Patrasso am Morgen des 31. nach einem unbekannten Hafen ausgelaufen, unterstehen aber weiterhin Piräus. Sie werden neuerdings am Morgen des 1. November nach Bengasi auslaufen.«

— 2. November: »Das Auslaufen der *Portofino* und der *Gualdi* aus Piräus ist auf den 2. um 05.30 Uhr verschoben worden. Die *Col di Lana* wird mit diesem Geleitzug laufen.«

An dieser Stelle hätte man unbedingt einen massiven Luftangriff gegen den großen italienischen Geleitzug erwartet, ein Ereignis, das dann aber erst am 4. November eintrat, ohne daß es jedoch den Engländern gelang, einen Treffer auf einem der Ziele zu erzielen. Die neun Einheiten der Achse erreichten daher Bengasi unversehrt am 4. November um 11.30 Uhr.

In den folgenden Funksprüchen des O.I.C. vom 4., 5. und 6. November kommt zunächst die Zuversicht desjenigen zum Ausdruck, der wertvolle Nachrichten für den Ansatz der folgenden Angriffe weiterzugeben versteht. Diese Zuversicht verwandelte sich dann durch den Fehlschlag eben dieser Angriffe in Enttäuschung[72]:

— 4. November: »Die *Portofino*, *Col di Lana* und *Gualdi* sollen, aus Piräus kommend, am 4. um 08.00 Uhr in Bengasi einlaufen.«

— 5. November: »Unmittelbar nach dem Einlaufen des Geleitzuges *Portofino* wurde Bengasi am 4. um 12.15 Uhr von 16 Liberators mit Bomben angegriffen. Der Tanker und das Transportschiff *Gualdi* sind nicht beschädigt worden, aber ein Zerstörer ist in Brand geraten.«

— 6. November: »Die *Portofino*, *Col di Lana* und *Gualdi* aus Piräus sind am 4. um 13.00 Uhr in Bengasi eingelaufen. Ein Angriff von Torpedofliegern auf die *Portofino* ist ohne Ergebnis abgewiesen worden.«

Die hartnäckige Entschlossenheit der Engländer zum Ausschalten des feindlichen Tankers während dieser entscheidenden Phase der Schlacht in der nordafrikanischen Wüste, koste es, was es wolle, führte am 6. November zu einem erneuten und diesmal erfolgreichen Bombenangriff auf den Hafen von Bengasi. Dabei war die *Portofino* das Hauptziel. Der Tanker wurde getroffen und in Brand gesetzt, er sank am Nachmittag, nachdem nur ein kleiner Teil des wertvollen Treibstoffes mit den bescheidenen in diesem Hafen der Cyrenaika zur Verfügung stehenden Auslademitteln entladen worden war[73].

Das befriedigende Ende der langen Jagd auf den italienischen Tanker wurde vom O.I.C. festgehalten:

»Ein Tanker, wahrscheinlich die *Portofino*, ist bei einem Luftangriff auf Bengasi am 6. um 14.00 Uhr getroffen und in Brand gesetzt worden. Ein großer Teil der Ladung war noch nicht ausgeladen[74].«

Wiederum auf der Route Piräus—Bengasi wurde von »ULTRA« der deutsche Dampfer *Thessalia* verfolgt, dessen Auslaufen aus dem griechischen Hafen am gleichen Tag vom O.I.C. am Morgen des 9. November mit der Bemerkung gemeldet wurde, daß »die *Thessalia* Piräus am 9. um 08.00 Uhr mit Kurs Bengasi und einer Geschwindigkeit von 8,5 Knoten verlassen soll«[75].

Nach der Wiederholung einer identischen Meldung am 10. November wurde das O.I.C. in die Lage versetzt, am folgenden Tage festzustellen, daß die »*Thessalia* mit einer Ladung Treibstoff am 11. um 16.00 Uhr in Bengasi einlaufen würde«[76].

Auch dieses deutsche Handelsschiff, das von einem italienischen Torpedoboot gesichert wurde, konnte der Ortung seitens der Aufklärer nicht entgehen, die am Nachmittag des 9. auf die ersten »ULTRA«-Meldungen hin aufgestiegen waren. Das Schiff wurde daher in den folgenden Tagen aus der Luft beschossen, es sank am 11. November um 15.00 Uhr 70 Meilen nördlich Bengasi[77].

Zwei Tage danach erklärte das O.I.C. die Operation für abgeschlossen und teilte mit, daß die *Thessalia* mit einer Ladung Treibstoff und Panzern für Bengasi am Morgen des 11. dreimal angegriffen und 80 Meilen vom Hafen entfernt versenkt worden war[78].

Die *Thessalia* war der letzte abgesandte Dampfer — wenn er auch Bengasi nicht mehr erreichte —, bevor dieser Stützpunkt am 20. November 1942 endgültig in die Hände der Engländer fiel. Symptome für den Zusammenbruch der deutsch-italienischen Front in der Cyrenaika waren jedoch bereits von der G.C. & C.S. festgestellt und vom O.I.C. mit der folgenden interessanten Meldung vom 8. weitergegeben worden:

»Am 7. um 06.20 Uhr hat das Marinekommando in Libyen Rom um die zeitweilige Unterbrechung der Absendung von Personal und Material zur Hilfe für Bengasi und den Raum ostwärts Bengasi gebeten. Am 6. um 20.49 Uhr hat das deutsche Marinekommando in Italien präzisiert, daß der Verkehr nach Tobruk ›mit einer möglichen zukünftigen Wiederaufnahme durch kleine Dampfer, falls die östliche Front hält‹ unterbrochen worden wäre. Am 6. um 20.00 Uhr ist der Verkehr zwischen Italien und Tripolis bis zum Eintreffen eines neuen Befehls eingestellt worden[79].«

Die Anlaufbeschränkung für Tripolis wurde auf jeden Fall nach den für die Operation »Torch« vorgesehenen anglo-amerikanischen Landungen in Algerien und Marokko und nach der Besetzung Tunesiens als Gegenmaßnahme gegen dieses amphibische Unternehmen des Feindes durch die Streitkräfte der Achse wieder aufgehoben. In diesen Augenblicken schwerer Krise erneuerte nämlich Rom den Auftrag zur Unterstützung der libyschen Front und sandte die notwendigen Versorgungsgüter gerade nach dem Hafen der tripolitanischen Hauptstadt, der damals der einzige örtlich verfügbare war.

In dieser Periode entgingen den Italienern jedoch nicht die wachsenden Schwierigkeiten bei der Aufrechterhaltung des Verkehrs mit Tripolitanien, vor allem als Ende November in Malta die berühmte Force K wieder aufgestellt wurde, die sich jetzt aus den Leichten Kreuzern *Euryalus* und *Dido* und vier Zerstörern unter Befehl von Rear Admiral Power zusammensetzte. Daß man sich der erhöhten Risiken auf der Route nach Tripolis bewußt war, kam auch in einem Memorandum zum Ausdruck, das Supermarina in jenen gleichen Tagen sich verpflichtet fühlte, an das Comando Supremo abzusenden. Darin ist unter anderem zu lesen:

»Es ist sicher richtig, daß das nach Nordafrika zu entsendende Material in Italien vorhanden ist und in großem Umfang verfügbar gemacht werden kann. Es ist auch richtig, daß es nur verschifft zu werden braucht. Aber gerade das ist das Problem unserer gesamten Kriegführung[80].«

Der genaue Überblick des höchsten Führungsorgans der italienischen Marine scheint uns keineswegs geringer Beachtung wert, und zwar vor allem deshalb, weil er die übereilten Schlußfolgerungen derjenigen Lügen straft, nach denen die Verringerung des Nachschubs an Versorgungsgütern für Afrika damals auf deren angebliche Knappheit gerade in den Einschiffungshäfen zurückzuführen sei.

Inzwischen ging das Zerstörungswerk »ULTRAs« zum Schaden der italienischen Geleitzüge auf den tripolitanischen Routen weiter. Dieser Tätigkeit der Nachrichtenbeschaffung muß das Verdienst der Versenkung von mindestens einem weiteren Dampfer im November zugeschrieben werden.

Eine kurze, aber wiederum wirksame Mitteilung des O.I.C. vom 16. reichte aus, um die englischen Fliegerstaffeln von der bereits angetretenen Fahrt des großen und sehr modernen Tankers *Giulio Giordani* zu unterrichten. Er war in der vorhergehenden Nacht mit 7400 Tonnen Treibstoff aus Tarent nach Tripolis mit einer Geschwindigkeit von 13 Knoten unter dem Geleitschutz von zwei Zerstörern ausgelaufen. Der in Frage stehende Funkspruch gab nämlich in Einzelheiten und sehr genau an:

»Der Tanker *Giordani* hat Tarent am 15. um 22.00 Uhr verlassen, Geschwindigkeit 13 Knoten, er wird am 18. November um 08.00 Uhr in Tripolis einlaufen[81].«

Am 17. erfolgten unausbleibliche Luftangriffe auf die drei italienischen Einheiten, und ab 22.00 Uhr wurde die *Giordani* nacheinander von zwei Torpedos getroffen. Den von Flammen eingehüllten Tanker gab die Besatzung auf. Er verschwand im Morgengrauen des 18. November in den Wogen[82].

Auf der Route entlang der Küste wurde der Dampfer *Algerino* versenkt, der am 24. November um 20.00 Uhr aus Tripolis unter dem Geleitschutz des U-Jägers *Eso* nach Buerat ausgelaufen war. Er sank am 26. um 11.00 Uhr, nachdem er am vorhergehenden Morgen von Fliegerbomben getroffen worden war[83].

In dieser Lage erkannte »ULTRA« mit genügendem zeitlichem Vorsprung die allgemeinen Linien des italienischen Operationsplanes und gab am 22. November wie üblich durch das O.I.C. bekannt, daß »die *Algerino*, die *Morandi*, die *Gennari* und die

Salona am 18. November den Auftrag erhalten hatten, Munition und Treibstoff in Tripolis zu laden und nach Buerat zu fahren«[84]. Doch das O.I.C. war erst am 25. in der Lage, das genaue Fahrtprogramm des Handelsschiffes anzugeben und meldete, daß »die *Algerino* und zwei Landungsschiffe, von einem U-Jäger gesichert, am 24. um 20.00 Uhr aus Tripolis ausgelaufen waren«[85].

Im Hinblick auf das Absetzdatum dieser letzteren, doch wertvollen Nachrichten erscheint es uns unwahrscheinlich, daß sie die RAF-Verbände vor ihrem morgendlichen Angriff auf den Dampfer (25. November 10.00 Uhr) erreicht hatten. Wir glauben daher nicht, diesen englischen Erfolg Bletchley Park zuschreiben zu müssen.

5.6 Die steigenden Vernichtungsziffern auf den Routen nach Tripolis

Wie bereits gesagt, bedingte es der am 20. November 1942 eingetretene Fall von Bengasi, daß der Seeverkehr nach Libyen in Richtung auf den übriggebliebenen Hafen von Tripolis zusammenfloß. Diese logistische Lage nützte natürlich den Engländern, die in der Lage waren, die Masse ihrer Angriffskräfte auf den westlich von Malta verlaufenden Mittelmeerrouten zu konzentrieren. Damit hielten sie auch den kürzlich in Richtung auf die in Tunesien gewonnen Häfen gerichteten Verkehrsfluß der Achse unter ihrer Kontrolle.

Der Monat Dezember begann für die italienische Marine unter den schlechtesten Vorzeichen. Tatsächlich sanken durch feindliche Einwirkung am 2. und 3. auf der Route nach Tripolis ein Torpedoboot und fünf Dampfer und auf der nach Tunesien ein Zerstörer und vier Handelsschiffe aus dem Geleitzug »Aventino« (oder Geleitzug »H«), mit dessen Schicksal wir uns im zweiten Abschnitt des nächsten Kapitels näher befassen werden.

In Anbetracht der Tragweite der genannten italienischen Verluste in dieser Zeit halten wir es für opportun, im Anhang VI des vorliegenden Buches die auf »ULTRA«-Nachrichten basierenden Funksprüche des O.I.C. wiederzugeben, die jene britischen Erfolge möglich machten und sich auf die Tage vom 29. November, 1., 2., 4., 5. und 7. Dezember 1942 beziehen.

In der Nacht vom 30. November lief der Geleitzug »C« von Neapel nach Tripolis aus. Er setzte sich aus den Dampfern *Veloce* und *Chisone* und den Geleittorpedobooten *Lupo*, *Aretusa* und *Sagittario* (die von der *Ardente* ersetzt wurde) zusammen. Sein Auslaufen wurde 24 Stunden voraus von der G.C. & C.S. gemeldet und vom O.I.C. mit dem folgenden Funkspruch vom 29. November weitergegeben:

»Die *Chisone* und die *Veloce* sollen nun aus Neapel am 30. um 21.00 Uhr auslaufen, da ihre Abfahrt um 24 Stunden verschoben worden ist, Geschwindigkeit 9 Knoten, Ziel Tripolis, Ankunftszeit am 3. um 20.30 Uhr (Force K ?)[86].«

Diese ins einzelne gehende Nachricht, die dann im Funkspruch des O.I.C. vom 2. Dezember wiederholt und ebenfalls im Anhang VI abgedruckt ist, reichte aus, um den englischen See- und Luftstreitkräften grünes Licht zu geben, deren Führung sich damals auch der wiederaufgestellten Force K in Malta bediente.

Ab der Nacht vom 1. Dezember erschienen über dem italienischen Geleitzug die ersten Aufklärer, und am 2. um 19.17 Uhr setzten die ersten Luftangriffe ein. Der kurz nach 20.00 Uhr von einem Torpedo getroffene Dampfer *Veloce* geriet in Brand und sank, während das in seiner Nähe laufende Torpedoboot *Lupo* den Schiffbrüchigen Hilfe leistete[87]. Dieses Torpedoboot, das sich bei anderen Unternehmen in der Ägäis ausgezeichnet hatte, wurde jedoch seinerseits überrascht und von der herbeigeeilten Force K versenkt. Sie war vom Befehlshaber in Malta ausgesandt worden, um die Wahrscheinlichkeit des Abfangens des Geleitzuges zu erhöhen. Auch das war wieder anhand der überprüften, von BP stammenden Nachrichten und nicht »auf Hinweise der Aufklärer hin« geschehen, wie die offizielle Geschichte der italienischen Marine in aller Unschuld behauptet[88].

Diese neuerliche schmerzliche Episode auf den Routen nach Libyen kostete 198 auf den beiden untergegangenen italienischen Schiffen eingeschifften Männern das Leben, sie wurde wie folgt vom O.I.C. am 4. Dezember kommentiert:

»Die *Veloce* ist infolge eines Luftangriffes nahe der Boje Nr. 5 von Kerkennah gesunken. *Anmerkung:* Zeitpunkt nicht angegeben, aber ein Torpedoboot hat am 2. um 22.45 Uhr Befehl erhalten, bei der *Veloce* zu bleiben und war wahrscheinlich das vom Chef der 14. Zerstörerflottille versenkte. Vom Geleittorpedoboot *Lupo* war seit dem 2. um 22.00 Uhr nichts mehr zu hören, und eine Suche durch Flugzeuge blieb ohne Erfolg. Eine Lazarettschiff ist in den Raum südlich Kerkennah entsandt worden, um die Überlebenden aufzunehmen[89].«

Der zweite in diesen allerersten Dezembertagen versenkte italienische Dampfer war die *Sacro Cuore*, und zwar diesmal auf der Rückfahrt von Tripolis nach Trapani. Sie war am 1. Dezember um 00.10 Uhr aus dem Hafen der libyschen Hauptstadt ausgelaufen. Am gleichen Tag war das O.I.C. in der Lage, ihr detailliertes Fahrprogramm mitzuteilen:

»Die *Sacro Cuore* läuft am 1. um 00.01 Uhr aus Tripolis aus und wird am 3. um 10.45 Uhr in Pantelleria eintreffen. Am 3. um 18.00 Uhr läuft sie erneut aus, um Trapani am 4. um 10.00 Uhr zu erreichen. Geschwindigkeit 6 Knoten[90].«

Das in diesem Raum lauernde U-Boot *Umbra (P. 35)* wurde auf dieses Ziel angesetzt, hielt es aber angesichts von dessen bescheidener Tonnage (1 097 BRT) nicht für zweckmäßig, auch nur einen einzigen Torpedo darauf abzuschießen. Das britische Boot tauchte auf und nahm sich die *Sacro Cuore* mit seiner 76-mm-Kanone zum Ziel, die sie am 2. Dezember um 18.45 Uhr versenkte[91].

25 auf dem Dampfer eingeschiffte deutsche und italienische Soldaten wurden von dem gleichen U-Boot gerettet und zu Gefangenen gemacht, während 21 Überlebende

von weiteren 24 Männern der Besatzung des Schiffes an den nahen Strand von Susa gelangten. Ihre Rettung wurde vom O.I.C. am 7. Dezember exakt gemeldet[92].

Zwei weitere Dampfer, die *Minerva* und die *Palmaiola*, wurden zusammen am 3. Dezember versenkt, während Frachter mit Treibstoff in Fässern ohne Sicherung nach Tripolis fuhren, da keine Geleiteinheit zur Verfügung stand. Sie waren aus Trapani am 1. um 14.00 Uhr und am 2. Dezember um 01.10 Uhr ausgelaufen und hatten in Pantelleria Zwischenaufenthalt eingelegt, »um der feindlichen Luftaufklärung zu entgehen«, wie die offizielle Geschichte der italienischen Marine behauptet. Dabei hatten sie keine Ahnung, daß ihre Bewegungen von »ULTRA« verfolgt wurden. Bereits ab 1. Dezember konnte nämlich das O.I.C. verkünden:

»Die *Minerva* soll Trapani am 30. November um 22.00 Uhr verlassen, Geschwindigkeit 8 Knoten, und am 3. Dezember um 09.30 Uhr in Tripolis eintreffen. Die *Palmiola* [Name verstümmelt] soll am 29. oder 30. November aus Sizilien nach Tripolis auslaufen[93].«

Die beiden italienischen Handelsschiffe verließen die Gewässer von Pantelleria am Mittag des 2. Dezember, genau zu der Zeit, als das O.I.C. beabsichtigte, die Auslaufzeit, die im vorhergehenden Funkspruch gemeldet worden war, zu korrrigieren. Es präzisierte nun, daß

»die *Minerva* am 1. aus Trapani um 13.00 Uhr nach Tripolis auslaufen sollte, Geschwindigkeit 8 Knoten, um dort am 4. um 00.30 Uhr einzulaufen. Die *Palmiola* sollte aus einem sizilianischen Hafen am 1. Dezember nach Tripolis auslaufen[94].«

Die ersten englischen Aufklärer erschienen am Mittag des 3. Dezember über der *Minerva* und der *Palmaiola*. Nach Einbruch der Nacht setzte der nun schon übliche Angriff mit Torpedoflugzeugen ein, durch den die beiden Dampfer etwa um 22.00 Uhr getroffen und versenkt wurden[95].

Im Funkspruch des O.I.C. vom folgenden Tage ist unter anderem eine interessante Anmerkung zu lesen, nach der »Rom mitteilte, daß beide genannten Schiffe von einem englischen Flugzeug am 3. um 13.20 Uhr bei Kerkennah gemeldet worden waren«. Dies zeigt, daß Bletchley Park damals weniger als einen Tag brauchte, um die italienischen Funksprüche zu entziffern[96].

Schließlich wurde am 7. Dezember vom O.I.C. der folgende Nekrolog für die beiden Handelsschiffe herausgegeben:

»Die *Palmiola* und die *Minerva* ›verschwanden‹ auf der Fahrt von Trapani nach Tripolis in der Nacht vom 3. zum 4. Einige Überlebende sind in Zuara ausgeschifft worden. *Anmerkung:* Versenkt von den ›Albacores‹* aus Malta«[97].

Der 5. und letzte auf den Routen nach Tripolis in den beiden in Frage stehenden Dezembertagen versenkte Dampfer war die *Audace*, die ebenfalls allein von Trapani

---

* Albacores = Tintenfisch, Torpedoflugzeug der Royal Navy (Anmerkung des Übersetzers)

Ein Exemplar der deutschen Schlüsselmaschine »ENIGMA« aus der Gebrauchsanweisung für die deutsche Wehrmacht.

Zwei neuere Modelle der »ENIGMA«-Maschine mit vier Walzen.

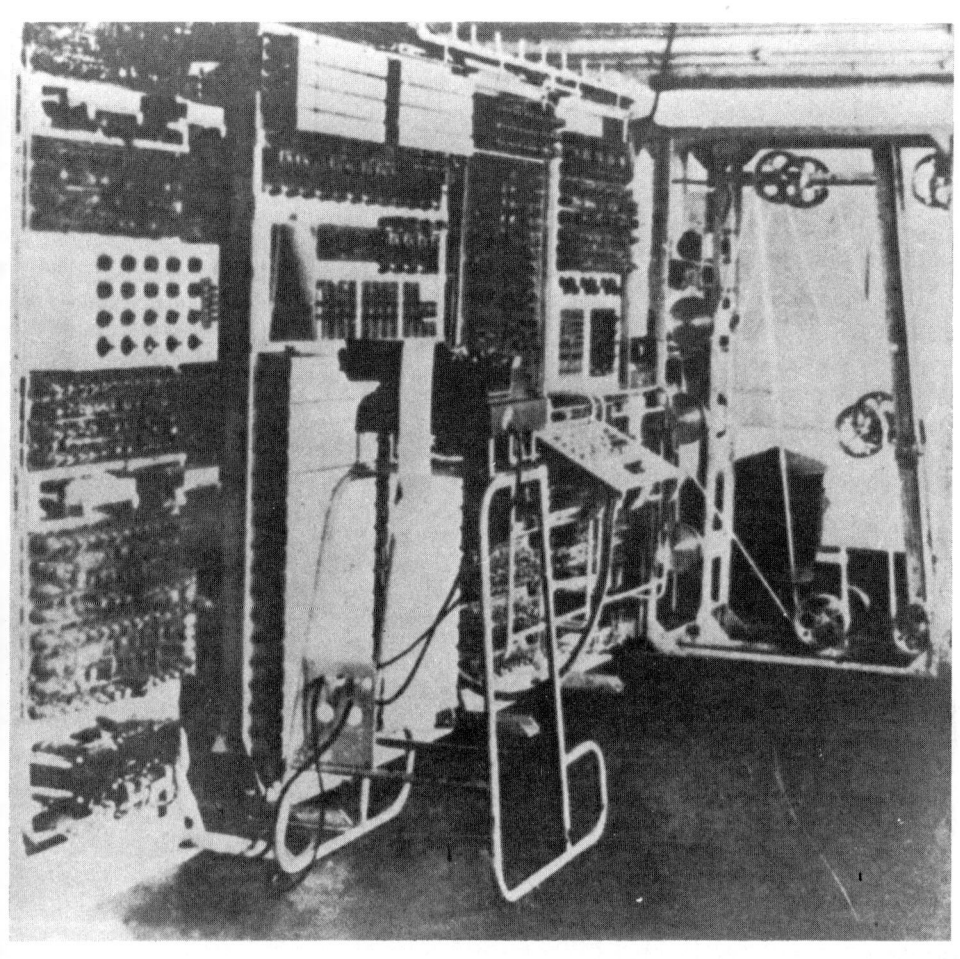

Der elektromagnetische Entzifferungsapparat »Colossus« in Bletchley Park (Photographie des Public Record Office).

◀

Bletchley Park im März 1979: der berühmte Landsitz, der heute als Ausbildungszentrum des Postministeriums benutzt wird.

Das berühmte, von den Engländern in den ersten Kriegstagen erbeutete Unterseeboot *Galilei*, auf dem dem Feind sehr wichtige Geheimdokumente in die Hand fielen.

Das unveröffentlichte, wenn auch verblaßte photographische Zeugnis englischen Ursprungs, das zeigt, wie am 29. Juni 1940 englische Seeleute an Bord des Unterseebootes *Uebi Scebeli* gingen, eine bisher in Italien nicht bekanntgemachte Episode voller Konsequenzen. Am äußersten Heck des Unterseebootes bemerkt man ein anlegendes englisches Boot und weiter hinten den Zerstörer *Defender*, der seine Geschütze auf das U-Boot gerichtet hat.

Auf dem Marsch nach Gaudo am 28. März 1941: in Kiellinie die Kreuzer *Zara, Pola, Fiume* und *Duca degli Abruzzi*, aufgenommen von Bord der *Garibaldi*.

Das Schlachtschiff *Vittorio Veneto* mit einer Geschwindigkeit von 19 Knoten nach Tarent laufend. Infolge des Treffers durch einen Lufttorpedo am 28. März 1941 liegt sein Heck fast mit dem Wasserspiegel gleich.

Die *Durbo*, das dritte italienische U-Boot, auf dem britische Seeleute in den ersten fünf Kriegsmonaten Fuß faßten und grundlegende Geheimdokumente erbeuteten.

Die Rettung von Schiffbrüchigen der Motorschiffe *Oceania* und *Neptunia* durch den Zerstörer *Usodimare*.

Der Dampfer *Caterina* geht unter, nachdem er am 18. Oktober 1941 von englischen Lufttorpedos getroffen wurde.

Der große und moderne Tanker *Irido Mantovani*, der am 1. Dezember 1941 auf dem Weg nach Libyen versenkt wurde.

Die beiden berühmtesten italienischen Kriegsschiffe, die der britischen »ULTRA«-Intelligence direkt zum Opfer fielen: die Kreuzer *Da Barbiano* und *Di Giussano*, im Trockendock aufgenommen.

Die *Trenchant*, ein englisches Unterseeboot der T-Klasse.

Das Motorschiff *Victoria*, von Bord des Schlachtschiffes *Duilio* kurz vor seiner Versenkung am 23. Januar 1942 aufgenommen.

Das Motorschiff *Napoli*, eines der beiden Opfer der »ULTRA«-Entzifferungen vom Monat Februar 1942.

Ein außergewöhnliches Bild: Eine englische Salve gabelt den Kreuzer *Gorizia* während der zweiten Schlacht in der Syrte ein.

Die Trefferwirkung eines 120-mm-Geschützes auf dem Heck des Schlachtschiffes *Littorio* in der zweiten Schlacht in der Syrte.

Das Motorschiff *Lerici*, eines der fünf Opfer von »ULTRA« im August 1942.

Der Dampfer *Aventino*, der dem unglücklichen Geleitzug von vier Handelsschiffen seinen Namen gab, der in dem Gefecht vom 2. Dezember 1942 vollkommen vernichtet wurde.

Der Zerstörer *Folgore*, der sich in der Nacht vom 2. Dezember 1942 bei der Sicherung des Geleitzuges *Aventino* geopfert hatte.

Der Zerstörer *Da Recco* des Kommandanten Cocchia, der am Schluß der blutigen nächtlichen Schlacht vom 2. Dezember 1942 schwer beschädigt wurde.

Eine häufige Szene im Mittelmeerkrieg: Schiffbrüchige eines italienischen Schiffes bewegen sich auf eine zu Hilfe eilende Einheit zu.

Ein italienisches Handelsschiff versinkt in Flammen gehüllt auf der Route nach Tunesien in den Wogen, nachdem es von feindlichen Flugzeugen getroffen worden ist.

Die englischen Minen verursachten zahlreiche Opfer unter den Dampfern der Achse, die offensichtlich »ULTRA« nicht zugeschrieben werden dürfen.

Eine britische Magnetmine, auf deren Wirkung die italienische Marine nicht in angemessener Weise vorbereitet war.

Das Einschiffen deutscher Truppen nach Tunesien im März 1943.

Der Tanker *Pozarica*, eine der modernsten und aktivsten Einheiten der Handelsflotte.

Das Torpedoboot *Perseo*, ein Opfer des kühnen, aber vergeblichen Versuchs vom 4. Mai 1943, den Dampfer *Campobasso* zu verteidigen.

Die englischen Vosper-Schnellboote *MTB 233* und *244* gehören zu einem Typ, der weitgehend im Mittelmeer eingesetzt wurde.

Überlebende eines italienischen Dampfers, die von einem Geleitschiff gerettet werden.

Der Leichte Kreuzer *Eugenio di Savoia* aus der Sicht der *Montecuccoli* während des nicht durchgeführten Auftrags gegen den Hafen von Palermo im August 1943.

nach Tripolis fuhr. Sie lief aus dem sizilianischen Hafen gegen Mittag des 30. November mit einer Ladung aus Treibstoff in Fässern aus und wurde am folgenden Tag vom O.I.C. mit dem nachstehenden Funkspruch gemeldet:

»Die *Audace* ist am 30. um 12.20 Uhr aus Trapani ausgelaufen, Geschwindigkeit 6 Knoten. Sie soll am 3. um 18.30 Uhr in Tripolis eintreffen[98].«

Nachdem das O.I.C. am 2. Dezember die gleiche Meldung vom vorhergehenden Tag wiederholt hatte, wurden am 3. nachmittags auf den ungeschützten italienischen Dampfer drei einzelne Torpedoflugzeuge angesetzt, welche das Ziel im Golf von Hammamet um 19.10 Uhr versenkten[99].

5.7 Das Ende des Verkehrs nach Libyen

Infolge des Gemetzels unter den italienischen Handelsschiffen auf den Routen nach Tripolitanien und Tunesien Anfang Dezember sandte Supermarina ein Memorandum unter dem Datum vom 4. Dezember an das Comando Supremo. Unter Kenntnisnahme der gesteigerten Offensivkraft von Malta schloß es mit den folgenden Worten:

»Unter diesen Umständen ist es nicht mehr möglich, Geleitzüge nach Tripolitanien auslaufen zu lassen oder Anweisungen für den Küstenverkehr zu erteilen. Einige kleine Schiffe können immer noch fahren, aber die Möglichkeit, daß sie ihr Ziel erreichen, ist gering. Der Rückverkehr bietet keine besseren Aussichten[100].«

Es war für Supermarina leicht, den Propheten zu spielen. Tatsächlich wurden zwei der drei letzten nach Tripolis entsandten Geleitzüge vom Feind abgefangen und vernichtet.

Am späten Abend des 13. Dezember lief das schnelle Motorschiff *Foscolo*, mit Treibstoff und Munition beladen und vom Zerstörer *Freccia* und vier deutschen Torpedoschnellbooten gesichert, aus Trapani nach dem libyschen Hauptort aus. Das Handelsschiff kam jedoch nicht sehr weit, da es von britischen Torpedoflugzeugen aufgespürt und um 22.12 Uhr des gleichen Abends versenkt wurde[101].

Hier ist es jedenfalls unmöglich, den genannten englischen Erfolg der Tätigkeit von »ULTRA« zuzuschreiben, da die einzige Vorausmitteilung des O.I.C. über die *Foscolo* am gleichen Tag des Auslaufens und der Versenkung des Motorschiffes weitergegeben wurde. Sie kündigte zu allgemein an, daß »die *Foscolo* und die *Oriani* mit Treibstoff am 14. Dezember in Tripolis einlaufen sollen«[102].

Dennoch haben wir die Episode erwähnt, da uns auch bei dieser Gelegenheit ein nachfolgender Funkspruch des O.I.C. gestattet, die Schnelligkeit festzustellen, mit der die Entzifferer von BP in jenem Zeitabschnitt die italienischen Funkmeldungen knacken konnten.

Es handelt sich um die Mitteilung vom 14. Dezember, in der zu lesen ist:

»Die nach Tripolis laufende *Foscolo* soll ostwärts Lampedusa am 14 um 05.30 Uhr vorbeilaufen, Geschwindigkeit 15 Knoten. *Anmerkung:* Am 13. um 22.10 Uhr wurde ein mit Südkurs laufendes großes Schiff in Position 37°42' Nord, 11°55' Ost von den Luftstreitkräften angegriffen und zur Explosion gebracht. Um 23.55 Uhr unterrichtete Rom Tripolis, daß die *Foscolo* nicht ankommen würde[103].«

Der zweite der letzten drei nach Tripolis laufenden Geleitzüge, der nicht am Bestimmungsort eintraf, setzte sich aus dem deutschen Dampfer *Dora* und zwei Torpedobooten zusammen. Er lief am 17. Dezember um 05.30 Uhr aus Palermo aus und war in Durchführung eines ziemlich umfangreichen Fahrprogramms anfänglich nach Susa gerichtet. Nachdem die *Dora* neuerdings am 20. um 05.00 Uhr aus Susa ausgelaufen war und einen Aufenthalt in Monastir eingelegt hatte, lief sie von diesem Hafen schließlich nach Tripolis, ihrem vorgesehenen Bestimmungshafen, aus.

Trotz des komplizierten Fahrtweges wurde jede Bewegung der *Dora* von der G.C. & C.S. aufmerksam verfolgt, die bei dieser Gelegenheit reichliche und sehr detaillierte Nachrichten für die Angriffskräfte in Malta lieferte. Das geht aus den folgenden beiden Funksprüchen des O.I.C. hervor.

— 19. Dezember: »Die *Dora* ist am 17. um 06.00 Uhr aus Palermo nach Susa ausgelaufen. Nach einem Aufenthalt in Trapani ist sie am 17. um 12.30 Uhr wieder ausgelaufen und hat Susa am 18. um 14.00 Uhr erreicht. Von Susa ist sie am 18. um 18.00 Uhr ausgelaufen und wird vor Monastir vom 18. um 19.30 Uhr bis zum 19.00 um 04.00 Uhr ankern; von dort aus Weiterfahrt nach Tripolis, wo sie am 20. um 13.00 Uhr eintreffen soll[104].«
— 20. Dezember: »Die *Dora* ist am 20. um 04.00 Uhr aus Monastir nach Tripolis ausgelaufen[105].«

Auf diese Nachricht hin lief die Force K von Malta aus. Sie erreichte die *Dora* am 21. um 01.00 Uhr und versenkte sie vor Ras Turgoeness[106].

Die vollzogene Versenkung wurde am 22. vom O.I.C. mit der lakonischen Bemerkung gemeldet, daß »die *Dora* nahe Gerba am 21. um 01.00 Uhr von Überwasserstreitkräften vernichtet wurde«[107].

Angesichts des nunmehr unaufhaltsamen Vorstoßes der Truppen Montgomerys auf Tripolis unterbrach Supermarina Ende Dezember endgültig die Nachführung von Versorgungsgütern in jenen Hafen und konzentrierte dafür alle Anstrengungen auf die Evakuierung des Personals und des Materials vom restlichen noch in eigener Hand befindlichen libyschen Territorium. Die englischen Angriffskräfte richteten sich nun unerbittlich auf die Vernichtung der feindlichen Dampfer auf der Rückfahrt nach Italien ein. Von den letzten Tagen des Jahres 1942 bis zum 23. Januar 1943, dem Datum des Falles von Tripolis, wurden die Gewässer der Straße von Sizilien der Schauplatz schmerzlicher Geschehnisse für die italienische Marine.

Nur bei einer der zahlreichen Versenkungen in dieser bedrängten Lage ist das entscheidende Eingreifen »ULTRAs« aufgrund von aus der G.C. & C. S. kommenden

Entzifferungen von Funksprüchen festzustellen. Dies war der Fall beim Dampfer *Emilio Morandi*.

Das genannte Handelsschiff lief am 6. Januar 1943 aus Tripolis, begleitet von vier Fährprähmen, nach Trapani aus und wurde am 9. um 20.22 Uhr durch zwei Torpedos des U-Bootes *Umbra* versenkt[108].

Sein Auslaufen wurde vom O.I.C. erst am 8. Januar gemeldet, jedoch so rechtzeitig, daß es von der Luft aus geortet und von dem in sehr günstiger Stellung stehenden britischen U-Boot angegriffen werden konnte. Es folgt der Wortlaut des kurzen Funkspruches:

»Die *Morandi* ist aus Tripolis am 6. um 22.00 Uhr nach Italien ausgelaufen[109].«

Absolut zu spät kamen jedoch die Enthüllungen von »ULTRA« im Hinblick auf den Dampfer *Torquato Gennari*, der vom U-Boot *Safari* am 29. Dezember 1942 um 09.00 Uhr versenkt wurde.

Das gleiche gilt für den Dampfer *Zenobia Martini*, der vom U-Boot *Unseen* am 17. Januar des folgenden Jahres um 09.05 Uhr ebenfalls auf der Rückfahrt nach Italien versenkt wurde[110]. Die ersten Funksprüche des O.I.C. in bezug auf diese beiden Handelsschiffe wurden nämlich an den Tagen herausgegeben, an denen sie versenkt wurden, und konnten, obwohl sie genau die jeweiligen Fahrtprogramme offenbarten, in keiner Weise die beiden morgendlichen Angriffe der U-Boote beeinflussen[111]. Über das Schicksal der beiden Dampfer gibt es jedenfalls äußerst genaue Angaben des O.I.C. vom 30. Dezember und vom 18. Januar.

Schließlich wurden keine Nachrichten von Bletchley Park über die weiteren zahlreichen italienischen Handelsschiffe herausgegeben, die im Januar 1943 ebenfalls auf der Rückfahrt versenkt wurden, einschließlich des Motorschiffes *D'Annunzio* und der Dampfer *Sportivo* und *Edda* sowie elf kleinen Einheiten, die von der Force K während eines Vorstoßes am 19. und 20. des Monats vernichtet wurden.

Die Ursache für ein solches abschließendes Massaker in den Gewässern der Straße von Sizilien muß daher diesmal nicht in der Schnelligkeit von »ULTRA«, sondern in der selbständigen und natürlichen Entscheidung der britischen operativen Führung gesucht werden, alle eigenen Kräfte auf die voraussehbaren feindlichen Evakuierungsrouten anzusetzen, um den erwarteten italienischen Versuchen zu begegnen, die nun verlorenen tripolitanischen Küsten auf dem Seeweg zu verlassen.

Die erste Phase der Schlacht gegen die Geleitzüge nach Tunesien (November 1942 bis Februar 1943)

6.1 Allgemeine Charakteristiken

Nach einer beschwerlichen, nicht von Auseinandersetzungen zwischen den englischen und amerikanischen Generalstäben freien Planung begannen die Alliierten am 8. November 1942 mit der Operation »Torch« und faßten an der Atlantikküste von Französisch Marokko und an der Küste von Algerien Fuß. Unmittelbares taktisch-operatives Ziel war es, die deutsch-italienischen Streitkräfte, die von Osten her nach dem kürzlichen Sieg der britischen 8. Armee von El Alamein verfolgt wurden, in einer Falle zu fangen. Aber die unverzügliche und unvorhergesehene Reaktion der Achse vereitelte diesen alliierten Plan durch die sofortige Besetzung Tunesiens sowie Korsikas und — drei Wochen später — der Provence.

Besonders wertvoll war für die Deutschen und Italiener die Wegnahme des französischen Territoriums auf afrikanischer Erde. Dadurch wurde der Bewegungsraum für die Panzerarmee Rommels erweitert und ein Gebirgswall zwischen sie und die in Algerien an Land gegangenen alliierten Truppen gelegt.

Am 13. November, dem Tag nach dem Eintreffen des ersten aus Italien kommenden Geleitzuges in Tunesien, wurde in Bizerta das neue Marinekommando gebildet, an dessen Spitze Admiral Biancheri trat. Von diesem Augenblick an fiel der italienischen Marine der harte Auftrag zur Sicherstellung der Versorgung der jüngsten Front in Afrika zu, die zwar den Küsten Siziliens näher lag, aber auch durch die verstärkte Präsenz der Alliierten in beiden flankierenden Abschnitten weit mehr bedroht wurde[1].

Als der Verkehrsfluß nach Tunesien anlief, konnten die Marinen der Achse für diesen Auftrag 175 Dampfer, zu denen noch zahlreiche Motorsegler und 169 andere Schiffe (94 italienische und 75 deutsche) kamen, abstellen. Letztere stammten aus Neubauten (11 Dampfer) und von Requisitionen ausländischer, fast ausschließlich französischer Einheiten.

Diese Ressourcen blieben dem britischen Geheimdienst nicht lange verborgen. Er intensivierte seine Aktivität, um die Statistiken der Admiralität über die periodische Verfügbarkeit von Transportschiffen der Achse im Mittelmeer, einschließlich beschlagnahmter ausländischer Handelsschiffe und kleinerer Boote wie Fährprähme und Landungsschiffe, auf dem laufenden zu halten[2].

Was die Methoden und die Einsatztaktik der italienischen Handelsschiffe bei der kurzen Entfernung zwischen den sizilianischen Häfen, vor allen Dingen Palermo, und den tunesischen Bestimmungshäfen, in erster Linie Bizerta und Tunis, betraf, die mit einer mittleren Geschwindigkeit von 10 Knoten in 22—23 Stunden zurückgelegt werden konnte, so zog die italienische Marine weiterhin das System der vorwiegend nächtlichen Schiffahrt vor, das noch den Ruf genoß, »ein Element einer gewissen Sicherheitsgarantie« zu sein[3]. Dieser Kunstgriff nützte schließlich jedoch mehr dem Feind, der in der Lage war, Vorausnachrichten mit Methoden zu gewinnen, welche unabhängig von Umwelt- und Sichtverhältnissen waren. Auch auf taktischer Ebene war er dadurch begünstigt, daß die Ziele mit Hilfe des Radars in der Nacht angegriffen werden konnten.

Bei der Schlacht gegen die Geleitzüge nach Tunesien können zwei Phasen unterschieden werden: Die erste vom November 1942 bis zum Februar 1943 wurde durch die Überlegenheit der britischen U-Boote als Angriffsmittel gekennzeichnet, während die zweite Phase, die am 13. Mai 1943 mit der Kapitulation der Achsentruppen endete, die alliierten Luftstreitkräfte auf dem Gipfel ihrer Leistungsfähigkeit sah. In beiden Phasen wurde ein beachtlicher Beitrag zum Kampf gegen die nach Tunesien gerichteten Achsen-Geleitzüge auch von den englischen Überwasserstreitkräften geleistet, die in Bône (Force Q) und in Malta (Force K) disloziert waren.

Auf jeden Fall muß festgestellt werden, daß die Schnelligkeit, mit der sich die deutsch-italienische Führung Tunesiens bemächtigte und den ersten Nachschub über das Meer sandte, die Alliierten, die im übrigen mit der Operation »Torch« außerordentlich beschäftigt waren, so sehr überraschte, daß die Schiffsverluste der Achse bei den ersten Bewegungen praktisch auf Null sanken. Trotz vieler Angriffe durch U-Boote ging im Laufe des Monats November nur das Motorschiff *Città di Napoli* auf dieser Route unter. Am 28. lief es auf der Rückfahrt von Bizerta nach Palermo auf eine Mine[4].

Das unvorhergesehene Ende der *Città di Napoli* in einer Minensperre verhinderte, daß »ULTRA« sich einen weiteren Erfolg zugute schrieb. Die G.C. & C.S. hatte nämlich aufmerksam die Vorbereitungen für das Auslaufen der Einheit sowie für die Motorschiffe *Città di Tunisi* und *Brindisi* verfolgt, die dann am folgenden Tag von einem U-Boot, allerdings ohne Erfolg, angegriffen wurden[5].

6.2 Das Seegefecht vom 2. Dezember 1942

Die alliierte Führung mußte — wenn auch mit einer gewissen Verlegenheit — Ende November zugeben, daß es den Streitkräften der Achse in Nordafrika gelungen war, der versuchten und mit der Operation »Torch« beabsichtigten Einkesselung auf beste Weise zu begegnen. Aber mit jener Zähigkeit, die stets die Kriegführung Großbritanniens ausgezeichnet hat, zögerten die Engländer nicht, geeignete Gegenmaßnahmen zu ergreifen, um dem deutsch-italienischen Unternehmen auf tunesischem Gebiet die Grundlagen zu entziehen, nachdem sie wieder einmal in den feindlichen Verbindungslinien über See die verwundbare Achillesferse erkannt hatten.

In diesem Zusammenhang sind die Dokumente einer Arbeitsgruppe aufschlußreich, die den Auftrag hatte, den Ablauf und die Charakteristika der feindlichen Versorgung für Tunesien zu untersuchen. Sie werden in den »Naval Intelligence Papers« des Public Record Office in London aufbewahrt[6].

Die von den Engländern mit beträchtlicher Unterstützung durch »ULTRA« angewandten Maßnahmen führten bald zu beachtlichen Ergebnissen. Die erste erschreckende Demonstration ihrer Wirksamkeit erfolgte in der Nacht auf den 2. Dezember 1942.

Seit dem 29. November sah das O.I.C. (mit dem hier im Anhang VI wiedergegebenen Funkspruch des O.I.C./M.C. 183) das folgende voraus:

»Die *Puccini*, *Aventino*, *Gualdi*, der Tanker *Giorgio* und die *K.T. 1* werden am 1. um 06.30 Uhr aus Palermo auslaufen und sind damit 24 Stunden hinter ihrer Auslaufzeit zurück. Vor Trapani wird die *Aspromonte* zu ihnen stoßen, und sie werden von dort mit einer Geschwindigkeit von 9 Knoten nach den tunesischen Häfen laufen, die *Gualdi* und die *Giorgio* nach Tunis und die anderen nach Bizerta. Beide Geleitzüge werden wahrscheinlich am 2. um 06.00 Uhr eintreffen (Force Q)[7].«

Tatsächlich liefen am Morgen des 1. Dezember aus Palermo der Tanker *Giorgio*, der Zerstörer *Lampo* und das Torpedoboot *Climene* nach Tunis aus; aus Palermo ebenfalls mit Kurs Bizerta der Geleitzug »H«, der sich aus den Handelsschiffen *Aventino*, *Puccini*, und *K.T. 1* (deutsches Kriegs-Transportschiff) zusammensetzte. Zu ihnen stieß auf See noch das aus Trapani kommende Motorschiff *Aspromonte*. Das Ganze wurde von den Zerstörern *Da Recco*, *Folgore* und *Camicia Nera* und den Torpedobooten *Clio* und *Procione* gesichert. Insbesondere transportierte der Geleitzug »H« 1766 Soldaten, 698 Tonnen Kriegsmaterial, 32 Fahrzeuge, 4 Kampfpanzer und 12 Geschütze.

In jenem Augenblick befanden sich auch, allerdings mit Kurs Tripolitanien, die fünf Dampfer *Veloce*, *Sacro Cuore*, *Audace*, *Palmaiola* und *Minerva* in See. Sie wurden alle Opfer von »ULTRA«, wie wir im Abschnitt 6 des vorhergehenden Kapitels gesehen haben. Dies wird auch durch die gleichen Funksprüche des O.I.C. belegt, die hier im Anhang VI wiedergegeben sind. Am 30. November war schließlich mit Kurs Tunesien ein weiterer großer Geleitzug aus Neapel ausgelaufen, der aber am folgenden Abend nach Trapani umgelenkt und deshalb nicht in das Seegefecht verwickelt wurde.

Nachdem die Entzifferer in Bletchley Park am 1. Dezember der britischen Admiralität weitere genaue Angaben über die Bewegungen der *Giorgio* und des Geleitzuges »H« mitgeteilt hatten, lief an jenem gleichen Tag um 17.30 Uhr aus Bône die neu zusammengestellte Force Q aus. Sie war in dem erwähnten Funkspruch des O.I.C. vom 29. November bereits als geeignetster Angriffsverband gegen die genannten Frachtschiffe der Achse mit Kurs Tunesien in Klammern erwähnt worden.

Es ist bezeichnend, daß der obengenannte englische Verband, der unter dem Befehl und *Sirius* und den Zerstörern *Quentin* sowie *Quiberon* gebildet wurde, sich bereits fast drei Stunden auf See befand, bevor die mit Sicherheit am Nachmittag aufgestiegenen Aufklärer (um 20.15 Uhr) das aus dem Geleitzug »H« gebildete Hauptziel gesichtet und geortet hatten. Das geht auch aus der offiziellen Geschichte der italienischen Marine hervor[8].

Am 1. Dezember um 21.56 Uhr spürte ein englisches Torpedoflugzeug den Motortanker *Giorgio* auf und traf ihn. In Flammen gehüllte, wurde er zunächst im Meer treibend aufgegeben und dann am folgenden Morgen nahe Trapani auf Grund gesetzt. In der Zwischenzeit war aber auch die Force Q um 22.40 Uhr von einem deutschen Flugzeug gesichtet worden. Supermarina rief jedoch aufgrund der wegen eines Schadens am Sender des Flugzeuges etwa eine Stunde später abgesetzten und empfangenen Meldung den nahen Geleitzug »H« nicht in den Hafen zurück. Rom glaubte nämlich, daß auf diese Weise die mögliche Sichtung des Geleitzuges durch feindliche Schiffe gerade während der heiklen Phase des Kurswechsels hätte erfolgen können. Es kam daher zu dem Entschluß, das Fahrtprogramm wegen der außerordentlichen Dringlichkeit der gesamten Transportoperation unverändert zu lassen[9].

Aber Supermarina versäumte es nicht, um 23.40 Uhr dem Führer des Geleitschutzes die Ortung des anlaufenden britischen Verbandes mitzuteilen. Es war Kapitän zur See Cocchia, der sich an Bord des Zerstörers *Da Recco* befand. Er faßte seinerseits den Entschluß, den Kurs des Geleitzuges »H« auf drei Meilen nach Süd zu ändern, eine Maßnahme, die sich dann als unwirksam gegen einen Feind erwies, der sich der begrenzten Manövrierfähigkeit des langsamen feindlichen Verbandes voll bewußt war. Zu allem Unglück riß der Geleitzug während des doch kurzen Wendemanövers wegen eines falschen Manövers der *K. T. 1* und der *Puccini* auseinander. Die letztere stieß schließlich sogar mit der *Aspromonte* zusammen[10].

Gerade während dieses Durcheinanders mit einer schwerlich geringeren Tragweite als jener, die Supermarina hatte vermeiden wollen, als es sich weigerte, den Befehl zum Zurücklaufen in den Stützpunkt zu erteilen, erschien in diesem Gebiet die Force Q, die die nach Süden laufenden Schiffe im Radar erfaßt hatte und am 2. Dezember um 00.37 Uhr das Feuer eröffnete. Admiral Harcourt setzte in dieser Lage ein Umfassungmanöver an, das demjenigen recht ähnlich war, das es Cpt. Agnew ermöglicht hatte, den berühmten Geleitzug »Duisburg« am 9. November 1941 zu vernichten. Tatsächlich umlief er, aus Südwest kommend, das Ziel von rechts nach links und nahm die feindlichen Schiffe nacheinander zum Ziel, die sich oft wegen der vorher in Brand geschossenen Schiffe hell gegen den dunklen Hintergrund abhoben.

Das Feuergefecht zog sich bis 01.35 Uhr hin. Dann war es den britischen Einheiten, denen sich der italienische Geleitschutz erfolglos entgegengestellt hatte und die keinerlei Schaden an Bord erlitten hatten, gelungen, alle vier Dampfer, die *K. T. 1*, die *Aspromonte*, die *Aventino* und die *Puccini,* zu versenken, die letztere — der Genauigkeit halber — um 15.00 Uhr von einem der italienischen Zerstörer, der sich in verzweifeltem Zustand befand[11]. Auch der Zerstörer *Folgore*, der vom sehr schnellen Feuer der 13,2

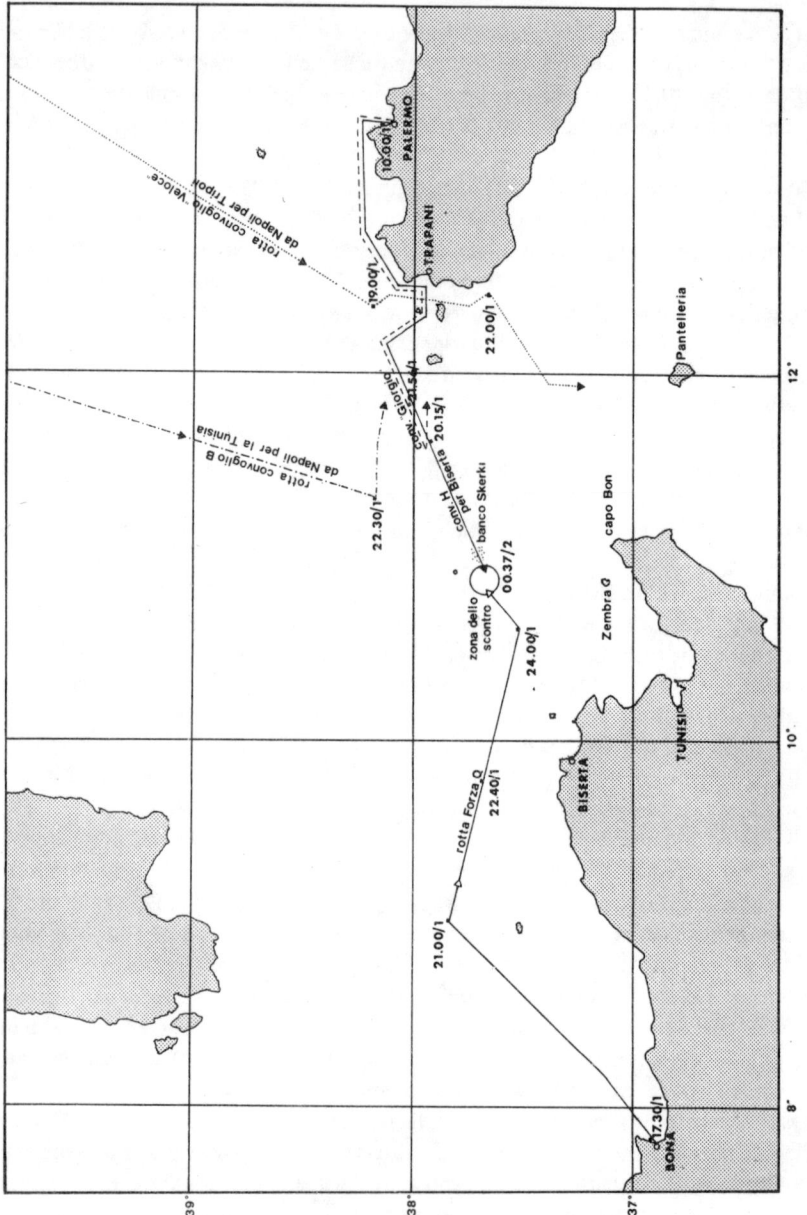

Die Bewegungen der italienischen Geleitzüge und der britischen Force Q beim Nachtgefecht vom 2. Dezember 1942.

cm-Geschütze der *Argonaut* getroffen worden war, sank, während das Torpedoboot *Procione* und das Führungsschiff des Geleitzuges, *Da Recco,* schwere Schäden hinnehmen mußten. An Bord des letzteren erlitt der Kommandant des Geleitzuges, Cocchia, Brandwunden an Gesicht und Händen.

Sehr schwer waren die Verluste an Menschen. Von den etwa 3 300 insgesamt auf den neun den Geleitzug »H« bildenden Handels- und Kriegsschiffen eingeschifften Soldaten fehlten gut 2 200. So wurde das Nachtgefecht vom 2. Dezember für die italienische Marine die blutigste Begegnung zur See nach jener von Kap Matapan, die so traurige Berühmtheit erlangt hatte.

Auf der Rückfahrt nach Bône wurde die Force Q von 13 deutschen Flugzeugen angegriffen, die zum Teil die bittere italienische Niederlage rächten: Sie versenkten im Morgengrauen des 2. Dezember den Zerstörer *Quentin* und beschädigten sein Schwesterschiff *Quiberon*.

Am gleichen 2. Dezember begann »ULTRA«, dessen rechtzeitige und genaue Nachrichten wieder einmal einen beachtlichen Erfolg beim Kampf gegen den Verkehr der Achse im Mittelmeer möglich gemacht hatten, die ersten Meldungen über die Schlacht abzusetzen. Sie wurden dann in den Funksprüchen des O.I.C. vom 4. und vom 5. des Monats noch klarer dargestellt und erweitert. Sie sind im Anhang VI wiedergegeben[12].

6.3 Wachsende Polemik in Rom und die Verluste auf See

Wie zu erwarten war und es sich bei anderen Gelegenheiten bereits gezeigt hatte, führte das Desaster mit dem Geleitzug »H« zu einer wachsenden Polemik in italienischen Militärkreisen, wozu die übliche Kritik und die schon gewohnten, als Ratschläge verschleierten Forderungen seitens des deutschen Verbündeten kamen.

Nach den Deutschen und durch den Mund keines geringeren als Görings, der immer bereit war, sich auch in Rollen zur Schau zu stellen, die ihn nichts angingen, war die Frage der Versorgung Tunesiens ein strikt der Marine zufallendes Problem und als solches mit dem Auslegen eines sehr großen Minenfeldes lösbar, das sich ohne Unterbrechung von Sizilien nach Kap Bône erstrecken sollte. In der Mitte der Minensperre hätte eine ständig überwachte Fahrrinne zu liegen. Für die Durchführung des Planes wären jedoch 500 000 Seeminen notwendig gewesen. Sie hätten sich in Deutschland relativ leicht beschaffen lassen, wären aber nicht ebenso leicht und schnell durch die in jener Zeit im Mittelmeer zur Verfügung stehenden Mittel der Marine zu verlegen gewesen.

Nachdem Supermarina die charakteristischen Merkmale der feindlichen Angriffe auf den kürzlich eröffneten Verkehr nach Tunesien zusammengefaßt hatte, warnte es in dem gleichen Memorandum an das Comando Supremo, das wir am Anfang des Abschnittes 7 des vorhergehenden Kapitels erwähnt haben, am 4. Dezember davor, daß weitere Verluste bei den Fahrten der Geleitzüge dramatische Auswirkungen auf die gesamte Organisation und Durchführung der Transporte haben würden. Auch Supermarina wünschte eine schnelle Verlegung weiterer Minenfelder in der Straße von Sizilien sowie eine verstärkte Luftaufklärung über Bône und dem westlichen Mittelmeerbecken[13].

In einer Konferenz vom 12. Dezember hielt das Comando Supremo seinerseits den Mangel an Geleitfahrzeugen und die Langsamkeit der verfügbaren Dampfer für den Ursprung allen Übels bei dem Verkehr. Es bekundete aber sein festes Vertrauen in das neu aufgestellte Kommando für die U-Bootabwehr in Trapani, das aus etwa 20 mit Spezialausrüstung versehenen Einheiten gebildet worden war. Dieses Kommando sollte recht bald durch ein deutsches Fliegergeschwader für die Allwetter-U-Bootabwehr verstärkt werden[14].

Es ist an dieser Stelle ein für allemal zu betonen, daß, von »ULTRA« abgesehen, der wahre Kern der Frage im Unvermögen der Achse lag, das alte Hindernis Malta auszuschalten. Am 20. November und am 4. Dezember waren auf der Insel neun Dampfer unbeschädigt eingetroffen. Sie bildeten einen Teil zweier aufeinander folgender und nur von leichten Kräften gesicherter englischer Geleitzüge. Die zwischen Neapel und Messina dislozierte italienische Flotte hatte nicht einmal versucht, sie anzugreifen. Diesmal hätte die deutsche Luftunterstützung für unsere Kriegsschiffe nicht gefehlt. Aber die Rechtfertigung für eine solche Untätigkeit, für die damals der Chef des Admiralstabes, Admiral Riccardi, die Verantwortung trug, lag im »völligen Fehlen von Geleitzerstörern«. Diese Behauptung stand jedoch absolut im Gegensatz zu den Beteuerungen von Supermarina im Geheimdokument »Piano Ana« vom 18. November 1942. Darin stand: »Der wichtigste Auftrag, den unsere Seestreitkräfte im mittleren und ostwärtigen Mittelmeer durchführen müssen, ist die Blockade Maltas[15].«

Wie zu vermuten, war die Mißstimmung der Deutschen äußerst groß, obgleich der Mangel an Geleitschiffen in der italienischen Flotte tatsächlich nachprüfbar war. Diese hatte z. B. am 18. November in Messina zur Sicherung der dort dislozierten fünf Kreuzer lediglich die Zerstörer *Bersagliere*, *Granatiere*, *Mitragliere* und *Zeno* zur Verfügung.

Gerade wegen des Mangels an Geleitfahrzeugen lief der aus Neapel kommende und nach Susa gerichtete deutsche Dampfer *Süllberg* aus Trapani am 8. Dezember um 15.00 Uhr ohne Geleitschutz aus. Um 11.00 Uhr des folgenden Tages wurde er von einem Torpedo des U-Bootes *Umbra (P. 35)* getroffen und flog mit der gesamten Besatzung im Golf von Hammamet in die Luft[16].

Auch in dieser Lage ermittelte die G.C. & C.S. das wesentliche Fahrtprogramm des Dampfers im voraus, so daß das O.I.C. am 6. Dezember melden konnte, daß »die *Süllberg* am Mittag des 4. aus Neapel nach Tripolis ausgelaufen war«[17]. Der genaue Bestimmungshafen des deutschen Handelsschiffes sowie seine Fahrtzeiten wurden in den Funksprüchen vom 8. und 9. genau angegeben. Sie lauteten wie folgt:

»Die *Süllberg*, die am Mittag des 4. aus Neapel nach Tripolis ausgelaufen ist, soll am Morgen des 9. in Susa eintreffen[18].«

»Die aus Neapel kommende *Süllberg* ist aus Trapani am 8. um 14.00 Uhr nach Susa ausgelaufen[19].«

Schließlich entzifferte »ULTRA« rasch den Funkspruch über die Versenkung des deutschen Dampfers und gestattete es damit dem O.I.C. am 10. Dezember, das folgende Kommuniqué herauszugeben:

»Ein deutscher Dampfer ist am Morgen des 9. im Golf von Hammamet torpediert worden. *Anmerkung:* Wahrscheinlich handelt es sich um die *Süllberg* auf der Fahrt von Neapel nach Susa. Das U-Boot *P. 35* meldet die Versenkung eines Schiffes in jenen Gewässern, gibt aber keinerlei Zeitpunkt an[20].«

Ebenfalls durch die Torpedos des U-Bootes *Umbra* wurde am Abend des 13. Dezember ein weiterer deutscher Dampfer, die *Macedonia*, versenkt, die am vorhergehenden Morgen mit dem Torpedoboot *Cigno* aus Palermo nach Susa ausgelaufen war. Auf See hatte sie sich mit dem aus Trapani kommenden Tanker *Jaedjoer* vereinigt, der dann wegen Maschinenschadens liegenblieb. Die *Macedonia* wurde am 13. um 15.30 Uhr getroffen, während sie ohne Sicherung durch das Torpedoboot fuhr, das in jenem Augenblick gerade auf den zurückgebliebenen Tanker zulief. Das deutsche Schiff sank nach einem fruchtlosen Abschleppversuch um 19.00 Uhr eineinhalb Meilen von der Reede von Susa entfernt[21].

Bei dieser Gelegenheit sagte Bletchley Park am 12. Dezember voraus, daß die *Macedonia* am gleichen Tag in Susa einlaufen würde. Aber am 13. konnte es über das O.I.C. genaueres angeben:

»Die *Macedonia* ist am 12. um 04.00 Uhr aus Palermo ausgelaufen und sollte zu der aus Trapani kommenden *Dora* stoßen, um am 13. um 11.30 Uhr in Susa einzulaufen. Die *Dora* gehörte ursprünglich zu diesem Geleitzug, aber über ihr Auslaufen ist keinerlei Meldung abgehört worden [22].«

Schließlich wurde mit dem Funkspruch vom 14. Dezember gemeldet, daß »die *Macedonia* 1,5 Meilen nördlich Susa torpediert und versenkt worden ist«[23].

Die britischen U-Boote waren weiterhin die hauptsächlichen Träger dieser ersten Phase des Kampfes gegen den Seeverkehr nach Tunesien. Am 14. und 15. Dezember schickten sie die drei Dampfer *Honestas*, *Castelverde* und *Sant'Antioco* auf den Grund, die, obwohl zu zwei verschiedenen Geleitzügen gehörend, von den Entzifferern in BP gleichzeitig beschattet wurden. Diese letzteren arbeiteten dabei mit einer Pünktlichkeit, die derjenigen überlegen war, die sie in unmittelbar vorausgehenden Fällen bewiesen hatten. Sie waren in der Lage, den Angriffskräften der Royal Navy die unmittelbar bevorstehende Abfahrt der drei genannten Frachter sogar mit drei oder vier Tagen Vorsprung bekanntzugeben. Im Funkspruch des O.I.C. vom 9. Dezember wurde nämlich die Nachricht weitergegeben, daß die genannten Handelsschiffe »ab 11. Dezember in Tunis einlaufen sollten«[24].

Tatsächlich liefen die *Honestas* und die *Castelverde* aus Neapel am 12. Dezember um 12.30 Uhr aus, legten kurz in Trapani an und fuhren von diesem Hafen am 14. um

00.50 Uhr unter dem Geleit von zwei Torpedobooten nach Tunis weiter. Die *Sant'Antioco* machte ihrerseits immer noch in Neapel am 1. um 15.15 Uhr zusammen mit dem deutschen Dampfer *Brott* und zwei weiteren Torpedobooten mit Bestimmungshafen Bizerta die Leinen los.

Mit der schon erwähnten Schnelligkeit, die diesmal mit einer beachtlichen Genauigkeit Hand in Hand ging, gab am 12. Dezember die G.C. & C.S. wie stets durch das O.I.C. die folgenden Nachrichten über die Bewegungen der drei Handelsschiffe bekannt:

»Die *Honestas* und die *Castelverde* sollen heute, am 12. um 13.00 Uhr, aus Neapel auslaufen, Geschwindigkeit 7 Knoten, und am 14. um 14.00 Uhr in Tunis eintreffen. Die *Sant'Antioco*, die *Brott* und die *Stokfoss* sollen am 12. um 16.00 Uhr aus Neapel auslaufen, Geschwindigkeit 7 Knoten, und in Bizerta am 14. um 13.30 Uhr eintreffen[25].«

Nachdem das O.I.C. im Funkspruch vom 13. Dezember die gleiche Nachricht bestätigt hatte, teilte es am folgenden Tage mit, daß »die *Honestas* am 14. um 19.30 Uhr nicht in Tunis eingetroffen war, d.h. fünfeinhalb Stunden nach ihrem vorgesehenen Anlegen«[26].

Der italienische Geleitzug war tatsächlich an jenem gleichen Nachmittag in eine U-Bootfalle gelaufen, die nahe Kap Bon klug aufgebaut worden war. Von zwei bis drei Torpedos der U-Boote *P. 46* und *P.212* getroffen, sanken die *Castelverde* und die *Honestas* um 16.20 bzw. um 17.30 Uhr[27].

In der Zwischenzeit setzte die *Sant'Antioco* in Begleitung der *Brott* und der beiden Torpedoboote ihre Fahrt Richtung Bizerta fort und wurde dabei ebenfalls von »ULTRA« beschattet. Nach der erwähnen Meldung vom 12. Dezember, die am folgenden Tag voll bestätigt wurde, war das O.I.C. in der Lage, am 15. noch genauere Angaben über die Bewegungen der beiden Dampfer zu machen und teilte mit:

»Die *Sant'Antioco* und die *Brott* sind am 13. um 15.00 Uhr aus Neapel ausgelaufen und sollen in Bizerta am 15. um 13.00 Uhr eintreffen[28].«

In die Falle der bei Kap Bon lauernden britischen U-Boote lief daher auch dieser zweite Geleitzug. Am 15. Dezember um 13.33 Uhr wurde die *Sant'Antioco* von einem Torpedo der *Splendid (P. 228)* 35 Meilen von der Küste entfernt getroffen und sank sofort[29].

Am folgenden Tag konnte Bletchley Park, nachdem es wie üblich die diesbezüglichen italienischen Funksprüche abgehört und entziffert hatte, die Einzelheiten über das Verschwinden aller drei feindlichen Handelsschiffe liefern[30].

Den britischen Fliegern war dagegen die Versenkung des Dampfers *Etruria* zu verdanken, der am 21. Dezember um 17.30 Uhr zusammen mit vier deutschen Fährprähmen und zwei Geleittorpedobooten aus Trapani nach Bizerta ausgelaufen war.

Auch in diesem Fall wurden die ersten »ULTRA«-Nachrichten vier Tage vor dem Auslaufen des Geleitzuges geliefert. Im Funkspruch des O.I.C. vom 17. Dezember wurde angekündigt, daß »die *Etruria* und die *Roselli* dabei waren, Fracht zu übernehmen und zum Auslaufen aus einem unbekannten italienischen Hafen bereit seien«[31]. Dann gaben die englischen Entzifferer am 20. und 22. das Eintreffen der *Etruria* in Bizerta bekannt und ermöglichten es so der Führung in Malta, die Suche und den Angriff durch ihre Flieger zu koordinieren[32].

Der italienische Dampfer wurde in der Nacht vom 21. geortet und am 22. Dezember um 02.30 Uhr 22 Meilen nordwestlich Marettimo mit einem Lufttorpedo versenkt[33].

Das letzte Opfer des zunehmenden britischen Einsatzes gegen die nach Tunesien gerichteten feindlichen Geleitzüge wurde im Dezember der Dampfer *Iseo*, der am 28. um 18.00 Uhr zusammen mit einem deutschen MFP und einem Zerstörer Richtung Tunis mit einer Ladung Sprengstoff aus Trapani ausgelaufen war. Diesmal war das O.I.C. in einer Meldung vom 26. Dezember jedoch nicht in der Lage, anderes im voraus mitzuteilen, als die allgemeine Ankündigung über das Eintreffen der *Iseo* in Tunesien »zu irgendeinem Zeitpunkt nach dem 28.«. Erst im Funkspruch vom 29. wurde genau angegeben, daß der Dampfer *Trapani* am 28. um 18.00 Uhr mit neun Knoten Geschwindigkeit verlassen hatte und am 29. um 15.30 Uhr in Tunis sein würde[34].

Diese letztere, aber sehr genaue Information traf jedoch nicht rechtzeitig ein, um zum Urheber eines weiteren Erfolges von »ULTRA« zu werden, da die *Iseo* an jenem gleichen 29. Dezember um 03.20 Uhr durch einen Lufttorpedo 28 Meilen vor Kap Bon versenkt wurde[35]. Diese Versenkung kann daher nicht dem Verdienst der Entzifferer in Bletchley Park zugeschrieben werden.

6.4 Die britischen Erfolge am Anfang des neuen Jahres

Mit dem Verlauf der Schlacht auf den Routen nach Tunesien durfte die britische Marineführung zufrieden sein. Sie hielt es bei den Zusammenkünften zu Anfang des neuen Jahres nicht für opportun, etwas an der kürzlich vorgenommenen Organisation zu ändern, die ins Leben gerufen worden war, um den Fluß des feindlichen Nachschubs über das Mittelmeer zu bekämpfen. Dank der täglichen Arbeit der Männer in der G.C. & C.S. am italienischen Funkverkehr sowie dank der periodischen, stets anhand der »ULTRA«-Nachrichten abgefaßten Rechenschaftsberichte war übrigens die Royal Navy vollkommen in der Lage, die Wirksamkeit der eigenen Angriffsmittel sofort festzustellen und daraus rechtzeitige Lehren für deren eventuelle andere Zusammensetzung und Stärke zu ziehen[36].

Nachdem in den ersten Tagen des Jahres 1943 einige italienische, nach Tunesien laufende Handels- und Kriegsschiffe mit schmerzlichen Folgen, aber offensichtlich ohne Zutun der britischen Entzifferer ihr Leben in feindlichen Minenfeldern beendet hatten, meldete die G.C. & C.S. am 16., 18. und 19. Januar die Fahrprogramme der Motorschiffe *Emma* und *Ankara* und des deutschen Dampfers *Favor*.

Aber auch in dieser Lage konnte sich die Organisation von Bletchley Park nicht die Versenkung der drei Transportschiffe zugute schreiben, da diese zu schnell oder aus völlig unvorhersehbaren Gründen verschwunden waren[37].

Die *Emma* war nämlich vom U-Boot *Splendid* gerade am Tag vor der Weitergabe der ersten »ULTRA«-Nachrichten über sie torpediert worden, also am Abend des 15. Januar, auch wenn sie dann erst während des folgenden Morgens sank[38].

Die rechtzeitig von den Entzifferern in BP beschattete *Ankara* sank am 18. nachmittags in einem Minenfeld, bevor gegen sie aktive Kampfmittel des Gegners eingesetzt werden konnten[39].

Schließlich war die *Favor*, deren Bewegungen durch das O.I.C. vom 18. Januar ab beobachtet worden waren, bereits in den allerersten Stunden des gleichen Tages wiederum durch das U-Boot *Splendid* versenkt worden[40].

Das erste, zweifellos durch Verdienst der englischen Entziffer auf den Routen nach Tunesien versenkte Transportschiff der Achse im Jahre 1943 war daher der Tanker *Saturno* auf der Rückfahrt nach Italien. Vom 19. Januar ab konnte nämlich das O.I.C. mitteilen, daß »das Auslaufen der Tanker *Saturno* und *Sudest* aus Bizerta aus Furcht vor Minen bis zum Morgen des 19. verschoben worden war«[41]. Am 20. wurde daher vom O.I.C. die grundsätzliche Nachricht weitergeleitet, daß die Einheit aus Bizerta nach Neapel am gleichen Tag ausgelaufen wäre, was tatsächlich um 10.00 Uhr geschah[42].

Die oben genannten Hinweise auf das bereits geschehene Auslaufen und den Zielhafen des Tankers reichten aus, um die britischen Angriffskräfte anzusetzen und insbesondere um zwölf Angriffsflugzeuge starten zu lassen. Diese spürten die *Saturno*, die *Sudest* und die beiden Geleittorpedoboote am frühen Vormittag des gleichen 20. Januar kaum 29 Meilen ostwärts Bizerta auf und trafen den Tanker mit einem Torpedo und zwei Bomben. Zunächst wurde er in Schlepp genommen. Im Verlauf eines folgenden nächtlichen Luftangriffes jedoch traf ein weiterer Torpedo die *Saturno*, so daß sie am 21. Januar um 02.45 Uhr sank[43].

Die weitere Meldung des O.I.C. von jenem letzten Tag diente daher nur dazu, einen neuen Beweis für die rasche Entzifferung der den blutigen Ereignissen folgenden italienischen Funkmeldungen durch die Engländer zu liefern. Der Funkspruch lautete:

»Die Tanker *Saturno* und *Sudest* sind am 20. um 09.30 Uhr aus Bizerta nach Neapel ausgelaufen. Am 20. um 16.45 Uhr hat Bizerta mitgeteilt, daß ein Torpedoboot dabei wäre, die *Saturno* nach Trapani abzuschleppen[44].«

Am Nachmittag des gleichen 21. Januar liefen die Motorschiffe *Ruhr* und *Chisone* aus Palermo nach Bizerta aus, und wie gewöhnlich wurde dieses Ereignis noch am gleichen Tag vom O.I.C. weitergegeben. Die Dienststelle für die Koordinierung der Nachrichten der Royal Navy meldete nämlich, daß die beiden Handelsschiffe »aus Sizilien ausgelaufen wären und am 22. um 15.00 Uhr eintreffen würden«[45].

Um 11.10 Uhr des folgenden Tages, am 22. Januar, begannen die Luftangriffe auf die beiden Transportschiffe, obgleich diese in jenem Augenblick außer von drei Torpedobooten von acht italienischen und deutschen Jagdflugzeugen gesichert wurden. Die sehr tieffliegenden englischen Bomber trafen beide Motorschiffe. Aber während es der *Chisone*, die zweimal getroffen wurde, gelang, Bizerta zu erreichen, das zu dieser Zeit noch 42 Meilen entfernt lag, sank die *Ruhr* um 11.32 Uhr[46].

Nach den Worten der offiziellen Geschichte der italienischen Marine zu urteilen, hat es den Anschein, als wären die beiden ehemaligen französichen Dampfer *Verona* und *Pistoia* auf der Fahrt von Neapel nach Bizerta am 24. Januar dank der rechtzeitigen Luftaufklärung versenkt worden, die ab 23. dieses Monats um 15.50 Uhr über den beiden Schiffen erschienen war[47]. Doch noch rechtzeitiger als die pünktlich erschienenen britischen Luftaufklärer und offensichtlich unübertrefflich war von neuem die Arbeit der Männer der G.C. & C.S., die es dem O.I.C. gestattete, genau am 23. Januar zu melden, daß »die *Verona* und die *Pistoia* am 24. um 16.00 Uhr in Bizerta eintreffen sollten«[48].

Tatsächlich waren die beiden ehemaligen französischen Handelsschiffe unter dem Geleitschutz von zwei Torpedobooten am 23. Januar um 06.55 Uhr aus Neapel ausgelaufen, um Bizerta am Abend des 24. zu erreichen. Die wertvolle »ULTRA«-Nachricht ermöglichte es den Engländern, eine nicht allzu schwierige Suche mit Flugzeugen anzusetzen. Sie war um 15.50 Uhr von Erfolg gekrönt. Nach Einbruch der Nacht wurde daher von Malta aus der übliche Angriff mit Lufttorpedos angesetzt, in dessen Verlauf die beiden Dampfer getroffen wurden. Die *Pistoia* geriet in Brand und verschwand am 24. um 02.40 Uhr in den Wogen, während die *Verona*, bevor sie sank, bis 08.00 Uhr Widerstand leistete[49].

Das O.I.C. gab am 25. Januar einen genauen Bericht über das Vorgefallene heraus, der sich teils auf die direkte Luftaufklärung und teils auf die Entzifferung von Funkmeldungen stützte, die in jenen Tagen zwischen den verschiedenen, daran interessierten italienischen Marinekommandos ausgetauscht wurden[50].

Der letzte, von »ULTRA« im Januar 1943 gegen den Verkehr nach Tunesien erzielte Erfolg war jener vom 30. des Monats. In den ersten Stunden des 28. Januar liefen die Handelsschiffe *Parma*, *Vercelli*, *Sabbia* und *Lanusei* aus Messina aus. Zu ihnen stieß am Nachmittag der aus Palermo kommende Dampfer *Stella*. Unter dem Geleit von vier Torpedobooten und zwei Korvetten lief der Geleitzug Richtung Tunis und Bizerta. Doch er war kaum ausgelaufen, als das O.I.C. mitteilte, daß »die *Vercelli* und die *Parma* in Tunis am Nachmittag des 29. einlaufen sollten«[51].

Ab 29. Januar um 11.15 Uhr, als der Geleitzug kaum 30 Meilen von Kap Bon entfernt und von italienischen und deutschen Abfangjägern gesichert war, nahm sich ein starker Bomberverband die Schiffe zum Ziel und traf die *Lanusei* und die *Vercelli*. Der ersten Einheit gelang es, nach dem Löschen der an Bord ausgebrochenen Brände mit eigener Kraft nach Tunis weiterzulaufen, während der *Vercelli* im ersten Augenblick von dem Torpedoboot *Prestinari* und dann von zwei aus Bizerta hinzugekommenen Schleppern geholfen wurde. Der Abschleppversuch des Dampfers konnte jedoch wegen dessen immer größer werdender Schlagseite nicht zu Ende geführt werden, und die *Vercelli* sank schließlich am 30. Januar um 04.15 Uhr[52].

Vier Stunden später ging auch der Dampfer *Parma* bei der Einfahrt nach La Goletta verloren, als er auf eine Magnetmine lief und in die Luft flog[53]. Obwohl er zweifellos ein von »ULTRA« verfolgtes Ziel darstellte, findet er dennoch keinen Platz in der Liste der Opfer dieser Special Intelligence, da wir von den allgemeinen Gesamtverlusten, die wir als Basis für die abschließenden Statistiken genommen haben, alle Handelsschiffe der Achse abgezogen haben, die durch Minen versenkt oder deren Untergang durch Unfälle verursacht wurden, die direkten englischen Angriffen nicht zugeschrieben werden können.

In den folgenden Tagen meldeten die Entzifferer in Bletchley Park der Admiralität viele Einzelheiten aus italienischer Quelle über die dem Geleitzug zugefügten Schäden sowie über die fieberhaften, wenn auch vergeblichen Versuche der Geleittorpedoboote und Schlepper, die ausgelaufen waren, um die getroffenen Dampfer zu bergen[54].

6.5 Einige Überlegungen und eine analysierende Darstellung der ersten Geleitzüge im Februar

Die britische 8. Armee marschierte am 23. Januar 1943 in Tripolis ein. Von diesem Augenblick an wurden alle militärischen Kräfte der Achse im Mittelmeerraum an der tunesischen Front, dem letzten Angelpunkt an der afrikanischen Küste, konzentriert. Dieselbe Maßnahme trafen jedoch auch die Anglo-Amerikaner, für die ein rasches Ende des Kampfes in Tunesien unverzichtbar für die sichere Durchführung der folgenden Operation »Husky«, der Landung in Sizilien, war. Man hatte sie gerade im selben Januar auf der interalliierten Konferenz in Casablanca gebilligt.

Das Zünglein an der Waage bildete in dieser Lage die wachsende und von nun an nicht mehr hinnehmbare Abnutzung der Mittel der Seestreitkräfte und Handelsschiffe der Achse. Dies führte zu einer sinkenden Leistungsfähigkeit und fortschreitenden Erhöhung der Verluste. Die letzteren stiegen von nur drei im Hafen und auf den Seewegen nach Tunesien im November 1942 versenkten Dampfern und Motorseglern der Deutschen und Italiener über 28 im Dezember und 24 im Januar auf 33 im Februar 1943 und erhöhten sich dann mit einem Sprung auf 52 im März, 71 im April und 43 allein in den ersten 13 Tagen des Mai.

Von einer Gesamtzahl von 254 in dieser Zeit auf den Routen nach Tunesien eingesetzten und verlorengegangenen Handelsschiffe wurden gut 154 im Hafen von anglo-amerikanischen Bombern vernichtet. Offensichtlich hatte die Tätigkeit von »ULTRA« auf ihr Schicksal keinen Einfluß.

Von den restlichen auf See verlorengegangenen 100 Handelsschiffen waren 15 Motorsegler und 6 Schlepper, d. h. kleine Einheiten, die von Bletchley Park völlig unbeachtet blieben, während weitere 16 Dampfer Minen oder Unfällen zum Opfer fielen. Natürlich konnten auch sie nicht einen Maßstab für die Leistungsfähigkeit der englischen Entzifferer bilden[55].

Auf die restliche Gesamtzahl von 63 Handelsschiffen müssen daher die 32 Transportschiffe angerechnet werden, die, wie wir noch in den Schlußfolgerungen überprüfen werden, auf den Routen nach Tunesien aufgrund eines belegbaren Verdienstes der G.C. & C.S. zur See versenkt wurden.

Anfang Februar 1943 erlebte »ULTRA« auf jeden Fall den Augenblick seiner geringsten effektiven Wirksamkeit im Krieg im Mittelmeer. Nachdem in den ersten elf Tagen des Monats englische U-Boote und Minen auf den Routen nach Tunesien gut sechs Frachtschiffe und zwei Zerstörer so schnell versenkt hatten, daß die Arbeit von BP zu spät kam, waren drei weitere Episoden, bei denen die Ergebnisse der Entzifferungen von Funksprüchen, obwohl sie rechtzeitig weitergegeben wurden, zu allgemein und daher nicht entscheidend.

Am 15. Febraur um 16.00 Uhr liefen aus Palermo nach Tunis die Dampfer *Capo Orso* und *K.T. 13* (deutsches Schiff) unter dem Geleitschutz des Zerstörers *Lampo* aus. Das erste der genannten Handelsschiffe wurde seit gut drei Tagen von den britischen Entzifferern beobachtet. Das O.I.C. hatte am 12. und 13. des Monats gemeldet, daß die *Capo Orso*, die von schlechtem Wetter aufgehalten worden war, »recht bald« in Tunesien eintreffe sollte[56]. Daher meldete das O.I.C. am 15. Februar, als sich der Geleitzug anschickte, die Anker zu lichten, daß »die *Capo Orso* und die *K.T. 13* am 15. Februar in Tunis eintreffen könnten«[57].

In Wirklichkeit hätten die beiden Dampfer am folgenden Tag in Tunis eintreffen sollen, so daß die ungenaue und ungewisse Meldung des O.I.C. nicht zur Orientierung der britischen Luftaufklärung diente, die allein aufgrund eigenen Verdienstes den kleinen Geleitzug am gleichen Abend des 15. abfing. Der folgende lang andauernde Angriff der Torpedoflieger war für die *Capo Orso* tödlich, die, von zwei Torpedos am 16. um 02.45 Uhr getroffen, eine halbe Stunde danach mit 56 Mann an Bord unterging, ohne daß »ULTRA« ihr Schicksal hätte entscheidend beeinflussen können[58].

Ebenfalls durch einen Lufttorpedo sank am 18. um 01.20 Uhr das Motorschiff *Col di Lana*, das, vom Zerstörer *Lampo* geleitet, aus Tunis nach Palermo zurücklief. Sein Auslaufen war vom O.I.C. am 17. Februar etwas zu vage im voraus mit den Worten gemeldet worden, daß »die *Col di Lana*, die *Henri Estier* und die *Stella* zum Auslaufen nach Italien bereit waren«[59]. Auch in diesem Fall muß daher ausgeschlossen werden, daß das Ziel, das zahlreiche englische Kriegsgefangene an Bord führte, mit Hilfe von »ULTRA« versenkt worden wäre[60].

Auch der folgende Verlust des Dampfers *XXI Aprile* kann vernünftigerweise nicht der Tätigkeit von Bletchley Park zugeschrieben werden. Dieses Handelsschiff lief am

17. Februar um 13.15 Uhr aus Palermo nach Tunis in Begleitung der *Siena* und dreier leichter Geleiteinheiten mit der bescheidenen Geschwindigkeit von 7 Knoten aus, was mindestens 30 Stunden Fahrt erfordert hätte[61].

Die ersten, die Gegenwart von getauchten feindlichen U-Booten ankündigenden Schallortungen empfingen die Geleiteinheiten kaum vier Stunden nach dem Auslaufen, genau um 17.23 Uhr. Es handelte sich um das englische U-Boot *Splendid*, das, nachdem es sich in die beste Schußposition gebracht hatte, die *XXI Aprile* um 18.53 Uhr torpedierte. Sie sank mit 32 Opfern an Bord sofort nach einer Explosion der Ladung.

Die in diesem Fall vom O.I.C. weitergegebenen »ULTRA«-Nachrichten wurden in zwei identischen Funksprüchen vom 16. und 17. Februar zusammengefaßt, aber so allgemein und ungenau in bezug auf das Datum des voraussichtlichen Eintreffens des Geleitzuges, daß sie für die britischen Angriffskräfte keine Hilfe bieten konnten. Sie lauteten wie folgt:

»Die folgenden Schiffe sollen in Tunis am Abend des 17. eintreffen: *XXI Aprile*, *Siena*, *Baalbeck* und *Le Borgne*[63].«

Wie es natürlicherweise bei allen menschlichen Tätigkeiten vorkommt, einschließlich jenen auf höchster Ebene, konnten auch bei der Organisation von BP, die nun auf dem Weg zum Gipfel des höchsten Erfolges war, Phasen funktioneller Schwäche nicht fehlen, von denen jene von Mitte Februar 1943 für das Mittelmeer vielleicht das offensichtlichste Beispiel war.

6.6 Besorgniserregende Aussichten auf die Zukunft

Trotz der letzten Fehlschläge von »ULTRA« stieg das Tempo der Versenkungen auf dem Verkehrsweg nach Tunesien, der den traurigen Namen »Todesroute« erhielt, weiter und bestimmte am Ende des Monats eine Stellungnahme des Comando Supremo, die zumindest unbedacht war.

Diese Kommandobehörde zur Koordinierung und operativ-strategischen Führung schickte nämlich am 20. Februar 1943 an Supermarina einen besorgten Funkspruch, in dem gefordert wurde, »es sei absolut notwendig, auf ungewöhnliche Maßnahmen bei der Entsendung von Munition und Treibstoff nach Tunesien zurückzugreifen«. Welches die ins Auge gefaßten außergewöhnlichen Maßnahmen waren, wurde sofort gesagt: Einsatz schneller Dampfer ohne Geleitschutz und bei schlechtem Wetter[64].

Es ist uns nicht bekannt, wie lange man in den Korridoren des riesigen Marineministeriums über eine derart erheiternde Nachricht sarkastisch lachte. Sie war eine Frucht der auf allen Ebenen herrschenden, ewigen italienischen Unsitte, hochtrabend über Dinge zu reden, von denen man nichts verstand. Wir können uns jedoch die Verlegenheit des Generals Ambrosio, des damaligen Chefs des Großen Generalstabes, vorstellen, als er die sich von selbst verstehende Antwort von Supermarina las[65]. Diese Dienststelle brauchte weniger als drei Stunden für deren Formulierung und Übersendung, ein Symptom dafür, wie leicht es war, die Ansichten des Comando Supremo zu widerlegen.

In der Antwort ließ Supermarina feststellen, daß es in der Straße von Sizilien, dem obligaten Weg nach Tunesien, einige tausend von jenen »Minen« genannten Vorrichtungen gab, die bereits vor 50 Jahren erfunden worden waren und deren Verlegung an Ort und Stelle bereits vor 20 Monaten begonnen hatte. Nun war es also zwischen diesen Minenfeldern (zum mindesten zwischen den eigenen und daher bekannten) üblich, schmale Minengassen offenzuhalten, die offenbar bei bewegter See, vor allem von den nun zur Verfügung stehenden elenden italienischen Dampfern, nicht durchlaufen werden konnten.

Der Vorschlag des Comando Supremo war definitiv und gänzlich zurückzuweisen, da bei Windstärke 3 die Hauptrisiken für die Schiffahrt folgende waren: erstens die Schwierigkeit, sich in den minenfreien Wegen zu halten, zweitens die Minen, die sich bei schwerer See von ihren Verankerungen losrissen und bei den hohen Wogen schwer zu sehen waren, sowie drittens die Gefahr der Abdrift möglicherweise havarierter Dampfer, die der Wind mitten in die Minenfelder selbst getrieben hätte. Supermarina schloß daher seine Antwort mit den folgenden, auf wirklichem Fachwissen beruhenden Gedankengängen:

»Heute sind die Wetterverhältnisse in der Straße von Sizilien sehr schlecht. Flottille von deutschen MFPs und Torpedoschnellbooten am 18. aus Marsala nach Ost ausgelaufen, völlig verloren; an Küste zwischen Bizerta und Tunis mindestens 50 losgerissene Minen gemeldet. Absenden von Schiffen in diesen Raum vor Verbesserung der Wetterbedingungen zur Gewährung eines Minimums an Übersicht ließe die wertvollen Schiffe mit wertvoller Ladung und immer seltener werdender Besatzung in ein absolut unzulässiges Risiko laufen[66].«

Diesen Austausch von Ansichten Ende Februar 1943 zwischen Supermarina und dem Comando Supremo festzuhalten schien notwendig, da er in diesen Augenblicken der Krise nicht nur materielle, sondern auch die intellektuelle Armseligkeit enthüllt, in der sich die höchste italienische militärische Führung befand. Das alles zeigt auch ihre Unfähigkeit, realistische Pläne zu entwerfen und ernsthafte Vorschläge zu formulieren. Wenigstens fand dazu »ULTRA« keinen Zugang.

Die erste Phase des Seeverkehrs nach Tunesien endete am 28. Feburar 1943 mit dem Verlust weiterer vier Dampfer, zwei davon dank der Arbeit, die von den Entzifferern der G.C. & C.S. mit erneuerter Zielstrebigkeit unternommen wurde.

Das erste Opfer war der deutsche Dampfer *Baalbeck*, der zusammen mit dem unter gleicher Flagge laufenden Handelsschiff *Charles Le Borgne*, beides ehemalige französische Schiffe, sowie zwei Torpedobooten und einer Korvette am 18. Februar aus Trapani nach Tunis auslief. Seine Fahrt verlief eher verwirrend, da der Geleitzug nach dem Sturm, auf den das vorher erwähnte Memorandum von Supermarina angespielt hatte, Befehl erhielt, in den Schutz von Pantelleria zu laufen. Dort war der Aufenthalt länger als vorgesehen. Aber es ist interessant, bereits festzuhalten, daß die Engländer jene ersten Bewegungen schon genau kannten.

Nachdem das O.I.C. am 16. und 17. Februar die ersten Meldungen über die nächste Fahrt der beiden deutschen Handelsschiffe weitergeleitet hatte, wie sie bereits bei der Schilderung der Ereignisse um den Dampfer *XXI Aprile* festgehalten worden sind, wurde am 19. des Monats die folgende Mitteilung herausgegeben:

»Die am 18. um 01.00 Uhr aus Palermo ausgelaufenen *Baalbeck* und *Le Borgne* sollen vom 18. um 18.00 Uhr bis zum 19. um 03.00 Uhr bei Pantelleria bleiben. Sie sollen am 19. um 17.00 Uhr in Tunis eintreffen[67].«

Der Aufenthalt in Pantelleria dauerte wegen des andauernden Sturmes länger als vorgesehen. Aber selbst dieser Zwischenfall blieb dem Nachrichtenorgan der britischen Admiralität nicht verborgen. Am 21. Februar konnte es melden, daß

»die *Baalbeck* und die *Le Borgne* am 21. um 04.00 Uhr aus Pantelleria mit einer Geschwindigkeit von 8 Knoten nach Tunis auslaufen sollen, wo sie um 18.00 Uhr des gleichen Tages erwartet werden«[68].

Tatsächlich liefen die beiden Dampfer am 21. um 03.45 Uhr aus Pantelleria aus, stießen aber kurz darauf auf das U-Boot *Unruffled*, das sie aus einer Lauerstellung angriff. Um 08.15 Uhr sank die *Baalbeck* durch einen Torpedotreffer[69].

Am gleichen Tag ging der große deutsche Tanker *Thorsheimer* verloren, der mit gut 13 000 Tonnen Benzin beladen am 20. Februar zusammen mit dem Dampfer *Fabriano* und unter dem Geleitschutz von drei Torpedobooten aus Neapel nach Bizerta ausgelaufen war. Zugleich konnte das O.I.C. mitteilen:

»Der Tanker *Thorsheimer* und der Dampfer *Fabriano* sollen Bizerta am 21. um 17.00 Uhr erreichen. Auslaufzeit aus Neapel am 20. um 10.00 Uhr[70].«

Aufgrund der »ULTRA«-Nachricht wurden am 20. Februar um 19.40 Uhr Fliegerstaffeln für den Angriff auf den Geleitzug ausgesandt. Das zwang die beiden Schiffe, in der Nähe der Reede von Trapani bis zu den ersten Stunden des 21. zu bleiben. Mit tödlicher Sicherheit gab jedoch Bletchley Park auch diesen Aufenthalt sowie die genaue Auslaufzeit des Geleitzuges aus Trapani, seine Geschwindigkeit und das vorgesehene neue Eintreffdatum in Bizerta bekannt. Im Funkspruch des O.I.C. vom 21. Februar ist zu lesen:

»Die *Thorsheimer* und die *Fabriano* werden am 21. um 03.00 Uhr aus Trapani auslaufen, Geschwindigkeit 12 Knoten, Fahrtziel Bizerta, wo sie am 21. um 15.30 Uhr einlaufen werden[71].«

Man braucht sich daher nicht zu wundern, daß an jenem selben Vormittag des 21. von den Engländern ein neuer und entscheidender Angriff aus der Luft auf den kostbaren Tanker angesetzt wurde. Tatsächlich stürzten sich um 14.25 Uhr acht von zwölf Jagdfliegern gesicherte Bomber auf den Geleitzug, der in diesem Augenblick ebenfalls von zwölf Abfangjägern und vier Flugzeugen zur U-Bootabwehr gesichert wurde. Die Bomber trafen die *Thorsheimer*, setzten sie in Brand und beschädigten das Torpedoboot *Orione* am Ruder.

Der in Flammen stehende Tanker wurde neuerlich um 20.15 Uhr von einer Staffel Torpedoflieger angegriffen und flog kurz darauf mit einer furchtbaren Explosion in die Luft[72]. Sein Ende wurde wie üblich vom O.I.C. wie folgt gemeldet:

»Nachdem der Tanker *Thorsheimer* durch einen Luftangriff bei Marettimo am 21. um 14.30 Uhr beschädigt wurde, ist er in Schlepp genommen worden. Er wurde neuerdings von einem Lufttorpedo um 20.15 Uhr getroffen und flog in die Luft[73].«

Am Ende dieses die erste Phase der Schlacht gegen die Geleitzüge nach Tunesien zusammenfassenden Kapitels erscheint es angebracht, den Funkspruch des O.I.C. vom 22. Februar 1943 abzudrucken, der an sich recht bescheiden, aber wegen seiner Schlußanmerkung bedeutungsvoll ist (es ist einer der kürzesten der gesamten Sammlung). An seinem Rande ist nämlich der folgende Satz zu lesen:

»Das obige aus deutschen Quellen. Keine Meldung über Schiffsbewegungen nach Tunesien aus italienischer Quelle.«

Die besagte Genauigkeit bildet einen weiteren Beweis für das, was wir schon mehrfach behauptet und belegt haben. Die britische Admiralität stützte sich in bezug auf den Seekrieg im Mittelmeer auf die »ULTRA«-Entzifferung der italienischen Funksprüche, und nur, wenn sie fehlten, benützte das O.I.C. die verfügbaren Nachrichten aus deutscher Quelle. Wenn sich diese sehr seltene Ausnahme bewahrheitete, entsprach es jedoch einer guten Gewohnheit, den Empfängern die andere Herkunft der gelieferten Nachrichten mitzuteilen.

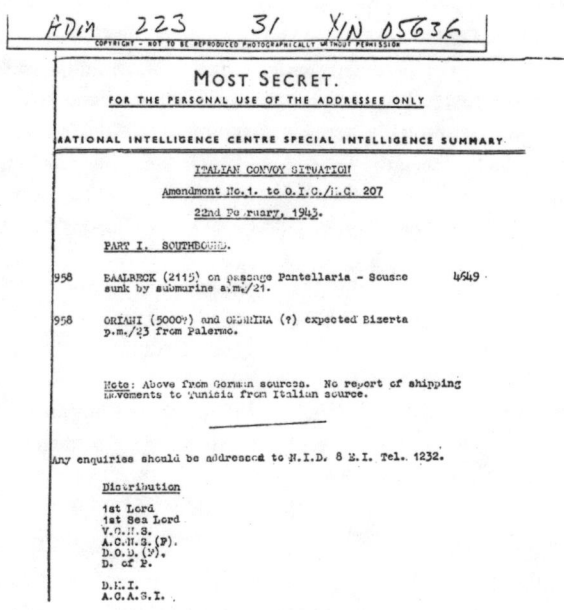

Die zweite Phase der Schlacht gegen die Geleitzüge nach Tunesien (März bis Mai 1943)

7.1 Neue Initiativen für die Sicherung des Seeverkehrs

Nachdem sich die absolute Unwirksamkeit der von den Dienststellen des Comando Supremo absolvierten Redeübungen erwiesen hatte, über deren Art wir schon bei der Behandlung des vorhergehenden Monats kritisch gesprochen haben, wurde nun Supermarina unmittelbar zum Urheber einiger Initiativen gegenüber dem Comando Supremo und dem immer kritischer werdenden deutschen Verbündeten.

Am 4. März richtete das Marineministerium an das Comando Supremo ein Memorandum über die Kriegführung gegen die U-Boote in einer Periode, in der die englischen U-Boote sich als die Hauptursache der Verluste auf den Routen nach Tunesien erwiesen.

Nachdem Supermarina unterstrichen hatte, daß alle verfügbaren, mit Schallortungsgeräten ausgerüsteten Geleitschiffe bei der Schlacht um Tunesien eingesetzt waren, wies es auf das völlige Fehlen geeigneter U-Jagd-Mittel zur Sicherung der Küstenrouten hin. Auf sie, so schien es, konzentrierte der Feind nun neue und leichter durchzuführende Unterwasserangriffe. Im Abschnitt 5 des vorhergehenden Kapitels haben wir schon die Abnutzung der italienischen Marineeinheiten als das wahre »Zünglein an der Waage« in der Schlacht gegen die Geleitzüge bezeichnet. Das Gegenmittel gegen diese wachsende und von nun an nicht mehr hinnehmbare Abnutzung konnte nach Meinung des Admiralstabs der Regia Marina nur eine Beschleunigung des Arbeitstempos bei den Neubauten und Reparaturen sein[1].

Diese Schlußfolgerung bildete das Hauptthema eines weiteren Memorandums von Supermarina mit dem Datum vom 11. März. Nach Auffassung der Führung der italienischen Marine konnte der zähe und fast wütende Druck, den die Engländer mit allen Mitteln auf den Verkehr der Achse aufrecht erhielten, nicht so sehr durch akademische Thesen über die einzuschlagenden Wege, die im übrigen nur in recht beschränktem Maße zu variieren waren, abgebaut werden. Dazu bedurfte es auch keiner Studien über die verschiedenen Arten der Gefechtsgliederung und Zusammensetzung der Geleitzüge oder deren günstigste Geschwindigkeit und Häufigkeit. Das konnte nur durch die Zurverfügungstellung von Mitteln geschehen, die geeignet waren, die Fahrten durchzuführen und zu kämpfen.

Zur Erreichung dieses Zieles müsse man alle intellektuellen und materiellen Energien aufwenden und Systeme zur Verringerung der Arbeitszeiten auf den Werften und zur zweckmäßigsten Ausnutzung der Einrichtungen ersinnen. Kurz, man müsse die Produktionskapazität sowohl der Privatwerften als auch der staatlichen Arsenale erhöhen, um den Neubau von Schiffen und die Überholungsarbeiten an havarierten Einheiten zu beschleunigen.

Jetzt, so stellte Supermarina schließlich fest, stand eine Gesamtzahl von 74 Geleitschiffen (die sich aus den ursprünglich 95 minus den 45 verlorengegangenen und plus den 24 Neubauten oder Beschaffungen zusammensetzten) zur Verfügung, aber von ihnen befanden sich gut 42 in Reparatur oder warteten auf Überholung. Von den restlichen 32 Geleiteinheiten wurden nur 15 für die Sicherung des Verkehrs nach Tunesien zurückbehalten. Die übrigen waren auf anderen Kriegsschauplätzen zerstreut und für andere Aufträge eingesetzt[2].

Die immer unzufriedener und drohender werdenden deutschen Verbündeten schalteten sich nun in diese Frage ein. Obwohl sie das hauptsächliche und ebenso ahnungslose Ziel von »ULTRA« bildeten, hatten sie es verstanden, bis jetzt auf allen Gebieten den Gegenmaßnahmen mehr Leben zu verleihen und Gegenoffensiven zweifellos wirksamer durchzuführen als die Italiener.

Im Verlaufe eines Besuches des Großadmirals Dönitz, des neuen Oberbefehlshabers der Kriegsmarine, in Rom erzielten die Deutschen schließlich am 17. März einen beachtlichen Sieg über die alte Widersetzlichkeit des italienischen Verbündeten im Mittelmeer auf dem Gebiet der operativen Selbständigkeit. Als Ergebnis definiert die offizielle Geschichte unserer Marine das als ein »Abkommen«, was jedoch mehr wie eine italienische Kapitulation erscheint[3]. Am Ende der bilateralen Gespräche erhielten die Deutschen die Zusagen, daß:

— deutsche Offiziere und Matrosen an Bord aller für den Seeverkehr nach Tunesien eingesetzten Einheiten gingen und den Marinekommandos in Neapel, Palermo, Messina, Trapani und Tunis zugeteilt wurden;
— Offiziere der Kriegsmarine abwechselnd mit italienischen Offizieren Führer der Geleitzüge wurden;
— Vizeadmiral Ruge, der schon für die Sicherheit der deutschen Geleitschiffe im Ärmelkanal verantwortlich war, mit seinem Stab Supermarina beigegeben wurde, um in Fragen des Verkehrs mit Tunesien mit dieser Dienststelle »zusammenzuarbeiten«;
— alle in Häfen liegenden und für den Geleitschutz von Geleitzügen als einsatzfähig erkannten italienischen Schiffe beschlagnahmt und deutschem Personal übergeben wurden[4].

Im Austausch für diese praktische Selbstaufgabe der Italiener versprach die deutsche Kriegsmarine, italienisches Personal im Einsatz von Flugabwehrmitteln, U-Bootortungsgeräten und im Minenräumen auszubilden.

Die letzte Initiative von Supermarina im Monat März bestand darin, das Comando Supremo über den eigenen Widerspruch gegen den Truppentransport auf Kriegsschiffen zu unterrichten. Außer daß damit wertvolle und nicht überreichlich vorhandene Kriegsschiffe, die zum Geleitschutz geeignet waren, dieser Aufgabe entzogen wurden, wurden sie dadurch auch sehr schmerzlichen Verlusten ausgesetzt. Diese Meinung wurde in den beiden Memoranden vom 27. und 28. März ausgedrückt, in denen man empfahl, der Luftwaffe die Überführung von Soldaten nach Tunesien anzuvertrauen, den Frachtschiffen die ausschließliche Überführung von Material an die afrikanische Küste und den Kriegsschiffen — soweit möglich — lediglich die Sicherung der Geleitzüge[5].

Insbesondere ließ sich das zweite der beiden in Frage stehenden Memoranden wie folgt aus:

»Von jedem Standpunkt aus gesehen ist es absolut nicht ratsam, darauf zu bestehen, daß Truppen auf dem Seeweg nach Tunesien transportiert werden. Das Risiko ist noch für Material annehmbar, nicht aber für Menschen. Jeder versenkte Truppentransporter entspricht in seinen materiellen Auswirkungen einer verlorenen Schlacht und hat noch schlimmere Auswirkungen auf dem Gebiet der Moral.«

Leider wurde der genannte Vorschlag nicht angenommen. Auch wegen der Verzögerung bei der Bereitstellung der in die italienische Marine eingegliederten ehemaligen französischen Zerstörer, die als schnelle Truppentransporter hätten eingesetzt werden sollen, wurde die dringende Überführung von Truppen außer der Luftwaffe weiter den Zerstörern der Flotte anvertraut. Das hatte zur Folge, daß Ende April drei weitere Zerstörer bei der Durchführung dieser anomalen Aufgabe verlorengingen.

7.2 Die Vernichtung des Geleitzuges »Ines Corrado«

Während die oben genannten Kontakte zwischen der höchsten deutschen und italienischen, am Verkehr nach Tunesien interessierten Führung abliefen, fuhr »ULTRA«, das von neuem große Erfolge erzielt hatte, fort, die Seestreitkräfte der Achse im mittleren und westlichen Mittelmeer zu schwächen. Der sukzessive Sieg der immer noch von den Achsenmächten unerkannten Tätigkeit der britischen Intelligence, bei dem diesmal auch die Minen halfen, fand seinen Ausdruck in der Ausschaltung eines gesamten Geleitzuges von drei Dampfern und einem Geleittorpedoboot.

Nachdem die englischen Entzifferer am 3. März begonnen hatten, die unmittelbar bevorstehende Abfahrt dreier wahrscheinlich nach Bizerta beorderter Handelsschiffe aus Neapel im voraus anzukündigen, erhielt das O.I.C. von BP am 6. des Monats ins einzelne gehendere Nachrichten, die mitteilten, daß »die *Ines Corrado*, die *Balzac*, die *Henri Estier* und die *Nuoro*, aus Neapel kommend, Tunis am Nachmittag des 7. anlaufen sollten«[6].

Die Nachricht war genau und kam rechtzeitig, da mit Ausnahme der nicht mehr aus-
gelaufenen *Nuoro* die ersten drei erwähnten Dampfer um 02.30 Uhr jenes gleichen
Tages mit Kurs Tunis ausgelaufen waren, während erst am Ende der Überfahrt die *Ines
Corrado* sich von dem Verband trennen sollte, um in Bizerta anzulegen.

Den englischen Fliegerstaffeln stand jede Menge Zeit zur Verfügung, um sich auf die
»Erfassung« und den Angriff auf den feindlichen Geleitzug vorzubereiten. Das
geschah dann am folgenden Tag, dem 7. März, ab 09.15 Uhr. Trotz des Fla-Sperrfeuers
und des Eingreifens der Begleitabfangjäger wurde die *Ines Corrado* von Bomben in
Brand gesetzt und trieb hilflos im Meer, nachdem sie von der Besatzung auf Befehl verlassen worden war. Sie sank am 8. gegen 03.00 Uhr[7].

Inzwischen hatte »ULTRA« die Weitergabe der folgenden und noch mehr ins einzelne gehenden Meldung des O.I.C. vom 7.März ermöglicht:

»Die *Ines Corrado*, die *Henri Estier*, die *Balzac*, der Tanker *Devoli* und wahrscheinlich
die *Nuoro* sind am 6. um 03.00 Uhr aus Neapel ausgelaufen. Der Geleitzug wird nahe
Trapani vorbeifahren, in dessen Hafen die *Devoli* den Verband verläßt. Die *Balzac* und
die *Henri Estier* sollen am 7. um 15.30 Uhr in Tunis sein und die *Ines Corrado* soll
Bizerta am 7. um 16.00 Uhr erreichen. Keine Erwähnung des Zielhafens der *Nuoro*[8].«

Neben der äußerst genauen Meldung der Zeiten und der Auslaufdaten sowie der
gewählten Routen gingen daraus auch genau die Nachrichten über den Tanker *Devoli*
hervor, der tatsächlich als Zielhafen Trapani hatte, aber im letzten Moment mit dem
folgenden Geleitzug vom 8. aus Neapel auslief. Wie bereits gesagt, ließ man jedoch die
Nuoro nicht mehr auslaufen.

Im Besitz dieser weiteren genauen Nachrichten wiederholten die britischen Flugzeuge
den Angriff kurz nach Mittag am 7. und ließen den zweiten Dampfer des Geleitzuges,
die deutsche, ehemals französische *Balzac* in die Luft fliegen[9]. Das Torpedoboot *Ciclone* näherte sich dem Ort der Explosion, um mögliche Schiffbrüchige aufzunehmen.
Obgleich es das Echolot eingeschaltet hatte, lief es auf zwei Minen eines englischen
Minenfeldes, das kürzlich verlegt worden war. Das Boot mußte von der Besatzung aufgegeben werden. Es trieb noch im Meer und sank nach einem vergeblichen Abschleppversuch am 8. März um 13.25 Uhr.

Auch der letzte Dampfer des Geleitzuges, das ehemals französische Schiff *Henri
Estier*, das jetzt unter deutscher Flagge fuhr, erlitt in der Zwischenzeit das gleiche
Schicksal; es war sogar das erste, das sinken sollte, da es am 7. März um 12.32 Uhr auf
eine Mine lief und in die Luft flog[10]. Für dieses Frachtschiff wie auch für die *Ciclone*
gilt das, was seinerzeit im Hinblick auf die *Parma* gesagt wurde. Obwohl die Schiffe
von »ULTRA« verfolgt wurden, gingen sie nicht aufgrund eines direkten und konse-
quenten feindlichen Angriffs unter. Sie können nicht in die Liste der Opfer der Special
Intelligence aufgenommen werden, da wir bei der abschließenden Statistik von der allgemeinen Gesamtzahl der Verluste zur See die durch Minen vernichteten oder infolge
von Unfällen gesunkenen Dampfer abgezogen haben.

Der schmerzensreiche Epilog auf die Überfahrt des Geleitzuges »Ines Corrado« wurde dank der raschen Entzifferung der sich darauf beziehenden italienischen Abschluß-meldungen sofort in BP bekannt, so daß das O.I.C. am gleichen 8. März mitteilen konnte:

»Innerhalb des Geleitzuges von drei Schiffen, der in Richtung auf die tunesischen Häfen am 7. während des Tages lief, ist die *Ines Corrado* von Bomben getroffen worden und am 7. gegen 11.00 Uhr in Brand geraten und 40' West-Südwest von Marettimo liegengeblieben, während am 7. nach 15.00 Uhr die beiden restlichen Schiffe, die *Henri Estier* und die *Balzac*, versenkt worden sind. Die *Ciclone*, ein Geleittorpedoboot, ist durch eine Mine 18' Nord von Zembra beschädigt worden[11].«

Die Funksprüche des O.I.C. von den beiden folgenden Tagen vervollständigten das Bild der Lage und teilten mit:

»Das Torpedoboot *Ciclone*, das die *Henri Estier* und die *Balzac* sicherte und auf Minen lief, ist am 8. etwa um 14.00 Uhr gesunken[12].«
»Es wird bestätigt, daß die *Ines Corrado*, die am 7. morgens bombardiert und in Brand geschossen wurde, am 8. morgens gesunken ist[13].«

Am Rande sei kurz festgestellt, daß es der Aktivität von »ULTRA«, die offensichtlich beim »offensiven« Minenkrieg unwirksam war, dennoch gelang, häufig Nachrichten über feindliche Minenfelder zu liefern. Über dieses Thema gibt es eine reichliche Dokumentation, die ebenfalls in den »Naval Intelligence Papers« des Public Record Office aufbewahrt wird. Sie beinhaltet, wie die Engländer über die vom Feind verminten Räume, vor allem im ostwärtigen und zentralen Mittelmeer, informiert wurden.
Im Hinblick auf die deutsch-italienischen Minen in der Ägäis und in der Adria sind z.B. zwei mit Karten ausgestattete Dokumente bedeutungsvoll, während im Hinblick auf das Zentralmittelmeer der Funkspruch des O.I.C. vom 2. September 1943 interessant ist, in dem die Koordinaten der im Golf von Neapel verlegten beiden Minenfelder 9 AN und 10 AN im einzelnen angegeben sind[14].

7.3 Der Geleitzug »D«

Eine recht unruhige Fahrt hatte der Geleitzug »D«, der am 12. März um 00.30 Uhr aus Neapel auslief. Er bestand aus den deutschen, ehemals französischen Dampfern *Caraibe* und *Esterel* und lief nach Tunis. Zu diesen Schiffen stieß kurz nach Mittag der Dampfer *Sterope*, der aus Messina kam und nach Bizerta bestimmt war. Das ganze wurde von sechs Torpedobooten und zwei Korvetten gesichert. Für das Morgengrauen des 13. war schließlich die Vereinigung dieses bereits starken Geleitzuges mit den beiden Motorschiffen *Roselli* und *Manzoni* vorgesehen, die ebenfalls aus Neapel kamen.
Die ersten Nachrichten über die genannten Bewegungen waren dank der üblichen Entzifferungen durch die G.C. & C.S. ab 10. März an die Engländer gelangt:

»Die Tanker *Sterope* und *Tommaseo* sollen aus Brindisi kommend am 9. um 20.00 Uhr mit Ziel Tunesien auslaufen. Sie werden sich mit den aus Neapel kommenden und nach Messina oder Trapani fahrenden *Caraibe*, *Esterel* und *Manzoni* vereinigen, und der so zusammengestellte Geleitzug soll am Nachmittag des 11. in Tunis und in Bizerta sein[15].«

Die Verschiebung des gesamten Programms um 42 Stunden wurde dann vom O.I.C. im Funkspruch vom 12. März festgestellt, in dem genau angegeben wurde, daß die *Sterope* und die *Tommaseo* am Abend des 9. nicht mehr in Messina eingelaufen waren, sondern »um 14.00 Uhr am 11. mit einer Geschwindigkeit von 13½ Knoten«[16].

Daraus ging klar hervor, daß der Geleitzug »D« nicht vor dem 12. in See zusammengestellt sein würde, und die Suche nach ihm innerhalb jener 24 Stunden entlang der Nordküste Siziliens durchgeführt werden mußte. So wurde es tatsächlich auch von der britischen Admiralität befohlen. Um 20.40 Uhr spürten die ersten britischen Flugzeuge die drei Dampfer und die acht Geleitschiffe der Achse in der Nähe von Kap Gallo auf.

Das erste Ziel war der kostbare Tanker *Sterope*, der trotz seiner Tarnung als Frachter genau identifiziert und um 21.25 Uhr von einem Torpedo getroffen wurde. Er mußte daraufhin nach Palermo zurückkehren[17]. Sofort danach wurde auch der Dampfer *Esterel* von einem von dem in diesem Raum stehenden U-Boot *Thunderbolt* abgefeuerten Torpedo beschädigt. Doch fiel dieses seinerseits den Wasserbomben des Torpedobootes *Libra* zum Opfer[18].

Unter Berücksichtigung des an dieser Stelle starken feindlichen Einsatzes und der noch langen Fahrt bis nach Tunesien befahl Supermarina für die beschädigte *Esterel* und die unversehrte *Caraibe* die Kursänderung nach Trapani. Dieser Entschluß wurde auch infolge der Sichtung eines Verbandes von vier englischen Zerstörern vor Bône gefaßt, der dann in der Nacht auf Schnellboote der deutschen 7. S-Flottille stieß und den Zerstörer *Lightning* verlor[19]. Aus dem gleichen Grund erhielten die Motorschiffe *Roselli* und *Manzoni* den Befehl zur Kursänderung nach Olbia. Wie bereits gesagt, hätten diese in See im Morgengrauen des 13. zum Geleitzug »D« stoßen sollen.

Das ursprüngliche, nun natürlich wegen der Beschädigung der beiden Handelsschiffe *Sterope* und *Esterel* gekürzte Programm wurde für das Morgengrauen des 14. wieder vorgeschlagen, wobei dann die beiden Motorschiffe *Roselli* und *Manzoni*, die neuerdings aus Olbia hätten auslaufen sollen, zur übriggebliebenen und am 13. um 22.45 aus Trapani ausgelaufenen *Caraibe* hätten stoßen müssen. So geschah es jedoch nicht, da dieser Dampfer, der beharrlich von englischen Aufklärern überwacht wurde, am 14. März um 04.35 Uhr nach einem Angriff durch Torpedoflieger sank[20].

So endete die bedrückende Operation um den Geleitzug »D«, dessen völlige Ausschaltung (ein Handelsschiff versenkt und zwei außer Gefecht) dank der Enthüllungen von »ULTRA« über die Zusammenstellung auf See und das verzögerte Eintreffen der *Sterope* in Messina möglich gemacht wurde.

Die Führung der örtlichen englischen Luftstreitkräfte, die durch die von der Admiralität erhaltenen Nachrichten alarmiert worden war, schickte die Angriffsflugzeuge rechtzeitig gegen die feindlichen Schiffe in der richtigen Überlegung, daß es leichter wäre, sie sofort nach ihrem Auslaufen auf den Küstenstraßen aufzuspüren. Dies machte die folgenden Funksprüche des O.I.C. unnötig, deren Inhalt noch einmal zeigt, mit welcher Genauigkeit die verschlüsselten italienischen Funkmeldungen damals von Bletchley Park interpretiert wurden.

— 13. März: »Die am 11. um 22.30 Uhr mit einer Geschwindigkeit von 13 Knoten aus Neapel ausgelaufenen Schiffe *Esterel* und *Caraibe* laufen ostwärts an Stromboli vorbei und stoßen am 12. um 11.00 Uhr 20 Meilen West-Nordwest von diesem Hafen zu dem aus Messina kommenden Tanker *Sterope*. Der so zusammengestellte Geleitzug wird dann auf der Küstenroute nördlich Sizilien weiterlaufen. Die *Esterel* und die *Caraibe* sind für Tunis bestimmt, die *Sterope* für Bizerta, wo sie gegen Mittag eintreffen sollen. *Anmerkung*: Dieser Geleitzug ist nahe Palermo am 12. um 20.50 Uhr von Flugzeugen aufgespürt worden und ein Flugzeug hat behauptet, einen Tanker um 21.50 Uhr mit einem Torpedo getroffen zu haben[21].«
— 14. März: »Die *Sterope* und die *Esterel* sind in der Nacht vom 12. auf den 13. torpediert worden. Die *Esterel* wurde nach Trapani geschickt; keine neuen Nachrichten über die *Sterope*. Die *Caraibe* wird aus Trapani früh am Morgen des 14. auslaufen und wahrscheinlich nordwestlich von Marettimo zur *Roselli* und *Manzoni* stoßen. Der Geleitzug wird durch den Golf von Tunis weiterfahren, wo ihn die *Caraibe* Richtung Tunis verläßt; die übrigen Dampfer laufen nach Bizerta weiter[22].«
— 15. März: »Die *Caraibe* ist am 13. um 23.00 Uhr aus Trapani ausgelaufen. Sie ist am 14. um 02.45 Uhr von einem Flugzeug torpediert und in Brand geschossen worden; sie sank kurz danach. Die *Roselli* und die *Manzoni* haben Bizerta am Nachmittag des 14. erreicht[23].«

7.4 Die anderen Opfer im März

Wie wir gesehen haben, gelang es den beiden Motorschiffen *Roselli* und *Manzoni*, obwohl sie von »ULTRA« beschattet wurden, die feindlichen Hinterhalte zu umgehen und unversehrt Bizerta zu erreichen. Ihr Glück dauerte jedoch nicht lange. Noch weiterhin von den Männern der G.C. & C.S. auf der Rückfahrt nach Italien verfolgt, wurden sie zäh gejagt, wobei schließlich die *Manzoni* verlorenging.

Die beiden für schnelle Transporte recht gefragten Schiffe liefen am 21. um 02.30 Uhr, von drei Torpedobooten gesichert, aus Bizerta nach Neapel aus, wo sie sich auf neue Aufträge vorbereiten sollten. Schon bald verlangsamten jedoch einige Maschinenschäden die Fahrt der *Manzoni*, die etwa 25 Meilen hinter dem anderen Schiff zurückblieb und unter Sicherung von zwei der drei Torpedoboote mit verringerter Geschwindigkeit weiterlief.

Die Verlegung dieser Motorschiffe war inzwischen Bletchley Park nicht entgangen. Das O.I.C. war in der Lage, am gleichen Tag zu melden, daß

»das Auslaufen der *Roselli* und der *Manzoni* sowie der *Saluzzo* aus Bizerta nach Neapel für den 21. März vorgesehen war«[24].

An jenem Abend stiegen daher die britischen Luftwaffenstaffeln auf. Sie spürten kurz vor Mitternacht halbwegs zeitgerecht die zurückgebliebene *Manzoni* auf, als diese sich nun in Sichtweite des Leuchtturms von Capri befand. Dies verleiht den »ULTRA«-Nachrichten noch mehr Wert, ohne die das Ziel mit Sicherheit entkommen wäre. Das Motorschiff wurde am Heck am 22. März um 01.50 Uhr nur zwei Meilen von Capri entfernt durch einen Torpedo getroffen und sank eine Stunde darauf[25].

Das O.I.C. gab am 22. und 25. März zwei weitere Mitteilungen über die *Manzoni* weiter. Dabei wurde in der zweiten die Versenkung der wertvollen Einheit gemeldet[26].

Noch unglücklicher war der Geleitzug aus den Motorschiffen *Monti* und *Ombrina*, die mit einer Ladung Treibstoff und Munition am 21. März um 05.30 Uhr aus Neapel nach Bizerta ausliefen. Auch sie traf Unheil, und zwar über die gewöhnliche Aktivität der englischen Entzifferer hinaus, die es schon zwei Tage vorher dem O.I.C. ermöglicht hatten, das Eintreffen der beiden Motorschiffe »am 21. nachmittags in Bizerta« anzukündigen[27].

Auch das folgende Verschieben des Auslaufens des Geleitzuges ging nicht unbeobachtet vorüber, so daß am 21. März die Verschiebung »des Eintreffens der *Ombrina* und der *Monti* in Bizerta auf den Nachmittag des 22.« gemeldet wurde[28].

Von neuem hatten daher die alliierten Angriffsflugzeuge jede Menge Zeit, um den Angriff zu organisieren, der am Nachmittag des folgenden Tages, am 22. März, stattfand. Um 14.00 Uhr wurde die *Monti* getroffen und geriet in Brand; sie explodierte um 15.15 Uhr und sank nur 18 Meilen von Bizerta entfernt mit 41 Opfern an Bord[29]. Die *Ombrina* lief auf eine Mine, konnte aber nach Bizerta gebracht werden. Dort wurde sie allerdings am 24. März bei einem Bombenangriff vernichtet, während sie noch ausgeladen wurde. Offensichtlich konnte hier »ULTRA« das Verdienst nicht unmittelbar zugeschrieben werden.

Mit den Funksprüchen vom 23. und 24. März teilte das O.I.C. die genauen Ergebnisse jenes Unternehmens mit, die der Entzifferung italienischer Funksprüche und den Ergebnissen der Luftaufklärung entnommen waren[30].

Einen weiteren schweren Verlust für die Achse stellte die Vernichtung des gesamten Geleitzuges »GG« dar, der sich aus drei Handelsschiffen zusammensetzte.

In der Nacht vom 29. auf den 30. März liefen aus Neapel zunächst die Dampfer *Nuoro* und *Crema* und dann die *Benevento* aus, die sich in Trapani im Morgengrauen des 31. vereinigten und als Geleitzug, von drei Torpedobooten, drei U-Jägern und Staffeln der Luftwaffe gesichert, nach Bizerta weiterfuhren.

Als die Bildung des Geleitzuges in Trapani abgeschlossen wurde, hatte »ULTRA« bereits die Weitergabe von vier Funksprüchen des O.I.C. ermöglicht[31]:

— 27. März: »Die *Crema*, *Nuoro*, *Benevento*, die *Capua* und die *Caterina Costa* werden aus Italien kommend in Kürze in Tunesien erwartet.«

— 28. März: »Die *Benevento*, *Nuoro* und *Crema* müssen, wenn das Wetter es erlaubte, am 27. aus Neapel nach Tunesien ausgelaufen sein.«

— 29. März: »Abhängig von der Wetterlage werden erwartet: in Tunis am 31. gegen 23.00 die *Crema*, *Nuoro* und *Benevento*.«

— 31. März: »Die *Crema*, *Nuoro* und *Benevento* sind am 29. um 22.00 Uhr aus Neapel ausgelaufen. Sie werden am 31. um 06.30 Uhr die Insel Marettimo umfahren und Richtung Bizerta weiterlaufen.«

Nach Empfang dieser letzteren, ins einzelne gehenden Nachricht setzte die operative britische Führung neuerdings auf die Luftwaffe, die ab 31. März 14.00 Uhr mit ihren Angriffen auf den Geleitzug begann. Im Verlauf des zweiten Angriffes wurde der Dampfer *Nuoro* getroffen und flog nach einer Explosion der Ladung um 16.34 Uhr in der Höhe von Zembretta in die Luft[32].

Ein Torpedoboot zur Hilfe für die Schiffbrüchigen zurücklassend, setzte der Rest des Geleitzuges seine Fahrt nach Bizerta fort. Aber am 1. um 01.00 Uhr nahm ihn sich in der Nähe der Hundeinsel ein dort im voraus dislozierter Verband britischer Schnellboote zum Ziel. Auch nach der offiziellen Geschichte der italienischen Marine »befanden sich diese dort in Lauerstellung«[33]. Die von den Engländern genau vorbereitete Falle führte zur Torpedierung der beiden restlichen Dampfer, von denen die *Crema* sank und die *Benevento* in der Nähe von Kap Zebib auf Grund gesetzt wurde[34].

Vier weitere Tage lang lieferte »ULTRA« Nachrichten über das Schicksal des Geleitzuges. Von den sich darauf beziehenden Nachrichten des O.I.C. soll nur die zusammenfassende vom 3. April erwähnt werden:

»Die *Nuoro* ist durch Luftangriffe etwa 25 Meilen Nord-Nordost von Zembretta am 31. um 17.00 Uhr versenkt worden. Die *Crema* wurde von englischen Schnellbooten neun Meilen südostwärts der Hundeinsel am 31. um 23.59 Uhr versenkt. Bei dem gleichen Angriff wurde die *Benevento* torpediert und bei Kap Zebib acht Meilen ostwärts von Bizerta auf Grund gesetzt[35].«

Die *Benevento* wurde mit aus Bizerta herbeigeholten Mitteln entladen, konnte aber nicht freigemacht werden und wurde daher aufgegeben.

Eine kurze Erwähnung verdient der letzte Geleitzug im März, der am 29. um 18.00 Uhr aus Neapel nach Bizerta auslief. Er bestand aus den Dampfern *Bivona*, *Le Borgne* und *Aquila* und lief unter dem Geleitschutz des Zerstörers *Lubiana*, eines Torpedobootes und zweier U-Jäger.

Das Fahrtprogramm und die Fahrt des Geleitzuges selbst wurden Schritt für Schritt von BP verfolgt und vom O.I.C. mit den Funksprüchen vom 29., 30. und 31. März gemeldet. Aber die britischen Angriffsverbände kamen nicht rechtzeitig genug, um angreifen zu können[36]. Wegen eines bei schlechtem Wetter durchgeführten falschen Manövers liefen nämlich der Zerstörer *Lubiana* und der Dampfer *Le Borgne* in der Nacht vom 31. März bei Kap Bon auf, und das Frachtschiff wurde von der *Aquila* gerammt. Das Ergebnis war der Verlust aller drei Einheiten im Morgengrauen des 1. April, wenn auch ein Teil der Ladung der beiden nun unbrauchbaren Dampfer geborgen werden konnte[37].

In diesem Fall war »ULTRA« natürlich nicht die Ursache für das Unglück.

7.5 Die bevorstehende Abschnürung des Nachschubs für die Achsenstreitkräfte

Der Zusammenbruch der von den Deutschen und Italienern zäh verteidigten Mareth-Linie, den die britische 8. Armee am 27. März 1943 bewirkte, ließ für Rom und Berlin die Gefahr eines unmittelbar bevorstehenden Verlustes von ganz Tunesien befürchten. Sie standen daher vor der Notwendigkeit, die Anstrengungen zu vervielfältigen, um größere Mengen von Versorgungsgütern an die afrikanische Küste zu bringen.

Natürlich erlaubten es der erwähnte Mangel an Dampfern und die wachsende Abnutzung der Geleiteinheiten der Achse nicht, den Verkehrsstrom in wünschenswertem Maße zu steigern, während die immer zahlreicher werdenden alliierten Angriffsmittel im Monat April einen Rekord an Verlusten durch Feindeinwirkung mit 24 zur See versenkten und 47 im Hafen durch Bomber vernichteten Handelsschiffen aufstellten.

Am 5. April um 03.20 Uhr lief aus Neapel ein wichtiger Geleitzug aus, der sich ursprünglich aus den Dampfern *Rovereto*, *San Diego*, *Caserta* und *Carbet* zusammensetzte. Die letzten beiden Schiffe wurden jedoch aus unterschiedlichen Gründen nach Neapel und Trapani zurückbeordert, so daß nur die ersten beiden Handelsschiffe, von fünf Torpedobooten gesichert, die Fahrt nach Bizerta fortsetzten. Am gleichen Tag versäumte es das O.I.C. nicht mitzuteilen, daß »der Tanker *Regina*, die *Rovereto*, die *San Diego*, die *Caserta* und die *Carbonello* in Kürze in Tunesien eintreffen würden: die ersten drei Schiffe in Bizerta und die anderen beiden in Tunis«[38].

Die oben genannten Nachrichten hätten jedoch nicht völlig ausgereicht, um einen sicher zu führenden Angriff auf den italienischen Geleitzug anzusetzen. Aber am 6. April ermöglichten die Entzifferer der G.C. & C.S. die Weitergabe der folgenden, mehr ins einzelne gehenden und entscheidenden Nachricht:

»Die *Rovereto*, *San Diego* und *Caserta* sind aus dem Golf von Neapel am 5. um 03.00 Uhr ausgelaufen, Geschwindigkeit 10 Knoten. Am 6. ungefähr um 01.30 Uhr wird sich die *Caserta* 15 Meilen nordwestlich von Trapani von ihnen trennen und ihre Fahrt nach diesem letzteren Hafen fortsetzen. Die beiden anderen Schiffe werden nach Bizerta weiterlaufen, wo sie am 6. um 15.30 Uhr erwartet werden. Die *Carbonello* sollte ursprünglich zu diesem Geleitzug gehören. Aber am 4. ist gemeldet worden, daß sie von einem U-Boot angegriffen wurde und auf Strand lief. Über die Zeit und die Position bei dieser Episode gibt es keine Nachrichten[39].«

Die Angelegenheit wurde damals den anglo-amerikanischen Angriffsflugzeugen überlassen, die den so geschickt gemeldeten Geleitzug vom Mittag des 6. an angriffen, ohne jedoch anfänglich irgendeinen Erfolg zu erzielen. Der tödliche Luftangriff auf die *Rovereto* und die *San Diego* erfolgte jedoch um 17.17 Uhr durch 22 viermotorige Bomber, welche die beiden Dampfer aus einer Höhe von 3 000 Metern trafen, so daß sie mit gut 143 Mann an Bord in die Luft flogen[40].

Der neue Sieg von »ULTRA« wurde vom O.I.C. am folgenden Tag bekannt gemacht[41].

Die Organisation von Bletchley Park versagte jedoch bei der Beschattung des Dampfers *Fabriano*, der von Lufttorpedos am 11. April um 23.05 Uhr versenkt wurde. Nach der Nachricht des O.I.C. vom 4. des Monats, in der mitgeteilt wurde, daß »die *Fabriano* ab 2. in Neapel Fracht übernähme und zum Auslaufen nach Tunesien bereit wäre«, wurde nämlich die folgende Meldung erst am 12., nachdem alles vorüber war, weitergegeben[42]. In ihr wurde gemeldet:

»Die *Fabriano*, *Caserta* und *Carbonello* fuhren am 11. April mit 11 Knoten Geschwindigkeit Richtung Tunis weiter. Weder Zeitpunkt noch Position sind bekannt. Am 11. um 20.00 Uhr wurde Tunis unterrichtet, daß der Geleitzug am 12. April nicht eingelaufen wäre.«

Obwohl durch den letzteren Funkspruch zugegeben wurde, daß die Engländer über den Zeitpunkt und die Bewegungen des in Frage stehenden Geleitzuges nicht Bescheid wußten, bewies er dennoch, daß es den Engländern möglich war, den feindlichen Funkspruch, die Verzögerung der Dampfer betreffend, zu entziffern. In Wirklichkeit änderten sie am 11. abends ihren Kurs nach Palermo, nachdem vier feindliche Zerstörer gesichtet worden waren, die in Richtung auf die Straße von Sizilien liefen. Dies verhinderte jedoch nicht die Versenkung der *Fabriano* durch einen Verband von Torpedoflugzeugen sechs Meilen vor Kap Gallo[43].

Beharrlich verfolgte »ULTRA« den Tanker *Tarn* und das Motorschiff *Monginevro* auf ihrer Rückfahrt nach Italien. Doch das letztere Schiff wurde schließlich versenkt, bevor die zahlreichen, aus Bletchley Park kommenden Nachrichten einen ausreichenden Grad an Genauigkeit erreicht hatten.

Nach vielen Zwischenfällen liefen diese beiden Einheiten am 16. April um 21.30 Uhr unter dem Geleitschutz von drei Torpedobooten aus Bizerta nach Neapel aus. Aber am folgenden Tag wurden sie um 02.08 Uhr auf der Höhe von Zembretta von drei britischen Schnellbooten angegriffen. Die von einem Torpedo getroffene *Monginevro* sank nach einem vergeblichen Abschleppversuch um 03.40 Uhr, während die *Tarn* am 18. April in Neapel einlief, nachdem sie wiederholt, wenn auch vergeblich, aus der Luft angegriffen worden war[44].

Die englischen Entzifferer nahmen sich hartnäckig diesen Geleitzug zum Ziel, lieferten jedoch vor dem erwähnten Angriff der Schnellboote nur ungenaue Nachrichten[45]:
— 7. April: »Die *Monginevro* und der Tanker *Tarn* werden wahrscheinlich am 7. Bizerta nach Neapel verlassen, Geschwindigkeit 11 Knoten. Beide Schiffe sind lange Zeit überholt worden.«
— 8. April: »Das Auslaufen der *Monginevro* und der *Tarn* aus Bizerta nach Neapel ist gestrichen worden.«
— 9. April: »Die *Monginevro* und der Tanker *Tarn* sollten, falls das Wetter es erlaubt, am 8. April aus Bizerta auslaufen.«
— 11. April: »Die *Monginevro* und der Tanker *Tarn* sind zum Auslaufen aus Bizerta nach Neapel bereit.«
— 14. April: »Die folgenden Schiffe sind zum Auslaufen aus Bizerta fertig und werden vom Geleitschutz erwartet: *Monginevro*, *Tarn*, *Mostagamen* und *Sivigliano*. Die letzteren beiden Schiffe können nur sechs Knoten laufen.«

Vor allem wegen der fehlenden Meldung über die Auslauf- und Eintreffzeiten gab es zu dieser Zeit tatsächlich keine Unterlagen, um aufgrund der »ULTRA«-Nachrichten den Angriff der Schnellboote ansetzen zu können, der zur Versenkung der *Monginevro* führte. Die Nachrichten über das genaue Fahrtprogramm des Geleitzuges, die in den beiden folgenden Funksprüchen des O.I.C. enthalten sind, trafen nämlich verspätet ein[46].

— 17. April: »Die *Monginevro* und die *Tarn* sind am 16. um 21.30 Uhr aus Bizerta nach Neapel ausgelaufen.«

— 18. April: »Die *Monginevro* und die *Tarn* sollen am 18. um 05.00 Uhr in Neapel einlaufen. Aber am 17. um 07.00 Uhr wurde ein Flugzeug zur Suche nach der *Monginevro* befohlen, von der gemeldet wurde, daß sie unbeweglich in der Nähe von Zembretta läge.«

Anfänglich von »ULTRA« vernachlässigt, wurde der Tanker *Bivona* beschattet und dann aufgrund einer Meldung der G.C. & C.S. dank eines plötzlich eintretenden zufälligen Ereignisses versenkt. Dieser Tanker, der ohne Kenntnis der britischen Entzifferer am 18. April um 08.50 Uhr aus Palermo nach Bizerta ausgelaufen war, wurde fast augenblicklich in diesen Hafen zurückbefohlen als Folge der Versenkung eines der U-Jäger aus dem Geleitschutz durch das englische U-Boot *Unseen*. Die sofortige Weitergabe des Zwischenfalles seitens der örtlichen italienischen Führung über Funk gestattete es BP, sich in das Geschehen einzuschalten. Daher konnte das O.I.C. am 19. April melden:

»Infolge der Torpedierung einer ihrer Geleiteinheiten wurde der Tanker *Bivona* am Morgen des 18. in den Hafen von Palermo zurückbefohlen. Er soll neuerdings heute morgen nach Bizerta auslaufen[47].«

Aufgrund der obengenannten Nachrichten war es für das U-Boot *Unrivalled (P.45)*, das sich in Lauerstellung auf der Route Palermo—Trapani befand, nicht schwierig, sich in eine gute Angriffsposition zu bringen und die *Bivona* am gleichen 19. April um 15.50 Uhr 20 Meilen von diesem letzteren Ort entfernt zu versenken[48].

Am 21. konnte daher das O.I.C. mitteilen, daß »der Tanker *Bivona* auf der Route Palermo—Trapani—Tunesien nahe Kap San Vito, Sizilien, von einem U-Boot torpediert worden und am 19. um 15.50 Uhr in die Luft geflogen ist«[49].

Ebenfalls Opfer der britischen U-Bootwaffe wurde das Motorschiff *Foscarini II*, das von Bizerta nach Neapel zurückkehrte, von wo es am 21. April um 04.30 Uhr ausgelaufen war. Sein Geleitschutz bestand aus zwei Torpedobooten. Schon seit dem vorhergehenden Tag hatte das O.I.C. die örtlichen Befehlsstellen davon unterrichten können, daß »die *Belluno* aus Tunis und die *Foscarini II* aus Bizerta am Morgen des 20. hätten auslaufen sollen, um sich um 07.00 Uhr zu treffen und zusammen Richtung Italien auszulaufen«[50].

Das verzögerte Auslaufen des Handelsschiffes wurde, — unausbleiblich — im Funkspruch vom 21. April gemeldet. Er lautete wie folgt:

»Die *Belluno* ist am 20. um 04.00 Uhr aus Tunis ausgelaufen, Geschwindigkeit 15 Knoten. Die *Foscarini*, die aus Bizerta auslaufen und zu diesem Dampfer stoßen sollte, hat sich um 24 Stunden verspätet. Die *Belluno* transportiert 400 Kriegsgefangene[51].«

Dieses letzte Motorschiff war tatsächlich zur gemeldeten Stunde aus Tunis ausgelaufen und einem Luftangriff während der Morgenstunden des 20. entkommen, als die örtlichen englischen Befehlsstellen noch nicht die besondere Art seiner menschlichen Ladung kannten. Es lief dann unversehrt im Morgengrauen des 21. in Neapel ein, während die 28 Meilen westlich Marettimo eingetroffene *Foscarini II* an jenem gleichen Tag um 12.20 Uhr vom U-Boot *Unison* torpediert und versenkt wurde[52].

7.6 Der Fall Tunesiens und das Ende des Seeverkehrs nach Afrika

Als nun in Rom und Berlin eine lebhafte Polemik darüber ausbrach, ob es zweckmäßig sei, weitere Menschen und Versorgungsgüter an die wankende tunesische Front zu entsenden, ließ man gerade aus Livorno den schnellen, ehemals französischen Dampfer *Aquino* (17 Knoten) nach Tunis auslaufen, der am 22. April, von einem einzigen Torpedoboot gesichert, um 20.45 Uhr die Anker lichtete. Als das Handelsschiff jedoch nördlich der Ägadischen Inseln angekommen war, wurde es am 23. um 17.15 Uhr von 16 amerikanischen viermotorigen Bombern angegriffen und in Brand gesetzt. Es sank während der Nacht[53].

Auch in dieser Lage war das Verdienst für die Versenkung »ULTRA« zuzuschreiben, das es dem O.I.C. ermöglichte, am selben 23. April die folgende knappe, aber sehr wertvolle Nachricht zu verbreiten:

»Die *Aquino* ist am 22. um 19.30 Uhr aus Livorno nach Tunis ausgelaufen, wo sie am 24. um 14.00 Uhr eintreffen soll[54].«

Eine ebenso kurze, aber ausreichende Vorwarnung erhielten die britischen Angriffskräfte, die am 28. April den Dampfer *Teramo* vernichteten. Er war am 26. um 20.30 Uhr mit dem Torpedoboot *Sagittario* aus Neapel nach Tunis ausgelaufen. Bereits vom vorhergehenden Tag ab hatte das O.I.C. melden können, daß »die *Teramo* und die *Galiola* recht bald nach Tunesien mit einer Ladung Kohle auslaufen würden«[55]. Aber die Nachricht, die erst die alliierten Angriffsverbände in Alarm versetzte, war jene genaue vom 28. April, die wie folgt lautete:

»Die *Teramo* ist am 26. um 18.30 Uhr aus Neapel nach Tunis ausgelaufen. Das Auslaufen der *Aversa*, die Neapel am Nachmittag des 26. verlassen sollte, ist verschoben worden. Außer kleinen Einheiten wird kein Schiff zusätzlich zu den oben erwähnten vor Ende April und Anfang Mai in Tunesien erwartet[56].«

Infolgedessen wurde die *Teramo* am gleichen Nachmittag zuerst von einer Formation Jagdbomber, wenn auch erfolglos, angegriffen und dann von drei Schnellbooten, die sich lediglich auf der Rückfahrt von einem Säuberungsunternehmen gegen Schiffe befanden. Dabei hatten sie zwei bewaffnete Motorfischkutter versenkt und waren darauf unter Kursänderung gegen den Geleitzug geführt worden. In dem überraschenden Gefecht bei Tage zwischen dem Torpedoboot *Sagittario* und diesen tückischen englischen Kampfmitteln wurde ein Schnellboot (*MTB. 639*) getroffen. Es versenkte sich dann selbst. Ein weiteres wurde ohne Verluste auf italienischer Seite beschädigt[57].

Um 15.25 Uhr wurde jedoch die *Teramo* bei einem neuerlichen Luftangriff in Brand geworfen und brannte bis zu ihrem Untergang am Abend des 30. weiter[58].

Einen genauen Bericht über das Vorgefallene, der dank der üblichen Entzifferungen der feindlichen Funksprüche abgefaßt wurde, verbreitete das O.I.C. am folgenden Tag:

»Die vom Torpedoboot *Sagittario* gesicherte *Teramo* umlief Trapani in den ersten Stunden des 28. April. Die deutschen Berichte melden, daß die Schiffe um 14.00 Uhr von Bombern und zwei Kriegsschiffen nahe Kap Bon angegriffen wurden. Der Dampfer wurde nach einem Treffer am Bug von Flammen eingehüllt und die Besatzung von einem Bergungsschiff gerettet[59].

Obwohl es in den ersten Maitagen offensichtlich schien, daß die Tage der Front in Afrika gezählt waren, befahl Supermarina die Absendung vier weiterer Geleitzüge nach Tunesien. Drei von ihnen erreichten jedoch ihre Bestimmungshäfen nicht, einer davon wegen »ULTRA«.

Am 3. Mai um 19.15 Uhr liefen gleichzeitig aus Trapani und aus Pantelleria die Dampfer *Belluno* und *Campobasso* aus, die mit ihren jeweiligen Geleitschiffen zwei verschiedene Geleitzüge bildeten. Die englischen Entzifferer konzentrierten ihre Aufmerksamkeit sofort auf das zweite Handelsschiff, das Munition, Geschütze und Kraftfahrzeuge geladen hatte und dessen Auslaufen noch am gleichen Tage gemeldet wurde[60]. Am Nachmittag liefen daher aus Malta die drei Zerstörer *Nubian*, *Paladin* und *Petard* aus, die sicher gegen den vom Torpedoboot *Perseo* geleiteten Frachter geführt wurden, während nach der offiziellen Geschichte der italienischen Marine die drei britischen Einheiten ausgelaufen sein sollen, um einen allgemeinen »Vorstoß gegen die Straße von Sizilien« durchzuführen[61].

Kurz vor Mitternacht vollzog sich das vorauszusehende nächtliche Treffen, und nach einer halben Stunde Beschuß durch die Engländer flog die *Campobasso* in die Luft[62]. Mit großem Mut ging das Torpedoboot *Perseo* zum Angriff auf den viel stärkeren Feind über. Aber durch wiederholte Treffer wurde es auch manövrierunfähig, geriet in Brand und sank dann mit 133 Mann an Bord[63].

Der leicht errungene britische Sieg wurde vom O.I.C. wie folgt gemeldet:

»Die *Belluno* ist am 4. um 07.00 Uhr in Tunis eingetroffen. Es stellt sich heraus, daß die *Campobasso* und ihr Geleitschiff, das Torpedoboot *Perseo*, in den ersten Stunden des 4. von englischen Zerstörern vor Kelibia versenkt worden sind. Das Schiff transportierte Munition[64].«

»ULTRA« griff jedoch nicht rechtzeitig in das Geschehen ein, das zum Verlust des deutschen Handelsschiffes *San Antonio* führte. Es lief am 4. Mai um 21.30 Uhr aus Neapel nach Tunis aus und wurde durch amerikanische Flugzeuge am 5. um 14.50 Uhr versenkt, d.h. einen Tag bevor das O.I.C. mitteilte, daß »die *San Antonio* aus Neapel am 4. um 21.00 Uhr ausgelaufen wäre und mit einer Geschwindigkeit von 11 Knoten nach Bizerta liefe, mit möglicher Kursänderung nach Tunis«[65].

Trotz solcher nicht seltenen Verzögerungen bei der Entzifferung der feindlichen Funksprüche kontrollierte die britische Marine-Intelligence in jener Periode fast jede Bewegung der Marinen der Achse und war in der Lage, die aus Bletchley Park kommenden Nachrichten zu benutzen. Sie fing dabei nicht nur die üblichen täglichen Nachrichten ab, sondern auch die periodischen zusammenfassenden Berichte[66].

Ein Beweis für das Gesagte wird uns durch die Genauigkeit gegeben, mit der »ULTRA« gerade aufgrund der Entzifferungen der deutschen und italienischen Funksprüche das lange Geschehen um die nicht erfolgte Absendung des so sehr erwarteten Motorschiffes *Carbonello* in jenen letzten Kampftagen auf afrikanischer Erde nach Tunesien verfolgte[67].

Um der Einfachheit der Darlegung willen werden wir ohne Kommentar die zu diesem Zweck vom O.I.C. vom 30. April bis zum 8. Mai verbreiteten Nachrichten aufzählen[68]:

— 30. April: »Die *Carbonello* soll am 30. um 10.00 Uhr aus Palermo auslaufen. Sie wird in Trapani anlegen und von dort eine Stunde später mit der *Aversa* weiterfahren, Geschwindigkeit 11 Knoten. Sie soll am 1. Mai um 19.30 Uhr in Bizerta eintreffen.«
— 2. Mai: »Das Auslaufen der *Carbonello*, die Palermo am 30. um 10.00 nach Trapani und Bizerta verlassen sollte, ist auf den 1. um 01.00 Uhr verschoben worden.«
— 3. Mai: »Die *Carbonello* wird wahrscheinlich aus Sizilien nach Tunesien am heutigen 3. nachmittags auslaufen. *Kommentar*: Die deutschen Streitkräfte in Nordafrika hielten am 30. April das Eintreffen dieses Dampfers für von *entscheidender Wichtigkeit* für die Schlacht in Tunesien und haben sich darauf vorbereitet, jede Luftunterstützung für die Bodentruppen abzuziehen, so daß die Flugzeuge für die Sicherung des Geleitzuges zur Verfügung stehen. Dessenungeachtet ist das Auslaufen der *Carbonello* aus Sizilien am 1. Mai verschoben worden.«
— 4. Mai: »Das Auslaufen der *Carbonello* aus Palermo ist auf unbestimmte Zeit verschoben worden.«
— 6. Mai: »Die *Carbonello* sollte am 4. um 20.00 Uhr nahe Trapani sein. *Anmerkung*: Vermutlich fährt sie nach Tunesien.«
— 7. Mai: »Tunis hat angefragt, ob es die *San Pietro* in der unmittelbaren Zukunft erwarten darf. Es ist auch auf die *Tommaseo*, die *Carbonello* und die *Aversa* hingewiesen worden, aber über ihre zukünftigen Bewegungen sind keine Einzelheiten bekannt.«
— 8. Mai: »Alle Verkehrsbewegungen nach Tunis und Bizerta sind eingestellt worden.«

Am 8. Mai sorgte das rasche Vorgehen der anglo-amerikanischen Truppen auf den beiden Flanken der zusammengeschrumpften Achsen-Verteidigung in Tunesien dafür, daß jede Anstrengung der Achse nicht mehr auf die Versorgung, sondern auf den Abtransport einer größtmöglichen Zahl von Truppen von den nun ungastlichen afrikanischen Stränden gerichtet wurde. In jenen Tagen operierten aber die alliierten Flugzeuge am Himmel und die alliierten Kriegsschiffe entlang den tunesischen Küsten bei Tag und Nacht ungestraft. Die Hoffnung, die noch kampfkräftigen Verbände nach Italien einschiffen zu können, wurde immer schwächer, bis sie ganz erlosch.

Schließlich hatte die britische Operation »Retribution« Erfolg, die zur Verhinderung der Evakuierung feindlicher Kontingente aus Tunesien geplant worden war. Als am 13. Mai 1943 durch die Kapitulation der Achsenstreitkräfte dem gesamten Feldzug in Nordafrika ein Ende gesetzt wurde, war es nur 800 von 200 000 deutschen und italienischen Soldaten gelungen, über das Meer zu entkommen und der Gefangenschaft zu entgehen[69].

Im Schatten der blutigen Schlacht um die Geleitzüge nach Tunesien verlief in aller Stille die weniger bekannte Tragödie der kleinen Landungsschiffe der Achse, die zunächst im ständigen Küstenverkehr eingesetzt wurden und dann tapfer die wichtigen Aufträge zwischen Sizilien und der letzten afrikanischen Küste erfüllten. Diese Schiffe zeichneten sich wiederholt ehrenvoll aus. Aber ihre bescheidenen Möglichkeiten zogen nur am Rande das Interesse des ausgeklügelten und stark überlasteten Apparates der britischen Intelligence auf sich. Ihnen gilt daher schließlich auch nicht die gleiche Aufmerksamkeit von unserer Seite.

Es scheint uns jedoch nicht angebracht, die seltenen Fälle zu übergehen, in denen vor allem infolge des wachsenden Einsatzes von Fährprähmen und deutschen und italienischen Landungsmitteln in der letzten Phase des Verkehrs mit Tunesien die von der G. C. & C. S. gelieferten sporadischen und fragmentarischen Nachrichten über diese Mittel in Berichten von einer gewissen Bedeutung wie üblich vom O.I.C. zusammengefaßt wurden.

Das Interesse für die obengenannten feindlichen Boote und Fährprähme mit bescheidenen Ausmaßen, aber konsistenten Möglichkeiten ergab sich im britischen Lager durch das Studium des Verkehrs zwischen dem Kontinent, Sardinien und Korsika[70]. Diese englische Aufmerksamkeit verlagerte sich dann auf fatale Weise auf den Schwerpunktabschnitt Tunesien, wo italienische und deutsche Fährprähme des gelungenen Typs »Siebel« sich fähig erwiesen, den Vorstößen der schnellsten gegnerischen Schnellboote wirksam zu widerstehen. Ihre Bewegungen und Einsatzmethoden begannen daher zum Gegenstand der Überprüfung durch die doch sehr beschäftigten Männer von Bletchley Park zu werden[71].

Schließlich wurde eine Sonderstudie von den englischen Entzifferern über die Charakteristika von 15 deutschen Dampfern mit dem Kennzeichen K. T. zusammengestellt, die im Mittelmeer eingesetzt wurden. Seltsamerweise wurde jedoch nur einer von sechs bis zum Fall Tunesiens verlorengegangenen zum sicheren Opfer der britischen »ULTRA«-Intelligence[72].

Kapitel 8

Epilog

8.1 Die beiden gescheiterten Angriffe italienischer Seestreitkräfte auf Palermo

Die letzten Akte des Dramas, in das die italienische Marine mit so blutigen Verlusten verwickelt war, wurden in den Gewässern des Mittelmeers vollzogen, nachdem die alliierten Truppen in Sizilien festen Fuß gefaßt hatten.

Um den Deutschen zu beweisen, daß trotz der kürzlichen Entlassung und Verhaftung Mussolinis Italien »dem gegebenen Wort treu geblieben wäre«, erhielt die Regia Marina Ende Juli 1943 den Auftrag, »etwas« gegen die Anglo-Amerikaner »zu unternehmen«. Auf diese Weise entstand der Plan einer Beschießung des von den Alliierten besetzten Hafens von Palermo durch Seestreitkräfte.

Der Operationsplan für den genannten Auftrag wurde in der Nacht des 3. August von Supermarina an das Kommando der Flotte übermittelt. Dabei benutzte man eine besondere Fernsprechlinie, was ausschloß, daß sie von »ULTRA« angezapft wurde[1]. Die erteilten Weisungen schrieben vor, daß die 7. Kreuzerdivision des Admirals d'Oliva mit der *Eugenio di Savoia* und der *Montecuccoli* in der Nacht vom 4. auf den 5. August von La Spezia nach La Maddalena verlegte und im Morgengrauen des 6. vor der Hauptstadt Siziliens zur Beschießung eintraf. Dieses Datum wurde jedoch bis zur Herausgabe der Ausführungsbefehle geheimgehalten.

Diese Befehle wurden am 4. herausgegeben. Am gleichen Abend lief die 7. Division aus La Spezia aus, um La Maddalena am folgenden Morgen zu erreichen. Von dort sollte sie während der Nacht wieder auslaufen und die eigenen Bewegungen so abstimmen, daß sie mit dem ersten Tageslicht des 6. vor Palermo stand.

Zu Anfang störte kein Zwischenfall die Fahrt der beiden italienischen Kreuzer, abgesehen von der Sichtung eines U-Bootes und ferner Blasenbahnen von Torpedos, sofort nachdem sie die Minengassen von La Maddalena verlassen hatten. Es gab daher keinerlei Grund zu argwöhnen, daß der Feind den Zweck des Auftrages kannte.

Am 6. August um 04.28 Uhr jedoch, als Ustica kaum umfahren war, wurden einige kleine Wasserfahrzeuge optisch und durch den Bord-»Metox« (ein Radar- oder Funkmeßbeobachtungsgerät) festgestellt. Zwei Minuten danach eröffnete die *Eugenio di Savoia* das Feuer auf die Ziele, die sie als Schnellboote erkannt hatte. Da das Überraschungsmoment verloren war, eine Voraussetzung für die gesamte Operation, faßte Admiral d'Oliva um 04.34 Uhr den Entschluß, zu wenden und zum Stützpunkt zurückzukehren. Er meldete den Vorfall über Funk an Supermarina. Zu dieser Zeit befand sich die 7. Division nur 34 Meilen von dem Punkt entfernt, an dem die Beschießung beginnen sollte.

Wie bereits gesagt, ist die Möglichkeit auszuschließen, daß BP in Besitz des Operationsbefehls gelangte, der am 3. August über eine spezielle Fernsprechleitung (und nicht über Funk) ausgegeben wurde. Leider wissen wir nicht, welches die italienischen Funksprüche gewesen sind, die ULTRA bei dieser ersten gescheiterten Operation gegen Palermo zu entziffern vermochte[2]. Sicher ist auf jeden Fall, daß am 7. August das O.I.C. dank der üblichen »Z«-Quellen in Besitz aller Hauptteile des Planes war. Es faßte sie in der folgenden Nachricht zusammen:

»Die Kreuzer *Montecuccoli* und *Eugenio di Savoia*, die gewöhnlich in La Spezia stationiert sind, waren am 5. August in La Maddalena und liefen von dort am 5. um 18.00 Uhr zur Beschießung von Palermo aus. Sie wurden am 6. nahe Ustica um 04.30 Uhr von Flugzeugen gesichtet sowie mit alliierten Zerstörern in ein Gefecht verwickelt. Daher liefen sie Richtung Neapel zurück. Die Operation wurde abgeblasen. Sie befanden sich zu Mittag des 6. nahe Neapel und werden am 7. etwa um 01.00 Uhr wieder in La Spezia einlaufen[3].«

Durch diese Nachricht des O.I.C. kann festgestellt werden, daß, abgesehen von den durch die alliierte Luftaufklärung nach der Sichtung im Morgengrauen des 6. gelieferten Teilen, die Engländer durch ULTRA das Datum der Verlegung der 7. Division von La Spezia nach La Maddalena, die genaue Auslaufzeit aus diesem Hafen, den Zweck des Auftrages (was die wichtigste Nachricht darstellt) und den Befehl für den Abbruch der gesamten Operation kannten. Es ist ferner festzustellen, daß der in Frage stehende Funkspruch die Nachricht aus italienischer Quelle, die ebenfalls von der G. C. & C. S. offensichtlich interpretiert worden war, damals für richtig hielt. Nach diesem Funkspruch wäre die 7. Division durch die alliierten Zerstörer angegriffen worden.

In Wirklichkeit waren die Schiffe, auf die die italienischen Kreuzer im Morgengrauen des 6. August stießen, und deren Präsenz die Operation scheitern ließ, nur zwei kleine Boote, die Versorgungsgüter nach Ustica transportierten[4]. Es handelte sich um ein bescheidenes Kampfschiff mit Wasser und Lebensmitteln, das vom amerikanischen U-Boot-Jäger *SC 503* gesichert wurde.

Das Scheitern des Auftrages der 7. Division der italienischen Marine machte in Rom die Notwendigkeit noch spürbarer, den noch für einen Monat verbündeten deutschen verantwortlichen Dienststellen den Willen der Italiener zur Fortsetzung des Kampfes gegen die Anglo-Amerikaner zu beweisen. Auch vermutete Supermarina, die zufällige Begegnung bei Ustica hätte dem Feind das wirkliche Ziel für die Kreuzer des Admirals d'Oliva nicht verraten. Man entschloß sich daher, am selben 6. August die Operation zu wiederholen. Man vertraute sie diesmal der 8. Division des Admirals Fioravanzo an. Am Nachmittag erhielt er in Genua den diesbezüglichen Operationsbefehl. Er wurde durch Kurier aus La Spezia übermittelt, der auch einen Begleitbrief des Admirals Bergamini, des Oberbefehlshabers der Flotte, mitbrachte.

Es ist interessant, sich kurz mit dem Brief des Admirals Bergamini zu befassen, weil in ihm bereits die Richtigkeit des Aufklärungsergebnisses in bezug auf die vermuteten feindlichen Zerstörer bei Ustica, wie es die 7. Division behauptet hatte, bezweifelt wurde. Der Brief gab genau an, daß ein möglicher Rückzug der 8. Division auf dem Annäherungsweg zum Ziel wegen einer »fortdauernden Beobachtung« diesmal direkt von Supermarina genehmigt werden müßte[5].

Befehlsgemäß verlegte die aus den Kreuzern *Garibaldi* und *Duca d'Aosta* bestehende 8. Division in der Nacht vom 6. auf den 7. August von Genua nach La Maddalena und lief von dort bei Sonnenuntergang desselben Tages wieder aus. Übrigens konnte die *Garibaldi* aufgrund eines Schadens an den Kesselspeisewasserpumpen nur mit einer Höchstgeschwindigkeit von 28—29 Knoten laufen, eine Geschwindigkeit, die vier Meilen pro Stunde unterhalb der normalen Leistung lag.

Am 8. August um 02.30 Uhr empfingen die italienischen Schiffe die Sichtmeldung eines deutschen Aufklärungsflugzeuges. Sie besagte, daß sich um 01.45 Uhr drei große Einheiten auf halbem Weg zwischen Palermo und Ustica befänden. Diese Sichtmeldung und die gleichzeitige Verschlechterung der Sicht aufgrund des zunehmenden Dunstes veranlaßten Admiral Fioravanzo, mit seiner nicht mit Radargeräten ausgerüsteten Division um 04.00 Uhr auf Gegenkurs zu gehen. Supermarina zeigte sich jedoch nicht bereit, diese Maßnahme zu billigen und erteilte den Kreuzern den Befehl zur weiteren Durchführung des Auftrages, wenn sie noch nicht den Kurs geändert hätten, da die gesichteten feindlichen Einheiten »vermutlich Dampfer« wären.

Admiral Fioravanzo entsprach dieser letzten, aus Rom kommenden Aufforderung nicht und lief am selben 8. August um 19.00 Uhr in La Spezia ein. Leider wurde am folgenden Tag bei der Verlegung der beiden Kreuzer der 8. Division von La Spezia nach Genua, ihrer üblichen Basis, der geleitende Zerstörer *Gioberti* vom englischen U-Boot *Simoon (P. 225)* torpediert und versenkt[6].

Durch die amerikanische Dokumentation konnte dann festgestellt werden, daß die in jenen ersten Stunden des 8. August vom deutschen Aufklärer gemeldeten Schiffe tatsächlich Kriegsschiffe waren, und zwar zwei große amerikanische Kreuzer, die *Philadelphia* und die *Savannah*, die von zwei Zerstörern begleitet wurden.

Nach der offiziellen Geschichte der italienischen Marine sollen die feindlichen Einheiten angeblich in Marsch gesetzt worden sein, »um die *Garibaldi* und die *Duca d'Aosta*« abzufangen, »die von einem britischen Aufklärungsflugzeug gemeldet worden waren, ohne daß die Sichtmeldung durch Rom und die *Garibaldi* abgehört worden wäre«[7]. Dafür wurden auch in diesem Fall die Anglo-Amerikaner durch von Bletchley Park kommende »Z«-Meldungen alarmiert. Am 10. August wurden sie wie folgt vom O.I.C. zusammengefaßt:

»Die Kreuzer *Garibaldi* und *d'Aosta* sind am 7. um 18.00 Uhr aus La Maddalena ausgelaufen, um im Morgengrauen des 8. August Palermo zu beschießen. Sie glaubten, gesichtet worden zu sein und machten während der Nacht kehrt. Am 8. um 08.00 Uhr

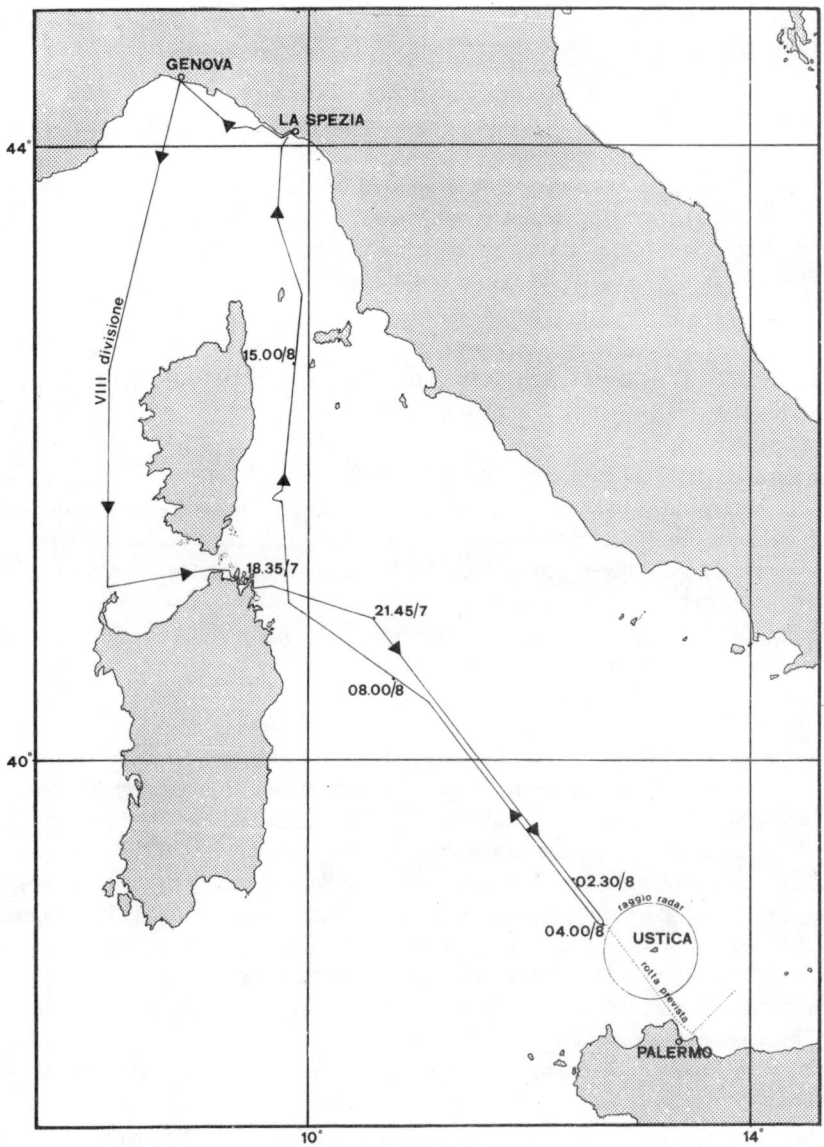

Die nicht zustande gekommene Beschießung Palermos durch die 8. Marinedivision (7. und 8. August 1943).

befanden sie sich etwa auf halber Höhe der Küste von Sardinien mit Kurs Norden und liefen um 15.00 Uhr nahe Bastia vorbei[8].«

Wiederum lieferte also ULTRA die Hinweise auf den Zeitplan und die Ausgangsbasis der 8. Division, das Ziel des Auftrages, den zeitlichen Ablauf seiner Durchführung und den Entschluß zur Kehrtwendung.

Abschließend gibt es jetzt genügend Gründe dafür, daß der Abbruch beider Aufträge zur Beschießung Palermos, wenn er auch durch verschiedene und schließlich irrige Beurteilungen bestimmt worden war, Italien gelegen kam und daher nicht mehr die große Polemik rechtfertigt, die sich bis in unsere Tage hinzog.

8.2 Die Kontrolle der »Special Intelligence« über die Einhaltung des Waffenstillstands durch die Italiener

Nun gilt es darzulegen, auf welche Weise die britische Special Intelligence die Bewegungen der Regia Marina in den kritischen Tagen des 8. und 9. September 1943 unter ständiger Beobachtung hielt, um die Einhaltung des unterschriebenen Waffenstillstandsabkommens zu kontrollieren. Dank ULTRA kannten ja die Engländer vor allem mit beachtlichem zeitlichem Vorsprung die deutschen Gegenpläne, um sich im Falle des Abfalls ihres Verbündeten in den Besitz der Schiffe und Einrichtungen der italienischen Marine zu setzen, und allgemeiner, um die Streitkräfte des Königreichs Italien zu entwaffnen.

Eingehende Vorsichtsmaßnahmen gegenüber den Deutschen waren vom Generalstab des italienischen Heeres längst geplant worden, während die weniger über die Entwicklung der politischen Lage informierte Marine im allerletzten Moment Abhilfe zu schaffen versuchte. Tatsächlich gaben das Marineministerium und der Chef des Admiralstabs, Admiral De Courten, erst am Nachmittag des 7. September auf einer eigens dazu einberufenen und überfüllten Versammlung der zu Supermarina gehörenden Admirale angemessene Maßnahmen gegen die Deutschen bekannt, die dann auch an die operativen Führungsstellen außerhalb des nationalen Hoheitsgebietes ab der Ausrufung des Waffenstillstandes am Abend des 8. September weitergegeben wurden.

So erhielt z.B. *Mariprovenza*, d.h. das Kommando der italienischen Marine in Toulon, kurz vor Mitternacht den folgenden, aus Rom um 22.35 Uhr abgegangenen verschlüsselten Funkspruch mit der Bemerkung »Riservato e personale« (nur für den Befehlshaber persönlich):

»Lassen Sie alle marschbereiten italienischen Einheiten den nächsten italienischen Hafen anlaufen. Versenken Sie die nicht marschfähigen Schiffe. Kümmern Sie sich nicht um die französischen Einheiten[9].«

Wir wissen leider nicht, mit welchem Schlüsselverfahren der obengenannte Funkspruch sowie die anderen ähnlicher Art aus jenen Tagen abgesetzt wurden. Es ist unbekannt,

ob er auf der von den Deutschen gelieferten »ENIGMA«-Maschinen verschlüsselt worden ist. Aber es ist sicher, daß er von den Engländern abgehört und wie folgt in eine lange Nachricht des O.I.C. vom 9. September eingefügt wurde:
»Am 8. um 22.35 Uhr erteilte Supermarina Toulon den Befehl, mit allen italienischen Schiffen den nächsten nationalen Hafen anzulaufen. Nicht marschbereite Schiffe sollen versenkt werden[10].«

Die von der britischen Admiralität über die Absichten der italienischen Marine in jenen entscheidenden Stunden ausgeübte Kontrolle wird durch zwei weitere Absätze der langen Nachricht des O.I.C. noch offensichtlicher. Sie betrafen die gleichen von Rom an die Kommandostellen in Griechenland und in der Ägäis sofort nach der Ausrufung des Waffenstillstandes abgesandten Funksprüche:
»Am 8. um 20.30 Uhr befahl Rom Athen, alle marschbereiten Einheiten nach Leros auslaufen zu lassen. Die übrigen Einheiten sollen versenkt werden. Am 8. um 23.20 Uhr befahl Rom allen Schiffen in der Ägäis, in Stützpunkte im Dodekanes zu verlegen. Falls sie aus unter deutscher Kontrolle stehenden Häfen nicht auslaufen können, sollen sie vernichtet werden[11].«

Tatsächlich bestanden in Griechenland zwei Marineführungsstellen, jene im Westen (Marimorea Patrasso) unter Admiral Lombardi und die östliche (Marisudest Atene) unter Fregattenkapitän Del Grande, die beide in bezug auf territoriale Fragen der 11. Armee des Generals Vecchiarelli unterstellt waren. Die Maßnahmen betreffs des Waffenstillstandes trafen daher entweder über Supermarina oder über die Dienststellen des Heeres mit einer gewissen Überlagerung ein, auf die hier nicht näher eingegangen werden soll. Es genügt festzustellen, daß Fregattenkapitän Del Grande nach dem, was den Engländern zur Kenntnis gelangt ist, tatsächlich am 8. um 20.30 Uhr die genannten Befehle erhielt[12].

Bekanntlich scheiterten die von der Regia Marina vorgesehenen Vorsichtsmaßregeln sowie jene, die vor längerer Zeit vom Heer geplant und im »Memoria 44 Op.« festgehalten wurden, in der Ausführungsphase, da die örtlichen Befehlshaber sie tatsächlich nicht mit der Schnelligkeit in die Tat umsetzten, welche die ernste Lage im damaligen Augenblick erforderte. Infolgedessen gelang es den Streitkräften nicht, zu verhindern, daß die bereits argwöhnischen Deutschen die Hand auf eine außerordentlich reiche italienische Beute legten.

Das deutsche Heer verfügte damals auf der Halbinsel und in Sardinien über 17 Divisionen sowie über 20 Divisionen und drei Brigaden in der Ägäis und auf dem Balkan. Es begann mit der Entwaffnung von 51 der 61 ihm gegenüberstehenden italienischen Divisionen (wenn diese auch weniger stark bewaffnet waren) und machte 547531 italienische Soldaten zu Gefangenen. Unter anderem erbeuteten die Deutschen 940 Panzer und Selbstfahrlafetten, 9986 Artilleriegeschütze, 15500 Kraftfahrzeuge, 2867 Kampfflugzeuge und 1686 Flugzeuge für andere Zwecke[13].

Noch schwerer wog, falls das überhaupt noch möglich ist, der von der italienischen Marine gezahlte Zoll für die Schwerfälligkeit des Militärapparates, die ebenso ungerechtfertigte allgemeine Atmosphäre der nationalen Demobilisierung und der Machiavellismus der höchsten politischen und militärischen Verantwortlichen. Aufgrund derselben, längst veröffentlichten und doch so wenig durchdachten Dokumentation des Ufficio Storico der Marine wurden nämlich 327 italienische Kriegsschiffe von den Deutschen, teilweise unversehrt, teilweise unbrauchbar gemacht oder bei Überholungsarbeiten, erbeutet[14].

Dieser Zahl müssen dann die bei deutschen Angriffen zur See oder im Hafen versenkten Schiffe hinzugefügt werden. Zu ihnen gehörte das sehr moderne Schlachtschiff *Roma*, das Flaggschiff der Flotte. Weiter kommt die allgemeine Gesamtzahl der von der italienischen Marine nach dem 8. September 1943 durch unmittelbares oder mittelbares Eingreifen der deutschen Streitkräfte verlorenen Einheiten (versenkte, erbeutete oder durch Sabotage unbrauchbar gemachte) hinzu. Damit stieg die Zahl auf 386 mit 292771 Tonnen[15].

Aber das ist noch nicht alles: Weitere 199 Schiffe mit insgesamt 210653 Tonnen, die auf italienischen Werften gebaut und noch nicht in Dienst gestellt worden waren, wurden von den Deutschen erbeutet, die sie zum großen Teil fertigbauten und in die eigene Marine eingliederten. Die Zahl italienischer Handelsschiffe, die in deutsche Hand fielen, belief sich auf 1214 mit 976902 BRT[16].

Diese verheerenden Verluste, die schließlich klar über jenen lagen, welche die Regia Marina in drei Jahren und drei Monaten des Krieges gegen die Anglo-Amerikaner erlitten hatte (380 Kriegsschiffe mit 343757 Tonnen), gingen natürlich nicht auf das Konto von ULTRA, wenn auch dieses Instrument zur Nachrichtenbeschaffung Italien nicht sofort nach der Unterzeichnung des Waffenstillstandes zu Hilfe kam, obwohl es ihm gelungen war, die deutschen Absichten gegen Italien aufzudecken. Wir sind nämlich in der Lage zu belegen, daß die Engländer dank der G.C. & C.S. ab Juli 1943 sowohl den deutschen Argwohn im Hinblick auf eine mögliche Kehrtwendung des Verbündeten im Mittelmeer als auch einige genaue, von den Deutschen zur Abwehr dieses Ereignisses untersuchte Gegenmaßnahmen und schließlich sogar die von Berlin herausgegebenen Ausführungsbefehle zur Beschlagnahme der Schiffe und zur Entwaffnung der italienischen Streitkräfte (Operation »Achse« und »Schwarz« sowie Stichwort »Ernte«) kannten.

Das erste beweiskräftige Dokument besteht im folgenden Bericht der Naval Intelligence Division (N.I.D.) vom 27. Juli[17].

»Am 26. Juli 1943 sind die folgenden Weisungen der deutschen Kriegsmarine im Abschnitt der Ägäis gebilligt worden:
— Aufgrund der Nachrichten, daß die Italiener dabei sind, einen Waffenstillstand auszuhandeln, werden die folgenden Dispositionen weitergegeben: Bei Empfang des Stichwortes mit Datum und Uhrzeit treten die Fernmeldeoffiziere der Kriegsmarine ihren Dienst in allen Fernmeldezentralen der italienischen Streitkräfte in ihrem Gebiet an. Das muß auf freundschaftliche Weise versucht werden. Sollte es aber Widerstand geben, so haben sie ohne Skrupel die Waffen zu gebrauchen. Alle Waffen, die gesamte Munition und die italienischen Schlüsselunterlagen müssen beschlagnahmt werden, die

italienischen Soldaten sind jedoch freizulassen. Die in italienischen Abschnitten befindlichen Radareinrichtungen müssen funktionsfähig bleiben und sind unter wachsamer
Aufsicht zu halten. Enge Kontakte müssen mit den operativen Verbänden der deutschen Wehrmacht aufrechterhalten werden.«

Darüber hinaus hatten die Engländer das Glück, ab 8. September 1943 um 19.20 Uhr
eine Reihe von deutschen Funksprüchen abzufangen und zu entziffern, die ins einzelne
gehende Vorkehrungen für die Inkraftsetzung der Operation »Achse« enthielten. Der
erste lange entzifferte Funkspruch lautete:

»1. Die nachfolgenden Befehle sind dringend abgesetzt worden, aber weder der Absender noch der Empfänger und der erste Teil des Funkspruches sind bekannt:
a) Das gesamte dokumentarische Material, das sich auf die Operation ›Achse‹, einschließlich des vorliegenden Funkspruches, bezieht, ist sofort gemäß den Instruktionen
zum Schutz von Verschlußsachen zu vernichten. Die Befehle dafür sind so kurz, daß sie
im Gedächtnis behalten werden können;
b) alle Personen, die mit der Operation ›Achse‹ befaßt sind, sind sofort persönlich auf-
zusuchen und zur strengsten Geheimhaltung und Verschwiegenheit zu veranlassen.
Darüber hinaus ist eine Bestätigungsmeldung in folgender Form abzugeben: ›Admiral
Ägäis streng geheim 349 S.O. § 1, Absätze a) und b) wie befohlen ausgeführt.‹
2. Als Vorausinformation: In Anbetracht der beträchtlichen zahlenmäßigen Unterlegenheit der Deutschen in diesem Abschnitt kann unser Ziel erfolgreich nur bei erhöhten
Verlusten im Fall der Anwendung von Gewalt verfolgt werden, vor allem wenn wir uns,
z.B. bei Fehlen des Überraschungsmomentes, auch gegen beträchtlichen Widerstand
seitens des Gegners [d. h. der Italiener] schlagen müßten. Daher muß bei dieser Gelegenheit alles und mit allen Mitteln versucht werden, unseren Zweck durch freundschaftliche Absprachen zu erreichen. In jedem Fall haben Sie sich zu vergewissern, daß
die Waffen nicht in griechische Hand fallen und diese an einen sicheren Ort gebracht
und vernichtet werden. Das gleiche gilt für das Material der Marine, das, wenn es nicht
den alten Kameraden übergeben wird (d. h. den Deutschen], nicht in die Hände der
Engländer fallen darf. Nehmen Sie keine Verhaftungen als Vorbeugungsmaßnahmen
vor, sondern nur, wenn es unvermeidlich wird, Gewalt anzuwenden.
3. Augenblickliche Lage: Die Spannung hat nachgelassen. Gegeben am 2. September
1943 um 01.40 Uhr.
Entziffert am 8. September 1943 um 19.20 Uhr[18].«

Immer noch mit beachtlichem zeitlichem Vorsprung in bezug auf die blutige deutsche
Reaktion zum Schaden der italienischen Marine entzifferte ULTRA am 8. September
kurz nach 00.00 Uhr eine wichtige Nachricht des deutschen Marinekommandos Mittelmeer an alle unterstellten Verbände. Sie wurde um 23.10 Uhr desselben entscheidenden
Tages abgesetzt:

»Sehr dringend. *Achse = Ernte* bedeutet Beschlagnahme der italienischen Kriegs- und
Handelsschiffe und Entwaffnung der italienischen Streitkräfte. Ausführung durch das
Heer. Wenn dies letztere nicht zur Verfügung steht, tun Sie alles in Ihrer Macht Stehende mit eigenen Kräften. Verhindern Sie, daß italienische Schiffe die Enge überschrei-
ten; im Falle der Gefahr einer feindlichen Landung zerstören Sie die Häfen so vollständig wie möglich.
Entziffert am 9. September 1943 um 01.53 Uhr[19].«

Der deutsche Wille, die italienische Flotte zur Übergabe zu veranlassen oder sie anzugreifen, wurde am folgenden Morgen bestätigt. Dies beweist die folgende Nachricht,
die am 9. September um 07.13 Uhr vom Kommando der deutschen Marine in Italien an
die unterstellten Verbände in La Spezia und Livorno gerichtet und von den Engländern, acht Stunden, nachdem die italienische Schlachtflotte aus dem ersteren der beiden Häfen ausgelaufen war, entziffert wurde.

»Sehr dringend. Tun Sie alles, um die italienischen Kriegsschiffe davon zu überzeugen,
sich freiwillig zu ergeben, und beziehen Sie sich dabei auf entsprechende Instruktionen
der italienischen Admiralität. Gibt es irgendwelche Möglichkeiten, um deutsche Minen
aus dem Minenlager in San Bartolomeo zu entnehmen? Falls notwendig, bereiten Sie
ein Unternehmen mit der 11. Schnellbootflottille vor.
Entziffert am 9. September 1943 um 10.47 Uhr[20].«

Diese Meldung war zu spät abgesetzt worden, erst als die italienische Flotte bereits seit
vielen Stunden ausgelaufen war, wie das deutsche Marinekommando in Genua und die
Luftflotte 2 mit den folgenden beiden Meldungen am gleichen Vormittag zugeben mußten. Auch sie wurden wie üblich von den Engländern entziffert.

»Kommando der Kriegsmarine Genua 9. September 1943 um 09.45 Uhr.
Sehr dringend. Ausgelaufen sind am 8. um 18.00 Uhr *Garibaldi*, am 9. um 02.10 Uhr
Abruzzi, Duca d'Aosta und etwa sechs Zerstörer. Bei [unserer] Division gibt es keine
vollständigen Befehle in bezug auf die Operation ›Ernte‹. Die diesbezüglichen Versuche
blieben ohne Ergebnis. Die Marine ist zum Eingreifen bereit.
Entziffert am 9. September 1943 um 12.37 Uhr[21].«

»Von Verbindungsstab der Kriegsmarine an Fliegerführer Sardinien, 9. September
1943, 10.41 Uhr.
Sehr dringend. Die Luftflotte 2 meldet: Um 09.41 Uhr drei Schlachtschiffe, sechs
Kreuzer, sechs Zerstörer. Wahrscheinlich handelt es sich um die italienische Flotte.
Position 14'035'0 [diese Position bezieht sich auf die deutsche Luftwaffen-Quadrat-
Karte], Kurs 210°.
Entziffert am 9. September 1943 um 15.10 Uhr[22].«

Kurz nach dieser letzten Entzifferung, genau um 15.52 Uhr, wurde das Schlachtschiff
Roma, das Flaggschiff der italienischen Flotte, von zwei ferngelenkten deutschen Spe-
zialbomben getroffen und sank um 16.12 Uhr. Dabei nahm es Admiral Bergamini und
1325 Mann mit in die Tiefe[23].

Die Engländer faßten schließlich alle ihre vorhergehenden ULTRA-Nachrichten im
zweiten Teil der bereits erwähnten und inhaltsreichen Nachricht des O.I.C. Nr. 78
vom 9. September 1943 zusammen. Sie schloß wie folgt:

»Am 8. September um 22.25 Uhr haben die Deutschen Befehle für ein gewaltsames
Unternehmen zur Wegnahme der italienischen Kriegs- und Handelsschiffe und zur Entwaffnung der italienischen Streitkräfte erlassen. Die Selbstversenkung der italienischen
Einheiten soll verhindert werden. Am 9. um 00.02 Uhr teilten die Deutschen mit, daß
der Feind dabei war, nahe Salerno zu landen[24].«

Sowohl der Ausführungsbefehl der Deutschen für die Pläne gegen die Italiener sowie
die Meldung über die alliierte Landungsoperation bei Salerno, die sich noch in der Ein-

leitungsphase befand, kamen rechtzeitig. Das gleiche gilt für die Schnelligkeit der Engländer bei der Entzifferung aller wiedergegebenen feindlichen Funksprüche und bei deren Zusammenfassung in der bereits erwähnten Sammelnachricht.

Die britische Admiralität kannte die Maßnahmen der italienischen Marine zur Erfüllung der Klauseln des Waffenstillstandsabkommens, aber auch die Vorbereitungen der Deutschen, um ihnen zu begegnen. So meldete sie ihren eigenen Vertretern in den Vereinigten Staaten einfach die letzte Entwicklung der Lage in der folgenden Nachricht vom selben 9. September 1943, die als »Most Secret« bezeichnet wurde:

»1. Die deutschen Reaktionen auf die italienische Kapitulation: Wegnahme oder Versenkung aller italienischen Kriegsschiffe und Entwaffnung der italienischen Streitkräfte. Die Schiffe sind mit allen Mitteln an dem Versuch zu hindern, Häfen zu erreichen, die sich in alliierter Hand befinden.
2. Die Reaktionen der italienischen Marine:
a) die Marine scheint die Absicht zu haben, die Bestimmungen des Waffenstillstands zu beachten; und
b) die Schiffe in Tarent und in Brindisi haben direkte Befehle zur Verlegung nach Malta erhalten;
c) den Schiffen in Toulon wurde befohlen, nach italienischen Häfen auszulaufen oder sich selbst zu vernichten;
d) die Schiffe in der Ägäis, in Athen und in Patras erhielten den Befehl, nach Häfen im Dodekanes auszulaufen oder sich selbst zu versenken[25].«

Obwohl die Anglo-Amerikaner diese heiklen und brennend heißen Nachrichten über den Argwohn und die Pläne der Deutschen gegen die Verbündeten im Mittelmeer besaßen, dem sie nur wenig vertrauten, hielten sie es nicht für passend, die verantwortlichen Männer in Italien nach der Unterzeichnung des Waffenstillstands ernsthaft zu warnen.

Soviel wir wissen, war die einzige erhaltene Warnung, die jedoch sehr allgemein und vage gehalten war, jene, die General Bedell Smith während der Sitzung zur Unterzeichnung des Kapitulationsdokumentes am Nachmittag des 3. September formuliert hatte. »Von Kriegsgefangenen wissen wir,« sagte bei dieser Gelegenheit der Vertreter Eisenhowers, »daß die Deutschen eher die Absicht haben, die italienischen Schiffe mit Bomben und Torpedos zu versenken, als zuzulassen, daß sie in die Hände der Alliierten fallen[26].« Aber die angegebene Nachrichtenquelle (d.h. die Kriegsgefangenen), die stets und überall als wenig zuverlässig angesehen wird, verlieh dieser Warnung keinen verläßlichen Nachdruck, zumal sie in einem Augenblick formuliert worden war, in dem es zwingend gewesen wäre, mit allen Mitteln die Italiener von der Notwendigkeit der Überführung der eigenen Schiffe in anglo-amerikanische Kontrolle zu überzeugen.

Es soll hier sicher nicht behauptet werden, daß die verantwortlichen italienischen Militärs bei jenem traurigen Anlaß keine klaren und offenkundigen Gründe für die Furcht vor einer logischen deutschen Reaktion gehabt hätten. Auch darf man die Alliierten nicht dafür verurteilen, daß sie ihre besondere und weit überzeugendere Informationsquelle geheimhalten wollten. Aber man muß doch sagen, daß der Entschluß der britischen Führung, die Italiener über zu ihrer Kenntnis gelangten als solche überzeugenden Einzelheiten, über die deutschen Gegenmaßnahmen zwischen dem 3. und 9. September nicht auf dem laufenden zu halten — und dabei immer noch die »ULTRA«-Quelle zu verschweigen — ein neues Licht auf das ganze Ereignis wirft. Man darf z.B. nicht verschweigen, daß der Artikel 7 des »kurz gefaßten« Waffenstillstandsabkommens, das genau am 3. September unterzeichnet wurde, »die freie Benutzung aller italienischen Häfen seitens der Alliierten...« vorschrieb, »und diese Häfen von den italienischen Streitkräften gesichert werden sollten, bis dieser Auftrag von den Alliierten übernommen würde«. Im damit verbundenen »Memorandum von Quebec« wurde vorgeschrieben, daß »kein Kriegs- und Handelsschiff in deutsche Hand fallen dürfe«; das gleiche galt für die Küstenverteidigung (Punkte 4, 5 und 6). Diese Forderungen der Anglo-Amerikaner paßten schlecht zu ihrem gewollten Schweigen über die bekannten geplanten deutschen Reaktionen, es sei denn, man wollte London und Washington jener Sache beschuldigen, die uns von MacMillan vorgehalten worden ist. Nach seiner Ansicht unterschätzten die Italiener nämlich leichtfertig »die Zähigkeit und Stärke der Deutschen«[27]. An dieser Stelle glauben wir, auch das harte Urteil berichtigen zu müssen, das seinerzeit der bekannte englische Militärhistoriker Liddell Hart aussprach. Dieser glückliche Mann hat sich im Leben und nach seinem Tod den Ehrentitel erworben, »ein Hauptmann zu sein, der die Generäle belehrte«. In einem sehr umfangreichen und wohlbekannten Werk hat er nämlich die Überzeugung ausgedrückt, daß die Folgen des Waffenstillstandes anders gewesen wären, »wenn die Italiener beim Handeln genauso fähig gewesen wären, wie sie es beim Rezitieren waren«[28].

Es erscheint jetzt offenkundig, daß die Schauspieler auf jener Bühne des in Trümmern liegenden Italiens sich nicht auf jene beschränken, die der berühmte angelsächsische Historiker in seiner Voreingenommenheit aufzählt.

8.3 Die britischen Angriffe auf Transportschiffe mit Kriegsgefangenen des Commonwealth

Wie mehrfach angekündigt, geht es nun noch darum, das brennende Problem der Angriffe und noch mehr der Versenkungen italienischer Dampfer mit Kriegsgefangenen aus den Commonwealth-Ländern durch die Briten zusammenzufassen, zu kommentieren und zu interpretieren, und zwar immer mit Unterstützung der »ULTRA«-Dokumentation. Die einzelnen Episoden sind bereits in chronologischer Ordnung mit Ausnahme des ersten und des letzten Falles dieser Art analysiert worden. Wir haben diese beiden mit Absicht zurückgestellt, um sie nun als Einführung und Schluß für die Abhandlung des gesamten Themas zu benutzen.

Am 8. Dezember 1941 um 19.30 Uhr lief das Motorschiff *Sebastiano Venier* unter dem Geleitschutz eines Zerstörers und eines Torpedobootes aus Bengasi nach Tarent aus. Es transportierte 2000 Gefangene aus dem britischen Empire nach Italien.

Nachdem der Geleitzug Kurs ostwärts Malta genommen hatte, lief er mit großem Abstand an der Insel vorbei, um feindliche Luftangriffe zu vermeiden. Aber am 9. Dezember um 14.30 Uhr traf er fünf Meilen südlich Navarino auf das dort lauernde U-Boot *Porpoise*. Ein Torpedo traf die *Venier* am Heck. Das unbrauchbar gewordene Ruder hinderte das Motorschiff, dem in der Zwischenzeit immer stürmischer werdenden Meer Widerstand zu leisten. So wurde gegen 18.00 Uhr das nicht mehr steuerbare Schiff nahe Kap Methoni von den Wogen an die Küste getrieben, wo es strandete und völlig verlorenging.

An Ort und Stelle kam der *Venier* das Lazarettschiff *Arno* zu Hilfe, das zusammen mit anderen Einheiten 1691 englische Gefangene, 156 italienische Soldaten und alle 15 deutschen, an Bord befindlichen Zivilisten aufnahm. Bei dieser Gelegenheit fanden 309 britische und elf italienische Soldaten den Tod[29].

Seit dem 5. Dezember hatte inzwischen »ULTRA« begonnen, die Bewegungen des Motorschiffes zu verfolgen, und das O.I.C. konnte so die folgenden Meldungen durchgeben[30]:

— 5. Dezember: »Die *Veniero* [richtig: Venier] soll Bengasi am 7. um 18.00 Uhr in Richtung Italien verlassen.«

— 7. Dezember: »Die *Veniero* soll am 7. Dezember um 18.00 Uhr aus Bengasi wahrscheinlich nach Italien unter dem Geleitschutz der *Centauro* auslaufen.«

— 8. Dezember: »Die von der *Centauro* gesicherte *Veniero* wird aus Bengasi heute am 8. um 18.00 Uhr in Richtung Tarent auslaufen, Geschwindigkeit 16 Knoten.«

Es ist daher nicht zu bezweifeln, daß der Angriff auf das Motorschiff aufgrund der Nachrichten von Bletchley Park genau vorbereitet worden ist. Aber es ist auch offenkundig, daß die Engländer vor der Torpedierung die genaue Art seiner Ladung nicht kannten. Erst am 10. Dezember, d.h. nachdem alles geschehen war, erfuhr endlich das O.I.C. dank der Entzifferung der italienischen Meldungen, daß sich an Bord der *Venier* gut 2000 Kriegsgefangene befanden. Es gab folglich das nachstehende Kommuniqué heraus:

»Die *Veniero*, die, vom Torpedoboot *Centauro* gesichert, sich auf Kurs von Bengasi nach Tarent befand und an Bord 2000 Kriegsgefangene hatte, ist am Nachmittag des 9. torpediert worden, als sie sich fünf Meilen von Navarino entfernt befand. Es sind alle Anstrengungen gemacht worden, um die an Bord Befindlichen zu retten, als das Schiff versuchte, die Küste zu erreichen[31].«

Daß die Engländer über die Art der Ladung der *Venier* nach deren Torpedierung durch die Entzifferung der italienischen Funkmeldungen auf dem laufenden gehalten worden sind, wird durch die letzte Nachricht des O.I.C. über das Ereignis bestätigt:

»Ein italienisches Kommuniqué meldet, daß mehr als 1800 Gefangene an Bord der *Veniero* gerettet worden sind; sie wurde torpediert und lief infolgedessen bei Navarino auf Grund[32].«

Die Episode der *Sebastiano Venier* eröffnete das Kapitel der Angriffe gegen italienische Schiffe mit englischen Kriegsgefangenen zur See. Wenn man in jenem Fall eine Vorauskenntnis der Briten über die Art der Ladung ausschließen kann, so läßt sich dies bei wenigstens vier der folgenden Gelegenheiten allerdings nicht behaupten.

Der erste Fall dieser Art war jener des Dampfers *Bosforo*, der am 6. Februar 1942 mit 250 englischen Kriegsgefangenen an Bord aus Tripolis in Richtung Italien ausgelaufen war. Wie wir im zweiten Abschnitt des vierten Kapitels gesehen haben und wie sich an Hand der »ULTRA«-Dokumente vom 7. und 8. Februar 1942, die im Anhang IV beigefügt sind, überprüfen läßt, meldete das O.I.C. unter diesen beiden Daten die genaue Art der menschlichen Fracht. Doch bemühten sich zwei Zerstörer aus Malta, die *Lively* und die *Zulu*, gerade in der Nacht vom 7. auf den 8. nach dem eigenen Eingeständnis des O.I.C., »den Geleitzug abzufangen«[33].

Die *Bosforo* wurde in jener Lage durch die unvorhergesehene Erhöhung der Geschwindigkeit gerettet, zu der sich der Kommandant während der Fahrt entschloß. (Die Rettung war nur von kurzer Dauer, weil sie schließlich am folgenden 31. März auf einer anderen Fahrt versenkt wurde.)

Kurz darauf, genau am 13. Februar, liefen aus Tripolis die Dampfer *Ariosto* und *Atlas* nach Palermo aus, die 294 bzw. 150 Kriegsgefangene transportierten. Ihre Bewegungen wurden von der G.C. & C.S. ab dem 7. Februar fast täglich verfolgt. Zur Überprüfung dienen alle sieben Funksprüche, die im Anhang IV wiedergegeben sind.

Insbesondere wurde die erste Meldung über die menschliche Sonderfracht der beiden Handelsschiffe vom O.I.C. am 14. Februar in folgendem Spruch weiterverbreitet:

»Die *Atlas* und die *Ariosto*, vom Zerstörer *Premuda* und dem Torpedoboot *Polluce* gesichert, sind am Nachmittag des 13. aus Tripolis nach Palermo ausgelaufen, wo sie am 16. um 01.00 Uhr eintreffen sollen, Geschwindigkeit 9 Knoten. Sie haben 150 bzw. 300 Kriegsgefangene an Bord[34].«

Trotz dieser Warnung wurden die beiden Dampfer während des ganzen 14. beharrlich aus der Luft angegriffen. Schließlich wurde die *Ariosto* vom U-Boot *P. 38* um 22.00 Uhr torpediert. Sie zog 135 englische Kriegsgefangene mit auf den Meeresgrund.

Der dritte und bedeutendere Fall war jener des Dampfers *Loreto*, mit dem wir uns im fünften Kapitel befaßt haben. Dieses Handelsschiff lief mit 400 indischen Kriegsgefangenen an Bord am 9. Oktober 1942 aus Tripolis mit Kurs auf Italien aus. Am gleichen Tag konnte das O.I.C. mitteilen:

»Die *Loreto* wird am 9. um 09.00 Uhr aus Tripolis auslaufen, Geschwindigkeit 7 Knoten, und soll am 13. um 07.30 Uhr in Neapel eintreffen. Sie wird 350 Kriegsgefangene transportieren[35].«

Das O.I.C. meldete am folgenden Tag die genaue Abfahrtszeit des Dampfers und wiederholte am 11. Oktober die Nachricht über die Art und die Zusammensetzung seiner menschlichen Ladung. Also hatte man, bevor die *Loreto* vom U-Boot *Unruffled (P. 46)* zusammen mit etwa 100 indischen Gefangenen am 13. Oktober um 17.32 Uhr versenkt wurde, gut vier Tage für eine Warnung, einen wirklich sehr großen und mehr als genügenden Zeitraum, um zu verhindern, daß das Handelsschiff zum Ziel eines geplanten oder auch zufälligen Angriffes wurde.

Am 12. August 1942 war inzwischen der Dampfer *Ogaden*, der 200 englische Kriegsgefangene transportierte, vom U-Boot *Porpoise* auf den Meeresgrund geschickt worden, das bereits den Verlust der *Sebastiano Venier* verursacht hatte. Aber in diesem Zusammenhang gibt es in den »Naval Intelligence Papers« des Public Record Office nur eine einfache Mitteilung der vollzogenen Versenkung. Ein Vorwissen der Briten über die menschliche Fracht scheint daher in diesem Fall auszuschließen zu sein. Nach den Quellen der Admiralität war die *Porpoise*, die unter anderem auch am 15. das Motorschiff *Lerici* versenkte, an jenem Tage beim Verlegen eines Minenfeldes in der Bucht von Sollum (in dem am 22. das Torpedoboot *Cantore* verlorenging), als sie den Dampfer *Ogaden* sichtete und ihn mit zwei Torpedos auf Grund schickte. Dies bestätigt, daß das Ereignis völlig zufällig und nicht geplant war, ganz abgesehen vom Fehlen von Mitteilungen des O.I.C. in bezug auf jenes Ziel.

Der letzte Fall, den wir noch nicht überprüft haben, ist jener des Dampfers *Scillin*, der am 13. November 1942 aus Tripolis in Richtung Trapani ohne Geleitschutz auslief. An Bord hatte er 930 Soldaten, von denen 830 englische Kriegsgefangene waren. Die Tragödie begann am 14. um 19.47 Uhr, als das U-Boot *Sahib (P. 212)* ohne Vorwarnung auf das Schiff die ersten Kanonenschüsse abgab. Ihnen folgte ein Torpedo, der das Schiff um 20.05 Uhr in zwei Teile zerlegte. Die *Scillin* sank, während sie versuchte, die ungeheure Masse Menschen auszuschiffen. Das Meer verschluckte schließlich 79 italienische Soldaten und 806 britische Kriegsgefangene[36].

In den Mitteilungen des O.I.C. erscheint auch keine Warnung in bezug auf diese Ladung. Aber über diese Episode und über den vorhergehenden Fall der *Loreto* gibt es eine andere interessante Zeugenaussage, die noch immer in den »Naval Intelligence Papers« des P.R.O. aufbewahrt wird. Es handelt sich um einen langen Bericht der Admiralität unter dem Datum vom 20. November 1942 ohne Aktenzeichen mit dem Titel »Italienische Schiffe, die Kriegsgefangene transportieren«. Darin ist unter anderem zu lesen:[37]

»Die Dienststellen im Mittelmeerraum werden stets über Schiffe mit Kriegsgefangenen an Bord informiert. Zwei der genannten Einheiten sind auf der Rückfahrt nach Italien versenkt worden: Die *Loreto*, die am 9. Oktober 1942 aus Tripolis ausgelaufen war, wurde vom U-Boot *P. 46* am 13. Oktober versenkt, und die Nachricht, daß sie Kriegsgefangene an Bord hatte, wurde am 8. Oktober 1942 an die Dienststellen im Mittelmeerraum übermittelt. Die *Scillin* wurde vom U-Boot *P. 212* am 14. November 1942 versenkt, und die Meldung darüber war am 13. November an die Dienststellen im Mittelmeerraum übermittelt worden, wobei genau angegeben wurde, daß das Schiff Kriegsgefangene transportierte.«

Es ist daher bewiesen, daß trotz des Schweigens des O.I.C. auch in dem sehr schweren Fall der *Scillin* die ausführenden Organe der Briten im Mittelmeer aus London mit genügendem zeitlichem Vorsprung über die Anwesenheit englischer Kriegsgefangener an Bord des Dampfers vorgewarnt worden waren. Ebenso wird die große Vorwarnzeit — sogar um einen Tag erhöht — in bezug auf die menschliche Fracht der *Loreto* bestätigt.

Gerade um eine Wiederholung von Tragödien dieser Art zu verhindern, die zweifellos in den führenden Kreisen Londons Polemiken verursachten, lieferte im gleichen Bericht vom 20. November 1942 die Admiralität als Hinweise die Namen von 29 italienischen Handelsschiffen, die zum Transport von Kriegsgefangenen in den beiden Perioden vom 9. Juni bis zum 1. August und vom 21. August bis zum 20. November jenes Jahres eingesetzt wurden. Dazu kamen Angaben über die Häfen, die Auslauf- und Eintreffdaten sowie die Zahl der an Bord befindlichen Kriegsgefangenen. Das hätte folglich dazu dienen müssen, die bereits mit Ausrüstungen und Einrichtungen für das Einschiffen von Kriegsgefangenen hergerichteten Schiffe zu identifizieren, um ihre Versenkung zu verhindern.

Zum Schluß kann man feststellen, daß es wohlbekannt ist, wie schwierig eine Unterbrechung bereits aufgenommener militärischer Unternehmen ist, vor allem, wenn sie von U-Booten durchgeführt werden. Die britische Dokumentation, die zur Überprüfung dieses Themas herangezogen worden ist, liefert ausreichende Gründe für ein ernsthaftes Nachdenken.

8.4 Der wirkliche Verräter

Bei allem bisher Analysierten gab es einen offensichtlichen und konstanten Leitfaden: Die Special Intelligence der Briten oder die »Most Secret Sources« des englischen Geheimdienstes oder auch die »Z-Nachrichten« der Admiralität in London, d.h. die verschiedenen Benennungen für eine einzige Nachrichtenquelle: »ULTRA« in Bletchley Park.

Auf den letzten Seiten dieses Buches möchten wir daher ein kostbares Dokument fliegerischen Ursprungs vorlegen, das glücklicherweise in den Papieren des britischen Luftfahrtministeriums aufgespürt wurde und doch mit einigen Lücken in bezug auf das Datum seiner Abfassung »die Anwendung von ›ULTRA‹ im Mittelmeer und auf den nordwestafrikanischen Kriegsschauplätzen« genau umreißt.

Es handelt sich um einen zusammenfassenden Bericht von 18 Schreibmaschinenseiten, der im Oktober 1945 von Group Captain R.H. Humphreys zusammengestellt wurde, der bereits Chef der kryptographischen Zentrale der RAF in Bletchley Park war. Mit den Augen des Fliegers überprüft er acht Gebiete: den Nahen Osten und die westliche Wüste 1941, die Nachrichten über den Seeverkehr der Achse im Mittelmeer, die Feldzüge in Griechenland und Kreta, den Aufbau eines deutschen Luftwaffengroßverbandes in Italien, den Nahen Osten und die westliche Wüste 1942, die Operation

»Torch«, die Operation »Husky« und die Schlußfolgerungen. Aus diesem Dokument werden folgende hervorstechende Punkte zusammengefaßt[38].

Nach diesem Bericht begann »ULTRA« (der Kürze halber als »U« bezeichnet) seine Tätigkeit im Mittelmeer auf der Ebene der Luftstreitkräfte praktisch ab Februar 1941, als eine besondere Verbindung zwischen der G.C. & C.S. und dem Kommando der RAF im Nahen Osten eingerichtet wurde. Dennoch wurden zuerst die durch das Abhören des Funkverkehrs der deutschen Luftwaffe, d.h. des traditionellen und unmittelbaren Gegners der RAF, gewonnenen Nachrichten von den Engländern zur Planung von Operationen nicht ausgenutzt, wohl aber zum Studium der Möglichkeiten und Absichten der deutschen Luftwaffenführung. Da nämlich zu diesem Augenblick »die Pläne der deutschen Luftwaffe die Absichten der gesamten deutschen Streitkräfte widerspiegelten, gab das so gewonnene Bild einen verläßlichen Hinweis auf die gesamte Planung des deutschen Oberkommandos auf jenem Kriegsschauplatz«[39]. In diesem Zusammenhang war die Verlegung des deutschen VIII. Fliegerkorps auf den Balkan richtungweisend, eine Frage, die Anfang 1941 von BP verfolgt wurde und über die wir im dritten Abschnitt des zweiten Kapitels berichtet haben.

Mit der Absendung von englischen Luftstreitkräften nach Griechenland und angesichts eines unmittelbar bevorstehenden deutschen Eingreifens auf dem Balkan wurde ein besonderer Nachrichtendienst für die örtliche britische Führung eingerichtet, der sich jedoch auf Themen von gewisser Bedeutung beschränkte. In der gleichen Periode (Februar—März 1941) schloß die G.C. & C.S. die zitierten Kontakte mit dem Hauptquartier der RAF im Nahen Osten und mit dem 201. Luftwaffengeschwader in Alexandria. Damals wurde mit der Fusion der Nachrichtendienste »U« und »Y« von Bletchley Park und Kairo (Heliopolis) begonnen, was zu beachtlichen Ergebnissen, vor allem beim Abfangen von deutschen Bombern und Aufklärern führte.

Im § 6 des Berichtes — der offenbar, und das sollte nicht vergessen werden, den Stempel der Luftstreitkräfte trägt — wird festgestellt, daß die Entzifferungen auch vom Funkverkehr der italienischen Marine (*Italian naval »U« sources)* stammten. Es wird darin bestätigt, daß es 1941 möglich wurde, die »ULTRA«-Nachrichten gegen die Geleitzüge der Achse im Mittelmeer direkt anzuwenden.

Um das Bestehen einer Special Intelligence stets strikt geheimzuhalten, wurde keine Angriffshandlung gegen von der G.C. & C.S. gemeldete Ziele unternommen, solange nicht für den Feind eine andere Nachrichtenquelle näherliegend erschien, wie z. B. die Luft- oder Seeaufklärung oder die Ergebnisse der Funkpeilung. Schließlich erlaubten es die »U«-Nachrichten, »die Luftaufklärung gegen die Schiffe oder Geleitzüge zu richten«. Damit konnte man, ohne den Argwohn des Feindes zu wecken, eine Priorität bei Angriffen in bezug auf die größere oder geringere Wichtigkeit der von »ULTRA« gemeldeten Ziele festsetzen[40]. Diese Aufklärungsaufträge waren nicht nur auf die Routen der von Bletchley Park zur See erkannten Geleitzüge gerichtet, sondern sie waren für das gesamte Seegebiet von Interesse.

Einer kostbaren Vorwarnung konnte sich London gelegentlich des deutschen Planes zur Invasion Kretas aus der Luft (Operation »Merkur«) erfreuen. Im fraglichen Bericht heißt es:

»Während des Feldzuges in Griechenland und in Wirklichkeit sogar vor seinem Beginn hatte Bletchley Park die deutsche Absicht erkannt, eine großangelegte Luftlandeoperation über See vom Balkan aus anzusetzen. Anfänglich aufgrund von Deduktionen und in der Folge auf der Basis konkreter Hinweise, die von ›ULTRA‹ stammten, war es möglich, die Insel Kreta als Ziel dieser Operation zu identifizieren. Zahlreiche Dokumente über dieses Thema wurden vorbereitet und in begrenztem Umfang an die Leiter der Nachrichtendienste in Whitehall und des Geheimdienstes weitergeleitet. Es war offensichtlich, daß die Operation sofort nach der Eroberung Griechenlands durch die Deutschen angesetzt würde. Als ›ULTRA‹ später das Datum und den genannten Plan lieferte, wurden die diesbezüglichen Einzelheiten nach Kairo geschickt[41].«

Im Hinblick auf das letztere war es notwendig, die gleichen deutschen Absichten auch der unmittelbar interessierten englischen Führung in Kreta mitzuteilen. Aber die Furcht, der Feind könnte auf irgendeine Weise Kenntnis erhalten, daß ein Einbruch in sein eigenes Sicherheitssystem erfolgt wäre, veranlaßte Churchill, einen Plan zur Verschleierung aufzustellen. Der Bericht teilt nämlich mit, daß »aufgrund einer Entscheidung des Premierministers die Abteilung Luftstreitkräfte in BP einen Bericht vorbereitete, der wie ein Kompendium deutscher Dokumente erscheinen sollte, die man durch die Dienststellen in Athen über die Kanäle des Geheimdienstes mit einer zu diesem Alibi passenden und in entsprechenden Ausdrücken formulierten Zusammenfassung erhalten hätte«[42]. Diesen Bericht erhielt die Führung in Kreta mittels einer Sonderverbindung, und dabei wurde ein besonderer Schlüssel verwandt. Nach Eingeständnis der gleichen Engländer trug dies dazu bei, wenn auch nicht den Erfolg der vom 20. bis zum 31. Mai 1941 laufenden Operation »Merkur« zu verhindern, sie aber wenigstens für die Deutschen in bezug auf die Zeit und Verluste kostspieliger zu machen.

Durch die Enthüllungen des Humphreys-Berichtes über die deutsche Invasion Kretas neugierig gemacht, habe ich mich auf die Suche nach möglichen »ULTRA«-Originaldokumenten über diese Luftlandeoperation gemacht und tatsächlich im Bestand des P.R.O. das folgende aufgespürt:

Die erste Nachricht, daß etwas dieser Art gegen eine britische Insel im Mittelmeerbecken in Vorbereitung war, wurde von der britischen Admiralität am 26. April 1941 um 22.24 Uhr mit der wie folgt zusammengefaßten Nachricht der Führung in Alexandria mitgeteilt:

»Eine großangelegte Operation mit Luftlandetruppen wird in Kürze durchgeführt werden. Sie könnte gegen eines oder alle der folgenden Ziele angesetzt werden: Malta, Kreta, Zypern[43].«

Am folgenden Tag schien ein großer Teil des Zweifels über das Ziel der Deutschen verschwunden zu sein. London konnte am 27. um 10.10 Uhr mitteilen, daß es sich sicher war, daß »eine Invasion Kretas« in Frage kam, »auch wenn ein Unternehmen gegen Malta und Zypern noch nicht völlig ausgeschlossen werden darf«[44].

Schließlich wurde die Lage am 30. April durch zwei Mitteilungen der Admiralität noch besser geklärt. In ihnen erhielt der Oberbefehlshaber der Mediterranean Fleet die folgenden genauen Angaben:

»30. April 1941 um 15.14 Uhr. Ergänzung zu meiner Nachricht vom 27. um 10.10 Uhr. Das Datum für den Angriff auf Kreta ist noch nicht sicher, aber es wird angenommen, daß es auf irgendeinen Tag nach dem 1. Mai fallen könnte. Ausgangsbasis für die Operation wird der Raum Athen sein, wo Truppen und Versorgungsgüter bereitgestellt werden. Es gibt keinen direkten Beweis für Angriffe auf Malta und Zypern[45].«

»30. April 1941 um 23.00 Uhr. Der Feind wird die Bucht von Suda nicht verminen und auch die Flughäfen auf Kreta bis zum Empfang neuer Befehle nicht zerstören, um es der deutschen Luftwaffe zu erlauben, die Operationen zu Ende zu führen, die für die nächsten Wochen geplant worden sind[46].«

Wenn man das Gesagte betrachtet, braucht man sich nicht zu wundern, daß man beim Lesen der Erinnerungen Churchills beim heutigen Wissensstand die folgenden bedeutungsvollen und dazu passenden Argumente findet:

»In keinem Augenblick des Konfliktes besaß unser Nachrichtendienst jemals so wahre und präzise Nachrichten... In der letzten Aprilwoche empfingen wir aus vertrauenswürdiger Quelle beste Nachrichten über den nächsten deutschen Schlag... Alles ließ auf einen unmittelbar bevorstehenden Angriff auf Kreta aus der Luft und von See her schließen. Bei keiner Operation machte ich mir mehr mit dem Studium und dem Auswerten der Informationen oder mit der Vergewisserung zu schaffen, daß die Befehlshaber und bei näherem Überlegen der General an Ort und Stelle das gewaltige Ausmaß des bevorstehenden Angriffes begriffen. In London erarbeitete unser Gemischtes Nachrichtenkomitee am 28. April einen Bericht über den Umfang und das Wesen des feindlichen Planes gegen Kreta...«

Am selben 28. April schrieb Churchill General Wavell, dem Oberbefehlshaber im Nahen Osten, und warnte ihn:

»Es scheint durch unsere Nachrichten klar zu sein, daß ein starker Angriff von deutschen Luftlandetruppen und Bombern auf Kreta unmittelbar bevorsteht[47].«

Aber kehren wir zum Bericht Humphreys zurück:

Anläßlich der Vorbereitungen für die große alliierte Landung in Französisch Nordafrika (Operation »Torch«) staunten die Engländer über die erwiesene Armseligkeit der deutschen Nachrichten in bezug auf die zukünftigen feindlichen Bewegungen im Mittelmeerraum. In London wußte man nämlich, und zwar immer durch BP, daß die Achse damals nur an eine Verstärkung Maltas, eine Landung in Tripolitanien oder eine Befreiung Tobruks dachte. In Wirklichkeit wissen wir, daß das OKW auch eine amphibische Operation in Griechenland, Sizilien, Sardinien und schließlich Südfrankreich befürchtete, Hypothesen, die offensichtlich durch »ULTRA« oder wenigstens durch die Abteilung Luftstreitkräfte von Bletchley Park nicht belegt wurden.

Der damalige Kampf um den deutsch-italienischen Mittelmeerverkehr nach Tripolis und Tunesien wurde inzwischen mehr als je vom Nachrichtendienst der Royal Navy geprägt. In diesem Zusammenhang erscheint uns jene andere Stelle aus dem Bericht Humphreys bedeutungsvoll:

»›U‹-Nachrichten, die über den feindlichen Verkehr außerordentlich ins einzelne gingen, leiteten die Angriffe gegen die Geleitzüge oder einzeln fahrende Handelsschiffe auf den Routen zwischen Italien und den nordafrikanischen Häfen ein und wurden nach Bestätigung seitens der gut organisierten Luftaufklärung oder aufgrund des direkten Einsatzes von Luft- und Seestreitkräften zum Durchkämmen des Gebietes ausgenutzt. Vom Standpunkt der Wirkung und der Sicherheit wurden sie aufmerksam geplant[48].«

Der Bericht behandelt dieses Thema erschöpfend und bestätigt, was auf den vorhergehenden Seiten mehrmals festgestellt wurde. D.h. die Engländer kannten oft »die Art der Ladung eines jeden Schiffes und folglich auch, welche Versorgungsgüter dem Feind fehlten, was alles die Grundlage lieferte, um die Priorität der Angriffe festzusetzen«[49].

Nachdem der Bericht die Operation »Husky« behandelt hat, d.h. also die Invasion Siziliens, kommt er zu den folgenden Schlußfolgerungen:

»ULTRA wurde zum ersten Mal in Übersee im Mittelmeerabschnitt angewandt. Wenn seine operative Anwendung im Nahen Osten anfänglich unter übermäßiger Vorsicht litt, so war das gewiß ein Mangel in einem Augenblick, in dem aufgrund der ungenügenden Erfahrung Vorsicht aber schwerlich als übertrieben angesehen werden konnte[50].«

Hier muß man sich daran erinnern, daß die größte und beständigste Schwierigkeit für »ULTRA«, über die mehrmals im Bericht des Captain Humphreys berichtet wird, zweifelsohne jene in bezug auf die »Verschleierung« der durch die G.C. & C.S. gelieferten Nachrichten war. Das zwang die Engländer, eine Reihe von Alibis aufzubauen, um beim Feind nicht den Verdacht auf das Bestehen einer derartigen Special Intelligence wachzurufen.

Der letzte Abschnitt des Berichtes gibt schließlich bekannt, daß fast alle Energien des Nachrichtendienstes der RAF eher gegen die deutsche Luftwaffe als gegen die Regia Aeronautica gerichtet waren, da man in der deutschen Luftwaffe die größere Gefahr erkannte.

Diese Behauptung darf jedoch nur relativ und nicht absolut genommen werden. Wir haben den Beweis, daß Bletchley Park in jeder Woche einen Lagebericht über die Luftwaffenverbände im Mittelmeerraum nicht nur im Hinblick auf die deutsche Luftwaffe, sondern auch auf die italienische mit ihren Dislozierungen und ihrem Bestand gab. Zu diesem Zweck werden fünf der genannten Dokumente im Anhang VII des vorliegenden Bandes zusammen mit der Bestätigung wiedergegeben, daß die Informationen aus jener Periode »von der Funkaufklärung [d. h. der Funkpeilung] gewonnen und durch Hinweise von »ULTRA« bestätigt wurden«[51].

Demgemäß befinden wir uns in Übereinstimmung mit den Schlußfolgerungen Humphreys insoweit, als die Regia Aeronautica niemals einen großen Teil der nicht unbegrenzten materiellen Ressourcen von Bletchley Park auf sich zog und daher auch niemals zum ständigen und besonderen Ziel der englischen Entzifferer wurde. Diese Tatsache unterscheidet sich von den vielen, vom O.I.C. im Mittelmeerabschnitt gemachten

Anstrengungen. Das O.I.C. stellte sich als der wirkliche »Verräter« der italienischen
Marine heraus.

Im Sommer des Jahres 1979 ist schließlich durch Her Majesty's Stationery Office der
erste Band über die britische Intelligence herausgegeben worden. Er wurde schon zur
Zeit des Erscheinens des Buches von Winterbotham im voraus angekündigt, als der italienische vom Ufficio Storico der Marine gedrängte Marineattaché in London mit den
britischen Militärdienststellen Verbindung aufnahm[52].

Der in Frage stehende Text ist keine Geschichte von »ULTRA« und will es auch
nicht sein, sondern — und das gilt es deutlich hervorzuheben — eine Analyse der
gesamten global verstandenen Organisation der britischen Intelligence von der Zeit vor
dem Krieg bis zum Juni 1941[53].

Als solcher befaßt er sich für die in Betracht gezogene Periode mit allen Nachrichtenquellen: der konventionellen Spionage mit Hilfe von Geheimagenten, den Berichten der
Militärattachés, der Luftaufklärung, der Entzifferung von Funksprüchen, der Funkpeilung, der Befragung von Kriegsgefangenen, dem Abfangen von Postsendungen, der
Funknavigation der Flugzeuge und der Wirtschaftsspionage. Natürlich ist der uns
interessierende Teil der Kampf um die Verschlüsselung und Entzifferung.

Eine der ersten Episoden zur See, die in dem Buch untersucht wird, befaßt sich mit
der *Graf Spee*, wobei »ULTRA« nicht im geringsten beteiligt war. Für sie wird eher das
folgende kategorisch bestätigt:

»Das Seegefecht, das zur Ausschaltung der *Graf Spee* im Dezember 1939 führte, vollzog sich ohne jede Hilfe von seiten des Nachrichtendienstes der Marine. Das Schiff
wechselte schließlich den Kurs in Richtung auf den Raum, in dem der Commodore
Harwood seine Schiffe aufgrund seiner persönlichen Lagebeurteilung zusammengezogen hatte. Sie stützte sich auf den Raum der vorhergehenden Angriffe, die vermuteten
deutschen Annahmen über die britischen Gegenmaßnahmen und die Anziehungskraft
der verschiedenen Verkehrslinien im Südatlantik auf den Feind.«

Zur Bestätigung der völligen Unkenntnis Harwoods in bezug auf die zukünftigen Bewegungen des deutschen Kaperschiffes ist schließlich eine ebenfalls bereits bekannte
Besonderheit festzuhalten. Die *Graf Spee* wurde ständig von den Engländern mit der
Admiral Scheer verwechselt. Erst nachdem sie in Montevideo Zuflucht gesucht hatte,
wurde sie als das Schiff erkannt, das sie wirklich war[54]. Das straft schließlich endgültig
diejenigen Lügen, die »ULTRA« das Verdienst haben zuschreiben wollen, daß dieses
deutsche Taschenschlachtschiff in die Falle ging.

Aber das Hauptmotiv für unsere Genugtuung über diese Feststellung besteht darin,
daß die in dem hier vorliegenden Werk gemachten Angaben und jene aus dem herange-
zogenen Band übereinstimmen. Das trifft natürlich immer nur für die kurze Zeitspanne
zu, die in jenem letzteren behandelt wird, d.h. bis Ende Juni 1941. Dabei sind die zahlreichen Enttäuschungen der »ULTRA«-Organisation und die ihr gesetzten vielfältigen
Grenzen festzustellen. Sie haben dazu beigetragen, dem ersten Teil des Buches von

Hinsley den bedeutungsvollen Titel »Im Dunkel« zu geben. Es werden dort außerdem die bekannten Erfolge Blechtley Parks, wenn auch nicht im Marinesektor, so doch im Mittelmeerraum wiedergebeben, wie etwa jene gegen die Bewegungen der Deutschen auf dem Balkan und in Richtung Kreta sowie jene zum Schaden der Achsenstreitkräfte in Libyen. Diese letzteren werden jedoch durch die ausgezeichneten und als solche hervorgehobenen Nachrichtenressourcen Rommels aufgewogen[55].

Unmittelbarer unser Thema betreffend wird bestätigt, daß sich der britische Intelligence Service, der doch fast mit Leichtigkeit seit der Äthiopienkrise die mit Hand oder »mit dem weniger sicheren und ausgeklügelten« Modell der »ENIGMA« verschlüsselten deutsch-italienischen Funksprüche geknackt hatte, nach dem Wechsel der Schlüsselverfahren der italienischen Marine beim Kriegseintritt in einem wirklichen Dilemma in bezug auf die neue Denkaufgabe befand[56]. Die Autoren geben zu, daß nach dem italienischen Eingreifen »der Niedergang der englischen Intelligence im Hinblick auf die italienische Marine noch vollständiger war«. Die einzige Ausnahme bildete der U-Bootkrieg, wo die britischen Erfolge auf dem Nachrichtengebiet vor allem dank des an Bord der U-Boote *Galilei* und *Uebi Scebeli* erbeuteten kryptographischen Materials andauerten[57].

Der sich auf die HAGELIN- und »ENIGMA«-Maschinen stützende Funkverkehr der italienischen Marine wurde, wie bereits gesagt, im September 1940 zum ersten Mal geknackt. Aber »es kamen täglich nur ein oder zwei Funksprüche bis zum Sommer 1941 heraus«. Er war also anfänglich — mit Ausnahme der Schlacht bei Matapan — für die Engländer nicht von großem Nutzen[58]. Daraus ergibt sich natürlicherweise, daß auch nach dem Erfolg vom September 1940 die von Bletchley Park im voraus gelieferten Nachrichten über die Bewegungen der italienischen Marine »nicht ausreichten und in einigen Fällen zu völlig irrigen Schlußfolgerungen führten«[59].

Als viel nützlicher erwies sich im ersten Kriegsjahr im Mittelmeer die Luftaufklärung, die anläßlich der Beschießungen der libyschen Küste durch die britische Marine, beim Angriff der Torpedoflieger auf Tarent, der Schlacht bei Kap Teulada und schließlich bei der Vernichtung des Geleitzuges *Tarigo*, »dem einzigen spektakulären Erfolg« in einer Periode, in der (April 1941) »noch Mangel an Vorausnachrichten über den feindlichen Verkehr herrschte«, große Dienste leistete[60].

Die Unzulänglichkeit der britischen Intelligence im allgemeinen und »ULTRAs« im besonderen in den ersten sechs Monaten des Krieges im Mittelmeer wird von den Autoren dort festgestellt, wo sie berichten, daß es der italienischen Marine vom Juni bis zum Dezember 1940 gelang, Dampfer mit 690000 BRT bei einem Verlust von weniger als zwei Prozent nach Libyen zu bringen. Daraus schließen sie dann sofort, daß die wenigen in Malta vorhandenen Angriffskräfte viel erfolgreicher hätten sein können, wenn der britische Intelligence Service besser gewesen wäre.[61].

Immerhin sind die uns relevanter erscheinenden Bestätigungen jene, die sich auf die Feststellung des Augenblicks beziehen, in dem »ULTRA« begann, gewinnbringend und fortlaufend gegen den Seeverkehr der Achsenmächte zu arbeiten. Das traf, wie wir bewiesen haben, ab Anfang Oktober 1941 zu. Ebenso wichtig sind jene Bestätigungen, welche die Grenzen für die Vorausnachrichten der Engländer gelegentlich der Schlacht von Matapan betreffen.

In bezug auf das erstere Gebiet reicht es aus, die Autoren sprechen zu lassen:

»Die Geleitzüge liefen jeden dritten oder vierten Tag vom März bis Mitte Mai 1941 aus Neapel nach Tripolis aus. Einzelne Schiffe kamen auch aus Palermo und Trapani. Der »ENIGMA«-Funkverkehr der deutschen Luftwaffe enthielt nur gelegentlich an das deutsche X. Fliegerkorps gerichtete Weisungen zur Sicherung der Geleitzüge. Obwohl diese von Bletchley Park nach Kairo oder von der Admiralität an die Führung der Mediterranean Fleet übermittelt wurden, trafen sie nur selten brauchbar und rechtzeitig bei den Führungsstellen der Marine und der RAF ein, um deren Eingreifen möglich zu machen. Das ging solange, bis der Entzifferungsdienst für den Mittelmeerraum neu überprüft und im Herbst vergrößert wurde[62].«

Dem oben Festgehaltenen stimmen wir bei und stellen fest, daß:

a) die von der Sektion der RAF bei BP durchgeführten Entzifferungen des Funkverkehrs der deutschen Luftwaffe für den Krieg gegen die Geleitzüge der Achse nicht ausnutzbar waren und es auch nicht sein konnten, was auch immer Winterbotham und seine Anhänger darüber sagen;

b) folglich die Entzifferungsabteilung, die sich mit dem Krieg im Mittelmeer befaßte, vergrößert wurde, woraus sich danach ein Aufkommen ständiger und benutzbarer »ULTRA«-Nachrichten ergab, die sich, wie bekannt, auf die Interpretation von Funkmeldungen der italienischen Marine bezogen und also die Kennziffern ZTPI trugen;

c) die britische Special Intelligence ab Herbst 1941 (Oktober) damit begann, nicht mehr nur gelegentlich auf die Marineoperationen im Mittelmeer einzuwirken. Das trifft auch dann zu, wenn das gerade zu untersuchende Buch diese Periode nicht mehr abdeckt.

Im Zusammenhang mit Matapan wurde bestätigt, daß die Engländer ab 25. März ausschließlich durch die Entzifferung der bekannten Funksprüche zwischen Rom und Rhodos alarmiert wurden, und zwar mit der schon gemeldeten Besonderheit der Unterschrift des Generals Guzzoni auf einem von ihnen.

Schließlich ist festzustellen, daß auch nach der gerade behandelten Veröffentlichung die Operation von Matapan »die erste wichtige im Mittelmeer war, die sich auf die Fernmeldeaufklärung stützte« (d.h. auf »ULTRA«) und davor »Italien weiterhin gut über die englischen Bewegungen informiert war, während die britische Intelligence in bezug auf die Bewegungen der italienischen Marine nur wenige oder gar keine Fortschritte gemacht hatte«[63].

Es folgen die Beweise für das Gesagte mit der Überprüfung einiger der bekanntesten Episoden bei der Marine, die ohne Eingreifen »ULTRAs« zustandekamen. Dabei bestätigt sich, daß der Oberbefehlshaber der italienischen Flotte bei Matapan besseren Gebrauch von den Nachrichten hätte machen können, die ihm vor allem durch den eigenen Entzifferungsdienst und die Funkpeilung zugegangen waren[64].

Der erste Band der offiziellen Geschichte des englischen Geheimdienstes, der durch seine globale Sicht des Problems unbedingt nützlich ist, hätte in Wirklichkeit in bezug auf den Krieg im Mittelmeer viel mehr ins einzelne gehen können, wenn man das enorme verfügbare Material in Betracht zieht und ein bißchen weniger summarisch in der Erzählung der operativen Episoden auf allen Kriegsschauplätzen vorgegangen wäre. Tatsächlich werden für den in Betracht stehenden Zeitraum, der nur bis zum Juni 1941 reicht, fast niemals die Besonderheiten der taktischen und operativen Geschehnisse gebracht. Vor allem sind diese letzteren nicht in Vergleich zum Nachrichtenaufkommen gesetzt.

8.5 Schlußfolgerungen

Der Wunsch, klare Einsicht in das nicht Überzeugende, jedoch Alarmierende zu erhalten, das einige prominente Teilnehmer am geheimen Krieg der Engländer enthüllt haben, von denen allerdings keiner die dokumentarischen Belege für das erbringen konnte, was er mit apologetischer Verallgemeinerung schrieb, hat mich vom Februar bis zum Mai 1979 und ein zweites Mal vom April bis zum Mai 1980 nach London geführt.

Durch die glücklicherweise im Public Record Office von Kew Gardens aufgefundene Dokumentation bin ich in die Lage versetzt worden, die Wirksamkeit von »ULTRA« im Krieg im Mittelmeerraum zu quantifizieren und die tatsächliche Auswirkung jener britischen Special Intelligence auf die dortigen Seekriegsoperationen zu bewerten. Das geschah mit Hilfe von Namen, Daten, Lageberichten, Chiffren und Prozentsätzen, insgesamt also mit konkreten und nicht hypothetischen Mitteln, die für eine gültige historische Rekonstruktion notwendig sind. Ich bin zu folgendem Urteil gelangt:

Vor allem glaube ich nun, auch anhand der Bestätigung durch die bisherigen Bände über die offizielle Geschichte des englischen Geheimdienstes, behaupten zu können, daß »ULTRA« — wie übrigens auch andere Kampfmittel — keine Wunderwaffe war. Eher litt es an Mängeln, an ihm gesetzten Grenzen und Unvollkommenheiten. Es ist übrigens gut, sich daran zu erinnern, daß die Unzulänglichkeiten der Organisation von Bletchley Park, abgesehen von der Tatsache, daß sie infolge jeder Verfeinerung und Abart der Schlüsselmaschinen HAGELIN und »ENIGMA« periodisch auftraten, zum großen Teil ständig bestanden und nicht zu vermeiden waren.

Wenigstens bis zur Einführung einer gewissen Anzahl von »Bombes« und vor allem der ersten Exemplare des elektronischen »Colossus« im Dezember 1943 bestand eine fast unüberwindbare Schwierigkeit darin, a priori die wichtigsten feindlichen Funksprüche zu identifizieren und sie als solche mit absolutem Vorrang entziffern zu lassen.

Die Identifizierung fiel besonders schwer, weil die englischen Horchstellen des »Y«-Dienstes so viele feindliche Funksprüche nach Bletchley Park sandten.

Von dort stammten wegen der periodischen Verbesserungen der »ENIGMA« die Verzögerungen bei der Entzifferung der feindlichen Funksprüche, die sich manchmal über Wochen erstreckten. Hier auch finden die eklatanten taktisch-operativen Fehlschläge der Anglo-Amerikaner sowie die strategischen Irrtümer der Alliierten ihre Rechtfertigung. Hier auch wird schließlich bewiesen, daß meine Skepsis gegenüber der Tatsache, daß »ULTRA« *immer alles* wußte, schließlich gut begründet war.

Zu den natürlichen und, ich wiederhole es, unvermeidlichen Grenzen, die der G.C. & C.S. gesetzt waren, kam noch der gegen sie gewandte Einsatz der Feindaufklärung der Achse hinzu, deren Ressourcen, wie man sich erinnern wird, keineswegs unbeachtet bleiben durften. Es war dies vor allem der Verdienst des xB-Dienstes der deutschen Kriegsmarine, der ebenfalls von den Entzifferungen der feindlichen Funksprüche lebte. Das traf auch für den berühmten S.I.S. der italienischen Marine zu.

Eine weitere Beschränkung jenes englischen Nachrichtendienstes wird klar durch Captain Humphreys zusammenfassenden Bericht der RAF dargestellt, den wir im vorhergehenden Abschnitt besprochen haben. Bekanntlich bemühte sich der britische Nachrichtendienst ständig, die »ULTRA«-Nachrichtenquelle vor dem Feind geheimzuhalten. Dafür schuf er eine ganze Reihe von verschleiernden und Alibi-Maßnahmen, die, falls unwirksam, dann unwiderruflich die Absetzung der daraus sich ergebenden und davon abhängigen Offensivhandlung mit sich brachte. Wenn es z.B. den zur Verschleierung über die von BP gemeldeten Seeziele ausgesandten Aufklärern aus irgendwelchen Gründen nicht gelungen war, Berührung mit den feindlichen Einheiten aufzunehmen und vor allem sich von diesen erkennen zu lassen, ließ man die Falle gewöhnlich nicht zuschnappen.

Nachdem wir diese erforderliche Einschränkung innerhalb vernünftiger Grenzen gemacht haben, wollen wir einige fundamentale Vorstellungen über die Organisation von »ULTRA« zusammenfassen und im besonderen sehen, wieweit ihr Einfluß auf die allgemeine Ökonomie des Krieges im Mittelmeer ging.

Wie bekannt, haben wir uns nicht mit den italienischen Land- und Luftstreitkräften befaßt, es sei denn ganz am Rande und nur fallweise. Das geschah, weil die G.C. & C.S.die italienische Luftwaffe als einen Feind ansah, auf dessen Schlüsselverfahren kein größerer Teil der kostbaren und an Zahl wenigen Entzifferer angesetzt und dafür geopfert werden durfte. Zum anderen geschah es auch deshalb, weil die doch von den Engländern zum Schaden der Achsentruppen in Afrika (siehe z.B. Kapitel 2.1) gewonnenen Nachrichten aus dem Bereich der Landstreitkräfte durch den in deutscher und italienischer Hand befindlichen berühmten amerikanischen »Black Code« zeitweise ausgeglichen wurden.

Statt dessen setzten die für den Mittelmeerabschnitt eingesetzten Organe des britischen Intelligence Service von einem gewissen Zeitpunkt ab den besten Teil ihrer Kräfte und Mittel auf die Operationen zur See und insbesondere den Geleitzugkrieg gegen die

Achse an. In diesem Zusammenhang ist noch einmal festzustellen, daß das O.I.C. zum Erzielen der festgestellten Erfolge sich der entzifferten Funksprüche der italienischen Marine bediente und nur in zweiter Linie und ganz am Rande der deutschen Funksprüche, und hier vor allem derjenigen der deutschen Luftwaffe.

Es ist ebenso daran zu erinnern, daß die Fähigkeit zur Interpretation feindlicher Funksprüche, die in Form von mehr oder weniger komplizierten Anagrammen in den Äther geschickt wurden, recht alt ist. Sie geht auf die Frühzeit des Funkverkehrs zurück, wie es die bekannten Erfolge auf diesem Gebiet bewiesen haben, die Großbritannien und Deutschland im Laufe des Ersten Weltkrieges errungen haben.

Diese beiden antagonistischen Mächte bespitzelten sich weiterhin gegenseitig während des Spanischen Bürgerkrieges mit Hilfe von Horchgeräten, der Funkpeilung und der Entzifferung von Funksprüchen. Das war eine Epoche, in der auch die italienischen Streitkräfte eine aktive und passive Rolle im Kampf der Nachrichtendienste einnahmen. Am Ende führten England und Italien modernere Schlüsselverfahren als die Deutschen ein. Sie machten damit das Spiel in hohem Maße komplexer und den Erfolg schwieriger, aber auch eindrucksvoller.

In diesem Zusammenhang sind die Etappen der progressiven Entwicklung »ULTRAs« in diesem nicht als isoliert anzusehenden Krieg der Gehirne zusammenzufassen:

1. Eine erste Interpretation einiger mit der »ENIGMA« verschlüsselter deutschen Funksprüche der Luftwaffe erfolgte im Januar 1940 (diejenige des Schlüsselverfahrens »Rot« wurden im Mai 1940 zugänglich).
2. Der Durchbruch bei den Schlüsselverfahren der italienischen Luftwaffe und des italienischen Heeres gelang im August 1940 und beim neuen mechanisierten Schlüsselsystem der italienischen Marine im folgenden September mit sich daraus ergebendem Beginn des Nachrichtenflusses ab 1. Oktober. Dieser Erfolg auf dem Nachrichtengebiet gewährte den Engländern die prinzipielle Kenntnis über die Mehoden zum Einbruch in die Schlüsselverfahren des Feindes und die ständige Beobachtung, wenn auch noch ohne operative Auswertung, der Dislozierung einiger italienischer U-Boote. Das wurde durch die Erbeutung wichtiger Geheimdokumente von Bord dreier (dann vier) italienischer U-Boote erleichtert. Die einzigen isoliert dastehenden substantiellen Erfolge von »ULTRA« in dieser ersten Periode wurden anläßlich der Schlacht von Matapan und bei der Verfolgung des Geleitzuges »Barbarigo« im März und Juli 1941 errungen. Aber die Briten waren noch nicht in der Lage, dem wachsenden Nachrichtenaufkommen in BP eine sofortige Offensivhandlung seitens der damals im Mittelmeer verfügbaren Kampfmittel folgen zu lassen.
3. Eine intensivierte englische Aktivität gegen einige Schlüsselverfahren der italienischen Streitkräfte in Afrika begann Anfang 1941.
4. Der erste konkrete Gebrauch von Nachrichten über die deutsche Luftwaffe im Mittelmeer erfolgte im Februar 1941.

5. Der erste Einbruch in den mit »ENIGMA« verschlüsselten Funkverkehr der deutschen Kriegsmarine begann im März 1941.

6. Die Interpretation von Teilen des Funkverkehrs des deutschen Heeres lief ab September 1941 an.

7. Ein praktisch laufender und nicht nur gelegentlicher Gebrauch der aus dem entzifferten Funkverkehr der italienischen Marine gewonnenen Nachrichten begann ab Oktober 1941. Es war ein regelmäßiger Zufluß von »ULTRA«-Nachrichten an das O.I.C. über das, was fast ausschließlich die Aktivität der italienischen Marine in jenem Zeitraum darstellte und weiterhin darstellen sollte. Es betraf die Absendung von Versorgungsgütern an die Armeen der Achse auf afrikanischer Erde über See. Gleichzeitig wurde der englische Militärapparat im Mittelmeerraum in die Lage versetzt, sofort Vorteil aus dieser nun größer gewordenen und stärkeren Informationsquelle zu ziehen.

Aber analysieren wir zum Schluß das, was in statistische Begriffe gebracht, das genaue Gewicht der britischen Special Intelligence für die sogenannte Schlacht gegen die Geleitzüge im Mittelmeerraum ausmachte, von der der gesamte Feldzug in Nordafrika abhing.

Aus der offiziellen Geschichte der italienischen Marine wissen wir, daß 153 Dampfer der Achse auf See verlorengingen — und nicht im Hafen —, und zwar aufgrund der Tätigkeit feindlicher Angriffskräfte auf den Routen nach Libyen. (Dabei sind Minen und Havarien ausgeschlossen, die weitere zehn Opfer forderten). Aus der gleichen Quelle geht hervor, daß 63 Handelsschiffe auf gleiche Weise auf den Routen nach Tunesien versenkt wurden (weitere 16 durch Minen und Havarien), wobei Motorsegler, Schlepper und alle kleinen Einheiten nicht eingeschlossen sind, die übrigens von »ULTRA« völlig unbeachtet gelassen wurden. Die Tonnage der genannten Verluste belief sich auf 613792 bzw. 232310 Bruttoregistertonnen[65].

Durch das im einzelnen bisher Dargestellte und durch die Übersichtstabelle im Anhang VIII wissen wir, daß die Zahl der aufgrund des nachgewiesenen Verdienstes der Entziffern von Bletchley Park versenkten deutschen und italienischen Handelsschiffe, und zwar immer noch unter Ausschluß der Opfer der Minenkriegführung, auf den Routen nach Libyen 54 (mit 222578 BRT) und auf den Routen nach Tunesien 32 (mit 134120 BRT) betrug. Dabei sind die beiden zum Transport eingerichteten Kreuzer und sieben Geleiteinheiten nicht eingeschlossen.

Man wird sich daran erinnern, daß zu den 54 dank der Tätigkeit von »»ULTRA«« auf den Routen nach Libyen versenkten Frachtschiffen die *Brioni* und die *Portofino* gehörten, die in Wirklichkeit im Hafen vernichtet wurden. Das geschah aber im Laufe von Luftangriffen als Einleitung zu einem englischen Angriff, der bereits zur See gegen sie aufgrund des Verdienstes der G.C. & C.S. angesetzt worden war. Weiter bildete die *Barbarigo* das erste und für lange Zeit einzige Opfer von Bletchley Park aus den Frachttransporten zur See nach Nordafrika.

Vor allem stellen wir fest, daß aus der allgemeinen Gesamtzahl der deutsch-italienischen Verluste zur See auf beiden Routen (153 + 63 = 216) die 86 global der Aktivität von BP zuzuschreibenden Erfolge (54 + 32) 39,8 Prozent darstellen. In bezug auf die Tonnage jedoch belief sich die Prozentzahl auf 42,1 Prozent. Das ist ein weiterer Beweis dafür, daß die englische Admiralität solange wie möglich versuchte, ihre Angriffsmittel gegen die größten Ziele zu konzentrieren.

Wenn wir jedoch die beiden Verkehrsströme getrennt ansehen, so ergibt sich daraus, daß die Erfolge von »ULTRA« 35,3 Prozent auf der Route nach Libyen (36,3 Prozent in Tonnage gerechnet) und 50,8 Prozent auf der Route nach Tunesien (57,7 Prozent in Tonnage gerechnet) ergeben.

Die Erklärung für diese abweichenden Prozentzahlen ist rasch gegeben: In die Totalverluste beim Verkehr nach Libyen sind 31 Handelsschiffe eingeschlossen, die versenkt wurden, als die G.C. & C.S. überhaupt nicht gegen den Seeverkehr im Mittelmeer wirkte, d.h. vom 10. Juni 1940 bis zum 23. Juni 1941, dem Tag, an dem zum Schaden des Geleitzuges »Oceania« sich das erste belegte, wenn auch ergebnislose Beispiel einer Beschattung durch »ULTRA« vollzog[66].

Wenn wir also von der Gesamtzahl der 153 Dampfer der Achse, die auf den Routen nach Libyen versenkt wurden, die obengenannten 31 Einheiten abziehen, ergibt sich, daß in der Periode, in der sich die britischen Entziffer den Seeverkehr nach Libyen zum Ziel nahmen (vom Juni 1941 bis zum Januar 1943), der Prozentsatz ihrer 54 Opfer sich auf 44,2 Prozent beläuft.

Aber die Zahlen können uns auch noch eine andere Wahrheit vermitteln. Stets mit Blick auf den Seeverkehr nach Libyen erkennen wir, daß in den zwölf »üppigen« Monaten, in denen »ULTRA« nicht gegen die Geleitzüge wirkte, der monatliche Durchschnitt der Verluste zur See 2,5 Handelsschiffe betrug (31 Dampfer verteilt auf 12 Monate und 13 Tage). Während des restlichen Zeitraumes von 19 Monaten von Ende Juni 1941 und dem Fall von Tripolis bis Ende Januar 1943, in dem BP unsere Transporte nach Libyen aufs Korn nahm, belief sich der Durchschnitt der Versenkungen jedoch auf die monatliche Zahl von 6,4 Handelsschiffen (122 Dampfer in 19 Monaten). Bei dieser Gelegenheit stellen wir fest, daß beim Verkehr nach Tunesien der »ULTRA« zuzuschreibende Prozentsatz an Versenkungen zur See monatlich 5,3 Frachtschiffe betrug (32 Handelsschiffe in 6 Monaten).

Wenn diese Prozentsätze auch der These der Extremisten, nach der *jeder* englische Erfolg der G.C. & C.S. hätte zugeschrieben werden müssen, eine andere Dimension verleihen, sind sie zweifellos beredt genug, um den dem deutsch-italienischen Verkehr nach Nordafrika durch die Entziffer von Bletchley Park auferlegten Zoll zu quantifizieren. Außerdem muß festgestellt werden, daß, selbst wenn die »ULTRA«-Informationen aus den verschiedensten Gründen nicht zu Versenkungen von Handelsschiffen auf See führten, sie doch — natürlich nur in dem Zeitraum, in dem sie im Mittelmeerraum zur Verfügung standen — der ahnungslosen italienischen Marine eine zusätzliche

Anstrengung bei der Sicherung und Überwachung auferlegten. Das forderte einen Verschleiß an Menschen und Schiffen in einem sonst vermeidbaren Ausmaß.

Als der Schriftsteller Trizzino sich über die den Engländern zugänglichen Nachrichten über Ladung und Charakteristika der nach Nordafrika fahrenden italienischen Dampfer bestürzt zeigte und seine Überraschung über die Tatsache ausdrückte, daß die aus Rom an die Handelsschiffe gehenden Befehle zum Kurswechsel diese oftmals geradezu in den Rachen des Feindes führten, hatte er nicht ganz unrecht[67].

Gleichfalls hatte er allen Grund, sich zu fragen, wie die Engländer es angestellt hätten, »mit begrenzten Mitteln so außerordentliche Erfolge« zu erringen, und wie es ihnen stets gelungen wäre, »an der richtigen Stelle« Aufstellung zu nehmen, »oder die richtige Stellung zu beziehen, um jedes unserer Handelsschiffe auf der Überfahrt abzuschießen«[68].

Das gleiche muß gelten, wenn Trizzino fragte, wie jemals bei der traurigen Episode der *Da Barbiano* und der *Di Giussano* »diese fatale Koinzidenz von Zeit und Ort, jenes andere bestürzende Zusammenprallen der Kurse italienischer und feindlicher Schiffe« wiederum »genau dann« geschehen konnte, »als die Unseren sich in einer ungünstigen Lage befanden«[69].

Der fundamentale Irrtum des sehr umstrittenen Schriftstellers beruht jedoch auf dem grundsätzlichen Ansatz seiner Bücher und seiner Lehrmeinung, nämlich der ebenso hartnäckig wie aprioristisch vertretenen These, daß der vom Faschismus gewollte Krieg aufgrund der fast ausschließlichen Schuld der in den militärischen Ministerien sitzenden und in erster Linie vom Haß gegen das Regime getriebenen Verräter mit der Niederlage endete.

Nachdem er nämlich einmal festgestellt hatte, daß »die feindlichen Schiffe und U-Boote zu gut postiert waren und die englischen Flugzeuge zu rasch herbeikamen, um an einen Zufall zu denken«[70], hätte das taktische Geheimnis nach mehreren Richtungen hin untersucht und weniger mit vorgefaßten Meinungen betrachtet werden müssen, bevor man kategorisch schloß, daß es nur »Ungewißheit in bezug auf den Namen des Verräters, nicht aber auf den Verrat selbst« geben könnte[71]. Wir kämpften ja gegen eine Nation, die, mit oder ohne »besondere« Nachrichtensysteme, stets die Geburtsstätte des Geheimdienstes gewesen war und im Laufe des Ersten Weltkrieges auf diesem Gebiet eine hervorragende Organisation aufgebaut hatte.

Die Veröffentlichung des hier vorgelegten Bandes zeigt, daß »ULTRA«, das doch zweifellos ein beispielhaftes Kriegsinstrument darstellte, nicht die absolute und nie versagende Waffe mit wundertätigen Kräften bildete. Sie hinterläßt beim Autor auch einen doppelten Grund zum Unbehagen.

Dieser besteht vor allem in der Bitterkeit der Feststellung, daß die in diesem Buch enthaltenen Aussagen zu spät kommen, um für einige unglückliche italienische Protagonisten des Krieges zur See, die gerade in der letzten Zeit verstorben sind, tröstlich sein zu können. Unter diesen steht hier an erster Stelle Admiral Angelo Iachino, der, wie man sich erzählt, ständig Alpträume wegen jener 3000 Gefallenen von Kap Matapan hatte und für den die Dokumentation über »ULTRA« wenigstens als gewisse, wenn nicht als völlige Rechtfertigung hätte dienen können. Hierzu gehört auch der geniale und wendige Admiral Fioravanzo, der das Kommando der 8. Kreuzerdivision verloren hatte, weil er am 8. August 1943 vor Palermo nicht entschlossen vorgegangen war, und der Admiral Cocchia, der im Gesicht und an den Händen die furchtbaren und deutlichen Zeichen des Feuers trug, in das sein Zerstörer *Da Recco* in der tragischen Nacht vom 1. auf den 2. Dezember 1942 eingehüllt worden war. Und dahingegangen sind alle jene Führer der Geleitzüge und des Geleitschutzes oder die einfachen Männer der Handelsschiffe, die ihr Leben in Folge des Wirkens einer in weiter Ferne in einer unbekannten kleinen Stadt in Buckinghamshire vorbereiteten Falle beendeten, einer Falle, die nur 50 Kilometer von London entfernt liegt und Bletchley Park heißt.

Der zweite Grund für meine Unruhe und Sorge stammt von der Furcht her, daß die in meinem Buch hier enthaltenen, mit Dokumenten belegten Feststellungen zum Mittel für einen weiteren lauten »Reklame«-Feldzug gemacht werden könnten, und diesmal von seiten derjenigen, die, durch echte oder unechte Schuld niedergedrückt, zu viele Jahre lang haben schweigen müssen. Hier ist nur zu hoffen, daß die Vernunft den Sieg über das Gefühl behält und die Urteile unter Einbeziehung des allgemeinen Bildes der damaligen militärischen und politischen Ereignisse mit abwägendem Gleichgewicht gesprochen werden, was immer ein Zeichen für Reife bedeutet.

Besonders ist zu hoffen, daß »ULTRA« nicht als Alibi für die Verschleierung der feststehenden und zahlreichen Irrtümer und Fehler dient, die von italienischen leitenden und ausführenden Organen im Seekrieg vom 10. Juni 1940 bis zum 8. September 1943 begangen wurden. Vor allem gilt dies auch für jene aus dem Zeitraum, in dem die G.C. & C.S. nicht wirkte oder wenigstens keine praktischen Erfolge gegen die italienische Marine erzielte. Wie der sachverständige Leser nämlich hat feststellen können, sind in dem vorliegenden Band die zahlreichen anderen für die italienischen Waffen unglücklich ausgegangenen Episoden aus dem Seekrieg gerade deshalb nicht behandelt worden, weil sich auf sie die Tätigkeit der englischen Entzifferer nicht einmal teilweise auswirkte.

Insbesondere wurden, was den Verkehr mit Nordafrika angeht, die Verluste ausgelassen, die wir zur See erlitten und die *nicht* »ULTRA« zuzuschreiben waren (d.h. 60 Prozent). Es bleibt auch zu zeigen, welcher Teil der übrigen 40 Prozent sich trotz jener Special Intelligence über Wasser hielt; desgleichen welcher Teil doch vernichtet worden wäre, wenn er beim Fehlen von Bletchley Park aufgrund der Meldungen anderer Nachrichtensysteme konventioneller Art, wie z.B. der sonst eingesetzten Luftaufklärung, Ziele für Angriffe gebildet hätte.

Bei all dem sind die Dampfer ausgelassen, die durch Bombenangriffe auf Häfen oder durch Minen auf der Fahrt ausgeschaltet wurden. Sie stehen nicht in den von uns gelieferten Statistiken, ebensowenig wie die Hunderte von anderen kleinen Transporteinhei-

ten und alle in anderen Kampfgebieten versenkten Handelsschiffe. Man muß sich nämlich ins Gedächtnis rufen, daß wir nach den vom Ufficio Storico der Marine veröffentlichten Daten weltweit im Krieg 597 Handelsschiffe mit jeweils über 500 BRT und weitere 681 Frachteinheiten mit jeweils geringerer Bruttoregisterzahl verloren haben, als
diese Einheitsgrenze angibt[72].

Schließlich erscheint es uns nicht redlich, auszulassen, daß die deutsche Wehrmacht
insgesamt das Hauptziel von »ULTRA« bildete, wie jeder Forscher feststellen kann,
wenn er die 686 Classes der Group DEFE 3 durchblättert, die zur Zeit im P.R.O zur
Verfügung stehen. Die deutsche Wehrmacht tat sich durch Energie und nicht nur durch
materielle Mittel zum Zurückschlagen hervor, die gewiß denjenigen überlegen waren,
welche die Italiener einsetzten.

Wie wir in der Einleitung geschrieben haben, ist dieses Buch insbesondere allen denjenigen gewidmet, die zur See durch das direkte Einwirken der »ULTRA«-Organisa-
tion fielen und dabei einen Feind bekämpften, der oft der Zahl nach unterlegen, aber
technisch überlegen war, da er sich der veränderlichen Kriegskunst und Kriegstechnik
gegenüber flexibler zeigte. *Die britische sogenannte Special Intelligence war nämlich —*
und es ist gut, diese Wahrheit für diejenigen, die sie nicht zu kennen vorgeben, klar zu
unterstreichen — *keine göttliche Gabe, sondern die Frucht eines wissenschaftlichen*
und daher geistigen Einsatzes, den jede Nation vor allem im Kriege aufzubringen gehal-
ten ist.

Im Lichte dieser Gewißheit erscheint mir nichts besser, als dieses Werk mit einem
Zitat aus dem vergessenen Buch *Uomini ombra* des Comandante De Monte abzu-
schließen:

»Während man einerseits versuchte, das Geheimnis um
die verschlüsselten Mitteilungen undurchdringlicher zu
machen, perfektionierte man auf der anderen Seite die
Mittel, und die Gehirne schärften sich, um dieses Geheimnis zu durchdringen. Wie im Krieg im Kampf stets
der Stärkste und Fähigste siegt, so siegt auch schließlich immer der Stärkste oder der Fähigste in diesem
Krieg der Gehirne[73].«

Anmerkungen

Kapitel 1

[1] Rohwer, Jürgen: Wußte Roosevelt davon? Zur Vorgeschichte des japanischen Angriffs auf Pearl Harbor. In: Wehrwissenschaftliche Rundschau 4 (1954) S. 459—475.
— ders.: Der Kriegsbeginn im Pazifik 1941. Das Funkbild als Grundlage der amerikanischen Lagebeurteilung. In: Marine-Rundschau 53 (1956), S. 194—208.
— ders.: Die Pearl Harbor-Frage in der historischen Forschung. In: Europa und Übersee. Festschrift für Egmont Zechlin. Hamburg: Bredow-Institut 1961, S. 241—261.
Wohlstetter, Roberta: Pearl Harbor, Warning and Decision. Stanford University Press 1962, XVI, 426 S. Deutsch: Pearl Harbor — Signale und Entscheidungen. Zürich, Reutsch 1966. 431 S.

[2] Bonatz, H.: Die deutsche Marine-Funkaufklärung 1914—1945. Darmstadt: Wehr und Wissen 1970. 174 S.

[3] Rohwer, J.: Die Funkführung der deutschen U-Boote im Zweiten Weltkrieg. Technik und militärische Führung: Funkpeilung von Bord. In: Wehrtechnik 1969. S. 324—328, 360—364.

[4] Roskill, Stephen W.: The War at Sea 1939—45. Vol. I, II, III 1, III 2. London: H.M. Stationary Office 1954—61.
Morison, Samuel E: History of the United States Naval Operations in World War II. Vol 1—15, Boston: Little Brown 1947—62.
Roskill, Stephen W.: The Secret Capture. London: Cassell 1959.
Kahn, David: The Codebreakers. London: Weidenfeld und Nicolson 1967 XVI 1164 S.
Farago, Ladislas: The Tenth Fleet. New York: Obolensky 1962. XV, 366 S.
McLachlan, Donald: Room 39, Naval Intelligence in Action 1939—1945. London: Weidenfeld und Nicolson 1968, XVII, 438 S.

[5] Kozaczuk, Wladyslaw: Bitwa o tajemnice. **Warszawa: Ksiçźka i Wiedza 1967. 3. Auflage** 1975. 482 S.
—ders.: W. Kregu Enigmy. Warszawa: Ksiçźka i Wiedza 1979. 4075. Engl. Enigma, How the German Machine Cypher was Broken, and How It was Read by the Allies in World was Two. London: Arms and Armor Press. 1984 3485.

[6] Bertrand, Gustave: Enigma ou la plus grande Enigme de la Guerre 1939—45. Paris: Plon 1973. 295 S.

[7] Winterbotham, Frederick W.: The Ultra Secret. London: Weidenfeld und Nicolson 1974. 199 S.
— deutsch: Aktion Ultra. Berlin: Ullstein 1976. 226 S.

[8] Cave Brown, Anthony: Bodyguard of Lies. Secret Service in World War 1939—45. New York: Harper and Row 1975. 947 S.
— deutsch: Die unsichtbare Front. Entschieden Geheimdienste den Zweiten Weltkrieg? München: Desch 1976. 828 S.
Stevenson, William: A Man Called Intrepid. The Secret War. New York: Harcourt, Brace and Jovanovich, 1976. XXV. 486 S.

[9] Beesly, Patrick: Very Special Intelligence. The Story of the Admiralty's Operational Intelligence Centre 1939—1945. London: Hamish-Hamilton 1977. 271 S. Deutsch: Very Special Intelligence. Geheimdienstkrieg der britischen Admiralität 1939—45. Berlin: Ullstein 1978. 326 S.

[10] Jones, Reginald V.: Most Secret War. London: Hamish Hamilton 1978. 556 S.

[11] Lewin, Ronald: Ultra Goës to War. The Secret Story. London: Hutchinson 1978. 398 S. Deutsch: Entschied »ULTRA« den Krieg? Die alliierte Funkaufklärung im Zweiten Weltkrieg. Bonn: Wehr und Wissen 1980. 448 S.

[12] Joint session on Codebreaking and Intelligence during the AHA meeting (lectures by David Kahn, Telford Taylor, Harold Deutsch and Jürgen Rohwer) in: Newsletter U.S. Commission on World War II) No. 17, 1977. p. 318

[13] Ultra and the Battle of the Atlantic: The British View by Patrick Beesly, the German View by Jürgen Rohwer, the American View by Kenneth Knowles. In: Changing Interpretations and New Sources in Naval History. Papers from the Third Naval Academy History Symposium. New York: Garland 1980. p. 413—49.

[14] Rohwer, Jürgen und Jäckel, Eberhard: Die Funkaufklärung und ihre Rolle im Zweiten Weltkrieg. Eine internationale Tagung in Bonn-Bad Godesberg und Stuttgart vom 15.—18. November 1978. Stuttgart: Motorbuch 1979. 406 S.

[15] The Importance of »ULTRA«. A conference at the Royal United Services Institution, March 23rd, 1979. In: RUSI-Journal 1979.

[16] Hinsley, F.H., Thomas, E.E., Ransom, C.F.G. and Knight, R.C.: British Intelligence in the Second World War. Its Influence on Strategy and Operations. Vol. I. London: H.M. Stationary Office 1979. XIII, 601 S. — Vol. II, 1981, XVI/850 S. — Vol. III. 1, 1984, XVI/693 S.

[17] Cochran, Alexander S.: The Influence of »Magic«-Intelligence on Allied Strategy in the Mediterranean. In: New Aspects of Naval History. Selected papers presented at the 4th Naval History Symposium, US Naval Academy 25—26 October 1979. Ed. by Craig Symonds. Annapolis. US Naval Institute 1981, p. 340—350.

[18] Holmes, W. Jasper: Naval Intelligence in the War Against Japan 1941—45: The View from Pearl Harbor. In: New Aspects..., p. 351—359. Dazu auch:
— ders.: Double-edged Secrets. US Naval Intelligence Operations in the Pacific during World War II. Annapolis: US Naval Institute 1979, 231 S.

[19] Patrick Beesly: Operational Intelligence and the Battle of the Atlantic: The Role of the Royal Navy's Submarine Tracking Room. — W.A.B. Douglas and Jürgen Rohwer: »The Most Thankless Task« Revisited: Convoys, Escorts and Radio Intelligence in the Western Atlantic 1941—43. In: RCN in Retrospect 1910—1968. Ed. by: J.A. Boutilier. Vancouver: The University of British Columbia Press 1982. p. 175—234.

[20] Somerville, John: Die britische Strategie im Mittelmeer von Mitte 1941 bis Februar 1942. — Santoni, Alberto: Die Planungen der Achsenmächte im Mittelmeer 1941 und der Einfluß von »ULTRA« auf die Operationen. In: Kriegswende Dezember 1941.

[21] »Kriegswende Dezember 1941 — Referate und Diskussionsbeiträge des Internationalen Historischen Symposiums in Stuttgart vom 17.—19. September 1981.« Herausgegeben von Jürgen Rohwer und Eberhard Jäckel. Bernard & Graefe, Koblenz 1984.

[22] Die Fernschreibermeldungen, die an die englische operative Führung von Bletchley Park gesendet wurden und »ULTRA«-Nachrichten aus deutschen Funkmeldungen betrafen, sind fortlaufend mit fünf Ziffern und dem vorgesetzten Zeichen ZIP/ZTP, das fast sofort zu ZTPG wurde, datiert und numeriert.

[23] P.R.O., Group DEFE 3, Class 1, Serie deutsche Kriegsmarine, entzifferte Funksprüche vom 12. Dezember bis 28. Mai 1941.

[24] Vgl. z.B. DEFE 3, Class 5, die die Periode vom 18. bis 22. November 1943 abdeckt und einige entzifferte Funksprüche umfaßt, die eben mit ZTPGM gekennzeichnet worden sind.

[25] P.R.O., Group DEFE 3, Class 34, Serie deutsche Kriegsmarine, entzifferte Funksprüche vom 29. Oktober bis zum 2. November 1941.

[26] Beim P.R.O. trägt die Group ADM 223 den Titel: Naval Intelligence Papers, War of 1939—1945. Sie wurde im Januar 1976 der Forschung zugänglich gemacht. Die für unser Thema interessanten Classes sind in einer Bibliographie mit Angabe ihres Inhaltes aufgeführt. Die

Group AIR 40 trägt jedoch den Titel: Directorate of Intelligence and other Intelligence Papers, und die Class, auf die wir uns beziehen, trägt die Nummer 2323 mit dem bedeutungsvollen Titel: The Use of »ULTRA« in the Mediterranean and Northwest African Theatres of War.

[27] Kahn, David: a.a.O., S. 71—393.

[27a] Siehe hierzu auch: Matti E. Mäkelä: »Das Geheimnis der ›Magdeburg‹ — Die Geschichte des Kleinen Kreuzers und die Bedeutung seiner Signalbücher im Ersten Weltkrieg«. Koblenz: Bernard & Graefe 1984. 138 S.

[28] Beesley, Patrick: Room 40. British Naval Intelligence 1914—1918. London: Hamish Hamilton 1982, XIII, 338 S.

[28a] Kahn, David: a.a.O., bes. S. 415—425.

[29] Beschreibungen der kommerziellen »ENIGMA A, B, C, D«. Türkel, Siegfried: Chiffrieren mit Geräten und Maschinen. Graz: Moser 1927. S. 71—94 u. Anl. Tafel M—Q.

[30] Rohwer, Jürgen: Funkaufklärung und Intelligence im Zweiten Weltkrieg. In: Festschrift für Eberhard Kessel zum 75. Geburtstag. Hsg. v. H. Duchhardt u. M. Schlenke. München: Fink 1982. S. 330—364, bes. S. 335—341.

[31] Yardley, Herbert O.: The American Black Chamber. Indianapolis: The Bobbs-Merrill 1931.

[32] Kahn, David: a.a.O., S. 18—24. — Clark, Ronald W.: The Man Who Broke Purple. The Life of the World's Greatest Cryptologist Colonel William F. Friedman. London: Weidenfeld & Nicolson 1977. XI, 212 S. S. 103—110.

[33] Department of Defense (USA): The »Magic« Background of Pearl Harbor. Vol. I—V (14. Febr.—7.Dez. 1941). Washington: US Government Printing Office 1977—78. 54+219, 212+609, 337+662, 281+554, 146 S. — Holmes, W. Jasper: Double Edged Secrets, a.a.O.

[34] Cochran, Alexander S. (Hrsg.): Magic Diplomatic Summary. U.S. Strategic Intelligence Reports 1942—1945. Vol. I—VIII. New York: Garland 1980. 4000 S.

[35] Hüttenhain, Erich: Liste der in Deutschland während des Zweiten Weltkrieges benutzten Schlüsselmaschinen. Unveröff. Ms. im Besitz der BfZ.

[36] Hüttenhain, Erich: a.a.O.

[37] Hinsley, F.H., Thomas, E.E., Ransom, C.F.Cr. and Knight, R.C.: British Intelligence in the Second World War. Vol. II, London: H.M. Stationary Office 1981, XVI, 850 S., bes. 631—642 — Bonatz, Heinz: Seekrieg im Äther, a.a.O., S. 43—44.

[38] *Hüttenhain, Erich: a.a.O. — Bonatz, Heinz: a.a.O.*

[39] Hinsley, F.H. u.a. a.a.O. Vol. II, S. 631—642.

[40] Hinsley, F.H. u.a.: a.a.O.

[41] Welshman, Gordon: The Hut Six Story. Breaking the Enigma Codes. New York: Mc Craw-Hill 1982, IX, 326 S., bei S. 75, 87, 104—108, 110, 176.

[42] Geheime Dienstvorschrift MDV Nr. 21: Der Funkschlüssel C. Berlin: Reichswehrministerium (Marineleitung) 1926.

[43] Dienstvorschrift: Gebrauchsanleitung für die Chiffriermaschine Enigma-C. Berlin: Reichswehrministerium (Heeresleitung) 1928.

[44] Geheime Dienstvorschriften: H.Dv. 13, LDv 13: Gebrauchsanleitung für die Chiffriermaschine Enigma vom 12.1.1937. Berlin: Reichsdruckerei 1937. — MDv 14, LDv 14, MDv 14: Schlüsselanleitung zur Chiffriermaschine Enigma. Vom 6.6.37. Berlin: Reichsdruckerei 1937.

[45] Hüttenhain, Erich: a.a.O.

[46] Der Funkschlüssel M (Vorschrift). Geheime Kommandosache. M.Dv. 32. Berlin: Marineleitung 1934. — Der Schlüssel M. Allgemeine Bestimmungen. M.Dv. 32/3. Berlin: Oberkommando der Kriegsmarine 1941.

[47] Stürzinger, Oskar: Funkaufklärung und -entzifferung im Zweiten Weltkrieg. In: Armada International 4/1979, S. 101—114. — Kahn, David: a.a.O., S. 491—492, 425, 426, 691.

48 Hüttenhain, Erich: a.a.O.
49 Kahn, David: a.a.O. S. 427—32, 460, 540. — Stürzinger, Oskar: a.a.O.
50 Hinsley, F.H. u.a.: a.a.O. vol. II, S. 28, 277—508, 728—746.
51 Lisicki, Tadeusz: Die Leistung des polnischen Entzifferungsdienstes bei der Lösung des Verfahrens der deutschen »ENIGMA«-Funkschlüsselmaschine. In: D. Rohwer und E. Jäckel (Hrsg.): Die Funkaufklärung und ihre Rolle im Zweiten Weltkrieg. Stuttgart: Motorbuch Verlag 1979. S. 66—86.
52 Rohwer, Jürgen: Die alliierte Funkaufklärung und der Verlauf des Zweiten Weltkrieges. In: Vierteljahreshefte für Zeitgeschichte 3/1979, S. 325—368, S. 333—334.
53 Kozaczuk, Wladyslaw: W. Kregu Enigmy. Warszawa: Ksiçźka i Wredza 1979, 407 S. bes. S. 5—119. — Garlinski, Józef: Intercept. The Enigma War. London: Dent. 1979. XX, 219 S. bes. S. 11—27. — Bertrand, Gustave: a.a.O.
54 Lisicki, Tadeusz: a.a.D. — Garlinski, Józef: a.a.O. S. 192—204.
55 Johnson, Brian: Enigma. In: The Secret War. London: BBC 1978, S. 305—349, bes. 311—324.
56 Lisicki, Tadeusz: a.a.O. S. 78—79.
57 Garlinski, Józef: a.a.O, S. 33—41.
58 Hinsley, F.H. u.a.: The Polish, French and British Contributions to the Breaking of Enigma. In: a.a.O. vol. I, S. 487—495.
59 Hinsley, F.H. a.a.O. S. 491—492. — Stengers, Jean: Enigma, the French, the Poles and the British 1931—1940 In: The Missing Dimension. Governments and Intelligence Communities in the Twentieth Century. Ed. by Christopher Andrew and David Dilks. London. Macmillan 1984. 300 S., S. 126—137.
60 Calvocoressi, Peter: Top Secret Ultra. London: Cassell 1980. 132 S.
61 Welchman, Gordon: a.a.D., S. 295—310.
62 Bertrand, Gustave: a.a.O.
   Kozaczuk, Wladyslaw: a.a.O. S. 120—173. — Hinsley, F.H.: a.a.O., vol. I, S. 127—158.
63 Winterbotham, F.W.: a.a.O., engl. Ausg. S. 17—36.
64 Hinsley, R.H. u.a.: a.a.O., vol. I, S. 494. — Welchman, Gordon: a.a.O., S. 16, 17, 80—81, 120, 296—297, 304.
65 Hinsley, F.H. u.a.: a.a.O., vol. I, S. 109.
66 Welchman, Gordon: a.a.O., S. 97—115.
67 Calvocoressi, Peter: a.a.O., S. 41—66.
   Welchman, Gordon: a.a.O., S. 149—161
   Die Prüfung der sehr umfangreichen britischen Dokumentation über die Horchstellen und allgemeiner die Organisation des Y-Dienstes der englischen Streitkräfte ist außergewöhnlich interessant. Vgl. dazu P.R.O., ADM 223/4: German Navy Y Service; ADM 223/5: German Navy Y organization; Air Ministry W/T Intelligence Service. Daily summaries; AIR 23/1293: RAF Middle East. Signals and ciphers organization 1941—1944; AIR 14/1210, 1211, 2139, 2140, 2141, 2142, 2143, 2144, 2145: Intelligence watch diary 1939—1944; AIR 23/8503: H.Q. RAF Malta: Air Ministry W/T Y Service, policy 1941—1944; AIR 40/1554: Study of enemy aircraft tracks; AIR 40/2252: Mediterranean Y organization; AIR 40/2254: Y units on combined operations: reports; AIR 40/2255: Y units afloat: correspondence; AIR 40/2257: Operational Room of Malta: Y Service log book; WO 32/11083: Joint Intelligence Centre n.1, 1941—1945; WO 33/1679: Notes on wireless interception organization in the field; WO 165/38: War diaries. War Office Directorates Military Intelligence M.I.8.
   Wegen der Verbindungen mit der Marineabteilung von BP vgl. PRO, Group ADM 116, Class 4088: Intelligence communications institution of teleprinter service between government Code and Cipher School and R.N.W./T. Stations Flowerdown and Seaborough.
68 Sacco, Luigi: Manuale di cittografia. 3. ed. Roma: Instituto Poligrafico dello Stato 1947.

[69] Hinsley, F.H. u.a.: a.a.O., vol. II, 658—668.

[70] Hinsley, F.H. u.a.: a.a.O., vol. II, S. 663.

[71] Beesly, Patrick: Very Special Intelligence, engl. Ausg. a.a.O., S. 24—60.

[72] P.R.O., Group ADM 1, Class 11133: Operation Primrose. U-Boat attacks on convoy OB. 318 and capture of U-110 and crew, including confidential documents, 7—10 May 1941. — Welchman, Gordon: a.a.O., S. 121.

[73] Beesly, Patrick: a.a.O., S. 73—101, Hinsley, F.H. u.a. a.a.O. vol. I, S. 344—346, 565—569, vol. II, 663-664.

[74] Douglas, W.A.B., Rohwer, Jürgen: The Most Thankless Task Revisited. In: RCN in Retrospect, a.a.O., S. 207—210. — Beesly, Patrick: a.a.O., S. 102—116. — Hinsley, F.H. u.a.: a.a.O., vol. II, S. 163—234.

[75] Hinsley, F.H. u.a., a.a.O.: vol. II: The Breaking of the U-boat Enigma (Shark), S. 747-752.

[76] Hinsley, F.H. u.a., a.a.O.: vol. II: S. 750—751. — Thornton, Mark (c/o of HMS »Petard«): The Sinking of »U 559« (unveröff. Ms., vorges. in Übers. für Marine-Rundschau).

[77] Roskill, Stephen: The War at Sea 1939—1945. Vol. II, London: HM Stationery Office 1956, S. 365—368.

[78] Hinsley, F.H.: u.a.: a.a.O., vol. II, S. 667, 751—752.

[79] Hinsley, F.H. u.a.: a.a.O., vol. II, S. 667—668.

[80] Über das Thema des gegenwärtigen Abschnittes vgl. P.R.O., Group ADM 1, Class 10212: Mediterranean Station: intelligence organization 1939; Class 10612: Mediterranean Station: staff and accomodation for Fortress Commander and Senior Naval Officer, Alexandria; transfer of Intelligence organization from Malta to Alexandria; Class 9792: Naval Intelligence in wartime; Class 10224: Formation of information section; Class 10465: Naval Intelligence reorganization 1940; Class 11862: Proposals to keep R.Adm. Godfrey as O.I.C. Director, despite his promotion; Class 14207: O.I.C.: complement and senior appointments 1939—1943; Group AIR 20, Class 1718: The Secret Intelligence Service.

[81] Dieser Spruch wird im P.R.O., Group ADM 1, Class 10212: Mediterranean Station: intelligence organization 1939, aufbewahrt.

[82] Beesly, Patrick: Very Special Admiral, The Life of Admiral J.C. Godfrey, C.B. London: Hamish-Hamilton, 1980. 345 S.

[83] Beide zitierten Briefe befinden sich ebenfalls im P.R.O., ADM 1/10212.

[84] Auch die italienische Marine führte ab der Schlacht bei Matapan im März 1941 an Bord der wichtigsten Flaggschiffe der Flotte Gruppen von Entzifferern (B-Gruppen) mit.

[85] Der fragliche Brief befindet sich im P.R.O., Group ADM 1, Class 10612: Mediterranean Station: Staff and Accomodation for Fortress Commander and Senior Naval Officer, Alexandria; Transfer of Intelligence Organisation from Malta to Alexandria.

[86] Der Brief des Admirals Cunningham mit der Protokollnummer Med. 0582/0452/4 und mit der Überschrift »Wechsel bei der Intelligence Organisation« befindet sich ebenfalls im P.R.O., ADM 1/10212.

[87] Die Länge 7 Grad 30 Minuten Ost war die gleiche, die schon als Demarkationslinie zwischen dem in Malta gebildeten O.I.C. und dem unterstellten Zentrum in Gibraltar aus dem Funkspruch des Oberbefehlshabers Mittelmeer Nr. Med. 0423/0452/7 vom 28. April 1939 verstanden wurde.

[88] Für die Tätigkeit des Y-Dienstes in Malta vgl. P.R.O., Group AIR 23, Class 1354: Malta miscellaneous cipher messages.

[89] Der Brief befindet sich immer noch im P.R.O., ADM 1/10612. Die Chiffrierabteilung des O.I.C. des Mittelmeeres wurde im Mai 1940 nach Alexandria verlegt und blieb dort während des ganzen Krieges mit Ausnahme der Zeit vom Juni bis Oktober 1942, wo sie provisorisch nach Ismailia verlegt wurde. Vgl. dazu P.R.O., Group ADM, 223, Class 89: Report of Mediterranean Operational Intelligence Centre, Bericht an die Intelligence-Abteilung der Marine bei der Admiralität vom 31. Januar 1945, Anhang V.

[90] Protokoll N.I.D. 0950/39, im P.R.O., ADM 1/10612.
[91] Das sehr interessante und überraschende Dokument von 18 Seiten vom 17. Dezember 1943 befindet sich P.R.O., Group ADM 1, Class 16229 und trägt die Überschrift: Italian Intelligence Services: report on organization of Intelligence Division of the Italian Navy and Activities of Italian Secret Service during the war 1940—1943. Es ist von Commandante Max Ponzo unterschrieben, der bis zum Sommer 1942 Chef der I. Abteilung (I.S.) und nach dem Waffenstillstand Leiter des wiederaufgestellten S.I.S. geworden ist.
[92] Geheimer Nachrichtendienst (Anm. des Übers.).
[93] vgl. M. De Monte, Uomini ombra. Ricordi di un addetto al Servizio Segreto navale, Rom 1955, S. 27.
[94] Militärischer Nachrichtendienst des italienischen Oberkommandos (Anm. d. Übers.).
[95] In bezug auf das Gesagte wird auf eine frühere Arbeit des Autors verwiesen. Vgl. A. Santoni: Storia generale della guerra in Asia e nel Pacifico 1937/1945. Drei Bände, Modena 1977/1979, Band I, S. 129, und Band II S. 44—45.
[96] M. De Monte: Uomini ombra. Ricordi di un addetto al Servizio Segreto navale, cit., S. 31—32.
[97] R. Lewin: Ultra Goes to War, cit., S. 125, Fußnote.
[98] Zu den Erkenntnissen des deutschen Marine-Funkaufklärungsdienstes im Mittelmeer und zur Zusammenarbeit aus deutscher Sicht vgl. Bonatz, Heinz: Der Krieg im Äther, a.a.O., S. 276—307.
[99] P.R.O., Group ADM 223, Class 75, Admiralty signal messages F series, 14th July 1940 — 4th March 1941, Dokument F. 123.
[100] Ibid. Funkspruch 1345 vom 8. Januar 1941, 11.13 Uhr.
[101] Ibid., Dokument F. 139, Funkspruch vom 23. Januar 1941, 13.38 Uhr.
[102] Ibid., Dokument F. 151, Funkspruch vom 29. Januar 1941, 01.58 Uhr.
[103] Ibid., Dokument F. 153, Funkspruch vom 29. Januar 1941, 18.02 Uhr.
[104] Ibid., Dokument F. 181, Funkspruch vom 18. Februar 1941, 16.30 Uhr.
[105] Ibid., Dokument F. 184, Funkspruch vom 23. Februar 1941, 20.50 Uhr.
[106] Ibid., Dokument F. 185, Funkspruch vom 24. Februar 1941, 18.59 Uhr.
[107] P.R.O. Group ADM 223, Class 76: Admiralty signal messages F series, 1st March — 5th May 1941, Funkspruch vom 4. April 1941, um 23.43 Uhr.
[108] P.R.O. Group ADM 223, Class 77: Admiralty signal messages F series 5th May — 22nd July 1941. Dokument F 430, Funkspruch vom 10. Mai 1941 um 18.01 Uhr.
[109] Ibid. Funkspruch vom 23. Mai 1941 um 01.22 Uhr.
[110] P.R.O., Group ADM 223, Class 2, Funkspruch ZIP/ZG/25 vom 4. Juli 1941: Information derived by the Germans from deciphered British Aircraft signals and tactical signals from ships.
[111] P.R.O., Group ADM 223, Class 2, Meldung ZIP/ZG/50 vom 7. August 1941: Enemy Wireless Telegraphy Intelligence.
[112] Das ganze bedeutungsvolle Ereignis ist im P.R.O., Group ADM 116, Class 4840 enthalten: Leakage of information and security measures to be adopted 1941—1943.
[113] P.R.O., Group WO 169, Class 2578: War diaries: N.5 Intelligence School Middle East, January—December 1941, Anhang I zum Kriegstagebuch vom August 1941, Punkt 3.
[114] Über die Operationen im Mittleren Osten, einschließlich des Falles von Tobruk, vgl. P.R.O., Group ADM 199, Class 114: Naval Air Operations in support of North Africa Campaign and in Eastern Mediterranean. Reports 1941—1943; Class 799: Middle East Operations: Reports including the Fall of Tobruk 1940—1942; Class 836: North Africa Campaign 1942—1943; Group AIR 23, Class 1210: Enemy Naval Forces: Intelligence Report RAF Middle East 1942—1943; Class 1293: RAF Middle East. Signals and Ciphers Organization 1941—1944; Class 1343: RAF Middle East, Balcans, Crete and Greece 1941—1942; Class 6798: Conferen-

ces, Minutes and Agenda 201st Group RAF Middle East; Group WO 106, Class 2109: Directorate of Military Operations and Intelligence: Middle East Command, Mediterranean Area, October 1940 — May 1941; Class 2144: Personal Telegrams Commander-in-Chief Middle East and War Office. Darüber hinaus gibt es die eigens dazu angelegte Group WO 169, die die Gesamtheit der Kriegstagebücher des Oberkommandos Mittlerer Osten und besonders die Feindaufklärung und Sicherheitsmaßnahmen in den Classes 924, 3192, 3195, 3196, 3259, 3260, 3261, 3262, 3263, 3264, 3265 und 3266 betrifft.

Kapitel 2

[1] Vgl. z. B. Lewin: »ULTRA« Goes to War, cit., S. 135; in der deutschen Ausgabe: Entschied ULTRA den Krieg? cit., S. 159 f.

[2] Vgl. A.U.S.M., Fondo »Sommergibili«, Cartella *Galilei* und Fondo »Commissioni di Inchiesta Speciali«, Cartella C.I.S. 61.

[3] Ufficio Storico Marina: La Marina italiana nella seconda guerra mondiale, Band X, Le operazioni in Africa Orientale, Rom 1961, S. 40—44.

[4] P.R.O., Group ADM 199, Class 136: East Indies Station, attacks on Italian U-boats: reports.

[5] A.U.S.M., Fondo »Commissioni di Inchiesta Speciali«, Cartella C.I.S. 61.

[6] Ufficio Storico Marina: La Marina italiana nella seconda guerra mondiale, Band XIII, I sommergibili in Mediterraneo, Band I, Rom 1972, S. 54—55.

[7] Alle in Anführungszeichen gesetzten Satzteile sind dem am 22. Dezember 1945 zusammengestellten Schlußbericht der »Sonderkommission« entnommen und werden im A.U.S.M., Fondo C.I.S., Cartella 69, aufbewahrt.

[8] Bericht des Kapitänleutnants Zani vom 24. Februar 1945 im A.U.S.M., Fondo C.I.S., Cartella 69.

[9] P.R.O., Group WO 169, Class 2578: War diaries n. 5 Intelligence School. Middle East Forces, January-December 1941. Über dieses Thema gibt es keine Akten vor dem Januar 1941.
Bei dieser Gelegenheit möchte ich der Leitung des Public Record Office von Kew Gardens dafür danken, daß sie mir ausnahmsweise gestattet hat, die Schriftstücke der sehr umfangreichen Group WO 169 zu überprüfen, welche die Kriegstagebücher der britischen Streitkräfte in diesem letzteren Abschnitt umfassen und erst ab dem Jahr 2042 der Forschung zugänglich gemacht werden. Ich möchte außerdem erwähnen, daß ich mich gegenüber dem gleichen P.R.O. verpflichtet habe, die Namen von Personen, die in dieser Group von Dokumenten genannt werden, keinesfalls zu nennen.

[10] Hierzu ist zu präzisieren, daß die Engländer unter westlicher Wüste die libysch-ägyptische Front verstehen.

[11] Über die Episode von Castelrosso werden wir im einzelnen noch im 4. Unterabschnitt dieses Kapitels sprechen.

[12] Dieser Passus ist bereits im 6. Unterkapitel des vorhergehenden Kapitels im Hinblick auf die Möglichkeit der Achse festgehalten worden, Nachrichten über die Aktivitäten der britischen Marine im Mittelmeerraum zu erhalten.

[13] P.R.O., Group WO 165, Class 38.

[14] Das ist offensichtlich eine Anspielung auf die elektromechanischen Apparate zur Entzifferung in Bletchley Park, d. h. auf die »bombs«.

[15] Über die Möglichkeiten zur Nachrichtenbeschaffung der Organe der Intelligence auf den britischen Inseln vgl. auch P.R.O., Group WO 199, Class 907: General H. Q. Home Forces. Intelligence Notes and appreciations of enemy intentions. Ebenso Class 1979: General H. G. Home Forces Intelligence Reports. vgl. darüber hinaus Group CAB 21, Class 1337: War situation reports: arrangements for communicating very secret information to H. M. King.

[16] P.R.O., Group ADM 223, Class 35: Reports on information obtained from documents found at Benghasi, November 1942. Dieser Report, der an den als Dolmetscher fungierenden Offizier Lt.Cdr. G. G. Rodd gerichtet ist, trägt das Datum vom 12. Dezember 1942.

[17] Vgl. P.R.O., Group ADM 199, Class 116: Naval operations. Intelligence summaries 1941—1945, und Class 254 und 255: Mediterranean and Red Sea area. Intelligence and enemy reports 1940—1943.

[18] Das ganze folgende Ereignis findet sich im P.R.O., Group FO 371 Class 24952: Possible German occupation of Italy and Italian surrender of their Fleet 1940; Class 24965: Italy's position in the war; Class 24967: Italian war policy in Mediterranean und vor allem Class 29940: Italian attitude to the war 1941.

[19] Vgl., auch P.R.O., Group PREM 3, Class 242/1A: Various Italy.

[20] P.R.O., Group ADM 223, Class 3: Information from German signals on Italian submarines disposition and areas of operation.

[21] Vgl. A.U.S.M., Fondo »Sommergibili«, Cartella Dandolo und Ufficio Storico Marina, La Marina Italiana nella seconda guerra mondiale, Band XII, I sommergibili negli oceani, Rom 1963, S. 212—213.

[22] Ibidem, S. 206—209. Vgl. Jürgen Rohwer: Axis Submarine Successes 1939—1945, Annapolis 1983, p. 59.

[23] A.U.S.M., Fondo »Sommergibili«, Cartella Perla.

[24] Wegen dieser Operationen vgl. A.U.S.M., Fondo »Sommergibili«, Cartelle Marconi, Finzi, Torelli, Morosini und Da Vinci.

[25] Vgl. W. Churchill, La seconda guerra mondiale, Band V, Mailand 1970, S. 28; deutsch: Der Zweite Weltkrieg, Stuttgart, Hamburg 1950—54.

[26] P.R.O., Group AIR 40, Class 2023: Directorate of Intelligence and other Intelligence Papers: An analysis of the move of the German Air Force into the Balkans.

[27] R. Lewin, ULTRA Goes to War, cit. S. 104—107; deutsch: Entschied ULTRA den Krieg? cit. S. 122—126.

[28] Bulgarien trat dem Dreierpakt am 1. März bei, und am Tag danach begann der unbehinderte Einmarsch deutscher Truppen in sein Territorium.

[29] W. Churchill, La seconda guerra mondiale, cit., Band V, S. 35; deutsch: Der Zweite Weltkrieg, cit.

[30] Das Thema dieses Abschnitts ist auch Gegenstand eines vom Autor des vorliegenden Bandes auf dem XV. Kongreß für Historische Wissenschaften gehaltenen Referats gewesen, der im August 1980 in Bukarest stattfand. Über die deutschen Bewegungen auf dem Balkan und die sich darauf beziehenden Nachrichten der Engländer vgl. auch P.R.O., Group AIR 23, Class 1228: Notes on German invasion of the Balkans, die Telegramme des britischen Militärattachés in Sofia über die Bereitstellung der deutschen Luftwaffe für den Angriff auf den Balkan vom 13. Oktober 1940 an. Nützlich sind auch die Group AIR 40, Class 15112: Air Attachés' reports: Sophia, Ankara, Belgrado (etc.) February 1940—March 1941, Class 1780: Allied and enemy Air Forces. All Aspects D. D. I. 3 papers, minutes and appreciations, und Class 2322: Summary of minutes and papers written by heads of German Section of Directorate of Intelligence and Deputy Director of Department; Group ADM 223, Class 30: Instruction to German bomber units 1941; Group WO 106, Class 2081 und 2089: Directorate of military operations and Intelligence papers: Daily reports, March—June 1941.

[31] A.U.S.M., Fondo »Scontri navali e operazioni di guerra«, Cartella 26.

[32] Vgl. Report of Abstention des Rear Admiral Baillie Grohman und des Generals Evetts, Kommandeur der 6. Division, vom 12. März 1941 in P.R.O., Group ADM 1, Class 11056: Operation Abstention: Landing on Kasteloriza island, Dodecannes, February 1941, report.

[33] Über das Thema vgl. auch P.R.O., Group WO 201, Class 713, das weitere Berichte über die Operation »Abstention« umfaßt. Siehe auch über das Geschehnis A. Santoni, »L'azione dei commandos britannici contro l'isola di Castelrosso dai documenti inediti italiani e inglesi in »Rivista Marittima«, März 1980, worin die wichtigsten Stellen aus den offiziellen britischen Berichten wiedergegeben sind.

[34] A.U.S.M., fondo »Scontri navali e operazioni di guerra«, cartella 26: »Rapporto del Capo r.t. di 2ª classe in data 4 marzo 1941«.

[35] Bericht des Lt. Col. S. Symons, Kommandeur der 50. Kommandoabteilung im Mittleren Osten, vom 1. März 1941 in P.R.O., Group WO 201, Class 713, S. 2 und S. 3.

[36] P.R.O., Group WO 169, Class 2578: War diaries n.5 Intelligence School. Middle East Forces, January-December 1941.

[37] A.U.S.M., Fondo und Cartella wie zitiert.

[38] P.R.O., Group WO 201, Class 713, Bericht vom 1. März 1941, S. 4.

[39] A. B. Cunningham, L'odissea di un marinaio, Mailand 1952, S. 159.

[40] Siehe Kapitel 1, Unterkapitel 2 und Kapitel 2, Unterkapitel 1 und 2.

[41] P.R.O., Group ADM 1, Class 11352, Memorandum P.D. 09122/40 vom 26. März 1941. Wegen der englischen Maßnahmen in jener Periode vgl. auch Group ADM 182, Class 130: Confidential Admiralty Fleet Orders, January—June 1941 und Group ADM 205, Class 8: Correspondence between the First Sea Lord and the Air Ministry, mainly with the Chief of Air Staff, and accompanying Papers, February—December 1941.

[42] P.R.O., Group ADM 223, Class 3: German plans for running the Gibraltar blockade. Zusammenfassendes Dokument aufgrund von »ULTRA« ZIP/ZG/1048 vom 29. September 1941.

[43] Über die nichtveröffentlichten und wirklichen Ansichten des Admirals Weichhold im Hinblick auf die Führung des Seekrieges im Mittelmeer vgl. P.R.O., Group AIR 40, Class 1387: The War at Sea in the Mediterranean: Essay by Vice-Admiral Weichold.

[44] Vgl. A. Iachino, Gaudo e Matapan, Mailand 1946, S. 54—55.

[45] A.U.S.M., Fondo »Scontri navali e operazioni di guerra«, Cartella 27.

[46] Über die Entwicklung der Schlacht von Gaudo und Matapan und der sie begleitenden Operationen gibt es ein sehr reichhaltiges dokumentarisches Material auf italienischer und englischer Seite. Wegen der offiziellen italienischen Quellen vgl. A.U.S.M., Fondo »Scontri navali e operazioni di guerra«, Cartelle 27, 28 und 28 bis. Wegen der offiziellen britischen Quellen vgl. P.R.O., Group ADM 199, Class 114: Naval air operations in support of North Africa campaign and in Eastern Mediterranean, reports 1941—1943, Class 414: War diaries Mediterranean Command , Class 781: Battle of Cape Matapan 1941, Class 1048 und 1049: Naval operations in Mediterranean including the battle of Cape Matapan. Reports 1940—1941, Class 11377: Battle of Cape Matapan: Recommandation and awards; Group AIR 23, Class 1860: Report on air power in relation to sea communications. Eastern Mediterranean 1941, Class 6377: A. H. Q, British Air Force Greece 1941: Operation carried out in conjunction with Navy and Fleet Air Arm, Class 6378: Conduct of operations RAF policy in Greece 1940-1941, Class 6379: Operation instructions RAF Greece 1941, Class 6770: RAF Middle East: Weekly Intelligence summaries, Vol, 4, n. 37—48, February—May 1941.
Mehr im allgemeinen über die Operation »Lustre« vgl. P.R.O., Group WO 106, Class 2146, 3132 und 3133; Group WO 201, Class 105, Group DEFE 2, Class 711 A und 711 B; Group PREM 3, Class 60/1, 60/2, 60/3, 206/3 und 209; Group AIR 23, Class 6389, 6390, 6391 und 6392.

[47] A.B. Cunningham: L'Odissea di un marinaio, cit., S. 173.

[48] Ufficio Storico Marina: La marina italiana nella seconda guerra mondiale, Band IV, Le azioni navali, Rom 1959, S. 440. Die aus Alexandrien kommenden Anordnungen wurden vom stellvertretenden Befehlshaber der Mediterranean Fleet herausgegeben, der an Land geblieben war.

[49] Es scheint, als wäre dieser Fehler auf italienischer Seite nicht abzustellen, da auch bei dem blutigen Attentat auf der Via Fani in Rom, bei dem Moro gekidnappt wurde, das Begleitfahrzeug hinter dem des Politikers fuhr.

[50] A. Iachino: Gaudo e Matapan, cit., S. 157, und Ufficio Storico marina: La Marina italiana nella seconda guerra mondiale, Band IV, cit., S. 443.

[51] Vgl. Battle of Matapan, veröffentlicht im »Third supplement to the London Gazette« Nr. 38031 vom 29. Juli 1947.

[52] A. Eden: Le Memorie di Eden, Band II, 1938—1945, Mailand 1968, S. 306.

[53] Ibid., S. 308.

[54] F. W. Winterbotham: The ULTRA Secret, cit., S. 66.

[55] A. Cave Brown: Bodyguard of Lies, cit., S. 51.

[56] R. Lewin: ULTRA Goes to War, cit., S. 196; deutsch: Entschied ULTRA den Krieg? S. 234 (dort aufgrund der neuesten Erkenntnisse in der Aussage leicht abgewandelt, Anm. d. Übers.).

[57] P.R.O., Group ADM 223, Class 76: Admiralty signal messages F series, 1st March—5th May 1941. Dokument F. 258, Funkspruch vom 25. März 1941 um 17.05 Uhr.

[58] Ibid., Dokument F. 259, Funkspruch vom 26. März 1941 um 08.20 Uhr.

[59] A.U.S.M., Fondo »Scontri navali e operazioni di guerra«, Certella 28 bis.

[60] A. F. H. Hinsley- E. E. Thomas-C. F. G. Ransom-R. C. Knight: British Intelligence in the Second World War, Band I, London H. M. S. O. 1979, S. 405.

[61] A.U.S.M., Fondo »Scontri navali e operazioni di guerra«, Cartella 28 bis.

[62] P.R.O., ADM 223/76, Dokument F. 260, Funkspruch vom 26. März 1941 um 10.07 Uhr.

[63] P.R.O., Group AIR 23, Class 6377: A. H. Q. British Air Force Greece 1941: Operation carried out in conjunction with Navy and Fleet Air Arm, March—April 1941. Die Gruppe AIR 23 enthält die Kriegstagebücher der Befehlshaber der RAF in Übersee. Das gleiche Dokument wird in Maschinenschrift in der Group ADM 199, Class 781, Sereal n.107 wiedergegeben, die im Anhang II ebenfalls beigefügt ist.

[64] P.R.O., Group ADM 199, Class 781: Battle of Cape Matapan, 1941, Blatt 107, Funkspruch vom 26. März 1941 um 18.20 Uhr.

[65] P.R.O., ADM 199/781, Blatt 107, Funkspruch vom 26. März 1941 um 18.22 Uhr.

[66] »Rivista Marittima«, Juli 1979. S. 171, die bereits im Kapitel 1, 3. Abschnitt, untersucht wurde.

[67] P.R.O., ADM 223/76, Dokument F. 264, Funkspruch vom 27. März 1941 um 08.46 Uhr.

[68] P.R.O., ADM 223/76, Dokument F. 267, Funkspruch vom 27. März 1941 um 15.10 Uhr.

[69] P.R.O., Group ADM 199, Class 781 wie zitiert, Blatt 111.

[70] P.R.O., Group AIR 23, Class 6377 wie zitiert, Funkspruch 282 vom 27. März 1941 um 10.14 Uhr.

[71] Das wird auch in der offiziellen Geschichte der italienischen Marine festgehalten, vgl. dazu Ufficio Storico Marina: La Marina italiana nella seconda guerra mondiale, Band IV, cit., S. 467 und S. 510.

[72] P.R.O., Group ADM 223, Class 75: Admiralty signal messages F service, 14th July 1940-4th March 1941, Funksprüche von 09.04 und 17.42 Uhr am 15. Oktober 1940.

[73] A.U.S.M., Fondo »Sommergibili« (Unterseeboote), cartella *Corridoni*.

[74] Alle zitierten Meldungen befinden sich in P.R.O., ADM 223/75. Es ist wichtig zu unterstreichen, daß sich in dieser Group auch zahlreiche, durch die Briten entzifferte Funksprüche der französischen Marine von Vichy befinden.

269

[75] Ibid., Meldungen vom 25. und 26. Oktober und vom 12. und 14. November 1940.

[76] P.R.O., ADM 223/75 wie zitiert, Dokument F. 103.

[77] Ufficio Storico Marina: La Marina italiana nella seconda guerra mondiale, Band XIII, I sommergibili nel mediterraneo, Band I, wie zitiert, S. 93.

[78] A.U.S.M., Fondo »Commissioni d'Inchiesta Speciali«, Cartella C.I.S. 60, Unterseeboot Durbo.

[79] P.R.O., ADM 223/75, Dokument F. 110, Funkspruch vom 3. Dezember 1940 um 07.01 Uhr.

[80] P.R.O., ADM 223/75, Dokument F. 199. Wegen des Entschlusses von Supermarina vom 28. Februar vgl. Ufficio Storico Marina: La Marina italiana nella seconda guerra mondiale, Band XII, I sommergibili negli oceani, wie zitiert, S. 190.

[81] P.R.O., ADM 223/75, Dokument F. 200.

[82] P.R.O., ADM 223, Class 76: Admiralty signal messages F series, 1th March—5[th]May 1941, Dokument F. 209.

[83] Ufficio Storico Marina: La Marina italiana nella seconda guerra mondiale, Band XII, wie zitiert, S. 192.

[84] P.R.O., ADM 223/75, Dokument F. 111, Funkspruch vom 4. Dezember 1940 um 14.23 Uhr, vgl. auch A.U.S.M., Fondo »Sommergibili«, Cartella *Jantina.*

[85] P.R.O., ADM 223/76, Dokument F. 306, Funkspruch vom 10. April 1941 um 15.35 Uhr, vgl. auch A.U.S.M., Fondo »Sommergibili«, Cartella *Beilul.*

[86] P.R.O., Group ADM 223, Class 77: Admiralty signals messages F series 5th May—22nd July 1941, Dokument F. 462, Funkspruch vom 17. Mai 1941 um 08.20 Uhr.

[87] P.R.O., Group ADM 223, Class 74: Captured Italian documents: Instructions for the use of submarine in war.

[88] Wegen der Nachrichten in bezug auf die tatsächliche oder zeitweilige Erbeutung der *Perla, Uarsciek* und der *Avorio* vgl. Ufficio Storico Marina, La Marina italiana nella seconda guerra mondiale, Band II, *Navi militari perdute*, Rom 1969, S. 63—64 und S. 106.

[89] P.R.O., ADM 223/75, Dokument F. 172.

[90] P.R.O., ADM 223/77, Dokument F. 535.

[91] *Ibid.*, Dokument F. 536.

[92] Ibid., Dokument F. 542, Funkspruch vom 26. Juni 1941 um 18.03 Uhr und Dokument F. 543, Funkspruch vom 27. Juni 1941 um 08.15 Uhr.

[93] Vgl. Ufficio Storico Marina, La Marina italiana nella seconda guerra mondiale, Band VI, La difesa nel traffico con l'Africa settentrionale dal 10 giugno 1940 al 30 settembre 1941, Rom 1958, S. 178—184.

[94] P.R.O., ADM 223/77, Dokument F. 551.

[95] *Ibid.*, Dokument F. 567, Funkspruch vom 10. Juli 1941 um 16.46 Uhr.

[96] Ufficio Storico Marina, La Marina italiana nella seconda guerra mondiale, Band VI, wie zitiert, S. 214.

[97] P.R.O., ADM 223/77, Dokument F. 572 und F. 573, Funksprüche vom 11. Juli 1941 um 02.46 Uhr und um 09.33 Uhr.

[98] Ibid., Dokument F. 574, Funkspruch vom 11. Juli 1941 um 19.07 Uhr.

[99] A.U.S.M., Fondo »Naviglio mercantile 1940—1945«, cartella B-3.

[100] P.R.O., Group DEFE 3, Class 1.

[101] Gefechtsbericht vom 13. Februar 1941 in A.U.S.M., Fondo »Attacchi alle basi«, cartella 2, fascicolo 964.

[102] Der entzifferte Funkspruch mit dem Kennzeichen ZTP/121 befindet sich im P.R.O., Group DEFE 3, Class 1, deutsche Marineserie, entzifferte Funksprüche vom 12. März bis 28. Mai 1941.

[103] Die ersten deutschen Unterseeboote, die im Mittelmeer eintrafen, waren die sechs der bereits zitierten Gruppe »Goeben« im Oktober 1941. Vgl. A Santoni — F. Mattesini, La partecipazione tedesca alla guerra aeronavale nel Mediterraneo, Rom 1980, S. 117—118.

[104] P.R.O., Group ADM 223, Class 3: German Naval Authorities and W/T Organization in South East Europe and the Mediterranean, bestätigendes Dokument »ULTRA« ZIP/ZG/122 vom 3. Dezember 1941.

[105] Tatsächlich wurden die sechs U-Boote der Gruppe »Goeben« im Oktober 1941 in Salamis stationiert. Sie bildeten die 23. Flottille unter Befehl des Admirals Ägäis Vizeadmiral Förste.

[106] Vgl. dazu auch P.R.O., Group AIR 22. Class 74: Weekly Intelligence summaries, February-July 1941, und Class 485: Air Ministry W/T Intelligence Service. Daily summaries, March 1941.

[107] Vgl. Anhang I des zitierten Dokuments »ULTRA« ZIP/ZG/122: »Verlegung von Marineführungs- und Versorgungsdienststellen nach Südosten«. Es ist darüber hinaus an dieser Stelle interessant, sich daran zu erinnern, daß die Engländer durch Bletchley Park auch zur Kenntnis der gesamten Gliederung der deutschen Kriegsmarine gelangten. Vgl. zu diesem Zweck P.R.O., Group ADM 223, Class 6 Dokument ZIP/ZG/302: General outline of German Naval Organization under supreme command of the Navy.

[108] Vgl. Anhang II des Dokuments ZIP/ZG/122 wie zitiert: »Bildung eines deutschen Marinefunksystems in Südosteuropa und im Mittelmeer«. Wegen der Kenntnis des Aufbaues der Funkverbindungen der deutschen Kriegsmarine im allgemeinen durch die Engländer vgl. P.R.O., Group ADM 223, Class 6, Dokument ZIP/ZG 347: Chart of German Naval Services, frequencies and call signs.

[109] P.R.O., Group ADM 223, Class 3 wie zitiert, Übersichtsdokument »ULTRA« ZIP/ZG/134 vom 20. Januar 1942: »Bemerkungen über den Funkverkehr der deutschen Kriegsmarine im Mittelmeer«.

[110] P.R.O., Group ADM 223, Class wie zitiert, Memorandum ZIP/ZG/182 vom 21. September 1942: »Kriegsgliederung der deutschen Kriegsmarine im Mittelmeer und in den Abschnitten Nordafrika und Schwarzes Meer«.

[111] P.R.O., Group ADM 223, Class wie zitiert, Dokument ZIP/ZG/104 vom 29. September 1941: »Deutsche Pläne zur Überwindung der Sperre von Gibraltar«.

[112] Größere Einzelheiten über diese Operation zur See werden von uns im dritten Abschnitt des vierten Kapitels geliefert. Hier ist es angebracht, festzuhalten, daß sich die darauf beziehende italienische Dokumentation in A.U.S.M., Fondo »Scontri navali e operazioni di guerra«, cartella 52 befindet und die britische in P.R.O., Group ADM 119, Class 116: Naval operations, Intelligence summaries 1941—1945, Class 445, 446, 679 und 681: Naval operations in Mediterranean 1940/1942 and 1941—1943, Class 648 und 649: Mediterranean Area: War diaries 1942, Class 650 und 651: Mediterranean Command: War diaries 1942.

[113] P.R.O., Group AIR 40, Class 2079: Air Intelligence: Lists of Luftwaffe activities in Middle East, January—March 1942.

[114] P.R.O., Group AIR 40, Class 2079 wie zitiert.

[115] P.R.O., AIR 40/2079 wie zitiert. Wegen anderer britischer Nachrichten über die deutschen Luftangriffe im Mittelmeer vgl. P.R.O., Group AIR 40, Class 2010: Luftwaffe in the Mediterranean theatre und Class 2155: Luftwaffe activities in C area (Mediterranean), October 1941—June 1942. Allgemeiner vgl. Group AIR 40 Class 1134: German Air Force training organization and air crew instructions: translations of German documents and miscellaneous reports.

[116] P.R.O., Group ADM 223, Class 76, Dokument F. 396.

[117] P.R.O., Group ADM 223, Class 43: Special Intelligence reports and summaries regarding one man midget submarines, general situation in Crimea, South East Europe and Mediterranean, 24th April 1942—23rd May 1944, Dokument N.I.D. 001021-Gas 1107/T 28 vom 22. Juni 1942 mit dem Titel: Kesselring's intentions.

[118] P.R.O., Group DEFE 3, Class 573: Reports based on Intelligence from German Army and Air Force traffic; 16th September 1942-15th May 1945, Mikrofilm mit 533 Einzelbildern mit den Meldungen der Hut 3, von Bletchley Park.

[119] P.R.O., DEFE 3/573, entzifferter Funkspruch CX/MSS/C.41 vom 28. September 1942 um 22.05 Uhr.

[120] P.R.O., DEFE 3/573, entzifferter Funkspruch CX/MSS/T.15 vom 29. Oktober 1942 um 10.02 Uhr.

[121] P.R.O., DEFE 3/573, entzifferter Funkspruch CX/MSS/C.67 vom 1. November 1942 um 00.09 Uhr.

[122] P.R.O., DEFE 3/573, entzifferter Funkspruch CX/MSS/C.72 vom 6. November 1942 um 01.45 Uhr.

[123] Über das gleiche Thema vergleiche auch P.R.O., Group AIR 23, Class 1210: Enemy naval forces: intelligence reports RAF Middle East 1942—1943, Class 1293: RAF Middle East. Signals and ciphers organization 1941—1944, Class 1354: Malta: miscellaneous cipher messages 1941 und class 8503: H.G. RAF Malta. Air Ministry W/T Y service: policy 1941—1944.

Kapitel 3

[1] Vgl. M. Gabriele: Operazione C 3 Malta, Veröffentlichungen des Ufficio Storico Marina, Rom 1965, S. 116.

[2] A.U.S.M., Fondo »Documenti dello Stato Maggiore Generale«,1941.

[3] A.U.S.M., Ibid.

[4] Dieser Prozentsatz wird der Übersicht »Andamento dei rifornimenti in Libia« (Verlauf der Versorgungsführung nach Libyen) entnommen, die in die offizielle Geschichte der italienischen Marine aufgenommen worden ist. Vgl. Ufficio Storico Marina: La Marina italiana nella seconda guerra mondiale, Band VI, La difesa del traffico con l'Africa settentrionale dal 10 giugno 1940 al 30 settembre 1941. Rom 1958, S. 20 ff.

[5] P.R.O., Group PREM 3, Class 274/1, Brief D. 201/1 vom 30. Juni 1941.

[6] P.R.O., Ibid., Funkspruch vom 8. Juli 1941.

[7] Vgl. Ufficio Storico Marina: Op.cit., Band VIII, S. 404—418, und Band VII, S. 418-419

[8] P.R.O., Group PREM 3, Class 274/1 wie zitiert, Blätter 60—63.

[9] W. Churchill: La seconda guerra mondiale, Band VI, wie zitiert, Mailand 1970, S. 134, deutsch: Der Zweite Weltkrieg, Stuttgart, Hamburg 1950-54.

[10] Wegen der Berichte zwischen Churchill und der Admiralität vgl. auch die Papiere des Ersten Seelords in P.R.O., Group ADM 205, Class 10, 13, 14 und 27: Correspondence with Prime Minister and accompanying Papers, January 1941—December 1944 und Group PREM 3, Class 191/3: German and Italian Fleets, August 1940—July 1945.

[11] P.R.O., Group ADM 223, Class 31, Italian convoy reports von da ab mit dem Kennzeichen ADM 223/31 festgehalten.

[12] Ufficio Storico Marina: La Marina italiana nella seconda guerra mondiale, Band VII, La difesa del traffico con l'Africa settentrionale dal 1°ottobre 1941 al 30 settembre 1942, Rom 1962, S. 7.

[13] P.R.O., ADM 223/31, Meldungen O.I.C. vom 8., 9., 11. und 12. Oktober 1941, siehe dazu auch Anhang III.

[14] Von jetzt an werden wir zur Vereinfachung die Tonnage der italienischen Schiffe nicht mehr angeben, da sie stets mit besonderer Sorgfalt in den Meldungen des O.I.C. aufgeführt wird.

¹⁵ Der Satz in Anführungsstrichen und der Satz in Klammern sind so im englischen Text ausgeschrieben.

¹⁶ Vgl. dazu A.U.S.M., Fondo »Naviglio mercantile 1940—1945.« (Die Handelsflotte 1940-1945), cartelle C-8 und Z-2.

¹⁷ Vgl. R. Lewin, Ultra Goes to War, wie zitiert, S. 169-173; deutsch: Entschied Ultra den Krieg? wie zitiert, S. 200-205.

¹⁸ P.R.O., ADM 223/31, Funkspruch O.I.C. vom 17. Oktober 1941.

¹⁹ A.U.S.M., Fondo »Naviglio mercantile 1940—1945« (Handelsschiffahrt 1940-1945), Cartella C-10.

²⁰ P.R.O., ADM 223/31, Funkspruch O.I.C. vom 19. Oktober 1941.

²¹ P.R.O., ADM 223/31, Funkspruch O.I.C. vom 9. November 1941.

²² Wegen des Abhörens und der Entzifferung der englischen Funkmeldung seitens der Italiener vgl. Ufficio Storico Marina: La Marina italiana nella seconda guerra mondiale, Band VII, wie zitiert, S. 51.

²³ Vgl. P.C. Smith und E. Walker: The Battles of the Malta Striking Forces, London 1974.

²⁴ P.R.O., Group ADM 199, Class 677: Operations in Mediterranean: Reports 1941—1945, Meldung über den Auftrag des Cpt. Agnew Nr. BS/10 vom 11. November 1941.

²⁵ A.U.S.M., Fondo »Scontri navali e operazioni di guerra« (Seegefechte und Kriegsoperationen), Cartella 39.

²⁶ W. Churchill: La seconda guerra mondiale, wie zitiert, Band VI, S. 206, deutscher Titel wie zitiert.

²⁷ Vgl. M.Gabriele: La guerre des convois entre l'Italie et l'Afrique du Nord, ein Vortrag, der beim »Internationalen Colloquium über den Krieg im Mittelmeer 1939—1945« gehalten wurde, Paris 8.-11. April 1969. Durch das »Comité d'histoire de la 2ᵐᵉ guerre mondiale« veröffentlichte Akten, Paris 1971, S. 292.

²⁸ W. Churchill, La seconda guerra mondiale, wie zitiert, Band VI, S. 205, deutscher Titel wie zitiert.

²⁹ P.R.O., Group PREM Class 274/2: Various Mediterranean Fleet, Funkspruch des Marinekommandos Malta vom 9. November 1941 um 15.10 Uhr, vgl. Group PREM 13 Class 60/1, 60/2, 60/3: Battle of ... Reports from Department.

³⁰ P.R.O., ADM 199/677, wie zitiert, Bericht über die Durchführung des Auftrags des Cpt. Agnew Nr. BS/10 vom 11. November 1941.

³¹ Wegen der Operation gegen den Geleitzug »Duisburg« vgl. auch P.R.O., Group ADM 199, Class 415, 445, 446, 797, 798, 806 und 810.

³² Vgl. Ufficio Storico Marina: La Marina italiana nella seconda guerra mondiale, Band VII, wie zitiert, S. 105—106.

³³ P.R.O., ADM 223/31, Meldung des O.I.C. vom 26. Oktober 1941.

³⁴ P.R.O., ADM 223/31, Meldung des O.I.C. vom 28., 29. und 30. Oktober 1941.

³⁵ P.R.O., ADM 223/31, Meldung des O.I.C. vom 2., 3., 4., 6., 7., 9., 11., 12., 13., 15., 16., 17., 18., 19., 20., 23 , 24., und 25. November 1941.

³⁶ Vgl. Kapitel 1.7 und Kapitel 2, 2.1.

³⁷ P.R.O., Group ADM 199, Class 445, 446, 677, 797 und 798.

³⁸ A.U.S.M., Fondo »Scontri navali e operazioni di guerra«, cartella 42.

³⁹ A.U.S.M., Fondo »Naviglio mercantile 1940—1945«, Cartelle M-16 bis und P-21.

⁴⁰ Wegen der beiden wichtigen Bestätigungen vgl. W. Churchill: La seconda guerra mondiale, Band VI, wie zitiert, S. 224—225, deutsch wie zitiert, und A.B. Cunnigham: L'odissea di un marinaio, wie zitiert. S. 305.

⁴¹ P.R.O., ADM 223/31, Funkspruch O.I.C. vom 29. November 1941.

⁴² P.R.O., Group ADM 199, Class 677: Operations in Mediterranean, reports 1941—1945, und Class 679 und 681: Naval Operations in Mediterranean 1940—1943.

[43] A.U.S.M., Fondo »Naviglio mercantile 1940—1945« Cartella A-4. Bei diesem Unternehmen bestand die Force K aus den beiden Leichten Kreuzern *Aurora* und *Penelope* und dem Zerstörer *Lively*.

[44] Ufficio Storico Marina: La Marina italiana nella seconda guerra mondiale, Band VII, wie zitiert, S. 127.

[45] P.R.O., ADM 223/31, Funkspruch O.I.C. vom 1. Dezember 1941.

[46] P.R.O., ADM 223/31, Funkspruch O.I.C. vom 3. Dezember 1941, Teil II, der verspäteten Berichten gewidmet ist.

[47] P.R.O., ADM 223/31, Funkspruch O.I.C. vom 29. November 1941, Teil III, zukünftige Bewegungen.

[48] P.R.O., ADM 223/31, Funkspruch O.I.C. vom 30. November 1941, Teil III, zukünftige Bewegungen, S. 2.

[49] P.R.O., ADM 223/31, Funkspruch O.I.C. vom 1. Dezember 1941, Teil III, zukünftige Bewegungen, S. 2.

[50] Ufficio Storico Marina: La Marina italiana nella seconda guerra mondiale, Band VII, wie zitiert, S. 132.

[51] A.B. Cunningham: L'odissea di un marinaio, wie zitiert, S. 310.

[52] A.U.S.M., Fondo »Scontri navali e operazioni di guerra«, Cartella 43 und Fondo »Naviglio mercantile 1949—1945«, Cartella M-4.

[53] Im Zweiten Weltkrieg waren fast alle Marinen einschließlich der britischen gezwungen, einen sogenannten anomalen Transportdienst mit Einheiten der Kriegsmarine durchzuführen. Dieses System wurde immerhin besonders von der italienischen, sowjetischen und japanischen Marine entwickelt, wobei die letztere dazu aufgerufen war, die zahlreichen in der ungeheuren Weite des Pazifik durch das sprungweise amerikanische Vorgehen isoliert liegenden Garnisonen vom Feldzug von Guadalcanal ab zu versorgen.

[54] A.U.S.M., Fondo »Scontri navali e operazioni di guerra«, Cartella 45.

[55] P.R.O., ADM 223/31, Funkspruch O.I.C. vom 8. Dezember 1941.

[56] P.R.O., ADM 223/31, Funkspruch O.I.C. vom 9. Dezember 1941.

[57] P.R.O., ADM 223/31, Funkspruch O.I.C. vom 10. Dezember 1941.

[58] P.R.O., ADM 223/31, Funkspruch O.I.C. vom 12. Dezember 1941.

[59] A.U.S.M., Fondo »Scontri navali e operazioni di guerra«, Cartella 45.

[60] P.R.O., ADM 223/31, Funkspruch O.I.C. vom 13. Dezember 1941.

[61] P.R.O., ADM 223/31, Funkspruch O.I.C. vom 13. und 14. Dezember 1941.

[62] Ufficio Storico Marina: La Marina italiana nella seconda guerra mondiale, Band VII, wie zitiert, S. 193.

[63] A.U.S.M., Fondo »Scontri navali e operazioni die guerra«, Cartelle 46 und 46 bis.

[64] P.R.O., ADM 223/31, Funkspruch O.I.C. vom 16. Dezember 1941.

[65] P.R.O., ADM 223/31, Funkspruch O.I.C. vom 17. Dezember 1941.

[66] Vgl. Ufficio Storico Marina: La Marina italiana nella seconda guerra mondiale, Band VII, wie zitiert, S. 199 und S. 203.

[67] P.R.O., ADM 223/31, Funkspruch O.I.C. vom 18. Dezember 1941, Teil I, Geleitzüge in See.

[68] A.U.S.M., Fondo »Scontri navali e operazioni di guerra«, Cartella 47.

[69] P.R.O., ADM 223/31, Funkspruch 0.I.C. vom 19. Dezember 1941, Teil I, Geleitzüge.

[70] Wegen der offiziellen britischen Dokumentation über die gesamte Operation vgl. P.R.O., Group ADM 199, Class 415, 797, 798, 806 und 810.

[71] P.R.O., ADM 223/31, Funkspruch 0.I.C. vom 16., 17. und 18. Dezember 1941.

[72] Wegen der offiziellen italienischen Dokumentation vgl. A.U.S.M., Fondo »Naviglio mercantile 1940—1945«, Cartella L-11.

[73] A.U.S.M., Fondo »Naviglio mercantile 1940—1945«, Cartella 1.

[74] P.R.O., ADM 223/31, Funkspruch O.I.C. vom 21. Dezember 1941.

⁷⁵ P.R.O., ADM 223/31, Funkspruch O.I.C. vom 23. Dezember 1941.
⁷⁶ Vgl. A.U.S.M., Fondi »Scambio notizie con Ammiragliato inglese« und »Raccolta degli esami comparativi delle relazioni ufficiali«, im Jahre 1941.
⁷⁷ Ufficio Storico Marina: La Marina italiana nella seconda guerra mondiale, Band VII, wie zitiert, , S. 214, Fußnote 2.

Kapitel 4

¹ Vgl. P.R.O., Group ADM 199, Class 799: Middle East Operations: Reports including the fall of Tobruk 1940—1942.
² Wegen der Einzelheiten vgl. Gabriele: Operazione C 3 Malta, wie zitiert, S. 127 ff.
³ P.R.O., ADM 223/31, Funkspruch O.I.C. vom 5. Januar 1942.
⁴ A.U.S.M., Fondo »Naviglio mercantile 1940—1945, Cartella P-7 bis.
⁵ P.R.O., ADM 223/31, Funkspruch O.I.C. vom 22. Januar 1942, Teil I, Geleitzüge in See.
⁶ P.R.O., ADM 223/31, Funkspruch vom O.I.C. 23. Januar 1942, Teil I.
⁷ A.U.S.M., Fondo »Scontri navali e operazioni di guerra«, Cartella 48.
⁸ A.U.S.M., Fondo »Naviglio mercantile 1940—1945«, Cartella V-5.
⁹ P.R.O., ADM 223/31, Funkspruch O.I.C. vom 25. Januar 1942.
¹⁰ Ufficio Storico Marina: La Marina italiana nella seconda guerra mondiale, Band VII, wie zitiert, S. 231, Fußnote.
¹¹ P.R.O., ADM 223/31, Funkspruch vom 24. Januar 1942.
¹² P.R.O., ADM 223/31, Funkspruch O.I.C. vom 27., 28., 30. und 31. Januar 1942.
¹³ A.U.S.M., Fondo »Naviglio mercantile 1940—1945«, Cartella N-1
¹⁴ P.R.O., ADM 223/31, Funkspruch O.I.C. vom 4. und 6. Februar 1942.
¹⁵ P.R.O., ADM 223/31, Funkspruch O.I.C./M.C. 38 vom 7. Februar und O.I.C./M.C. 39 vom 8. Februar 1942, Quelle ZTPI 5730, 5733 und 5755. In diesem Zusammenhang ist es wichtig festzustellen, daß, wie schon gesagt, ab Ende 1941 die Quelle »ULTRA« ZTPI regelmäßig auf den Funksprüchen des O.I.C., und zwar genau entlang der linken Kolumne, zu erscheinen begann. Wie bekannt, betraf dies die Entzifferung italienischer Funksprüche. Zur gleichen Zeit wurden die Funksprüche des O.I.C. mit einer Protokollzahl, der das Zeichen M.C. vorausging, gegengezeichnet. Mit Ausnahme von außergewöhnlichen Fällen zitieren wir der Kürze halber nur das Datum des Funkspruches, das an sich zu seiner Identifizierung genügt. Im übrigen können sich die Leser Rechenschaft über das Protokollsystem der O.I.C.-Mitteilungen durch die Überprüfung der Funksprüche dieser Art ablegen, die überreichlich am Anfang des Anhanges III des vorliegenden Buches wiedergegeben sind.
¹⁶ Vgl. A.U.S.M., Fondo »Naviglio mercantile 1940—1945«, Cartella B-11.
¹⁷ P.R.O., ADM 223/31, Funkspruch O.I.C. vom 7., 8., 10., 12., 14., 15. und 16. Februar 1942.
¹⁸ A.U.S.M., Fondo »Naviglio mercantile 1940—1945«, Cartella A-21.
¹⁹ A.U.S.M., Fondo »Naviglio mercantile 1940—1945«, Cartella B-11.
²⁰ P.R.O., ADM 223/31, Funkspruch O.I.C. vom 29. März 1942.
²¹ P.R.O., ADM 223/31, Funkspruch O.I.C. vom 1. April 1942.
²² Vgl. P.R.O., Group ADM 199, Class 975, 976 und 977: Mediterranean convoys: Reports 1942—1945.
²³ Siehe Kapitel 2, 8.
²⁴ Vgl. P.R.O., Group ADM 199, Class 445 und 446, Naval operations in Mediterranean 1940—1943.
²⁵ A.U.S.M., Fondo »Scontri navali e operazioni di guerra«, Cartella 52.

[26] P.R.O., Group ADM 199, Class 648 und 649: Mediterranean area: War diaries 1942, und Class 650 und 651: Mediterranean command: War diaries 1942.

[27] Es handelt sich um die Quellen ZTPI 7652, 7657, 7662, 7669, 7673, 7676, 7677, 7819/T 9, 7680, 7686 und 7697, die im Funkspruch O.I.C./M.C. 80 vom 23. März 1942 zusammengefaßt sind oder auf die angespielt wird. Sie befinden sich in P.R.O., ADM 223/31.

[28] Demgegenüber verloren die Engländer in den Monaten April und Mai 1942 im Mittelmeer fünf Unterseeboote, von denen zwei bei Luftangriffen auf Malta versenkt wurden.

[29] P.R.O., ADM 223/31, Funkspruch O.I.C. vom 16. April 1942.

[30] P.R.O., ADM 223/31, Funkspruch O.I.C. vom 17. und 18. April 1942.

[31] A.U.S.M., Fondo »Naviglio mercantile 1940—1945«, Cartella B-6.

[32] P.R.O. ADM 223/31, Funkspruch O.I.C. vom 19. April 1942.

[33] A.U.S.M., Fondo »Naviglio mercantile 1940—1945«, Cartella D-4.

[34] Ufficio Storico Marina: La Marina italiana nella seconda guerra mondiale, Band VII, wie zitiert, S. 264.

[35] P.R.O., ADM 223/31, Funkspruch O.I.C. vom 16., 17., 18. und 19. April 1942.

[36] P.R.O., ADM 223/31, Funkspruch O.I.C. vom 17. Mai 1942.

[37] A.U.S.M., Fondo »Naviglio mercantile 1940—1945«, Cartella B-10.

[38] P.R.O., ADM 223/31, Funkspruch O.I.C. vom 27. Mai 1942.

[39] A.U.S.M., Fondo »Naviglio mercantile 1940—1945«, Cartella A-21.

[40] P.R.O., ADM 223/31, Funkspruch O.I.C. vom 31. Mai 1942.

[41] A.U.S.M., Fondo »Naviglio mercantile 1940—1945«, Cartelle A-9 und P-11.

[42] Ufficio Storico Marina: La Marina italiana nella seconda guerra mondiale, Band VII, wie zitiert, S. 268, und Band III, Navi mercantili perdute, Rom 1977, S. 268—269.

[43] P.R.O., ADM 223/31, Funkspruch O.I.C. vom 27. Mai 1942.

[44] P.R.O., ADM 223/31, Funkspruch O.I.C. vom 31. Mai 1942.

[45] Vgl. P.R.O., Group ADM 199, Class 975, 976 und 977: Mediterranean convoys: Reports 1942—1945, Class 1242 und 1243: Operation Pedestal: Reports und Group AIR 23, Class 5755: Operation Pedestal: HQ Malta reports.

[46] Der letzte Erfolg der Flugzeuge aus Malta ging auf den 23. Januar zurück, den Tag, an dem sie das Motorschiff *Victoria* versenkten.

[47] A.U.S.M., Fondo »Naviglio mercantile 1940—1945«, Cartella G-11.

[48] P.R.O., ADM 223/31, Funkspruch O.I.C. vom 31. Mai 1942.

[49] P.R.O., ADM 223/31, Funkspruch O.I.C. vom 7. Juni 1942.

[50] A.U.S.M., Fondo »Naviglio mercantile 1940—1945«, Cartella R-5.

[51] P.R.O., ADM 223/31, Funkspruch O.I.C. vom 21. Juni 1942.

[52] P.R.O., ADM 223/31, Funkspruch O.I.C. vom 24. Juni 1942.

[53] A.U.S.M., Fondo »Naviglio mercantile 1940—1945«, Cartella P-13.

[54] P.R.O., ADM 223/31, Funkspruch O.I.C. vom 23. Juli 1942.

[55] P.R.O., ADM 223/31, Funkspruch O.I.C. vom 25. Juli 1942.

[56] Vgl. P.R.O., Group ADM 199, Class 836: North African Campaign 1942—1943.

[57] P.R.O., ADM 223/31, Funkspruch O.I.C. vom 10. August 1942.

[58] P.R.O., ADM 223/31, Funkspruch O.I.C. vom 12. August 1942.

[59] P.R.O., ADM 223/31, Funkspruch O.I.C. vom 14. August 1942.

[60] A.U.S.M., Fondo »Naviglio mercantile 1940—1945«, Cartella L-7.

[61] P.R.O., ADM 223/31, Funkspruch O.I.C. vom 17. August 1942.

[62] A.U.S.M., Fondo »Naviglio mercantile 1940—1945«, Cartella P-11.

[63] P.R.O., ADM 223/31, Funkspruch O.I.C. vom 17. August 1942.

[64] P.R.O., ADM 223/31, Funkspruch O.I.C. vom 18. August 1942.

[65] A.U.S.M., Fondo »Naviglio mercantile 1940—1945«, Cartella P-18.

[66] P.R.O., ADM 223/31, Funkspruch O.I.C. vom 17. und 19. August 1942.

[67] P.R.O., ADM 223/31, Funkspruch O.I.C. vom 20. August 1942.
[68] P.R.O., ADM 223/31, Funkspruch O.I.C. vom 21. August 1942.
[69] P.R.O., ADM 223/31, Funkspruch O.I.C. vom 22. August 1942.
[70] A.U.S.M., Fondo »Naviglio mercantile 1940—1945«, Cartelle D-8 und I-6 bis.
[71] P.R.O., ADM 223/31, Funkspruch O.I.C. vom 23., 24., 25., 26. und 29. August 1942.
[72] A.U.S.M., Fondo »Naviglio mercantile 1940—1945«, Cartella C-3.
[73] P.R.O., ADM 223/31, Funkspruch G.I.C. vom 25. August 1942.
[74] P.R.O., ADM 223/31, Funkspruch O.I.C. vom 29. August 1942.
[75] P.R.O., ADM 223/31, Funkspruch O.I.C. vom 16. August 1942.
[76] P.R.O., ADM 223/31, Funkspruch O.I.C. vom 17., 19., 20., 23., 25., 26. und 27. August 1942.
[77] A.U.S.M., Fondo »Naviglio mercantile 1940—1945«, Cartella P-4.
[78] A.U.S.M., Fondo »Naviglio mercantile 1940—1945«, Cartella P-10 bis.
[79] P.R.O., ADM 223/31, Funkspruch O.I.C. vom 29. August 1942.
[80] P.R.O., ADM 223/31, Funkspruch O.I.C. vom 30. und 31. August sowie vom 1. September 1942, abgedruckt im Anhang V. Es ist interessant festzustellen, daß die im Funkspruch vom 1. September enthaltenen Enthüllungen von »ULTRA«, unter denen sich die uns interessierende ZTPI-Quelle 16264 befindet, auch das Kennzeichen MSS trugen, d. h. die bereits erwähnte Abkürzung für »Most Secret Sources«.
[81] P.R.O., ADM 223/31, Funkspruch O.I.C. vom 4. September 1942.
[82] Ufficio Storico Marina: La Marina italiana nella seconda guerra mondiale, Band VI, wie zitiert, graphische Darstellungen 1 und 2 zu S. 20.

Kapitel 5

[1] A.U.S.M., Fondo »Documenti dello Stato Maggiore Generale«, Jahr 1942.
[2] Ufficio Storico Marina: La Marina italiana nella seconda guerra mondiale, Band VII, wie zitiert, S. 543—548.
[3] G. Ciano: Diario 1939—1943, Band II, Mailand 1946, S. 163: 19. Mai 1942. Deutsch: Tagebücher 1930—1943, Bern 1947.
[4] Ibid., S. 194: 2. September 1942.
[5] P.R.O., Group DEFE 3, Class 580: Funkspruch ZIP/ZTPG/90 vom 31. August 1942 um 13.42 Uhr, entziffert am 3. September 1942, 11.24 Uhr.
[6] A.U.S.M., Fondo »Naviglio mercantile 1940—1945«, Cartelle B-8 und P-1.
[7] P.R.O., ADM 223/31, Funkspruch O.I.C. vom 30., 31. August, 1., 2. und 6. September 1942, wiedergegeben im Anhang V. Wie bereits mitgeteilt, betreffen sie auch zum Teil das untersuchte Ereignis mit der Picci Fassio.
[8] A.U.S.M., Fondo »Naviglio mercantile 1940—1945«, Cartella C-6.
[9] P.R.O., ADM 223/31, Funkspruch O.I.C. vom 17. September 1942.
[10] A.U.S.M., Fondo »Naviglio mercantile 1940—1945«, Cartella P-2 bis.
[11] P.R.O., ADM 223/31, Funkspruch O.I.C. vom 20., 23., 24., 25. und 26. September 1942.
[12] P.R.O., ADM 223/31, Funkspruch O.I.C. vom 25. September 1942.
[13] P.R.O., ADM 223/31, Funkspruch O.I.C. vom 26. September 1942.
[14] A.U.S.M., Fondo »Naviglio mercantile 1940—1945«, Cartella B-3.
[15] P.R.O., ADM 223/31, Funkspruch O.I.C. vom 28. September 1942.
[16] P.R.O., ADM 223/31, Funkspruch O.I.C. vom 29. September 1942.

[17] P.R.O., ADM 223/31, Funkspruch O.I.C. vom 30. September 1942.

[18] Siehe Kapitel 3.1.

[19] Ufficio Storico Marina: La Marina italiana nella seconda guerra mondiale, Band VIII: La difesa del traffico con l'Africa settentrionale dal 1° Ottobre 1942 alla caduta della Tunesia, Rom 1964, S. 72.

[20] Vgl. P.R.O., Group ADM 1, Class 9792: Naval Intelligence in wartime; Group ADM 199, Class 116: Naval operations. Intelligence summaries 1941—1945 und Class 254 und 255: Mediterranean and Red Sea area. Intelligence and enemy reports 1940—1943: Group WO 32, Class 11083: Joint Intelligence Centre n.1, 1941—1945.

[21] Ufficio Storico Marina: op. cit., Band VIII, S. 76.

[22] P.R.O., ADM 223/31, Funkspruch O.I.C. vom 11. Oktober 1942. Wegen der italienischen Dokumentation vgl. A.U.S.M., Fondo »Naviglio mercantile 1940—1945«, Cartelle A-8 und L-19.

[23] A.U.S.M., Fondo »Naviglio mercantile 1940—1945«, Cartella D-2.

[24] P.R.O., ADM 223/31, Funkspruch O.I.C. vom 24., 26., 27., 30. September mit Zusatzmeldung vom 30. September, 3., 4., 5., 6., 7., 8., 9. und 10. Oktober 1942.

[25] A.U.S.M., Fondo »Naviglio mercantile 1940—1945«, Cartella U-1 bis.

[26] P.R.O., ADM 223/31, Funkspruch O.I.C. vom 14. Oktober 1942.

[27] A.U.S.M., Fondo »Naviglio mercantile 1940-1945«, Cartella A-11.

[28] P.R.O., ADM 223/31, Funkspruch O.I.C. vom 12. Oktober 1942.

[29] P.R.O., ADM 223/31, Funkspruch O.I.C. vom 16. Oktober 1942.

[30] P.R.O., ADM 223/31, Funkspruch O.I.C. vom 17. Oktober 1942.

[31] P.R.O., ADM 223/31, Funkspruch O.I.C. vom 8. Oktober 1942.

[32] P.R.O., ADM 223/31, Funkspruch O.I.C. vom 9. Oktober 1942.

[33] P.R.O., ADM 223/31, Funkspruch O.I.C. vom 10. Oktober 1942.

[34] P.R.O., ADM 223/31, Funkspruch O.I.C. vom 11. Oktober 1942.

[35] A.U.S.M., Fondo »Naviglio mercantile 1940—1945«, Cartella L-15.

[36] P.R.O., ADM 223/31, Funkspruch O.I.C. vom 16. Oktober 1942.

[37] P.R.O., ADM 223/31, Funkspruch O.I.C. vom 18. Oktober 1942.

[38] A.U.S.M., Fondo »Naviglio mercantile 1940—1945«, Cartella B-6 bis.

[39] A.U.S.M., Fondo »Naviglio mercantile 1940-1945«, Cartella T-9. Die *P. 211* wird in der jüngsten englischen Dokumentation erwähnt, während die italienischen Quellen das angreifende Unterseeboot nicht zitieren und die Deutschen es als *P. 42* identifizieren.

[40] P.R.O., ADM 223/31, Funkspruch O.I.C. vom 20. Oktober 1942.

[41] P.R.O., ADM 223/31, Funkspruch O.I.C. vom 21. Oktober 1942.

[42] P.R.O., ADM 223/31, Funkspruch O.I.C., in der Zusatzmeldung vom 21. Oktober 1942.

[43] A.U.S.M., Fondo »Naviglio mercantile 1940—1945«, Cartelle D-11, P-22 und T-5.

[44] P.R.O., ADM 223/31, Funkspruch O.I.C. vom 21. Oktober 1942.

[45] P.R.O., ADM 223/31, Funkspruch O.I.C. vom 24. Oktober 1942.

[46] P.R.O., ADM 223/31, Funkspruch O.I.C. vom 25. Oktober 1942.

[47] A.U.S.M., Fondo »Naviglio mercantile 1940—1945«, Cartella 22.

[48] A.U.S.M., Fondo »Naviglio mercantile 1940-1945«, Cartella T-5.

[49] P.R.O., ADM 223/31, Funkspruch O.I.C. vom 26. Oktober 1942.

[50] P.R.O., ADM 223/31, Funkspruch O.I.C. vom 27. Oktober 1942.

[51] P.R.O., ADM 223/31, Funkspruch O.I.C. vom 29. Oktober 1942.

[52] P.R.O., ADM 223/31, Funkspruch O.I.C. vom 21. Oktober 1942.

[53] A.U.S.M., Fondo »Naviglio mercantile 1940—1945«, Cartella L-8.

[54] A.U.S.M., Fondo »Naviglio mercantile 1940-1945«, Cartella A-18.

[55] P.R.O., ADM 223/31, Funkspruch O.I.C. vom 27. Oktober 1942.

[56] P.R.O., ADM 223/31, Funkspruch O.I.C. vom 25. Oktober 1942.

[57] P.R.O., ADM 223/31, Funkspruch O.I.C. vom 26. Oktober 1942.
[58] P.R.O., ADM 223/31, Funkspruch O.I.C. vom 28. Oktober 1942.
[59] A.U.S.M., Fondo »Naviglio mercantile 1940—1945«, Cartella L-18.
[60] P.R.O., ADM 223/31, Funkspruch O.I.C. vom 29. Oktober 1942.
[61] P.R.O., ADM 223/31, Funkspruch O.I.C. vom 29. Oktober 1942.
[62] P.R.O., ADM 223/31, Funkspruch O.I.C. vom 31. Oktober 1942.
[63] A.U.S.M., Fondo »Naviglio mercantile 1940—1945«, Cartella T-14.
[64] P.R.O., ADM 223/31, Funkspruch O.I.C. vom 2. November 1942.
[65] A.U.S.M., Fondo »Naviglio mercantile 1940—1945«, Cartella Z-1.
[66] A.U.S.M., Fondo »Naviglio mercantile 1940—1945«, Cartella B-11 bis.
[67] P.R.O., ADM 223/31, Funkspruch O.I.C. vom 3. November 1942.
[68] P.R.O., ADM 223/31, Funkspruch O.I.C. vom 4. November 1942.
[69] P.R.O., ADM 223/31, Funkspruch O.I.C. vom 21. Oktober 1942.
[70] P.R.O., ADM 223/31, Funkspruch O.I.C. vom 24., 25., 26., 29., 30., 31. Oktober, 1. und 2. November 1942.
[71] Dieser Funkspruch ist bereits im vorhergehenden Abschnitt im Zusammenhang mit dem Ereignis um den Tanker *Luisiano* erwähnt worden.
[72] P.R.O., ADM 223/31, Funkspruch O.I.C. vom 4., 5. und 6. November 1942.
[73] A.U.S.M., Fondo »Naviglio mercantile 1940—1945«, Cartella P-17.
[74] P.R.O., ADM 223/31, Funkspruch O.I.C. vom 7. November 1942.
[75] P.R.O., ADM 223/31, Funkspruch O.I.C. vom 9. November 1942.
[76] P.R.O., ADM 223/31, Funkspruch O.I.C. vom 11. November 1942.
[77] A.U.S.M., Fondo »Naviglio mercantile 1940—1945«, Cartella T-5 bis.
[78] P.R.O., ADM 223/31, Funkspruch O.I.C. vom 13. November 1942.
[79] P.R.O., ADM 223/31, Funkspruch O.I.C. vom 8. November 1942.
[80] Ufficio Storico Marina: La Marina italiana nella seconda guerra mondiale, Band VIII, wie zitiert, S. 107—108.
[81] P.R.O., ADM 223/31, Funkspruch O.I.C. vom 16. November 1942.
[82] A.U.S.M., Fondo »Naviglio mercantile 1940—1945«, Cartella G-8.
[83] A.U.S.M., Fondo »Naviglio mercantile 1940—1945«, Cartella A-8.
[84] P.R.O., ADM 223/31, Funkspruch O.I.C. vom 22. November 1942.
[85] P.R.O., ADM 223/31, Funkspruch O.I.C. vom 25. November 1942.
[86] P.R.O., ADM 223/31, Funkspruch O.I.C. vom 29. November 1942. Die in Klammern eingeschlossene Bemerkung »Force K«, als Frage formuliert, bildete eine Anregung des O.I.C. für die operative Führung in bezug auf die gegen den italienischen Geleitzug einzusetzenden Mittel.
[87] A.U.S.M., Fondo »Naviglio mercantile 1940—1945«, Cartella V-2 bis.
[88] Ufficio Storico Marina: La Marina italiana nella seconda guerra mondiale, Band VIII, wie zitiert, S. 113.
[89] P.R.O., ADM 223/31, Funkspruch O.I.C. vom 4. Dezember 1942, im Anhang VI wiedergegeben.
[90] P.R.O., ADM 223/31, Funkspruch O.I.C. vom 1. Dezember 1942, im Anhang VI wiedergegeben.
[91] A.U.S.M., Fondo »Naviglio mercantile 1940—1945«, Cartella S-2.
[92] P.R.O., ADM 223/31, Funkspruch O.I.C. vom 7. Dezember 1942, im Anhang VI wiedergegeben.
[93] P.R.O., ADM 223/31, Funkspruch O.I.C. vom 1. Dezember 1942, im Anhang VI wiedergegeben.
[94] P.R.O., ADM 223/31, Funkspruch O.I.C. vom 2. Dezember 1942, im Anhang VI wiedergegeben.

[95] A.U.S.M., Fondo »Naviglio mercantile 1940—1945«, Cartelle M-25 und P-2 bis.
[96] P.R.O., ADM 223/31, Funkspruch O.I.C. vom 4. Dezember 1942, im Anhang VI wiedergegeben.
[97] P.R.O., ADM 223/31, Funkspruch O.I.C. vom 7. Dezember 1942, im Anhang VI wiedergegeben.
[98] P.R.O., ADM 223/31, Funkspruch O.I.C. vom 1. Dezember 1942, im Anhang VI wiedergegeben.
[99] A.U.S.M., Fondo »Naviglio mercantile 1940—1945«, Cartella A-24.
[100] A.U.S.M., Fondo »Promemoria di Supermarina«, Memorandum vom 4. Dezember 1942.
[101] A.U.S.M., Fondo »Naviglio mercantile 1940—1945«, Cartella F-10.
[102] P.R.O., ADM 223/31, Funkspruch O.I.C. vom 13. Dezember 1942.
[103] P.R.O., ADM 223/31, Funkspruch O.I.C. vom 14. Dezember 1942.
[104] P.R.O., ADM 223/31, Funkspruch O.I.C. vom 19. Dezember 1942.
[105] P.R.O., ADM 223/31, Funkspruch O.I.C. vom 20. Dezember 1942.
[106] A.U.S.M., Fondo »Naviglio mercantile 1940—1945«, Cartella D-11.
[107] P.R.O., ADM 223/31, Funkspruch O.I.C. vom 22. Dezember 1942.
[108] A.U.S.M., Fondo »Naviglio mercantile 1940—1945«, Cartella M-32.
[109] P.R.O., ADM 223/31, Funkspruch O.I.C. vom 8. Januar 1943.
[110] A.U.S.M., Fondo »Naviglio mercantile 1940—1945«, Cartelle G-4 und M-18.
[111] P.R.O., ADM 223/31, Funkspruch O.I.C. vom 29. Dezember 1942: »Die T. Gennari ist am 28. um 00.01 Uhr aus Tripolis nach Trapani ausgelaufen« und den Funkspruch des O.I.C. vom 17. Januar 1943: »Die Martini ist am 15. um 22.00 Uhr aus Tripolis nach Italien ausgelaufen. Sie wird Zuara und Sfax zu einem Zwischenaufenthalt anlaufen.«

Kapitel 6

[1] Über die Operation »Torch« und die dazugehörigen Sekundärereignisse ist die offizielle Dokumentation der britischen Admiralität sehr reichhaltig. Vgl. z. B. P.R.O., Group ADM 199, Class 114: Naval Air Operations in support of North African Campaign 1941—1943, Class 445 und 446: Naval Operations in Mediterranean 1940—1943, Class 6648 und 649: Mediterranean Area: War diaries 1942, Class 650 und 651: Mediterranean Command: War diaries 1942, Class 677: Operations in Mediterranean: Reports 1941—1945, Class 679 und 681: Naval Operations in Mediterranean 1940—1943, Class 836: North African Campaign 1942—1943, Class 975, 976 und 977: Mediterranean Convoys: Reports 1942—1945. Vgl. auch die Papiere des Ersten Seelords in P.R.O., Group ADM 205, Class 14 und 27: Correspondence with Prime Minister and accompanying Papers, June—December 1942 and January—December 1943.
[2] Vgl. die Naval Intelligence Papers in P.R.O., Group ADM 223, Class 47: Enemy merchant shipping resources in Mediterranean und Merchant shipping available to Axes in Mediterranean. Besonders wegen der Landungsschiffe siehe Dokument »ULTRA« ZIP/ZGM/13 vom 7. Januar 1943. Für die Schiffe aus ausländischen Beständen vgl. Group ADM 223, Class 48: Italian merchant ships and foreign vessels taken over by Italians in Mediterranean.
[3] Ufficio Storico Marina: La Marina italiana nella seconda guerra mondiale, Band VIII, wie zitiert, S. 40.
[4] A.U.S.M., Fondo »Naviglio mercantile 1940—1945«, Cartella N-2 und P.R.O., Group ADM 223, Class 48.

⁵ Vgl. P.R.O., ADM 223/31, Funkspruch O.I.C. vom 25., 26., 27., 28. und 29. November 1942.

⁶ P.R.O., Group ADM 223, Class 49: Papers by Dr. Bullard concerning enemy supplies in Tunisia. Vgl. auch in der gleichen Group, Class 8: Enemy merchant shipping resources in the Mediterranean, Dokument O.I.C./S.I./793.

⁷ P.R.O., ADM 223/31, Funkspruch O.I.C. vom 29. November 1942, im Anhang VI wiedergegeben.

⁸ Ufficio Storico Marina: La Marina italiana nella seconda guerra mondiale, Band VIII, wie zitiert, S. 176.

⁹ A.U.S.M., Fondo »Scontri navali e operazioni di guerra«, Cartella 67.

¹⁰ A.U.S.M., Ibid. Berichte des Kapitäns zur See Aldo Cocchia.

¹¹ A.U.S.M., Fondo »Naviglio mercantile 1940—1945«, Cartelle K-1, A-22, A-25 bis und P-23.

¹² P.R.O., ADM 223/31, Funkspruch O.I.C. vom 2., 4. und 5. Dezember 1942, siehe Anhang VI.

¹³ A.U.S.M., Fondo »Promemoria di Supermarina«, Memorandum vom 4. Dezember 1942.

¹⁴ A.U.S.M., Fondo »Documenti dello Stato Maggiore Generale«, Dokumente des Comando Supremo vom 12. Dezember 1942.

¹⁵ A.U.S.M., Fondo »Ordini di operazioni e disposizioni«, Cartella 2.

¹⁶ A.U.S.M., Fondo »Naviglio mercantile 1940—1945«, Cartella S-35 bis.

¹⁷ P.R.O., ADM 223/31, Funkspruch O.I.C. vom 6. Dezember 1942.

¹⁸ P.R.O., ADM 223/31, Funkspruch O.I.C. vom 8. Dezember 1942.

¹⁹ P.R.O., ADM 223/31, Funkspruch O.I.C. vom 9. Dezember 1942.

²⁰ P.R.O., ADM 223/31, Funkspruch O.I.C. vom 10. Dezember 1942.

²¹ A.U.S.M., Fondo »Naviglio mercantile 1940—1945«, Cartella M-1.

²² P.R.O., ADM 223/31, Funkspruch O.I.C. vom 13. Dezember 1942.

²³ P.R.O., ADM 223/31, Funkspruch O.I.C. vom 14. Dezember 1942.

²⁴ P.R.O., ADM 223/31, Funkspruch O.I.C. vom 9. Dezember 1942.

²⁵ P.R.O., ADM 223/31, Funkspruch O.I.C. vom 12. Dezember 1942.

²⁶ P.R.O., ADM 223/31, Funkspruch O.I.C. vom 14. Dezember 1942.

²⁷ A.U.S.M., Fondo »Naviglio mercantile 1940—1945«, Cartelle C-10 und M-2.

²⁸ P.R.O., ADM 223/31, Funkspruch O.I.C. vom 15. Dezember 1942.

²⁹ A.U.S.M., Fondo »Naviglio mercantile 1940—1945«, Cartella S-6.

³⁰ P.R.O., ADM 223/31, Funkspruch O.I.C. vom 16. Dezember 1942.

³¹ P.R.O., ADM 223/31, Funkspruch O.I.C. vom 17. Dezember 1942.

³² P.R.O., ADM 223/31, Funkspruch O.I.C. vom 20. und 22. Dezember 1942.

³³ A.U.S.M., Fondo »Naviglio mercantile 1940—1945«, Cartella E-12.

³⁴ P.R.O., ADM 223/31, Funkspruch O.I.C. vom 26. und 29. Dezember 1942.

³⁵ A.U.S.M., Fondo »Naviglio mercantile 1940—1945«, Cartella I-6.

³⁶ Vgl. in diesem Zusammenhang P.R.O., Group ADM 223, Class 34: Enemy merchant shipping losses in Mediterranean 1941—1945 und Class 59: Enemy reports, 26th August-13st December 1942, Dokumente O.I.C./DR 237-362.

³⁷ P.R.O., ADM 223/31, Funkspruch O.I.C. vom 16., 18. und 19. Januar 1943.

³⁸ A.U.S.M., Fondo »Naviglio mercantile 1940—1945«, Cartella E-6.

³⁹ A.U.S.M., Fondo »Naviglio mercantile 1940—1945«, Cartella A-13.

⁴⁰ A.U.S.M., Fondo »Naviglio mercantile 1940—1945«, Cartella F-3.

⁴¹ P.R.O., ADM 223/31, Funkspruch O.I.C. vom 19. Januar 1943.

⁴² P.R.O., ADM 223/31, Funkspruch O.I.C. vom 20. Januar 1943.

⁴³ A.U.S.M., Fondo »Naviglio mercantile 1940—1945«, Cartella S.9.

⁴⁴ P.R.O., ADM 223/31, Funkspruch O.I.C. vom 21. Januar 1943.

⁴⁵ P.R.O., ADM 223/31, Funkspruch O.I.C. vom 21. Januar 1943.

[46] A.U.S.M., Fondo »Naviglio mercantile 1940—1945«, Cartella R-17.
[47] Ufficio Storico Marina: La Marina italiana nella seconda guerra mondiale, Band VIII, wie zitiert, S. 189.
[48] P.R.O., ADM 223/31, Funkspruch O.I.C. vom 23. Janauar 1943.
[49] A.U.S.M., Fondo »Naviglio mercantile 1940—1945«, Cartelle P-13 und V-5.
[50] P.R.O., ADM 223/31, Funkspruch O.I.C. vom 25. Januar 1943.
[51] P.R.O., ADM 223/31, Funkspruch O.I.C. vom 28. Januar 1943.
[52] A.U.S.M., Fondo »Naviglio mercantile 1940—1945«, Cartella V-4.
[53] A.U.S.M., Fondo »Naviglio mercantile 1940—1945«, Cartella P-4.
[54] P.R.O., ADM 223/31, Funkspruch O.I.C. vom 30. und 31. Januar und 1. Februar 1943.
[55] Wegen der zitierten Statistiken vgl. Ufficio Storico Marina: La Marina italiana nella seconda guerra mondiale, Band VIII, wie zitiert, S. 61, Zeichnung 11, und S. 437—445 Anhang IV.
[56] P.R.O., ADM 223/31, Funkspruch O.I.C. vom 12. und 13. Februar 1943.
[57] P.R.O., ADM 223/31, Funkspruch O.I.C. vom 15. Februar 1943.
[58] A.U.S.M., Fondo »Naviglio mercantile 1940—1945«, Cartella C-5.
[59] P.R.O., ADM 223/31, Funkspruch O.I.C. vom 17. Februar 1943.
[60] A.U.S.M., Fondo »Naviglio mercantile 1940—1945«, Cartella 18.
[61] In diesem Zusammenhang ist in der offiziellen Geschichte der italienischen Marine ein sehr nützlicher Stundenplan wiedergegeben. Vgl. Ufficio Storico Marina: La Marina italiana nella seconda guerra mondiale, Band VIII, wie zitiert, S. 40.
[62] A.U.S.M., Fondo »Naviglio mercantile 1940—1945«, Cartella V-3.
[63] P.R.O., ADM 223/31, Funkspruch O.I.C. vom 16. und 17. Februar 1943.
[64] A.U.S.M., Fondo »Documenti dello Stato Maggiore Generale«, Dokument des Comando Supremo vom 20. Februar 1943.
[65] A.U.S.M., Fondo »Promemoria di Supermarina«, Memorandum vom 20. Februar 1943.
[66] Die wegen des schlechten Wetters verlorengegangenen deutschen Einheiten waren die MF 209, die versenkt wurde, die MF 99 und 215 und die Ms 10, 21 und 30, die in der Nacht vom 18. auf den 19. Februar zwischen Tunis und Bizerta auf die Küste geworfen wurden.
[67] P.R.O., ADM 223/31, Funkspruch O.I.C. vom 19. Februar 1943.
[68] P.R.O., ADM 223/31, Funkspruch O.I.C. vom 20. Februar 1943.
[69] A.U.S.M., Fondo »Naviglio mercantile 1940—1945«, Cartella B-1.
[70] P.R.O., ADM 223/31, Funkspruch O.I.C. vom 20. Februar 1943.
[71] P.R.O., ADM 223/31, Funkspruch O.I.C. vom 21. Februar 1943.
[72] A.U.S.M., Fondo »Naviglio mercantile 1940—1945«, Cartella T-7.
[73] P.R.O., ADM 223/31, Funkspruch O.I.C. vom 23. Februar 1943.

Kapitel 7

[1] A.U.S.M., Fondo »Promemoria di Supermarina«, Memorandum vom 4. März 1943.
[2] A.U.S.M., Fondo »Promemoria di Supermarina«, Memorandum vom 11. März 1943.
[3] Ufficio Storico Marina: La Marina italiana nella seconda guerra mondiale, Band VIII, wie zitiert, S. 209.
[4] Mit der Übernahme von sechs ehemals französischen Schiffen durch die deutsche Kriegsmarine wurde am 23. März in Trapani die 7. deutsche Sicherungsdivision des Kapitäns zur See Bramesfeld gebildet. Sie hatte den Auftrag, mit den als Geleitschutz nach Tunesien fahrenden Schiffen zusammenzuarbeiten. Vgl. A. Santoni-F. Mattesini: La Partecipazione tedesca alla guerra aeronavale nel Mediterraneo, wie zitiert, S. 352.

⁵   A.U.S.M., Fondo »Promemoria di Supermarina«, Memorandum vom 27. und 28. März 1943.
⁶   P.R.O., ADM 223/31, Funkspruch O.I.C. vom 6. März 1943.
⁷   A.U.S.M., Fondo »Naviglio mercantile 1940—1945«, Cartella C-21.
⁸   P.R.O., ADM 223/31, Funkspruch O.I.C. vom 7. März 1943.
⁹   A.U.S.M., Fondo »Naviglio mercantile, 1940—1945«, Cartella B-2.
¹⁰ A.U.S.M., Fondo »Naviglio mercantile, 1940—1945«, Cartella B-12.
¹¹ P.R.O., ADM 223/31, Funkspruch O.I.C. vom 8. März 1943.
¹² P.R.O., ADM 223/31, Funkspruch O.I.C. vom 9. März 1943.
¹³ P.R.O., ADM 223/31, Funkspruch O.I.C. vom 10. März 1943.
¹⁴ P.R.O., Group ADM 223, Class 4: Minefields in Aegean and Adriatic, Dokument ZIP/ZG/229; Class 8: Photostat of Italian Minefields: Report of location off Italian and Yugoslavian coast, Dokument O.I.C./SI/777; Class 24, Funkspruch O.I.C. Nr. 75 vom 2. September 1943.
¹⁵ P.R.O., ADM 223/31, Funkspruch O.I.C. vom 10. März 1943.
¹⁵ P.R.O., ADM 223/31, Funkspruch O.I.C. vom 12. März 1943.
¹⁷ A.U.S.M., Fondo »Naviglio mercantile 1940—1945«, Cartella S-35.
¹⁸ A.U.S.M., Fondo »Naviglio mercantile 1940—1945«, Cartella E-12.
¹⁹ A.U.S.M., Fondo »Scontri navali e operazioni di guerra«, Cartella 70.
²⁰ A.U.S.M., Fondo »Naviglio mercantile 1940—1945«, Cartella C-6.
²¹ P.R.O., ADM 223/31, Funkspruch O.I.C. vom 13. März 1943.
²² P.R.O., ADM 223/31, Funkspruch O.I.C. vom 14. März 1943.
²³ P.R.O., ADM 223/31, Funkspruch O.I.C. vom 15. März 1943.
²⁴ P.R.O., ADM 223/31, Funkspruch O.I.C. vom 21. März 1943. In Wirklichkeit lief der Dampfer Saluzzo in der Nacht vom 23. auf den 24. aus Bizerta aus.
²⁵ A.U.S.M., Fondo »Naviglio mercantile 1940—1945«, Cartella M-4.
²⁶ P.R.O., ADM 223/31, Funkspruch O.I.C. vom 22. und 25. März 1943.
²⁷ P.R.O., ADM 223/31, Funkspruch O.I.C. vom 19. März 1943.
²⁸ P.R.O., ADM 223/31, Funkspruch O.I.C. vom 21. März 1943.
²⁹ A.U.S.M., Fondo »Naviglio mercantile 1940—1945«, Cartella M-31 bis.
³⁰ P.R.O., ADM 223/31, Funkspruch O.I.C. vom 23. und 24. März 1943.
³¹ P.R.O., ADM 223/31, Funkspruch O.I.C. vom 27., 28., 29. und 31. März 1943.
³² A.U.S.M., Fondo »Naviglio mercantile 1940—1945«, Cartella N-12.
³³ Ufficio Storico Marina: La Marina italiana nella seconda guerra mondiale, Band VIII, wie zitiert, S. 227.
³⁴ A.U.S.M., Fondo »Scontri navali e operazioni di guerra«, Cartella 70 und Fondo »Naviglio mercantile 1940—1945«, Cartella B-6 und C-25.
³⁵ P.R.O., ADM 223/31, Funkspruch O.I.C. vom 3. April 1943.
³⁶ P.R.O., ADM 223/31, Funkspruch O.I.C. vom 29., 30. und 31. März 1943.
³⁷ A.U.S.M., Fondo »Naviglio mercantile 1940—1945«, Cartella A-16.
³⁸ P.R.O., ADM 223/31, Funkspruch O.I.C. vom 5. April 1943.
³⁹ P.R.O., ADM 223/31, Funkspruch O.I.C. vom 6. April 1943.
⁴⁰ A.U.S.M., Fondo »Naviglio mercantile 1940—1945«, Cartelle R-15 und S-13.
⁴¹ P.R.O., ADM 223/31, Funkspruch O.I.C. vom 7. April 1943.
⁴² P.R.O., ADM 223/31, Funkspruch O.I.C. vom 4. und 12. April 1943.
⁴³ A.U.S.M., Fondo »Naviglio mercantile 1940—1945«, Cartella F-1.
⁴⁴ A.U.S.M., Fondo »Naviglio mercantile 1940—1945«, Cartella M-29.
⁴⁵ P.R.O., ADM 223/31, Funkspruch O.I.C. vom 7., 8., 9., 11. und 14. April 1943.
⁴⁶ P.R.O., ADM 223/31, Funkspruch O.I.C. vom 17. und 18. April 1943.
⁴⁷ P.R.O., ADM 223/31, Funkspruch O.I.C. vom 19. April 1943.

[48] A.U.S.M., Fondo »Naviglio mercantile 1940—1945«, Cartella B-9.
[49] P.R.O., ADM 223/31, Funkspruch O.I.C. vom 21. April 1943.
[50] P.R.O., ADM 223/31, Funkspruch O.I.C. vom 20. April 1943.
[51] P.R.O., ADM 223/31, Funkspruch O.I.C. vom 21. April 1943.
[52] A.U.S.M., Fondo »Naviglio mercantile 1940—1945«, Cartella F-10.
[53] A.U.S.M., Fondo »Naviglio mercantile 1940—1945«, Cartella A-17.
[54] P.R.O., ADM 223/31, Funkspruch O.I.C. vom 23. April 1943.
[55] P.R.O., ADM 223/31, Funkspruch O.I.C. vom 25. April 1943.
[56] P.R.O., ADM 223/31, Funkspruch O.I.C. vom 28. April 1943.
[57] A.U.S.M., Fondo »Scontri navali e operazioni di guerra«, Cartella 70.
[58] A.U.S.M., Fondo »Naviglio mercantile 1940—1945«, Cartella T-4.
[59] P.R.O., ADM 223/31, Funkspruch O.I.C. vom 29. April 1943.
[60] P.R.O., ADM 223/31, Funkspruch O.I.C. vom 3. Mai 1943: »*Campobasso* läuft aus Sizilien am 3. nachmittags nach Tunesien aus«.
[61] Ufficio Storico Marina: La Marina italiana nella seconda guerra mondiale, Band VIII, wie zitiert, S. 245.
[62] A.U.S.M., Fondo »Naviglio mercantile 1940—1945«, Cartella C-4.
[63] A.U.S.M., Fondo »Scontri navali e operazioni di guerra«, Cartella 70.
[64] P.R.O., ADM 223/31, Funkspruch O.I.C. vom 5. Mai 1943.
[65] P.R.O., ADM 223/31, Funkspruch O.I.C. vom 6. Mai 1943, und A.U.S.M., Fondo »Naviglio mercantile 1940—1945«, Cartella S-6 bis.
[66] Vgl. P.R.O., Group ADM 223, Class 60: Enemy reports 1st January-1st April 1943, Dokumente O.I.C./D.R. 1—91, und Class 61: Enemy reports 2nd April—1st Juli 1943, Dokumente O.I.C./D.R. 92—180.
[67] A.U.S.M., Fondo »Naviglio mercantile 1940—1945«, Cartella C-6.
[68] P.R.O., ADM 223/31, Funkspruch O.I.C. vom 30. April, 2., 3., 4., 5., 6., 7. und 8. Mai 1943.
[69] Wegen des Marineaspekts der letzten Phase des Feldzugs in Tunesien vgl. P.R.O., Group ADM 199, Class 600: Mediterranean convoys. Reports 1943—1944 und wegen der nachrichtendienstlichen Synthesen ADM 199, Class 1368: Mediterranean and Red Sea area. Intelligence and Enemy reports 1943—1944.
[70] Vgl. P.R.O., Group ADM 223, Class 46: Axis shipping situation in Mediterranean, Dokument ZIP/ZI/322 vom 11. April 1943.
[71] P.R.O., Group ADM 223, Class 46, wie zitiert, Dokument ZIP/ZI/327 vom 24. April 1943. Die »Siebel«-Motorfähren wurden in Einzelteile zerlegt, per Bahn aus Deutschland nach Palermo versandt und hier wieder zusammengebaut. Vgl. Santoni-F. Mattesini: La partecipazione tedesca alla guerra aeronavale nel Mediterraneo, wie zitiert, S. 187.
[72] P.R.O., ADM 223/46, Dokument ZIP/ZGM/24 vom 15. April 1943. Das erwähnte deutsche Handelsschiff war die K.T. 1, die beim britischen Angriff auf den unglücklichen Geleitzug »Aventino« sank. Die anderen fünf deutschen Schiffe dieses Typs, die bis zum Fall von Tunesien versenkt wurden, waren die K.T. 5, die K.T. 7, die K.T. 9, die K.T. 13 und die K.T. 21.

Kapitel 8

[1] Ufficio Storico Marina: La Marina italiana nella seconda guerra mondiale, Band V, wie zitiert, S. 479.

² Vgl. darüber P.R.O.,Group ADM 223, Class 62: Enemy reports 2nd July—3rd September 1943, Dokumente O.I.C./D.R. 181—272.

³ P.R.O., Group ADM 223, Class 24: Summaries of Mediterranean Special Intelligence, Funkspruch O.I.C., Nr. 62 vom 7. August 1943.

⁴ Ufficio Storico Marine: La Marina italiana nella seconda guerra mondiale, Band V, wie zitiert, S. 484.

⁵ A.U.S.M., Fondo »Scontri navali e operazioni di guerra«, Cartella 73.

⁶ Vgl. auch P.R.O., Group ADM 199, Class 258: Naval operations in Mediterranean 1943—1944.

⁷ Ufficio Storico marina, La Marina italiana nella seconda guerra mondiale, Band V, wie zitiert, S. 492.

⁸ P.R.O., Group ADM 223, Class 24, Funkspruch O.I.C. Nr. 64 vom 10. August 1943.

⁹ Ufficio Storico Marine: La Marina italiana nella seconda guerra mondiale, Band XV, La Marina dall' 8 settembre 1943 alla fine del conflitto, Rom 1941, S. 21 und S. 122.

¹⁰ P.R.O., Group ADM 223, Class 24, Funkspruch O.I.C. Nr. 78 vom 9. September 1943.

¹¹ Ibid.

¹² Ufficio Storico Marina, La Marina italiana nella seconda guerra mondiale, Band XV, wie zitiert, S. 243.

¹³ Bericht des Chefs des Wehrmachtführungsstabes, Generaloberst Jodl, vom 7. November 1943, der in den Akten des Nürnberger Prozesses als Dokument L-172 veröffentlicht wurde.

¹⁴ Die Namensliste der Schiffe findet sich auf S. 493 des zitierten Buches von A. Santoni-F. Mattesini: La partecipazione tedesca alla guerra aeronavale nel Mediterraneo. Es stützt sich auf vom Ufficio Storico Marina veröffentlichte Daten: La Marina italiana nella seconda guerra mondiale, Band I, Dati statistici, Rom 1972, S. 347—353, und Band II, Navi militari perdute, Rom 1969, S. 1 13—186.

¹⁵ Vgl. Ufficio Storico Marina: La Marina italiana nella seconda guerra mondiale, Band I, wie zitiert, S. 348, Tabelle CXXIV.

¹⁶ Ibid., S. 349, Tabelle CXXV und S. 353, Tabelle CXXVI.

¹⁷ P.R.O. Group ADM 223, Class 43, Dokument N.I.D. 001794/12-GNS (M) 27872 mit dem Titel »Ägäis: Richtlinien der deutschen Kriegsmarine im Falle eines italienischen Waffenstillstandes mit den Alliierten«; Group DEFE 3, Class 573, Entzifferung CX/MSS/C. 157.

¹⁸ P.R.O., Group DEFE 3, Class 617, Reihe Mediterranean traffic from 24th May 1943 to 3rd June 1944, Dokument ZIP/ZTPGM/34594 vom 8. September 1943.

¹⁹ Ibid., Dokument ZIP/ZTPGM/34644 vom 9. September 1943.

²⁰ Ibid., Dokument ZIP/ZTPGM/34693 vom 9. September 1943.

²¹ Ibid., Dokument ZIP/ZTPGM/34700 vom 9. September 1943.

²² Ibid., Dokument ZIP/ZTPGM/34722 vom 9. September 1943.

²³ A.U.S.M., Fondo »Naviglio militare 1940—1945«, Cartella R-5 bis.

²⁴ P.R.O., Group ADM 223, Class 24, die zitierte Nachricht O.I.C./Nr. 78 vom 9. September 1943.

²⁵ P.R.O., ADM 223/24, Meldung der britischen Admiralität an den B.A.D.,Washington Nr. 092350 A vom 9. September 1943.

²⁶ Vgl. G. Bernardi: La Marina, gli armistizi e il trattato di pace, Verlag des Ufficio Storico Marina, Rom 1979, S. 52.

²⁷ H. Macmillan: Vent'anni di pace e di guerra. Memorie 1923—1945, Mailand 1969, S. 640.

²⁸ B.H. Liddell Hart: Storia militare della seconda guerra mondiale, Mailand 1970, S. 637; deutsche Ausgabe »Geschichte des Zweiten Weltkrieges«, Düsseldorf und Wien 1972.

²⁹ A.U.S.M., Fondo »Naviglio mercantile 1940—1945«, Cartella V-3.

³⁰ P.R.O., ADM 223/31, Funkspruch O.I.C. vom 5., 7. und 8. Dezember 1941.

³¹ P.R.O., ADM 223/31, Funkspruch O.I.C. vom 10. Dezember 1941.

[32] P.R.O., ADM 223/31, Funkspruch O.I.C. vom 13. Dezember 1941.
[33] P.R.O., ADM 223/31, Funkspruch O.I.C. vom 8. Februar 1942, im Anhang IV zusammen mit der zitierten Meldung vom 7. abgedruckt.
[34] P.R.O., ADM 223/31, Funkspruch O.I.C. vom 14. Februar 1942, wiedergegeben im Anhang IV. Man erinnere sich daran, daß die englische Abkürzung P.O.W. genau »Prisoner of War« bedeutet.
[35] P.R.O., ADM 223/31, Funkspruch O.I.C. vom 9. Oktober 1942.
[36] Ufficio Storico Marina: La Marina italiana nella seconda guerra mondiale, Band VIII, wie zitiert, S. 120—121.
[37] P.R.O., Group ADM 223, Class 46, Dokument vom 20.November 1942: Italian ships with P.O.W. aboard.
[38] P.R.O., Group AIR 40, Class 2323: The use of »U« in the Mediterranean and Northwest African theatre of war.
[39] Ibid., S. 1, § 3.
[40] Ibid., S. 2, § 6.
[41] Ibid., S. 3, § 10.
[42] Ibid., S. 3 § 10.
[43] P.R.O., Group ADM 223, Class 76: Admiralty signal messages F series, 1st March — 5th May 1941, Dokument F. 366.
[44] Ibid., Dokument F. 368.
[45] Ibid., Dokument F. 381.
[46] Ibid., Dokument F. 385.
[47] Alles in W. Churchill: La seconda guerra mondiale, wie zitiert, Band V, La Germania punta a oriente, S. 308—309; deutsch wie zitiert. Man wird sich daran erinnern, daß der endgültige Plan für die Luftlandung in Kreta von Hitler am 25. April 1941 mit der Weisung 28 gebilligt wurde.
[48] P.R.O., AIR 40/2323, wie zitiert, S. 11, § 26.
[49] Ibid., S. 12, § 26.
[50] Ibid., S. 17, § 39.
[51] P.R.O., Group ADM 223, Class 76, Dokumente F. 230, F. 245, F. 268 und F. 387 A; Class 77, Dokumente F. 501 und 511, Periode vom März bis Juni 1941, wiedergegeben im Anhang VII.
[52] Siehe Kapitel 1, Abschnitt 3.
[53] F.H. Hinsley — E.E. Thomas — C.F.G. Ransom — R.C. Knight: British Intelligence in the Second World War, Band I, London, H.M. Stationery Office 1979.
[54] Ibid., S. 105.
[55] Ibid., S. 84, 110, 178, 213—216, 355—366, 375—378, 380, 398—399, 416—417.
[56] Ibid., S. 206.
[57] Ibid., S.206, 208 und 209.
[58] Ibid., S. 210.
[59] Ibid., S. 211.
[60] Ibid., S. 210—211 und S. 400.
[61] Ibid., S. 212. Die Statistik ist nur geringfügig ungenau. Es waren nämlich 702992 BRT, die im in Frage stehenden Halbjahr in Libyen eintrafen, und 8437 (1,18 Prozent von der Gesamtzahl) an Verlusten auf der gleichen Route bei der Hinfahrt. Vgl. Ufficio Storico Marina: La Marina italiana nella seconda guerra mondiale, Band I, Dati statistici, wie zitiert, S. 115, Tabelle XLIX a.
[62] Ibid., S. 401.
[63] Ibid., vgl. zuerst S. 405 und dann S. 403.
[64] Ibid., S. 406.

[65] Ufficio Storico Marina: La Marina italiana nella seconda guerra mondiale, Band VIII, wie zitiert, S. 415—435 und S. 437—445. Zur Feststellung der Gesamtzahl von 63 Dampfern, die zur See auf den Routen nach Tunesien versenkt wurden, siehe auch Kapitel 4.5 des vorliegenden Buches.

[66] Siehe Kapitel 2.7.

[67] A. Trizzino: Navi e poltrone, Mailand 1952, S. 68 und S. 75—76. Deutsche Ausgabe: Die verratene Flotte, Tragödie der Afrikakämpfer. Bonn 1957.

[68] Ibid., S. 77.

[69] Ibid., S. 218.

[70] Ibid., S. 223.

[71] Ibid., S. 94.

[72] Ufficio Storico Marina: La Marina italiana nella seconda guerra mondiale, Band I, Dati statistici, Rom 1972, S. 283—289, Tabelle LXXVI e.

[73] M. De Monte: Uomini ombra, Ricordi di un addetto al Servizio Segreto navale, wie zitiert, S. 27.

Anhang

I. Analyse der Verlegung deutscher Luftwaffenverbände auf den Balkan.

II. Die Schlacht bei Matapan
(Ergebnis der Entzifferung der vier italienischen Funksprüche, Originaltext unverschlüsselt und verschlüsselt; die ersten beiden grundlegenden Funksprüche und Kopien der drei folgenden Gefechtsbefehle des Admirals Cunningham mit dem Datum 26. März 1941.)

III. Kopien der »ULTRA«/O.I.C.-Sprüche vom 8., 9., 11. und 12. Oktober 1941, den Geleitzug »Giulia« betreffend

IV. Kopien der »ULTRA«/O.I.C.-Sprüche vom 7., 8., 10., 12., 14., 15. und 16. Februar, betreffend die Dampfer Ariosto *und* Bosforo *mit ihren britischen Gefangenen an Bord*

V. Kopien der »ULTRA«/O.I.C.-Sprüche vom 30. und 31. August und vom 1., 2., und 6. September 1942, den Tanker Picci Fassio *und den Geleitzug »Sportivo« betreffend*

VI. Kopien der »ULTRA«/O.I.C.-Sprüche vom 29. November und vom 1., 2., 4., 5. und 7. Dezember 1942, die Dampfer Veloce, Sacro Cuore, Minerva, Palmaiola, Audace *und den Geleitzug »Aventino« betreffend*

VII. Einige Beispiele für die »ULTRA«-Nachrichten über die Dislozierung und Kräftegliederung der deutschen und italienischen Luftwaffe von März bis Juli 1941.

VIII. Liste der auf der Fahrt nach Nordafrika versenkten Schiffe

IX. Zusammenfassung zweier Rezensionen des Autors über Band II und Teil 1 des Bandes III des Werkes »British Intelligence in the Second World War« (von Hinsley, Thomas und Ransom)

X. Die Frage der Spionin Cynthia in einem englischen Fernsehprogramm

I. Analyse der Verlegung deutscher Luftwaffenverbände auf den Balkan.

M O S T   S E C R E T

AN ANALYSIS OF THE MOVE OF THE GERMAN
AIR FORCE INTO THE BALKANS.

/17

After the political absorption of Roumania last autumn the Germans proceeded to consolidate their position, as evidenced by the arrival in Roumania of an Air Force Mission under General Major Speidel, which, from the beginning, very clearly went much beyond the superficial object of training the Roumanian Air Force.

2. In October, the arrival of one Fighter Gruppe, German Signals Detachments (aircraft observing and reporting), as well as anti-aircraft units, was reported.

3. Judging from the activities of the German Air Force Mission which included, inter alia, the reconnoitring of aerodromes, one of the tasks allotted to the Mission was the preparation of an efficient ground organisation for the German Air Force in Roumania.

4. In November last, numerous reports came to hand from which it was possible to deduce that the strength of the German Air Force in Roumania was to be, roughly, 500 aircraft as follows:-

> 1 Long Range Bomber Gruppe.
> 2 Long Range Bomber Recce. Staffeln.
> 1 Dive Bomber Geschwader.
> 3 Single-Engined Fighter Gruppen.
> 1 Heavy Fighter Gruppe.
> 10 Army Cooperation Staffeln
> with the necessary complement of transport and communications aircraft.

The constitution of this force is such as would provide close and strategic support for an army of 15 to 20 divisions and does not in itself constitute a purely air striking force. Details and dispositions of the above forces, as finally located in Roumania, are shown at Appendix I.

5. The first Fighter Unit and two Army Cooperation Staffeln arrived in Roumania in the second half of October. These units, at the beginning, were evidently intended for the defence of the Roumanian oil producing area. About a month later the German Mission had advanced its investigation into aerodrome facilities sufficiently to report to Luftflotte 4 at Vienna that aerodromes were available for the units mentioned in paragraph 4 above. The investigation had, however, not been completed owing to the severity of the Roumanian winter. Commander-in-Chief, German Air

- 2 -

Force then issued peremptory orders to the Mission to complete the
reconnaissance in spite of any difficulties with which they were
confronted.

6.   Advanced elements of further units earmarked for the Balkans
began to arrive in Roumania about mid-January and by the end
of February their assembly was practically complete. Details of
these movements and supplies are given in Appendices II and III.

7.   A total of 22 aerodromes of varying value has been reported
as being used by the German Air Force in Roumania, and a list
is attached at Appendix IV. A total of 54 aerodromes was known to
exist in Roumania and the Germans had, presumably, selected the
most suitable.

8.   It may reasonably be assumed that the decisions as to numbers
and types of units to be sent to the Balkans was reached about
15th November; thus it has taken the German Air Force slightly over
three months to complete the assembly. The final selection of in-
dividual units to be allotted and the decision under which Command
they were to operate was probably not made until the end of December.
A list of units allotted is shown at Appendix I. The Command
selected was Fliegerkorps VIII, under General von Richtofen, which
had previously been acting as a specialised Dive Bomber Fliegerkorps
in the Channel area. Timetable etc., is given in Appendix III.

9.   As was to be expected, the Germans had provided for a repair
and maintenance organisation in Roumania. An aircraft park
was reported at Turnu-Magurele early in January and a further aircraft park unit was moved bodily from Antwerp at the beginning of
February. A Roumanian aero engine factory appears also to have
been taken over and would probably be equipped to assemble and
repair German engines.

10. There appears to be no doubt that, had the Germans desired to
act quite openly from the beginning in Roumania it would have
been possible for them to complete preparations and the assembly of
their units at an earlier date, quite apart from the fact that
operational intentions were necessarily subject to the improvement
of weather conditions.

11. About the middle of December the German Air Force Mission

- 3 -

in Bucharest, and the German Air Attache in Sofia initiated active
cooperation in Bulgaria. Aircraft observing and reporting units
were pushed across the Danube and by mid-January the Air Attache,
Sofia, ably assisted by a staff of over 300 additional personnel,
was reporting on aerodrome facilities in the country to which he
was accredited.

12. Reports to hand show that 14 aerodromes in Bulgaria are considered by the Germans to afford suitable facilities as
operational aerodromes, and a list of these is given at Appendix VA.
From the evidence available it would appear that the intention was
to locate two or three Dive Bomber Gruppen, one Fighter Gruppe and
ten Army Cooperation Staffeln in Bulgaria, i.e., a total of some
280 aircraft; supplies for this force were being despatched to
Bulgaria in advance in 40 railway trains, as from 7th February.
For details regarding these trains see paragraph 7, Appendix III.

13. It will be seen that, except for long range aircraft, this
absorbs the bulk of the German force in Roumania. It is note-
worthy that, as far as it is possible to deduce from the aerodrome
information obtained, German units in Bulgaria will assemble in the
western half and south western quarter of that country, and, at this
stage, it should be mentioned that indications of the possibility of
cooperation with the Germans of the Bulgarian Air Force became
apparent early in February. This perhaps explains why the Germans
are going to the western half of Bulgaria, the eastern half being
left to the Bulgars where they would act as a buffer between the
Turks and the Germans.

14. By the preparation of aerodromes in Bulgaria, and by the
assembly of supplies at these aerodromes before that country
is actually taken over, the Germans have succeeded in reducing to
a minimum the time-lag between the actual absorption of Bulgaria
and their preparedness to strike beyond its frontiers. In fact,
as far as the German Air Force and its preparations are concerned,
no pause seems necessary.

5.3.41.

- 4 -

An analysis of the movements of a unit transferred from
operations on the Western Front to the Balkans is given in
Appendix V.   A diary of events is shown at Appendix VII.   And
notes on the more important German Air Force officers serving
in the Balkans are given in Appendix VIII.

<u>5.3.41.</u>

APPENDIX I.

MOST SECRET

R O U M A N I A

ORDER OF BATTLE OF G.A.F. IN ROUMANIA 18/2/41.

UNIT	DESTINATION	EQUIPMENT	ESTABLISHMENT
Fighters			
J.G.28			
1/J.G.28	BUCHAREST/PIPERA	Me.109	39
J.G.27			
II/J.G.27	B/BANEASA	Me.109	39
III/J.G.27	B/GIULESTI	Me.109	39 _____ 117
Z.G.26			
II/Z.G.26	B/POPESTI	Me.110	39 _____ 39
L.R.Bombers			
Lehr 1			
I/Lehr 1	TARGOSORUL-NOVA	Ju.88	39 _____ 39
Dive Bombers			
St.K.G.2			
1/St.K.G.2.	B/OTOPENI	Ju.87	39
III/St.K.G.2.	B/OTOPENI	Ju.87	39
St.K.G.3.			
I/St.K.G.3.	B/POPESTI	Ju.87	39 _____ 117
Bomber Recce			
2(F)11	B/GIULESTI	Do.17	12
2(F)221	B/BANEASA	Do.17	12
7 Lehr 2	B/POPESTI	Me.110	12 _____ 36

AIR 40   2023   HN 05878

COPYRIGHT - NOT TO BE REPRODUCED PHOTOGRAPHICALLY WITHOUT PERMISSION

UNIT	DESTINATION	EQUIPMENT	ESTABLISHMENT
Army Co-op.			
$\frac{10}{2}$(H)10	CRAIOVA	Hs.126	12
$\frac{13}{3}$(H)13	BUCHAREST ?	Hs.126	12
4(H)13	?	Hs.126	12
5(H)13	CARACAL	Hs.126	12
$\frac{14}{1}$(H)14Pz	CRAIOVA	Hs.126	12
$\frac{21}{3}$(H)21Pz	CONSTANZA	.Hs.126	12
$\frac{22}{4}$(H)22	ALEXANDRIA	Hs.126	12
$\frac{23}{1}$(H)23Pz	ALEXANDRIA or CARACAL	Hs.126	12
$\frac{31}{2}$(H)31Pz	CONSTANZA	Hs.126	12
$\frac{32}{4}$(H)32Pz	PLOESTI/STREJNICUL	Hs.126	12 — 120
Transport			
Staffel 1	B/PIPERA	Ju.52	12
Staffel 10	B/PIPERA	Ju.52	12
Fliegerkorps Staffel	?	Ju.52	12
? ✱		Ju.52	12 — 48

Note: All units, other than those marked with an asterisk (✱) have arrived
in whole or in part, although in some cases may not have reached the
aerodrome at which it is believed they are to be based. Units marked
with an asterisk are at present moving to Roumania, advanced parties
having arrived.

Strength: Final strength as at present projected <u>515-550 of all types</u>.

M O S T   S E C R E T

Appendix II.

MOVEMENTS BY TRAIN TO THE BALKANS OF GERMAN AIR FORCE UNITS.

No.	Date	Unit	From	To	Remarks
1	9.12.40	Flak Regt.180		Ploesti-South	
2	16-21.12.40	I Flak Regt.25	(via) Oderberg	Giurgiu	Departure between these dates Move in 7 trains -3 day journey.
3	20.12.40	Restkommando 7 L.G.N.17	Vienna	Roumania	Departed.
4	12.1.41	II J.G.27		Bucharest	Arrived.
5	13.1.41	Kurierstaffel 1, 5(H) 13 4(H) 22 2(H) 31 1.Flak 31		Bucharest Rosioni de Vede Bucharest Constanza Fetesti	Units had arrived in de-training areas by this date.
6	14.1.41	Security Service Abt.Mot.39		Ploesti	
7	12.1.41	E 64/XI	Hesdin	Roumania	
8	18.1.41	G.A.F.Works Bat.9/VI	? Arras	Bucharest	Arrived.
9	19-21.1.41	E 6/VI		Bucharest	Arrived - to proceed to Rosioni de Vede.
10	19.1.41	E 61/XI		Bucharest	Arrived - to proceed to Alexandria.
11	20.1.41	Transport Column 6/VI		Bucharest	Arrived
12	21.1.41	G.A.F.Workshop Co.1/VIII		Bucharest	Arrived
13	10.1.41	7(A/C Reporting) Co.of L.G.Signals Rgt.11.		Bucharest	Advance party arrived to proceed to Constanza
14	15.1.41	II L.N.Regt.14		Bucharest	Staff arrived.
15	17.1.41	4 L.N.Rgt.14 & 6 L.N.Rgt.14		Alexandra	Arrived.
16	22.1.41	2(H) 10			330 Men.
17	7.2.41	5 Abt.L.G. Signals Rgt.17	Wien	Bucharest	Departed 7-8/2
18	23-24.2.41	Res.Flak Abt.904 Res.Flak Abt.125			Destined for Bulgaria - due to arrive in the Balkans in 4 trains by those dates.
19	21-24.2.41	Flak Transport Battery 5/III			Due to arrive in Balkans in 4 tr by these dates.

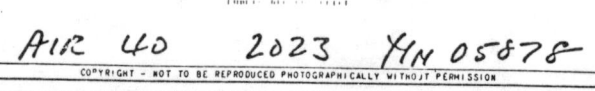

Appendix II.

No.	Date	Unit	From	To	Remarks
20	18.2.41?	Restteile of Stuka 2, Rear Detachment of Fliegerkorps VIII.	Woellersdorf	Bucharest	
21	19.2.41?	Restteile of 4 (H) 32	Mainz	Strejnic	
22	22.2.41	Aviation Fuel Column 13/XI	Oldenburg		Departed
23	25.2.41	Transport Col. 15/XI	Oldenburg		Departed
24	19.2.41	Lehr Stab II (Ambulance Dpt.)	Wien	Brasov	Supplies despatched
25	27.2.41	G.A.F.Mission in Roumania Baugruppe	Wien	Bucharest	Supplies despatched
26	22.2.41	7(F) L.G.2			Departure of rear detachment arranged for this date.

Aircraft Types

       In addition to the above, the following types of aircraft are represented in Roumania in small numbers.

F1.156	H.W.M.	1 Engine	Short Recce.	2 seater
Bucker 131	Biplane	1 Engine	Training Type	2 "
Bf.108	L.W.M.	1 Engine	Communications	2 "
F.W.44	Biplane	1 Engine	Training Type	2 "
F.W.58	L.W.M.	2 Engines	(Advanced Trainer	3/4 "
			(Transport	8 "
Ju.34	L.W.M.	1 Engine	Communications	4/6 "

A.I.3.b.
20.2.41.

297

APPENDIX III   MOST SECRET.

SUPPLY TRAINS FOR THE G.A.F.

IN THE BALKANS.

1. "L Trains".

    Between 7.1.41 and 1.3.41 reports have been received of 76 trains, the numbers of which were preceded by the letter "L" in nearly every case it is clear from the report that the contents of the train were destined for the G.A.F. in the Balkans, and it is assumed for the purposes of this Appendix that all these trains carried G.A.F. supplies for use in that area; the letter "L" presumably indicates "Luft".

The trains were numbered as follows :-

							Total
a)	L 209						1
b)	L 302	L 322	L 341	L 352	L 360	L 371	L 380	
		L323		L354	L 361	L 372	L 381	
				L 357	L 362	L 373	L 382	
				L 358	L 363	L 375	L 383	
				L 359	L 364	L 376	L 384	
					L 365	L 377	L 385	
					L 366	L 378	L 386	
					L 367	L 379	L 388	
					L 368			
					L 369			35
c)	L 746	L 765	L 785	L 790				
	L 748	L 766	L 788	L 791				
		L 767	L 789	L 799				11
d)	L 971	L 972	L 972A,	L 973	L 973A, L 973B, L 974			
	L 975	L 976	L 978	L 979				11
e)	L1060	L1061	L1062					3
f)	L5001	L5002	L5003	L 5004	L5005			5
g)	L6012	L6013	L6014	L6015	L6016	L 6017		
	L 6026	L6027	L6030	L 6032				10
							76

2. Contents of "L Trains."

    (a) The contents of train L 209 are not known.
    (b) The trains in the 300 class contained bombs with the exception of Train L 385, which contained ammunition.
    (c) and (f) The trains in the 700 and 5000 classes contained AA ammunition.
    (d) & (g) The trains in the 900 and 6000 classes contained aircraft fuel.
    (e) The trains in the 1000 class contained straw and supplies.

The contents of the trains were therefore as follows :-

Contents	No. of Trains.
Unknown	1
Bombs	34
AA Ammunition	16
A/C Fuel	21
Ammunition	1
Miscellaneous supplies	3
	76

3. Destination of "L Trains"

    The destinations of these trains were as follows :-

a. Bulgaria	- bomb trains	5	
	miscellaneous supply trains	3	8
	to Bucharest.		

b)	probably Rumania	– a/c fuel trains	3	
		bomb train	1	4
c)	Bulgaria	–		
	(i) Sofia area	– bomb trains	4	
		– fuel trains	2	
	(ii) Plovdiv area	– bomb trains	2	
		fuel trains	4	
	–	AA Ammunition trains	2	
		L 209	1	
	(iii) Simitli area	– bomb trains	4	
	–	fuel trains	3	
	(iv) Generally	– bomb trains	13	
		fuel trains	5	
	–	AA Ammunition trains	2	42
d)	probably Bulgaria	– bomb trains	2	
		AA Ammunition	3	5
e)	Uncertain	– bomb trains	3	
		fuel trains	4	
	–	AA Ammunition	9	
		Ammunition	1	17
				76

4. **Time of Arrival.**

Of these 76 trains, 25 are known to have reached their destinations on or before the 24th February, 1941; of the remaining 51, very little is known about 17 of them, but it should be assumed that they have all reached the Balkans by now.

5. **Capacity of Trains.**

a) **Bomb trains.** The net capacity of 6 of the bomb trains is known to have been about 208 tons each. These trains were however unusually short. If an average of 250 net tons per train is taken, then the 34 bomb trains have transported about 8500 tons of bombs of various sizes.

b) **Fuel trains.** The net capacity of a fuel train is usually about 450 tons: in three cases it is known that the net capacity was only about 300 tons. If an average of 350 net tons per train is taken, then the 21 fuel trains will have transported about 7350 tons.

6. **Other trains.**

There have been reports of many other trains carrying personnel and supplies to the German Air Force and Army. 1098 trains were said to have arrived by the 4th February, 1941 in one message, and railway documents refer to numbered supply trains: no. 64 is the highest number so far reported in the latter series.

7. **The 40 "L trains" for Bulgaria.**

Forty of the trains referred to in para.1. included in the last paragraph as destined for Bulgaria received special mention in reports: these trains were almost certainly the following:-

L 302	L 364	L 746	L 971	L 5003
L 322	L 365	L 766	L 972	L 6012
L 341	L 366	L 790	L 972A	L 6013
L 352	L 367		L 973	L 6014
L 354	L 368		L 973A	
L 357	L 369		L 973B	
L 358	L 373		L 974	
L 359	L 375		L 975	
L 360	L 377		L 976	/over

L 362   L 383   - L 978
L 363   L 388   - L 979

These trains may be summarised as follows:-

(i)	Sofia area	- Bomb trains		3
		- fuel trains		2
(ii)	Plovdiv area	- bomb trains		2
		- fuel trains		4
		AA Ammunition trains	2
(iii)	Simitli area	- bomb trains		4
		fuel trains		3
(iv)	Generally	- bomb trains		13
		fuel trains		5
		AA Amunition trains	2

40

MOST SECRET

Appendix IV.

LIST OF AERODROMES IN ROUMANIA.

The existence of 54 aerodromes and landing grounds is regarded as confirmed.

2.   Those given below are reported to be occupied, or to have been investigated, by the G.A.F.

3.   The area covered includes those parts of Roumania recently ceded to Hungary and Bulgaria.

Approximate Coordinates and Local Positions.

Alexandria	L.G. 43°58'00" N. 25°20'30" E. 50 miles S.W. of Bucharest .
Arad	Aer. 46°11'48"N.21°16'45"E. Aerodrome is 2½ miles W. of Arad.
Balomir	Aer. 45°57'00" N. 23°43'45" E. 100 miles E.S.E. of Arad.
Brasov	Aer. 45°39'54" N.25°37'18" E. The aerodrome is 2 miles N.N.E. of Brasov.
Bucharest/Baneasa	Aer. 44°30'18" N. 26°05'30" E. Aerodrome is 5 miles N. of Bucharest.
Bucharest/Pipera	Aer. 44°28'48" N. 26°07'18" E. Aerodrome is 3¾ miles N. of Bucharest.
Calarasi	Aer.? 44°14'06" N.27°21'12" E. Aerodrome is 3½ miles N. of Calarasi. Calarasi is 64 miles E.S.E. of Bucharest.
Caracal	L.G. 44°06'30" N. 24°21'54" E. 90 miles W.S.W. of Bucharest.
Constanza/Mamaia	Aer. 44°18'00" N.28°37'00" E. 9 miles N. by W. of Constanza.
Craiova	Aer.?44°18'54" N. 23°48'12" E. 3 kms. S.W. of Craiova.
Giulesti	Aer. 44°30'00" N. 26°01'48" E. 5½ miles N.W. of Bucharest.
Otopeni	Aer. 44°28'54" N. 26°05'30" E. 9 miles N. of Bucharest.
Ploesti/Strejnicul	L.G. 44°55'12" N.25°57'12" E. 3¾ miles W. by S. of Ploesti.
Popesti-Leordini	Aer.44°22'12" N.26°12'12" E. 5 miles S.E. of Bucharest.
Targsorul Nou	Aer.44°54'18" N.25°52'18" E. 8 miles W. by S. of Ploesti.
Rosiorii de Vede	Aer.44°06'42" N. 24°59'24" E. 60 miles W.S.W. of Bucharest.
Slatina	L.G.44°25'42" N.24°22'24" E. 30 miles E.N.E. of Craiova.
Turnu Magurele	L.G.43°45'24" N.24°51'00" E. 1 mile W. of Turnu-Magurele which is 78 miles S.W. of Bucharest.

Appendix IV

Approximate Coordinates and
Local Positions.

Turnu Severin Aer.? 44°37'36" N.22°36'12" E. 1½ miles W. of
           Turnu Severin, which is 56 miles W.N.W.
           of Craiova.

Visina Veche   L.G. 43°52'00" N. 24°27'00" 45 miles S.S.E.
           of Craiova.

Zilistea   Aer. 45°13'48" N. 26°57'00" E. 1½ miles S.W.
           of Zilistea which is 70 miles N.E. of
           Bucharest.

M O S T   S E C R E T

Appendix V.

TIMETABLE OF MOVEMENTS OF FLIEGERKORPS VIII TO ROUMANIA.

15.9.40.	Fliegerkorps VIII moved to Luftflotte 2 area.
26.11.40.	Fliegerkorps VIII interested in conferences with L.G.S.z.b.v. 300 in connection with Operation Smith.
27.12.40.	Fliegerkorps VIII apparently a detached command.
29.12.40.	Embarkation officers appointed by Fliegerkorps VIII and a subsidiary unit.
29.12.40.	Fliegerkorps VIII apparently chosen to go to Roumania.
5.1.41.	Hutments to be constructed for use of Fliegerkorps VIII in Roumania.
6.1.41.	Certain operational aerodrome commands of Fliegerkorps VIII to be posted to Roumania.
7.1.41.	Search for headquarters for Fliegerkorps VIII in Roumania.
9.1.41.	Advanced detachment of Fliegerkorps VIII under Major Lisbing left for Roumania.
10.1.41.	Elements of some units under Fliegerkorps VIII in Roumania.
11.1.41.	Allotment of one Long Range Bomber and one Heavy Fighter Gruppe to Fliegerkorps VIII.
14.1.41.	Fliegerkorps VIII to be responsible for provisioning elements of Koluft 12 south of Danube.
15.1.41.	Fliegerkorps VIII still had portions of its organisation in France.
17.1.41.	Fliegerkorps VIII appointed liaison officer to be posted to High Command in Roumania.
24.1.41.	Fliegerkorps VIII moving to Roumania but still left elements in France.
1.2.41.	Projected visit of von Richtofen, Commanding Officer of Fliegerkorps VIII to Bulgaria. Visit took place 7/2 to 11/2.
6.2.41.	Supply trains of Fliegerkorps VIII were arranged to be sent to Bulgaria.
8.2.41.	Officers of Fliegerkorps VIII to go to destination aerodromes in Roumania.
13.2.41.	Further supply trains of Fliegerkorps VIII to Bulgaria.
14.2.41.	Fliegerkorps VIII in touch with Air Attache, Sofia.
17.2.41.	Certain field equipment stations noted by Fliegerkorps VIII not yet allotted.
18.2.41.	Transport staffel of Fliegerkorps VIII partly in Roumania and partly in Germany.
19.2.41.	Rear and advanced detachments of Fliegerkorps VIII the former probably in Austria and the latter in Roumania.
28.2.41.	Fliegerkorps VIII still had a rear detachment at Vienna.

303

AIR 40   2023   YN 05878

<u>Appendix V.</u>

From the above it would appear that it has taken Fliegerkorps VIII two months to move from France to Roumania and that its full complement has not yet arrived although advanced arrangements have been made for a further move into Bulgaria.

<u>5.3.41.</u>

APPENDIX VI.   SECRET

BULGARIAN AERODROMES

       The following aerodromes in Bulgaria have proved
of interest to the German Air Force:

1.   Aerodromes apparently chosen by the German Air Force
and to some of which operational supplies have been despatched:

	Approx. Co-ordinates.	
	Lat. N.	Long. E.
SOFIA Area		
BOJOURICHTE	42° 45'	23° 12'
PLOVDIV Area		
MALO KONARE	42° 12'	24° 20'
TATAR PAZARDSHIK	42° 12'	24° 17'
KRUMOVO (Main Security Station)	42° 06'	24° 48'
GRAF IGNATIEVO	42° 18'	24° 42'
STARA ZAGORA	42° 23'	23° 34'
KAZANLIK (supply base)	42° 38'	25° 20'
KARLOVO	42° 36'	24° 54'
SIMITLI Area		
SIMITLI	41° 53'	23° 07'
BELITSA	41° 59'	23° 16'
PETRICH	41° 24'	23° 14'

2.   Aerodromes which have been mentioned as having been
investigated by G.A.F:-

        LEVSKI (Intermediate Landing Ground)
        TELICH
        BALCIK (S. Black Sea)
        BANLOG (Simitli Area)
        IKHTIMAN
        YAMBOL
        SLIVEN
        GORNA Or...
        DOBRIC (...)

A.I.3.b.
13.6.44.

/14C 40   2023   Th. 05875-

Appendix VI.

UNIT MOVEMENTS TO THE BALKANS.

I/Lehr 1. This unit was not heavily engaged in December and operated
irregularly at a strength varying from 5 - 15 aircraft.
During this month a number of aircraft underwent repair at Langenhagen, Weimar and Passburg and other aircraft were undergoing modi-
fication.   On the night 2/3rd January, six aircraft operated against
Cardiff.   After this date the unit did not operate again on the
Western Front.   On 8th February the advance party of I/Lehr 1 reached
the Vienna area en route for Roumania.   The whole unit was due to
move to Vienna but, at the time, 12 Ju. 88's were at the French base
at Orleans and others at Langenhagen.   On 15th February an advance
party of I/Lehr 1 arrived in Roumania but 12 Ju.88's were still undergoing test flights and a number of crews were on recuperative leave.
The main part of the unit was still at Vienna at this date.   On the
20th February the Commanding Officer of the Gruppe Hauptmann Hoffmann
was still at Vienna.

2.   The unit since its last operation on the Western Front therefore
took between six and seven weeks to reach the Roumanian theatre.

3. II/K.G.26.   This unit was not identified on operations on the
Western Front during December.   On the 6th December
there were indications that the unit was moving away from the Western
Front and on the 11th February elements of this unit were in the
Vienna area.   On the 18th February aircraft were reaching Roumania
but on 25th February train trucks containing equipment for this unit
were still located in Hungary.

P.T.O.

AIR 40   2023   XII 05878

M O S T   S E C R E T

Appendix VII

DIARY OF EVENTS IN THE BALKANS

October

23rd   German Air Force Mission to leave for Bucharest by air.

29th   German Air Force Meteorological Station at Bucharest to provide weather reports for the German Air Force formations in Roumania.

31st   No German Air Force personnel allowed to enter Roumania except on politico-military service.

November

3rd   First detachment of 4th Staffel, Army Cooperation Gruppe 13, in transit.

5th   A "further" single-engined Fighter Gruppe being placed under Mission.

13th   The G.H.G., C.-in-C., G.A.F. to confer with O.C. Roumanian Mission, by order of Chief of Air Staff.

14th   Air raid reporting units assigned for protection of Roumanian oil fields.

Owing to absence of General Speidel (O.C., G.A.F. Roumanian Mission) visit of A.O.C.-in- C. Luftflotte 4 (General Loehr) possibly to be postponed.

18th   First mention of G.A.F. Flak Units for Roumania.

G.A.F. Mission to inform Luftflotte 4 of all officers under its command who have in the past proved their abilities in action.

19th   Provision of personnel to man Lufthansa W/T transmitter at Sofia.

20th   G.A.F. "Y" Service personnel in Roumania.

21st   Daily W/T contact in force between C.-in-C., G.A.F., and G.A.F. Roumanian Mission.

Weather report concerned with possibility of (British ?) air approach to Roumania from Bulgaria and over Black Sea.

22nd   Ground W/T sets being sent to Roumania.

23rd   Air raid reporting units in Northern Bulgaria.

27th   Roumanian Air Force to be trained on Me.109 a/c.

December

11th   Flak battery urgently required for defence of Giurgiu.

13th   Training of Roumanian Anti-Aircraft units.

14th   Teleprinter service installed between Vienna and Bucharest.

18th   Training of Roumanian bomber crews in Germany.

20th   Large scale building of G.A.F. hutments in Roumania commenced.

24th   List of Army Cooperation Staffeln scheduled for Roumania.

23rd   First mention of Operation "Hollywood".

G.A.F. Roumanian Mission reporting to Luftflotte 4 on state of aerodromes in Roumania which are to receive G.A.F. units.

AIR 40   2035

COPYRIGHT – NOT TO BE REPRODUCED

<u>cember</u>

   d   Negotiations in progress for assembly (and manufacture of components) of B.M.W.132 and Bramo 801 engines in Roumanian Aircraft Factory.

26th   Luftflotte 4 asking for aerodrome and weather conditions at Sofia and Plovdiv.

27th   Colour parade ordered by Army G.H.Q. in Roumania.

28th   Supply columns being provided by Luftflotte 3.

29th   Final dispositions of units for Operation "Hollywood".

         Need to increase staff of Roumanian Mission so that it can in near future undertake duties of a Luftgau.

31st   G.A.F.Roumanian Mission asked by Luftflotte 4 for detailed list of railway stations where unloading was to take place.

<u>January</u>

1st   C.-in-C.,G.A.F., confirms to G.A.F.Roumanian Mission that the ethylisation by end of February of 23,100 tons of B.4 fuel for use of Roumanian Mission is authorised.

4th   Air Attache, Sofia, reports regarding choice of Levski or Telis as A.L.G. in Northern Bulgaria; also on road system Plevna – Levski – Bjela.

         Advance detachments of ground-staffs at intermediate landing-grounds in Roumania. Air Attache, Budapesth, to arrange transit through Hungary.

         Supplies for Operation Hollywood to be marked with "Green Cross" Not to be confused with "Green Circle".

5th   Hospitals in Roumania ready to receive patients.

6th   First mention of the "Opera" Transport Movements.

         By order of the Fuehrer no Hollywood Staffs to be located in Bucharest. Quarters for Fliegerkorps VIII to be found near Army G.H.Q.

         Luftflotte 4 asks Roumanien Mission to state operational locations for mobile equipment issuing stations.

         Chief of Air Staff decides that Field Aircraft Park Antwerp shall go to Roumania rather than one from Luftflotte 3.

7th   Telephone lines Nikopol (on Danube) – Sofia – Petrich (S.W. Bulgaria) and Sofia – Plovdiv to be constructed.

8th   Transfer to Bucharest of Staff of O.C.Air Component 12th Army completed.

9th   Air Attache, Sofia, to report immediately with result of his investigations to Chief of Staff, Luftflotte 4.

10th   One Gruppe of L.R.Bombers and one of Heavy Fighters placed under Fliegerkorps VIII.

11th   G.A.F. air –defence area mentioned in connection with Roumanian flying restrictions.

12th   Two Courier Staffeln arrived at Roumanian aerodromes.

         List issued of operational base aerodromes near Vienna and intermediate landing-grounds in Hungary and Roumania.

Appendix VII

JULY

th
In view of possibility of British submarines bombarding Constanza oil stocks, and at request of Roumanian General Staff, one Army Cooperation Staffel to be allotted for reconnaissance duties off Roumanian coast.

15th
Operational Staff of O.C. Air Component 12th Army to be transferred to Predeal (15 miles S. of Brasov).

Luftflotte 4 to issue handbooks on Balkan countries.

The Fuehrer repeats his instructions regarding A.R.P. for Roumanian oil industry. Precautions to be completed by 22.1.41.

17th
Railway tank trucks containing fuel and lubrication oil (promised by General Homburg) to be sent to Bulgarian War Ministry (Engineering Inspection Dept.)

18th
Roumanian bridging gear, now belonging to 12th Army, to be used for bridging Danube at Zimnicea (between Giurgiu and Turnu-Magurele).

19th
Allocation of advance supply trains for Bulgaria.

20th
Ground staffs at intermediate landing-grounds ready.

21st
Bulk of units flying to Roumania about this date until 25.2.41.

24th
Suitability of Plovdiv as Main Air Security Station to be investigated.

February

1st
Passport facilities for escorts of advance supply trains going to Bulgaria.

3rd
Report from Air Attache, Sofia, on operational suitability of aerodromes in Sofia and Plovdiv areas.

6th
Bulgarian "fiches de balissage" required by Roumanian Mission.

7th
German Recognition Signals for Bulgarian Air Force.

Between 7.2.41 and 12.2.41 forty advance supply trains available for G.A.F. Details of railway capacity and supplies for S.W. Bulgaria (Petrich and Belitsa aerodromes)

8th
General von Richtofen (O.C.Fliegerkorps VIII) intending to visit HIS RELATIVE (the German Minister in Sofia) about this date.

Q.M.G., C.-in-C., G.A.F., requires results of enquiries about mooring tank-lighters on Danube and tankers at Burgas.

12th
The Fuehrer asks for exact details of strength, disposition and operational plans of Bulgarian Air Force.

13th
Air Attache, Sofia, to have all trains camouflaged and dispersed on arrival to lessen danger of air attack.

15th
Trains left Belgium carrying, i.a., Aircraft Park Antwerp. (This is second a/c Depot Unit reported for Roumania, the first having arrived end December).

17th
Air Staff, Intelligence, C.-in-C.,G.A.F orders Air Attache, Sofia, to carry out reconnaissance of Salonica-Sedes aerodrome, and "to beware of fighters".

MOST SECRET.

APPENDIX VIII.

G.A.F. PERSONALITIES IN THE BALKANS.

The following is a brief list of the more important Senior Officers of the G.A.F. in Rumania and Bulgaria. When the penetration of Rumania began, it was specifically mentioned that officers were to be detached who had front-line experience. Many officers were therefore transferred from units in France. In particular, attention may be drawn to the fact that some of the officers belonged to the z.b.V. staffs which, during the French Campaign, acted as mobile machine reconnoitring, occupying and equipping aerodromes as they were captured and supplying operational flying units.

LOEHR, General der Flieger. O.C. Luftflotte 4.

SPEIDEL, Generalleutnant Wilhelm. O.C. G.A.F. Mission. Was Chief of Staff, Luftflotte 2, in June, 1940. By 29/10/40, had been appointed O.C. G.A.F. Mission RUMANIA. Was in touch with BERLIN over ANTONESCU'S visit there in November and asked for further instructions as he was "planning for ahead". On 21/2 sent peremptory orders to all G.A.F. units in RUMANIA not to take orders from Rumanian authorities.

RICHTHOFEN, General Baron von. O.C. Fliegerkorps VIII Was on Air Staff, C.-in-C., G.A.F. during Polish campaign. Apparently at one time O.C. Fliegerkorps I in FRANCE. Ordered by the FUEHRER to attend the Reichstag on 8/7 unless prevented by operations. Was to visit the Ambassador in SOFIA at the beginning of February.

BASSENGE, Oberst. Appointed Chief of Staff, G.A.F. Mission, 24/10/40. Has an engineering degree. Was O.C. Parachute-School STENDAL, 1938/9. In FRANCE was on the staff of Luftflotte 2.

KRUEGER, Oberst. O.C. Air Component, 12th Army and German Army in RUMANIA (Koluft). Was Koluft 12th Army early in 1940. In August, 1940, was Chief of German Air Mission in SLOVAKIA.

GIESSE, Major. Closely connected with Army Co-operation Staffeln in RUMANIA, his title being "Gruppenführer der Flieger". (GRUFL.) Was connected with Gruppe (H) 31 in France.

HANDRICK, Major Gotthard. O.C. I.J.G. 28/7/11) His wife is a niece of GOERING. In March, 1939, was O.C. Fighter Gruppe COLOGNE. In May, 1939, O.C. 1st Gruppe SCHLAGETER Geschwader (J.G.26)

MOHN, Major. Was concerned with Flak dispositions and a/c reporting services in RUMANIA (30/10), and with the allocations of Staffeln to suitable aerodromes. In May, 1940, was Liaison Officer with L.G. Stab z.b.V. 14 in FRANCE.

MOSER, Major. Personnel Staff Officer of the Mission.

SIEBER, Oberst. Chief Signals Officer, Fliegerkorps VIII.

SHOENEBECK, Oberst von. German Air Attaché in SOFIA. Has since November (and probably earlier) been in charge of G.A.F. preparations in BULGARIA, such as aerodrome reconnoitring training the Bulgarian Air reporting service and G.A.F. "Y" Service in BULGARIA.

AIR 40 2023 YN 05878

COPYRIGHT - NOT TO BE REPRODUCED PHOTOGRAPHICALLY WITHOUT PERMISSION

MINUTE SHEET.   Air Ministry File No.

NOT SECRET.

D. of I.

       The enclosed paper deals with the establishment of the
German air force detachment in S.E. Europe. It was felt that a
detailed study of day to day developments might prove a useful
guide from the point of view of the time factor should the
Germans decide to establish air forces in other theatres of operation. The scope of the work undertaken by the Speidel Mission
indicates that before its arrival, the move of air forces to this
area had not been seriously considered. Failure to invade last
year and the retreat of the Italians in Libya were probably
responsible for this move - the Italian collapse necessitating the
speeding up in the preparations.

       The time taken from the arrival of the Mission to the
completion of preparations and arrival of units was about 3 months.
This was fairly rapid considering the weather conditions, the
limited communications and the restraint that was necessary to
avoid a clash with an unsympathetic people. It is doubtful however
if it could have been done quicker without the risk of opposition
which might have led to a conflagration throughout the Balkans.

6.3.1941.   D.D.I.3.   S/Capt

D.W.O.

Before circulating I think it would be
very helpful to have your comments.
                    CWgh.
10/2/41

—3—

D. of I.

       The analysis is very interesting, particularly from the
organization aspect.

2.   The following comments occur to me :-

  (i) It is curious that the Germans should find it
      necessary to send petrol to Roumania.
      Presumably the grades already in Roumania
      were unsuitable. This is rather borne out
      by a late signal arranging for the
      ethylizing of petrol in Roumania.

  (ii) The aircraft were not moved until full arrange-
      ments for ground defence, accommodation,
      supply, etc. had been made. The time and
      political factors, of course, facilitated
      this method.

Wt 14267.4277 260,0.0 1/40 W. H. & S. 698/100

(iii) It is worth noting that the German method of
moving air forces from one theatre to another
has so far always been that of taking complete
formations together with their existing staff,
and moving them complete by planned stages.
This is opposed to our method to date, with
the single exception of the campaign in
France, of building up the new force from aircraft and personnel obtained by milking
existing formations or by diversions from new
resources. Our policy has to a large extent
been forced upon us by our limited resources.
Nevertheless, there is much to be said for
sending, to undertake new commitments, existing
formations with elements which have already
worked together, filling the gap by
improvisation if necessary. The Home organization is better able to carry such improvisations
than a new Command operating in strange
territory. As our strength grows, this method
of forming new air contingents should be more
fully employed.

(iv) It seems possible that with the German system of
control and maintenance of air forces, the
preparations necessary before their air force
can operate from a new area are more detailed
and rigid than in our case. Witness:-

      (a) Norway
      (b) France
      (c) Sicily
      (d) Roumania.

It is therefore worth noting that air attack of
their preparations may disorganize the move of
German air forces far more than similar attacks
are likely to affect our own movements of air
forces.

15.3.41.

                                      D.W.O.

*This is a historical review prepared by D.D.I. (5)
to show the regime of the German move into
Bulgaria. It will be of considerable use in this
Directorate for assuming the rate at which the
Germans, at some future date, can move into
any other country.*

You may care to read the first 3 pages

19.3.45.

II.Die Schlacht bei Matapan
(Ergebnis der Entzifferung der vier italienischen Funksprüche, Originaltext unverschlüsselt und verschlüsselt; die ersten beiden grundlegenden Funksprüche und Kopien
der drei folgenden Gefechtsbefehle des Admirals Cunningham mit dem Datum 26.
März 1941.)

MOST SECRET.

UNDER LOCK AND KEY NEVER TO BE REMOVED FROM THE OFFICE

Serial Number F 258

MESSAGE

MOST SECRET   1705/25th March

To: C in C Mediterranean 410   Date 25 3 41
     V A Malta 542
     C O I S Alexandria

NAVAL CYPHER (D)

From Admiralty   IMMEDIATE   AIDAC

   Rome informed Rhodes that today March 25th is day
minus three

Comment   Signal refers to a message from Rhodes to
Rome on 24th March   Any further information will be
forwarded is possible

                    1705/25
                    D D I O (Green Line 3)

1st S L   PERSONAL
V C N S   PERSONAL
A C N S (F)   PERSONAL
D O D(F()   PERSONAL
D of P   PERSONAL
D N I   PERSONAL
D D I O   PERSONAL

MOST SECRET.

OFFICE KEPT UNDER LOCK AND KEY. NEVER TO BE REMOVED FROM THE OFFICE.

Serial No F 259.

MESSAGE.   OUT.

0820/26 March.

To: C. in C. Mediterranean 42/.   Date: 26/3/41.
    V.A.Malta 174.
    C.O.I.S.Alexandria.

Naval Cypher D.

From: Admiralty.

MOST IMMEDIATE.

AIDAC.

Following presumably refers to my 1705/25.   Air
reconnaissance of Alexandria - Suda Bay and traffic routes
Alexandria to Piraeus both sides of Crete was to be carried
out A.M. of the two days preceding the main operation.
Attacks on Cretan aerodromes to be carried out the night
before main operation.
On day of main operation intensive reconnaissance to be carried
out from dawn to noon between Crete and Athens.
Also at dawn of this day attacks on Cretan aerodromes will be
carried out and reconnaissances of traffic routes Alexandria
to Crete.

              0820/26.
                D.D.I.C. (Green line Ext 3)

    1st S.L.   PERSONAL.
    V.C.N.S.   PERSONAL.
    A.C.N.S.(F)   PERSONAL.
    D.O.D.(F)   PERSONAL.
    D. of P.   PERSONAL.
    D.N.I.   PERSONAL.
    D.D.I.C.   PERSONAL.

MOST SECRET.

KEPT UNDER LOCK AND KEY - NEVER TO BE REMOVED FROM THE OFFICE

Serial No. F.260.

M E S S A G E   Date 26.3.41.   OUT

To C. in C. Mediterranean 425.
V.A. Malta 549.
C.O.I.S. Alexandria.

Naval Cypher (D)

From Admiralty.

AIDAC.

MOST IMMEDIATE

My 0820/26.

Reconnaissance on day of main operation.

1. Intensive reconnaissance of area bounded by Coast of Crete,
    East Coast of Greece, Gulf of Athens and the line Zea, Milo,
    Cape Sidero, from dawn to noon.

2. Dawn reconnaissance of routes Gaudo - Alexandria and Caso -
    Alexandria.

3. Dawn attack on Cretan aerodromes.

                    1007/26.

              D.D.I.C. (Green Line 3)

1st S.L.   PERSONAL

V.C.N.S.   PERSONAL

A.C.N.S.(F)   PERSONAL

D.O.D.(F)   PERSONAL

D. of P.   PERSONAL

D.N.I.   PERSONAL

D.D.I.C.   PERSONAL

MOST SECRET.

TO BE KEPT UNDER LOCK AND KEY: NEVER TO BE REMOVED FROM THE OFFICE

Serial Number F.264.
OUT.

To: C. in C. Mediterranean. 447. Date 27.3.41.
V.A. Malta. 554.
C.O.I.S. Alexandria.

NAVAL CYPHER (D 19)

From Admiralty.

IMMEDIATE. ALBAC.

At 1200 March 26th Rome informed Rhodes that presumed situation at 1200 March 26th was as follows: 2 battleships one aircraft carrier and 7th cruiser division at sea off Crete. Convoy between Suda and Piraeus. One battleship one aircraft carrier at Alexandria.

0846/27.

D.D.I.C.

(Green Line 3).

1st Sea Lord.   PERSONAL
V.C.N.S.   PERSONAL
A.C.N.S.(F)   PERSONAL
D.O.D.(F)   PERSONAL
D. of P.   PERSONAL
D.N.I.   PERSONAL
D.D.I.C.   PERSONAL.

1.

MOST SECRET.

BE KEPT UNDER LOCK AND KEY. NEVER TO BE REMOVED FROM THE OFFICE.

Serial No. F.257.

M E S S A G E   OUT.

1510/27.March.

Date: 27.3.41.

To: C. in C. Mediterranean,457.
V.A. Malta,556.
C.O.I.S. Alexandria.

Naval Cypher (D)

From Admiralty.

AIDAO   IMMEDIATE.

At 2000/26 Rome informed Rhodes, Tripoli and
Valona that from W/T situation of British Force
at 1800/23 was:-

(a)   2 or 3 battleships and an aircraft carrier Mersa
      Matruh area.

(b)   2 convoys in area 80 miles south of Gaudo.

(c)   One cruiser, 5 destroyers at Suda.

(d)   by D/F some units in Piraeus zone and north of
      Naxos.

(e)   Convoy arriving at Piraeus.

(f)   Force H in Atlantic.

1510/27.
D.D.I.C.
(Gr. Line Ext. 3.)

UNICA COPIA

SUPERMARINA

MESSAGGIO IN PARTENZA

N. CIFRA				E. CIFRA		IN CIFRA	
FFICIO					Roma il 24 marzo 1941 - XIX		
NUMERO	PAROL.	DATA	ORE	TRASMITTENTE	VIA	PROTOCOLLO TELEGRAFICO	

MACCHINA CIFRANTE : INFORMAZIONI

EGEOMIL - RODI

53148

SUPERMARINA............Comunico seguente telegramma di STAMAM
(alt) A EGEOMIL RODI numero 7530 sp. 24 marzo (alt) Ai fini
nostre azioni in un prossimo giorno X et che saranno preci -
sate in tempo predisponete seguenti azioni aeree (alt) PRIMO
Nelle ore antimeridiane giorno X meno due et X meno uno ricognizioni su Alessandria Suda et rotte traffico Alessandria
Pireo per Caso et Cerigo (alt) SECONDO Nella notte su giorno
X bombardamento aeroporti Creta (alt) TERZO Alle prime luci
alba giorno X et fino alle ore dodici esplorazione sistemati -
ca zona compresa tra Creta Morea Golfo Egina et congiungente
Zea Milo Capo Sidero semialt All'alba stesse giorno X rico-
gnizione sulla rotta Caso Alessandria et Gaudo Alessandria
semialt All'alba stesso giorno X bombardamento aeroporti Cre_
ta (alt) Comunicazioni esito ricognizioni siano trasmesse
Stamage et Supermarina con consuete modalità (alt) GUZZONI
(alt) 201024

Catt/C°Fur.Sabatinelli

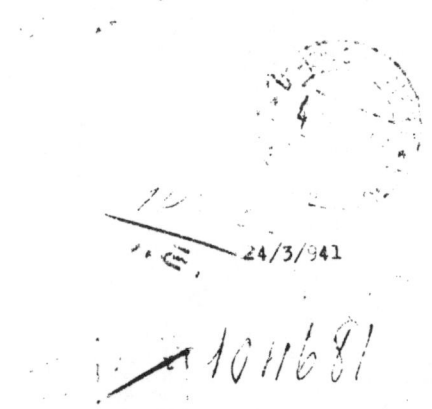

24/3/941

E G E Q M I L   R O D I

OQI18	53148	WHTMV	QFQJB	VLJTC	RNZLR	VACGG	ACIQP	UBMBZ
NWSFG	QQOSR	FKAJJ	GJQXR	WEZTD	DPVFS	HTUID	SPVYH	EVKHL
PXSYM	TPCWT	KOMKO	XFQYJ	DMKKY	MJXYB	LAJIA	RFSXT	EHZET
FYMGR	YRHTN	HAQFO	EQAGV	NJYUL	VBSSK	OODCT	HEALM	LZDUJ
ZOXVU	DEMPP	YVBWP	CQUTI	JRNVK	ZQLEC	HSASP	BGQPS	ZCYLJ
TNMDC	HZZPT	EUJDN	HWXCI	QMSBU	FVJXQ	HAYUU	FLMXB	KCSXY
KMPXV	JQLTO	VGFQW	TGFWS	CUKBJ	JEAPF	KOVCP	TQTYH	NFDYM
NLSRS	OXRDJ	VXPDP	SZHRK	XFCIH	JOUXW	ZDLYO	YHMRM	HFCXV
YMBLK	UXLHD	UZWVX	JVZVQ	VOEVO	PCIMW	FLSMB	UACAJ	EEKWX
TQQZW	WGZIL	WGJCI	JXUTC	IHINI	PFWVY	FPRJV	OBSLJ	EARKH
OFWEV	YXYHM	OUHUQ	IUBDD	TAYDL	IKPXY	PNLHO	XHISK	QKCLF
XBSGB	TRQRA	PSVAS	IEWUR	MHRIZ	SFZVL	EVUXQ	JBZWQ	RZTPC
KDYOM	VTLID	WGEGO	NIQEA	AONGZ	MPLTA	KRJBV	ZPTSB	JNZAJ
CIEKZ	QPKJB	ZOSBB	YTETT	HAHTP	DKZNE	EDAZY	XMADZ	FVDFW
SJIKI	XOZIC	IQXRF	IWUIV	GQROC	WJGKY	AMOGN	CKYZH	JACZR
UKENB	RYHSQ	COVRO	RKAZE	YTHJW	UZOYL	WHYLN	NWEVG	FKXMJ
XGQLO	CNJEU	YYYIC	CNTOE	GVJSD	LVAHY	XLPBS	TQSWB	YQAOB

BSRLJ ASCRC JZUDZ KSWWX CSRKF RZOCO XQXZP ZZHTU

CGLLR VZWNI CDDNT PSPVG QPQXN EZBJB UNGKX VNARV

CMKMH YPQCQ QRJWB KTKMW QWJFD EUHQU GHCMB LAKDK

VCAEJ BWYFA TQJZN RUBVY SRREA OKWVN WUOKN HTQJW

HDOOH KULDJ OQI18 224524

La Neografica — Ord. 76 (500 bl.) 25-6/40-

SUPERMARINA

UFFICIO IN PARTENZA

IN CIFRA			IN CIFRA			IN CIFRA		
UFFICIO SUPERMARINA					Roma	25.3.1941		

EGEOMIL RODI

SUPERMARINA *13675* Riferimento telecifrato 53148 data 24 (alt) Oggi 25 marzo est giorno X - 3 (alt) Assicurate (alt) 111625

Minuta: Amm.Giartosio
Datt.: C°Fur.Venza

IN CIFRA

24 3/841

M A R I N A   R O D I   TRASMESSO

FFJ11	13675	NKWOT	QSXDP	EMVAL	LFMBH	SBAJS	PHJOI
DKHTC	QSMQV	DLLFJ	PZSLZ	MFXGD	EYUJI	TABDX	QMUMK
JMSFG	XRZIQ	OFKAP	MLEIQ	MKFDZ	WAKAV	MCVRY	HWBUN
GWNJL	AOUIF	NNLRT	FFJ11	111625			

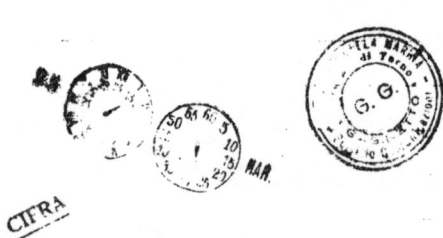

IN CIFRA

I.A.F. Form 96A.
(Form Naval).

MESSAGE FORM 249

Office Serial No......

| Call   IN
and   :—
Preface OUT | | No. of Groups
GR | Office Date Stamp
(15 R) |

(Above this line is for Signals use only.)

TO° malta   H.Q. BF.G.   HQ m.E.D (R) H.Q. E.G... E

FROM° C m C. Med Fleet   Originator's Number   Date   Year/My   Number and Date

(Write horizontally)

MOST SECRET. ① There is reason suspect
enemy surface forces. Contemplate a
move into AEGEAN arriving there 28th .....
request. You will if possible arrange p.m.
reconnaissance of Italian case on to
particular TARANTO NAPLES BRINDISI. MESSIN...

Sent to S.A.S.O. 0230 hrs CT.
27/3.   RPJHilliard.   TOO   1818/26   GMT
    TOR   2230/26

| This message must be sent AS WRITTEN and may.........be sent by W/T.
Signature | This message must be sent IN CYPHER and may.........be sent by W/T.
Signature | Originator's Instructions°   Degree of Priority°

IMMEDIATE | TIME OF ORIGIN.

T.O.R. |

‡ Originator to insert " NOT " if message is not to go by W/T over any part of the route.   (Below this line is for Signals use only.)

System in	Time in	Reader	Sender	System out	Time out	Reader	Sender	System out	Time out	Reader	Sender	T.H.I.

S E C R E T.   Page.3.   **107**

THE BATTLE OF CAPE MATAPAN.   8

COPIES OF MESSAGES (Continued).

To:- V.A.M. '226.   From:- C-in-C, Med.
 (R) H.Q. Med., B.A.F. Greece.
     H.Q.R.A.F.M.E.

                    IMMEDIATE.

MOST SECRET.

          There is reason to suspect enemy surface forces
contemplate move into the Aegean arriving there 28th. Request
you will, if possible, arrange p.m. reconnaissance of
Italian bases on 27th, particularly Taranto, Messina, Naples,
Brindisi.

                              T.O.O....1818/26/3/41.

To:- S. One.   From:- C-in-C, Med.

                    IMMEDIATE.

AIDAC.

          Divert ROVER to patrol within 15 miles of Point
Drepano, Suda Bay by dawn 28th, passing through Kithera
Channel.

          Divert TRIUMPH to patrol within 20 miles radius
from point 180° Anti Milo 20 by dawn 28th.

          Inform Mediterranean Fleet of route. Object is to
catch an enemy raiding force or convoy for Leros suspected to
be going into the Aegean sometime on the 28th.

          Intense enemy air activity may be expected from
daylight onwards on that day. Area is being cleared of own and
Greek ships and H.V's but own aircraft will operate.

          Do not signal any information which would betray
that we are suspicious.

                              T.O.O....1820/26/3/41.

To:- YORK.   From:- C-in-C, Med.
 (R) V.A.L.F.

AIDAC.

          There is reason to suspect a raid by enemy forces in
the Aegean on 28th accompanied by strong air action. F.A.A.
Maleme are being instructed separately. You should arrange:-

          (a) N.O.I.C. Suda withdraw all patrols including 'K' patrol
               to be under cover of defences by midnight 27th/28th.
          (b) Warn military and air authorities in good time, but not
               earlier than is necessary.
          (c) Be prepared to counter bombardment.

          CARLISLE is being sent to back up A.A. and ROVER to
patrol off Suda. V.A.L.F. with cruiser and destroyer force will
be south of Gavdo, standing by for eventualities.

                              T.O.O....1822/26/3/41.

III. Kopien der »ULTRA«/O.I.C.-Sprüche vom 8., 9., 11. und 12. Oktober 1941, den Geleitzug *Giulia* betreffend

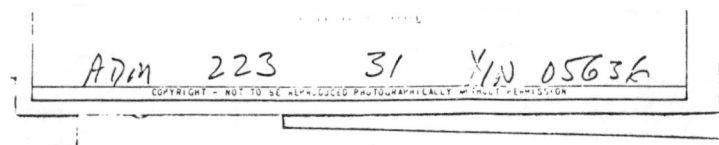

MOST SECRET

ITALIAN CONVOY SITUATION

8th October, 1941

Part I. Convoys at Sea.

Save Tripoli

Southbound.

JUTAK (Yugo-Slav, 1571 tons) probably leaves Brindisi (?) 8th, escorted by CAIGE for Benghazi, where she is due am./10.

Northbound.

Convoy "X" consisting of merchant vessel UTA (ex Yugo-Slav, 1397 tons) sailed Tripoli am./6 westabout for Naples; 7 knots. Passes C. Bon 1200B/8. Due Naples 0400B/10. Escorted by 1 destroyer.

Convoy "JOTA" consisting of CASTEL VERDE (5666 tons) sailed Tripoli p../6 westabout for Naples, where she is due 1930B/8. Speed 11 knots. Escorted – 2 destroyers.

Convoy "X", SAVONA, (German, 2120 tons) sailed from Benghazi pm./7 for Brindisi, 10½ knots, escorted by 1 destroyer.

Convoy "M", ANSTRHAUS"(6673), sailed Tripoli p../7 westabout for Naples at 10½ knots where she is due 191./9.

Coastal

BROOK (1225 tons) and SPEZIA (1825 tons) escorted by CAJLICES sailed Tripoli at 0700B/7 for Benghazi, where they are due 0500/9.

Part II. Delayed Reports

NIL.

Part III. Future Movements.

Southbound

Convoy "CASARDIS", consisting of CASARDIS (5445), ZETA (5219), GIULIA (5921), MARISMA (7933) and PROCELLARIA (?) sail Naples 2130B/8 westabout for Tripoli, speed 9 knots. Time of arrival 1800B/11. Escort 4 destroyers. NIKO (5104) and destroyer CAMICIO join convoy off Trapani.

POMPIA (2190) and CAPO ARMA (3172) escorted by destroyer FRECCIA sail Taranto (?) 2100D/9 for Benghazi, arriving 12th.

Collier ACHILLE ALURO (5209) may leave Italy shortly with 8000 tons of coal for Tripoli.

NEXT SHEET

ITALIAN CONVOY SITUATION

9th October 1941

Part I.   Convoys at Sea

Southbound

JULAK (Yugo Slav 1571 tons) escort ORIONE due Benghazi a.m. 10/10.

CASA REGIS (6405), ZENA (5219), GIULIA (5921), RAI SIZZA (7933)
PROSERPINA (?), NERVO (5464) escort 5 destroyers sailed Naples 2130B/8
9 knots due Tripoli 1800B/11.

Northbound

Convoy "K". UTA (Yugo-Slav 1397) escort 1 destroyer sailed Tripoli 1100/6
7 knots westabout due Naples 0400B/10.

Convoy "X". SAVONA (German 2120 tons) sailed Benghazi p.m. 7/10
10½ knots escort POLLUCE due Brindisi 0500/10.

Convoy "N". ANKININ (8673) sailed Tripoli p.m. 7/10, 10½ knots
westabout due Naples 1915B/9.

Part II.   Delayed Reports

NIL.

Part III.   Future Movements

(a) POZZIA (2198) CAPO ARMA (3172) escort FRECCIA leave Taranto (?)
2100B/9 due Benghazi 12/10.

(b) Tanker ALBERTO FASSIO (2289 tons) with 1300 tons fuel and PRIARUGGIA
(1196 tons) with 1400 tons stores with T/B escort 6 knots leave Tripoli
to arrive Benghazi 0500/13.

(c) Collier ACHILLE ALURU (5209 tons) may leave Italy shortly with 8000 tons
coal for Tripoli.

8.E.I.

9.10.41.

MOST SECRET.

ITALIAN CONVOY SITUATION

11th October, 1941.

Part I.   Convoys at Sea.

Southbound.

CASIPAGIS (6468), ZARA (5219), GIULIA (5921), and PROSERPINA-(?) escorted by 4 destroyers, sailed Naples 2130N/8, 9 knots, due Tripoli 1800N/11.

MIRTO (5164) and one torpedo boat, which were to have joined the convoy from Trapani, did not sail.

THE SIZZA (7933), which sailed in the convoy from Naples "has remained at Armani, owing to damage". (This convoy was sighted at 1245N/10 about 35' S. of Pantelleria).

Northbound.

Nil.

Coast.

(a). A. FASSIO (2269) and PRIAMUCCIA (1196), escorted by PARTENOPE left Tripoli 1600N/10 for Benghazi, being due there at 0300B/13.

(b). PAPTUSOLA (1504) with GIUSEPPINA (392) in tow, escorted by N/L ZIRCHA, left Benghazi 1800B/10 for Tripoli, where they should arrive on October 13th.

Part II.   Delayed Reports.

(a). JUMAK (1571), from Brindisi (?), arrived Benghazi 1100B/101

(b). "Unimportant damage to REICHENFELS caused by fire" during raid on Tripoli night 7/8.

/PART III.   Future Movements.

ADM 223 31 X/N 05636

MOST SECRET

Italian Convoy Situation.

12th October.

Southbound Convoy CASAREGIS, ZENA, GIULIA and PROSERPINA were due Tripoli 1800B/11. CASAREGIS was sunk and ZENA was torpedoed and probably sank. *GIULIA and PROSERPINA arrived 1630/11*

2.   At Sea.

   a.   Southbound.

TINOS (2826) and CAPO ORSO (3149) 9 knots escort FRECCIA left Taranto or Brindisi (probably the latter) 1400B/11 due Benghazi 0745B/14.

Collier ACHILLE LAURO left Italy 0100/12 7 knots westabout due Tripoli 1800B/14.

Auxiliary S.S. RITA left Derna 1400B/10 for Benghazi.

   b.   Coastal.

A. FASSIO (2289) and PRIARUGGIA (1196) 6 knots escort PARTENOPE left Tripoli 1600D/10 due Benghazi 0500B/13.

PERTUSOLA (1504) towing GIUSEPPINA (392) escort minelayer ZIRONA left Benghazi 1800B/10 due Tripoli 13th October.

3.   Future Movements.

Convoy "I" FILZI, VENIERO (10,000), ANKARA (4768) REICHENFELS (7744) and PISANI ? (6399) 13 knots escort GRANTIERE and 3 destroyers leave Tripoli 1800B/12 westabout due Naples 1400B/14.

PRIARUGGIA bounded & in tow for Misurata . PM 12/10

                            S.E.I.
                            12.10.41.

IV. Kopien der »ULTRA«/O.I.C.-Sprüche vom 7., 8., 10., 12., 14., 15. und 16. Februar, betreffend die Dampfer *Ariosto* und *Bosforo* mit ihren britischen Gefangenen an Bord

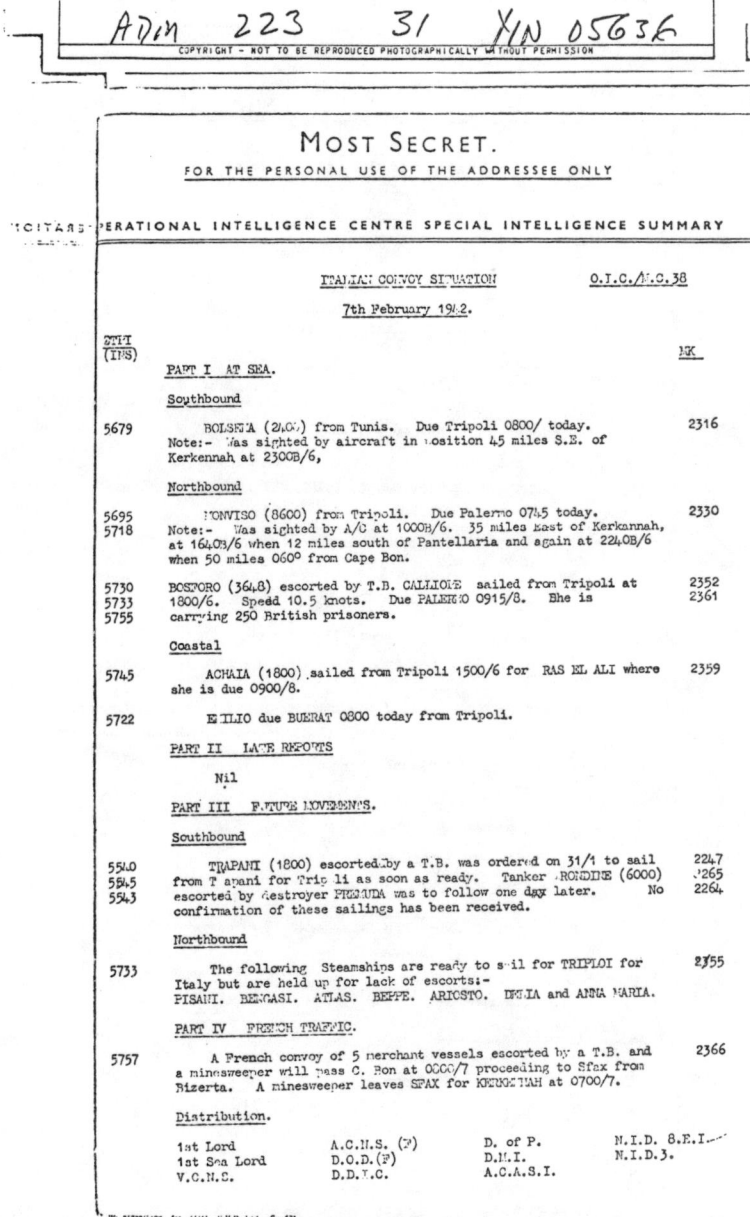

ADM 223 31 X/N 05636

MOST SECRET.

FOR THE PERSONAL USE OF THE ADDRESSEE ONLY

MILITARY OPERATIONAL INTELLIGENCE CENTRE SPECIAL INTELLIGENCE SUMMARY

ITALIAN CONVOY SITUATION   O.I.C./N.C.38

7th February 1942.

2TPT (IPS)   KK

PART I AT SEA.

Southbound

5679   BOLSENA (2400) from Tunis.   Due Tripoli 0800/ today.   2316
Note:- Was sighted by aircraft in position 45 miles S.E. of Kerkennah at 2300B/6,

Northbound

5695   MONVISO (8600) from Tripoli.   Due Palermo 0745 today.   2330
5718   Note:- Was sighted by A/C at 1000B/6. 35 miles East of Kerkannah, at 1640B/6 when 12 miles south of Pantellaria and again at 2240B/6 when 50 miles 060° from Cape Bon.

5730   BOSFORO (3648) escorted by T.B. CALLIOPE sailed from Tripoli at   2352
5733   1800/6. Speed 10.5 knots. Due PALERMO 0915/8. She is   2361
5755   carrying 250 British prisoners.

Coastal

5745   ACHAIA (1800) sailed from Tripoli 1500/6 for RAS EL ALI where   2359
she is due 0900/8.

5722   ETILIO due BUERAT 0800 today from Tripoli.

PART II   LATE REPORTS

     Nil

PART III   FUTURE MOVEMENTS.

Southbound

5540   TRAPANI (1800) escorted by a T.B. was ordered on 31/1 to sail   2247
5545   from Trapani for Tripoli as soon as ready. Tanker RONDINE (6000)   265
5543   escorted by destroyer PREMUDA was to follow one day later.   No   2264
confirmation of these sailings has been received.

Northbound

5733   The following Steamships are ready to sail for TRIPLOI for   2755
Italy but are held up for lack of escorts:-
PISANI. BENGASI. ATLAS. BEPPE. ARIOSTO. DELIA and ANNA MARIA.

PART IV   FRENCH TRAFFIC.

5757   A French convoy of 5 merchant vessels escorted by a T.B. and   2366
a minesweeper will pass C. Bon at 0000/7 proceeding to Sfax from Bizerta. A minesweeper leaves SFAX for KERKENNAH at 0700/7.

Distribution.

1st Lord	A.C.N.S. (F)	D. of P.	N.I.D. 8.E.I.
1st Sea Lord	D.O.D.(F)	D.M.I.	N.I.D.3.
V.C.N.S.	D.D.I.C.	A.C.A.S.I.	

Wt. 15720/5494 Set 11/41 N.E.R. Ltd. Gp. 671.

MOST SECRET.

FOR THE PERSONAL USE OF THE ADDRESSEE ONLY

OPERATIONAL INTELLIGENCE CENTRE SPECIAL INTELLIGENCE SUMMARY

ITALIAN CONVOY SITUATION
8th February, 1942

O.I.C./M.C./39.   M K

PART I.   AT SEA

Southbound

No information of any movement.

Northbound

BOSFORO (3468) escorted by T.B. CALLIOPE, carrying   2352
250 British P.o.W., is due to reach PALERMO at 0915 this 2361
morning from TRIPOLI. H.M. Ships ZULU and LIVELY were
endeavouring to intercept this convoy last night.

Coastal

ACHAIA (1800) is due to reach RAS AALI at 0900 this   2359
morning from TRIPOLI.

PART II.   LATE REPORTS

Tanker RONDINE (6000) escorts destroyer PREMUDA and   2380
T.B. POLLUCE, and TRAPANI (1800) escort T.B. PERSEO, both 2387
arrived at TRIPOLI yesterday the 7th from TRAPANI. No
information of their dates of departure had been received.

BOLSENA (2384) arrived TRIPOLI a.m./7 from TUNIS   2380

During the night 6th/7th, Swordfish attacked 2 ships
one southbound about 100' N.W. of TRIPOLI, and one northbound off MARITTIMO, in each case claiming a hit. Rome
admitted both attacks, but stated they had been unsuccessful.

Two minesweepers PALESTINA and MICHELINO on their way   2384
from TRIPOLI to BENGHAZI were damaged by air attack
yesterday 7th off MISURATA and forced to return.

PART III.   FUTURE MOVEMENTS

Southbound

No information of any movement.

Northbound

At 1400/7, Admiralty ordered TRIPOLI to suspend   2383
all sailings of ships for Italy until further orders.

Following ships at TRIPOLI are ready to sail: PISANI,   2355
BENGASI, ATLAS, BEPPE, ARIOSTO, DELIA and ANNA MARIA. Of 2395
these, DELIA is to proceed to SFAX, escorted by T.B. PERSEO
to load phosphates for Italy. Due to arrive 1730/9.

PART IV.   FRENCH TRAFFIC

Convoy of 5 ships with 2 escorts should arrive at   2400
SFAX today from BIZERTA.

Distribution

ADM 223 31 Y/N 0563F

MOST SECRET.

FOR THE PERSONAL USE OF THE ADDRESSEE ONLY

PERATIONAL INTELLIGENCE CENTRE SPECIAL INTELLIGENCE SUMMARY

ITALIAN CONVY SITUATION.

10th February 1942.

O.I.C./M.C. 41.

ZTPI   MK

PART I.   AT SEA.

Southbound.

    No information of any movement.

Northbound.

    Nil.

Coastal.

    Nil.

II.   LATE REPORTS.

5910   ACHAIA (1778) arrived RAS EL ALI from   2451
TRIPOLI at 1600/8.

III.   FUTURE MOVEMENTS.

Southbound.

    No information.

Northbound.

5893   ATLAS (2297) and ARIOSTO (4115) were to   2450
5897   have left TRIPOLI at 1730 yesterday for PALERMO,
but sailing was postponed.

PART IV.   FRENCH TRAFFIC.

    No information.

Distribution:
1st Lord
1st Sea Lord
V.C.N.S.
A.C.N.S.(F)
D.O.D.(F)
D. of P.
D.M.I.
A.C.A.S.I.

ADM 223 31 X/N 0563E

MOST SECRET.

FOR THE PERSONAL USE OF THE ADDRESSEE ONLY

OPERATIONAL INTELLIGENCE CENTRE SPECIAL INTELLIGENCE SUMMARY

ITALIAN CONVOY SITUATION

12th February, 1942

O.I.C./M.C. 42.

M K

TPI

PART I. AT SEA

No information of any movements

PART II. LATE REPORTS

STURLA (1200) arrived Tripoli 1500/11 from Buerat   2059

PART III. FUTURE MOVEMENTS

ATLAS (2300) and ARIOSTO (4100) ready to leave   2450
Tripoli for Palermo.

Tanker TANARO and minesweeper ERITREA escorted by   2518
a T.B. arrive Benghazi from Tripoli a.m. 16/2.

PART IV. FRENCH TRAFFIC

1 Tug leaves Mahedia 1000 today for Sfax.

Distribution

1st Lord
1st Sea Lord
V.C.N.S.
A.C.N.S.(F)
D.O.D.(F)
D. of P.
D.N.I.
A.C.A.S.I.

ADM 223 31 X/N 0563/6

MOST SECRET.

FOR THE PERSONAL USE OF THE ADDRESSEE ONLY

OPERATIONAL INTELLIGENCE CENTRE SPECIAL INTELLIGENCE SUMMARY

ITALIAN CONVOY SITUATION.

14th February, 1942.

O.I.C./S.C./44.

TOPI
(INS).   H.K.

PART I.   AT SEA.

Southbound.   Nil.

Northbound.

6110.   ATLAS (2300) and ARIOSTO (4100), escorted by destroyer PREMUDA   2579.
and T.B. POLLUCE, sailed from TRIPOLI p.m./13th for PALERMO where
they should arrive 0100/16.   Speed 9 knots.   They have on board
150 and 300 P.O.W. respectively.

Coastal.   Nil.

PART II.   LATE REPORTS.

6211.   ACHAIA (1778) escorted by T.B. CANTORE arrived back at TRIPOLI   2581
from RAS EL ALI p.m./13.

PART III.   FUTURE MOVEMENTS.

6095.   Southbound.

6095.   An important convoy, escorted by main units of the Italian   2573
6099.   Fleet, ie expected to sail shortly, probably for TRIPOLI.   MONVISO
6102.   (8600) from BRINDISI, and tanker GIORDANI (14,500) and LARICI (tonnage
unknown) from TARANTO, arrive at COMM on Day K', and sail again the
same afternoon.   Battle ship DUILIO has been addressed in signals
concerning this movement.

Northbound.

6088.   Sailings from TRIPOLI have been resumed, and several ships are   2567
ready to leave.

Coastal.

6016.   Tanker TANARO and 2 minesweepers escorted by a T.B., leave   2518
TRIPOLI p.m./14th for BENGHAZI, where they are due a.m./16th.

PART IV.   FRENCH MOVEMENTS.

6114.   No traffic other than tugs and minesweepers.

                                              14. /12. 42.

Distribution:
1st Lord.
1st Sea Lord.
V.C.N.S.
A.C.N.S.(F).
D.O.D.(F).
D. of P.
D.N.I.
A.C.A.S.I.

MOST SECRET.

FOR THE PERSONAL USE OF THE ADDRESSEE ONLY

OPERATIONAL INTELLIGENCE CENTRE SPECIAL INTELLIGENCE SUMMARY

ITALIAN CONVOY SITUATION

15th February, 1942

O.I.C./N.C.45   M K

PI

PART I.   AT SEA

Southbound

24   ARGENTEA (3300) convoy was to be met by a T.B. from   2592
Tripoli at sunset Feb. 14. No further details known.

Northbound

10   ATLAS (2300) and ARIOSTO (4100) escorted by a   2579
destroyer and a T.B. who left Tripoli p.m./13 for Palermo
✳   were attacked by T/B.'s at 0347/14, result not known.
They are due Palermo 0100/16.

Coastal

16
45   Tanker TANARO and 2 minesweepers escorted by T.B.   2518
46   PERSEO left Tripoli p.m./14, due Benghazi a.m./16.   2605

PART II.   LATE REPORTS

29   The Auxiliary sailing ship GUISEPPINA (400) who   2597
left Tripoli 11/2 for Tunis was sunk by a submarine
(SOKOL ?) south of Kerkennah at 1900/12.

PART III. FUTURE MOVEMENTS

Southbound

095   It is possible that Feb. 16 may be the day fixed   2573
102   for the arrival of the important convoy at Corfu. It is   2603
133   to sail again the same afternoon and will be covered by
the Italian Fleet. MONVISO (8600), tanker GIORDANI (14500)
and LERICI are known to be in the convoy.

Northbound

127   Sailings from Tripoli are again suspended.

PART IV.   FRENCH TRAFFIC

No information.

Distribution

1st Lord
1st Sea Lord   ✳ attacked by Torpedo aircraft
V.C.N.S.
A.C.N.S.(F)
D.O.D.(F)   6204 Ariosto sunk by S/m.
D. of P.
D.N.I.
A.C.A.S.I.

MOST SECRET.
FOR THE PERSONAL USE OF THE ADDRESSEE ONLY

ERATIONAL INTELLIGENCE CENTRE SPECIAL INTELLIGENCE SUMMARY

ITALIAN CONVOY SITUATION.

16th February, 1942.   O.I.C./M.C. 46.

ZTPI
(INS)

PART I. AT SEA.   MK

Southbound.   Nil.

Northbound.

6110   ATLAS (2300) and ARIOSTO (4100) escorted by destroyer   2579
PREMUDA and T.B. POLLUCE sailed from TRIPOLI p.m. 13 for
PALERMO. Due 0100/16.
They were attacked by torpedo bombers at 0300/14 who
claimed to have left one stationary and listing.

6204   Tome at 1450/15 stated that ARIOSTO had been sunk by a   2640
submarine. Time and position not stated. ARIOSTO was
carrying 300 P.O.W. There were 231 survivors.

COastal.

6145   Tanker TANBARO AHB=2 and 2 minesweepers are due   2605
6146   Benghazi from Tripoli a.m. to-day 16th.

PART II. LATE REPORTS.

Nil.

PART III. FUTURE MOVEMENTS.

Southbound.

6095   There is no further news of the departure of the   2573
6102   important convoy sailing from Taranto and Brindisi for North 2603
6133   Africa via Corfu. MONVISO (8600), tanker, GIORDANI (14,500)
and LERICI are known to be in the convoy which will be
covered by the Italian fleet.

Northbound.

6127   Sailings from Tripoli are still suspended.   2595

PART IV. FRENCH CONVOYS.

6224   4 merchant vessels escorted by on T.B. and 1 sloop   2649
will leave SFAX 2200/16 for the northward.

Distribution:

1st Lord
1st Sea Lord
V.C.N.S.
D.O.D. (F)
D. of P.
D.M.I.
A.C.A.S.I.

V. Kopien der »ULTRA«/O.I.C.-Sprüche vom 30. und 31. August und vom 1., 2. und
6. September 1942, den Tanker *Picci Fassio* und den Geleitzug »Sportivo« betreffend

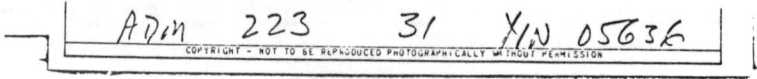

MOST SECRET.

FOR THE PERSONAL USE OF THE ADDRESSEE ONLY

OPERATIONAL INTELLIGENCE CENTRE SPECIAL INTELLIGENCE SUMMARY

ITALIAN CONVOY SITUATION.

O.I.C./N.S.156

30th August, 1942.

		QT
	PART I. SOUTHBOUND	
	(a) Sailings and Arrivals	
15338/T10	Tanker GIORGIO (4887) arrived Tobruk 28/8.	287
16064 15338/T15	GUALDI (3284) will be off N.W. coast of Crete at 1000/29 en route CORINTH to TOBRUK.	277
16062	Tankers PICCI FASSIO (2261) and ABRUZZI (680) were to leave Piraeus 2200/29 for TOBRUK and will be joined at 1800/30 by BOTTIGLIERI (883) from Suda bound for Benghazi.	280
16108 16072	LERICI (5609) was to leave Piraeus 29/8 for CANDIA to load supplies and will then proceed to N. Africa on 31/8.	324 286
16101 16115 16127	ALGERINO (1371) was due Tripoli 29/8.	319
15831	Depot ship PACINOTTI (2720) is due at Benghazi 31/8.	2727
15825	BIANCI (1477) SPORTIVO (1598) FOUGIER (1384) and DORA (584) were due to have left PIRAEUS 29/8 for North Africa.	2718
	(b) Future movements.	
15831	SESTRIERE (?) MANARA (9150) ANKARA (4768) and MONTI(?) are due Benghazi 4/9.	2727
1294/T4	RUHR (5854) is due Tripoli shortly from Naples.	1899
	PART II. NORTHBOUND	
	(a) Sailings and Arrivals.	
16063 16102	RAVELLO (6400) and FOSCOLO (?) left Benghazi 1700/28, the former for Taranto via Piraeus and the latter for Piraeus.	322
16104	PUGLIOLA (2074) will leave Tobruk 30/8 for PIRAEUS.	321
	PART III. COASTAL	
16092	OSTIA arrived Benghazi a.m./29.	313
16043 16045	KRETA (853) was to sail from TOBRUK 29/8, due Benghazi 31/8.	260
16052	SICULO (1481) is to proceed from TRIPOLI to Benghazi as soon as possible.	267

(Any enquiries should be addressed to N.I.D.8.E.I. Tel. No. 1232)·

Distribution
1st Lord   V.C.N.S.   B.O.D.(F)   D.N.I.
1st Sea Lord   A.C.N.S.(F)   D. of P.   A.C.A.S.I.

Wt 13456/P1784 10M 6/42 S.E.R.Ltd. Gp.671.

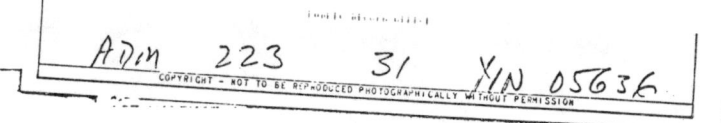

MOST SECRET.

FOR THE PERSONAL USE OF THE ADDRESSEE ONLY

ERATIONAL INTELLIGENCE CENTRE SPECIAL INTELLIGENCE SUMMARY

Italian Convoy Situation

Amendment No: 1 to O.I.C./S.C. 156 of 30/8/42.

31st August, 1942.

PI.		IK.
	PART I. Southbound.	
16141	Tankers PICCI MASSIO (2261) and ABRUZZI (680) are to leave SUDA at 0800/31 for TOBRUK. BOTTIGLIERI (883), bound for BENGHAZI, sails in company.	354
6151 6078	Tanker SAN ANDREA (5077) is to sail from PIRAEUS 1500/1 at 9 knots for TOBRUK, being due there at 1100/3. She probably sailed from TARANTO early on the 30th, in which case she may have been the tanker referred to in Captain (S) I's 1025 and 1745B/30.	367 289
6157	ALOERINO (1371) arrived TRIPOLI a.m./30.	390
6130	ARMANDO (1541) was to sail from an Italian port at 2000/29 for TRIPOLI, speed 8 knots, and is due 2000/31.	358
16155	SPORTIVO (1598), BIANCHI (1477) and PADENIA (1589) are to sail from PIRAEUS 0800/1 for TOBRUK, speed 8 knots, being due to arrive 0800/3.	375
344/T 30	Tanker PROSERPINA (3750) is expected to reach a N. African port not earlier than 5/9.	377
	PART II. NORTHBOUND.	
16173	S/M CORRIDONI sailed from TRIPOLI p.m./30, probably for TARANTO.	414
	PART III. COASTAL.	
16176	SCILLIN (1579) arrived TRIPOLI from BENGHAZI p.m./30.	422

––––––––––––

(Any enquiries should be addressed to N.I.D. 8.E.I. Tel. No. 1232)

Distribution.

1st Lord
1st Sea Lord
V.C.N.S.
A.C.N.S. (P)
D.O.D. (N)
D. of P.
D.N.I.
A.C.A.S.I.

7. Wt. 13456/F1764 10m 4/42 S.E.R. Ltd. Gp. 671.

ADM 223 31 XN 05636

COPYRIGHT - NOT TO BE REPRODUCED PHOTOGRAPHICALLY WITHOUT PERMISSION

MOST SECRET.

FOR THE PERSONAL USE OF THE ADDRESSEE ONLY

OPERATIONAL INTELLIGENCE CENTRE SPECIAL INTELLIGENCE SUMMARY

ITALIAN CONVOY SITUATION.

Amendment No. 2 to O.I.C./N.C.156.

September 1st, 1942.

COPI. ISS.	PART I. SOUTHBOUND.	QT.
1346/T37. 1348/T10.	Tanker SAN ANDREA (5000) on passage from Taranto to Tobruk was torpedoed by aircraft from Malta and set on fire. She sank at 1830/30.	425. 463.
16202. 16220. 16233. 16221.	MONSTELLA (5300) on passage from Brindisi to Prevesa was torpedoed by a submarine p.m./30th and towed in to Corfu. PERUCCI of the same convoy ran aground on the west coast of Corfu during the night 30/31 while making for Patras.	441 447 457.
16264.	Tankers PICCI FASSIO (2250) and ABRUZZI (680) who left Suda Bay 0800/31 for Tobruk, have been turned back until dark after being sighted by our aircraft.	504
16263.	SPORTIVO (1600), BIANCHI (1500) and PADERNA (1600), have been delayed 24 hours, and will now leave Piraeus 0800/2. Due Tobruk 0800/4.	
16252.	Tanker NNXX PROSERPINA (3750) is to leave Taranto 1400/1, 10 knots. Due Piraeus 2400/3, where she is to await orders for Suda Bay.	491.
16194.	Submarine NARVALLO arrived Benghazi a.m. 29th.	438.
1346/T27.	GUALDI (3300) arrived Tobruk 30/8 from Piraeus.	434.
16236.	MENES (3600), escort PIGAFETTA, is to leave Heraklion Crete, 1630/3, 10 knots. Due Benghazi 1000/5.	403.
	PART II. NORTHBOUND.	
16254.	RAVELLO arrived Taranto p.m./31st from Benghazi.	
1348/T18.	PUGLIOLA left Tobruk 1800/30 for Suda Bay.	465.
16222.	GIORGIO and GUALDI will be ready to leave Tobruk 1/9.	459.
	PART III. COASTAL.	
16225.	SICULO (1500) left Tripoli 0300/31. Due Benghazi 0800/31	461.
16230.	PENTUSOLA (1500) and TRIPOLINO arrived Tobruk a.m./ 31st from Benghazi.	497.
16218. 16246.	OLIMPOS was to leave Tobruk 1600/31, due Derna 1230/1; then Italy.	458. 484.
16238.	PETRARCA, escort MONTANARI was to leave Tobruk 1500/31, 10 knots. Due Benghazi 1920/1.	474.

Wt. 13854/P5781 10m 4/42 B.E.R. Ltd. Gp. 671.

((Any enquiries.....)

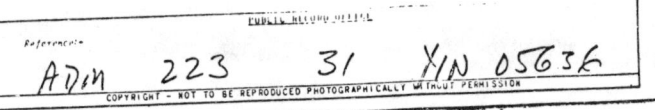

MOST SECRET.

FOR THE PERSONAL USE OF THE ADDRESSEE ONLY

OPERATIONAL INTELLIGENCE CENTRE SPECIAL INTELLIGENCE SUMMARY

ITALIAN CONVOY SITUATION.

O.I.C./N.C. 157.

2nd September, 1942.

Information ceased at midnight 31st August/1st Sept.

TPI	PART I. SOUTHBOUND.	QT.
	(a) Sailings and Arrivals.	
299	MERUCCI (1235) who had run aground on the West Coast of CORFU was refloated p.m./31.	545
252 294	Tanker PROSERPINA (3750) was to leave Taranto 1400/1. 10 knots Due Piraeus 2400/3, and is then to proceed to SUDA forthwith.	491 537
263	SPORTIVO (1600) BIANCI (1477) and PADENNA (1589) are due to leave Piraeus 0800/2 at 8 knots. Due TOBRUK 1100/4.	511
268	Tanker STIGE (1342) is to leave PIRAEUS 1000/1 at 7 knots. Due TOBRUK 1700/3.	513
	(b) FUTURE MOVEMENTS.	
5236 5314	MENES (5609) is to leave HERAKLION 1630/4 at 10 knots. Due Benghazi 1000/6.	483 568
5831	SESTRIERE (?) MANARA (9150) ANKARA (4768) are due Benghazi 4/9	2727
94/T4	RUHR (5854) is due Tripoli shortly from Naples.	1899
T2/T10	A. FASSIO (2289) RAVELLO (6400) PONTINIA (715) PALOMBA (2034) and three small ships will proceed to Africa shortly.	564
	PART II. NORTHBOUND.	
	(a) Sailings and Arrivals.	
6318	There are fairly strong indications that PAOLINA (4300) who left SFAX 26/8 for PALERMO has been sunk.	567
	(b) Future Movements.	
5280	TERGESTEA (5890) is due to leave Benghazi 2000/2 at 10 knots. Due Piraeus 2000/4.	524
5222	Tanker GIORGIO (4877) and GUALDI (3289) were expected to be ready to leave Tobruk by 1/9.	459
	PART III. COASTAL.	
225	SICULO (1500) left Tripoli 0300/31. Due Benghazi 0800/3.	461
259	ALGERINO (1371) leaves Tripoli probably 2/9 at 7 knots. Due Benghazi probably 5/9.	520

(Any enquiries should be addressed to N.I.D. 8EI, Tel No. 1232.)

Distribution Overleaf.

Wt. 13858 P3744 10M 4/42 S.E.R. Ltd. Gp. 671.

MOST SECRET.

OPERATIONAL INTELLIGENCE CENTRE SPECIAL INTELLIGENCE SUMMARY

ITALIAN CONVOY SITUATION.

O.I.C./N.C. 158

September 6th, 1942.

ZTPI   QT.

PART I.   Southbound.

(a) Sailings and Arrivals.

367/T5. PADERNA (1589), on passage from SUDA to TOBRUK,
was torpedoed and sunk during night 3-4/9.
BIANCHI (1477), in the same convoy, was abandoned
after being hit by a torpedo.
The third ship of the convoy, SPORTIVO (1598)
arrived TOBRUK am/4.
An escorting torpedo boat of this convoy was also sunk.   766

16551 RAVELLO (6400) and MANARA (9130) from TARANTO,
escorted by 7 destroyers, are to rendez-vous ANKARA
(4768) and SESTRIERE (96000) from BRINDISI escorted by
5 destroyers, at 0930/6 in approximate position 39 33 N,
18 33 E (80' S.E. of TARANTO). Combined convoy will
proceed at 13 knots inside Ionian Islands, dividing
into 2 groups after sunset, and reuniting at 0700/7 in
position 36 18 N, 21 00 E. ANKARA and 4 of the escort
leave the convoy at 2230/7 for TOBRUK, arriving there
at 1130/8, while the remaining 3 ships proceed to
BENGHAZI, where they are due 1230/8.   774

16464 Tanker PROSERPINA (3750), which sailed from TARANTO
at 1400/1, had arrived CORINTH pm/3 and probably reached
SUDA pm/5.   From there she may proceed to a N. African
port.   769

(b) Future Movements.

1352/T10 Tanker A. FASSIO (2289), PONTINIA (715), PALOMBA
(2034) and 3 other small ships are to proceed to N.
Africa shortly.   564

1294/T4 RUHR (5854) has been ready loaded at NAPLES since
10/8 for TRIPOLI but her date of sailing is not known.   1899

PART II. Northbound.

(a) Sailings and Arrivals.

16571 GIULIA (5921) sails from SFAX at 0800/6, probably
bound for NAPLES.   792

16560 ARMANDO (1541), unescorted, with 200 P.O.W. on board,
sails from TRIPOLI at 0800/6 for NAPLES, arriving 1700/9.   786

16547 S/M ATROPO sailed from BENGHAZI at 1600/4 for TARANTO.   779

(ALBERTINO),(1371) ....

VI. Kopien der »ULTRA«/O.I.C.-Sprüche vom 29. November und vom 1., 2., 4., 5. und 7. Dezember 1942, die Dampfer *Veloce, Sacro Cuore, Minerva, Palmaiola, Audace* und den Geleitzug »Aventino« betreffend

MOST SECRET.

FOR THE PERSONAL USE OF THE ADDRESSEE ONLY

ERATIONAL INTELLIGENCE CENTRE SPECIAL INTELLIGENCE SUMMARY

ITALIAN CONVOY SITUATION   29.11.42.

O.I.C./N.C. 183

PART I   SOUTHBOUND

(a)   FOR TUNIS AND BIZERTA

Arrivals and Departures

3/T.11	SESTRIERE (7991) arrived Bizerta 27/11.	7207
89	CITTA DI TUNISI (5419) and A.M.C. BRINDISI (1976) arrived Bizerta a.m./28.	7200
4332	SIVIGLIANO (1270), with mines and barrage materials left Porto Empedocle on 23/11 for Palermo, where she was to load additional cargo before proceeding to Bizerta.	6703
62	On 26/11, AUDACE (145) and MINERVA (1900), on passage to Tunis, were ordered to return to Trapani.	7043

FUTURE MOVEMENTS

45, 16	ARLESIANA (5702), ACHILLE LAURO (5428), CAMPANIA (5247) and MENES (5629) are now due to leave Naples at 1400/30, speed 7 knots, for Bizerta, their departure having been postponed 24 hours. It is presumed they will therefore arrive at 1100/2. (** Malta A/C)	7154 7228
90, 20	PUCCINI (2422), AVENTINO (3794), GUALDI (3289), tanker GIORGIO (4887) and "K.T.1." (?) are now to sail from Palermo at 0630/1, their departure also having been postponed 24 hours, picking up the ASTROMONTE (976) off Trapani, and then proceeding to Tunisian ports, speed 9 knots. GUALDI and GIORGIO to Tunis, remainder Bizerta. Both convoys probably due 0600/2. (** Force "Q")	7151

(b)   FOR TRIPOLI

53	CHISONE (6165) and VELOCE (5464) are now to sail from Naples at 2100/30, their departure also having been postponed 24 hours, speed 9 knots, for Tripoli, and should arrive 2030/3. (** Force "K")	7146
4/T.13	RUHR (5954) was to have sailed from Brindisi for Tripoli on 26/11, but there has been no news of her departure.	6875

(** N.C.X.F. 1721A/28 refers)

PART II.   NORTHBOUND

(a)   FROM TUNIS AND BIZERTA

2121	CITTA DI TUNISI (5419), escorted by A.M.C. BRINDISI (1976) will probably sail from Bizerta p.m./29 the former for Spezia and the latter for Civita Vecchia.	7242

/It is unlikely....

ADM 223 31 XIN 0563F

MOST SECRET.

FOR THE PERSONAL USE OF THE ADDRESSEE ONLY

OPERATIONAL INTELLIGENCE CENTRE SPECIAL INTELLIGENCE SUMMARY

ITALIAN CONVOY SITUATION

1st December, 1942

Amendment No. 2 to O.I.C./N.C. 183 of 29th November, 1942

Part I. SOUTHBOUND

:8	AMBSIAMA (5702) and LAURO (5209) will continue to Tunis after the convoy arrives Bizerta.	7404
.555	Transport K.T.I. left Naples 2000/28. She is due to sail with PUCCINI convoy from Palermo 0630/1 for Bizerta.	7278
:8	Tanker GIORDIO (4887) leaves Palermo 0900/1 and will arrive Tunis 0730/2. (i.e. she will be about 2 hours astern of remainder of convoy).	7430
...	AUDACE (1459) sailed from Trapani 1220/30. Speed 6 knots.	7358
..3	Due Tripoli 1830/3.	7365
:17	MINERVA (1905) was to leave Trapani at 2200/30. Speed 8 knots. Due Tripoli 0930/3.	7407 7386
:3/18	PALMIOLA (1880) was to leave Sicily on 29 or 30/11 for Tripoli.	7329

Part II. NORTHBOUND

:07	SACRO CUORE (1097) is to leave Tripoli at 0001/1 arriving Pantellaria 1045/3. Sails again 1800/3. Due Trapani 1000/4. Speed 6 knots.	7373

Damage to Ships at Tripoli

47/15	SIRIO (5222) on fire, SPORTIVO (1598), MORANDI (1525), GIULIA (5920) damaged and beached and SICULO (1481) damaged as result of air raid on Tripoli a.m. 29/11.	7344

Any enquiries should be addressed to N.I.D.8.E.I. Tel. No.1232

Distribution
1st Lord
1st Sea Lord.
V.C.N.S.
A.C.N.S. (F)
D.O.D. (F)
D. of P.

D.N.I.
A.C.A.S.I.

MOST SECRET.

FOR THE PERSONAL USE OF THE ADDRESSEE ONLY

OPERATIONAL INTELLIGENCE CENTRE SPECIAL INTELLIGENCE SUMMARY

ITALIAN CONVOY SITUATION.

O.I.C./S.C. 184.

Wednesday – 2nd December, 1942.

PART 1. SOUTHBOUND.

(a) For TUNIS and BIZERTA.

Arrivals and Departures.

ARLESIANA (5702), ACHILLE LAURO (5209), MARCO (5629)   7154
LISBOA (1799) and CAMPANIA (5247) sailed from Naples,
speed 7 knots, at 1400/30, for Bizerta and are due there
at 1200/2.

After arrival of convoy at Bizerta, ARLESIANA and LAURO   7357
are to proceed to Tunis, while LISBOA is to continue by
coastal route to Tripoli.

(Aircraft from Malta were to attack the convoy, and Force
Q was also warned of its probable route).

+++++++++

PUCCINI (2422), AVENTINO (3974), GUALDI (3289) and   transport   7151
A.T. were to sail from Palermo at 0430/1, speed 9
knots, picking up the ACHIMODIE (976) off Trapani, and
then proceeding to Tunisian ports, arriving 0600/2.
Tanker GIORGIO (4887) was to sail from Palermo at   7430
0900/1, speed 9½ knots, by the same route, arriving
0730/2. The destination of these ships depends on the
situation", but it is probable that GIORGIO and GUALDI
are bound for Tunis, and the remainder for Bizerta.

(This convoy was Force Q's primary objective).

Latest information: At 0114A/2, S.O. Force Q reported
that about 3 M/V's and 2 escort vessels had been sunk.

+++++++++

CIRENE (?) was due to arrive at Bizerta at 1100/1 from   7449
Palermo.

CIVITAVECCHIA (1270), with mine and barrage materials,   6703
left Porto Empedocle on 25/11 for Palermo, where she
was to load additional cargo before proceeding to Bizerta.

(b) For TRIPOLI.

CHISONE (6165) and VELOCE (5464) sailed from Naples,   7473
speed 9 knots, at 2100/30 for Tripoli. Due 2030/3.

(This convoy is to be attacked by Force K).

AUDACE (1459) sailed from Trapani 1220/30, speed 6 knots,   7535
for Tripoli. Due 1830/3.

/BENGHAZI.........

MOST SECRET.

FOR THE PERSONAL USE OF THE ADDRESSEE ONLY

OPERATIONAL INTELLIGENCE CENTRE SPECIAL INTELLIGENCE SUMMARY

ITALIAN CONVOY SITUATION

4th December 1942.

Amendment No. 2 to O.I.C./M.C.184 dated 2.12.42.

PART I   SOUTHBOUND

(a) For Tunis and Bizerta

1767/T17 GM.4776	GUALDI (3289) was sunk and PUCCINI (2422) and one other steamship were set on fire during the engagement on night 1/2.	7680 7627
22358	The only vessel of this convoy whose arrival in Tunisia has been reported is the T.B. Procione.	7627
22424	MENES (5609) in convoy Naples to Bizerta which had been diverted to Trapani and sailed thence 1700/2 was blown up after probably hitting a mine 9 miles east of Cani Island at 1340/3.	7672
22351	CERERE (?) arrived Bizerta 1100/1 from Palermo.	7630

(b) For Tripoli

22398 22338	VELOCE (5464) sunk as result of air attack off No. 5 buoy KERKENNAH. Note: No time stated but a T.B. had been ordered by 2245/2 to stand by VELOCE and was probably the one sunk by D.14.	7644 7592
22433	T.B. LUPO (S.O. of escort) has not been heard of since 2200/2 and aerial search has been unsuccessful.	
22441	A hospital ship is being sent to area South of Kerkennah to pick up survivors.	
22355	MINERVA (1905) left Pantellaria 1000/2 for Tripoli.	7614
22314	PALMIOLA (1880) was to leave Trapani 2200/1. Due Tripoli 0830/4. Note: Rome reported that both above ships were sighted by British aircraft at 1320/3 off Kerkennah.	7586
GM.4780	S/M OTARIA left Taranto 1100/1 for Tripoli with 25 tons ammunition.	7618

PART II.   NORTHBOUND

22203	ONESTAS (4960) and SAN ANTIOCO (5050) were to leave Tunis 1800/3. Speed 7 knots. Due Naples 1700/5.	7581

(b) From Tripoli.

22361	DORIS URSINO (891) arrived Trapani p.m./2 from Tripoli.	7630

(Any enquiries should be addressed to N.I.D.8.E.I. Tel. No. 1232)

Distribution

1st Lord.   1st Sea Lord.   V.C.N.S.   A.C.N.S.(F)   D.O.D.(F)   D. of P.
D.M.I.   A.C.A.S.I.

MOST SECRET.

FOR THE PERSONAL USE OF THE ADDRESSEE ONLY

OPERATIONAL INTELLIGENCE CENTRE SPECIAL INTELLIGENCE SUMMARY

ITALIAN CONVOY SITUATION.

Amendment No. 3 to O.I.C./M.C. 184 of 2/12/42.

5th December 1942.

PART I.   SOUTHBOUND.

For Tunisian Ports.

GM.4918	ANKARA (4770) arrived Tunis at 1800/4.	7722
22491	CAMPANIA (5250) arrived Bizerta 1630/3.	7755
22485	ARLESIANA (5702) and ACHILLE LAURO (5209) arrived Tunis 1800/3.	7755
22486	CATERINA COSTA (?) was to sail from Naples at 1600/4, 14 knots, probably for Bizerta, arriving 1600/5.	7740
GM.4858	Sailing of CALINO (5000), due Bizerta 5/12, has been cancelled.	7723
1770/T17	It is now known that of the convoy attacked by Force Q. during the night December 1st - 2nd, GUALDI (3289), PUCCINI (2422), AVENTINO (3974), K.T.1 (?) and ASPROMONE (976) were all sunk, while the tanker GIORGIO (4887) , bound for Tunis about 2 hours astern of the main convoy, was hit and set on fire by aircraft. Efforts were being made to take her in tow.	7763
1763/T11		7594

For Tripoli.

EL.4863	CHISONE (6165) arrived Tripoli 1900/3.	7725
22509	AUDACE (1459) was sunk by aircraft in the Gulf of Hammamet (probably on 1/12.)	7748
22501	By 1400/4, MINERVA (1905) and PALMIOLA (1880) had not arrived at Tripoli, and air search had failed to locate them. Comment:- It is possible these 2 ships were involved in the night action with F.A.A. and D.14 on 2 - 3/12.	7776
L.4913	GALIOLA (1428) sailed from Taranto at 2300/3, probably for Tripoli.	
L.4879	S/M OTARIA, which sailed from Taranto on 1/12 for Tripoli, returned with her cargo on 3/12.	7734

PART II.   NORTHBOUND.

From Tunisian Ports.

19	MONGINEVRO (5324) and SESTRIERE (7991) sailed from Bizerta at 1700/4 for Naples, speed 13 knots, arriving 1530/5.	7790

/ ETRURIA ......

MOST SECRET.

FOR THE PERSONAL USE OF THE ADDRESSEE ONLY

PERATIONAL INTELLIGENCE CENTRE SPECIAL INTELLIGENCE SUMMARY

ITALIAN CONVOY SITUATION

7th December, 1942

Amendment No.1 to O.I.C./M.C.185 of 6th December, 1942

Part I.   SOUTHBOUND

(a) For Tunisia

Nil

(b) For Tripoli

M 5013	PALMIOLA (1880) and MINERVA (1905) on passage Trapani to Tripoli "disappeared" on night 3/4. Some survivors have landed in Zuara. Note: Sunk by Malta Albacores.	7894
M 5033	Tanker CAUCASO (2065) left Taranto 1400/5 for Tripoli.	7004
M 5050	LISBOA (1799) arrived Sousse 6th.	

Part II.   NORTHBOUND

(a) From Tunisia

M 5038	Requisitioned French tanker NOIRET (453) was sunk by a mine off Tunis a.m./5, when leaving Trapani.	7920
M 5003	French tanker SUD-EST (453) sailed Tunis 0700/5 for Trapani.	7889

(b) From Tripoli

22633	SACRO CUORE (1097) sunk by gunfire from submarine. 21 survivors landed Sousse p.m./5. On passage Tripoli to Trapani. Note: Date of sinking not given but probably 2/12 by P.35.	7900
22674	COL DI LANA (5891) arrived Trapani p.m./6th.	

Damage in Harbour

4999 5058	ARLESIANA (5702) sunk during air raid on Tunis 1140/5. Salvage is being attempted and cargo being discharged.	7886

Any enquiries should be addressed to N.I.D.8.E.I. Tel. No. 1232

VII. Einige Beispiele für die »ULTRA«-Nachrichten über die Dislozierung und Kräftegliederung der deutschen und italienischen Luftwaffe von März bis Juli 1941.

MOST SECRET.

F.280

KEPT UNDER LOCK AND KEY. NEVER TO BE REMOVED FROM THE OFFICE.

MOST SECRET	M E S S A G E	OUT	Serial No. F.280.

0856/16/March

To:- Capt1 on Staff, Alexandria.   Date 16.3.41.

NAVAL CYPHER D.

From Admiralty.

AIDAC.

Your 1234/15 ✗

Information deduced from wireless intelligence supported by indications from ULTRA.

0856/16.

D.L.I.C.

(Green line 3)

✗ Refers to F.228 T.O.O. 1846/14.

1st S.L.	PERSONAL
V.C.N.S.	PERSONAL
A.C.N.S. (B)	PERSONAL
D.O.D. (F)	PERSONAL
D. of P.	PERSONAL
D.N.I.	PERSONAL
D.D.I.C.	PERSONAL

MOST SECRET.

F.245

MESSAGE   1602/20th March.   Serial No. F.245

MOST SECRET   OUT.

To: C. in C. Mediterranean. 289.   Date 20.3.41.
    F.O.C.N.A. 218.
    V.A. Force H. 434.
    F.O.I.C. Malta. 518.

                    NAVAL CYPHER (D).

From Admiralty.

AIDAC

           Weekly locations of German and Italian Air Forces.

2. German locations 20th March :–

Area.	L.R. Bombers.	Dive Bombers	Fighters.	Border Recce.	Army Co-op.	Coastal
Germany	100	Nil	280	60	88	130
France }						
Belgium }	1450	300	1260	378	180	130
Holland }						
Roumania	Nil	40	96	30	80	Nil
Bulgaria	40	80	64	12	40	Nil.
Sicily	110	40	55	10	Nil	Nil
Sardinia	Nil	Nil	Nil	Nil	Nil	Nil
Rhodes	20	Nil	Nil	Nil	Nil	Nil
Tripolitania	20	120	37	10	12	Nil
Italy (Mainland)	20	Nil	Nil	Nil	Nil	Nil

3.   Italian locations 20th March :–

Area	Bombers	Fighters	Reconnaissance	Coastal.
Italy & Sicily	375	280	159	155
Sardinia	30	30	9	30
Aegean	32	35	Nil	15
Libya	70	130	55	10
Albania	50	105	60	Nil

1602/20.

N.I.D. 3 for D.N.I.
        D.D.I.C.

1st S.L.	PERSONAL
V.C.N.S.	PERSONAL
A.C.N.S. (F)	PERSONAL
D.N.I.	PERSONAL
D.O.D.(F)	PERSONAL
D. of P.	PERSONAL
D.D.I.C.	PERSONAL.

MOST SECRET.

TO BE KEPT UNDER LOCK AND KEY: NEVER TO BE REMOVED FROM THE OFFICE.

Serial No. F.268.

M E S S A G E OUT

To C. in C. Mediterranean 468 B1 Date 27.3.41.
F.O.C. North Atlantic 532.
V.A. Force H. 512.
F.O.I.C. Malta 557.

Naval Cypher (D)

From D.N.I.

Weekly locations of German and Italian Air Forces.

2. German locations 27th March:-

Area.	L.R. BOMBERS.	DIVE BOMBERS.	FIGHTERS.	BOMBER RECCO.	ARMY CO-OP	COASTAL
Germany	100	Nil	280	52	88	130
France (ex Bordeaux)	1130	340	950	350	170	80
Bordeaux Holland)	25	Nil	Nil	12	120	
Belgium	300	Nil	300	50	20	25
Roumania	Nil	Nil	96	20	20	Nil
Bulgaria	40	120	64	30	100	Nil
Sicily	80	80	80	10	Nil	Nil
Sardinia	Nil	Nil	Nil	Nil	Nil	Nil
Rhodes	70	Nil	Nil	Nil	Nil	Nil
Tripolitania	50	120	12	10	12	Nil
Italy (Mainland)	20	Nil	Nil	Nil	Nil	Nil

(Note:- The Bordeaux aerodrome is believed to be the most
Southerly one in occupied France used by German
aircraft).

3. Italian locations 27th March:-

Area.	BOMBERS.	FIGHTERS.	RECONNAISSANCE.	COASTAL.
Italy & Sicily.	375	280	139	155
Sardinia	30	50	9	30
Aegean	37	40	Nil	15
Libya	70	130	55	10
Albania	50	135	60	Nil

1701/27.
N.I.D.3 for D.N.I.

1st S.L.	PERSONAL
V.C.N.S.	PERSONAL
A.C.S.(F)	PERSONAL
D.N.I.	PERSONAL
D.O.D.(F)	PERSONAL
D. of P.	PERSONAL
D.D.I.C.	PERSONAL

MOST SECRET

M O S T   S E C R E T

TO BE KEPT UNDER LOCK AND KEY: NEVER TO BE

REMOVED FROM THE OFFICE.

M E S S A G E   OUT   Serial No. F.387A

To:- C. in C. Mediterranean, 548 **B.t.**   1808/1/May.
     F.O.C.N.A. 64.
     V.A. Force H, 773.   Date 1.5.41.
     N.O.I.C. Malta, 824.

                NAVAL CYPHER D.19.

From D.N.I.

AIDAC.

     Weekly locations of German and Italian Air Forces.

2.   German locations 1st May.

Area L.R.   Dive   Fighters Bomber Army Coastal.
      Bombers Bombers   Recco. Co-op

        (No change except as regards Libya)

Libya 48   60   48   9   9   Nil

Note:- All the Libyan aircraft are probably in Cyrenaica
       with the exception of one Staffel (9) of T.E. Fighters
       which is believed to be in the Castel-Benito area.

3.   Italian locations 1st May:-

Area   Bombers Fighters Reconnaissance Coastal

Italy
  and   415   310   139   155
Sicily

Sardinia 36   30   9   30

Aegean   52   40   Nil   15

Albania 10   105   60   Nil

Libya   65   150   60   25

Note:- (1) Of the aircraft in Libya, 30 fighters are
           believed to be at Tripoli and the majority of
           the others are probably in Cyrenaica.
       (11) A few (not more than 10) torpedo-carriers are
           believed to have arrived at Benghazi.

                              1808/1.
                                 N.I.D. 3. (15) for D.N.I.
   1st S.L.   PERSONAL   D.O.D. (F) PERSONAL
   V.C.N.S.   PERSONAL   D. of P.   PERSONAL
   A.C.N.S. (F)   PERSONAL   D.N.I.   PERSONAL
   A.C.N.S. (T)   PERSONAL   D.D.I.C.   PERSONAL

MOST SECRET.

JE KEPT UNDER LOCK AND KEY: NEVER TO BE REMOVED FROM THE OFFICE.

Serial No. F.501.

MOST SECRET   MESSAGE   1645B/4th June.   OUT

To: C. in C. Mediterranean. 577.   Date: 4.6.41.
Repeated: V.A. Malta. 87.

NAVAL CYPHER D.19.

From Admiralty.

AIDAC

As a result of the withdrawal which is now in progress of an operational air command from the Balkans to Eastern Germany aircraft available for attack on Mediterranean Fleet and Alexandria are considerably reduced. Number of aircraft available when this withdrawal is complete and their present dispositions are as follows:-

	Sicily	Africa	Aegean
Long range bombers	15	30	105
Bomber reconnaissance	15	–	15
Dive bombers	15	45	30
Single-engined fighters	9	30	–
Twin-engined fighters	21	18	–
Coastal	–	–	9
	75	123	159

The above figures represent establishment and the average serviceability strength of units is probably about 60% establishment.

The possibility of small scale reinforcements of bomber units being despatched from Western Front cannot be ruled out but it is thought improbable owing to indications that some units from this area are already earmarked for Eastern Front.

Air Ministry's considered opinion is that the strength of German air forces as shown in above table is unlikely to be increased before 15th July.

1645B/4
N.I.D.3   (2039)
for D.D.I.C.

1st S.L.	PERSONAL
V.C.N.S.	PERSONAL
A.C.N.S.(F)	PERSONAL
A.C.N.S.(T)	PERSONAL
D.N.I.	PERSONAL
D.O.D.(F)	PERSONAL
D. of P.	PERSONAL
D.D.I.C.	PERSONAL

MOST SECRET.

KEPT UNDER LOCK AND KEY : NEVER TO BE REMOVED FROM THE OFFICE.

MOST SECRET   M E S S A G E

Serial No. F.511.
1650B/12th June   OUT

To C. in C. Mediterranean 827.
F.O.C. North Atlantic 897.
V.A. Force H. 114.
N.O.I.C. Malta 137.

Date 12.6.41.

Naval Cypher (D19)

From D.N.I.

AIDAC.

Weekly locations of German and Italian Air Forces.
Reorganisation of German Air Force referred to in AT 1645/4
is still taking place and details of present locations are
not accurately known.

2.   Italian Locations 12th June:-

	Bombers	Dive Bombers	Fighters	Army Co-op.	Coastal.
Italy	340	10	230	130	145
Sicily	(No change)				
Sardinia	50	Nil	30	10	15
Rhodes	(No change)				
Albania & Greece	(No change)				
N. Africa	55	20	175	70	20

1650/12.
for D.N.I.
N.I.D.3. (2039)

1st Sea Lord
V.C.N.S.
A.C.N.S.(F)
A.C.N.S.(T)
D.O.D.(F)
D.N.I.
D.D.I.O.
D. of P.

jf

VIII. Liste der auf der Fahrt von und nach Libyen und Tunesien versenkten Transpor-
ter und Kriegsschiffe der Italiener und Deutschen, bei denen »ULTRA«, wie durch
Dokumente belegt, mit seinen rechtzeitigen Nachrichten Ursache der britischen Erfolge
war.

Handelsschiffe

a) Verkehr mit Libyen

Name	BRT	versenkt am	Nationalität
Barbarigo	5293	15. 7. 1941	italienisch
Casaregis	6485	11. 10. 1941	italienisch
Zena	5219	11. 10. 1941	italienisch
Caterina	4786	19. 10. 1941	italienisch
Maritza	2910	24. 11. 1941	deutsch
Procida	1842	24. 11. 1941	deutsch
Adriatico	1976	1. 12. 1941	italienisch
Iridio Mantovani	10540	1. 12. 1941	italienisch
Sebastiano Venier	6311	9. 12. 1941	italienisch
Cadamosto	1010	22. 12. 1941	italienisch
Spezia	1825	22. 12. 1941	deutsch
Perla	5741	7. 1. 1942	italienisch
Victoria	13098	23. 1. 1942	italienisch
Napoli	6142	4. 2. 1942	italienisch
Ariosto	4116	15. 2. 1942	italienisch
Bosforo	3648	31. 3. 1942	italienisch
Bellona	1297	18. 4. 1942	italienisch
Assunta de Gregori	4219	19. 4. 1942	italienisch
Bolsena	2384	18. 5. 1942	italienisch
Capo Arma	3172	29. 5. 1942	italienisch
Reginaldo Giuliani	6837	5. 6. 1942	italienisch
Vettor Pisani	6339	27. 7. 1942	italienisch
Lerici	6070	16. 8. 1942	italienisch
Rosolino Pilo	8326	18. 8. 1942	italienisch
Camperio	5463	27. 8. 1942	italienisch
Dielpi	1527	27. 8. 1942	italienisch
Istria	5416	27. 8. 1942	italienisch
Picci Fassio	2261	2. 9. 1942	italienisch
Davide Bianchi	1477	4. 9. 1942	italienisch
Padenna	1589	4. 9. 1942	italienisch
Carbonia	1237	17. 9. 1942	italienisch
Francesco Barbaro	6343	28. 9. 1942	italienisch
Dandolo	4964	8. 10. 1942	italienisch
Loreto	1055	13. 10. 1942	italienisch
Beppe	4459	13. 10. 1942	italienisch
Titania	5397	20. 10. 1942	italienisch
Amsterdam	8970	23. 10. 1942	italienisch

Name	BRT	versenkt am	Nationalität
Proserpina	6869	26. 10. 1942	italienisch
Tergestea	5890	26. 10. 1942	italienisch
Luisiano	2557	29. 10. 1942	italienisch
Ostia	359	1. 11. 1942	deutsch
Tripolino	1464	1. 11. 1942	italienisch
*Brioni	1987	2. 11. 1942	italienisch
Zara	1976	2. 11. 1942	italienisch
*Portofino	6424	6. 11. 1942	italienisch
Thessalia	2875	11. 11. 1942	deutsch
Giulio Giordani	10534	18. 11. 1942	italienisch
Sacro Cuore	1097	2. 12. 1942	italienisch
Veloce	5451	2. 12. 1942	italienisch
Audace	1459	3. 12. 1942	italienisch
Minerva	1905	3. 12. 1942	italienisch
Palmaiola	1880	3. 12. 1942	italienisch
Dora	584	21. 12. 1942	deutsch
Emilio Morandi	1523	9. 1. 1943	italienisch

(Gesamtzahl: 54 Handelsschiffe mit 222 578 BRT)

b) Verkehr mit Tunesien

Name	BRT	versenkt am	Nationalität
Aspromonte	976	2. 12. 1942	italienisch
Aventino	3794	2. 12. 1942	italienisch
K.T.1	850	2. 12. 1942	deutsch
Puccini	2422	2. 12. 1942	italienisch
Süllberg	1699	9. 12. 1942	deutsch
Macedonia	2875	13. 12. 1942	deutsch
Castelverde	6666	14. 12. 1942	italienisch
Honestas	4959	14. 12. 1942	italienisch
Sant'Antioco	5048	15. 12. 1942	italienisch
Etruria	2633	22. 12. 1942	italienisch
Saturno	5022	21. 1. 1943	italienisch
Ruhr	5955	22. 1. 1943	deutsch
Pistoia	2448	24. 1. 1943	italienisch
Verona	4459	24. 1. 1943	italienisch
Vercelli	3094	30. 1. 1943	italienisch

* In die Liste wurden auch die Dampfer *Brioni* und *Portofino* aufgenommen, die aber nicht in See, sondern in den Häfen von Tobruk und Bengasi versenkt wurden. Aber die ihren Verlust begründenden Luftangriffe sind als Schlußakt oder direkte Folge der vorhergehenden, auf hoher See eingeleiteten und von »ULTRA« geführten Operation anzusehen.

Name	BRT	versenkt am	Nationalität
Baalbeck	2115	21. 2. 1943	deutsch
Thorsheimer	9955	21. 2. 1943	deutsch
Balzac	5372	7. 3. 1943	deutsch
Ines Corrado	8061	7. 3. 1943	italienisch
Caraibe	4048	14. 3. 1943	deutsch
Manzoni	4550	22. 3. 1943	italienisch
Monti	4301	22. 3. 1943	italienisch
Nuoro	3075	31. 3. 1943	italienisch
Benevento	5229	1. 4. 1943	italienisch
Crema	1684	1. 4. 1943	italienisch
Rovereto	8563	6. 4. 1943	italienisch
San Diego	6013	6. 4. 1943	deutsch
Bivona	1647	19. 4. 1943	italienisch
Marco Foscarini II	6406	21. 4. 1943	italienisch
Aquino	5043	23. 4. 1943	italienisch
Teramo	1592	30. 4. 1943	italienisch
Campobasso	3566	4. 5. 1943	italienisch

(Gesamtzahl: 32 Handelsschiffe mit 134 120 BRT)

Kriegsschiffe

a) Verkehr mit Libyen

Kategorie und Name	Standard-Wasserverdrängung	versenkt am
Zerstörer *Da Mosto*	1917	1. 12. 1941
Kreuzer *Da Barbiano*	5238	13. 12. 1941
Kreuzer *Di Giussano*	5191	13. 12. 1941
Zerstörer *Pessagno*	1917	29. 5. 1942
Torpedoboot *Polluce*	679	4. 9. 1942
Zerstörer *Da Verazzano*	1917	19. 10. 1942
Torpedoboot *Lupo*	679	2. 12. 1942

b) Verkehr mit Tunesien

Kategorie und Name	Standard-Wasserverdrängung	versenkt am
Zerstörer *Folgore*	1240	2. 12. 1942
Torpedoboot *Perseo*	642	4. 5. 1943

IX. Zusammenfassung zweier Rezensionen des Autors über Band II und Teil 1 des Bandes III des Werkes »British Intelligence in the Second World War« (von Hinsley, Thomas und Ransom)

In zwei Rezensionen besprach der Verfasser dieses Buches den Band II des 1981 erschienenen Werkes »British Intelligence in the Second World War« von F. H. Hinsley, E. E. Thomas und C. F. G. Ransom in »Rivista Italiana Difesa«, Chiavari 12/1982 und den 1. Teil des III. Bandes in »Rivista Aeronautica«, Rom 5/1984, der offiziellen Zeitschrift der italienischen Luftwaffe. Seine wichtigsten Aussagen werden wie folgt zusammengefaßt:

Der II. Band des oben erwähnten englischen Buches befaßt sich mit der außerordentlich wichtigen Zeit von Juni 1941 bis Juli 1943. Darin wird noch einmal bestätigt, daß »ULTRA«, soweit die britische Funkaufklärung im Mittelmeer betroffen war, sich vornehmlich auf die entzifferten Funksprüche der italienischen Marine stützte, welche mit der Schlüsselmaschine »ENIGMA« und später der HAGELIN C 38M verschlüsselt worden waren. So heißt es darin:
»Die C 38M war eine außerordentlich wertvolle Quelle. Fast der gesamte Funkverkehr konnte im Vereinigten Königreich mitgehört werden... So war es möglich, den Funkverkehr bis zum Waffenstillstand mit Italien mit gar keiner oder nur geringer Verzögerung zu entziffern. Hauptsächlich aufgrund der Entzifferung von mit der C 38M abgesetzten Funksprüchen konnte die G.C. & C.S. vom Juli 1941 ab den operativen Führungsstellen Vorausmeldungen über eigentlich jeden Geleitzug oder jedes wichtige einzelfahrende Schiff mit Truppen oder Versorgungsgütern im Mittelmeer liefern.«
Allerdings scheint der Korpsgeist die vier Autoren bei dieser und ähnlichen Behauptungen übermannt zu haben. Man spürt den Willen, die Verdienste von »ULTRA« über jedes Maß hinaus hervorzuheben und die vielen belegbaren Fehlschläge zu verschweigen. Noch schlimmer wird es, wenn versucht wird, auch taktische Erfolge »ULTRA« zuzuschreiben, wenn dafür keine Belege oder nur solche ohne Datum und Uhrzeit vorhanden sind. Ein typisches Beispiel bietet die Vernichtung des Geleitzuges »Duisburg«, bei dem die »ULTRA«-Nachrichten, wie im Textteil dieses Buches nachgewiesen, zu spät kamen.
Außer der übertriebenen Lobpreisung des gesamten britischen Geheimdienstes liegen die Grenzen dieses offiziellen Bandes in der Tatsache, daß er in keiner Weise eine Abhandlung über die operativ-taktische Ebene ist, und zwar obwohl er nützliche Informationen über die Tragweite und das Wesen der Nachrichten gibt, welcher sich die Briten im Kriege erfreuen konnten. Aber sein Inhalt fällt, vom Standpunkt des Historikers gesehen, ab, wenn dagegen die Zeitabläufe und die Gefechte mit den ehemaligen Gegnern aufgrund der dokumentarischen Quellen herangezogen werden. Auch in der letzteren Hinsicht mußte leider eine absolute Fahrlässigkeit da festgestellt werden, wo man

nicht einmal die bereits herausgegebenen Teile der italienischen offiziellen Geschichte der Streitkräfte in Betracht zog. Es hätte doch allen klar sein müssen, daß man eine Reihe über Militärgeschichte nicht ohne Beachtung der Arbeiten des Gegners schreiben kann.

Der 1. Teil des III. Bandes der offiziellen Geschichte der britischen Intelligence im Zweiten Weltkrieg ist, wie es scheint, erst nach Einarbeitung der jüngsten Erkenntnisse mit entsprechender Wartezeit erschienen. Er behandelt die Zeit vom Juni 1943 bis zum Juli 1944. Damals schöpften die britischen Streitkräfte zwar aus sehr unterschiedlichen Nachrichtenquellen. Aber die bedeutendste war zweifellos »ULTRA« mit seinen Entzifferungen der italienischen und deutschen Funksprüche.

Auch in diesem Band, der die Invasion von Sizilien, den Waffenstillstand mit Italien und den restlichen Feldzug auf der Halbinsel bis zur Befreiung von Rom behandelt, wird bestätigt, daß es weiterhin viel schwieriger war, die verschlüsselten Sprüche der italienischen Luftwaffe als die der Marine zu entziffern, welch letztere sich ungerechtfertigterweise weit mehr auf die Schlüsselmaschine HAGELIN C 38M und in wenigen Fällen auch auf die »ENIGMA« verließ. Doch beide wurden von den Briten entziffert. Eines der angeführten Beispiele bezieht sich auf den zweimal gegebenen Auftrag zur Beschießung Palermos im August 1943, wie er im Textteil des hier vorliegenden Buches beschrieben wird. In dem neuen III. Band von Hinsley ist der Beweis zu finden, daß diese Operationen den Briten im voraus bekannt waren. So erwies sich der Abbruch der beiden Unternehmen, wenn auch ohne Kenntnis dieser Tatsache, als richtig. Ebenso wird die Aussage Prof. Santonis in seinem neuen Buch »Guerra segreta negli Oceani« (Der geheime Krieg auf den Weltmeeren) bestätigt, daß die den deutschen Überwasserschiffen in Norwegen zugefügten Verluste bei ihren Einsätzen gegen die für die Sowjetunion bestimmten alliierten Geleitzüge durch von den Engländern entzifferte Funksprüche verursacht wurden.

Ganz allgemein darf über diese beiden neuen Bände gesagt werden, daß sie keine Einzelheiten über die durch »ULTRA« bewirkten Operationen, sondern nur ein allgemeines Bild von den Nachrichtenquellen geben. Leider setzt das einem Werk von so großer Tragweite und mit so langer zeitlicher Auswirkung Grenzen, die uns nicht gleichgültig lassen dürfen.

IX. Die Frage der Spionin Cynthia in einem englischen Fernsehprogramm

Im ersten Kapitel dieses Buches haben wir auf die Spionin Cynthia (alias Elizabeth Thorpe) hingewiesen. Wir hätten uns an dieser Stelle nicht weiter mit ihr beschäftigt, wenn nicht die englische BBC in den ersten Monaten des Jahres 1980 ein Fernsehprogramm mit dem beredten Titel »Spy« ausgesendet hätte, ein Einfall, der gerade dieser faszinierenden Agentin des britischen Intelligence Service gewidmet worden ist. Obwohl dieses Programm nicht in Italien ausgestrahlt wurde, hat es in italienischen Marinekreisen lebhaftes Unbehagen ausgelöst, weil es als ehrenrührig für den verstorbenen Admiral Alberto Lais, der bereits Chef des italienischen Geheimdienstes (S.I.S.) in der Periode vor dem Krieg und dann Militärattaché in Washington war, angesehen wurde. Nach dem BBC wäre er von Cynthia verführt und überredet worden, ihr — man weiß nicht genau welche — Schlüsselunterlagen zu überlassen, der sich die Engländer bedienten, um die tödliche Falle von Matapan vorzubereiten.

Wie reichlich durch Dokumente belegt, war die obengenannte traurige Episode bei der Marine durch ganz andere Faktoren bedingt. Hier jedoch interessiert es uns nur festzustellen, daß das ganze in Frage stehende Programm der BBC den Grund dafür geliefert hat, einen Band von insgesamt 190 Seiten wiederum mit dem Titel Spy *zu veröffentlichen, dessen überhoher Preis (5$\frac{1}{2}$ £)gewiß nicht dem Inhalt entspricht und in dem die der Cynthia gewidmete Bemerkung das dritte Kapitel mit insgesamt 26 Textseiten einnimmt* [1].

Das Geschehen um Cynthia, das im Buch nacherzählt und von der BBC gesendet wurde, folgt der bekannten Erzählung von Montgomery Hyde, wie sie in seinem Buch »Il canadese tranquillo« —Hyde verlor in Italien einen von den Erben des Admiral Lais angestrengten Prozeß — sowie im folgenden und mehr ins einzelne gehenden Buch Cynthia, the Spy Who Changed the Course of the War *enthalten ist. Das letztere wurde zweckmäßigerweise nicht ins Italienische übersetzt.*

Das Buch der BBC stützt sich jedoch auch auf das bereits zitierte Werk von Stevenson A man called Intrepid *und betrifft das Leben und die Tätigkeit gerade jenes bereits erwähnten »stillen Kanadiers«, d. h. des Agenten William Stephenson. Dieser ist wiederum — laut der englischen Fernsehstation — angeblich der »Herr und Meister« Cynthias gewesen. Und gerade hier wird die ganze Geschichte fadenscheinig.*

Obgleich nämlich die BBC in ihrem Buch mit Sicherheit verspricht, daß die Fernsehserie mit dem gleichen Titel »dramatische Filmszenen« enthält, die »aufmerksam recherchiert und im einzelnen belegt sind«, kann man nur feststellen, daß wenige Monate nach der Ausstrahlung des Programmes über die englische Station ITV ein weiterer Film gerade nach dem Buch A man called Intrepid *gedreht wurde, der in ganz Großbritannien eine Flut von Ressentiments und wütenden Anschuldigungen verursachte.*

Als Beispiel für alle folgen hier die erregten Kommentare, die am 10. April 1980 von der »Daily Mail« veröffentlicht wurden.

»Der Film hat auch alle jene aufgebracht, die die Tatsachen kennen und die Wahrheit über ihre Freunde und deren Ruf im Sinn haben. Der literarische Text beansprucht, als Geschichte angesehen zu werden. In Wirklichkeit ist er reine Phantasie, wenn nicht gar dummes Zeug.«

Über die Person des »stillen Kanadiers«, der so sehr auch im Programm und im Buch »Spy« der BBC hervorgehoben wird, drückt sich die »Daily Mail« wie folgt aus:

»In Europa trug er keinerlei Verantwortung und hatte keinerlei Kenntnis der Einzelheiten über irgendeine Operation auf dem Kontinent, und er hatte vor allem nichts mit dem »ULTRA«-Geheimnis zu tun. Im Gegenteil, was Europa anbetrifft, entspringt alles, was er für sich in Anspruch nimmt, reiner Phantasie.«

Die Schlußfolgerungen der ausgezeichneten Londoner Zeitung stellen einen leidenschaftlichen Protest im Namen der Fernsehzuschauer dar, der oft auch in Italien notwendig wäre, wo jedoch die Presse üblicherweise zu wenig empfindlich gegenüber Attentaten auf die historische Wahrheit in den ausgestrahlten Programmen ist. Es folgt hier der schwerwiegende Satz:

»Das Schlimmste, was man sagen kann, besteht darin, daß das Buch A man called Intrepid *die alten Freunde und Kameraden von Sir William Stephenson traurig gemacht und natürlich die Historiker erzürnt hat... Es ist auch eine Beleidigung für die jungen Menschen, die die Wahrheit über den Krieg wissen wollen und denen statt dessen Phantasien und Erfindungen angeboten werden.«*

An dieser Stelle entsteht natürlich der starke Verdacht, die Phantasie hätte ein unverhältnismäßiges Gewicht auch bei Spy *aus dem Programm der BBC gehabt, das der Cynthia gewidmet ist und sich, wie bereits gesagt, teilweise auf das Buch* A man called Intrepid *stützt, das in England so hart angegriffen und geschmäht wird, und zum Teil auf das Buch* Un canadese tranquillo, *das seinerzeit von italienischen Gerichten verurteilt wurde.*

---

[1] R. Deacon-N. West, *Spy,* herausgegeben von der BBC London 1980, S. 67—97. Fünf dieser Seiten enthalten Fotografien.

Offizielle Dokumentation

Public Record Office (P.R.O.)
(Ruskin Avenue, Kew Gardens, London)

GROUP DER ADMIRALTY

ADM 1, class 8637/55,	*Formation of the Code and Cipher School and its subsequent housing. Placed under the direction of the Chief of the Secret Service, December 1923*
ADM 1, class 9792,	*Naval Intelligence in wartime*
ADM 1, class 10212,	*Mediterranean Station: Intelligence organization 1939*
ADM 1, class 10224,	*Formation of information Section*
ADM 1, class 10465,	*Reorganization of Naval Intelligence 1940*
ADM 1, class 10612,	*Mediterranean Station: Staff and accommodation for Fortress Commander and Senior Naval Officer, Alexandria; transfer of Intelligence Organization from Malta to Alexandria*
ADM 1, class 11056,	*Operation Abstention: landing on Kastelorizo island, Dodecannese, February 1941, report of enquiry*
ADM 1, class 11133,	*Operation Primrose, U-boat attacks on convoy OB.318 and capture of U-110 and crew, including confidential documents, 7-10 May 1941*
ADM 1, class 11377,	*Battle of Cape Matapan: reccomendation and awards*
ADM 1, class 11770,	*Cipher (coding) machines RAF Type »X«, Mark II. Adoption by the Navy, May 1941*
ADM 1, class 11862,	*Mediterranean naval Intelligence. Papers concerning c. amm. Godfrey*
ADM 1, class 14207,	*Operational Intelligence Centre: complement and senior appointments 1939-1943*
ADM 1, class 16229,	*Italian Intelligence Services: report on organization of Intelligence Division of Italian Navy and activities of Italian Secret Service 1940-1943*
ADM 116, class 4088,	*Intelligence communications: institution of teleprinter service between Government Code and Cipher School and R.N. W/T Stations Flowerdown and Searborough*
ADM 116, class 4840,	*Leakage of information and security measures to be adopted 1941-1943*
ADM 182, class 130,	*Confidential Admiralty Fleet orders, January-June 1941*
ADM 199, class 114,	*Naval Air operations in support of North Africa campaign and in Eastern Mediterranean. Reports 1941-1943*
ADM 199, class 116,	*Naval operations. Intelligence summaries 1941-1945*
ADM 199, class 136,	*East Indies Station, attacks on Italian U-boats: reports*
ADM 199, class 254 und 255,	*Mediterranean and Red Sea area. Intelligence and enemy reports 1940-1943*
ADM 199, class 258,	*Naval operations in Mediterranean 1943-1944*
ADM 199, class 414,	*Mediterranean Command, war diaries June 1940-May 1941*
ADM 199, class 415,	*Mediterranean Command, war diaries May-December 1941*
ADM 199, class 445,	*Naval operations in Mediterranean 1940-1942*

ADM 199, class 446,   *Naval operations in Mediterranean 1941-1943*
ADM 199, class 600,   *Mediterranean convoys. Reports 1943-1944*
ADM 199, class 648   *Mediterranean area: war diaries 1942*
und 649,
ADM 199, class 650   *Mediterranean Command war diaries 1942*
und 651,
ADM 199, class 677,   *Operations in Mediterranean: reports 1941-1945*
ADM 199, class 679,   *Naval operations in Mediterranean 1940-1942*
ADM 199, class 681,   *Naval operations in Mediterranean 1941-1943*
ADM 199, class 781,   *Battle of Cape Matapan 1941*
ADM 199, class 797   *Mediterranean operations: reports 1940-1941*
und 798,
ADM 199, class 799,   *Middle East operations: reports including the fall of Tobruk 1940-1942*
ADM 199, class 806   *Naval operations in Mediterranean. Reports 1941*
und 810,
ADM 199, class 830,   *Operation Substance: reports*
ADM 199, class 836,   *North African campaign 1942-1943*
ADM 199, class 975,   *Mediterranean convoys, reports 1942-1945*
976 und 977,
ADM 199, class 1048   *Naval operations in the Mediterranean including the battle of Cape Matapan. Reports 1940-1941*
und 1049,
ADM 199, class 1242   *Operation Pedestal: reports 1942*
und 1243
ADM 199, class 1368,   *Mediterranean and Red Sea area. Intelligence and enemy reports 1943-1944*
ADM 205, class   8,   *First Sea Lord papers. Correspondence with Air Ministry, mainly Chief of Air Staff, and accompanying papers. February-December 1941*
ADM 205, class   10,   *Correspondence with Prime Minister and accompanying papers. January-December 1941*
ADM 205, class   13,   *Correspondence with Prince Minister and accompanying papers. January-May 1942*
ADM 205, class   14,   *Correspondence with Prince Minister and accompanying papers. June-December 1942*
ADM 205, class   27,   *Correspondence with Prime Minister and accompanying papers. January-December 1943*

ADM 223, Unterlagen der Naval Intelligence
ADM 223, class 2,   *Enemy wireless telegraphy Intelligence*
ADM 223, class 3,   *Information from German signals on Italian submarines disposition and areas of operation and German naval authorities and W/T organization in South East Europe and the Mediterranean*
ADM 223, class 4,   *Minefields in Aegean and Adriatic*
ADM 223, class 5,   *German Navy »Y« organization*
ADM 223, class 6,   *General outline of German naval organization under supreme command of the Navy*
ADM 223, class 7,   *Papers based on information from »Z« sources*

ADM 223, class 8,	*Photostats of Italian minefields: report of location of Italian and Yugoslavian coasts and Enemy merchant shipping resources in the Mediterranean*
ADM 223, class 9,	*Special Intelligence summaries*
ADM 223, class 24,	*Summaries of Mediterranean Special Intelligence reports, 2nd June 1943-19th March 1945*
ADM 223, class 31,	*Italian convoy reports 5th October 1941-30th May 1943*
ADM 223, class 34,	*Enemy merchant shipping losses in Mediterranean 1941-1945*
ADM 223, class 35,	*Report on information obtained from documents found at Benghasi, November 1942*
ADM 223, class 43,	*Special Intelligence reports and summaries regarding one man midget submarines, general situation in Crimea, South East Europe and Mediterranean, 24th April 1942-23rd May 1944 and Aegean. German naval instruction against an Allied-Italian armistice, July 1943*
ADM 223, class 45,	*Analysis of convoys sailing from Italy to North Africa, August 1941-May 1943*
ADM 223, class 46,	*Axis shipping situation, April 1943*
ADM 223, class 47,	*Enemy merchant shipping resources in Mediterranean and Merchant shipping available to Axis in Mediterranean*
ADM 223, class 48,	*Italian merchant ships and foreign vessels taken over by Italian sunk operating in Mediterranean*
ADM 223, class 49,	*Papers by dr. Bullard concerning enemy supplies in Tunisia*
ADM 223, class 59,	*Enemy reports 26th August-31st December 1942*
ADM 223, class 60,	*Enemy reports 1st January-1st April 1943*
ADM 223, class 61,	*Enemy reports 2nd April-1st July 1943*
ADM 223, class 62,	*Enemy reports 2nd July-3rd September 1943*
ADM 223, class 74,	*Captured Italian documents: instructions for the use of submarine in war*
ADM 223, class 75,	*Admiralty signal messages »F« series, 14th July 1940. 4th March 1941*
ADM 223, class 76,	*Admiralty signal messages »F« series, 1st March-5th May 1941*
ADM 223, class 77,	*Admiralty signal messages »F« series, 5th May-22nd July 1941*
ADM 223, class 78,	*Admiralty signal messages »H«, series, 12th July 1940-10th September 1941*
ADM 223, class 79,	*Naval Intelligence Documents, O.I.C. daily reports, March-September 1939*
ADM 223, class 80,	*Naval Intelligence Documents, O.I.C. daily reports, October-December 1939*
ADM 223, class 81,	*Naval Intelligence Documents, O.I.C. daily reports, January-March 1940*
ADM 223, class 82,	*Naval Intelligence Documents, O.I.C. daily reports, April-June 1940*
ADM 223, class 85,	*Naval Intelligence Documents, O.I.C. daily reports, July-September 1940*
ADM 223, class 84,	*Photocopies of papers cited in History of Intelligence, vol. I*
ADM 223, class 88,	*The use of Special Intelligence in naval operations*
ADM 223, class 89,	*Report of Mediterranean Operational Intelligence Centre*

GROUP DES AIR MINISTRY

AIR 14, class 173,	*Compilation and distribution of Intelligence summaries and Intelligence and operational reports, January 1939-January 1942*
AIR 14, class 1197,	*General review*
AIR 14, class 1210,	*Intelligence watch diary, September 1939-June 1944*
1211, 2139, 2140, 2141,	
2142, 2143, 2144 und 2145,	
AIR 14, class 3381,	*Nr. 4 Group Intelligence summaries*
AIR 14, class 3524,	*Directorate of Intelligence. Operations June 1940*
AIR 20, class 1718,	*The Secret Intelligence Service. Papers*
AIR 22, class 74,	*Weekly Intelligence summaries*
AIR 22, class 485,	*Air Ministry W/T Intelligence Service. Daily summaries*
AIR 23, class 1210,	*Enemy naval forces: intelligence reports RAF Middle East 1942-1943*
AIR 23, class 1228,	*Notes on German invasion of the Balkans*
AIR 23, class 1293,	*RAF Middle East. Signals and ciphers organization 1941-1944*
AIR 23, class 1343,	*RAF Middle East, Balkans, Crete and Greece 1941-1942*
AIR 23, class 1354,	*Malta: miscellaneous cipher messages 1941*
AIR 23, class 1860,	*Report on air power in relation to sea communication. Eastern Mediterranean 1941*
AIR 23, class 5755,	*Operation Pedestal: H.Q. Malta reports 1942*
AIR 23, class 6377,	*A.H.Q. Britisch Air Force, Greece 1941: operation carried out in conjunction with Navy and Fleet Air Arm*
AIR 23, class 6378,	*Conduct of operation: RAF policy in Greece 1940-1941*
AIR 23, class 6379,	*Operation instructions RAF Greece 1941*
AIR 23, class 6392,	*Papers for A.O.C. B.F. Greece from »Z« wing, Crete 1941*
AIR 23, class 6770,	*RAF Middle East: weekly Intelligence summaries*
AIR 23, class 6798,	*Conferences, minutes and agenda 201° Group RAF Middle East 1941-1944*
AIR 23, class 8503,	*H.Q. RAF Malta, Air Ministry W/T »Y« Service: policy 1941-1944*

AIR 40, Unterlagen der Air Intelligence

AIR 40, class 1134,	*German Air Force training organization and aircrew instructions: translations of German documents and miscellaneous reports 1939-1945*
AIR 40, class 1387,	*The war at sea in the Mediterranean: essay by viceadmiral Weichold*
AIR 40, class 1512,	*Air Attaches' reports: Sophia, Ankara, Belgrade, Santiago, Helsingfors, Washington, Lisbon, Madrid. February 1940-March 1941*
AIR 40, class 1554,	*Study of enemy aircraft tracks*
AIR 40, class 1780,	*Allied and enemy Air Forces, all aspects D.D.I.3 papers, minutes and appreciations*
AIR 40, class 1996,	*Sicilia: reports on airfield and aircraft*
AIR 40, class 2010,	*Luftwaffe in the Mediterranean theatre. November 1942-February 1943*

AIR 40, class	2023,	*An analysis of the move of the German Air Force into the Balkans. March 1941*
AIR 40, class	2079,	*Air Intelligence: lists of Luftwaffe activities in Middle East*
AIR 40, class	2155,	*Luftwaffe activities in C area (Mediterranean). October 1941-June 1942*
AIR 40, class	2164,	*Directorate of Intelligence A.I.2 (g) reports, January-July 1942*
AIR 40, class	2169,	*Directorate of Air Tactics. A.I.1 (g) reports, May 1940-September 1941*
AIR 40, class	2242,	*Benito (»Y« Gerat): radio beam navigational bombing aid, countermeasures*
AIR 40, class	2252,	*Mediterranean »Y« organization*
AIR 40, class	2254,	*Y Units on combined operations: reports RAF Middle East, June December 1943*
AIR 40, class	2255,	*Y Units afloat: correspondence RAF Middle East*
AIR 40, class	2257,	*Y Service log book of Malta Operations Room*
AIR 40, class	2322,	*Summary of minutes and papers written by heads of German section of Directorate of Intelligence and Deputy Director of Department*
AIR 40, class	2323,	*The use of »U« (ULTRA) in the Mediterranean and Northwest African theatres of war*

GROUP DES WAR OFFICE

WO 32, class	11083,	*Joint Intelligence Centre n. 1, 1941-1945*
WO 33, class	1679,	*Notes on wireless interception organization in the field*

WO 106, **Intelligence Unterlagen des War Office**

WO 106, class	2081 und 2089,	*Daily reports March-June 1941*
WO 106, class	2109,	*Directorate of military operations and Intelligence: Middle East Command, Mediterranean area, Malta*
WO 106, class	2144,	*Personal telegrams Commander in Chief Middle East and War Office, November 1940-April 1941*
WO 106, class	2146,	*Operation Greece: signals messages between Commander in Chief and British military mission in Athens*
WO 106, class	3132 und 3133,	*Operation Lustre*
WO 165, class	38,	*M.I.8*
WO 165, class	39,	*M.I.9*
WO 165, class	40,	*M.I.11*
WO 165, class	42,	*M.I.12*
WO 165, class	43,	*M.I. Liaison*
WO 169, class	924,	*War diaries General H.Q.*
WO 169, class	2578,	*War diaries n. 5 Intelligence School Middle East at Heliopolis*
WO 169, class	3192,	*War diaries 208ª Air Intelligence Liaison Section*
WO 169, class	3195,	*War diaries 10ª Div. Protection Coy*
WO 169, class	3196,	*War diaries 3ª Sig. Security Section*
WO 169, class	3259,	*War diaries General Staff Branch*
WO 169, class	3262,	*War diaries D.D.O.S*
WO 169, class	3263,	*War diaries D.A.D.O.S.*
WO 169, class	3264,	*War diaries A.D.O.S*

WO 169, class 3265,   *War diaries I.O.O.*
WO 169, class 3266,   *War diaries R.A.O.C. Det.*
WO 199, class 907,   *General H.Q. Home Forces, Intelligence. Notes and apprecia-*
                              tions on enemy intentions
WO 199, class 1979,   *General H.Q. Home Forces. Intelligence reports*
WO 201, class 105,   *Force Lustre »X« matters*
WO 201, class 713,   *Operation Abstention: Kastelorizo island, February 1941*

GROUP DES DEFENCE MINISTRY

DEFE 2, class 711A und 711B, *Mediterranean, Africa, and Middle East reports, signals, etc.*
                                    on various operations, particulary with regard to Crete

DEFE 3, Fernschreibübersetzungen entzifferter deutscher Marinefunksprüche

DEFE 3, class von   1 bis   4,   *12th March-15th June 1941*
DEFE 3, class von 20 bis 34,   *16th June-2nd November 1941*
DEFE 3, class von 66 bis 111,   *2nd November 1941-8th July 1942*
DEFE 3, class von 180 bis 219,   *8th July 1942-20th January 1943*
DEFE 3, class von 245 bis 299,   *20th January-16th August 1943*
DEFE 3, class von 332 bis 449,   *16th August 1943-7th January 1945*
DEFE 3, class von 521 bis 560,   *7th January-21st April 1945*
DEFE 3, class von 574 bis 579,   *21st April-23rd May 1945*

DEFE 3, Hauptserie von Funkaufklärungsergebnissen an die alliierten Oberkommandos

DEFE 3, class von   5 bis 19,   *18th November 1943-12th January 1944*
DEFE 3, class von 35 bis 65,   *1st April-2nd August 1944*
DEFE 3, class von 112 bis 128,   *2nd August-31st August 1944*
DEFE 3, class von 129 bis 152,   *12th January-29th March 1944*
DEFE 3, class von 153 bis 179,   *9th May-28th June 1944*
DEFE 3, class von 220 bis 244,   *31st August-30th October 1944*
DEFE 3, class von 300 bis 331,   *30th October 1944-21st January 1945*
DEFE 3, class von 500 bis 520,   *21st January-25th March 1945*
DEFE 3, class von 561 bis 572,   *31st March-15th May 1945*
DEFE 3, class von 599 bis 601,   *25th March-31st May 1945*

DEFE 3, Verkehr im Mittelmeer ab August 1942

DEFE 3, class von 580 bis 598,   *29th August 1942-24th May 1943*
DEFE 3, class von 602 bis 656,   *24th, May 1943-3rd June 1944*

GROUP DES PREMIERMINISTERS UND DES KABINETTS

PREM 3, class 60/1, 60/2, 60/3, *Battle of... Reports from Department*
PREM 3, class 191/3,   *German and Italian Fleets. August 1940—July 1945*
PREM 3, class 206/3,   *Various Greece*
PREM 3, class 209,   *Italian campaign against Greece*
PREM 3, class 242/11A,   *Various Italy*
PREM 3, class 274/1   *Stoppage of enemy supplies and reinforcement to North Afri-*
                              ca
PREM 3, class 274/2,   *Various Mediterranean Fleet*
CAB 21, class 1337,   *War situation reports: arrangements for communicating very*
                              secret information to H.M. the King

Archivio Ufficio Storico Marina (A.U.S.M.)
(Via Romeo Romei 5, Rom)
Historisches Amt und Archiv der italienischen Marine

— Fondo »Scontri navali e operazioni di guerra« (Aktengruppe »Seegefechte und Kriegsopera-
 tionen«), Cartelle (Aktenreihe) 1—101
— Fondo »Naviglio mercantile 1940—1945« (Aktengruppe »Handelsschiffahrt 1940—1945«),
 Cartelle (Aktenreihe) A1—Z3
— Fondo »Naviglio militare 1940—1945« (Aktengruppe »Kriegsschiffe«) Cartelle (Aktenreihe)
 A1—Z2
— Fondo »Attacchi alle basi« (Aktengruppe »Angriffe auf die Basen«), Cartelle (Aktenreihe)
 1—21
— Fondo »Sommergibili 1940—1945« (Aktengruppe »U-Boote 1940—1945«), Cartelle (Akten-
 reihe) 1—160
— Fondo »Commissioni d'Inchiesta Speciali« (Aktengruppe »Spezialuntersuchungskommis-
 sionen« C.I.S.), Cartelle (Aktenreihe) 1—74
— Fondo »Documenti dello Stato Maggiore Generale« (Aktengruppe »Dokumente des Gene-
 ralstabs der Streitkräfte«), sechs Aktenreihen (Cartelle)
— Fondo »Comando Supremo« (Aktengruppe »Oberkommando«), operative Bulletins, vier-
 zehn Aktenreihen (Cartelle)
— Fondo »Promemoria di Supermarina« (Aktengruppe »Memoranden des Oberkommandos
 der Marine«), sieben Aktenreihen (Cartelle)
— Tagebuch von Supermarina
— Kriegstagebuch
— Notizen über Aktionen zur See, zwei Aktenreihen (Cartelle)
— Operationsbefehle und Dispositionen, zwei Aktenreihen (Cartelle)
— Geschäftsverkehr mit dem Oberkommando der italienischen Luftwaffe, zwei Aktenreihen
 (Cartelle)
— Britische Admiralität: Listen verlorener und beschädigter Schiffe, eine Aktenreihe (Cartella)
— Schriftverkehr mit der britischen Admiralität, drei Aktenreihen (Cartelle)
— Sammlung »Supplement to the London Gazette«, eine Aktenreihe (Cartella)
— Sammlung vergleichender Untersuchungen der offiziellen Berichte, drei Aktenreihen
 (Cartelle)
— Die deutsche Kriegsmarine in Italien, 31 Aktenreihen (Cartelle)
— Deutsch-italienische Treffen und Gespräche, Titel F
— Großverbände zur See, 43 Aktenreihen (Cartelle)

Archivio Ufficio Storico Aeronautica
(Viale dell'Università 4, Rom)
Historisches Amt und Archiv der italienischen Luftwaffe

— Fondo (Aktengruppe) GAM Bezüge zum Krieg und zum Zusammenwirken der Marine mit der Luftwaffe
— Fondo (Aktengruppe) OG mit Befehlen, Schriftverkehr und täglichen Bulletins

Zusammenkünfte und Konferenzen

— Internationales Kolloquium über den Krieg im Mittelmeer abgehalten vom Comité d'histoire de la 2e guerre mondiale, Paris, 8.—11. April 1969
— Drittes »Naval History Symposium" an der amerikanischen Marineakademie in Annapolis, 27.—28. Oktober 1977
— »Internationale Konferenz über die Funkaufklärung im Zweiten Weltkrieg«, Bonn und Stuttgart, November 1978
— »Konferenz über die Bedeutung von ULTRA« abgehalten vom Royal United Services Institute for Defence Studies, London 23. März 1979
— »XV. Internationaler Kongreß für Historische Wissenschaften«, Kommission für Militärgeschichte: Referat von Prof. Alberto Santoni, Universität Rom, über das Thema: Die britischen Erkenntnisse über die deutschen Marschbewegungen in die Balkanländer vor der Operation »Marita« und »Barbarossa« aufgrund der ULTRA-Funkaufklärung, Bukarest, 10.—17. August 1980

Die wichtigsten vom ital. Autor angegebenen Veröffentlichungen

C. AMÉ, Guerra segreta in Italia, Rom 1954

F. BANDINI, Tecnica della sconfitta, Mailand 1963

P. BEESLY, Very Special Intelligence. Der Geheimdienstkrieg der britischen Admiralität 1939—45, Berlin 1978

G. BERNARDI, La Marina, gli armistizi e il trattato di pace, Rom 1979

R. BERNOTTI, Storia della guerra nel Mediterraneo, Rom 1960

G. BERTRAND, Enigma ou la plus grande énigme de la guerre 1939—1945, Paris 1973

BRITISH ADMIRALTY, The Mediterranean Fleet, Greece to Tripoli, April 1941 to January 1943, London 1944

BRITISH ADMIRALTY, His Majesty's Submarines, London 1946

BRITISH ADMIRALTY, German, Italian, and Japanese Casualties during the War, London 1946

BRITISH ADMIRALTY, Mediterranean, 2 Bde., London 1952 und 1957

BRITISH ADMIRALTY, Submarines, Bd. II, Operations in the Mediterranean, London 1955

P. CALVOCORESSI, Top Secret ULTRA, London 1980

A. CAVE-BROWN, Bodyguard of Lies, London 1977

W. CHURCHILL, Der Zweite Weltkrieg, Stuttgart-Hamburg 1950—1954

G. CIANO, Tagebücher 1939—1943, Bern 1947

A. COCCHIA, Convogli, Neapel 1956

J. CRESWELL, Mediterranean Fleet, London 1952

A. B. CUNNINGHAM, A Sailor's Odyssey, London 1951

R. DEACON/N. WEST, Spy, Verlag der BBC, London 1980

R. DE BELOT, La guerra aeronavale nel Mediterraneo 1939—1945, Mailand 1971

M. DE MONTE, Uomini ombra, Ricordi di un addetto al Servizio Segreto navale, Rom 1955

R. DENIS/H. SAUNDERS, Royal Air Force, 3 Bde., London 1953—55

C. DE RISIO, Generali, servizi segreti e fascismo, Mailand 1978

A. EDEN, Le memorie di Anthony Eden, 3 Bde., Mailand 1962—68

Führer Conferences on Naval Affairs 1939—1945, in »Brassey's Naval Annual«, 1948

M. GABRIELE, Operazione C3 Malta, Rom 1965

M. GABRIELE, La guerre des convois entre l'Italie et l'Afrique du nord, Referat gehalten vor dem Internationalen Kolloquium in Paris vom 8.—11. April 1969 über den Krieg im Mittelmeer 1939—1945. Vom Comité d'histoire de la 2ᵉ guerre mondiale herausgegebene Berichte, Paris 1971, S. 281—301

M. GARDER, La guerre secrète des Services Spéciaux Français 1935—1945, Paris 1967

G. GIGLI, La seconda guerra mondiale, Bari 1964

J. HARDING, Mediterranean Strategy 1939—1945, Cambridge 1960

F. H. HINSLEY/E. E. THOMAS/C. F. G. RANSOM/R. C. KNIGHT, British Intelligence in the Second World War, Bd. I, II, III, London 1979—1983

A. IACHINO, Gaudo e Matapan, Mailand 1947

A. IACHINO, Le due Sirti, Mailand, 1953

A. IACHINO, Tramonto di una grande Marina, Mailand 1959

A. IACHINO, Il punto su Matapan, Mailand 1969

R.V. JONES, Most Secret War, London 1978

D. KAHN, The Codebreakers, New York 1974

W. KOZACZUK, W Kregu Enigmy, Warschau 1979

R. LEWIN, Entschied ULTRA den Krieg?, Koblenz-Bonn 1981

B. H. LIDDELL HART, Geschichte des Zweiten Weltkrieges, Düsseldorf-Wien 1971

D. MACINTYRE, La battaglia del Mediterraneo, Florenz 1965

H. MACMILLAN, 20 Years of Peace and War 1923—1945, London 1962

H. MONTGOMERY HYDE, The Quiet Canadian, London 1962

H. MONTGOMERY HYDE, Cynthia: The Story of the Spy Who Changed the Course of the War, London 1966

S.W.C. PACK, Azione notturna al largo di capo Matapan, Mailand 1973

I.S.O. PLAYFAIR/C.J.C. MOLONY, The Mediterranean and Middle East, 5 Bde., London 1954—1973

»Rivista Marittima«, Jahrgänge 1975—1980

J. ROHWER, The Critical Convoy Battles of March 1943, London 1977

J. ROHWER/E. JÄCKEL, Die Funkaufklärung und ihre Rolle im 2. Weltkrieg, Stuttgart 1979

S. W. ROSKILL, The War at Sea, 1939—1945, 3 Bde., London 1954—1961

A. SANTONI, Storia generale della guerra in Asia e nel Pacifico 1937—1945, 3 Bde., Modena 1977—1979

A. SANTONI, The British Knowledge of the German Movements into the Balkans Before the Operations »Marita« and »Barbarossa« through the ULTRA Intelligence, Berichte des XV. Internationalen Kongresses für Historische Wissenschaften, Bukarest August 1980

A. SANTONI/F. MATTESINI, La partecipazione tedesca alla guerra aeronavale nel Mediterraneo 1940—1945, Rom 1980

G. SANTORO, L' Aeronautica italiana nella seconda guerra mondiale, 2 Bde., Rom 1950 und 1957

R. SETH, Capo Matapan, Mailand 1962

P. C. SMITH/ E. WALKER, The Battles of the Malta Striking Forces, London 1974

W. STEVENSON, A Man Called Intrepid, London 1976

G. STITT, La campagne de la Méditerranée 1940—1943, Paris 1948

A. TRIZZINO, Navi e poltrone, Mailand 1952

J. F. TURNER, Periscope Patrol. The Saga of Malta Submarines, London 1957

UFFICIO STORICO MARINA, La Marina italiana nella seconda guerra mondiale, 21 Bde., Rom 1958—1978

W. WARLIMONT, Die Insel Malta im Mittelmeer, in »Wehrwissenschaftliche Rundschau«, August 1958

F. W. WINTERBOTHAM, The ULTRA Secret, London 1974

Personen- und Schiffsregister

Der Autor

Alberto Santoni, im Jahr 1936 geboren, italienischer Staatsbürger, Kapitänleutnant d. R. Professor Santoni war sechs Jahre lang Leiter des italienischen Marinearchivs, jetzt ist er Dozent für Zeitgeschichte an der Universität Rom.

In den Jahren 1979 und 1980 arbeitete Alberto Santoni mit Genehmigung der britischen Behörden zeitweise in England, er sichtete und wertete die Originaldokumente aus, die speziell die Rolle von »ULTRA« im Mittelmeerraum behandelten. Diese bislang streng geheimen Dokumente wurden von der britischen Regierung ab 1977 Stück um Stück zur wissenschaftlichen Nutzung freigegeben.

1981 erschien als Ergebnis dieser Arbeit an den Quellen das Buch »Il vero traditore«, das weit über Italien hinaus eine heute noch andauernde, lebhafte und kontrovers geführte Diskussion auslöste.

Professor Santoni hat drei Bücher über den Krieg in Asien und im Pazifik und ein Werk über den deutschen Anteil am Luft- und Seekrieg im Mittelmeer geschrieben.

Er ist Mitautor des im Jahr 1984 erschienenen Buches (herausgegeben von Jürgen Rohwer und Eberhard Jäckel) »Kriegswende Dezember 1941«.

Zur Geschichte des 2. Weltkrieges:
Grundlagenwerke und Einzeldarstellungen

Andreas Hillgruber
Hitlers Strategie
Politik und Kriegführung 1940—1941
2., um ein Nachwort erweiterte Auflage.
734 Seiten. Leinen. ISBN 3-7637-5249-8

Das große Werk des Kölner Historikers, das
die Forschung und Geschichtsschreibung
zum 2. Weltkrieg im In- und Ausland nachhal-
tig beeinflußt und Maßstäbe gesetzt hat.

»Hillgrubers Darstellung offenbart auf jeder
Seite eine bewundernswerte Objektivität. Die
Sachlichkeit, deren er fähig ist, macht seine
Urteile nur um so eindrucksvoller und unan-
fechtbarer. Alle Momente, die er berührt, wer-
den umsichtig ausgedeutet und analysiert.
Als Beitrag zur Geschichte des Zweiten Welt-
krieges wird es künftig unentbehrlich sein.«
DIE ZEIT

Ronald Lewin
Entschied ULTRA den Krieg?
Alliierte Funkaufklärung im 2. Weltkrieg
Herausgegeben von Prof. Dr. Jürgen Rohwer
Aus dem Englischen
485 Seiten und 16 Bildtafeln, 29 Abbildungen.
Leinen. ISBN 3-8033-0314-1

»Was Lewin in jahrelangen Recherchen zu-
sammengetragen hat, ist beeindruckend ...
Die Forschung über die Funkaufklärung ist
noch nicht beendet, aber auf dem Wege zu
einem abschließenden und wohlbegründeten
Urteil stellt das vorliegende Buch ohne Zweifel einen Meilenstein dar.«
NORDDEUTSCHER RUNDFUNK/
WESTDEUTSCHER RUNDFUNK

Wolfgang Schlauch
Rüstungshilfe der USA 1939—1945
Von der »wohlwollenden Neutralität« zum
Leih- und Pachtgesetz und zur entscheidenden Hilfe für Großbritannien und die Sowjetunion
2. Auflage. 167 Seiten. Brosch.
ISBN 3-7637-5475-X

Kriegswende Dezember 1941
Referate und Diskussionsbeiträge auf dem Internationalen Historischen Symposium in
Stuttgart vom 17. bis 19. September 1981
Herausgegeben von Prof. Dr. Jürgen Rohwer
und Prof. Dr. Eberhard Jäckel
267 Seiten und 8 Bildtafeln, 41 Fotos, 11 Karten. Leinen. ISBN 3-7637-5433-4

Aus dem Inhalt: Die japanischen Planungen
für den Großostasienkrieg 1941 — Japan,
Deutschland und die USA 1941 — Die deutsche Politik gegenüber den USA 1941 — Die
USA und die Schlacht im Atlantik 1941 — Die
britische Strategie im Mittelmeer 1941 bis
1942 — Die Planungen der Achsenmächte im
Mittelmeer und der Einfluß von ULTRA auf die
Operationen — Die Schlacht vor Moskau —
Das Scheitern des deutschen Blitzkriegskon-
zeptes vor Moskau — Der Entschluß zur Er-
mordung der europäischen Juden — Die
Kriegsziele der Kriegführenden

Ralf Georg Reuth
Entscheidung im Mittelmeer
Die südliche Peripherie Europas in der deutschen Strategie des Zweiten Weltkrieges
1940—1942
Einführung von Prof. Dr. Andreas Hillgruber
280 Seiten und 12 Bildtafeln, 24 Fotos, 1 Karte.
Leinen. ISBN 3-7637-5453-9

Dieses Werk integriert erstmalig den Kriegsschauplatz Mittelmeer in den Gesamtzusam-
menhang der deutschen Strategie im 2. Weltkrieg und zeichnet die Grundlagen und Entwicklungen, die letztlich auch zur Katastrophe im Mittelmeerraum führten, fundiert, detailliert und fesselnd nach.

Günther W. Gellermann
Die Armee Wenck —
Hitlers letzte Hoffnung
Aufstellung, Einsatz und Ende der 12. deut-
schen Armee im Frühjahr 1945
Einführung von Prof. Dr. Andreas Hillgruber
211 Seiten, 49 Fotos, 5 Karten, 18 Dokumente
(Faksimiledrucke). Leinen. ISBN 3-7637-5438-5

Bernard & Graefe Verlag · Karl-Mand-Straße 2 · D-5400 Koblenz